经贸院士
建设前景
贺教育部
重大攻关项目
顺利立项

季羡林

教育部哲学社会科学研究重大课题攻关项目

公共财政框架下公共教育财政制度研究

THE RESEARCH ON PUBLIC EDUCATIONAL FISCAL SYSTEM
UNDER THE FRAMEWORK OF PUBLIC FINANCE

王善迈 等著

经济科学出版社
Economic Science Press

图书在版编目（CIP）数据

公共财政框架下公共教育财政制度研究/王善迈等著.
—北京：经济科学出版社，2011.10
（教育部哲学社会科学研究重大课题攻关项目）
ISBN 978－7－5141－1175－0

Ⅰ.①公… Ⅱ.①王… Ⅲ.①教育财政－财政制度－研究－中国 Ⅳ.①G526.7

中国版本图书馆 CIP 数据核字（2011）第 210997 号

责任编辑：刁其武　侯晓霞
责任校对：王肖楠
技术编辑：邱　天

公共财政框架下公共教育财政制度研究
王善迈　等著

经济科学出版社出版、发行　新华书店经销
社址：北京市海淀区阜成路甲 28 号　邮编：100142
教材分社电话：88191308　发行部电话：88191540
网址：www.esp.com.cn
电子邮件：houxiaoxia@esp.com.cn
北京中科印刷有限公司印装
787×1092　16 开　30.5 印张　580000 字
2012 年 2 月第 1 版　2012 年 2 月第 1 次印刷
ISBN 978－7－5141－1175－0　定价：76.00 元
（图书出现印装问题，本社负责调换）
（版权所有　翻印必究）

课题组主要成员

（按姓氏笔画为序）

孙志军　刘泽云　袁连生　崔　盛

编审委员会成员

主 任 孔和平　罗志荣
委 员 郭兆旭　吕　萍　唐俊南　安　远
　　　　 文远怀　张　虹　谢　锐　解　丹
　　　　 刘　茜

总 序

哲学社会科学是人们认识世界、改造世界的重要工具，是推动历史发展和社会进步的重要力量。哲学社会科学的研究能力和成果，是综合国力的重要组成部分，哲学社会科学的发展水平，体现着一个国家和民族的思维能力、精神状态和文明素质。一个民族要屹立于世界民族之林，不能没有哲学社会科学的熏陶和滋养；一个国家要在国际综合国力竞争中赢得优势，不能没有包括哲学社会科学在内的"软实力"的强大和支撑。

近年来，党和国家高度重视哲学社会科学的繁荣发展。江泽民同志多次强调哲学社会科学在建设中国特色社会主义事业中的重要作用，提出哲学社会科学与自然科学"四个同样重要"、"五个高度重视"、"两个不可替代"等重要思想论断。党的十六大以来，以胡锦涛同志为总书记的党中央始终坚持把哲学社会科学放在十分重要的战略位置，就繁荣发展哲学社会科学做出了一系列重大部署，采取了一系列重大举措。2004年，中共中央下发《关于进一步繁荣发展哲学社会科学的意见》，明确了新世纪繁荣发展哲学社会科学的指导方针、总体目标和主要任务。党的十七大报告明确指出："繁荣发展哲学社会科学，推进学科体系、学术观点、科研方法创新，鼓励哲学社会科学界为党和人民事业发挥思想库作用，推动我国哲学社会科学优秀成果和优秀人才走向世界。"这是党中央在新的历史时期、新的历史阶段为全面建设小康社会，加快推进社会主义现代化建设，实现中华民族伟大复兴提出的重大战略目标和任务，为进一步繁荣发展哲学社会科学指明了方向，提供了根本保证和强大动力。

高校是我国哲学社会科学事业的主力军。改革开放以来，在党中央的坚强领导下，高校哲学社会科学抓住前所未有的发展机遇，紧紧围绕党和国家工作大局，坚持正确的政治方向，贯彻"双百"方针，以发展为主题，以改革为动力，以理论创新为主导，以方法创新为突破口，发扬理论联系实际学风，弘扬求真务实精神，立足创新、提高质量，高校哲学社会科学事业实现了跨越式发展，呈现空前繁荣的发展局面。广大高校哲学社会科学工作者以饱满的热情积极参与马克思主义理论研究和建设工程，大力推进具有中国特色、中国风格、中国气派的哲学社会科学学科体系和教材体系建设，为推进马克思主义中国化，推动理论创新，服务党和国家的政策决策，为弘扬优秀传统文化，培育民族精神，为培养社会主义合格建设者和可靠接班人，做出了不可磨灭的重要贡献。

自 2003 年始，教育部正式启动了哲学社会科学研究重大课题攻关项目计划。这是教育部促进高校哲学社会科学繁荣发展的一项重大举措，也是教育部实施"高校哲学社会科学繁荣计划"的一项重要内容。重大攻关项目采取招投标的组织方式，按照"公平竞争，择优立项，严格管理，铸造精品"的要求进行，每年评审立项约 40 个项目，每个项目资助 30 万~80 万元。项目研究实行首席专家负责制，鼓励跨学科、跨学校、跨地区的联合研究，鼓励吸收国内外专家共同参加课题组研究工作。几年来，重大攻关项目以解决国家经济建设和社会发展过程中具有前瞻性、战略性、全局性的重大理论和实际问题为主攻方向，以提升为党和政府咨询决策服务能力和推动哲学社会科学发展为战略目标，集合高校优秀研究团队和顶尖人才，团结协作，联合攻关，产出了一批标志性研究成果，壮大了科研人才队伍，有效提升了高校哲学社会科学整体实力。国务委员刘延东同志为此做出重要批示，指出重大攻关项目有效调动各方面的积极性，产生了一批重要成果，影响广泛，成效显著；要总结经验，再接再厉，紧密服务国家需求，更好地优化资源，突出重点，多出精品，多出人才，为经济社会发展做出新的贡献。这个重要批示，既充分肯定了重大攻关项目取得的优异成绩，又对重大攻关项目提出了明确的指导意见和殷切希望。

作为教育部社科研究项目的重中之重，我们始终秉持以管理创新服务学术创新的理念，坚持科学管理、民主管理、依法管理，切实增强服务意识，不断创新管理模式，健全管理制度，加强对重大攻关项目的选题遴选、评审立项、组织开题、中期检查到最终成果鉴定的全过程管理，逐渐探索并形成一套成熟的、符合学术研究规律的管理办法，努力将重大攻关项目打造成学术精品工程。我们将项目最终成果汇编成"教育部哲学社会科学研究重大课题攻关项目成果文库"统一组织出版。经济科学出版社倾全社之力，精心组织编辑力量，努力铸造出版精品。国学大师季羡林先生欣然题词："经时济世　继往开来——贺教育部重大攻关项目成果出版"；欧阳中石先生题写了"教育部哲学社会科学研究重大课题攻关项目"的书名，充分体现了他们对繁荣发展高校哲学社会科学的深切勉励和由衷期望。

创新是哲学社会科学研究的灵魂，是推动高校哲学社会科学研究不断深化的不竭动力。我们正处在一个伟大的时代，建设有中国特色的哲学社会科学是历史的呼唤，时代的强音，是推进中国特色社会主义事业的迫切要求。我们要不断增强使命感和责任感，立足新实践，适应新要求，始终坚持以马克思主义为指导，深入贯彻落实科学发展观，以构建具有中国特色社会主义哲学社会科学为己任，振奋精神，开拓进取，以改革创新精神，大力推进高校哲学社会科学繁荣发展，为全面建设小康社会，构建社会主义和谐社会，促进社会主义文化大发展大繁荣贡献更大的力量。

教育部社会科学司

前 言

2005年12月通过竞标,由我主持申报的科研项目《公共财政框架下公共教育财政制度研究》获教育部哲学社会科学研究重大课题攻关项目立项(项目批准号05JZD00033)。

2006年我们开始了项目的研究,研究分三个阶段,第一阶段(2006年6月~2007年10月)为调查研究。先后对河南、安徽、贵州、湖南、北京等省市所辖9个县的政府教育、财政等部门和几十所大中小学的教育财政状况进行了调查研究和实地考察。目的为对我国公共教育财政现状和面临的主要问题做出分析和判断,为日后的研究内容和主要问题做出选择。

第二阶段(2007年10月~2008年12月)为项目研究。按照有所为有所不为的原则,根据项目评审和开题报告中的专家意见,以及调研的事实和问题,对申报的研究内容进行了调整。分别对公共教育财政的理论与制度、义务教育、高中阶段教育、高等教育财政和财政制度的若干主要问题进行了反复的讨论和研究。

第三阶段(2009年1月~2009年9月)对研究的最终成果进行撰写、研讨、修改,并最终进行统稿。2010~2011年国家教育财政制度和政策有新的进展,为此再次做了少量增补。

研究的主要成果包括6个调查报告、3个教育财政咨询报告、公开发表的学术论文53篇,其中有项目标识的35篇,另外还形成了12篇博士论文和1篇硕士论文,标志性学术专著一部,即本书。

本书只是对我国公共教育财政和财政制度面临的若干重大问题进行了初步探讨,不刻意追求严密的逻辑体系。本书的各部分是由子课题负责人分头撰写的,在写作风格上也不尽相同。公共财政框架下的公共教育财政制度,无论在理论研究、制度建设和实践中都是一个复杂的系统工程。上述研究结果是初步的,无论在理论探讨或制度创新的深度和广度上都是远远不够的。我们欢迎读者批评指正,并对公共教育财政制度持续、深入、系统地研究。

摘 要

作为财政制度和教育管理制度的重要组成部分的教育财政制度是教育发展和改革的重要制度保障。我国正在进行财政制度和教育管理制度的改革和创新，即要建立与社会主义市场经济相适应的公共财政制度和教育管理制度，因此需要建立和完善与其相适应的教育财政制度。我们以此为对象和目标展开了研究。本书是教育部人文社会科学重大课题攻关项目"公共财政框架下公共教育财政制度研究"的最终标志性成果。

本书由五部分构成：

第一部分：公共教育财政理论与制度框架。我国公共财政和公共教育财政制度建设起步不久，急需对公共教育财政制度及其框架进行研究，为此我们在对公共财政的本质、特征、职能论述的基础上运用公共产品理论界定了公共教育的性质为准公共产品，分析了公共教育服务在供给上的政府与市场，以及各层级政府间的关系和分工。按教育财政制度功能，规范了教育财政制度中各项具体制度，即筹资制度、分配制度、财政转移支付制度，学费与学生资助制度等。

第二部分：义务教育财政制度。我们重点研究了我国义务教育财政制度的变迁，并对相应的变迁予以评价；从教育财政视角以大量数据分析了义务教育在城乡间、区域间和学校间差异的现状及原因；透析了义务教育的财政转移支付制度的现状和问题，并提出按因素法测量义务教育经费缺口的方案；最后对进城务工人员子女义务教育经费保障制度的现状、问题与改革对策进行了探讨。

第三部分：高中阶段教育财政制度。我国高中阶段教育正在加快普及，但高中教育财政制度在学术研究上罕见，在制度政策安排上正在建立。为此，我们在对高中阶段教育性质界定的基础上，对高中阶段教育财政制度的构成做了探讨，着重从充足与公平两个维度，依据官方统计，对我国高中阶段教育财政进行了系统的分析和判断，提出相应的改革对策。

第四部分：高等教育财政制度。我国高教财政制度已初步建立，但各项制度有待进一步改革和完善。我们首先对我国高教财政制度的变迁进行了概述，对高教扩招十年来的高教财政进行了统计和计量分析，然后着重探讨了高教拨款制度改革，提出了学科生均拨款的模式，提出了会计调整法测量高教成本的方法，以成本函数法计量分析了我国高教的成本与效率，并探讨了高教学生资助制度中贫困生界定的方法，以及高校社会捐赠的激励制度。

第五部分：中国教育财政制度的评价与改革。作为全书总结，对我国教育财政制度的基本特征做了概括，从充足、公平、效率三个维度对财政制度进行了评价，提出教育财政制度改革的方向。

本书的主要创新之处表现在：第一，对公共财政框架下的教育财政制度及其构成在理论分析的基础上进行了明确规范的界定，对我国现行教育财政制度的基本特征进行了概括，从充足、公平、效率三个标准对我国教育财政制度进行了评价，提出了改革的方向，这在国内尚属首次。第二，根据不同地区义务教育办学标准设计了以县为单位、按因素法测量义务教育经费的标准需求和标准供给能力的方法，并对其缺口进行了测算，在此基础上提出了建立政府间层级转移支付的制度安排，这在国内外尚属首次。第三，首次对我国高中阶段教育财政从充足与公平角度进行了统计分析，提出了高中阶段教育财政制度改革的对策。第四，在高等教育财政制度中，对高等教育财政拨款制度提出了一个完整的框架，首次以北京市市属高校财政拨款制度为案例，设计了按学科生均定额的拨款方式；在国内外首次提出和设计了以会计调整法测量高教成本的方法，并进行了案例分析；在居民收入不公开的条件下，对高校贫困生资助制度中设计了利用非收入变量认定贫困生的方法；较系统地对高校社会捐赠的激励机制进行了研究。

Abstract

As an important part of financial system and educational management system, educational financial system is insurance for education development and reform. China is undertaking the reform and innovation on financial system and educational management system, that is, to establish a public financial system and educational management system which is in accordance with socialist market economy. Therefore, it is necessary to set up and improve the correspondent educational financial system. We started our research based on this object and goal. This book is the ultimate representative achievement for humanities and social science major project called "Public Educational Financial System under the Framework of Public Finance" by the Ministry of Education.

The book is composed by five parts:

The first part deals with the public educational financial theory and institutional framework. The time for establishing public finance and public educational financial system is not very long in China, and so it is urgent to research the public educational financial system and its related framework. We define the nature of public education as semi public goods using public goods theory based on the description of public financial nature, characteristics and function. And then we analyze the relationship and responsibility of government and market, and each level of governments on public educational services from the perspective of supply. Finally, all kinds of specific systems in educational financial system are regulated based on the functions of educational financial system, including funding system, allocation system, financial transfer payment system, tuition fees and student financial assistance system.

The second part is talking about the educational financial system in compulsory education period. We focus on the evolution of educational financial system in compulsory education period and evaluate the correspondent changes; research the basic characteristics, changes trend and resources of the differences between counties in compulsory education by massive data from the prospect of educational finance; analyze the current situation and problems of financial transfer payment system in compulsory education period and propose a measurement program on the gaps of compulsory educational expenditure by factor method. Finally, we discuss the current situation, problems and reform countermeasures on security system of compulsory educational expenditure for the children of migrant workers.

The third part discusses the educational financial system in high school period. China is speeding up the popularity of high school education, but secondary educational financial system is very rare in academic research and institutional arrangements have not been established. Therefore, we analyze the composition of educational financial system in high school period from two dimensions: adequacy and equality, based on the definition of high school education's characteristics. Finally we systematically judge the educational financial system in high school period according to official statistics and proposed the corresponding reform suggestions.

The fourth part presents the educational financial system of higher education. Though China's higher educational financial system has been established elementarily, the specific systems need to be further reformed and improved. In this part, we firstly summarize the changes of higher educational financial system and analyze the higher educational financial system after the higher education's expansion statistically and econometrically. And then we focus on the reform for the higher education's funding system and propose an allocation model based on subjects and per-student; a measurement program for higher education's costs by accounting adjustment method and analyze China's higher education's costs and efficiency by cost function. Finally, we identify the poor college students in higher education's funding system and research the incentive mechanism of social donation for higher education.

The fifth part evaluates China's educational financial system. As the book's summary, we sum up the basic characteristics of China's educational financial system and evaluate the financial system from three dimensions, which are adequacy, equality and efficiency. At last, we propose the reform direction of educational financial system.

The major creativity of this research are expressed in the following aspects: firstly, we clearly regulate the definition of educational financial system and its composition under the framework of public finance based on the theoretical analysis, summarize the basic characteristics of current educational financial system, evaluate the educational financial system from three dimensions, which are adequacy, equality and efficiency and propose the reform direction. This is the first research on these aspects in China. Secondly, according to the compulsory educational operation standards in different parts of China, we design the measurement of educational expenditure's demand criteria and supply criteria by factor method based on the unit of country, calculate the related gaps and under this framework, we propose the institutional arrangement of government transfers payment, which is the first time in China and abroad. Thirdly, we initially analyze the educational financial system in high school period statistically from viewpoint of adequacy and equality and propose the reform countermeasure for high school educational financial system. Fourthly, as to the higher educational financial system, we provide a complete framework for higher education funding system. We create the funding model by subjects and per-student based on the case of funding system for municipal universities in Beijing. We initially propose and design the cost measurement for higher education by accounting adjustment method and undertake the project analysis. Under the circumstance of enclosed income, we employ the non-income variable to identity the poor student for the higher education funding system and research the incentive mechanism of social donation for higher education systematically.

Public educational financial system under the framework of public finance is a complex systematic program from perspective of theoretic research, institutional building as well as in practice. The above research results are elementary foundlings and no matter from theoretical discussion or institutional innovation it is far from enough. We welcome all the critics and comments on the book and will continue researching the public educational financial system deeply and systematically.

目 录
Contents

第一部分
公共教育财政理论与制度框架　1

第一章 公共财政与公共教育财政制度　3

　第一节　公共财政的本质、特征与职能　4
　第二节　公共教育财政制度的理论分析　6

第二章 公共教育财政制度的构成　16

　第一节　教育筹资制度　16
　第二节　公共教育经费的分配制度　19
　第三节　政府间教育财政转移支付制度　21
　第四节　学费制度　23
　第五节　学生资助制度　26

第二部分
义务教育财政制度　29

第三章 我国义务教育财政制度的变迁　31

　第一节　农村税费改革前的义务教育财政制度　32
　第二节　农村税费改革后的义务教育财政制度　35
　第三节　农村义务教育经费保障新机制后的义务教育财政制度　38
　第四节　小结　42

第四章 ▶ 义务教育财政均衡发展研究　44

第一节　义务教育财政县级间差异分析　45

第二节　义务教育财政城乡间差异分析　59

第三节　义务教育财政校际间差异分析　70

第五章 ▶ 义务教育财政转移支付制度研究　81

第一节　现行义务教育财政转移支付制度　82

第二节　义务教育经费标准需求的测算　84

第三节　义务教育经费供给能力的测算　97

第四节　义务教育经费缺口的测算　108

第五节　完善义务教育财政转移支付制度的对策　114

第六章 ▶ 农民工子女义务教育财政理论、政策、实践与改革　117

第一节　问题的提出　117

第二节　农民工子女义务教育财政负担的理论视角　119

第三节　农民工子女义务教育财政负担的中央政策与地方模式　123

第四节　现行农民工子女义务教育财政负担政策的问题　129

第五节　农民工子女义务教育财政负担政策的改革　133

第三部分

高中阶段教育财政制度　139

第七章 ▶ 高中阶段教育财政理论与制度分析　141

第一节　高中阶段教育的性质及政府的财政责任　141

第二节　我国现行的高中阶段教育财政制度　143

第八章 ▶ 高中阶段教育财政的充足性分析　154

第一节　充足与公平：现阶段我国高中教育财政的两大主题　154

第二节　高中阶段教育财政充足性的衡量指标　156

第三节　高中阶段政府投入比例分析　157

第四节　生均经费指数分析　170

第五节　高中阶段毛入学率分析　176

第六节　结论和政策建议　181

第九章 ▶ 高中阶段教育财政的公平性分析　185

第一节　普通高中校际差异分析　185

第二节　公立普通高中择校问题分析　199

第三节　高中阶段学生资助问题分析　225

第四节　结论和政策建议　242

第四部分

高等教育财政制度　245

第十章 ▶ 我国高等教育财政历史与现状分析　247

第一节　高等教育财政制度的变革　247

第二节　我国普通高等学校收入与支出的变化特征及解释　253

第十一章 ▶ 高等教育财政拨款制度研究　276

第一节　现代高等教育财政拨款制度框架　276

第二节　高等教育财政拨款方式的国际经验　284

第三节　我国高等教育财政拨款体制的历史沿革　289

第四节　高等学校财政拨款方式的改革与创新　296

第五节　总结　304

第十二章 ▶ 高等学校成本研究　306

第一节　高等学校成本分析的基本问题　306

第二节　基于会计调整法的高等学校成本计量　310

第三节　高等学校成本与效率分析：成本函数的应用　317

第十三章 ▶ 高校家庭经济困难学生认定研究　338

第一节　高校家庭经济困难学生认定的国际经验　339

第二节　我国高校家庭经济困难学生认定的实践及研究　342

第三节　采用非收入变量估计大学生家庭收入的研究　352

第四节　结论与政策建议　363

第十四章 ▶ 我国高校社会捐赠激励机制研究　365

　　第一节　我国高校社会捐赠发展现状　365

　　第二节　高校社会捐赠激励机制基本模型分析　375

　　第三节　高校社会捐赠宏观激励机制模型　383

　　第四节　我国高校社会捐赠税收激励机制的现状、问题与建议　390

第五部分

中国公共教育财政制度的评价与改革　399

第十五章 ▶ 中国公共教育财政制度的评价与改革　401

　　第一节　中国公共教育财政制度的基本特征　401

　　第二节　公共教育财政制度与教育财政充足　405

　　第三节　公共教育财政制度与教育财政公平　412

　　第四节　公共教育财政制度与教育财政效率　418

　　第五节　公共教育财政制度改革的方向　422

附录　426

参考文献　443

后记　458

Contents

Part I
Public educational financial theory and institutional framework 1

Chapter 1 Public finance and public educational financial system 3

    1.1 The nature, characteristics and function of public finance 4

    1.2 The theoretical analysis of public educational financial system 6

Chapter 2 The composition of public educational financial system 16

    2.1 Educational funding system 16

    2.2 Allocation system in public educational expenditure 19

    2.3 Educational financial transfer payment system between governments 21

    2.4 Tuition fees system 23

    2.5 Students funding system 26

Part II
Compulsory educational financial system 29

Chapter 3 The changes of China's compulsory educational financial system 31

    3.1 The compulsory educational financial system before rural tax and fees reform　32

3.2　The compulsory educational financial system after rural tax and fees reform　35

3.3　The compulsory educational financial system after implementing the new rural compulsory educational expenditure security system　38

3.4　Summary　42

Chapter 4　The balanced development of compulsory educational finance　44

4.1　The Analysis on the counties' differences of compulsory educational finance　45

4.2　The Analysis on the urban-rural differences of compulsory educational finance　59

4.3　The Analysis on the interschool differences of compulsory educational finance　70

Chapter 5　The research on compulsory educational financial transfer payment system　81

5.1　Compulsory educational finance transfer payment under the new mechanism　82

5.2　Estimating the expenditure's standard demand in compulsory education period　84

5.3　Estimating the expenditure's standard supply in compulsory education period　97

5.4　Estimating the expenditure gap in compulsory education period　108

5.5　Suggestions on improve compulsory educational financial transfer payment system　114

Chapter 6　The theory, policy practice and reform on migrant children's compulsory educational finance　117

6.1　problems　117

6.2　Theoretical perspective of migrant children's compulsory educational financial burden　119

6.3　The central policy and local model of migrant children's compulsory educational financial burden　123

6.4　The problems on current policy of migrant children's compulsory educational financial burden　129

6.5　The reform on the policy of migrant children's compulsory educational financial burden　133

Part Ⅲ
Educational financial system in high school period　139

Chapter 7　Educational financial theory and institutional analysis in high school period　141

7.1　Education's nature and government's financial responsibility in high school period　141

7.2　The current educational financial system in high school period　143

Chapter 8　The adequacy analysis of educational finance in high school period　154

8.1　Adequacy and equality are two subjects of China's current educational financial system in high school period　154

8.2　The indicators of adequacy for educational financial system in high school period　156

8.3　Government spending ratio analysis in high school period　157

8.4　Per-student's expenditure index analysis　170

8.5　General enrollment ratio analysis in high school period　176

8.6　Conclusions and policy suggestions　181

Chapter 9　The equality analysis of educational finance in high school period　185

9.1　The difference analysis between ordinary high schools　185

9.2　The analysis on the problem of selecting public ordinary high schools　199

9.3　The analysis on the problem of students' funding in high school period　225

9.4　Conclusions and policy suggestions　242

Part Ⅳ
Higher educational finance system　245

Chapter 10　The history and current situation's analysis of higher educational financial system　247

10.1　The changes of higher educational financial system　247

10.2　The characteristics of changes and explanation on China's colleges and universities' income and expenditure　253

Chapter 11　The research on financial funding system of higher education　276

11.1　The framework of current financial funding system on higher education　276

11.2　The international experience of educational financial funding mode on higher education　284

11.3　The history of educational financial funding system on China's higher education　289

11.4　The reform and innovation of financial funding mode for colleges and universities　296

11.5　Conclusions　304

Chapter 12　The research on the costs of colleges and universities' operation　306

12.1　The basic problems of costs analysis for colleges and universities　306

12.2　Calculating the colleges and universities' operation costs based on accounting adjustment method　310

12. 3 Cost and efficiency analysis for colleges and universities' operation: an application for cost functions   317

Chapter 13 Poor students' identification and family income's assessment in colleges and universities   338

13. 1 The international experience on identifying the poor students in colleges and universities   339

13. 2 China's practice and research on identifying the poor students in colleges and universities   342

13. 3 Evaluating college students' family income by non-income variables   352

13. 4 Conclusions and suggestions   363

Chapter 14 The research on incentive mechanism of social donation for China's colleges and universities   365

14. 1 The current situation of social donation for China's colleges and universities   365

14. 2 The basic model analysis on incentive mechanism of social donation for colleges and universities   375

14. 3 The macro model on incentive mechanism of social donation for colleges and universities   383

14. 4 The current situation, problems and suggestions on tax incentive mechanism of social donation for colleges and universities   390

Part V

The evaluation and reform of China's educational financial system   399

Chapter 15 The evaluation and reform of China's educational finance system   401

15. 1 The basic characteristics of China's educational finance system   401

15. 2 Public educational finance system and educational finance's adequacy   405

15. 3　Public educational finance system and educational finance's equality　412

15. 4　Public educational finance system and educational finance's efficiency　418

15. 5　The direction of public educational finance system's reform　422

Appendix　426

References　443

Postscript　458

第一部分

公共教育财政理论与制度框架

　　公共教育财政理论对公共教育财政制度改革有重要的指导意义，了解公共教育财政制度的构成则是分析和研究公共教育财政制度的基础。因此，第一部分对公共教育财政理论和公共教育财政制度的构成作一简要的介绍。

第一章

公共财政与公共教育财政制度

　　我国已经制定了新一轮的教育改革与发展规划纲要,无论是教育发展或者是教育改革都需要相应的人、财、物资源投入。用于教育的资源投入是实现教育改革和发展的经济基础,而用于教育的资源投入需要相应的制度保障,教育财政制度正是教育改革和发展资源投入的重要制度保障。

　　我国公共教育财政制度正处在建设过程中。1978 年以来我国开始进行市场导向的经济体制改革,1992 年党的十四大明确规定了我国经济体制的改革目标为建立社会主义市场经济体制。作为市场经济体制的重要组成部分,财政制度伴随经济体制改革逐步推进,1998 年中央明确财政体制改革的目标是建立公共财政制度。作为公共财政制度的组成部分,公共教育财政制度伴随经济与教育体制改革一直在进行,2004 年教育部正式提出要"建立与公共财政体制相适应的教育财政制度"。

　　已有的改革和学术研究内容大多为某级某类教育的单项教育财政制度,或者是针对某一教育财政问题的应急措施,缺乏完善的涉及各级各类教育的教育财政制度和研究,这是中国渐进式的"摸着石头过河"的体制改革模式所必然的。

　　为了对我国未来教育发展与改革提供教育财政制度保障,有必要对公共财政框架下的教育财政制度展开研究。

第一节 公共财政的本质、特征与职能

公共教育财政制度是公共财政制度的一部分，有必要对公共财政制度进行探讨，但这不是本书的研究内容，这里只就国内外学术研究的共识作一概述。

一、公共财政的本质

公共财政制度是一种与市场经济相适应的、以满足社会公共需要为目标的财政制度安排。相对于计划经济而言，市场经济更有利于实现资源的有效配置，这正是我国经济体制从计划经济向市场经济转轨的根本原因。但是市场配置资源达到最优需要相应的条件和环境，而这些条件和环境在现实生活中并不存在或不完全存在，它必然导致市场机制的效率缺失，即市场失灵。它包括：作为市场机制不能有效提供公共产品和服务；经济外部性；垄断的形成和存在，使市场自由竞争遭到破坏，从而不能使资源有效配置；现实经济中的不确定性和风险也导致市场失灵，宏观经济中的经济周期会引发失业和通货膨胀；市场经济中的收入分配机制可提高效率，但同时也导致收入分配的不公平等。

由于市场经济存在市场失灵，需要政府介入和干预，从市场失灵出发，政府应成为公共产品和公共服务的提供者，外部性的矫正者，市场秩序的维护者，收入和财产的再分配者，宏观经济的调控者。市场失灵正是政府和财政作用的边界。因此，公共财政是与市场经济相适应的财政制度。由于市场失灵的具体内容在不同国家不同时期不尽相同，因而公共财政具体活动的范围和领域也有所不同。

二、公共财政的特征

公共财政是以满足社会公共需要为宗旨，可将公共财政制度的基本特征概括为公共性、公平性、公益性和法制性。

公共性是指它满足社会公共需要的特性。它既不是满足某个个体的需要，也不是满足某个群体的需要，而是满足所有社会成员的公共需要。人的需要可分为私人需要和公共需要。由于满足私人需要的私人产品或服务具有消费上的竞争性和排他性，可以通过市场得到有效满足，而与公共需要相对应的公共产品或服务

具有消费上的非竞争性和非排他性,市场机制不能有效提供,则需要政府和财政提供。由此,公共财政作用的范围应归于满足社会公共需要,凡不属于社会公共需要,而属于私人需要的产品或服务,公共财政则不应介入,否则,将会导致资源配置的扭曲和低效。

公平性是指财政制度和财政政策应对社会所有成员和不同群体一视同仁、平等对待,而不应有歧视。在财政收入、尤其税收收入上应税负平等,使各个纳税人纳税负担与其经济状况相适应,使纳税人之间纳税负担保持均衡。凡纳税能力相同的人应缴纳数额相同的税收,纳税能力不同的人应缴纳数额不同的税收,即税收上的横向公平和纵向公平。在财政支出上,凡由财政提供的各种公共服务,应采取均等化的原则,使享受财政公共服务的所有社会成员和群体获得相同的公共服务。

公益性是指公共财政不应直接从事市场活动,不应以追求利润为目标,而应以满足社会公共需要为己任。不论是财政收入或财政支出都必须以满足社会公共需要为目标,即追求公益目标。作为市场主体的企业与居民,其目标是利润最大化及收入和福利最大化,它们之间是平等的竞争者,而不具有公共权力。公共财政作为政府活动拥有公共权力,如果它以追求利润为目标,就可能滥用政治权力,凌驾于各经济主体之上,打破政府与市场的分工,与民争利,破坏公平竞争。

法制性是指公共财政必须以法制为基础,进行规范管理。市场经济是法制经济,政府的财政活动必须在法规约束下规范进行,只有依法治理财政,才能使社会公众真正约束、规范和监督政府及其财政活动,保障公共财政符合社会公众根本利益。这就要求公共财政在收入方式和数量、支出规模和结构、乃至财政管理上必须以法制为基础,实行规范管理。

三、公共财政的基本职能

前述界定了市场经济中公共财政作用的边界(公共财政是什么)之后,便可以确立公共财政的基本职能(公共财政干什么)。

1959 年美国经济学家马斯格雷夫在其著作《财政学原理》一书中首次提出了公共财政的三大职能,即,资源配置、收入分配、稳定经济,并为大多数经济学家认同。

资源配置职能:由于市场机制不能有效提供公共物品或服务,不能有效解决外部性以及不完全竞争的存在,政府和公共财政需履行资源配置的职能。

收入分配职能:由于市场机制不能有效解决收入和财产分配不公平的问题,

决定了公共财政必须履行调节收入分配的职能。

稳定经济职能：由于经济周期的存在，市场机制不能保障经济自动、稳定持续的发展，决定了公共财政具有稳定经济或宏观经济调控的职能。

第二节 公共教育财政制度的理论分析

从 1998 年开始，中国财政体制改革的目标已经确定，并在政府和学术界取得共识：建立基于社会主义市场经济体制的公共财政体制。2003 年《中共中央关于完善社会主义市场经济体制若干问题的决定》提出，要进一步健全和完善公共财政体制。在教育领域，2004 年教育部颁布《2003～2007 年教育振兴行动计划》正式提出"建立与公共财政体制相适应的教育财政制度"，并认为，"教育是政府一项最重要的工作，教育投入是公共财政体制的重要内容……逐步形成与社会主义市场经济体制相适应的、满足公共教育需求的、稳定和可持续增长的教育投入机制。"自此，建设公共教育财政制度的目标在国家的政策层面日益明确。

作为公共财政制度的一个重要组成部分，公共教育财政制度是财政自身公共化和财政在教育领域公共化的一种制度安排，是建立在市场经济体制基础之上的一种教育财政模式。它以市场与政府、层级政府之间的制度化分工为基本构件，旨在弥补教育资源配置中的市场机制失灵，满足教育领域内的公共需求，体现公共财政的内涵，具备民主制度和法制规范的特征。目前，我国公共教育财政制度的框架已经初步建立，尚需不断推进和完善。在教育领域，政府与市场之间的分工还有错位，层级政府之间财政责任划分不够明确，预算决策等制度尚不完善，这些都是我国公共教育财政制度建设必须解决的问题。

一、政府与市场之间的分工

公共财政的基本特征是以弥补市场失灵、满足社会公共需要为边界界定财政职能，以此为基础构建政府财政收支体系。在市场经济中，凡是市场能有效作用的领域，政府财政不涉足其中；凡是市场不能有效作用的领域政府财政必须发挥作用。按这一原则，公共财政在教育服务领域的职能是，弥补教育资源配置中的市场失灵，满足教育领域的公共需求。

市场经济体制以商品、服务和生产要素价格为基础信号，按照市场的供求规律来进行人力、物力和财力等资源配置。与计划经济体制相比，它为教育资源配置提供了更为有效的动力系统和相对准确的信息系统。然而，完全依靠市场机制并不能实现教育资源配置的效率和公平。第一，教育服务是具有收益外溢性的准公共产品，完全由市场提供会导致供给不足。第二，由于教育投资收益期限较长，信息不对称和结果不确定性较大，沉淀在人身上的人力资本又不可抵押，因此存在教育信贷市场失灵。第三，教育是社会阶层流动的重要途径，教育公平是社会公平的基础，完全由市场机制配置教育资源，将会使贫富分化加剧，造成阶层内部封闭和阶层之间断裂，损害社会公平，甚至危及社会稳定。因此，在政府是否要干预教育，是否要建立公共教育财政制度这个问题上，主流的经济学家的观点基本一致。无论是赞成政府干预经济的凯恩斯学派，还是主张最小化政府作用的自由主义学派，都肯定公共财政在教育服务提供上的积极作用。然而，教育的层级和类别较多，不同教育领域的市场失灵程度相差较大，在政府与市场的分工方式上应根据具体情况区别对待。

（一）教育服务属于准公共产品

根据公共产品理论，产品按其消费属性可分为公共产品、准公共产品和私人产品。市场在提供私人产品上是有效的，在提供准公共产品上不能达到社会最优水平，在提供公共产品上几乎完全是无效率的，后两种产品应该由政府参与提供。可以从公共产品的定义入手，分析教育服务的产品属性。在关于公共物品的定义中，有三种不同的观点：一是萨缪尔森（1954）单一标准的严格二分法；二是萨缪尔森和马斯格雷夫的双重标准；三是布坎南的标准。前两者偏重消费效用方面，后者偏重供给的主体。这里主要从消费角度来讨论教育服务的产品属性问题。

美国著名经济学家、诺贝尔经济学奖获得者萨缪尔森在1954年对公共产品首次给出了一个严格的判断标准：一个集体消费的物品，每个人消费的数量相同，一个人消费不会导致别人消费的减少。按照这样一个严格的标准，教育服务不属于公共产品，甚至连国防服务也不是，因为边防地区和内陆地区居民享受的防卫程度是不一样的。这种判断公共产品和私人产品的严格标准，受到了一些经济学家的批评。萨缪尔森1955年撰文承认，教育、法庭、公共防卫、高速公路、警察和消防等，都存在受益上的可变因素，暗示它们可能介于公共物品和私人物品两个极端之间。

学术界通常使用的公共产品定义来自著名的经济学家马斯格雷夫。他在1959年和1969年两次对萨缪尔森的单一严格标准进行了扩展，提出了判断公共产品的双重标准：消费上的非竞争性和非排他性。同时，他对消费上的非竞争性的规定做了更多的放松，将"每个人的消费不导致别人消费的减少"的严格规定置换为"存在消费上的受益外部性"，从而将公共产品理论与外部性理论结合起来。成为分析和论证教育服务属性的重要理论依据。

按照消费上的非竞争性和非排他性，教育服务属于准公共产品。教育提供的是一种服务，教育服务的消费具有竞争性。对于既定的教育供给，增加一个消费者，会减少其他消费者的消费水平。同时，教育服务的直接消费在技术上具有排他性。学校可以通过各种入学条件实施排他，如学费、成绩等。但是，教育服务的间接消费不具有严格的排他性。教育带来的经济和非经济收益，受教育者本人可以获得，但无法排除其他人也能获得。这里的间接消费是指对教育产出的消费，而不是直接对教育服务本身的消费。教育服务的产出大致可以包括三类：价值规范、人力资本和知识技术。相应地，教育可以划分为三种类型：普通型教育、专业型教育和研究型教育。

在普通教育领域，教育的主要功能是通过内化、构建和养成符合特定社会制度与社会价值的观念和行为，使个体的"意识形态"与整体社会规范相容，降低自然成长过程过高的学习和试错成本，减少个体与社会的摩擦、背离和冲突，降低整个社会的"交易费用"。因此，普通教育具有巨大的稳定外部性。在研究型教育领域，教育的主要功能是创造新的知识与技术，以及增加研究型人力资本。知识和技术具有很强的外溢性，基础性知识创新既具有消费上的非竞争性，又具有很大程度的非排他性，是典型的公共产品。知识和技术创新可以极大地提高生产力，推动经济快速增长，所以研究型教育具有很大的增长外部性。在专业型教育领域，教育的主要功能是形成个体参与劳动力市场所需要的生产性人力资本。在现代市场经济中，由于摒弃了古代社会中的人身依附制度，人力资本具有很强的私人产权性质，个体根据劳动力市场的价格信号对自身人力资本进行投资，收益主要归个体所有。然而，个体的专业化教育投资可以改变有形资本、技能型劳动力和普通劳动力的比例，从而对其他人的工资收入产生一定的外部性。例如，劳动人口一定的情况下，受教育程度较高的劳动力供给增加，受教育程度较低的劳动力的供给会相应地减少，若生产过程中的要素投入比例不变，那么，受教育程度较低的工人的工资将会升高。但是，这种"工资外部性"相对较小，已有的实证研究对这种外部性的支持不是很充足，而且这种外部性可能不会对资源配置产生太多的效率扭曲。

稳定外部性、工资外部性和增长外部性是一种静态判断。教育产出及其载体具有很强的空间流动性，教育的外部性很容易溢出到其他地方。教育产出的外部性以及由载体流动所产生的扩散效应统称为教育的外溢性。

教育具有很大的外溢性，而且随着社会经济和科技的发展在日益增强。正如人们关注污染河流的流量、流向以及所跨区域，关注传播"污染空气"的风向、风力以及所经过的国家和地区，关注携带传染病源的食品的生产、物流和销售等负的外部性。随着经济和社会一体化程度的加深，教育溢出的正的效应也日益扩大。例如，在信息和交通技术不发达的阶段，大学的一项研究成果，只能在所在区域传播和分享。在信息和交通技术高度发展的现代社会，通过互联网等通讯设备、书籍或人员交流等，研究型教育所产出的基础性知识技术将会扩散到任何地区，从而接近全国性和世界性公共产品。再如，普通教育的稳定外部性，在交通不发达和限制人口流动的时候，一个受过教育而具有社会美德的人只能使所在区域受益，而行为不端的人也只能危害乡里。但是，在交通技术发达的现代社会，且不说犯罪分子跨区域作案这种极端事件，即使大规模的打工潮中的一些受教育程度低，或者素质不高的劳动者的不良行为也会直接影响流入地的社会风气和治安状况。因此，随着分工的深化，社会和经济一体化程度的加深，以及人口流动的频繁和范围的扩大，教育的外溢性表现出越来越强的趋势。

根据公共产品理论，教育虽然具有一定的消费排他性，但是由于教育产出具有巨大的外溢性，社会收益显著，因此，教育属于准公共产品，应由政府和市场共同提供，公共选择机制和市场机制共同发挥作用。由于义务教育法的实施，义务教育取得了公共产品的形式，应由政府主导提供，财政支持推行免费政策，并涵盖提供义务教育服务的所有公立和私立学校。非义务教育阶段的教育服务，应由政府和市场共同提供，财政与学生及其家庭应适当分担服务成本。根据教育类别，教育收益的外溢性越小，私人分担的教育成本份额应该越大；反之，教育收益的外溢性越大，公共财政负担的份额则应越大。

（二）教育投资的信贷市场失灵

教育投资的信贷市场失灵是建立公共教育财政制度的另一个重要原因。传统经济理论认为，在完全信息和交易费用为零的条件下，利率调节可以使信贷市场出清。然而，现实经济往往不能满足完全信息和零交易费用这种完美的假设，从而出现信贷市场失灵。一般资本市场存在信贷失灵，教育信贷市场的失灵程度更为严重。

为了获得预期的收益，人们进行各种各样的投资，包括形成人力资本的教育投资。进行投资就必然面临融资的问题。融资有不同的方式，家庭自有资金和财产，亲朋好友馈赠和借贷，以及从资本市场上进行借贷。对于人力资本投资，信贷市场是不完全的，利率的调节作用是失灵的，进行教育投资的私人或私人部门往往不能获得需求的资金，从而也不能获得一个有效率的教育数量。正如弗里德曼所指出的那样，"对人力资本投资不足很可能反映了资本市场的不完全性。得到人力投资的资金比得到有形资本投资的资金具有不同的条件而且比较困难。"人力资本理论的奠基者舒尔茨（1961）、贝克尔（1986）也认为，为教育投资而进行融资的资本市场比为有形资本投资的资本市场更为不完善。

弗里德曼（1962）将教育信贷更为困难的原因归结为三方面：第一，缺乏有形的投资残余可回收。一笔贷款若用来进行有形资本的投资，贷款者能够以抵押的形式，或对有形资产的变卖权力等方式来减少风险，从而，在不能归还贷款时，可以通过变卖有形资产，至少收回贷款的一部分。但是，若这笔贷款用于购买教育进行人力资本投资，他显然不能获得任何类似收回贷款的保证。在一个非奴隶制的国家中，体现投资款项的个人不能被买进和卖掉。即使他能买进和卖掉，收回贷款的保证也相差很远。第二，教育投资具有巨大的风险。首先是个人身体上面的风险，教育投资形成的人力资本凝结在人身上，死亡和残废是造成教育投资风险最显著的原因之一。其次还有个人能力上、精力上和运气方面的差异，导致教育投资收益的波动幅度很大。第三，股权融资管理费用极为沉重。为对付投资风险，资本市场发展出入股投资和有限债务共存的资本配置结构。在教育投资中，这种方法是很难实施的。原因是这种私人契约相当于购买一张个人挣钱能力的股票，相当于部分的奴隶制，这是现代文明社会中法律精神所不允许的；而且，取得真实收入信息不易，契约持续时期过于漫长，都导致管理契约的成本高昂，无法实施。

导致教育信贷失灵的另一个重要原因是信息不完全和不对称。个体的能力信息和个体的努力水平是教育信贷市场上关键变量。个体的能力影响个体教育生产的效率以及未来劳动力市场上的收益，从而决定其还贷能力。然而，个体的能力信息是一个内在变量，不但贷款人和机构很难准确测量，就连受教育者个人也很难实事求是地客观估计出来。学校提供的教育教学服务只是教育生产中的一个要素，如何结合学生的志向、智力、意志、勤勉，以及私人学习材料、家庭环境等，都需要个体付出巨大的努力。这种努力的程度也是决定教育投资成效的关键变量，但是，努力程度是个体所能控制的，而提供求学资金的人或者机构却很难监测到。

对于贷款机构而言，缺乏个体内在能力和个体的努力水平的信息必将面临风险。这两个问题显然难以克服，导致了教育信贷市场失灵。对于中、低收入家庭，教育信贷失灵的影响更为严重。随着教育层级和成本的升高，中、低收入家庭的子女不得不放弃一些预期能够获得收益的教育投资机会。这对个人和社会都是一种效率损失。因此，对于各级各类教育，都必须建立起学生资助制度，可以通过学费减免、贫困生资助、以及由财政担保或贴息的助学贷款等方式，来弥补教育信贷市场失灵，保障中、低收入家庭的子女不会因为负担不起学杂费而辍学。

（三）教育公平是社会公平的基础

建立公共教育财政制度，还可促进社会公平、提高整体社会福利。福利经济学认为，社会整体福利不仅取决于经济效率，而且取决于社会公平程度。教育公平是社会公平的基础，而教育资源配置的公平又是教育公平的重要内容。完全由市场来配置教育资源，教育服务将与私人产品一样，有钱付费者就消费，否则就被拒之门外。由于家庭收入差距较大，完全由市场提供必将导致受教育机会的不均等。对于中、低收入家庭而言，过高的学费势必减少其教育需求，上一级学费较高不仅使该级教育需求减少，而且会逐级向下扩散，并导致这些家庭对各级教育需求的减少，入学率下降，辍学率上升。当代家庭收入和社会阶层将决定下一代子女获得的教育资源与人力资本，并将限制第三代人的教育机会。这样就会形成一种恶性循环，使得社会流动程度降低，社会阶层断裂，贫富分化，一些家庭可能陷入贫困性陷阱。

市场机制可以提高资源配置的效率，但不能保证公平，促进公平的主要责任在于政府。为此，必须建立起公共教育财政制度，对教育资源进行公平的配置，实现公共财政的再分配职能。尤其是对于基本的教育服务，如义务教育，应由政府为居民提供大致均等的公共教育资源，以保证教育起点公平。

综上分析，在社会主义市场经济条件下，教育的准公共产品属性，教育信贷市场失灵和对教育公平的追求是建立公共教育财政制度的重要理论依据，也为政府和市场之间分工提供了理论依据，更为公共教育财政制度确立了提高资源配置效率和促进社会公平的目标。

二、层级政府之间的分工

政府的公共教育职能需要由各级政府分别承担。各级政府间的教育责任和权力的划分，与一国社会历史文化传统、地理环境、经济发展水平、行政体制、财政税收体制等许多方面密切相关。现代经济学认为，教育服务的生产责任与财政责任是可以分离的。生产责任的分配主要依据不同层级政府在技术和信息上的比较优势，财政责任的分配则主要依据产品外溢范围的大小和各级政府的财政能力。地方政府更接近民众，更了解居民的需求，而且大部分教育生产中的技术问题可以克服，因此，多数情况下都由地方政府举办公立学校直接提供教育服务。教育的生产责任由地方政府来承担，中央政府可以通过对比，获得不同地方政府在教育生产上的努力程度和效率，并进行相应的奖惩。但是，教育财政责任的划分则要考虑更多的因素，要根据教育的层级、类别和各级政府的财力等进行具体分析。

（一）教育的主要受益范围与行政辖区对等

美国经济学家奥尔森在1969年提出了一个著名的公共服务财政责任分配原则："财政对等"，即一项公共服务的财政责任应该配置给这样一级政府，此级政府辖区内的居民集合恰好与该项公共服务的受益人群范围相互重合。后来科尼斯和萨德勒（1996）等经济学者对"财政对等"原则进行了发展，认为只有当公共产品的政治权限与经济利益相一致时，帕累托意义上的最优效率才能达到。

根据受益范围的大小，公共产品可以划分为全国性公共产品和地方性公共产品。一般而言，全国性公共产品由中央财政提供，例如国防，地方性公共产品由地方政府提供，例如路灯。在教育服务中，研究型教育主要产出基础性知识和技术创新，具有更强的全国性公共产品属性，由较高层级的政府提供具有规模经济。一项知识技术没有必要被重复发现，知识和技术可以低成本地传播，全国只要有一个机构创造出来，其他地方即可受益。研究型高等教育的财政责任应该主要由中央财政来承担，或者由地方高层政府来承担。对于主要承担普通型教育任务的义务教育，从直接消费角度看，它的主要受益对象是当地的居民，具有很强的地方性公共产品属性；从间接消费的角度看，它提高了国民的基本文化科学素质，使个体养成与国家、社会相容的价值规范和行为习惯，减少社会冲突，降低社会整体交易成本，更接近全国性的公共产品。因此，应由中央财政来提供资金，保证各地区义务教育资源的底线公平，超出底线的部分，应由地方政府来承担。对于经济发达和富裕的地区，教育财政责任应主要由地方政府自身负担，而且可以因地制宜，根据地方居民的需求、财政实力和教育事业的发展状况提高标准。对于实施专业型教育的各级职业技术教育和高等教育，地方性公共产品属性较强，一般应由地方政府来负担。考虑到学校的规模效应，中等教育财政责任可以由县、市级政府承担，省级政府进行统筹，普通高等教育和高等职业教育的财政责任可根据隶属关系由省级、市级政府来负担。

公共服务的受益边界与提供它的政府行政辖区之间存在三种可能的关系：一是公共服务的受益范围小于提供它的政府辖区范围；二是公共服务的受益范围与提供它的政府辖区重合，符合"财政对等"原则；三是公共服务的受益范围超过了提供它的政府辖区。对于教育服务而言，由于人口流动等原因，教育的间接收益外溢到其他地区，受益范围超出提供它的政府行政辖区实属常态。人口流动等因素所导致的地方教育财政外溢，可以根据毕业生的流出数量，由中央政府或较高层级的地方政府通过财政转移支付来补偿。

(二) 教育事务责任与政府的财力对称

教育财政责任在各级政府之间的划分，必须考虑各级政府实际所拥有的财力，遵循财力与责任相对称的原则，而不是财权与事权相对称的原则。政府财力与财权是两个不同的范畴。拥有财权的政府，一般拥有相应的财力，反之则不一定。一般而言，为了形成全国统一的市场、加强政府宏观职能和提高税收效率，上级政府的税收权力较大，下级政府的税收权力较小，甚至没有。通常上级政府要将一部分财政收入转移给下级政府使用，最终是上级政府的财权大于其财力，下级政府的财力大于其财权。这也是国际上的通常情况。政府的事权与事务责任也是两个差异很大的概念。拥有事权的政府往往并不承担相应的事务责任。由于地方政府信息上的优势，许多教育事务责任是交由地方各级政府来承担的，但是它们并不一定拥有相应的事权。

可见，对于教育服务这种交叉性较强的准公共产品，在各级政府之间按照事权来事先划分财政责任是不可行的。必须考虑各级政府的现实可支配财力，包括上级对下级政府的财力转移，对教育事务责任进行分解，在各级政府之间进行分担，最终达到经过转移支付后的财力要与该级政府应该承担的责任相匹配。

由于中央政府具有税收优势，地方政府具有信息优势，财权和财力的向上集中与事务责任的下移，造成了地方政府的教育事务责任和财力不对称的矛盾，而且这个矛盾将会长期存在。为解决这一矛盾，各国都建立了中央政府对地方政府以及高层地方政府对低层地方政府的教育财政转移支付制度，一方面保证下级政府的教育经费需求，另一方面调节和平衡各地区之间教育发展水平。

我国拥有五级政府，相应地有五级财政，是一个典型的财政分权国家，而且地域辽阔、人口众多，区域间自然地理环境迥异、经济发展严重不平衡，除少数发达地区外，县级财政能力较差，必须由中央和省级政府通过转移支付为教育发展提供相应的资金支持。目前，中央尤其省级政府承担的教育财政责任较小，是我国政府教育投入不足和公共教育资源分布不均的一个重要制度根源，必须从制度上改变这一现象。

(三) 教育财政决策权的配置

教育财政决策权的配置格局，一方面标志着教育财政制度自身的公共性、民主性与法制性程度，另一方面影响着教育财政资源的筹集、分配、使用，以及对公共教育需求的满足状况。教育财政决策权的配置格局主要表现在人大与政府之间，财政部门与教育部门之间的权力分配关系上。与以往的教育财政制度相区别，民主决策与法制规范是公共教育财政制度的一个重要特征。公共教育财政决策权的配置和决策程序应有明确的法律规定，体现决策的民主性和规范性。

1. 教育财政决策权在人大与政府之间的配置。《中华人民共和国宪法》（以下简称《宪法》）规定："全国人民代表大会行使下列职权……审查和批准国家的预算和预算执行情况的报告"，"县级以上的地方各级人民代表大会审查和批准本行政区域内的国民经济和社会发展计划、预算以及它们的执行情况的报告"。根据《宪法》的精神，1995年的《中华人民共和国预算法》（以下简称《预算法》）在第二章"预算管理职权"第十二条和第十三条对各级人大对财政预算的审查、批准和监督的权力进行了具体规定。因此，从法律意义上讲，居民纳税形成的国家财政收入，其所有权必须控制在由人民代表所组成的人民代表大会手中，经人民代表大会批准的国家预算具有法律性质，其制定、执行和审计的整体过程都必须置于人民代表大会的监控之下。公众参与教育财政决策，主要通过人民代表大会的预算制度来实现。

虽然人民代表大会的财政权力在宪法和法律层次上得到确认，但是在财政实践中，各级人大对教育预算的影响并不大，监督作用也有待加强。教育财政的决策权集中于政府行政部门，甚至是行政部门主要党政领导手中。这种决策权的配置格局，是长期计划经济遗留下来的产物，很少被人们反思和质疑。甚至一些观点认为，由于人大成员很少具备教育和财政方面的专业知识，将决策权交由人大的想法不切实际。这种观点缺乏历史和理论依据，不仅与我国宪法精神相抵触，而且与各国通行的做法相悖，是一种维护部门既得利益的狭隘观念。从本质来看，公共财政预算不是技术性问题，而是政治性事务。政府单一决策主体的格局势必造成教育财政决策缺乏透明性、民主性和规范性，决策的科学性和公正性也难以保证。一些政府部门的教育财政行为随意性过大，公共资金的使用与公共需求、公共利益偏离，公共权力变成一些利益集团俘获的工具。由于缺乏必要的制约和监督，政府财政资金向学校分配的过程中，人为因素过多，寻租行为滋生，问题较为突出。一些政府机关以共建名义向重点学校拨付资金，每笔资金都带有相关单位的入学名额，这实质上是一种利用公共权力和公共资源为少数人谋利的腐败现象。

这些问题的解决，必须通过体制改革，按照宪法和相关法律配置人大和政府之间的决策权力，将政府的教育财政预算置于人大的控制和监督之下，充分地反映人民的意志，体现财政资金取之于民、用之于民的公共性质。强调人大在教育财政上的决策权，并不是简单地否定政府的决策权，而是要规范各自的权利和义务，以增加教育财政决策的民主性、科学性和透明性。

2. 教育财政决策权在政府相关部门之间的配置。在教育财政事务上，政府的教育行政部门属于管理教育的职能部门，财政部门属于教育财政的供给和监督部门。教育行政部门对行政区域内的教育事业发展拥有更多的信息和专业知识，对教育经费的分配和使用理应具有更大的权力。财政部门的责任是保证教育经费的供应，监督和审查教育经费的拨付与使用。由于财政部门不仅要为教育部门提供经费，而且也为其他公共部门提供经费，因此，在一定的权限内可以在公共项目之间做必要的平衡。财政部门不应对教育行政部门的内部决策过多地干预。

2000年以来，经过新的预算程序改革，我国的财政决策权在政府内部逐步集中到财政部门，这强化了财政部门在财政决策体系中的核心地位。但是，这种决策权的配置格局导致了新的问题，财政部门权力过于膨胀，再加上财政部门对自身权责定位不准确，以及部门利益的驱动，出现了财政部门与教育行政部门争夺权力、过度干预教育行政事权的越位倾向。在一些地方的教育财政决策中，财政部门对教育支出各个项目进行的审查，客观上使其拥有了对项目开展与否的决定权。教育行政部门的话语权被逐渐弱化，其决策地位也逐渐边缘化。这种倾向已经影响到教育财政资金分配的公平性和使用的科学性。

应改变现行的财政部门权力过大的状况，要将财政部门的财权和教育行政部门的事权进行科学的划分和明确的界定。财政部门权力的膨胀和越位，也与教育预算中人大权力的"虚位"直接相关。由于人大没有发挥应有的作用，政府的财政部门变成了一个实际的预算决策中心，财政部门的职能与权力无法得到有效的制衡和监督。因此，在对财政部门和教育部门决策权调整的同时，应该着眼于更深层的体制改革，即人大与政府之间的教育财政决策权配置改革，全面完善和落实《预算法》，使人大代表真正行使财政决策权。我国正在进行市场经济体制的改革和完善过程之中，民主财政制度建设尚处于探索阶段，要真正实现教育财政决策权在人大和政府之间、政府相关部门之间的合理配置，仍需要一个长期的过程。

第二章

公共教育财政制度的构成

第一章我们界定了教育服务为具有外部性的准公共产品，应由政府和市场共同提供，其成本也应由政府和受教育者共同负担。按照教育服务受益范围，不同级别和类别的教育分别属于地方性或全国性的公共服务，应由各级政府提供和负担。公共教育财政制度就是为满足公共教育服务需要而确立的公共教育经费的筹集、分配、使用、监管的制度规范。从制度功能来说，它应包括教育筹资制度、教育预算制度、公共教育经费的分配制度、学费和学生资助制度、教育财政转移支付制度以及教育经费的监管制度等。从教育层级来说，它应包括义务教育财政制度，非义务教育财政制度，在中国，后者包括高中阶段的教育财政制度和高等教育财政制度，本章首先对公共教育财政各项制度给予规范的界定，在以后各章我们选择了义务教育、高中阶段教育和高等教育作为主要的财政制度进行研究。

第一节 教育筹资制度

教育筹资制度是由政府税收和支出预算制度、教育收费制度和教育捐赠制度等构成的为教育提供经费的制度。教育筹资制度的功能是为教育提供充足和稳定的经费（亨利·莱文，2000）。

教育筹资制度受教育的属性、社会政治、经济和教育体制的影响。教育的准公共产品属性，决定了教育经费由政府和受教育者共同筹集的特点。不同类型的教育，其公共产品的成分不同，要求政府和受教育者筹集经费的责任有所不同。一般而言，义务教育应由政府负担，非义务教育相对于义务教育而言，应由政府和受教育者共同负担。不同的政治、经济和行政体制下，政府和受教育者的教育筹资责任、不同层级政府之间的教育筹资责任有所不同。

政府的教育经费主要来自一般税收、为教育设置的特定税费和预算赤字。

多数国家政府教育经费主要来自一般税收。一般税收主要有三类：商品和服务税、所得税以及财产税。商品和服务税包括增值税、消费税、营业税和关税等；所得税主要为个人所得税和企业所得税；财产税包括房屋、土地、遗产、赠与税等。通过一般税收筹集教育经费，要通过征税和支出预算两个过程。一般税收的充裕与否，除税制因素外，与宏观经济关系密切，对依赖一般税收的教育经费有较大影响。政府教育经费是否充裕，还受支出预算中教育经费份额的制约。在税收一定时，政府支出预算教育经费比例越高，教育经费将更加充裕。

政府还可以设置为教育筹资的特定税收和收费项目。美国多数州授权学区征收房地产税作为中小学经费的主要来源。中国在城镇征收教育附加费，包括全国统一的教育附加费和地方开征的教育附加费。在企业交纳的增值税、营业税和消费税基数上加征一定的百分比，主要用于义务教育。

政府还能够通过增加财政赤字，即安排的支出大于收入的方式，印制货币使政府增加资源，为教育提供资金。不过印制货币维持的赤字财政，如果管理不善，将导致严重通货膨胀，对社会经济产生严重危害（希门内斯，2000）。

教育机构通过向受教育者个人收取学费和杂费，是最早出现、目前还普遍采用的教育筹资方式。学费是对教育机构提供的教育教学服务支付的费用；杂费是对教育机构提供的其他服务支付的费用，如住宿、餐饮、文体活动等费用。不同的国家、不同性质的教育机构、不同的教育阶段，学杂费在教育经费收入中的比重有较大的差异。

教育捐赠是教育机构筹集教育经费的辅助渠道。教育捐赠与经济发展水平、税收制度、社会文化传统、教育体制等因素相关。本书第十四章对此进行专门的讨论。

教育筹资制度中最核心的是教育经费中政府与受教育者个人分担关系，以及政府教育经费中层级政府之间分担关系的制度安排。

从世界现代教育筹资的历史看，随着教育在社会经济发展中重要性的提高，教育准公共产品的性质日益明显，政府在教育中的作用逐步增强，教育经费中来自政府的比例逐渐上升，来自个人的比例逐渐下降。政府教育经费承担比例与一个国家的经济发展水平和社会经济体制有密切的关系。国际比较研究表明，一般而言，政府教育经费占 GDP 的比例随经济发展水平的提高而提高，当经济发展水平达到很高水平时趋于稳定（陈良焜等，1988）。世界范围内，各国义务教育经费基本由政府负担，非义务教育经费政府负担的比例差异很大，欧洲国家政府分担的比例最高，东亚和拉美国家政府分担的比例最低。不过，受教育者个人和家庭分担的教育经费一般远远高出教育经费统计中的数据。因为，即便政府支付所有的学校直接教育成本，家庭也通常支付购买书籍、校服、体育器材等教育相关费用，以及因上学而放弃的收入（亨利·莱文，2000）。

在多级政府的国家，政府教育经费在各级政府之间的分担是教育筹资体制的重要制度安排，对教育经费的充裕有重要影响。在多数国家，政府教育经费主要由高层和中层政府负担。2002 年，经济合作与发展组织（Organization for Economic Cooperation and Development，OECD）国家政府教育经费中，高层和中层政府负担占 78％，OECD 伙伴国印度和巴西，高层和中层政府经费分别占 94％ 和 74％。[①]

选择或设计教育筹资体制时，效率和公平原则应成为重要的原则。

效率原则要求筹集单位教育经费的成本最低。采用何种方式筹集政府教育经费效率更高，决定了是用一般税收还是特定的教育税费项目来筹资。几乎所有国家都采用一般税收作为政府教育筹资的主要方式，主要就是因为采用特定的教育税费项目筹资需要增加额外的筹资成本。

教育筹资公平主要考虑能力原则和受益原则，兼顾对纳税人的公平和对受教育者的公平。对纳税人而言，因为受益于教育的外部性，负担相应的税收是应该的。但按能力原则，富裕的个人和企业应该多负担税收；按受益原则，从教育中受益多的个人和企业应该多负担税收。作为纳税人，富裕的个人和企业从教育中的受益相对更大，因此无论是按受益原则还是能力原则，都应该承担更多的税收。对受教育者而言，能力原则要求富裕家庭多交纳教育费用，贫困家庭少交或不交纳教育费用；受益原则要求不分贫富，都应该根据教育受益的大小交纳教育费用。对受教育者，能力原则和受益原则是有矛盾的。现实中，教育机构在收费时主要采用受益原则，通过学生资助制度来减轻贫困家庭的负担，缓解因为家庭经济困难引起的教育机会不公平。

在中国，改革开放以来，尤其 20 世纪 90 年代以来，已逐步建立起以政府投入为主，多渠道筹集教育经费的制度。按照《国家中长期教育改革和发展规划纲要（2010～2020 年）》的规定："义务教育全面纳入财政保障范围，实行国务院和地方各级人民政府根据职责共同负担，省、自治区、直辖市人民政府负责统

---

① OECD：Education at a Glance 2005，www.oecd.org/edu/eag2005。

筹落实的投入体制"。"非义务教育实行以政府投入为主、受教育者合理分担、其他多种渠道筹措经费的投入机制。学前教育建立政府投入、社会举办者投入、家庭合理负担的投入机制。普通高中实行以财政投入为主，其他渠道筹措经费为辅的机制。中等职业教育实行政府、行业、企业及其他社会力量依法筹集经费的机制。高等教育实行以举办者投入为主、受教育者合理分担培养成本、学校设立基金接受社会捐赠等筹措经费的机制。"

第二节 公共教育经费的分配制度

如前述，公立的三级正规教育属于准公共产品或服务，应由政府与市场共同提供，其成本应由政府和受教育者或其家庭共同负担。三级教育中的义务教育作为公共服务，应由政府提供，政府应负担其全部成本。因此，政府成为公共教育经费负担的主体。政府如何向提供教育服务的学校分配公共教育经费就成为公共教育财政制度的重要组成部分，这一分配制度也被称为拨款制度。

公共教育经费分配制度或拨款制度，是指在财政预算用于教育的支出既定的条件下，向提供教育服务的学校分配拨付教育经费的制度规范。它包括分配或拨款的主体，回答由谁来分配和拨款，还包括分配或拨款的模式，回答依据什么标准、按照什么模式向学校拨款。本节主要以我国为背景，从制度规范上界定公共教育经费的分配或拨款制度。

一、分配和拨款的主体

拨款主体世界上有两种类型：一是由政府拨款，大多数国家教育拨款主体都是政府；另一种是由中介机构作为拨款主体，如英国、美国的部分州和我国的香港特别行政区，高等教育拨款由高教拨款委员会等中介机构进行。

就政府而言，向学校拨款可以是财政部门，也可以是教育部门。在国库集中支付制度下，按照核定的学校预算，由国库直接向学校拨款。也可以由财政部门拨付给教育部门，再由教育部门拨付给学校。前者的优势在于减少了拨款中间环节，防止教育行政部门对教育经费的挪用，降低拨款成本，提高拨款效率；后者可增加拨款的灵活性。我国长期以来采用财政—教育—学校的方式进行，教育行政部门是拨款主体，伴随财政体制改革，国库集中收付制度的实施，拨款主体将由教育部门转向财政部门。

由于政府对学校的拨款制度和一国的财政体制与教育行政管理体制相关,究竟由哪一级政府拨款,不同国家不尽相同。在大国中一般是多级财政,教育管理也是多级政府管理,拨款主体呈现层级化。在中国,按照宪法规定,政府和财政由中央、省、市、县、乡镇五级组成,教育管理实行中央和地方分级管理,其中高等教育实行中央和省级政府两级管理,对高等学校拨款按照高等学校行政隶属关系,分别由中央和省级政府实施,基础教育主要由地方管理,目前实行以县级政府为主的管理体制,对基础教育的学校的拨款由县级政府实施。

二、拨款模式

按照分配或拨款客体,目前有两种拨款模式:一种是直接向提供教育服务的学校拨款,称为直接拨款;另一种是间接拨款,即以"教育券"的形式,政府将教育券这一有价证券发放给学生,由学生选择学校后将教育券交给被选择的学校,学校再凭教育券获财政拨款。教育券最早由美国经济学家弗里德曼在20世纪50年代提出,美国部分州实行过。我国目前实行的是第一种,浙江省长兴县曾试行过后一种。

拨款模式涉及拨款内容和依据。拨款内容按照经费支出的功能可分为维持学校正常运行的经费和用于学校发展的经费。前者包括学校经常性经费和资本支出经费,经常性经费在中国称为教育事业费,包括人员经费和公用经费;后者在中国称为教育基本建设经费,主要用于政府规定限额以上的教学仪器设备购置费和学校各种建筑物的基建经费。用于学校发展的经费在中国包括用于学校发展的基本建设费和各种专项经费,如中小学的信息化建设经费,高校中用于建设世界一流大学的专项经费,如"211"工程、"985"工程等。

拨款的依据,经常性经费应按照国家和省级地方政府制定的各级各类教育基本办学标准所必需的生均经费确定。用于发展的经费应根据国家某个时期特定的教育发展政策所设立的各种项目和所需成本确定。前者应以公平为导向,按生均定额采取均等化拨款,后者应以效率和政策为导向,应引入市场竞争机制,采取招投标制度对学校拨款,这主要在高等教育拨款中实施。

为了提高公共教育经费的使用效率,少数国家和地区在高等教育拨款中实行绩效拨款,对教育效率较高的学校增加拨款。这是将激励机制引入拨款制度中,我国政府相关机构也在倡导绩效拨款制度,实施绩效拨款从理论与制度层面上说是必要的,在操作层面上需具备以下条件:第一,需建立客观的、科学的、可行的绩效评价指标体系,否则,无法进行绩效评价。第二,建立相应的中介机构,依照绩效评价指标对各级各类学校绩效进行评价,绩效评价既不应由学校也不应由政府评价，因为它们都是拨款的利益相关者，应由利益中立的第三方评价。第三，绩效拨款必须达到一定数量，足以激励学校提高绩效。以上三项条件的设定成本较高，如果绩效拨款实施的成本大于绩效拨款数量，就失去实施的价值。

第三节 政府间教育财政转移支付制度

政府间教育财政转移支付制度，是指中央与地方政府间或上下级政府间教育财政转移支付的制度规范。它是层级政府间财政转移支付制度的一部分，是基于政府间教育事务责任与财力不对称、地区间财力不均衡而设立的，其目的是均衡公共教育财政和实现公共教育服务均等化，从而促进教育均衡发展，实现教育公平。

一、教育财政转移支付的必要性

第一，层级政府间教育财政的纵向不均衡。包括我国在内的大多数国家，在教育事务责任划分上均呈现正金字塔形，即中央或上级政府承担的教育事务责任较少，地方或下级政府承担的教育事务责任较多。而在财权和财力划分上，则呈现倒金字塔形，即中央或上级政府集中的财权财力较多，而地方或下级政府的财权和可支配的财力较少，从而导致层级政府间教育财力不均衡。解决层级政府间教育财力不均衡的办法，是合理划分层级政府间教育事务责任与财力，使其事务责任与财力对称。为此，需要通过层级政府间转移支付制度加以解决。

第二，不同地区政府间横向教育财政不均衡。由于区域间经济和财政发展水平的不平衡和区域间教育成本差异，导致地方政府辖区间教育财政不均衡，从而影响公共教育服务的均衡化。解决的根本办法在于促进区域经济、财政的均衡发展。在人口完全自由流动条件下，人口在区域间自由迁移也可以缓解区域间教育服务的非均衡。但这两种办法实施难度较大，时间漫长，为此，需要通过层级政府间教育财政转移支付制度加以解决。

第三，矫正教育效益区域外溢。地方政府提供的教育服务普遍具有外溢性，无论是地方性教育服务（基础教育）或全国性教育服务（高等教育）都具有正的外溢性，使其成本与收益不对称，可能导致教育服务供给不足。为此，也需要通过层级政府间教育财政转移支付制度加以矫正，以保障公共教育服务的充足有效供给。

二、教育财政转移支付制度的目标

教育财政转移支付的目标可以分为直接目标和最终目标。其直接目标是教育财政供给的均衡和公共教育服务的均等化；最终目标是促进教育公平。

中国政府21世纪以来多次提出"逐步实现基本公共服务均等化"的目标，并逐步加快推进进程。教育服务作为公共服务的重要组成部分，2010年颁布的《国家中长期教育改革和发展规划纲要（2010～2020年）》，明确提出要"建成覆盖城乡的基本公共教育服务体系，逐步实现基本公共教育服务均等化。"由于教育财政的纵向和横向不均衡，导致基本教育服务非均等化，层级政府间教育财政转移支付制度就成为实现教育服务均等化的主要途径和直接方法。教育公平是社会公平的重要基础，推进教育公平是国家基本教育政策，基本教育服务均等化是实现教育公平的基本条件和基本途径。因此，教育公平就成为教育财政转移支付的最终目标。

三、教育财政转移支付制度的形式

政府间财政转移支付分为一般性转移支付和专项转移支付两种。一般性转移支付也称为无条件转移支付，它是政府间转移支付主体。无条件指它不要求被转移的地方政府提供资金配套，也不规定转移支付资金的使用用途。它的优势在于，给予地方政府自主权，便于因地制宜使用，同时，也可降低转移支付的成本。它包括均衡补助和收入分享两种形式，前者是为促进地方辖区基本公共服务的均等化，后者是在财政收入中层级政府间按比例分享，从收入上促使财政供给能力均衡。

专项转移支付也称有条件转移支付，条件包括要求下级政府提供资金配套，或是指定转移支付的用途，也可二者兼而有之。此种转移支付大多体现中央或上级政府的政策，带有行政干预色彩，对地方政府决策影响较大，地方政府使用自由度较小。

教育财政转移支付属于财政专项转移支付的一部分，主要体现中央和上层地方政府特定时期的特定教育政策和教育发展目标。

20世纪90年代中期以来，我国一般性转移支付包括税收返还、体制补助、结算补助和过渡时期转移支付等。专项转移支付范围广泛，涉及各部门各行业，数额较大，教育财政转移支付是其中一种。我国现行的教育财政转移支付可分为两类：一类是指定用途的专项转移支付，范围涉及各级各类教育，大部分为中央对地方教育专项拨款。如义务教育"九五"期间和"十五"期间实施的两期国家贫困地区义务教育工程。2004~2007年，中央对西部地区的"两基攻坚计划"（基本普及九年义务教育，基本扫除青壮年文盲）。又如2006年开始的中等职业教育建立教师培训基地和学生实习基地和对贫困生资助的专项拨款。另一类是中央对地方财政一般性转移支付，按照一定比例用于教育，但不规定具体比例，也不规定用于某级某类教育。我国包括教育财政转移支付制度在内的财政转移支付制度在改革过程中，改革的内容主要包括：加大一般性转移支付比重；转移支付的规范化、法制化、公开化；一般性转移支付以县为对象按"因素法"测算其标准需求和标准财政供给能力及缺口作为转移支付基础，作为政府改革，主要是明确规定中央和地方各级政府的支出责任。

第四节 学费制度

学费制度是公共教育财政制度的重要组成部分，同时也是财政制度中行政事业收费制度的一部分。这一制度的基本内容或者说它要回答和解决的问题，包括学费收取的依据、学费征收的主体和程序、学费标准确定的依据、学费的管理等。

一、非义务教育收取学费的依据

目前，包括我国在内的大多数国家在三级正规教育中普遍对接受非义务教育的受教育者收取学费。收费的基本依据是：第一，非义务教育属于准公共产品或服务，应由政府和市场共同提供，其成本应由政府和受教育者共同负担。第二，按照受益原则，社会和受教育者均可以从教育服务中受益，获得经济回报，谁受益谁就应负担其成本，作为教育受益的一方，受教育者应缴纳一定的学费。第三，它可以增加对教育的投入，弥补财政投入的不足，从而有利于增加非义务教育的供给，加快教育的发展。第四，非义务教育不具有强制性，属于选择性教育，不是同龄人都能享受的教育服务，如果实行免费教育，导致所有纳税人负担教育成本，部分人受益，相对于免费教育而言，收费从成本——受益来说，更能体现教育公平。第五，它有利于激发受教育者学习的积极性。

美国前纽约州立大学校长、著名学者布鲁斯·约翰斯通（D. Bruce Johnstone）于20世纪80年代提出高等教育成本分担理论，并成为学者的共识，影响了许多国家的政府教育政策，这一理论适应于公立三级教育的所有非义务教育。

从实践来看，原有社会主义国家和第二次世界大战后奉行福利主义的西欧和北欧诸国，都曾经对三级教育实行免费制度。这种制度导致了财政不堪重负，税负加重和效率降低。20世纪80年代以后，这些国家先后废除了高等教育的免费制度，对高等教育普遍收取学费。我国改革开放以来也逐步对非义务教育普遍收费，学费制度逐步形成。

二、非义务教育学费的性质

学费的性质取决于教育服务的性质，如果视三级公立教育服务为私人产品或私人服务，视三级教育服务机构——学校为盈利组织，学费和其他商品和要素一样就是商品和投入要素的价格。如果视三级公立教育服务为准公共产品，公立三级教育服务机构——学校为非盈利组织，学费和其他准公共产品一样，就是这类产品或服务的成本分担和补偿，而不是教育服务的价格。如前述，我们认为公立三级教育服务属于准公共产品或服务，或者说教育服务不是商品而是公共服务。因此学费从性质来说，它不是教育服务的价格，而是教育服务的成本分担与补偿。

各国三级教育既有公立教育也有私立教育，在中国除公立教育外也有非政府机构举办的民办教育，作为以盈利为目的私立教育提供的教育服务属于私人产品或服务，教育机构属于盈利组织，其收取的学费性质为教育服务的价格。非正规三级教育以盈利为目的的各类教育培训机构提供的教育服务也属于私人产品或服务，其学费也是教育培训服务的价格。

三、学费标准制定的主体

公立三级教育学费标准的制定主体一般都是政府而不是学校。在中国，高等教育的学费标准制定实行属地化原则，即由高等学校所在地的省级政府制定，由省级政府教育、财政、物价部门共同制定。高中阶段教育的学费标准也是由学校所在的省级政府制定。

以盈利为目的的私立或民办非义务教育服务或教育培训服务属于私人产品和服务，其学费为教育服务的价格，在中国由此类教育机构制定学费标准，在学校所在地的政府相关部门备案。

四、学费标准制定的依据

首先，是生均教育成本。学费的性质既然是教育服务成本的分担和补偿，而不是教育服务的价格，因此学费标准确定的依据首先是教育服务的成本即非义务教育中各级各类教育的生均培养成本。

在学费标准制定操作层次上，面临两个难以解决的问题：第一，成本的测量和信息获取。作为公立教育和公立学校，其会计制度和其他非盈利组织一样，是收付实现制，而不是权责发生制，或者说在此会计制度下没有成本核算制度，学校和教育部门不可能生成和提供准确的成本信息，已有的成本信息均是以生均教育支出替代生均成本，支出与成本在概念上和数量上都是不相同的，以支出替代成本并不科学。第二，学费是教育成本的一部分，假定教育成本由财政和受教育者共同承担，二者的分割比例如何确定是一个难以甚至是无法回答的问题，即使采取国际比较方法，也难以找到合理的参照系。

就我国而言，政府相关机构已做出相应的制度规定，1996年12月国家教委、原国家计委、财政部出台了普通高中、中等职业学校、高等教育收费管理暂行办法。该办法规定普通高中和中等职业学校学费应根据生均培养成本的一定比例确定，不同地区的学校和不同专业的学费标准可以有所区别。教育成本包括以下五项：公务费、业务费、设备购置费、修缮费和教职工人员经费等正常办学经费支出。关于高等学校学费的规定与普通高中、中等职业学校无本质区别，区别在于：第一，高等教育中不同地区不同专业、不同层次学校的学费标准可以有所区别；第二，高等学校学费占生均培养成本比例在现阶段最高不得超过25%，具体比例必须根据经济发展状况和群众承受能力逐步调整。

其次，是居民收入水平和支付能力。这是税收的能力原则在学费中的体现，学费标准的确定须根据受教育者的支付能力。学费一般是由受教育者家庭负担的，因此，要考虑居民的收入水平和支付能力。如果学费过高，将会引发低收入水平家庭难以支付，继而引发教育机会不公平。如果学费过低，在财政投入既定条件下将导致教育机构的经费短缺，如果增加财政投入，将会引发教育财政危机。

学费标准确定依据的居民收入水平应是居民的平均收入水平，在居民收入水平不均衡的条件下，可根据受教育者家庭收入水平对学生进行分组，实行差别学费制度，对不同收入组别的学生制定不同的学费标准，以缓解因学费支付能力不同而产生的教育机会不均等的问题。实行差别学费在我国面临的问题是居民收入不公开，难以根据受教育者家庭收入进行分组。

总之，学费标准制定的基本依据是教育成本和居民收入水平。此外，还有学者提出的其他依据。如主张根据教育的社会收益率和私人收益率，确定教育成本中财政和受教育者分担比例和学费标准，这是一种在经济领域按投资回报率确定不同投资主体分担比例的方法，它并不适用于作为准公共产品的教育领域；同时，因为它涉及教育收益率的计量方法的选择和设计，需要大规模的抽样调查获取数据，因而难以操作并且操作成本较高，还没有一个国家采取此种方法。还有一种观点，认为应根据非义务教育中各级各类教育和高等教育中各专业的供求关系确定学费标准，这是将教育服务视同私人产品或商品，将学费视为商品或服务价格，这与教育服务是准公共服务的性质相违背，因此不可取。

第五节 学生资助制度

学生资助制度是为家庭经济困难的学生提供经济支持，以提高其受教育机会的制度安排，由资助责任主体、资助经费筹集和负担、资助资金的配置和管理等要素构成。

学生资助制度的产生，主要是基于促进教育公平和提高教育效率。对于贫困家庭，维持基本生活都存在困难，更难以负担教育费用。即使学校不收取学费，书籍、校服、学校伙食费等必需费用也负担沉重。特别是高等教育阶段，由于普遍采用成本分担政策，家庭负担的教育费用较高，贫困家庭无法承受。即使学生和家长清晰地了解到教育投资有很高的收益，愿意通过借贷筹集教育费用，但人力资本投资的内在风险导致难以形成对私人教育贷款的信贷市场，贫困家庭不能获得教育贷款（贝克尔，1987）。因此，贫困家庭的子女将更加难以获得与其他阶层子女同等的教育机会，教育不公平现象将十分严重。同时，由于贫困家庭子女的教育需求不能满足，社会实际的教育供给水平将低于最优水平，社会不能充分获得教育所能提供的机会，社会福利将受到损失。学生资助制度就是克服市场的缺陷，为贫困家庭子女提供教育机会的资源支持制度。

学生资助制度与其他社会福利制度一样，是公共产品。作为公共产品的学生资助制度，市场不会自发产生，要求政府提供。国际国内的经验表明，没有政府参与，无论是义务教育还是高等教育，学生资助都只能停留在极小规模上，不能解决多数贫困学生受教育问题。因此，现实中运作良好的学生资助制度，都是中央政府主导的覆盖全国学生的制度，如美国联邦政府的中小学免费午餐制度、高校助学金和贷款制度，澳大利亚的联邦高校学生资助制度，以及我国三级教育中的家庭经济困难学生的资助制度。有效的资助制度，除要求政府成为责任主体，对资助资金负主要责任外，还要求政府和学校设立资助机构，建立贫困学生申请和认定系统，协调资助资金的筹集和分配，以及助学贷款的跟踪和回收。

学生资助制度的最终目标是使贫困家庭的子女不会因为经济资源不足而辍学，保障其教育机会，但效果与资助方式有密切的关系。资助方式按是否需要学生偿付,分为无偿资助和有偿资助两大类。

无偿资助主要有助学金、学费减免、免费教科书、免费午餐等。无偿资助可以免除学生毕业后的经济负担,减轻就学时的心理和时间压力,有助于学生集中精力完成学业。但无偿资助对政府、学校和捐赠者的资金需求大,覆盖面难以扩大,持续性和稳定性难以保障。

有偿资助主要有校内勤工俭学和助学贷款。校内勤工俭学是学校或政府为学生提供资助,但要求学生为所在学校提供劳动和服务,实质是一种带补贴的劳动收入。勤工俭学对学校或政府的资金需求较小,但要占用学生的时间,对学习有一定的影响。助学贷款有多种形式,从资金提供主体分为政府提供本金、承担坏账并补贴利息的助学贷款和政府提供担保、承担部分坏账并补贴利息但由商业银行提供本金的贷款两大类。以贷款偿还方式划分有利率、还款金额及期限明确的常规贷款和实际利率、还款金额及期限视毕业后收入而定的贷款两大类。不同类型的助学贷款,政府承担的责任和成本、回收风险和金额、资金供给的充裕、学生和家长的还款压力等有很大的差别。各种助学贷款的共同特点是政府承担坏账风险和补贴利息,形成了借贷市场,学生和家长承担偿还全部或部分本息的责任。助学贷款利用了政府和市场的力量,要求学生和家长承担部分成本,是一种多方合作提供的资助方式,具有资金充裕、覆盖面广、稳定和可持续的特点,但对政府的管理水平有较高的要求。

由于各种资助方式的特点不同,理想的方式是由学校统筹各种资助资金,根据不同贫困学生的特点,为其提供各种资助方式的组合资助,即"资助包"。一般情况下,对于最贫困的学生,资助包中的助学金等无偿资助的比例高一些;对相对贫困的学生,则资助包中的有偿资助比例高一些。

在中国,已经建立三级教育的学生资助体系。义务教育全面免除学杂费,对农村和城市家庭经济困难学生免费提供教科书,对家庭经济困难寄宿生提供生活补助。普通高中建立了以国家助学金为主,学校减免学费为补充,社会力量积极参与的学生资助体系。中等职业教育建立了以国家助学金和免学费为主,顶岗实习、奖学金、减免学费为辅的学生资助体系。普通高等教育建立了以国家助学金、国家助学贷款为主,学费补偿和助学贷款代偿、校内奖学金、校内无息借款、勤工助学、特殊困难补助、减免学费为辅的资助体系。2000年以来,逐步加大了各级教育学生资助力度,确保"不让一个学生因家庭经济困难而失学目标"的实现。

第二部分

义务教育财政制度

义务教育是国家依法统一实施、所有适龄儿童少年必须接受的教育，具有强制性、免费性和普及性，是国民教育的基础。义务教育的基本特征为强制与免费。强制是指义务教育适龄儿童和青少年的家庭有义务让其子女完成义务教育；免费则指义务教育经费由财政负担，对受教育者免除学费。在义务教育立法条件下，义务教育成为事实上的公共产品，由政府提供。由此，义务教育财政及其制度成为公共教育财政制度的重要组成部分。义务教育财政制度涵盖了义务教育经费的筹集与负担，分配与管理等。本部分选择义务教育财政制度的变迁，义务教育经费县际间、城乡间、校际间差异分析，义务教育财政转移支付制度，以及城市化进程中进城务工人员子女义务教育经费保障制度等问题进行研究。

第三章

我国义务教育财政制度的变迁

对义务教育财政制度展开研究，首先要厘清我国义务教育财政制度历史变迁的脉络。对义务教育财政制度变迁历史的研究，可以从多种视角展开，通过不同的角度来划分年代考察义务教育财政制度的历史变迁。其一，由于义务教育的管理制度影响义务教育财政制度的安排和变革，所以可按照义务教育管理制度的变革来划分时间段，研究义务教育财政制度的变迁。其二，义务教育财政制度的核心问题是义务教育经费在层级政府间的分担模式。所以，也可以按照义务教育财政核心问题的变革来划分义务教育财政制度的变迁历史。其三，经济体制和财政体制是影响义务教育财政制度变迁的重要制度环境。财政制度的变迁影响义务教育财政制度的安排。因此，也可以从财政制度变迁的角度来划分时间段，考察义务教育财政制度的变迁。

这里对义务教育财政制度变迁阶段的划分是以义务教育财政制度本身的变革为背景，结合义务教育管理制度的变革，来考察教育财政制度的生成、运行和变革。沿着义务教育经费在个人和政府之间分担、义务教育事务责任和财政责任在各级政府之间的分担两条主线来梳理我国义务教育财政制度变迁的脉络，我们将20世纪80年代中期以来中国义务教育财政制度的历史变迁划分为以下三个阶段：第一阶段，农村税费改革前的义务教育财政制度（1985~2001年）；第二阶段，农村税费改革后的义务教育财政制度（2001~2005年）；第三阶段，农村义务教育经费保障新机制实施后的义务教育财政制度（2006年至今）。

第一节 农村税费改革前的义务教育财政制度

1985年颁布的《中共中央关于教育体制改革的决定》提出：把发展义务教育的责任交给地方，有步骤地实行九年制义务教育。1986年颁布的《中华人民共和国义务教育法》（以下简称《义务教育法》），确立了地方负责，分级管理的义务教育办学体制。1992年，国务院颁布《中华人民共和国义务教育法实施细则》（以下简称《义务教育法实施细则》），进一步明确了个人和政府共同分担、地方负责的义务教育财政体制。这些政策法规构成了农村税费改革前的义务教育财政制度的基本框架。

一、多渠道筹资，政府与受教育者个人共担义务教育经费

（一）多渠道筹资

《中共中央关于教育体制改革的决定》提出，义务教育实行"多条腿走路、多渠道筹资"的筹资模式。义务教育经费的主要来源有：国家用于义务教育的经费、社会对义务教育的投入和个人负担的教育费用。国家用于义务教育的经费包括国家预算内经费、各级政府依法征收的教育费附加，企业营业外收入用于企业办中小学的经费和学校勤工俭学收入用于学校的部分；社会对义务教育的投入包括社会集资和社会捐资；个人负担的教育费用包括学生个人和家长缴纳的学费和杂费等。

农村义务教育，其经费来源主要包括来自乡镇财政预算内拨款、农村教育费附加、乡镇统筹中用于教育的经费、教育集资、学杂费收入和上级财政转移支付（含教育扶贫等专项资金）等几个方面，其中农村教育费附加、学杂费收入、教育集资和"五项统筹"等预算外收入，不仅仅只是作为基础教育经费投入不足的一种补充，而是构成了大多数农村地区教育投入的主体，因为相关制度规定农村中小学的校舍新建、扩建、危房改造、民办教师工资及其部分公用经费均要靠这一部分经费来解决。根据30个省、自治区和直辖市的不完全统计，在1981～1991年间，全国用于改善中小学办学条件的资金总额达到1 066亿元。其中，政府拨款357.5亿元，占35.5%；多渠道筹资（主要是社会捐、集资）708.5亿元，占66.5%。

对于受教育者个人负担的学杂费，《义务教育法》第十条规定："国家对接受义务教育的学生免收学费"，但没有对杂费做出任何规定。在该法颁布不久，国务院转发四部委的《关于实施〈义务教育法〉若干问题的意见》对免收学费做出了改动，允许收取杂费。1992年发布的《义务教育法实施细则》规定，"实施义务教育的学校可以收取杂费。"在这一时期，杂费一直是义务教育经费的重要来源。除杂费外，学生家长还要负担课本资料费、住宿费、文具费、伙食费等多项费用。

（二）教育费附加

多渠道筹资中非常重要的一个部分是"教育费附加"。20世纪80年代中期，绝大部分农村地区中小学办学条件非常落后，办学经费严重不足，教师待遇不高。为了改善这种状况，1984年12月，国务院下达《关于筹措农村学校办学经费的通知》，首次提出了征收农村教育费附加，提出除国家拨给的教育经费外，乡级政府可以征收教育费附加，鼓励社会各方面和个人资源投资在农村办学。1985年的《中共中央关于教育体制改革的决定》也强调：地方要鼓励和指导国营企业、社会团体和个人办学，并在自愿的基础上，鼓励单位、集体和个人捐资办学，但不得强迫摊派。为了保证地方教育事业发展，地方可以征收教育费附加，用于改善基础教育的教学设施。1986年《义务教育法》第十二条规定："地方各级人民政府按照国务院的规定，在城乡征收教育事业费附加，主要用于义务教育。"1986年4月，国务院发布的《征收教育费附加的暂行规定》中明确在城市征收教育费附加，费率为在交纳产品税、增值税、营业税的基础上加征1%。1990年6月，国务院《关于修改〈征收教育费附加的暂行规定〉的决定》，规定了从1990年8月1日起，教育费附加除个别单位随营业税上缴中央财政外，其他均就地上缴地方财政；教育费附加纳入预算管理，作为教育的专项资金；教育费附加的使用由教育部门统筹安排，提出分配方案，报同级财政部门同意。农村教育费附加是在1984年《国务院关于筹措农村学校办学经费的通知》中提出的。农村教育费附加是各省、市、自治区或以下政府根据当地义务教育经费状况决定的，由乡级政府组织征收的面向农村居民的收入。

尽管农村和城市同样都有教育费附加，但农村教育费附加与城市教育费附加有所不同，根据相关制度的规定，农村教育费附加的征收对象是农村居民的收入，由乡政府组织征收，征收比例全国没有统一规定。所以，农民个人是农村义务教育经费的直接承担主体；而城市教育费附加是由交纳三税的企业负担。可见，教育费附加也存在城乡之别。

二、农村以乡为主、城乡有别的政府教育经费分担体制

《中共中央关于教育体制改革的决定》和《义务教育法》明确了义务教育实行"地方负责、分级管理"的体制。城市义务教育以市或市辖区为单位组织,农村义务教育以县为单位组织。现实中城市义务教育基本都是由市辖区具体负责,农村义务教育实行"县、乡、村三级办学,县、乡两级管理"。这实际上是对我国义务教育治理过程中不同层级的政府权力和义务关系的一次调整和重构。

很明显,城市的义务教育管理或实施主体政府的级次要高于农村。城市义务教育的财政管理责任主要由市辖区负责,市辖区的行政级别相当于县,要高于农村的乡镇级别。在筹资责任方面,城市义务教育基本纳入了财政保障的范畴。从农村义务教育支出的来源看,公办教师的工资主要由县和乡两级财政从预算内的"教育事业费"中列支,民办和代课教师的工资则主要由乡镇财政从非预算资金即"乡统筹"中的农村教育附加费支付;公用经费主要来自学杂费和农村教育附加费;农村的中小学新建、改建或扩建的基建费用主要依靠乡、村筹资,自行解决。另外,农民还要承担比城市居民更多的义务教育附加费和教育集资。这是导致城乡义务教育差异的重要原因。

《义务教育法》和《义务教育法实施细则》明确规定了政府义务教育经费主要由地方政府负责,中央政府提供少量补助,但并没有对某一级政府义务教育的财政责任做出具体规定。中央政府只承担对贫困地区义务教育的扶持责任;省级政府除了制定相关的经费标准外,也只承担少量对贫困地区的经费补助责任;县级财政主要承担少数城区学校的教育投入责任及其对乡镇学校基建给予补助;乡镇财政负责本地中心小学和乡镇中学(主要是初级中学)的经费投入,行政村(也有个别自然村)则需负责村办小学部分经费的筹措工作。在具体的义务教育财政制度安排中,中央只对教职员工的基本工资和最低办学标准做出规定,教职人员的工资水平和公用经费的标准都由省确定。至于这些标准能否执行,或者每年的财政支出中究竟多少能用于义务教育,其决策权主要掌握在县乡政府和同级人民代表大会。

在三级办学的体制下,县乡政府是义务教育管理和经费筹措的主体,中央及省级政府在整个义务教育(特别是农村义务教育)经费的筹措与分配中占有的比重或份额非常之低,1988年我国中小学预算内教育经费来源中,中央所占比重仅占9.15%,地方所占比重高达90.85%。此后的一段时间,中央政府在基础

教育经费的筹措中所占比例大体上保持在这个比例范围。①

第二节　农村税费改革后的义务教育财政制度

2000年3月,中共中央、国务院下发《关于进行农村税费改革试点工作的通知》;2003年3月,国务院发出《关于全面推进农村税费改革试点工作的意见》,标志着农村税费改革的全面实施。农村税费改革给义务教育财政制度带来的最大改变就是取消了农村教育费附加、教育集资等专门面向农民征收的行政事业性收费和政府性基金,加剧了农村义务教育经费短缺,促进了中央和省级政府义务教育财政转移支付制度的发展。

一、学杂费的提高与"一费制"的提出

农村税费改革后,农村义务教育失去了教育费附加收入和集资收入。虽然中央和省级政府为了弥补农村税费改革后乡镇财政收入的减少提供了转移支付,其中包括用于义务教育的部分,但这些转移支付资金远远小于原有的农村教育费附加和教育集资收入,这加剧了原本就很严重的农村义务教育经费的短缺。具体表现在:一是教师工资拖欠问题。在税费改革前,全国很多地区已经开始出现教师工资拖欠问题,但很多地方是将教育费附加用作教师工资发放。税费改革后,教育费附加被取消,丧失了能够弥补教育经费不足的预算外经费来源,教师工资拖欠问题变得更加尖锐。二是危房问题。除了教师工资拖欠外,农村义务教育阶段学校危房率高也是农村税费改革后农村义务教育面临的一大问题。根据相关法律规定,农村中小学校舍的修建应当列入农村建设总体规划之中,筹集经费的责任主要在乡镇和村级政府,校舍改造资金主要来源于农村教育费附加和教育集资,县级政府对于经费有困难的乡村予以补助。农村税费改革后,教育费附加和教育集资都被取消,校舍修建和改造失去资金来源,义务教育阶段学校危房率上升。三是义务教育阶段中小学运转困难。随着农村税费改革取消教育费附加和教育集资,中小学校的日常运转只能靠杂费收入维持,杂费成为公用经费唯一来源。规模较小学校的正常运转难以保障(魏向赤,2006)。

为了应对短缺,不少农村学校提高杂费水平,增加收费项目,导致学生家庭

---

① 裘景州:《教育投资经济分析》,中国人民大学出版社1996年版,第181页。

教育负担加重，因为负担不起费用而辍学的现象大量出现（王景英，2003），义务教育收费项目的增多和学生家庭负担的加重，引起了强烈的不满。为了治理义务教育收费不规范问题，中央政府提出了义务教育学校收费"一费制"的政策。"一费制"的基本内容是指在严格核定杂费、课本和作业本费标准的基础上，确定一个收费总额，然后一次性统一向学生收取。经国务院批准，"一费制"2001年开始在贫困地区农村义务教育阶段学校试点，2004年在全国义务教育阶段学校普遍推行。

"一费制"的具体收费标准的制定权在省级人民政府。中央要求各地在制定"一费制"收费标准时要因地制宜、实事求是，充分考虑地区间、城乡间经济发展水平、群众承受能力的差异，省内不同地区、城市和农村的中小学，以及同一学校的不同年级可以确定不同的收费标准。

因此，在农村税费改革后，一方面取消了全体农村居民负担的教育费附加和教育集资，减轻了农民负担；另一方面增加了向学生家长收取的杂费，加重了家长的教育负担。农村义务教育经费短缺问题更加突出。不过，农村税费改革后所凸显的农村义务教育阶段学校教育经费不足现象并不是由于税费改革所带来的。这些问题由来已久，只是在税费改革后，这些问题更加严重。农村义务教育经费保障方面问题的根源在于原有的义务教育财政制度下，教育经费的负担过于依赖乡镇，而乡镇财力不足，难以保障义务教育经费的供给。

二、"以县为主"体制的确立

2001年国务院《关于基础教育改革和发展的决定》和2003年国务院《关于进一步加强农村教育的决定》，提出了农村义务教育管理新体制，即"在国务院领导下，由地方政府负责，分级管理，以县为主"。规定县级人民政府对农村义务教育负有主要责任，省、市、乡等各级人民政府承担相应责任，中央政府给予必要的支持。

新的义务教育管理制度对县级政府的责任作了明确的规定。县级人民政府对本地农村义务教育负有主要责任，要抓好中小学的规划、布局调整、建设和管理，统一发放教职工工资。根据国家中小学教职工编制标准和省级人民政府的实施办法，提出农村中小学教职工的编制方案，并根据省级人民政府核批的农村中小学教职工编制，核定学校的教职工编制；负责中小学校长、教师的管理，指导学校教育教学工作。县级政府要加强对教师管理和教师工资发放的统筹职能，将农村中小学教师工资的管理上收到区县，由区县级财政按国家规定的标准及时足额发放。

县级政府要调整好本级财政的支出结构,增加教育经费预算,合理安排使用上级转移支付资金,保证足额按时发放教职工工资,统筹安排农村中小学公用经费,安排使用校舍建设和危房改造资金,改善办学条件,指导农村中小学的教育教学工作,维护学校正常秩序,对乡镇人民政府的有关教育工作和农村中小学进行督导评估。

这两个文件还对其他各级政府的责任作了规定。中央要加大对农村义务教育的支持力度,通过转移支付支持贫困县的义务教育,并安排专项资金用于贫困地区农村中小学危房改造和校舍建设,确保农村义务教育的健康发展。

省级人民政府要加强教育统筹规划,搞好组织协调,负责统筹制定本省的农村义务教育发展规划;根据国家中小学教职工编制标准,制定具体实施办法,核定各县的农村中小学教职工编制;核实各县的财力水平,统筹安排财力,对财力不足、发放财政供养人员工资已达到合理比例仍有困难的县,通过调整财政制度和财政支出结构、增加省级财政转移支付,合理安排中央财政转移支付资金的办法,帮助县人民政府确保农村中小学教职工工资的足额发放;核定本地区农村中小学公用经费的标准和定额,确定农村中小学收费的项目和标准;增加危房改造专项资金的投入;加强对下级政府教育工作的督导检查。

地(市)级人民政府负责制定本地区的农村义务教育发展规划,组织协调农村义务教育发展;根据国家中小学教职工编制标准和省级人民政府实施办法,上报本地区各县农村中小学教职工编制;根据省级人民政府的要求,对财力不足的县给予转移支付,对农村中小学危房改造给予补足;组织实施督导检查。

乡(镇)人民政府要承担相应的农村义务教育的办学责任,根据国家规定筹措教育经费,改善办学条件,提高教师待遇。继续发挥村民自治组织在实施义务教育中的作用。乡(镇)、村都有维护学校的治安和安全、动员适龄儿童入学等责任。

对农村教师工资、公用经费及校舍建设和改造资金的分担的规定,也强调了县级政府的主要责任。确保农村中小学教师工资发放是地方各级人民政府的责任。从2001年起,将农村中小学教师工资的管理上收到县,为此,原乡(镇)财政收入中用于农村中小学教职工工资发放的部分要相应划拨上交到县级财政,并按规定设立"工资资金专户"。县级人民政府按省级人民政府核定的教职工编制和国家统一规定的工资项目和标准,结合本级财政的状况和上级给予的转移支付资金,将农村中小学教职工工资全部纳入本级财政预算,通过银行直接拨入教师在银行开设的个人账户中,保证教师工资按时足额发放。

省级人民政府要统筹核定教师编制和工资总额,对财力不足、发放教师工资确有困难的县,要通过调整财政体制和增加转移支付的办法解决农村中小学教师工资发放问题。在此基础上，为支持国家扶贫开发工作重点县等中西部困难地区建立农村中小学教师工资保障机制，中央财政将给予适当补助。各级人民政府要进一步加强对教师工资经费的监管，实行举报制度，对于不能保证教师工资发放，挪用挤占教师工资资金的地方，一经查实，要停止中央财政的转移支付，扣回转移支付资金，并追究主要领导人的责任。

农村中小学进一步发展所需的校舍建设项目，由县级人民政府列入基础设施建设统一规划，经省级人民政府审批后，由省市县人民政府筹资解决，农村中小学不得举债建设。县级人民政府要采取有效措施，清理偿还普九欠债。农村中小学教学仪器购置和图书资料购买所需的费用，由县级人民政府安排。

县级人民政府要按照省级人民政府核定的农村中小学公用经费标准和定额，统筹安排，予以保障。经济和财力比较好的县，标准和定额可以适当提高。农村中小学公用经费资金来源除学校按规定向学生收取的杂费外，其余由县、乡两级政府预算安排。农村中小学按省级政府规定向学生收取杂费，全部用于公用经费开支，不得用于教职工资、津贴、福利和基建开支。国家扶贫开发工作重点县的农村中小学按国家有关规定实行"一费制"，并严格按标准收取。实行"一费制"后农村中小学公用经费的缺口，按省级人民政府核定的农村中小学公用经费标准和定额，在上级人民政府的转移支付资金中安排。

第三节　农村义务教育经费保障新机制后的义务教育财政制度

"以县为主"的体制在促进义务教育经费充足和均衡方面都起到了一定的作用。但是，农村义务教育依然是我国教育事业中最薄弱的环节。在一些贫困县，由于县级财力不足，教师工资得不到保障，中小学公用经费短缺现象仍很严重。县级以上政府投入责任不明确，缺乏科学的经费分担机制，财政投入总量不足，难以形成稳定增长的义务教育经费投入机制。

在这种背景下，2005年12月，国务院颁布《关于深化农村义务教育经费保障机制改革的通知》（以下简称《新机制》），要求按照"明确各级责任、中央地方共担、加大财政投入、提高保障水平、分步组织实施"的基本原则，逐步将农村义务教育全面纳入公共财政保障范围，建立中央和地方分项目、按比例分担的农村义务教育经费保障机制。中央重点支持中西部地区，适当兼顾东部部分困难地区。

2010年7月公布的《国家中长期教育改革和发展规划纲要（2010～2020年）》（以下简称《纲要》）则提出将义务教育全面纳入财政保障范围，实行国务院和地方各级人民政府根据职责共同负担，省、自治区、直辖市人民政府负责统筹落实的投入体制；进一步完善中央财政和地方财政分项目、按比例分担的农村义务教育经费保障机制，提高保障水平；尽快化解农村义务教育学校债务。

一、全面实施免费义务教育

《新机制》规定：全部免除农村义务教育阶段学生学杂费，对贫困家庭学生免费提供教科书并补助寄宿生生活费。具体的实施步骤安排是：从2006年农村中小学春季学期开学起，分年度、分地区逐步实施。

2006年，西部地区农村义务教育阶段中小学生全部免除学杂费；2007年，中部地区和东部地区农村义务教育阶段中小学生全部免除学杂费。

在继农村税费改革免除农民教育费附加和教育集资后，农村义务教育的学杂费也全部被免除，农民不再需要分担义务教育经费，农村地区逐步实行免费的义务教育。农村义务教育全面纳入公共财政保障范围，由政府负担。

2008年8月，《国务院关于做好免除城市义务教育阶段学生学杂费工作的通知》发布，决定从2008年秋季学期开始，在全国范围内全部免除城市义务教育阶段学生学杂费。对享受城市居民最低生活保障政策家庭的义务教育阶段学生，继续免费提供教科书，对家庭经济困难的寄宿学生补助生活费。在全面实施农村义务教育经费保障机制改革的基础上，免除城市义务教育阶段学生学杂费，进一步强化政府对义务教育的保障责任，对推动义务教育均衡发展，促进教育公平，具有重要意义。具体而言，一要完善城市义务教育经费保障机制，加强预算管理，严格按照预算办理各项支出，严禁挤占、截留、挪用义务教育经费。二要规范城市义务教育阶段服务性收费和代收费。收费项目和标准要经省级人民政府审定，坚持学生自愿和非营利原则，严格执行教育收费公示制度。三要切实解决好进城务工人员随迁子女就学问题。进城务工人员随迁子女接受义务教育以流入地为主、公办学校为主解决；对符合当地政府规定接收条件的随迁子女，要统筹安排在就近的公办学校就读，免除学杂费，不收借读费。四要在接受政府委托、承担义务教育任务的民办学校就读的学生，按照当地公办学校免除学杂费标准，享受补助。

二、加大中央和省级政府的投入责任

《新机制》在坚持义务教育管理"以县为主"的基础上,规定了中央政府的义务教育财政责任,强调实行义务教育经费的省级统筹,加大了中央和省级政府的投入责任,对政府间义务教育经费的分担责任进行了重大调整。《纲要》则提出进一步加大省级政府对区域内各级各类教育的统筹,统筹管理义务教育,推进城乡义务教育均衡发展,依法落实发展义务教育的财政责任。

新机制规定,免学杂费资金由中央和地方按比例分担,西部地区为8:2;中部地区为6:4;东部地区除直辖市外,按照财力状况分省确定。免费提供教科书资金,中、西部地区由中央全额承担,东部地区由地方自行承担。补助寄宿生生活费资金由地方承担,补助对象、标准及方式由地方人民政府确定。

对于提高公用经费保障,规定先落实各省(区、市)制定的本省(区、市)农村中小学预算内生均公用经费拨款标准,所需资金由中央和地方按照免学杂费资金的分担比例共同承担,在此基础上,为促进农村义务教育均衡发展,由中央适时制定全国农村义务教育阶段中小学公用经费基准定额,所需资金仍由中央和地方按上述比例共同承担,中央适时对基准定额进行调整。

对于建立农村中小学校舍维修改造长效机制,规定对中、西部地区,中央根据农村义务教育阶段中小学在校生人数和校舍生均面积、使用年限、单位造价等因素,分省(区、市)测定每年校舍维修改造所需资金,由中央和地方按照5:5比例共同承担。对东部地区,农村义务教育阶段中小学校舍维修改造所需资金主要由地方自行承担,中央根据其财力状况以及校舍维修改造成效等情况,给予适当奖励。

对于巩固和完善农村中小学教师工资保障,规定中央继续按照现行体制,对中、西部及东部部分地区农村中小学教师工资经费给予支持。省级人民政府要加大对本行政区域内财力薄弱地区的转移支付力度,确保农村中小学教师工资按照国家标准按时足额发放。

三、新机制成效显著但还存在一定的缺陷

到2010年,伴随《纲要》的颁布,新机制的各项规定得到进一步落实,义务教育财政状况有所改善。

首先,减轻了农民的负担,农村义务教育实现了政府办学。农村义务教育经费保障新机制是继农村税费改革和取消农业税后政府的又一重大惠农政策,主要

受益者是农民。新机制的出台使城乡子女受教育机会趋向公平，减轻了农民的负担。据初步测算，西部农村地区仅免除学杂费一项，平均每个小学生年减负140元、初中生年减负180元；享受免费教科书的贫困生，小学生平均年减负210元、初中生320元；既享受免费教科书又享受生活费补助的家庭经济困难寄宿生，小学生平均年减负达510元，初中生达620元。中部农村地区免除学杂费一项，小学生年减负约180元，初中生约230元。[1]

其次，农村地区义务教育的公用经费、中小学校舍维修改造经费得到了更好的保障。文件明确规定将农村义务教育全面纳入公共财政保障范围，更进一步明确了各级政府的投入责任。对于公用经费，中央提高农村中小学公用经费基准定额，中央和省两级财政按基准定额予以经费保障。

最后，促进了农村义务教育的发展。农村义务教育经费保障机制实施之后，农村儿童接受义务教育的机会进一步得到保障，农村义务教育普及水平得到提高。新机制免除了义务教育阶段学生学杂费，对家庭经济困难学生免费提供教科书，对贫困寄宿生还提供生活补助。新机制的实施不仅保证了在校学生不会因贫辍学，也促使已经辍学的贫困孩子重返校园，学生辍学现象得到有效遏制，农村地区适龄儿童"上学难、上学贵"问题基本解决，极大地促进了教育公平。据统计，2006年西部地区有20万名学生重返校园，小学毕业生升学率均达到较高水平，农村义务教育普及水平进一步提高。

但是，新机制还存在一定缺陷，在新的《纲要》中也未能明确解决。

第一，对于义务教育经费主要部分的教师工资的负担没有明确的规定，仍由县级政府承担。教师地方津补贴和"三险一金"（指医疗保险、养老保险、失业保险和住房公积金）的问题也没有得到关注。

第二，新机制在经费分担上虽采取分项目、按比例实施的办法，但只限于占义务教育经费比重较小的"两免一补"经费、公用经费和校舍维修费。而新机制中对于免杂费资金和公用经费，西部中央和地方按8:2，中部中央和地方按6:4分担，校舍维修经费中央和地方按5:5的比例分担，这一比例的确定缺乏科学依据。同时，三个地区内部的各省之间财力也存在着差异，中央按同一比例补助也是不合理的。

第三，新机制并没有解决进城务工人员子女义务教育经费保障问题。尽管新的义务教育法规定，农民子女的义务教育实行以流入地政府管理为主、以公办学校就学为主。但是北京、上海、广州等大城市，能够进入公办学校就读的农民工

---

[1] 陈至立：《完善经费保障机制提高农村义务教育保障水平——在完善义务教育经费保障机制工作会议上的讲话》，载《中国教育报》2007年12月5日第1版。

子女不足 2/3，有的地方甚至只有一半。在公办学校就读的进城务工人员子女还要缴纳赞助费、借读费等诸多费用。① 很多的农民工子女只能在条件简陋的打工子弟学校就读，需要负担学杂费等各种费用。新机制对进城务工人员子女义务教育经费保障，特别是各级政府的负担责任问题没有涉及。

第四节 小　结

本章以义务教育经费在个人和政府之间的分担、义务教育事务责任和财政责任在各级政府之间的分担两条主线，分三个阶段梳理我国义务教育财政制度变迁的脉络，并分析了制度变革的原因、效果和不足之处。这里将我国义务教育财政制度变迁的特征概括如下。

一、义务教育经费从政府个人共担，到政府财政保障

农村税费改革前，因政府财力有限，将义务教育的责任划分到地方政府，而经费则由个人和政府共同分担。税费改革后，在农村虽然明确将义务教育的责任由乡、镇提升到县级政府，但由于基层政府财力减弱，反而加大了个人承担义务教育经费的压力。农村义务教育经费保障新机制实施以后，政府个人共担义务教育经费的格局得到根本改变，逐步从农村到城市实施了免费政策，实现了义务教育经费完全由财政保障。

二、个人承担义务教育经费从城乡有别，到逐步取消

农村税费改革前，教育费附加是农村义务教育经费的重要组成部分。在农村农民个人是教育费附加的直接承担主体；而城市教育费附加则由交纳三税的企业负担。税费改革和"一费制"实施后，虽然取消了农民集资摊派和农村教育费附加，但由于地方农村政府财力减弱，只有通过提高学杂费等手段来保障义务教育经费，造成农民负担的义务教育经费并未减少。新"机制"实施后，才逐步将农村义务教育经费纳入财政保障，才消除了城乡居民个人承担义务教育经费的差别。

---

① 杨东平：《实施城市免费义务教育面临的挑战》，载《教育发展研究》2008 年第 20 期，第 6 页。

三、政府承担义务教育经费责任从地方为主，到上级统筹

农村税费改革前，义务教育承办责任在地方政府，经费也多为乡一级政府来保障。税费改革之后，明确了县级政府在兴办义务教育的责任主体，也将经费保障水平提高了一层。"新机制"实施以后，逐步将中央、省级政府纳入到义务教育经费保障的责任主体之中，而最新的《纲要》则明确提出义务教育经费由中央和地方政府共担、省级政府统筹，从而进一步加强了上级政府的责任。

第四章

义务教育财政均衡发展研究

基于教育财政的视角，我们从三个方面讨论义务教育均衡发展的状况。首先，从地区性义务教育财政状况来看，小学与初中的生均教育经费差异在2003年达到最高值后呈现了缩小趋势，这一趋势尤其体现在2006~2007年间，说明了这一时期义务教育财政改革在缩小地区间经费差异上取得了一定的效果。但是，分地区来看，东部地区的教育经费支出差异要明显高于中西部地区，各地区的变化趋势说明，只有强有力的政策改革，才能对缩小经费分配差异有着明显的影响。其次，从城乡经费差异角度衡量城乡义务教育财政状况看，1993~2005年义务教育生均经费城乡差异有所下降。但是，小学、初中生均预算内公用经费城乡差异十分显著。城乡义务教育生均教育经费差异的影响因素包括城乡二元结构、义务教育财政分权体制等诸多因素。农村义务教育经费保障机制对城乡义务教育均衡发展有促进作用，但在实施中存在一些新问题。最后，学校间的差异是阻碍义务教育均衡发展的重要方面，校际差异已经越来越显著，体现在校际间经费投入、办学条件、师资状况等方面。义务教育校际差异产生的原因包括学校等级、非均等化的教育经费拨款机制等。重点校政策加剧了义务教育校际差异。下面对这三个问题来进行具体的讨论。

第一节 义务教育财政县级间差异分析

义务教育经费分配公平作为义务教育均衡发展的一项重要内容，近十几年来受到众多的关注。在实践层面，人们往往用义务教育经费在不同分析单位（如省、县、学校）之间的差异作为考察分配公平的主要方式。已有大量研究针对我国省际之间的义务教育经费差异做出了详细的分析，探讨了形成差异的主要原因（杜育红，2000；杨颖秀，2005）。少数研究考察了县际之间以及学校之间的教育经费差异（王蓉，2001；曾满超、丁延庆，2005；杜育红、孙志军，2009）。这些研究得到的基本结论是，自20世纪90年代以来，我国义务教育经费的区域之间的差异逐渐扩大，经费分配的不公平问题日益突出，严重阻碍了我国义务教育的均衡发展。这些问题得到了各级政府的高度关注。2005年年底，中央政府出台了"全国农村义务教育经费保障新机制"，首先将农村义务教育全部纳入了公共财政保障范围，力图通过管理体制和投入体制的改革增加义务教育经费，缩小日益扩大的区域间教育经费的差异。本节在以往的研究和我国义务教育财政体制改革的基础上，利用全国县级层面的小学和初中教育经费支出数据，对2002~2008年间我国义务教育经费支出差异及其影响因素进行分析，并为今后如何进一步缩小地区之间的经费差异提出了政策建议。

一、义务教育经费支出差异的分析方法与数据

（一）分析方法

在政策和实证分析层面上，对教育经费支出差异的分析涉及四个基本方面：分析单位、目标变量、衡量维度和测量方法（伯尔尼，1984）。

本章的分析单位是县级单位，在测量差异时将各县级单位的学生数因素考虑进来，可以在一定程度上实现关注对象为学生的目的。参照以往研究经常使用的指标，我们选取的是生均教育事业费、生均预算内教育事业费、生均公用经费和生均预算内公用经费作为研究的目标变量。前两个指标衡量的是经费总量和经费总量中来自政府财政拨款的部分，公用经费衡量开展教育教学活动发生的日常支出（人员经费除外），预算内公用经费衡量来自政府拨款的部分。衡量维度是指考察经费差异的视角，通常包括三个方面：横向差异、纵向差异和财政中立。限

于篇幅，本章仅考察横向差异，其含义是指相似背景的学生得到的教育经费是否存在差异。从价值判断的角度来说，差异越大，说明越不公平。根据衡量维度，对经费差异的测量有不同的方法。在测量横向差异中经常使用的方法有极差率、变异系数、相对平均离差、麦克劳伦（Mcloone）指数、基尼（Gini）系数、GE指数、阿特金森（Atkinson）指数等。这些方法有着不同的含义，分别表示了差异的不同方面，也各有优缺点。在本部分内容中，我们采用的测量差异的方法是文献中常用的基尼系数和 GE 指数中的泰尔（Theil）指数（即参数 a = 1）。基尼系数和泰尔指数越大，说明差异越大；反之，则越小。

有关基尼系数和泰尔指数及其分解的具体计算过程，在许多文献中已有介绍（万广华，2006），这里不再赘述。需要补充的一点是，在我们用这两种方法计算我国县际教育经费支出差异时，需要用学生数进行加权。从本质上看，用学生数加权的计算方法正体现了公平是以每名学生可获得的教育资源的差异来衡量的（即关注对象为学生）。

（二）数据

本章所用数据为我国 31 个省、直辖市和自治区所辖的行政区划为县级单位的地区（简称县级）小学和初中的教育经费支出和学生数数据，时间跨度为 2002~2008 年共 7 个年份。这样可以帮助我们更深入地考察我国义务教育经费支出县际差异的总体特征及随时间变化趋势，同时，这段期间也是我国义务教育财政体制发生较大变革的时期，特别是 2002 年开始实行"以县为主"的体制，2005 年在中、西部地区开始实施"两免一补"政策，2006 年的"农村义务教育经费保障新机制"改革以及 2008 年扩展到城镇地区从根本上改变了我国的义务教育财政体制。通过对这段期间的考察，也可以对义务教育财政改革对经费差异的影响和效果做出一些判断。

二、全国义务教育经费县际差异特征与变化

（一）总体状况

对全国小学与初中生均教育经费县际差异的基尼系数和泰尔指数的计算结果见表 4-1。两个差异指标显示的总体特征和变化趋势基本一致。下面我们主要依据基尼系数的结果对总体状况进行分析。

表 4-1　2002~2008 年全国小学和初中生均教育经费的县际差异

生均教育经费指标	差异指标	2002 年	2003 年	2004 年	2005 年	2006 年	2007 年	2008 年
小学							
生均教育事业费	基尼系数	0.319	0.325	0.323	0.318	0.313	0.299	0.294
	泰尔系数	0.188	0.197	0.194	0.186	0.178	0.160	0.152
生均预算内教育事业费	基尼系数	0.300	0.307	0.312	0.312	0.298	0.280	0.283
	泰尔系数	0.168	0.175	0.180	0.177	0.163	0.142	0.143
生均公用经费	基尼系数	0.456	0.460	0.441	0.410	0.381	0.374	0.348
	泰尔系数	0.401	0.413	0.376	0.329	0.288	0.281	0.234
生均预算内公用经费	基尼系数	0.659	0.629	0.601	0.543	0.431	0.329	0.308
	泰尔系数	0.923	0.838	0.741	0.589	0.372	0.242	0.202
初中							
生均教育事业费	基尼系数	0.325	0.344	0.343	0.337	0.334	0.315	0.295
	泰尔系数	0.202	0.229	0.228	0.217	0.213	0.188	0.159
生均预算内教育事业费	基尼系数	0.303	0.325	0.329	0.331	0.317	0.285	0.274
	泰尔系数	0.178	0.204	0.209	0.208	0.193	0.156	0.140
生均公用经费	基尼系数	0.435	0.446	0.434	0.403	0.385	0.375	0.344
	泰尔系数	0.369	0.389	0.370	0.314	0.293	0.286	0.229
生均预算内公用经费	基尼系数	0.680	0.665	0.625	0.576	0.456	0.337	0.320
	泰尔系数	0.985	0.939	0.804	0.652	0.419	0.254	0.215

资料来源：根据 2002~2008 年全国教育经费基层报表相关数据计算整理而得。

利用表 4-1 的结果，各项生均教育经费指标县际差异的基尼系数如图 4-1 和图 4-2 所示。

从图中可以看到以下几个基本特征：

1. 2003 年之后小学与初中生均教育经费县际差异逐渐缩小。小学与初中的生均教育经费差异在 2003 年达到最高值（生均预算内公用经费除外）之后呈现了缩小趋势，其中最为明显的是初中生均教育经费以及生均公用经费的差异。在生均教育事业费差异上，小学的基尼系数由 2003 年的 0.325 下降到 2008 年的 0.294，下降了约 10%；初中的由 0.344 下降到 0.295，下降了约 14%。在生均预算内教育事业费的差异上，小学和初中分别下降了约 8% 和 16%。不论小学还

(基尼系数)

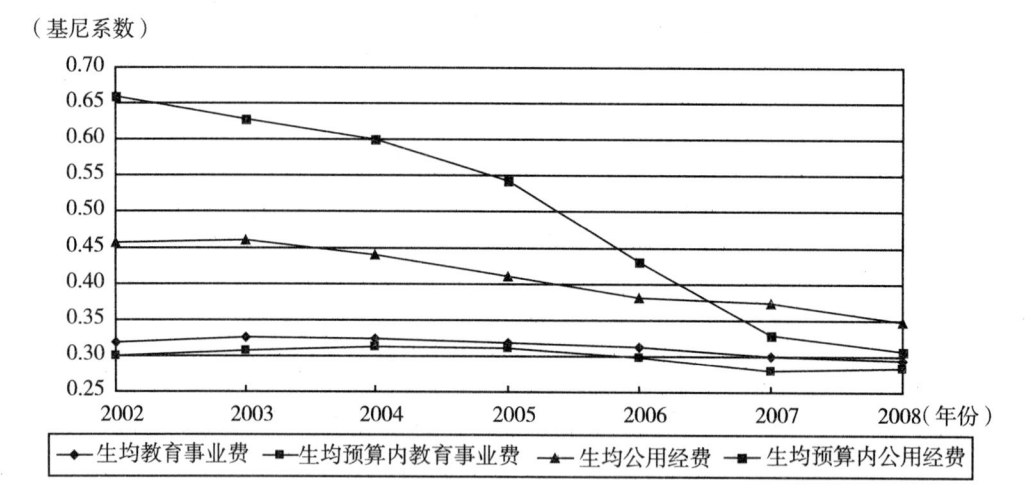

图 4-1 2002~2008 年全国小学生均教育经费的县际差异

资料来源：根据 2002~2008 年全国教育经费基层报表相关数据计算整理而得。

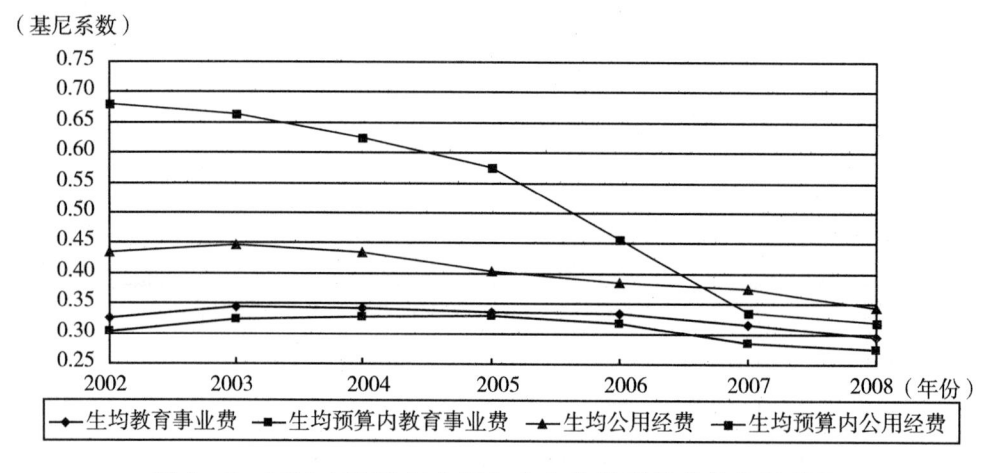

(基尼系数)

图 4-2 2002~2008 年全国初中生均教育经费的县际差异

资料来源：根据 2002~2008 年全国教育经费基层报表相关数据计算整理而得。

是初中，生均公用经费的差异 2002~2008 年下降了 23% 左右，而生均预算内公用经费下降幅度超过了一倍。

2. 生均公用经费的差异要大大高于生均教育经费总量的差异。如 2002 年，小学生均公用经费的基尼系数为 0.456，约为生均教育事业费基尼系数的 1.5 倍；初中生均公用经费基尼系数为 0.435，约为生均教育事业费的 1.3 倍。生均预算内公用经费的差异更大，小学和初中这一指标的差异均超过了生均预算内事业费差异的 2 倍以上。尽管近些年生均公用经费差异迅速缩小，但是到 2008 年，其仍大大高于生均教育经费总量的差异。当然，与以前相比，各个生均经费指标的差异在近些年逐渐接近，特别是生均预算内公用经费的差异，在2002年，小学和初中的这一指标还是所有生均经费指标差异最大的，但是，到2007年后，已经低于生均公用经费的差异，与生均教育经费总量的差异明显缩小。

3. 小学与初中相比较，生均教育经费的县际差异呈现缩小趋势。从小学和初中相比较来看，2008年前的多数年份上，初中生均教育事业费和生均预算内教育事业费的差异都要大于小学，而到2008年，初中生均教育经费差异较大幅度的下降使得两者之间的差异已经比较接近。

4. 义务教育生均教育经费县际差异随时间变化的趋势在一定程度上反映了义务教育财政改革的效果。

从各个生均教育经费指标差异的时间变化趋势来看，不论小学还是初中，衡量生均经费总量的两个指标的基尼系数在2005年之前各年份并没有明显的变化，而2005~2007年间下降的趋势才比较明显，这恰好对应了2006年在西部地区、2007年在东、中部地区开始实施的"农村义务教育经费保障机制改革"（以下简称"新机制"）的进程。而由生均公用经费差异变化来看，下降最为明显的年份则是在2004~2007年间，这也同时对应了早于"新机制"实施的"两免一补"的政策。因而，上述特征在一定程度上反映了近些年我国义务教育财政改革的效果。

（二）分地区特征

我国地区之间在经济社会发展水平、地理位置上存在较大差异，而且从中央政策层面来看，针对不同地区中央对义务教育的转移支付政策也不尽相同，因而在考察了我国教育经费县际差异的总体特征之后，本小节进一步按东、中、西部三大地区的划分分别计算各地区内县际教育经费差异（见表4-2和表4-3）。为更直观地观察各地区的特征，我们利用表中的数据，绘制了各地区教育经费支出县际差异图。限于篇幅，这里仅提供了小学和初中生均教育事业费和生均预算内教育事业费县际差异的基尼系数，结果见图4-3和图4-4。

表4-2　　2002~2008年全国分地区小学与初中教育经费支出县际差异的基尼系数

地区	指标	2002年	2003年	2004年	2005年	2006年	2007年	2008年
\multicolumn{9}{c}{小学}
东部	生均教育事业费	0.343	0.349	0.345	0.340	0.340	0.325	0.324
中部		0.253	0.257	0.250	0.249	0.250	0.240	0.237
西部		0.248	0.243	0.249	0.241	0.242	0.240	0.232

续表

地区	指标	2002 年	2003 年	2004 年	2005 年	2006 年	2007 年	2008 年
	小学							
东部	生均预算内教育事业费	0.323	0.331	0.337	0.337	0.334	0.306	0.311
中部		0.251	0.252	0.243	0.246	0.241	0.228	0.229
西部		0.253	0.247	0.253	0.250	0.226	0.220	0.225
东部	生均公用经费	0.457	0.464	0.433	0.403	0.400	0.387	0.391
中部		0.356	0.341	0.323	0.307	0.304	0.270	0.257
西部		0.364	0.353	0.361	0.366	0.319	0.345	0.328
东部	生均预算内公用经费	0.681	0.661	0.621	0.595	0.513	0.368	0.355
中部		0.604	0.527	0.497	0.441	0.402	0.254	0.245
西部		0.584	0.546	0.549	0.509	0.297	0.317	0.300
	初中							
东部	生均教育事业费	0.358	0.378	0.377	0.370	0.368	0.354	0.345
中部		0.233	0.241	0.234	0.239	0.254	0.229	0.218
西部		0.235	0.243	0.240	0.239	0.239	0.232	0.220
东部	生均预算内教育事业费	0.342	0.365	0.368	0.372	0.369	0.335	0.329
中部		0.218	0.230	0.227	0.236	0.246	0.206	0.200
西部		0.238	0.241	0.240	0.245	0.212	0.199	0.200
东部	生均公用经费	0.443	0.454	0.445	0.415	0.402	0.396	0.377
中部		0.349	0.345	0.324	0.296	0.311	0.261	0.269
西部		0.347	0.356	0.337	0.355	0.311	0.327	0.330
东部	生均预算内公用经费	0.704	0.691	0.642	0.625	0.533	0.396	0.358
中部		0.594	0.553	0.528	0.465	0.430	0.247	0.264
西部		0.602	0.600	0.551	0.556	0.305	0.308	0.319

资料来源：根据 2002~2008 年全国教育经费基层报表相关数据计算整理而得。

表 4-3　　2002~2008 年全国分地区小学与初中教育经费支出县际差异的泰尔指数

地区	指标	2002 年	2003 年	2004 年	2005 年	2006 年	2007 年	2008 年
	小学							
东部	生均教育事业费	0.208	0.216	0.209	0.202	0.199	0.180	0.178
中部		0.109	0.111	0.106	0.105	0.104	0.098	0.093
西部		0.107	0.100	0.105	0.097	0.098	0.096	0.090
东部	生均预算内教育事业费	0.190	0.198	0.202	0.200	0.196	0.164	0.168
中部		0.107	0.107	0.101	0.103	0.098	0.091	0.089
西部		0.113	0.102	0.109	0.103	0.086	0.083	0.087

续表

地区	指标	2002 年	2003 年	2004 年	2005 年	2006 年	2007 年	2008 年
\multicolumn{9}{c}{小学}
东部	生均公用经费	0.385	0.396	0.346	0.313	0.308	0.289	0.292
中部		0.222	0.206	0.191	0.172	0.170	0.164	0.122
西部		0.239	0.226	0.235	0.237	0.183	0.210	0.184
东部	生均预算内公用经费	0.978	0.901	0.777	0.710	0.536	0.301	0.295
中部		0.673	0.512	0.451	0.338	0.279	0.157	0.112
西部		0.625	0.525	0.538	0.466	0.164	0.187	0.160
\multicolumn{9}{c}{初中}
东部	生均教育事业费	0.226	0.251	0.249	0.238	0.235	0.217	0.201
中部		0.101	0.110	0.101	0.101	0.114	0.092	0.084
西部		0.100	0.107	0.100	0.098	0.101	0.094	0.083
东部	生均预算内教育事业费	0.212	0.239	0.240	0.242	0.239	0.197	0.187
中部		0.084	0.093	0.092	0.098	0.106	0.077	0.071
西部		0.101	0.100	0.098	0.100	0.080	0.069	0.072
东部	生均公用经费	0.365	0.379	0.366	0.322	0.303	0.303	0.272
中部		0.228	0.224	0.195	0.157	0.187	0.142	0.143
西部		0.222	0.250	0.204	0.220	0.189	0.198	0.190
东部	生均预算内公用经费	1.026	0.984	0.816	0.767	0.561	0.339	0.288
中部		0.659	0.564	0.508	0.383	0.340	0.138	0.140
西部		0.677	0.677	0.561	0.553	0.190	0.177	0.190

资料来源：根据 2002～2008 年全国教育经费基层报表相关数据计算整理而得。

首先，可以看到的一个明显特征是，东部地区的生均教育经费差异明显高于中部和西部地区，而且这一特征在各个年份基本相同。在小学，各个年份东部地区生均教育事业费和生均预算内教育事业费的基尼系数比中、西部地区高出了 1.3 倍以上；而在初中，则高出了 1.5 倍以上。这在一定程度上说明，经济比较发达的地区的教育经费的县际差异远远高于落后地区，由此可以简单推测出，随着中、西部地区经济发展水平的提高，教育经费的县际差异有可能会随之提高。

其次，从各个地区教育经费差异随时间的变化趋势可以进一步看出近些

（基尼系数）

（a）生均教育事业费

（基尼系数）

（b）生均预算内教育事业费

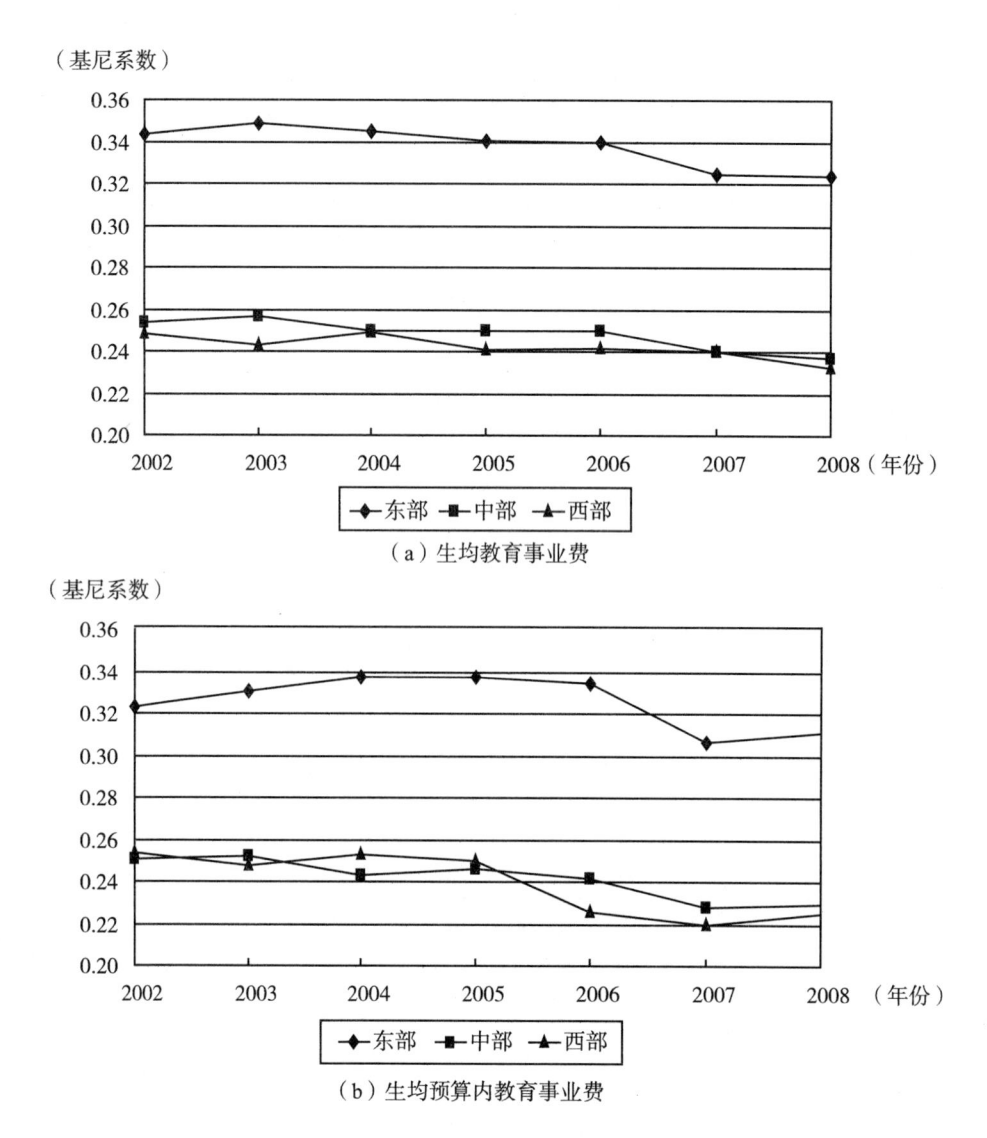

图 4-3　2002~2008 年东、中、西部地区小学生均教育经费的县际差异

资料来源：根据 2002~2008 年全国教育经费基层报表相关数据计算整理而得。

年义务教育财政改革的影响及效果。就衡量经费总量的生均教育事业费来看，对照"新机制"的进程，一个基本的判断是西部地区从 2006 年，东、中部地区从 2007 年开始县际差异应该有一个明显的缩小。从图中提供的信息来看，东、中部地区的变化趋势与这一判断基本一致，但是西部地区则有所不同。不论是小学还是初中，东部和中部地区内的生均教育事业费基尼系数均是在 2007 年有一个明显下降。而西部地区小学生均教育事业费的基尼

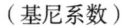

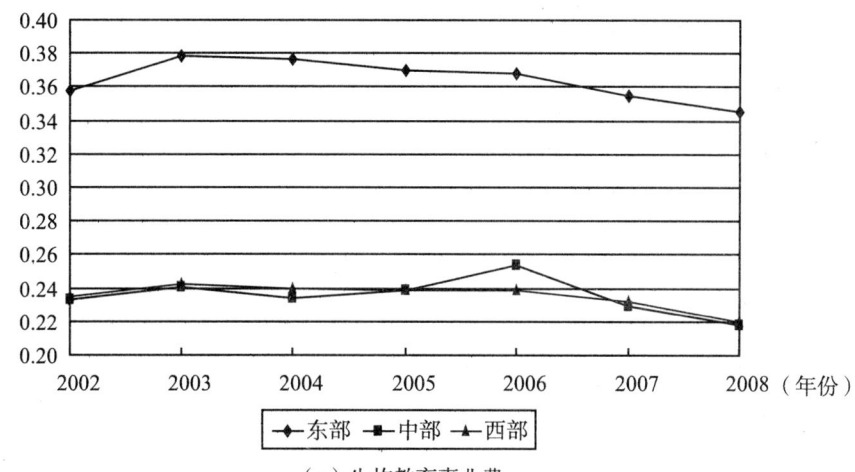

(a) 生均教育事业费

(b) 生均预算内教育事业费

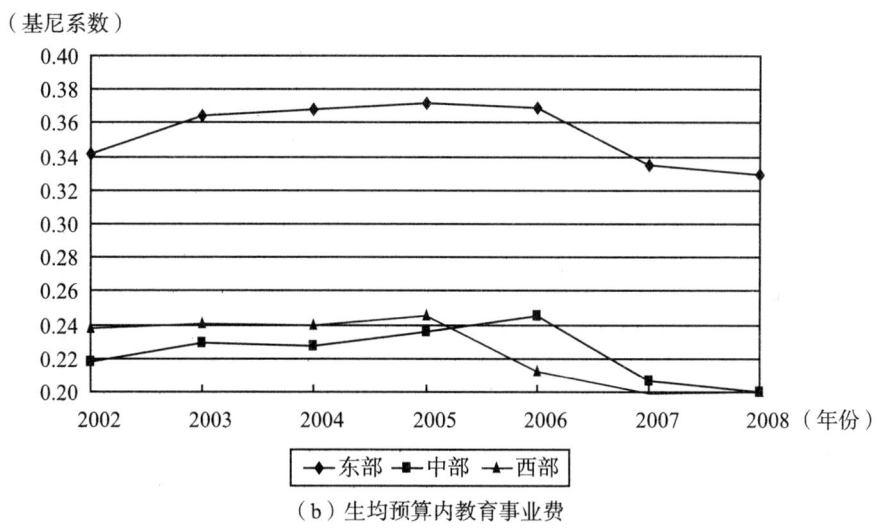

图 4-4 2002~2008 年东、中、西部地区初中生均教育经费的县际差异

资料来源：根据 2002~2008 年全国教育经费基层报表相关数据计算整理而得。

系数在 2008 年、初中的在 2007 年才开始明显下降，比义务教育财政改革的进程延后了 1~2 年。这说明义务教育财政改革的影响在不同地区是不同的，特别是对于早一年实行的西部地区而言，这一改革对于经费总量的差异的影响并不十分明显。

反映政府财政拨款差异的生均预算内教育事业费的基尼系数的变化则明显反映了义务教育财政改革的影响和效果。与"新机制"的进程相一致，西部地区内小学和初中生均预算内教育事业费的县际差异在 2006 年明显缩小，而东部和中部地区则是在 2007 年明显缩小。但是，从图中还可以看出的是，2008 年与 2007 年相比，各个地区生均预算内教育事业费的差异变化不大，小学的甚至有所提高。结合改革之前各个地区这一差异的变化特征，可以得到一个基本结论是，从近些年来看，强有力的教育财政改革，对降低经费分配差异有着明显的影响。

三、生均教育经费总体差异的来源

在考察了全国小学与初中生均教育经费县际差异及各地区的差异之后，进一步分析，总体差异的状况及变动是由哪些因素引起的？通过运用泰尔指数和基尼系数的分解方法可以在一定程度上对这一问题做出回答。

（一）省际间差异与省内差异对总体差异的贡献：泰尔指数的分解

运用泰尔指数的分解方法，可以帮助我们考察教育经费的县际总体差异主要是由于省际间差异还是省内差异引起的。这方面以往的少数几项研究共同得出的结论是，省内差异的贡献要高于省际间差异的贡献。比如王蓉（2001）利用 1999 年全国县级教育经费数据研究后发现，小学和初中生均教育事业费支出不平等更多的来源于省内差异，而非省际间差异。曾满超和丁延庆（2005）利用 1997 年和 2000 年县级数据的研究也认为，省内差异高于省际间差异。这两项研究使用的数据除去时间上比我们的更早之外，数据来源和使用的基本方法都是相同的。在此基础上我们进一步展开研究。

泰尔指数分解的基本思想是，通过计算各省内的教育经费的泰尔指数和各省的权重，全国县际间教育经费的泰尔指数就可以由省内和省际间构成，如下所示：

$$Theil_t = Theil_b + \sum_{k=1}^{31} Theil_{wk}$$

式中，下标 t 表示某个年份的县际间教育经费的总体差异，b 表示总体差异中省际间差异构成部分，wk 表示总体差异中各个省（$k=31$）内差异构成部分。将省际间差异和省内差异部分除以总体差异，就得到各自对总体差异的贡献率，由此可以判断总体差异主要是由哪部分引起的。

在计算方法上，基于前面的讨论，我们用各县的学生数进行了加权。同时，限于篇幅，对于省内差异部分，我们分别将东部、中部和西部省内差异的贡献进行了加总，并未单独列出各省内的贡献。具体结果见表 4-4 和表 4-5。

表4-4　　　2002~2008年全国小学与初中生均教育事业费
差异的泰尔指数分解

年份	泰尔指数	省际间贡献率（%）	省内贡献率（%）			
			小计	东部省内	中部省内	西部省内
小学							
2002	0.188	51.9	48.1	29.6	8.4	10.1
2003	0.197	53.1	46.9	29.7	8.2	9.0
2004	0.194	54.2	45.8	27.7	8.6	9.5
2005	0.186	53.8	46.2	28.1	8.4	9.7
2006	0.178	52.6	47.4	28.5	8.6	10.2
2007	0.160	51.5	48.5	27.1	9.9	11.5
2008	0.152	52.0	48.0	27.0	9.5	11.5
初中							
2002	0.202	53.6	46.4	28.4	10.0	8.0
2003	0.229	53.2	46.8	29.0	9.8	8.0
2004	0.228	55.9	44.1	27.5	9.1	7.5
2005	0.217	53.8	46.2	29.0	9.4	7.8
2006	0.213	52.2	47.8	28.4	10.9	8.5
2007	0.188	50.6	49.4	29.5	10.4	9.5
2008	0.159	48.2	51.8	30.4	11.1	10.4

资料来源：根据2002~2008年全国教育经费基层报表相关数据计算整理而得。

表4-5　　　2002~2008年全国小学与初中生均预算内
教育事业费差异的泰尔指数分解

年份	泰尔指数	省际间贡献率（%）	省内贡献率（%）			
			小计	东部省内	中部省内	西部省内
小学							
2002	0.168	49.6	50.4	28.8	9.1	12.5
2003	0.175	52.3	47.7	29.2	8.4	10.0
2004	0.180	52.7	47.3	28.1	8.6	10.6
2005	0.177	53.9	46.1	27.5	8.1	10.4
2006	0.163	52.3	47.7	28.8	8.3	10.5
2007	0.142	52.7	47.3	25.2	10.1	12.0
2008	0.143	54.7	45.3	24.7	9.2	11.4
初中							
2002	0.178	51.0	49.0	30.6	9.7	8.7
2003	0.204	51.7	48.3	31.6	9.1	7.6

续表

年份	泰尔指数	省际间贡献率（%）	省内贡献率（%）			
			小计	东部省内	中部省内	西部省内
初中							
2004	0.209	53.4	46.6	30.4	8.9	7.2
2005	0.208	52.3	47.7	30.9	9.3	7.6
2006	0.193	49.2	50.8	31.9	11.0	7.8
2007	0.156	50.9	49.1	29.9	10.7	8.5
2008	0.140	48.8	51.2	30.6	10.9	9.7

资料来源：根据 2002~2008 年全国教育经费基层报表相关数据计算整理而得。

我们的分解结果表明，与以往的研究认为教育经费的省内差异对总体差异起主要作用的观点不同的是，省际间差异与省内差异共同对总体差异起到了主导作用。下面给予详细的讨论。

表 4-4 给出的是小学和初中生均教育事业费的泰尔指数及分解结果。泰尔指数所衡量的县际总体教育经费差异与前面结果相同：2002~2008 年，小学和初中生均教育事业费显示了逐渐下降的趋势。从分解结果首先可以得到的一个基本判断是，省际间差异对总体差异的贡献略超过 50%，而省内差异的贡献略低于 50%，因此，是省际间差异和省内差异共同导致了总体差异。从时间变化上看，在小学，省际间差异的贡献表现了先提高后下降、省内差异的贡献先下降后提高的趋势，但省际间差异的贡献在各个年份均略高于省内的贡献；在初中，则是省际间差异的贡献缓慢下降、省内差异的贡献稳步提高。同时，2007 年前，省际间差异的贡献略高于省内差异，2008 年后者开始高于前者，但是两者的差异仍旧比较小。进一步考察省内差异的贡献，东部省内差异的贡献均高于中西部地区省内差异的贡献，这与前面的分析结果是一致的。

表 4-5 的结果是生均预算内教育事业费的差异分解。其总体上与生均教育事业费的分解结果一致：省际间差异和省内差异对总体差异的贡献相差不大。同时，小学省际间差异贡献随时间逐渐提高，到 2008 年已达到 55%，而初中的略有下降。其中东部地区省内差异的贡献同样大大超过了中部和西部地区。

上述分析结果显然与前面提到的两项研究的结果有着明显的不同：小学和初中教育经费的总体差异并不是主要由省内差异引起的，而是省际间和省内共同作用的结果。数据年份的差异并不能解释我们的分析结果与这两项研究结果的不同，因为 2~4 年的时间我国教育经费的总体县际差异并不会发生太大的变化。经过进一步的考察发现，我们分析的结果与以上两项研究结果的不同更有可能是分析方法造成的：在我们的分析中，考虑了学生数的不同（即用学生数进行了加权），而其他两项研究有可能没有考虑这一因素。比如,我们不考虑学生数因素重新对总体差异进行分解后发现,2002 年小学和初中的省内差异对总体差异的贡献为 60% 左右,而 2008 年小学和初中的分别提高到 61% 和 69%,这与前述两项研究的结果是相似的。正如前文分析方法部分描述的那样,在计算教育经费地区差异用学生数加权具体体现了从学生的视角看待教育经费的分配差异,政策的最终关注点也正是体现在这一方面。因而,本部分的分析结果具有更合理的政策含义。

首先,省际间和省内差异共同作用造成教育经费的总体差异说明,在政策上即需要中央政府进一步加大力度平衡各省之间的教育经费差异,也需要发挥省级统筹的作用,降低省内地区之间的经费差异。其次,从中央政府政策层面来看,通过转移支付的方式缩小省际间的财力差异,从而缩小省际间教育经费支出差异是其首先瞄准的目标,这样省际间差异贡献将逐步降低。从分解结果中可以看到,对于初中,省际间差异的贡献确实在近些年下降了,但是小学的则未发生明显的变化。这说明了在义务教育财政改革中小学与初中很可能得到了不同的对待。最后,结合前文各地区教育经费差异的比较结果,中、西部地区的教育经费差异是否会随着经费水平的提高而提高,足以引起今后的实证研究和政策的关注。

(二) 县际教育经费总体差异的来源:基尼系数的分解

考察县际教育经费总体差异来源的另一种方法是对基尼系数按来源进行分解。其基本思想是,如果总生均教育经费由不同部分构成,那么用基尼系数分解方法就可以将总基尼系数分解成这些构成部分,同样可以计算出每部分的贡献率。这里仅考虑生均教育事业费这一指标。根据收入来源,生均教育事业费可以分为预算内支出(相当于来自政府拨款的部分)和预算外支出,这样总基尼系数就可以分为预算内经费的差异和预算外经费的差异的贡献。同时,根据功能,生均教育事业费又可分为人员经费和公用经费,总基尼系数同样可以分解为这两部分的贡献。表 4-6 即是根据这一思想对县际间生均教育事业费基尼系数的分解结果。

表 4-6 2002~2008 年全国小学与初中生均教育事业费差异的基尼系数分解

年份	基尼系数	按来源分 (%)		按支出功能分 (%)	
		预算内	预算外	人员经费	公用经费
小学					
2002	0.319	66.6	33.4	73.4	26.7
2003	0.325	67.8	32.2	72.7	27.3
2004	0.323	69.7	30.3	73.8	26.1

续表

年份	基尼系数	按来源分（%）		按支出功能分（%）	
		预算内	预算外	人员经费	公用经费
小学					
2005	0.318	70.6	29.4	74.2	25.8
2006	0.313	73.1	26.9	75.7	24.3
2007	0.299	72.9	27.1	75.2	24.8
2008	0.294	75.3	24.7	74.7	25.3
初中					
2002	0.325	60.2	39.8	64.7	35.3
2003	0.344	61.5	38.5	64.5	35.5
2004	0.343	63.8	36.2	66.3	33.7
2005	0.337	65.8	34.2	67.6	32.4
2006	0.334	68.8	31.2	69.6	30.4
2007	0.315	68.7	31.3	69.9	30.1
2008	0.295	71.4	28.6	69.0	31.0

资料来源：根据 2002~2008 年全国教育经费基层报表相关数据计算整理而得。

近些年我国义务教育财政改革的一个基本取向是逐步将义务教育纳入公共财政的范畴，具体而言就是增加政府拨款，取消各类学杂费。这样，预算内经费差异对总经费差异的贡献应该占主导作用，并且随时间逐步上升。另一个取向或特征就是针对公用经费的改革最为明显：取消学杂费而由政府拨款弥补，主要针对的就是公用经费。因而，公用经费的差异对总差异的贡献应该是逐步下降的。

表 4-6 提供的结果基本上反映了上述推测。就小学来看，2002 年生均预算内经费的差异对总差异的贡献约为 67%，预算外则为 33%，而到 2008 年，前者的贡献逐步提高到 75%，后者下降到 25%。初中同样如此：2002~2008 年，预算内经费的贡献由 60% 上升到 71%。这也说明，生均教育事业费的总体差异的降低，主要是由于预算内经费差异降低导致的，并且随着预算内经费比重逐步提高，其在未来的教育经费地区差异中将越来越起着主导的作用。

尽管公用经费的差异在各个衡量教育经费指标差异中是最大的（见前文的结果），但是，由于其在总经费的比重中所占比例（小学全国平均约为 25%，初中约为 30%）低于人员经费，因而，表中最后两列的结果反映出公用经费差异对总差异的贡献要低于人员经费差异的贡献。同时，在小学，2002~2008 年公用经费差异的贡献略微下降了 1%~2%，相比之下，初中的下降较为明显，约为 5% 左右。这表明人员经费差异的贡献是稳步提高的。因而，缩小人员经费的地区差异的政策在将来对与总差异的缩小会起到更加明显的效果。

四、小结

本节利用我国 2002~2008 年县级数据，分析了小学和初中教育经费支出差异状况、变动趋势及差异的来源。研究结果发现：第一，从总体上看，小学与初中的生均教育经费差异在 2003 年达到最高值之后呈现了缩小趋势，这一趋势尤其体现在 2006~2007 年间，说明了这一时期义务教育财政改革在缩小地区间经费差异上取得了一定的效果。第二，分地区来看，东部地区的教育经费支出差异要明显高于中、西部地区，各地区的变化趋势说明，只有强有力的政策改革，才能对降低经费分配差异有着明显的影响。第三，对总体差异的分解结果表明，与以往研究结论不同的是，我们研究的结论为我国义务教育经费支出差异是由省际间差异和省内差异共同作用的结果，在一些方面，近些年来省内差异的影响在逐渐增强，因而，在政策上既需要中央政府进一步加大力度平衡各省之间的教育经费差异，也需要中央政府和省级政府的义务教育财政转移支付将县级单位作为基本的政策目标，第五章的内容对此进行了详细的探讨。

第二节 义务教育财政城乡间差异分析

从教育公平的原则来看，城乡义务教育财政公平应该遵循横向公平的原则，即"同等特性，相同对待"原则，视每个同等特性的学生为相等单位，彼此之间分配的差异越小越好。也就是说无论学生在城镇，还是在农村都应该获得相同水平、相同质量的义务教育服务。城乡义务教育公平也同样面临起点公平、过程公平、结果公平等不同层次。起点公平主要比较小学、初中教育阶段升学率的城乡差距，它是城乡教育机会是否均等的最为直观的反映。过程公平主要指义务教育投入的资源配置城乡差距，包括生均教育经费、教师学历、办学条件等方面。其中作为教育资源的获取与分配之结果的生均教育经费的差距，它在相当程度上影响着城乡教育设施、办学条件的优劣和教育质量的高低，并进而影响到城乡学生在更高阶段的升学竞争中的"胜负"，从而影响城乡义务教育的结果公平。

考虑到数据资料的可得性及易量化等因素，本节对城乡义务教育财政公平的研究主要是建立在城市和农村地区小学生、初中生在教育财政资源分配上不均等的基础上，此外也包含了以教师为财政公平对象的分析。具体而言，本节将从生均教育经费、生均预算内教育经费城乡差距的角度来研究。在衡量生均教育经费的城乡差距时，可以采用绝对差距和差距比两种方式。这里比照研究城乡居民收入差距的方式（收入比的形式），运用城乡生均经费的比值进行考察。由于一些客观因素，城乡生均经费存在差距是必然的，也就是说城乡生均经费差距比为1的情况只能是理想状态。而理论界对城乡生均经费差距比在什么样的范围内属于可以接受的水平还没有定论。但是，有一点是肯定的，即城乡生均教育经费比越大，表明农村与城镇的教育差距越大，城乡间义务教育财政分配越不公平。除了可以计算城乡差距比的形式之外，还可以构造城乡基尼系数来进行评价。具体内容后面将做详细讨论。

需要说明的一个基本概念是"城乡"的区分问题。有关教育的统计资料大多分为"城市"、"县镇"和"农村"三类。本章所言"城乡"中的"城"包括城市和县镇，"乡"仅包括乡村。

一、城乡义务教育经费差距的现状

为了研究义务教育财政资源分配在城乡之间的差异状况，选取生均教育经费为主要衡量指标。生均教育经费是全口径的，既包括预算内也包括预算外经费，可以衡量生均教育经费的总体水平。生均预算内教育事业费包括预算内人员经费和公用经费。由于《中国教育经费统计年鉴》中只有地方普通小学、农村小学生均教育经费以及地方普通初中、农村初中生均教育经费的统计资料，而没有城镇小学、城镇初中生均经费的统计资料。城镇小学生均教育经费、城镇初中生均教育经费可以根据以下公式换算得到。

城镇小学生均教育经费 =（全国普通小学生均教育经费 × 全国小学生数
　　　　　　　　　　 － 农村小学生均教育经费 × 农村小学生数）
　　　　　　　　　　÷（全国小学生数 － 农村小学生数）

城镇初中生均教育经费 =（全国普通初中生均教育经费 × 全国初中生数
　　　　　　　　　　 － 农村初中生均教育经费 × 农村初中生数）
　　　　　　　　　　÷（全国初中生数 － 农村初中生数）

在衡量生均教育经费的城乡差距时，可以采用绝对差距和相对差距两种方式。这里比照研究城乡居民收入差距的方式（收入比的形式），运用城乡生均教育经费的比值进行考察。由于一些客观因素，城乡生均教育经费存在差距是必然的，也就是说城乡生均教育经费差距比为1的情况只能是理想状态。而理论界对城乡生均教育经费差距比在什么样的范围内属于可以接受的水平还没有定论。但是，有一点是肯定的，即城乡生均教育经费比越大，表明农村与城镇的教育差距越大，城乡间义务教育财政分配越不均衡。

由于1993年之前的教育经费年鉴没有单独来自农村的统计口径，缺少农村小学、初中生均教育经费数据，所以研究数据的起点选择的是1993年。数据来自1993~2005年历年中国教育统计年鉴、中国教育经费统计年鉴。

（一）生均教育经费城乡差距的演变

从表4-7和图4-5可以看出，小学、初中生均教育经费城乡差距的变化趋势，大致经历了以下变化：城乡义务教育生均经费差距比经历了先扩大后缩小的过程。1993~2001年，城乡小学生均教育经费城乡差距逐渐扩大，期间有一些波动，从2001~2005年，城乡小学生均教育经费差距逐渐缩小。1993年最低为1.40倍，2001年最高为1.70倍，2005年缩小为1.44倍。1993~2000年，城乡初中生均教育经费城乡呈现先扩大后缩小态势，2000年峰值达1.83倍，2005年缩小为1.46倍。

表4-7　　1993~2005年我国义务教育生均经费城乡差距比

年　份	1993	1994	1995	1996	1997	1998	1999
小学生均教育经费城乡比	1.40	1.62	1.62	1.59	1.58	1.63	1.67
初中生均教育经费城乡比	1.42	1.52	1.48	1.47	1.52	1.66	1.74
年　份	2000	2001	2002	2003	2004	2005	
小学生均教育经费城乡比	1.65	1.70	1.64	1.66	1.52	1.44	
初中生均教育经费城乡比	1.83	1.69	1.68	1.72	1.58	1.46	

注：城乡差距比=城镇生均教育经费/农村生均教育经费。其中城镇小学生均教育经费的数据是根据全国小学生均教育经费，农村小学生均教育经费，以及全国小学生在校生数，农村小学在校生数计算得到。初中同理可以算出。

资料来源：《中国教育经费统计年鉴》（1993~2006年），《中国统计年鉴》（1993~2006年）。

（二）预算内义务教育事业费的城乡差距

预算内教育事业费包括预算内人员经费和公用经费。预算内人员经费主要用于教师工资，预算内公用经费主要用于学校日常运行开支。通过计算发现公用经

(城乡比)

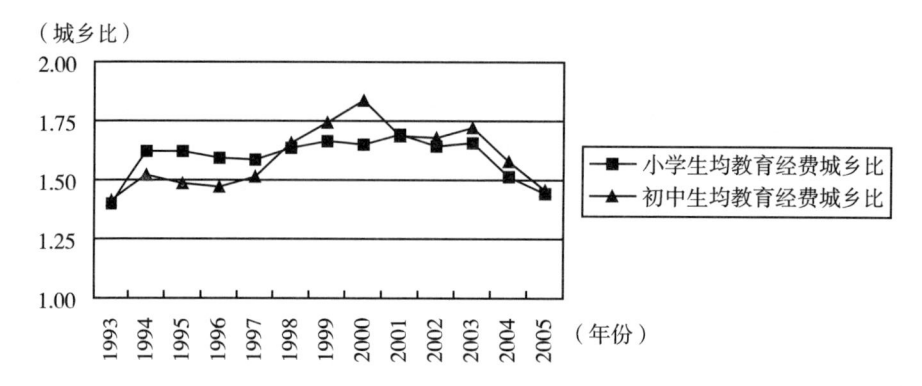

图4-5　1993~2005年中国义务教育生均教育经费城乡比变化

资料来源：同表4-7。

费的城乡差距比较明显。下面从生均预算内人员经费和公用经费两方面深入探讨城乡教育的经费差距。

1. 小学生均预算内教育事业费的城乡差距（见表4-8和图4-6）。首先，小学生均预算内教育事业费城乡差距经历了一个先扩大后缩小的过程。1993年城镇小学生均预算内教育事业费为209.46元，农村小学生均预算内教育事业费为144.79元，两者相差64.67元，前者为后者的1.45倍。1995年，城乡差距比达到了一个峰值为1.72倍，此后逐渐下降，到2005年差距比降到了最低点为1.28倍。此时，城镇小学生均预算内教育事业费为1 544.32元，农村小学生均预算内教育事业费为1 204.88元，两者相差339.44元。小学生均预算内人员经费城乡差距的变化与生均预算内教育事业费的变化基本一致。

表4-8　1993~2005年我国义务教育生均预算内教育事业费城乡差距比

年份	小学 生均预算内事业费城乡比	小学 生均预算内人员经费城乡比	小学 生均预算内公用经费城乡比	初中 生均预算内事业费城乡比	初中 生均预算内人员经费城乡比	初中 生均预算内公用经费城乡比
1993	1.45	1.34	2.60	1.47	1.35	2.27
1994	1.65	1.57	3.13	1.54	1.44	2.72
1995	1.72	1.62	3.26	1.59	1.48	2.63
1996	1.71	1.62	2.92	1.60	1.48	2.63
1997	1.67	1.58	2.70	1.61	1.50	2.37

续表

年份	小学 生均预算内事业费城乡比	小学 生均预算内人员经费城乡比	小学 生均预算内公用经费城乡比	初中 生均预算内事业费城乡比	初中 生均预算内人员经费城乡比	初中 生均预算内公用经费城乡比
1998	1.66	1.59	2.52	1.65	1.54	2.64
1999	1.60	1.54	2.48	1.60	1.49	2.73
2000	1.55	1.49	2.56	1.62	1.50	3.06
2001	1.55	1.47	2.93	1.48	1.39	2.66
2002	1.45	1.40	2.24	1.39	1.33	2.07
2003	1.44	1.39	2.08	1.40	1.34	1.95
2004	1.33	1.30	1.65	1.31	1.28	1.61
2005	1.28	1.26	1.47	1.25	1.23	1.38

资料来源：《中国教育经费统计年鉴》（1993~2006年），《中国统计年鉴》（1993~2006年）。

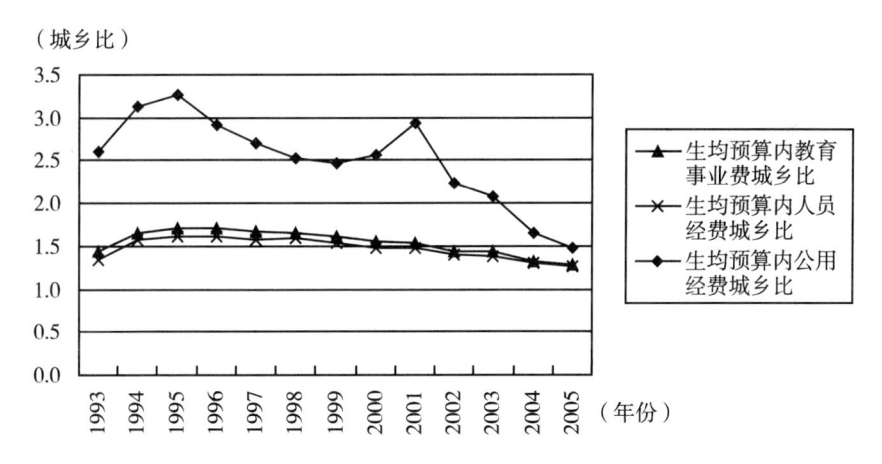

图 4-6　1993~2005 年我国小学生均预算内教育事业费城乡差距比

资料来源：《中国教育经费统计年鉴》（1993~2006年），《中国统计年鉴》（1993~2006年）。

其次，小学生均预算内公用经费城乡差距的演变过程有所不同。1993 年城镇小学生均预算内公用经费为 30.75 元，农村小学生均预算内教育事业费为 11.82 元，两者相差 18.93 元，前者为后者的 2.60 倍。1995 年，城乡差距比达到一个峰值，为3.26倍。以后城乡差距比逐年降低，但是到了2000年，城乡差距比又有所上升，2001年达到2.93倍。以后逐年回落，到2005年，城镇小学生均预算内公用经费提高到209.58元，农村小学生均预算内教育事业费为142.25元，两者的相对差距下降到1.47倍。

在教育经费的使用结构上，小学生均预算内公用经费的城乡差距比较明显。由于经费首先要保障"吃饭"，也就是用于人员经费，因此人员经费相对于公用经费来说更具刚性。从图4-6可以看出，事业费的城乡差距比1.5左右，而且变化不是很明显。公用经费更体现办学质量，也就是说，小学生均预算内公用经费的城乡差距显著。小学生均预算内公用经费的差距比一直保持在2.0以上，直到2004年，这个比值才下降到2.0以下。

2. 初中生均预算内教育事业费的城乡差距（见图4-7）。首先，初中生均预算内教育事业费城乡比变化比较平缓，波动不大，从趋势上看，经历了先上升后下降的一个过程。1993年初中生均预算内教育事业费城乡之间的绝对差距为124.31元，城乡比为1.47。之后几年差距有扩大的趋势，1998年达到峰值，两者的差距比达到了1.65。之后又逐年下降，到2005年，城乡差距比下降到1.25，此时，城镇小学生均预算内教育事业费为1 649.20元，农村初中生均预算内教育事业费为1 314.64元。初中生均预算内人员经费城乡差距的变化与生均预算内教育事业费的变化基本一致。

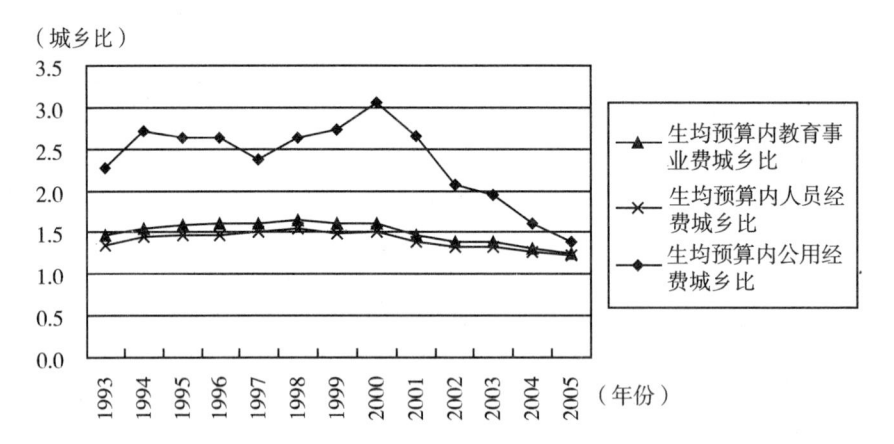

图4-7 1993~2005年我国初中生均预算内教育事业费城乡差距比

资料来源：《中国教育经费统计年鉴》（1993~2006年），《中国统计年鉴》（1993~2006年）。

其次，初中生均预算内公用经费城乡差距比变化趋势较为明显，大致经历了先上升后下降，又上升后下降的过程。1993年城镇初中生均预算内公用经费是农村的2.27倍。1994年比值上升至2.72倍，后来两年有所回落。1997年之后，城乡差距比又开始上升，到 2000 年，城乡差距比达到一个峰值为 3.06，之后持续下降，直到 2005 年初中生均预算内公用经费城乡差距比下降至 1.38。

从教育经费使用结构角度来看，和小学阶段类似，初中生均预算内公用经费的城乡差距十分显著。从图 4-7 可以看出，初中生均预算内公用经费的差距比一直保持在 2.0 以上，直到 2003 年，这个比值才下降到 2.0 以下。1993 年，初中生均预算内教育事业费的城乡相对差距只有 1.47 倍，而初中生均预算内公用经费的城乡相对差距却达到了 2.27 倍。公用经费的城乡差距远远大于预算内教育事业费的城乡差距。2003 年，初中生均预算内公用经费的城乡差距比首次降到了 2.0 以下为 1.95，而同年初中生均预算内教育事业费的城乡相对差距为 1.4 倍，差距比较为接近。

（三）城乡差距对全国义务教育经费差异的贡献率

城乡教育经费差距对全国义务教育经费分配差距的解释程度，或者说城乡差距对全国义务教育经费差距的贡献率可以通过对泰尔指数的分解来计算。作为广义熵指数的一种，泰尔指数具有可分解性，可以将总体差距分解为组内差距和组间差距。这里可以把全国义务教育经费分成两组，一组为农村地区、一组为城镇地区，分别计算组间差距和组内差距，其中组间差距占总差距的比重即为城乡差距对全国总差距的贡献率。下面以生均预算内教育经费作为衡量指标进行测算，结果如下。

从表 4-9 可以看出，根据泰尔指数的分解，1997~2005 年的城乡小学生均

表 4-9　　　　　　1997~2005 年我国小学生均预算内教育经费
城乡差距对总体差距的贡献

年份	农村泰尔指数	城镇泰尔指数	城乡间泰尔指数	总泰尔指数	城乡差距对总泰尔指数的贡献（%）
1997	0.0744	0.1256	0.0375	0.1349	27.83
1998	0.0774	0.1194	0.0368	0.1333	27.63
1999	0.0706	0.1191	0.0336	0.1263	26.62
2000	0.0658	0.1176	0.0309	0.1209	25.53
2001	0.0582	0.1093	0.0301	0.1103	27.27
2002	0.0508	0.1023	0.0220	0.0950	23.13
2003	0.0514	0.1169	0.0225	0.1030	21.82
2004	0.0558	0.1147	0.0171	0.0984	17.35
2005	0.0603	0.1099	0.0148	0.0971	15.20

资料来源：根据 1997~2005 年《中国教育经费统计年鉴》、《中国教育统计年鉴》的数据计算得到。

预算内教育经费差距对全国小学生均预算内教育经费差距的贡献率在逐渐减小。从 1997 年的 27.83% 下降到 2005 年的 15.20%。从农村组内部的差距来看，泰尔指数都比较小，小于 0.1，可以看出农村内部生均预算内教育经费的差距是比较小的。相比之下，城镇内部生均预算内教育经费的泰尔指数都在 0.1 以上，大于农村内部的泰尔指数。所以，城镇生均预算内教育经费的地区差距大于农村生均预算内教育经费的地区差距。

从表 4-10 可以看出，根据泰尔指数的分解，1998~2000 年的城乡初中生均预算内教育经费差距对全国初中生均预算内教育经费差距的贡献率较大，数值在 30% 左右，因此城乡差距对全国初中生均预算内教育经费公平性的影响程度较大。2001 年、2002 年城乡差距对总泰尔指数的贡献率突然下降，从 2000 年的 31.62% 下降到了 2002 年的 14.75%。说明这几年城乡差距对全国初中生均预算内教育经费公平性的影响程度在逐渐缩小。直到 2003 年又有所上升，达到了 21.08%。而 2004 年、2005 年城乡差距对总泰尔指数的贡献率又有下降趋势，2005 年达到最低值，为 11.55%。这跟中央政府重视农村义务教育，并投入大量资金以补充农村地区义务教育经费的政策有关。

表 4-10　1998~2005 年我国初中生均预算内教育经费城乡差距对全国义务教育总体差距的贡献

年份	农村泰尔指数	城镇泰尔指数	城乡间泰尔指数	总泰尔指数	城乡差距对总泰尔指数的贡献（%）
1998	0.0418	0.0912	0.0342	0.1035	33.02
1999	0.0424	0.0908	0.0317	0.1009	31.41
2000	0.0472	0.0952	0.0346	0.1094	31.62
2001	0.0466	0.2296	0.0201	0.1425	14.08
2002	0.0384	0.1006	0.0135	0.0917	14.75
2003	0.0590	0.1195	0.0260	0.1234	21.08
2004	0.0601	0.1338	0.0208	0.1260	16.50
2005	0.0483	0.1271	0.0128	0.1105	11.55

资料来源：根据 1997~2005 年《中国教育经费统计年鉴》、《中国教育统计年鉴》的数据计算得到。

二、城乡义务教育经费差距的影响因素

关于城乡义务教育差距的原因分析,影响因素很多而且复杂,本章将重点从城乡二元差距、义务教育财政分权体制等方面进行剖析。

(一) 城乡二元结构

教育的发展要受到政治、经济、文化等多方面因素的制约,探究产生城乡教育不公平的根源还要从"城乡二元分割"入手。关于农村义务教育发展落后的原因,大部分学者认为城乡二元结构的发展模式是城乡教育差距形成的制度根源。

城乡二元结构首先表现为城乡二元经济结构。城乡二元经济结构制约了农村经济发展,是造成城乡教育不公平的根本原因。城乡二元经济结构在发展中国家工业化进程中普遍存在,作为发展中国家之一的中国也不例外。新中国成立以来国家设立的种种制度政策,有明显"偏袒城市"的倾向,形成了以"农业哺育工业和农村支援城市"的发展战略。随着改革开放的不断深入和经济体制的转轨,二元经济结构严重制约了我国经济的全面发展。经济发展水平直接影响到当地政府对教育的投入,由于农村地区经济发展相对落后,致使长期以来教育经费投入不足,导致城乡教育差距日趋加大。同时城乡经济发展不均衡也拉大了城乡居民的收入差距(见表4-11),这种差距使城乡居民对教育资源供给需求出现了非均衡。

表4-11 2001~2005年我国城镇与农村居民收入及恩格尔系数比较

指标	2001年	2002年	2003年	2004年	2005年
城镇居民人均可支配收入(元)	6 859.6	7 702.8	8 472.2	9 421.6	10 493.0
农村居民人均纯收入(元)	2 366.4	2 475.6	2 622.2	2 936.4	3 254.9
城镇居民家庭恩格尔系数	38.2	37.7	37.1	37.7	36.7
农村居民家庭恩格尔系数	47.7	46.2	45.6	47.2	45.5

资料来源:根据2006年《中国统计年鉴》相关数据计算得到。

其次,城乡二元结构通过多个方面体现出来,形成强烈反差,我国在经济、科技、文化、教育等方面普遍存在着二元结构。其中,基础设施差异是导致城乡差别及城乡分割的重要因素。农村和城市的基础设施在投资规模和

水平方面存在巨大差别（见表4-12），且这一差别在短期内难以改变。这些条件直接限制了农村对现代化产品的需求，在新型工业产品需求方面尤其如此。

表4-12　　　　2004年、2005年我国城乡固定资产投资比较

指标	2004年			2005年		
	城镇	乡村	比值	城镇	乡村	比值
社会固定资产投资（亿元）	59 028.2	11 449.3	5.16	75 095.1	13 678.5	5.49
人均社会固定资产投资（元）	10 874.16	1 512.36	7.19	13 359.26	1 834.96	7.28
国家预算内固定资产投资（亿元）	2 855.6	399.3	7.15	3 637.90	516.40	7.04
人均预算内固定资产投资（元）	526.06	52.74	9.97	647.17	69.27	9.34

资料来源：根据2006年《中国统计年鉴》相关数据计算得到。

最后，城乡二元结构导致了城乡公共产品供给制度的差别，从而导致了城乡义务教育财政资源配置的不公平。这种差别主要体现在公共产品的资金投入或成本分摊制度上。自20世纪70年代末80年代初期以来，由于人民公社制度的解体，我国农村地区公共产品供给主体缺失，但在之后的经济快速发展时期，却始终没有建立起公共产品的正常供给制度。中央政府主要以全国性公共产品的供给为主，由于农村社区的边缘性、生产的分散性及公共产品受益的区域性，这类物品和服务对农村经济发展的直接效用并不大；地方政府作为地方公共产品的供给主体也没有相应地承担起农村公共产品供给的责任，而是按照"公共产品的受益原则"将公共产品供给的责任层层下推，大部分的准公共产品，特别是有些公共产品或者不能有效提供，或者最后由农民自己承担。具体表现在最主要的地区性公共产品供给，如义务教育、公共医疗、社会保障、水利设施、道路交通等实质上实行的是农村地区"自给自足"的政策。相比之下，城市公共产品由中央和各级地方政府提供。以义务教育财政投入为例，现行《义务教育法》对实施义务教育所需事业费和基本建设投资的投入责任，即中央、省、市和县级政府各应承担多少、怎么承担，表述不明确，难以进行操作。同时，义务教育筹资地方化的机制和地方政府自身财政收入匮乏的情

况，必然造成不同地区之间、城乡之间义务教育经费、条件和质量的巨大差距。

（二）财政分权与义务教育财政体制

关于中国农村义务教育水平落后于城市平均水平的原因，一是认为地方政府财力与支出责任不匹配（焦建国，2005）；二是认为财政分权使贫困地区以损害卫生、教育等方面的社会服务供给为代价，换取改善投资环境来努力吸引外来资本（乔宝云，2005）。前者不能很好地解释为什么贫困地区一方面能容忍中小学教育资源长期短缺，另一方面却又大兴土木，大搞"面子工程"，挤占教育资金以弥补其他财政支出缺口。本章比较赞成后面一种观点。从理论上说，财政分权有利于增加地方政府的财政收入和扩大财政支出权限，相应的义务教育投入应该有所增加。但是，从实际情况来看，基层政府却倾向于主动压缩义务教育投入。

1985年5月27日发布的《中共中央关于教育体制改革的决定》中指出，"九年制义务教育实行基础教育由地方负责、分级管理的原则。基础教育管理权属于地方"，"为了保证地方发展教育事业，除了国家拨款以外，地方机动财力中应有适当比例用于教育，乡财政收入应主要用于教育。"在这一政策中，可以看出我国义务教育财政体制改革是在沿着由中央政府和地方政府共同承担这一方向在进行。但上述规定相当模糊，对中央、省及以下各级政府应该承担的相应责任都未具体规定，进而造成各级政府对义务教育所负责任的层层下放，乡级政府渐渐成为了义务教育承办的主体。而1993年7月3日发布的《国务院关于中国教育改革和发展纲要的实施意见》，进一步明确乡级政府承担发展义务教育的主要责任。对于大多数经济落后的农村地区而言，县、乡政府财力本来就匮乏，对义务教育的扶持力度极为有限。

在1994年分税制改革之后，教育财政分权体制带来的地区间、城乡间发展差距问题凸显出来。因此，2001年6月6日颁发的《国务院关于基础教育改革与发展的决定》对旧管理体制进行了重大调整，重新划分各级政府的责任，规定农村义务教育"实行在国务院领导下，由地方政府负责、分级管理、以县为主的体制"。省级和地（市）级人民政府要加强教育统筹规划，搞好组织协调，在安排对下级转移支付资金时要保证农村义务教育发展的需要。县级人民政府对本地农村义务教育负有主要责任，要抓好中小学的规划、布局调整、建设和管理，统一发放教职工工资，负责中小学校长、教师的管理，指导学校教育教学工作。乡（镇）人民政府要承担相应的农村义务教育的办学责任，根据国家规定筹措教育经费，改善办学条件，提高教师待遇。但在这样的体制下，尽管表达了中央政府实现城乡义务教育均衡发展的愿望，但并没有明确指出中央政府和省级政府具体分担的比例，仍然把县、乡作为承担义务教育发展的主体。国务院发展研究中心"县乡财政与农民负担"课题组（2002）在对农村学校抽样调查后指出，在农村义务教育资金投入比例中，中央政府、省和地区（包括地级市）、县和县级市、负担总计为22%，而基层财力最弱的乡镇却负担了全部的78%。

三、小结

城乡之间义务教育发展存在一定差距，教育财政差距状况不容乐观。从经费分配角度看，城乡义务教育生均教育经费差距比经历了先扩大后缩小的过程。1993~2001年期间，城乡小学生均教育经费差距呈现上升趋势，2001~2005年期间，城乡差距比有所下降。在教育经费的使用结构上，小学生均预算内事业费的城乡差距主要来自于公用经费。2001年之后，生均预算内公用经费的城乡差距比明显缩小。根据泰尔指数分解，1997~2005年的城乡小学生均预算内教育经费差距对全国小学生均预算内教育经费差距的贡献率在逐渐减小，数值从1997年的27.83%下降到2005年的15.20%。1993~2000年期间，城乡初中生均教育经费差距呈现上升趋势，2000~2005年期间城乡差距有所下降。在教育经费的使用结构上，初中生均预算内事业费的城乡差距主要来自于公用经费。2005年，生均预算内公用经费的城乡差距比缩小至1.47。1998~2005年的城乡初中生均预算内教育经费差距对全国小学生均预算内教育经费差距的贡献率总体在逐渐减小，2003年有所反弹，数值从1997年的33.02%下降到2005年的11.55%。

影响城乡义务教育生均教育经费差距的因素包括城乡二元结构、义务教育财政分权体制、城市化发展趋势等诸多因素。

第三节 义务教育财政校际间差异分析

长期以来，不但地区之间、城乡之间在义务教育经费分配、办学条件、师资水平等方面存在着较大的差距，即使在同一地区，义务教育发展也不均衡，校与校之间存在着较大的差异，从而产生了教育不公平的现象。2006年国家教育督导团进行的监测表明，我国义务教育阶段在学校校际之间的优质教育资源不均衡现象比较突出。学校与学校之间不仅没有平等地享有教育资源，而且也不能平等地享有某些教育政策。因此，为了体现教育公平的要求，同一区域内不同学校之间应该首先平等地享有一定份额的教育资源。如此，义务教育阶段的每一所学校才能站在同一起点上，体现教育公平。义务教育公平研究范围包括对地区间、城乡间、校际间、群体间不公平现象的研究。以往的研究重点都放在了地区间、城乡间义务教育不公平等方面，而对校际差异、校际不公平关注度不够。实际上，校际间不公平状况已经越来越突出。

这里研究的校际差异，主要是指同一区域、同一类别教育中同一层次的学校之间的不公平现象，包括重点学校与非重点学校，以及公办学校与非公办学校等方面。本章研究的校际公平主要是指重点学校与非重点学校之间资源分配差距所导致的教育不公平问题。重点校与非重点校之间校际资源分配不公平的表现包括显性差距和隐性差距。显性差距主要表现在教育经费投入、师资队伍、教学设备和生源等方面；隐性差距主要表现在重点学校的社会影响、外在环境等方面，以及凭借"名牌效应"获取比非重点学校更多的资源机会。

校际之间义务教育财政不公平最直接的表现就是校际之间教育经费分配的差距，当然办学条件、师资状况等方面的校际差距也从另一个角度反映了义务教育财政不公平分配的结果。校际差距是一个普遍现象，各所学校均有自身的特色和优势，不可能完全没有任何差别，但过大的落差则不利于教育公平的实现和薄弱学校自身的发展。显然，缩小学校之间尤其是区域内公办学校之间的差距，是促进义务教育公平的迫切需要。

一、义务教育财政校际差异现状

新《义务教育法》第三章第二十二条规定县级以上人民政府及其教育行政部门应当促进学校均衡发展，缩小学校之间办学条件的差距，不得将学校分为重点学校和非重点学校。学校不得分设重点班和非重点班。但在现实中，由于学校长期发展以及教育政策等多种因素的影响，重点校、非重点校现象仍然普遍存在。

要对义务教育阶段重点学校与非重点学校进行比较研究并不是一件易事，分别搜集重点学校与非重点学校的数据非常困难，尤其是教育经费方面的资料。一是，我国公布的教育事业发展和教育经费的数据，没有将重点与非重点学校分开统计，想分别得到这些数据，只有对不同类型学校进行个别调查。二是，涉及重点与非重点学校的差别时，是一个敏感话题，重点学校的数据不易获得。我们试图调查重点学校相关经费及办学条件等数据，但都被拒绝。三是，重点学校得到的经济上和其他形式的投入，不一定都是政府行为。但这种重点校的名牌效应与政府在经费、政策、人员等方面的支持分不开，研究中把这两者分离比较困难。我们通过两项调查获得的数据来分析现阶段义务教育校际间的差异情况。

我们对北京市一所优质中学和普通中学进行了调查，从这个案例就可以看出二者在人力、物力、财力三个指标的教育资源分配差异十分明显（见表4-13～表4-15）。

表4-13　　　1999～2003年北京市两所学校间生均教育经费收入比较　　　单位：元/人

项目名称		1999年	2000年	2001年	2002年	2003年
经费收入总额	优质学校	16 950	14 428	16 250	18 490	9 981
	普通学校	4 704	6 015	7 753	8 155	9 190
预算内拨款	优质学校	2 363	2 523	3 264	6 638	5 714
	普通学校	2 490	3 963	4 696	4 931	5 635
社会捐资助学	优质学校	8 719	7 102	4 675	4 378	2 394
	普通学校	512	187	1 672	1 623	1 680
校办产业等收入	优质学校	1 305	1 375	975	947	545
	普通学校	1 000	1 098	697	1 008	929
学杂费	优质学校	755	831	1 042	1 140	1 117
	普通学校	646	742	682	593	942
其他	优质学校	3 809	2 598	6 294	5 386	212
	普通学校	56	25	5	0	4

资料来源：王善迈主持的北京市"十五教育科学规划重大项目"，"深化教育财政体制改革，优化北京教育资源配置"课题组于2004年3月收集的北京市两所中学（完全中学）的调查数据。数据采用分层抽样和整群抽样方法抽取北京市两所初中学校（分别是一所"优质"初中和一所普通初中）的670个学生样本，对其进行了问卷调查。

表 4-14　　　　　　　校际间生均教育经费支出比较　　　　　　单位：元/人

项目名称		1999 年	2000 年	2001 年	2002 年	2003 年
经费支出总额	优质学校	7 958	16 972	12 874	17 416	12 686
	普通学校	4 448	5 796	7 236	8 279	8 128
事业费	优质学校	7 958	16 972	12 874	15 618	12 121
	普通学校	4 448	5 796	7 236	8 279	8 128
人员经费	优质学校	6 414	7 455	6 919	6 817	6 254
	普通学校	2 824	3 335	3 853	5 635	4 884
公用经费	优质学校	1 544	9 517	5 927	8 801	5 867
	普通学校	1 624	2 461	3 383	2 644	3 376
基建费	优质学校	0	0	0	1 798	565
	普通学校	0	0	0	0	0

资料来源：同表 4-13。

表 4-15　　　　　　　　校际间办学条件比较

项目名称		1999 年	2000 年	2001 年	2002 年	2003 年
活动场地面积（平方米/人）	优质学校	13	11	9	8	7
	普通学校	3	3	2	2	2
校舍使用面积（平方米/人）	优质学校	14	12	9	12	13
	普通学校	7	6	6	5	5
学校藏书量（册/人）	优质学校	83	71	186	33	28
	普通学校	34	34	38	39	35
学校固定资产（万元/人）	优质学校	1.2	1.5	1.1	1.2	1.2
	普通学校	0.3	0.5	0.6	0.6	0.6
学校占地面积（平方米/人）	优质学校	52	44	34	26	22
	普通学校	10	9	8	8	7

资料来源：同表 4-13。

该项调查搜集了这两所学校 1999~2003 年的数据。数据表明，不论是生均公用经费还是生均人员经费，优质学校都远远超出普通学校。1999 年，重点学校生均事业费、生均人员经费是非重点学校的1.79倍和2.27倍。2000年，重点学校生均事业费、生均人员经费、生均公用经费是非重点学校的2.93倍、2.24倍和3.87倍。2001年，重点学校生均事业费、生均人员经费、生均公用经费是非重点学校的1.78倍、1.8倍和1.75倍。2002年，重点学校生均事业费、生均人员经费、生均公用经费是非重点学校的1.89倍、1.21倍和3.33倍。2003年，重点学校生均事业费、生均人员经费、生均公用经费是非重点学校的1.49倍、1.28倍和1.74倍。不论是生均公用经费还是生均人员经费，优质学校都远远超出普通学校。优质学校大量的经费可以用来购置教学仪器设备，提高老师的奖金福利，这有利于吸引大量的优秀教师到学校任教，提高办学质量，统计显示优质学校的师资力量有非常明显的优势。同时，优质学校和普通学校在衡量办学条件的各个指标上均存在较大的差距，在调查选取的5个年度内，这种差距一直没有缩小。

我们的另一项调查是来自于湖南省的攸县，所调查的初中和小学中，有8所农村初中和9所农村小学。表4-16是对攸县地区2005年和2006年义务教育阶段的各个学校教育经费支出情况的比较。

从统计数据可以看出，该县两年小学的生均教育经费支出的差异都大于初中，小学2005年的极差值达到了2 484.4，生均教育经费最多的学校是最少的学校的近4倍，可见差距明显。其中小学和初中生均教育事业费支出中的公用部分差异较大，基尼系数这两年都在0.15~0.2之间，同样小学差异大于初中差异，生均教育经费支出中的基建部分支出差异明显。

预算内教育经费是政府财政负担的那一部分教育经费，这部分经费从某种程度上反映了当地政府对教育的努力程度。从这两年的数据来看生均预算内教育经费支出在小学和初中教育经费支出总额中所占的比例均值80%左右，说明这部分教育经费是该县义务教育阶段的主要经费支出来源。这部分经费在小学阶段的差异值也要大于初中，其中预算内教育事业费支出中的公用部分基尼系数在0.2~0.4之间。从统计数据可以看出该县义务教育阶段教育经费分配状况不均衡现象存在，2006年较2005年还有扩大的趋势。

如表4-17所示，从学校的办学状况来看，办学条件的差距比教育经费的差距还要明显，其中生均专用设备的基尼系数在0.41~0.47差异较大；生均固定资产的差异初中比小学严重，2006年极差值达到12 726.2元，优质学校是最薄弱学校的7倍。学校办学条件反映出长期以来教育资源配置的不均衡，学校之间教育资源存量差异明显。

表4-16　攸县地区2005~2006年样本小学、初中教育经费支出差异

项目名称	年份	均值（元） 初中	均值（元） 小学	标准差（元） 初中	标准差（元） 小学	极差（元） 初中	极差（元） 小学	基尼系数 初中	基尼系数 小学
生均教育经费支出	2005	1 707.81	1 389.65	267.05	449.99	951.15	2 484.4	0.0875	0.1357
	2006	3 269.14	1 269.98	1 017.1	457.54	5 538.5	2 052.46	0.1538	0.1817
生均教育经费支出中的事业费支出	2005	1 676.90	1 326.71	259.81	240.36	904.38	1 062.6	0.0870	0.0998
	2006	3 222.76	1 269.98	1 010.86	457.54	5 538.5	2 052.46	0.1539	0.1818
生均教育事业费支出中的公用部分	2005	279.66	156.33	100.87	66.81	446.44	261.73	0.1820	0.2241
	2006	613.467	168.82	256.198	76.011	1 098.6	357.95	0.2257	0.2369
生均教育经费支出的基建部分	2005	30.91	62.94	80.505	278.85	324.05	1 421.8	0.8781	0.6591
	2006	46.384	0	160.394	0	669.86	0	0.3498	0
生均预算内教育经费支出	2005	1 354.17	1 133.14	216.51	229.89	766.34	897	0.0878	0.1134
	2006	2 661.55	1 065.46	999.52	434.13	5 398.2	1 805.11	0.1739	0.2083
生均预算内教育事业费支出	2005	1 334.28	113.14	219.84	229.89	788.03	897	0.0909	0.1134
	2006	2 661.55	1 065.46	999.52	434.13	5 398.2	1 805.11	0.1739	0.2083
生均预算内教育事业费支出中的公用部分	2005	21.44	15.69	13.67	18.60	71.44	82.85	0.2481	0.3782
	2006	165.67	18.25	47.84	12.497	197.67	56.25	0.1593	0.2722

表 4-17　攸县地区 2005~2006 年样本小学、初中办学条件差异

项目名称	年份	均值 初中	均值 小学	标准差 初中	标准差 小学	极差 初中	极差 小学	基尼系数 初中	基尼系数 小学
生均校舍面积（平方米）	2005	10.17	12.68	4.186	6.175	21.06	23.61	0.207	0.2649
	2006	14.532	12.14	5.044	6.693	17.24	23.58	0.1860	0.2802
生均固定资产（元）	2005	4 581.30	3 287.10	2 296.3	1 497.82	8 173.49	5 745.73	0.273	0.2502
	2006	6 756.88	3 408.89	3 254.61	1 420.33	1 2726.2	4 549.56	0.2604	0.2324
生均专用设备（元）	2005	705.29	331.96	750.97	337.13	3 285.71	1 333.33	0.472	0.4284
	2006	930.76	439.21	846.87	428.54	3 658.7	1 443.68	0.4143	0.4484
生均图书册数（册）	2005	28.36	22.76	9.978	8.365	40.02	30.79	0.193	0.2401
	2006	31.496	18.254	11.479	9.664	45.46	37.19	0.1974	0.2602

二、义务教育财政校际差距产生的原因分析

(一) 重点校政策对义务教育财政校际差距的影响

我国长期以来由于经济发展水平的制约,教育资源的供给严重不足,我国大中城市和经济发达地区中小学校发展不均衡的现象带有明显的历史痕迹,办学历史的差距造成学校发展的起点不同。中国重点校政策的有关法规如表 4-18 所示。

表 4-18　　　　　　　中国重点校政策的有关法规

年份	重点校政策相关文件	具体内容
1953	《关于有重点地办好一些中学和师范学校的意见》	
1962	《关于有重点地办好一批全日制中小学校的通知》	"重点校"政策初步形成
1978	教育部《办好一批重点中小学的试行方案》	
1980	《教育部关于分期分批办好重点中学的决定》	
1983	《关于进一步提高普通中学教育质量的几点意见》	重申办好重点中学必要性
1993	《关于减轻义务教育阶段学生过重课业负担,全面提高教育质量的指示》	义务教育阶段不应分重点学校(班)与非重点学校(班)
1995	国家教委《关于评价验收一千所左右示范性普通高级中学的通知》	
1997	《关于义务教育阶段办学行为的若干原则意见》	义务教育阶段不设重点校、重点班、快慢班

资料来源:根据相关法规政策整理得到。

由于政府实施重点校政策,稀缺的教育资源向重点校倾斜,从而导致了同一行政区内基础教育校际间教育资源配置和教育质量的巨大反差。随着时间推移和循环,产生校际差别的"马太效应"。由于"重点校"可以获得优质的生源,优质的校长和教师等人力资源,可以获得较充足的教育经费和较多较好的校舍、教

学设备、图书等物力资源,使教育资源越来越多越好,教育质量越来越高,而一般学校和较差的学校教育资源获得及教育质量与重点校相比相形见绌,差距越来越大。① 虽然目前国家已经明文规定取消了重点校和非重点校政策,但是这项政策的影响还将长期存在。

(二) 学校隶属关系对义务教育财政校际差距的影响②

我国基础教育历来是地方政府管理,主要是县和县以下地方政府管理,但从办学主体来说,则有事实上的国立、省立、县立中小学。国立中小学主要是中央政府教育部门和其他部门举办和管理的高校附属中小学,以及中央直属大中型企业举办的中小学。省立中小学主要是省级政府所属地方高校举办的附属中小学(大多是师范院校)以及少量的省教育部门举办的学校。这部分国立、省立中小学的人财物是通过政府机构——所属高校——高校附属中小学进行分配的。在中国现行行政和财政体制下,层级越高的政府,拥有的资源和财力越多,向国立、省立中学分配的资源越多。往下还可分为市直属学校、区直属学校和一般学校,隶属关系不同,等级地位也不同。市直属学校一般是政府投入较大,师资配备较强,办学条件较好;区属一般学校由于所在区教育投入较少,办学条件较差,与市直属学校之间的差距必然越拉越大。小学阶段的市县实验小学、乡镇中心小学、一般小学或村办小学,其实也是一种变相的等级制。不同的等级待遇不同、地位不同,发展的条件与机遇也不同,这就拉大了学校之间的差异。

(三) 非均等的教育经费拨款机制③

从教育财政角度来看,小学初中等级或隶属关系的不同造成的非均等化拨款机制是造成同一区域内不同学校之间差距的重要因素。各学校之间教育资源获得的比例与公共教育经费的拨款制度有关,即政府以什么标准,采取什么样的方式向学校拨款。拨款制度直接影响教育资源在校际间的配置。我国的义务教育事业费的配置基本上采用"定员定额法",义务教育基本建设费的配置采用基本建设费加基本建设费补助的模式。义务教育经费的校际配置主要以学生人数为依据,因此校际教育资源的配置差异也主要是由学校规模所致。各地区还对"重点学校"实行投资倾斜,这也是校际资源配置差异的重要原因,也是目前我国校际资源配置不均衡的最重要的制度原因。在同一行政区内(县和乡镇)教育行政部门向重点校配备优质的校长和教师,财政部门在教育经费分配上向重点校倾斜,实行事实上的非均等化拨款。这种非均等化的资源配置方式导致了同一行政

---

①②③ 王善迈:《基础教育"重点校"政策分析》,载《教育研究》2008 年第 3 期,第 64~66 页。

区内基础教育校际间教育资源配置和教育质量的巨大差距。随着时间推移和循环，产生校际差别的"马太效应"。从前面相关统计数据分析可以看出，重点校与非重点校之间教育经费收入总额存在较大差异，这种差异在预算内拨款方面表现不太明显，主要是社会捐资助学、其他收入方面存在较大差异，这也从另一个侧面体现了校际差别的"马太效应"。

（四）"择校"现象进一步加剧了校际差异[①]

"择校"现象是我国义务教育阶段高质量教育资源供不应求条件下，发生在教育供给部门和教育需求者之间的优质教育机会授受关系行为。由于接受不同质量教育的学生面临着不均等的成就机会，任何一位学生都希望自己能成为优质教育机会的优先占有者，选择高质量学校就读是实现这一愿望的唯一途径，"择校"行为便应运而生。

政府对短缺优质教育资源分配的可能形式有三种：一是根据学生在校学业成绩按照"高分高就"原则进行分配；二是根据货币支付能力按照"谁投资谁受益"原则进行分配；三是利用行政命令按照一定的规则强制进行分配。作为教育分配结果承受者的学生，可以采用三种相应形式选择学校来满足自己的教育需求："以分择校"、"以钱择校"和"以权择校"。

1. "以分择校"。"以分择校"是按照考试分数选择学校，高分学生进入高质量学校就读。"以分择校"的优点是抛弃了学生入校前基于经济、地位、家庭出身和背景不同的校外差别对入学机会的影响，依据学生发展的潜力和学习努力程度，通过考核让最有培养前途的学生优先占有优质教育资源，体现着教育的效率；考核的依据是分数，分数面前人人平等使分配规则客观公正便于操作把握；分数体现着学生个人的潜力和主观努力程度，按分数分配优质教育机会体现着付出与回报的贡献原则。因此从形式上看"以分择校"是最接近教育公平的一种择校形式。但是"以分择校"带有明显的精英教育色彩，易于导致"唯分是举"的应试倾向，加剧学生间的应试竞争，不利于少年儿童提高素质实现全面发展。因此以分择校并非尽善尽美。

2. "以钱择校"。"以钱择校"是根据市场经济"谁投资谁受益"的原则让货币支付能力作为择校的依据，支付货币越多享受的教育质量就越高。以货币支付能力作为择校依据，使家庭经济条件较差的学生与其他同龄学生处于不均等的竞争起点上，使本身作为弱势群体的低收入困难家庭学生希望借助教育改变命运，实现阶层转移的希望破灭。这就把教育系统之外的不均衡引入教育领域内

[①] 王善迈：《基础教育"重点校"政策分析》，载《教育研究》2008年第3期，第64~66页。

部，并加剧了这种基于经济不平等的不均衡，既不符合义务教育免费性的特点，又损害了教育均衡，不利于教育与社会发展的稳定。

在西方发达国家，中小学择校对象大多是教育质量高的私立学校，法律上允许私立学校收取高额学费。美国部分州和地区实施的教育券和特许学校，目的是鼓励公立中小学之间的竞争，以提高管理效率和教育质量。公立学校经费仍由政府拨款，学校无权额外收费。而在我国，由于民办学校起步晚，其教育质量大多低于公立学校，尤其是重点公立学校，因此家长和学生择校的对象大多为公立重点中小学。

3. "以权择校"。"以权择校"是指党政公职人员利用公共权利，将其子女和亲朋好友子女安排到重点学校就读。这不仅违背了义务教育法按学生户籍所在地"就近入学"的法律规定，而且也是公职人员滥用公共权力，以权谋私的腐败行为。

目前，我国普遍存在"以钱择校"、"以权择校"的现象，尽管还没有统计数字，但社会现实足以证明这一现象的普遍性和严重程度。校际差距、"重点校"政策引发的"以钱择校"、"以权择校"的义务教育不均衡，将会导致严重的社会后果。

教育本来有促进社会阶层流动的功能，它通过提升受教育者的教育水平，改善和提升社会底层的社会与经济地位。有权有钱的社会阶层靠权力和金钱依次进入质量较高的小学、中学，享受优质教育服务，进入和保持社会上层地位，而无权无钱的阶层大多只能进入一般的学校，享受一般甚至质量较低的教育服务，难以改善和提升其社会经济地位。

第五章

义务教育财政转移支付制度研究

2001年国务院《关于基础教育改革与发展的决定》和2003年国务院《关于进一步加强农村教育工作的决定》明确规定：义务教育实行"在国务院领导下，由地方政府负责、分级管理、以县为主"的体制。在新的体制下，县级人民政府担负着义务教育的主要责任，中央政府和省、地（市）级人民政府则需给予必要的支持。对于义务教育经费，2005年年末颁布的农村义务教育经费保障"新机制"和2006年的新《义务教育法》明确规定：国家将义务教育全面纳入财政保障范围，义务教育经费由国务院和地方各级人民政府依照本法规定予以保障。农村义务教育所需经费，由各级人民政府根据国务院规定分项目、按比例分担。2010年公布的《纲要》则进一步强调了义务教育全面纳入财政保障范围，实行国务院和地方各级人民政府根据职责共同负担，省、自治区、直辖市人民政府负责统筹落实的投入体制。中央财政和地方财政分项目、按比例分担的农村义务教育经费保障机制，提高了保障水平。

以上规定明确了义务教育的管理体制、经费保障和分担原则，然而在现行的义务教育财政体制下，还有一部分县义务教育经费严重不足，同时地区之间、城乡之间义务教育经费也存在着很大的差异。我们认为应该通过义务教育财政的转移支付来弥补部分地区经费的不足，缩小地区之间及城乡之间的差异，但是我国尚未建立一个科学合理的义务教育财政转移支付制度，因此有必要在义务教育"以县为主"的办学体制前提下，讨论义务教育经费的转移支付问题。

作为义务教育的办学主体的县级政府，标准的义务教育办学经费需求到底是多少？不同地区县级政府能够承担的义务教育经费是多少，实际支出的教育经费是多少？全国义务教育经费的缺口到底有多大？究竟哪些省份的义务教育需要中央给予补助，哪些省份不需要？哪些县级政府的义务教育需要补助，哪些不需要？中央和省级政府如何补助县一级的义务教育，中央和省两级政府间如何分担比较合理？这些都是我们关注的问题，因此我们希望通过相关规定和经验模型，以及县一级义务教育经费和相关社会经济数据，合理的测算出县一级政府义务教育经费的标准需求和标准供给能力，并最终估计出县级政府义务教育经费的缺口。同时根据这一缺口的大小，相应设计出科学的义务教育财政转移支付公式，在政府间合理的分担义务教育经费。

第一节 现行义务教育财政转移支付制度

自 2005 年年底，国务院发出"新机制"以来，我国将农村义务教育全面纳入公共财政保障范围，建立了中央与地方分项目、按比例分担的新义务教育财政转移支付模式。同时，我国的农村义务教育发展取得了较大的成绩。

"新机制"实行以来，农民教育负担切实减轻，农村儿童接受义务教育进一步得到保障，农村义务教育普及水平也得到了提高；农村义务教育由公共财政全面保障，一些地方保障水平明显提高；教育乱收费行为得到有效遏制，学校和政府在人民群众心目中的公信度得到提升；同时，促进了依法治教，提高了政府和学校的管理水平。

但是，我们应当清楚地认识到，深化义务教育保障机制改革是一项长期而艰巨的工作，在经费保障方面还存在许多需要解决的问题，特别是在新机制下的义务教育财政转移支付制度，如何解决好县级政府实施义务教育的经费问题，是整个义务教育财政中的核心问题所在。

一、转移支付资金规模相对不足

为实现义务教育的发展，必须按一定的办学标准给予经费上的保障。然而，现行机制下并没有规范的办学标准，不能保障应有的经费水平。从"新机制"的规定来看，中央和省级政府将两免一补、公用经费以及校舍维修纳入其保障范围，但是对于占教育经费比例最大的教师工资却没有明确的规定，实际上的经费投入是相对有限的。

在农村税费改革后，特别是两免一补实施后，县级政府发展义务教育的经费可以说是捉襟见肘,再加上为了得到上级的补助必须配套的经费,使一些财力薄弱的县根本无法改善义务教育发展水平差的现状。而拖欠教师工资、扣发教师津贴补助、变相收取学生其他费用等现象也就可以理解了。

因此,要改变这些现象,必须加大义务教育转移支付的力度,将所有教育经费全部涵盖到经费保障机制中去,只有这样才能解决落后贫穷地区发展义务教育的问题。

二、转移支付资金缩小地区差距效果不显著

我国幅员辽阔,各地区的自然条件、经济发展和文化差异都很大,历史上形成了一种严重不平衡的发展格局。义务教育财政体制实行地方分权化改革以来,一方面,新财政体制下的义务教育经费仍然在较大程度上依赖于地方财政收入,难以有效的缩小义务教育发展的地区差异;另一方面,在新机制的保障下,中央或省级政府对于同一区域不同发展水平的地方政府,采取"一刀切"的补助方式,更难以改变这一现状。要均衡发展义务教育,就必须加大对贫困地区补助,使其能从义务教育财政转移支付制度下受益更多,缩小同其他地区的差距。

因此,必须差别对待义务教育转移支付的对象,根据不同地区不同县的财政能力来判别对其补助的水平,使财力较弱的县得到更多的补助,从而保证各地义务教育发展水平的均衡。

三、转移支付对象不具有针对性,使用效率不高

目前我国实行的层级政府间转移支付包括一般性转移支付和专项转移支付。前者主要是用来均等地方之间的财力,从而使地方能够提供均等化的公共服务,一般提供给地方政府自行支配;而后者更多是用于特定的目标,专款专用,往往还需要地方政府配套相应的资金。

义务教育转移支付属于后者,地方多还需要配套相应比例经费。然而,全国各省之间以及各省内部的区县间财政能力间差异巨大。而"新机制"只按东、中、西,将全国划分成三个区域,实施不同的补助政策,这样的结果明显是不合理的。即使省级政府有足够的财力,能够充分做好统筹,平衡各县补助的水平,但由于不了解各县具体的财政能力,可能会出现"挤出效应"。

因此,只有针对义务教育的办学和管理主体的县级政府设计转移支付的公式,而不是在中央与省级政府主观划分补助比例,才能做到科学的转移支付,也才能真正达到转移支付的目的。

综上，由于"新机制"下的义务教育财政转移支付，虽然在一定程度上分项目，按比例明确了中央和省级政府职责，细化了具体要求。但是从全面保障义务教育经费的角度来看，现行的义务教育转移支付制度并不能充足的提供义务教育发展所需的资源，同时也不能改善义务教育发展的差异，最后还不能使转移支付的使用效率得到保证。因此，我们必须在"新机制"的基础上，进一步改进义务教育财政转移支付制度。然而，要想做到为义务教育提供充足的经费，各地义务教育得到均衡的发展，并能有针对性地进行补助以提高效率，就必须以义务教育的办学和管理主体为对象，建立科学合理的转移支付公式。

我们认为，建立规范的转移支付方式的基本思路是：以县为单位，测算其义务教育经费标准需求和财政供给能力，计算其义务教育经费缺口，然后根据省级政府的财政能力确定省级政府和中央政府对各县义务教育的财政转移支付责任。以下将主要讨论义务教育经费标准需求、供给能力以及缺口的测算。

第二节　义务教育经费标准需求的测算

一、测算义务教育经费标准需求的方法

义务教育经费标准需求的测定方法在国内研究的比较少，在已有文献中提及比较多的是将经费整体分为人员经费、公用经费和基建经费后以标准的办学条件形式分类讨论。原人事部、财政部、教育部等单位制定的《关于事业单位工作人员收入分配制度改革方案》等多个文件为人员经费标准提供了参考；而教育部以实物消耗定额出台的多个文件也为各地方政府的中小学公用经费的制定提供了标准。国外的研究更多是将经费标准需求同学校财政的充足性联系在一起的。而测量教育经费是否充足的方法包括：专家判断法、成功学区方法、成本函数法，以及证据法。

办学条件法即是根据学校日常运行，对学校所需资源及其数量做出详细的规定，等同于制定中小学办学标准。由于各地的价格、学校规模、办学条件存在着较大差异，对办学标准本身难以确定，此外，即便办学标准确定了，在实践中操作起来也会比较繁琐与复杂。因而，这种方法在实践中尚未真正全面的使用。但是，这种方法从学校对经费需求出发制定标准，可以比较好地满足学校的需求，因而，在许多地区的实践中参考了其基本方法，进行了简化处理作为制定经费的基本方法。

专家判断法是将相关的专家召集起来，通过他们对学校学生达到相应水平的教学条件的核定，来判断学校所需的资源。这种方法考虑到了学生所需达到的水平，这样可以根据不同地区的特征和价格差异进行调整。其不足之处首先在于专家设计的教育策略可能和学生水平关系不大；其次，使用专家判断法产生的模型，其成本可能会很昂贵；最后，对于充足性的判断可能会包含专家的主观性，从而可能影响到对标准的判断。

成功学区法是通过学生学业达标的学区来确定的。根据学业达标学区的生均支出，加权平均后得到一个代表充足教育资源的标准。这种方法虽然很直观的衡量了为实现学业标准所需的资源，但也存在着明显的不足，比如学区的规模、学区所在地区的价格水平的特征不同如何考虑到标准中去。另外，成功学区的特征并不一定能够适应所有学校。所以在操作该方法时，需要做相应的调整。

成本函数法是通过计量方法，在控制学生特征和其他因素的前提下，估算出达到一定学业水平所需的教育经费。这种方法能够客观量化教育经费的需求，但却很难对公众解释。过于繁琐的数学分析对于相关的政策制定人员来说难以理解，因此，该方法很难得到官方的认可。

证据法确定教育经费标准是将在校实施标准的教学项目要素价格核算出来，然后加总要素的价格从而得到充足的支出水平。该法与专家判断法不同之处在于标准教学项目的核定更多是以实例作为依据，而不是以专家的主观判断为主。该方法其可信度更高，更易于理解，使用也越来越广泛。但方法的缺陷在于基于研究基础上设计的模型并不会在任何环境下都发挥作用。

上述的几种方法各有优势，又各有其不足。结合我国义务教育经费标准制定的实际情况，吸取已有研究方法的优势并避免其不足，本章采用两种方法确定标准经费。其一是水平排序法，该法以专家判断法为基础；其二是办学条件标准法，沿袭国内以往对标准办学条件的研究，进一步探讨合理的义务教育经费标准。

二、依据水平排序法测算义务教育经费标准需求

（一）水平排序测算方法

在数据的支持下，我们根据往年教育经费支出来衡量教育经费的标准需求是可行的。这种方法实际上是由专家判断法转变而来的。所谓专家判断法，是依靠专家的经验和对地方教育水平的了解，来制定标准教育经费需求。这种方法需要专家首先确定实施充足教育水平的示范学校或者示范地区，根据这一类学校或者

地区教育经费支出的水平来估算标准教育经费需求。依据专家的意见，教育经费需求的水平可以根据教育内容来确定，例如一个适当的中小学教育应包含什么样的教育内容和服务，这样的教育内容和服务需要什么样的师资、管理和设施，这样的师资、管理和设施又需要多少经费，然后对经费需求进行调整。

我们测算义务教育经费标准需求，实际上是为了解各地对义务教育发展的需求状况，其目标是为了各地的义务教育能够得到充分和均衡的发展，因此在制定标准需求的方法上我们必须考虑到这一因素。但由于条件的限制，我们不可能请来熟悉每个地方教育发展水平的专家，当然也就不能参考各地专家所评价的教育经费标准需求水平。在数据充足的条件下，这里我们尽可能多地获取全国不同发展水平地区的教育经费支出情况，再根据部分专家意见从中挑选出最为接近现实的经费标准需求，反映全国普遍情况。以部分专家讨论的结论为基础，[①] 我们按照不同排序分别取前 20% 的水平代表优质义务教育发展经费标准水平，而 50% 的水平代表基本义务教育发展经费标准水平，衡量并测算全国义务教育经费标准。

（二）根据水平排序法测算经费标准需求的原则

义务教育经费是维持和保障学校正常运转、开展教育活动的必要支出，随着教育目标、教育内容、教学方法、教学技术手段的进步变化，必然对经费提出新的需求。所以义务教育经费标准应充分反映国家对义务教育改革与发展的新要求，由注重普及程度转向注重质量提高，全面推进素质教育，如考虑农村中小学布局调整、英语教学、信息技术应用、北方取暖和农村教育发展等因素，因地制宜、因时制宜地调整经费的支出范围，确定经费标准。

义务教育是涉及全民的基础性教育，要保证最基本的教育教学质量，就必须提供相应的经费保障。同时，各地区由于地理环境、社会文化习俗乃至经济发展水平存在着很大的差异，不同规模、办学条件、不同教育运行状况的学校公用经费支出水平也存在着一定的差异，因而对经费标准的制定要将统一性和差异性结合起来。

义务教育经费的标准应该以满足学校的教育教学与运转需要为前提，在国家对教育活动的要求与标准未改变的情况下，经费标准应该保持相对稳定。但相对稳定并不意味着经费标准一经制定就一成不变，而是要根据整个宏观经济形势及国家教育政策的变化而不断地调整。因此，义务教育经费标准要保持稳定性与增

[①] 该讨论由王善迈教授组织，袁连生、杜育红、马晓强、孙志军、刘泽云、杜屏等专家学者参与，并提供了相关建议。

长性相结合。

(三) 全国义务教育经费标准需求的测算

这里我们使用全国 2002 年、2004 年、2005 年、2006 年 4 年的县级数据，分别看一看这几年中生均教育经费变化的趋势，同时我们以县级单位为对象，采用不同标准，分别测算义务教育经费需求。根据 4 年的县级数据，分别对全国 3000 多个县级单位生均教育经费从低到高进行排序，以处于 20% 和 50% 分位数水平的县分别作为我们估算优质义务教育发展水平和基本义务教育发展水平的生均教育经费标准（以下分别简称优质水平和基本水平），具体情况如表 5-1 所示。

表 5-1　　2002~2006 年不同水平下全国县级单位生均教育经费支出情况　　　　　单位：元

项　　目		2002 年	2004 年	2005 年	2006 年
小学	优质水平	1 977.30	2 554.18	2 938.35	3 497.96
	基本水平	1 188.17	1 593.56	1 861.72	2 185.38
初中	优质水平	2 534.68	3 166.41	3 724.79	4 421.66
	基本水平	1 424.12	1 773.39	2 129.94	2 499.47

资料来源：2002 年、2004 年、2005 年、2006 年的全国教育经费基层报表统计数据。

从表 5-1 可知全国 2006 年小学阶段优质义务教育发展水平的生均教育经费标准为 3 500 元左右，而基本义务教育发展水平的生均教育经费标准为 2 200 元左右。初中阶段优质义务教育发展水平的生均教育经费标准为 4 400 元左右，而基本义务教育发展水平的生均教育经费标准为 2 500 元左右。

从图 5-1 可以看到，近十年来生均教育经费稳步增长。因此我们测算标准的义务教育经费需求，根据前面谈到的稳定性和增长性相结合的原则，应该把这一变化趋势考虑进去。可以看到基本义务教育经费水平和同年全国义务教育生均教育经费支出比较接近，大致反映了全国义务教育经费支出的一般水平。

生均义务教育经费标准是根据加权平均的方法所得的，即将全国义务教育在校生人数和教育经费全部加总起来相除，从而得到平均的教育经费支出。这里没有考虑到各地的差异，而是直接进行加权平均，因此应该根据统一性和差异性的原则进行调整，可以分不同地区或者省份再单独测算。图 5-2 是东中西部不同地区生均经费的情况，从图中我们可以观察到不管是小学还是初中，生均教育经费支出呈逐年上升趋势，同时东部地区高于西部地区，西部地区高于中部地区的生均经费。

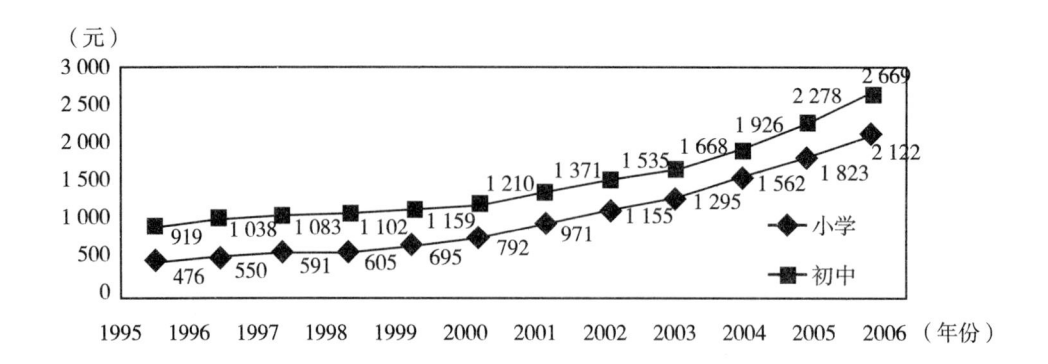

图 5 - 1 1995~2006 年全国生均教育经费支出变化情况

资料来源：1996~2006 年的《中国教育经费统计年鉴》，全国教育经费基层报表统计数据。

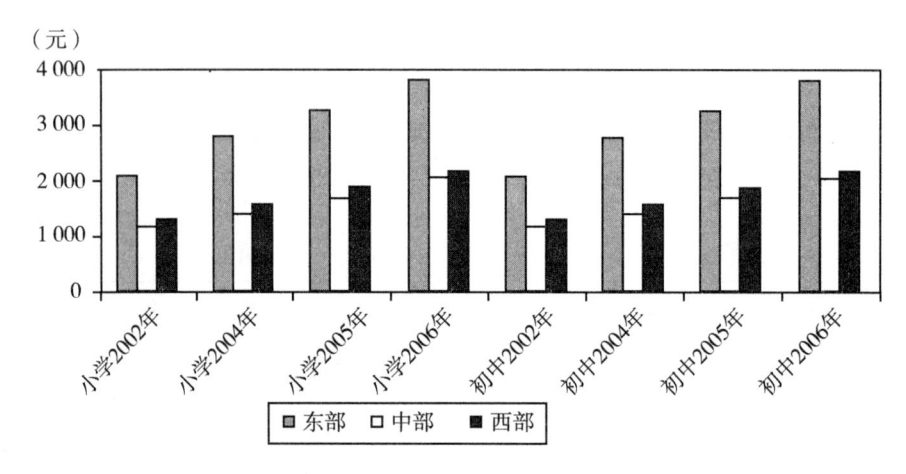

图 5 - 2 东、中、西部小学、初中生均经费 2002~2006 年分布情况

资料来源：2002 年、2004 年、2005 年、2006 年的全国教育经费基层报表统计数据。

（四）分地区、分城乡义务教育经费标准需求的测算

和测算全国的方法一样，我们可以使用已有的数据测算分地区、分城乡义务教育经费标准的情况，这样对于我们合理利用义务教育经费标准更有借鉴意义。附表 1 和附表 2 分别为东中西不同地区和 31 个省级单位的生均义务教育经费情况。同全国生均教育经费逐步增长情况相一致，各地区、省生均教育经费逐年稳定增长，但是地区之间差异较大，生均经费最高的上海同经费最低的河南相比较，上海的支出竟是河南支出的 10 倍左右。因此，应将这种差异考虑到义务教育经费标准需求的测算中。

使用2002年、2004年、2005年、2006年的县级数据，分别对各省县级单位生均教育经费进行排序，图5-3、图5-4列出了2006年的优质和基本水平的生均教育经费情况，各省的小学初中生均教育经费具体数据见附表3和附表4。

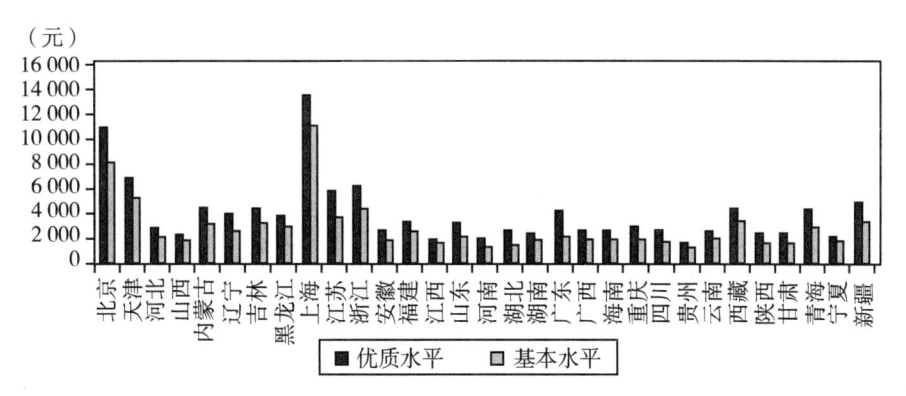

图5-3　2006年各省小学生均经费不同支出水平的分布情况

资料来源：2006年全国教育经费基层报表统计数据。

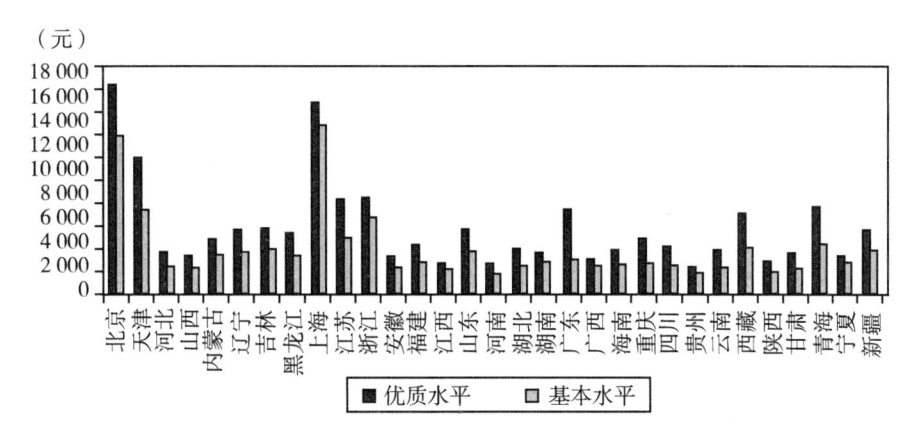

图5-4　2006年各省初中生均经费不同支出水平的分布情况

资料来源：2006年全国教育经费基层报表统计数据。

使用2002年、2004年、2005年、2006年分城乡的县级数据，还可以分城乡描述的生均教育经费变化。我们以县为对象，分别统计了31个省级单位分城乡的生均义务教育经费情况，具体数据见附表5~附表10。

三、依据办学条件标准法测算义务教育经费标准需求

（一）办学条件标准测算的方法

义务教育经费由事业性经费和基建经费构成，而事业性经费又可以分成人员经费和公用经费。测量义务教育经费的标准需求也应该从这三个方面出发，依据国家或者地方政府制定的有关义务教育办学条件的标准来核定义务教育这三个方面经费的需求。

1. 人员经费标准需求。根据国家对中小学专任教师职务岗位工资的基本规定，以及国家相关部门关于薪级工资、绩效工资和津贴工资的基本规定，计算出不同职务等级的教职工工资性支出的平均值；再根据中小学专任教师职称结构和教职工人数、教师与职工的比例计算出教职工工资总额；最后根据教职工与学生比计算出生均人员经费的标准需求。

2. 公用经费标准需求。参考国家有关规定，并结合学校调研数据的统计、归类和总结，基本确定现行我国中小学学生人均每年维持正常教学活动所必须消耗的实物类别、数量和相应定额标准以及非物耗部分的公用经费折算定额标准，建立普通中小学生均公用经费标准的分析框架，以此确定中小学生均公用经费的标准需求。

3. 基建经费的处理。由于基建经费在整个义务教育经费中比例不高，年度支出不稳定，这里将基建经费排除在日常教育经费之外，只以事业经费作为衡量义务教育经费需求的基础。

对于人员经费的研究，在 2006 年事业单位工作人员收入分配制度改革方案的基础上，结合 2008 年颁布的义务教育实施绩效工资的指导意见，应用新的教师工资标准测量了义务教育阶段的人员经费标准。而对于公用经费的测算，国内已有很多学者在不同地区尝试做过测量，但由于学校规模不同、各地物价水平不同，加上可查的标准距今已有十多年，因此测量结果存在差异，这里只是参考国家的规定和以往研究的成果进行推算。

（二）人员经费标准需求的测算

2006 年我国全面推行事业单位工作人员工资改革，伴随这次改革的进行，中小学教职人员的收入分配制度进行了套改，同时中小学教职工的工资收入也得

到了普遍的提高。[①]

1. 计算不同职称教师月均工资。根据《高等学校、中小学、中等职业学校贯彻〈事业单位工作人员收入分配制度改革方案〉三个实施意见的通知》等相关规定，教师工资包括岗位工资、薪级工资、绩效工资和津贴工资，而中小学教师的总工资＝岗位工资＋薪级工资＋（岗位工资＋薪级工资）×10%＋绩效工资＋津贴工资。

（1）岗位工资：中学高级职称一律按《事业单位专业技术人员基本工资标准表》套专业技术七级岗位，即930元。中学一级职称（或小学高级职称）一律套十级岗位，即680元。中学二级教师（或小学一级职称）套十二级岗位，即590元。中学三级教师（或小学二级职称）套十三级岗位，最低岗位工资即550元。对于小学三级和未评级的教师均按最低岗位工资计算。

（2）薪级工资：这部分是工资中差别最大的，与教龄、大专以上的学龄时间、职称任职时间有关，可以根据《事业单位专业技术人员岗位薪级工资套改表》查对。但是由于国家对教职工编制中只涉及岗位的要求，没有相应教龄等参数的标准，因此这里我们根据薪级工资套改表的分布，用每一岗位标准中薪级套改标准分布的中位数来确定该级别薪级工资，具体情况如表5－2所示。

表5－2　　　各级教师岗位工资、薪级工资、基本工资　　　单位：元

级　别	岗位工资	薪级工资	月基本工资	年基本工资
中学高级	930	752	1 682	20 184
中学一级或小学高级	680	583	1 263	15 156
中学二级或小学一级	590	457	1 047	12 564
中学三级、小学二级或未评级	550	417	967	11 604

以上两个部分的工资构成了教育经费支出中教师的基本工资。

（3）绩效工资、津贴工资、其他工资和职工福利费：实施绩效工资后，学校不得在核定的绩效工资总量外自行发放任何津贴补贴或奖金，不得违反规定的程序和办法进行分配。[②] 因此，根据新规定我们可以将这几项经费统一按绩效工资计算。这一类的工资包括：职务岗位津贴、医改补贴、特岗津贴、特级教师津

---

① 人事部、财政部《关于印发事业单位工作人员收入分配制度改革方案的通知》（国人部发［2006］56号）、人事部、财政部《关于印发事业单位工作人员收入分配制度改革实施办法的通知》（国人部发［2006］59号）、人事部、财政部、教育部《高等学校、中小学、中等职业学校贯彻〈事业单位工作人员收入分配制度改革方案〉三个实施意见的通知》（国人部发［2006］113号）。

② 国务院：《关于义务教育学校实施绩效工资的指导意见》，2008年12月。

贴、班主任津贴、超课时津贴、地方岗位津贴、季节补贴等，依次测算出每一种工资的标准会比较困难。指导意见中关于绩效工资标准实际是以基本工资为参照，结合各地情况来制定的，因此这里可以用基本工资来估算绩效工资。各省绩效工资、津贴工资、其他工资和职工福利费三项经费占基本工资的比例情况见附表11。

（4）社会保障费：这一项目虽然没有实际发放到教职工手上，但也是人员经费主要构成部分之一，这里认为是名义教师工资的构成部分。根据国家的规定，取各地区的平均数据，该费用应为教职工工资总额的30%，其中包括养老保险20%、医疗保险7.5%、失业保险2%、工伤保险0.5%。

通过以上分析可得到：

教师月平均工资 M = 基本工资 × (1 + 10%) × (1 + 绩效工资调整后比例 + 30%)

2. 计算教职工年均工资。由于国家对教师职称分布没有规定标准，所以我们按2004年小学、初中教师职称实际分布情况以及国家对教职工编制的有关规定计算教职工年平均工资，具体结果参见附表12。

根据中小学教职工编制的相关规定，[①] 小学职工占教职工总数的比例不得超过9%，初中职工占教职工总数的比例不得超过15%。这里我们对于非专任老师的比例可以参考教育统计年鉴，各省的分布见附表13。从统计结果来看，大部分省份都超过了规定，但对于非专任教师职称的构成，以及相应职称的平均工资无法估计，因此这里暂且认为非专任教师工资为专任教师工资的10/11，主要考虑到非专任教师不享受工资10%的提升。

这样结合表5-2、附表11~附表13的数据，就可以计算出全国和各省小学、初中教职工年平均工资。公式为：

$$Y = 12 \times \sum_{i=1}^{4} \left[M_i \times r_i \times \left(1 - \frac{n}{11}\right) \right]$$

（i = 1…4，对应于以上教师职称的4个级别）

式中：Y 代表教师的年均工资；M_i 代表某个职称的教师月平均工资；r_i 代表该职称的教师占全体专任教师的比例；n 代表非专任教师所占比例，具体的统计结果如附表13所示。

3. 计算义务教育阶段生均人员经费。《关于制定中小学教职工编制标准的意见》中关于教职工的配置规定为，小学教职工与学生比为：城市1:19，县镇1:21，农村1:23；初中教职工与学生比为：城市1:13.5，县镇1:16，农村1:18。

---

① 中央编办、教育部、财政部：《关于制定中小学教职工编制标准的意见》。

而根据2004年统计资料可以知道各省小学、初中学生分布在城市、县镇和农村的比例,这样就可以计算出各地教职工与学生比。全国小学教职工与学生比为1:21,初中教职工与学生比为1:16。这样在得到教职工与学生比后,我们就可以计算生均的人员经费了,公式为:生均人员经费标准=教职工年均工资÷学生与教职工比。由此可以得到全国小学生均人员经费为1 324.58元,初中生均人员经费为1 832.68元,各省的具体情况见附表13。

(三) 公用经费标准需求的测算

2005年国务院颁布"新机制"以来,根据国务院、教育部的要求,各省(自治区、直辖市)都在着手制定公用经费标准,并预期在2010年左右落实全国义务教育阶段公用经费的基准定额。同期也有很多学者针对公用经费的标准需求进行了相关研究。以下对政府部门制定的标准和学者研究的标准做一介绍。

1. 各省(自治区、直辖市)制定的生均公用经费标准。随着国家义务教育经费保障机制的出台,各地加大对义务教育的投入,在公用经费方面的增长也特别明显,纷纷推出义务教育阶段办学条件的配置标准,因此我们可以比较一下各地根据国家相关通知制定的生均公用经费标准(见表5-3)。

表5-3　　2008年我国各省义务教育生均公用经费标准　　　　　单位:元

省、市	小学 农村	小学 城镇	初中 农村	初中 城镇	省份	小学 农村	小学 城镇	初中 农村	初中 城镇
北京					福建	230		320	
天津	420		560		江西	230	300	300	380
河北	238		380		山东	295	340	445	470
山西	254		391		河南	230	245	375	390
内蒙古	225		375		湖北	250	265	400	415
辽宁	300	320	420	460	湖南	200	230	275	305
吉林	280		360		广东	288		408	
黑龙江	305	390	354	470	广西	225	375	240	390
上海	520		720		海南	200		295	
江苏	300		500		重庆	265		420	
浙江	230		330		四川	263		403	
安徽	255	265	375	375	贵州	225		375	

续表

省、市	小学 农村	小学 城镇	初中 农村	初中 城镇	省份	小学 农村	小学 城镇	初中 农村	初中 城镇
云南	124	154	204	234	青海	225	240	375	390
西藏					宁夏	330	320	476	460
陕西	230		300		新疆	300		500	
甘肃	240	255	375	390					

资料来源：2007年、2008年各省级政府财政厅、教育厅，以及部分市县级政府财政局、教育局公布于网络上的相关文件。上海、云南、广东省为2006年数据，其他省份为2008年数据。

财政部、教育部2007年337号文件《关于调整完善农村义务教育经费保障机制改革有关政策的通知》中要求对农村义务教育阶段中小学的生均公用经费基本标准，小学低于150元或初中低于250元的省份，分别提高到150元和250元（其县镇标准相应达到180元和280元）。2008年，中央出台农村义务教育阶段中小学公用经费基准定额，小学每生每年300元，初中每生每年500元，分两年将基准定额落实到位。因此，生均公用经费较低的省份到2008年，均提高到了要求以上，而且在未来两年里也将分步达到小学300元、初中500元的标准。当然也有一些富裕的省、直辖市均超过了这一标准，未来的公用经费也还会逐步提高。

从表5-3可以看到，全国大部分省份2008年所制定的小学生均公用经费标准介于150～300元之间，而初中则介于250～500元之间。

2. 义务教育公用经费标准研究成果。[①] 参考有关文件、规章，并考虑到近年教育发展的新要求和公用经费支出的相关物价上涨因素。从中小学校办学条件和设施的配置、学校教育运行的状况多角度、动态地考察和测算公用经费支出的需求，根据各支出项目的业务属性、与学校规模的相关性，以及实物消耗和非实物支出等多种性质构建了中小学校公用经费的三级指标系统，以下对公务费、业务费、修缮费、设备购置费、其他费用5个公用经费指标集，按每学生/每学年支出的标准予以分别测算。测算结果显示，小学生均公用经费标准需求为350元，初中生均公用经费标准需求为550元，分类支出测算如表5-4所示。

---

① 杜育红、孙志军：《中国义务教育财政研究》，北京师范大学出版社2010年版，第二章。

表 5-4 小学、初中生均公用经费指标测算

单位：元

小学生均日常公用经费：350

公务费：111

办公用品	报刊	邮电通讯费	水费	电费	取暖费	运输燃料费	五金电器用品	卫生保健用品	会议差旅费
12	6	10	6	20	18	6	6	15	12

业务费：108

教学用品	教师用书	教学业务杂志	体育维持费	音乐维持费	实验费	劳技教育费	电化语音教育费	现代信息技术	宣传费	教学科研费
24	4	6	12	4	10	10	4	25	4	5

修缮费：32

房屋修缮费	操场整修费
28	4

设备购置费：57

仪器设备购置费	课桌椅购置费	图书购置费	教师职工教育费
28	4	25	28

其他费用：42

杂活劳务费	其他
12	2

初中生均日常公用经费：550

公务费：161

办公用品	报刊	邮电通讯费	水费	电费	取暖费	运输燃料费	五金电器用品	卫生保健用品	会议差旅费
20	8	15	8	30	20	10	10	20	20

业务费：197

教学用品	教师用书	教学业务杂志	体育维持费	音乐维持费	实验费	劳技教育费	电化语音教育费	现代信息技术	宣传费	教学科研费
30	6	10	20	5	25	25	8	50	8	10

修缮费：39

房屋修缮费	操场整修费
35	4

设备购置费：85

仪器设备购置费	课桌椅购置费	图书购置费	教师职工教育费
40	5	40	50

其他费用：68

杂活劳务费	其他
15	3

资料来源：根据杜育红、孙志军：《中国义务教育财政研究》，北京师范大学出版社2010年版，第二章相关内容整理。

综合比较前面分析的结果，小学生均350元、初中生均550元的标准，同国家要求所达到标准也是比较接近的，可以认为是一个合理的结果。当然像北京、上海等地区明显高于这一标准，这里就不做讨论，因为实际上计算义务教育经费的标准需求，主要是为了测算经费不足地区缺口，从而通过上级财政补助得到弥补。这些地区的义务教育经费供给能力充足，生均公用经费的标准也应该维持其实际拨款标准。

（四）义务教育经费标准需求

由于各地建筑造价的差异以及现有统计资料的限制，目前也难以根据国家的办学条件标准来测算。从表5-5中可以看出，基建经费在教育经费中所占比例不稳定，因此本文我们最后不将基建经费考虑到教育经费内，只计算义务教育阶段经常性费用，也就是生均教育事业费。

表5-5　1996~2005年我国基建经费占教育支出总经费比例

年份	小学 教育经费总支出（千元）	小学 基建支出（千元）	小学 基建所占比例（%）	初中 教育经费总支出（千元）	初中 基建支出（千元）	初中 基建所占比例（%）
2005	6 134 117	192 125 887	3.19	7 178 170	134 005 943	5.36
2004	6 002 934	169 820 413	3.53	6 691 251	116 940 323	5.72
2003	4 892 179	146 881 226	3.33	6 338 051	102 328 012	6.19
2002	5 674 979	135 811 720	4.18	6 187 319	92 927 473	6.66
2001	5 268 266	118 596 901	4.44	5 263 545	79 846 208	6.59
2000	4 732 495	100 124 214	4.73	5 109 873	66 776 212	7.65
1999	5 780 933	91 554 932	6.31	5 049 908	59 743 023	8.45
1998	7 245 017	83 779 707	8.65	6 196 769	54 410 886	11.39
1997	11 016 484	81 973 311	13.44	8 781 248	54 098 578	16.23
1996	11 637 800	75 105 084	15.50	9 762 360	49 844 733	19.59

资料来源：1997~2006年《中国教育经费统计年鉴》。

根据以上分析，可以得出全国义务教育经费的标准需求为：小学教育经费标准需求 = 生均人员经费标准需求 + 生均公用经费标准需求 = 1 325 + 350 = 1 675（元）；初中教育经费标准需求 = 生均人员经费标准需求 + 生均公用经费标准需求 = 1 833 + 550 = 2 383（元）。当然我们还可以根据各省相关的人员经费、公用经费标准需求，以及各省基建经费占教育经费支出比例来计算出各省不同的经费标准需求来，从而反映我国各地的实际义务教育经费需求的情况。

第三节 义务教育经费供给能力的测算

以上部分讨论了义务教育经费标准需求的测算，依据不同方法，测量出全国以及各个省区的义务教育经费的标准需求。以下部分将讨论义务教育经费供给能力的测算。

一、测算义务教育经费供给能力的方法

义务教育是政府提供的主要公共服务之一，其经费的主要来源应由政府负担。在我国义务教育实行以县为主的管理体制，因此县一级的政府担当着提供充足义务教育经费的责任。但另一方面，我国城乡、地区经济发展水平和教育现状存在较大差异，仅仅依靠县一级政府是不可能保证义务教育均衡全面发展的。所以中央和省级政府应给予县一级政府在义务教育发展上合理的财政补助。

从县级政府的财政上来看，除了本级政府的财政收入外，还包括上级政府给予的补助。这些补助有：税收返还、专项补助、一般性转移支付、调整工资转移支付补助、税费改革转移支付补助等。但从县级政府提供义务教育这项公共服务出发，除了部分专项补助有相对应的使用范围，其他的补助则是纳入到县级政府整个财政收入后统一使用的。因此，县一级政府究竟能够提供多少义务教育经费，其供给能力不易测算。为解决这个问题，我们假设县级政府的财政支出结构是稳定、一致的。本级财政收入和上级政府转移支付补助等各项财政收入中分别用于义务教育的经费是同比例的。

这样，我们可以根据县级政府财政支出中义务教育经费所占比例，来测算其义务教育经费的供给能力。对于义务教育经费供给能力的测算也可分为三种方案：一是基于县级政府本级财政收入的供给能力测算；二是基于县级政府财政总收入，即包含上级政府转移支付后的财政收入的供给能力测算；三是以实际的义务教育财政支出为基础，通过努力程度系数调整来测算供给能力。

（一）以本级财政收入为基础测算供给能力

在公共经济学领域，对于本级财政收入测算的研究已有较多的成果。大部分的研究以地方 GDP 为参考指标，或者结合地方的税制和税收结构，以商品零售额、工业企业税前利润等相关因素为指标来估算下级政府的财政收入能力。[①] 这些都是以下级政府整体财政为考虑的，而不只针对于为某一公共服务提供经费的财政。另外用这样估算出来的财政能力，来衡量某项公共服务的财政供给能力，差异是否明显也有待讨论。

由于县一级单位一些相关指标获取的困难，假设每一个县级政府的税收努力程度都相同，而且所获得的财政收入均为其合理的财政供给能力。因此在测算义务教育经费供给能力时，只用实际的县级政府的财政收入，而不用理论或者估算合理的财政收入。那么在县级政府财政收入已知的情况下，测算财政支出结构中义务教育经费所占的合理比例，从而也就可以得到县级政府义务教育经费的供给能力。

（二）以财政总收入为基础测算供给能力

伴随公共财政体制改革的深入开展，县级政府财政收入平衡部分中，一般性转移支付的比例逐渐提高。这样可以将县级政府财政总收入视为其经过上级政府平衡后的实际财政能力。这里上级政府的转移支付并不针对义务教育某一项公共服务，而是为了均衡各地的财政能力。这样通过均衡财政能力后的县级政府，在提供义务教育等公共服务方面能力的差距也相应缩小。因此，换一种角度，我们以县级政府财政总收入为基础，这样测算出来的义务教育经费的供给能力则更接近于实际情况，同时跟当地义务教育经费的标准需求的差距也会更小。相对应所得到的义务教育经费缺口则较小，这样就可以通过上级政府的专项补助予以弥补。

以财政总收入为基础的义务教育经费供给能力，可以用县级政府的财政总收入来计算，方法和以县级政府本级财政收入为基础一样，只不过是用县级政府的财政总收入，而不是县级政府的本级财政收入，来乘以义务教育经费支出占财政支出的合理比例，从而得到更贴近实际的县级政府义务教育经费供给能力。

[①] 马骏：《中央向地方的财政转移支付——一个均等化公式和模拟结果》，载《经济研究》1997年第3期，第11~20页。

（三）以实际义务教育经费支出为基础测算供给能力

县级政府义务教育经费的实际支出也可以用来衡量义务教育经费的供给能力。实际的义务教育财政支出是县一级政府在获得上级政府一般性转移支付等补助后，所能提供给义务教育的经费，也就是供给能力。但是县级政府之间是否同等重视义务教育，是否有能力提供更多的义务教育经费，是否会存在义务教育经费的"挤出效应"。面对这一系列问题，必须用一个努力程度系数来调整实际的义务教育经费支出，从而更合理地测量县级政府义务教育经费的供给能力。

以县级政府实际义务教育经费支出来衡量供给能力，主要通过努力程度系数的调整，从而能够更合理地测算出义务教育经费供给能力。而努力程度系数的设计，主要是参照义务教育支出占财政支出比例，通过实际支出比例和估计的支出比例来衡量，这样来评价县级政府对义务教育的投入是否努力。

上述三种方法，都需要使用义务教育经费支出占财政支出的比例，这一比例不仅可以衡量政府财政支出结构是否合理，同时，也可以反映政府对于某一公共服务是否关注和努力。因此，有必要对这一比例进行讨论，从而为供给能力的测算提供基础。

二、义务教育经费支出占财政支出比例的估算

义务教育经费支出占本级财政支出比例，实际上可以评价出一级政府在有限财力条件下发展义务教育的努力程度。

（一）义务教育经费支出占财政支出比例的基本状况

我国是一个人均教育资源相对缺乏的国家，根据科教兴国战略，要优先发展教育就必须保证充足的教育投入。1993年的《中国教育改革和发展纲要》中就曾提出国家财政性教育经费支出占国民生产总值的比例要到20世纪末达到4%，同时在"八五"期间我国各级财政支出中教育经费所占的比例要达到全国平均不低于15%的水平，然而这两个指标在不同程度上并没有得到很好实现。

1. 财政用于教育支出比例的基本状况。在过去的一段时间里教育支出占财政支出的比例逐渐下降，然而伴随着财政收入占国内生产总值比例的提高，以及国内生产总值的稳健上升，我国教育支出占GDP的比例没有下降，而且教育支出的绝对值也有相应的增长。但一个政府财政支出中教育所占的比例在同等条件下能够反映政府对教育的重视和努力程度，因此我们有理由在不同地区政府间来

研究这一比例，以及该比例的变化。

从附表 14 的数据可以观察到，一定时期内，同一地区教育支出占财政支出的比例比较稳定，但不同地区之间这一比例却存在差异。为了解释这种差异，使用 31 个省、自治区和直辖市 3 年的数据分析这一比例同其他指标相关性，具体结果如表 5-6 所示。从结果可以看出教育支出占财政支出的比例同其他几个指标都具有负的相关性，其中同人均财政收入的相关性最为明显。

表 5-6　　　财政支出中教育支出比例同其他指标的相关系数

相 关 性	财政支出中教育支出比例	人均 GDP	人均财政收入	财政收入占 GDP 比例
财政支出中教育支出比例	1.0000			
人均 GDP	-0.0763	1.0000		
人均财政收入	-0.5492	0.7245	1.0000	
财政收入占 GDP 比例	-0.1970	0.6235	0.6218	1.0000

2. 对财政支出中教育支出所占比例的经验判断和解释。根据以上全国和各地区的数据描述和分析我们可以对教育支出占财政支出的这一比例进行某些经验判断。首先从全国来看，1994 年新的财税制度形成以后它是随着整体的国民经济稳定发展而逐渐降低的，同时它也是随着财政收入占国民生产总值比例的升高而降低的。其次从各地区的数据比较来看，总体上人均总财政收入较高的地区相应教育支出占财政支出比例较低，另一方面财政收入占当地生产总值比例较高的地区教育占财政的比例则相对较低。

对于全国来说随着整体经济的发展，社会各方面的公共服务需求增多。相对于最初的"吃饭"财政（财政主要应对人员开支），用于其他各项公共服务建设的资金会显著增大。对于教育的财政支出传统上是以教师工资的人员支出为主，因此从财政的支出结构来看随着社会公共服务水平的提高，教育占财政比例会逐渐降低。当然这里降低的只是财政支出结构中教育所占的比例，而实际用于教育的财政性经费是没有减少的。

而对于各地区来说，政府提供公共服务的资金来源于总的财政收入，它是包括上级政府转移支付后的财政收入。因此，这里用人均总财政收入比人均生产总值来衡量当地的公共服务发展水平更具代表性，同时从附表 14 中我们也可以看出人均总财政收入也同教育支出占财政支出的比例相关性更大。和全国一样我们可以认为，人均总财政收入越高的地方公共服务发展水平越高，相应的教育支出占财政的比例就会有所降低。

对于财政收入占生产总值的比例并没有一个合理的标准,比例越高说明该级政府能够聚集越多的社会财力,同时提供的公共服务水平和能力也越高。从前面的分析我们知道,随着公共服务水平的提高,教育发展的基本需求得到满足后,教育支出占整个财政支出的比例是会有所降低的。但是另一方面,各地区由于税种的划分,地方的财政收入和地区生产总值的关系并不稳定。实际上这一比例和当地的产业结构存在着很大的关系。因此,应用这一指标来解释教育支出占财政的比例,有待用更大的样本数据来验证其显著性和合理性。

(二) 基于县级数据对财政支出中教育支出所占合理比例的计量分析

通过全国和各地区的数据描述,认为教育支出占财政支出比例是一个反映各级政府教育公共服务提供水平的指标,它同当地的人均总财政收入、财政占生产总值的比例等指标存在一定的关系,同时也可以用这些指标来解释它的变化。但在我国实际提供教育服务的主要是县一级的政府,因此应用县一级的数据来对教育支出占财政的比例进行经验分析更具有合理性。

1. 计量数据说明。这里数据来源于2004年、2005年全国县级教育经费数据;2005年、2006年中国县(市)社会经济统计年鉴和2004年、2005年分县财政统计年鉴。[①] 选取县级教育经费数据中的小学、初中在校生数,小学、初中经费总支出指标;县市社会经济统计年鉴中各县的年末人口数、地方财政一般预算收入、地方财政一般预算支出指标;分县财政统计年鉴中各县财政收支部分中的收入合计、支出合计,平衡部分中的收入总计以及各县的地区生产总值。[②] 义务教育在校学生总数是由初中在校学生数和小学在校学生数加总求得;生均教育支出是由小学和初中的经费总支出除以义务教育在校生总数求得;在校生数占总人口比例是由义务教育在校学生总数除以年末人口数求得。

由于县市社会经济统计年鉴中不包含部分市辖区和直辖市辖区等单位,因此最终所综合得到的样本为县(旗)、县级市和上报资料完整的市辖区,共有4 138个样本。另一方面县市统计年鉴中各县年末人口数统计所用的单位是万人,因此对于人口数较小的县级单位会存在很大的测量误差。例如对于一个14 000人的县和一个6 000人的县均采取1万人统计,在计算人均值时就会产生很大的偏

---

① 国家统计局农村社会经济调查司编:2005年、2006年的《中国县(市)社会经济统计年鉴》,中国统计出版社。财政部预算司编:2004年、2005年《全国地市县财政统计资料》,中国财政经济出版社。

② 这里的收入合计是不包括转移支付的地方财政收入,而收入总计则是包含了上级政府对地方政府的转移支付。

差。因此，本章首先将人口数低于10万的样本首先剔除掉；其次对于教育经费支出大于总的财政支出、财政收入大于财政总收入等一些特殊数据进行剔除；最后为了保证通过数据回归得到方程的稳健性，分别剔除教育支出占财政支出比例前后各1%的特殊样本。经过处理后最终样本量为3556个，主要分析指标的描述如表5-7所示。

表5-7　　　　　县级数据描述统计（样本量：3556）

各县指标	均值	标准差	最小值	最大值
年末人口数（万人）	51.3	32.3	11.0	211.0
本级财政收入（万元）	17 784.1	32 392.4	520.0	483 838.0
财政总收入（万元）	44 533.4	45 953.7	4 219.0	633 182.0
财政支出（万元）	39 744.3	36 591.1	7 207.0	556 952.0
地方生产总值（万元）	474 944.4	616 831.0	25 358.0	8 496 266.0
教育支出（万元）	9 144.6	6 761.9	1 445.6	80 937.8
普通中小学在校学生总数（人）	70 794.3	50 862.9	7 199.0	448 313.0
教育支出占财政支出比例（%）	24.6	8.5	5.6	65.3
人均财政总收入的对数	6.7	0.5	4.3	9.0
生均教育支出的对数	7.2	0.4	6.0	9.0
在校生数占总人口比例（%）	13.7	3.3	4.5	27.8
本级财政收入占生产总值比例（%）	3.9	2.8	0.7	37.4
总财政收入占生产总值比例（%）	14.6	9.9	1.0	72.3

资料来源：国家统计局农村社会经济调查司编：2005年、2006年的《中国县（市）社会经济统计年鉴》，中国统计出版社。

2. 计量回归结果。县级政府提供公共服务是来源于包括转移支付的总财政收入，因此相对于财政收入和地方生产总值，人均财政总收入对教育占财政的比例更具解释能力。另一方面从以往经验分析的模型看，大部分的研究是使用人均GDP的对数解释教育支出占GDP比例，因此这里更倾向于用这些指标的对数来解释教育支出占财政支出的比例。我们将人均财政总收入对数作为首选的解释变量。使用普通最小二乘法对模型：$Y = \alpha + \beta_1 \ln X_1 + \beta_i \ln X_i + \mu$，进行回归分析。这里 Y 为教育支出占财政支出比例，X_1 为前面讨论所确定的人均财政总收入，X_i 是引进的其他解释变量，分别为生均教育支出、在校生数占总人口比例、地方财政收入占生产总值的比例、地方财政总收入占生产总值的比例。具体的回归分析结果如表5-8所示。

表5-8　教育支出占财政支出比例的多元回归分析（样本量：3556）

解释变量	（1）	（2）	（3）	（4）	（5）	（6）
人均财政总收入的对数	-6.724*** (0.189)	-14.023*** (0.256)	-6.269*** (0.189)	-17.901*** (0.197)	-17.603*** (0.209)	-17.781*** (0.198)
生均教育支出的对数		10.325*** (0.282)		18.153*** (0.246)	18.074*** (0.246)	18.222*** (0.245)
在校生数占总人口比例			0.326*** (0.027)	1.185*** (0.021)	1.191*** (0.021)	1.207*** (0.021)
本级财政收入占GDP比例					-0.111*** (0.026)	
财政总收入占GDP比例						-0.036*** (0.006)
截距项	69.843*** (1.275)	45.755*** (1.270)	61.735*** (1.425)	-1.981 (1.245)	-3.094** (1.269)	-3.088** (1.253)
调整后 R^2	0.2622	0.4639	0.2901	0.7191	0.7204	0.7217

注：括号内为标准误的统计量，10%、5%和1%的显著水平分别用 *、**、*** 表示。

可以看到生均教育支出的对数和在校生数占总人口比例是较好的解释变量，加入这些变量后方程的拟合程度有明显改善。对于生均教育支出的对数，我们认为地区的生均教育支出越高意味着当地的教育成本越高，在控制人均财政总收入后，相同人均财政地区教育成本越高则教育支出占财政支出比例就应该越高。而对于在校生数占总人口比例，在控制其他因素时，相同人均财政和教育成本的地区，受教育人口比例越高相应的教育支出占财政支出比例也会更高，这也是很容易理解的。对于地方财政收入和总收入占生产总值比例，从最后两个结果可以看到，这些变量的引入对其他变量的系数以及方程的拟合度并没有太大的改变。同时引入这两个变量到前面的回归的方程中，其显著性并不是很强。相对于全国和省级数据，教育支出占财政支出比例同财政支出占生产总值比例之间的关系并没有在县级数据中得到体现。因此我们认为应用县级数据，财政支出占生产总值的比例对教育支出占财政支出比例解释能力不强。

为了考虑不同年份对回归的影响，我们引入时间虚拟变量，检验时间对被解释变量的影响，具体的回归结果如表5-9所示。从分析的结果来看，时间虚拟变量的系数在10%水平下均不显著，而且引入时间虚拟变量后对回归的结果影响并不大。因此我们认为两年间样本数据不存在随时间的系统变化，可以将样本作为混合数据处理。

表 5-9　引入时间虚拟变量后的教育支出占财政支出比例的多元回归分析（样本量：3556）

解释变量	(1)	(2)	(3)	(4)
人均财政总收入的对数	-6.691*** (0.193)	-13.951*** (0.257)	-6.251*** (0.193)	-17.828*** (0.198)
生均教育支出的对数		10.375*** (0.282)		18.20526*** (0.246)
在校生数占总人口比例			0.326*** (0.027)	1.186*** (0.021)
2005年虚拟变量	-0.155 (0.190)	-0.102 (0.162)	-0.086 (0.186)	-0.112 (0.117)
截距项	69.697*** (1.288)	45.162*** (1.283)	61.664*** (1.433)	-2.591* (1.249)
调整后 R^2	0.2622	0.4652	0.2900	0.7205

注：括号内为标准误的统计量，10%、5%和1%的显著水平分别用 *、**、*** 表示。

另一方面考虑到上述分析中可能遗漏部分地区之间差异的解释变量，因此引入30个解释省际差异的虚拟变量，但将这些变量代入回归分析后，只有部分显著，其他省份的虚拟变量并不显著。将全国各省划分为东、中、西部，用2个虚拟变量解释东、中、西部地区之间的差异，引入上述回归分析，具体的回归结果如表5-10所示。从分析的结果来看，引入的地区之间差异因素虚拟变量的系数在统计上都比较显著，对回归的结果有一定的影响。因此我们认为在分析教育支出占财政支出比例时，应将地区差异作为解释变量。

表 5-10　引入地区虚拟变量后的教育支出占财政支出比例的多元回归分析（样本量：3556）

解释变量	(1)	(2)	(3)	(4)
人均财政总收入的对数	-7.041*** (0.186)	-13.914*** (0.254)	-6.584*** (0.185)	-17.872*** (0.195)
生均教育支出的对数		9.948*** (0.284)		17.942*** (0.247)
在校生数占总人口比例			0.355*** (0.027)	1.217*** (0.021)

续表

解释变量	(1)	(2)	(3)	(4)
中部地区虚拟变量	-2.966*** (0.222)	-1.731*** (0.195)	-3.036*** (0.217)	-0.977*** (0.141)
西部地区虚拟变量	-1.747*** (0.237)	-0.491** (0.207)	-2.406*** (0.237)	-1.740*** (0.151)
截距项	73.715*** (1.285)	48.552*** (1.321)	65.370*** (1.412)	-0.244 (1.273)
调整后 R^2	0.2969	0.4768	0.3282	0.7291

注：括号内为标准误的统计量，10%、5%和1%的显著水平分别用 *、**、*** 表示。

最终我们选择人均财政总收入、生均教育支出、在校生人口比例以及地区虚拟变量来解释教育支出比例。但是，在接近2000个县当中教育支出比例的分布是有偏的。因此，我们尝试用分位数回归的方法来替代普通最小二乘法回归的结果，具体结果如表5-11所示。从分析的结果来看，教育经费支出比例较低的县，人均财政总收入、生均教育支出、在校生比例等解释变量的系数都明显小于支出比例较高的县，这样的结果更接近实际情况。

表5-11　　　　分位数回归结果的比较（样本量：3556）

解释变量	Q=0.1	Q=0.25	Q=0.5	Q=0.75	Q=0.9
人均财政总收入的对数	-13.525*** (0.154)	-15.476*** (0.187)	-18.473*** (0.174)	-19.396*** (0.159)	-22.388*** (0.186)
生均教育支出的对数	14.756*** (0.168)	16.387*** (0.194)	19.635*** (0.217)	21.476*** (0.243)	24.756*** (0.223)
在校生数占总人口比例	1.037*** (0.048)	1.184*** (0.038)	1.248*** (0.048)	1.385*** (0.048)	1.574*** (0.026)
中部地区虚拟变量	-0.649*** (0.121)	-0.765*** (0.135)	-0.857*** (0.138)	-0.966*** (0.129)	-1.049*** (0.120)
西部地区虚拟变量	-1.365*** (0.147)	-1.638*** (0.137)	-1.874*** (0.168)	-1.985*** (0.185)	-2.185*** (0.253)
截距项	-1.375 (1.346)	-4.847 (1.437)	-9.947 (1.038)	-15.489 (1.232)	-23.486 (1.198)
调整后 R^2	0.5746	0.6354	0.5632	0.6453	0.6162

注：括号内为标准误的统计量，10%、5%和1%的显著水平分别用 *、**、*** 表示。

在对教育支出占财政支出比例进行分析后,我们就有可能通过其他指标来估计得到某级政府的财政支出结构中教育的比例。以当地的人均总财政收入、人均教育经费、受教育人口比例和所在区域几个指标,同时根据教育支出占财政支出比例数值,就能大致估算出该地区财政中教育应占的比例,从而可以得到该级政府实际的教育供给能力了。

三、义务教育经费供给能力的测算

(一)以本级财政收入为基础估算的义务教育经费供给能力

在义务教育经费支出占财政支出比例得到确定以后,运用已有的县级政府不包括转移支付等平衡前的地方财政收入数据,就能测算出县级政府本级财政的义务教育经费供给能力。以黑龙江省的甘南县为例,其地方财政收入为 3 115 万元,义务教育在校生人数 28 567 人,从而可求得地方义务教育经费的供给能力为生均 $N = M \times Z/P$。式中:M 为地方财政收入;Z 为分位数回归估算出的义务教育经费占财政支出比例;P 为地方义务教育在校生人数。应用该公式求得甘南县义务教育经费供给能力为生均 221.58 元。

附表 15 中分别显示了对 2005 年部分省份的县级单位所测算出来的结果,从中看出县和县之间的差距很大,而且东、中、西部的县并不像省级单位一样,呈现出东部明显优于中西部的状况。这也是我们之所以要从义务教育的实际责任承担机构县级政府考虑的原因。以往的研究注重了省际之间的差距,但省内各县之间的差距可能更加明显,这是需要注意的。我们必须从承办义务教育的主体出发,这样才能合理分析义务教育经费的缺口,满足义务教育发展的需求。

应用该方法也可以求得各省的义务教育经费供给能力。但由于省级政府不是义务教育的主要提供者,而且省级政府的财政还担负着调整省内地区差异的任务。因此,这里我们不将这种方法应用到省级单位。估算义务教育经费供给能力,主要是为了同其需求相比较,对供给能力不能满足义务教育发展需求的县级政府给予补助。所以义务教育经费供给能力的估计针对的是县级政府,而且主要针对的是义务教育发展需求经费不足的县级政府。

对于一个县级政府如果估算出来的义务教育经费标准需求高于其实际的义务教育经费支出,说明其义务教育发展的经费不足。对于义务教育发展经费不足的县,如果其义务教育经费支出高于其义务教育经费的供给能力,则说明该县级政府已努力发展义务教育,不足的经费应由上级政府予以补助。

（二）以财政总收入为基础估算的义务教育经费供给能力

以义务教育经费支出占财政支出比例来测算义务教育经费的供给能力，关键是估算出支出比例来。在估算出义务教育经费支出比例后，利用县级政府财政总收入的数据，直接就可以计算出义务教育经费的供给能力。公式为 $G = H \times Z/P$。其中：H 为地方财政总收入，Z 为义务教育经费占财政支出的比例，P 为地方义务教育在校生人数。这里我们直接引用上一部分的计算结果，在财政总收入的基础下部分县级单位义务教育经费的供给能力如附表16。

这里计算出来的义务教育经费的供给能力，相比于上一部分的结果，则更接近于实际义务教育经费的需求，同前面估算出来的标准需求也更为接近。否则，以县级政府的地方财政收入为基础，大部分的县级单位都将不能满足义务教育发展的经费需求，都需要上级政府的补助。但实际上这些补助大部分是包含在上级政府实施的一般转移支付中的。

（三）以义务教育财政支出为基础估算义务教育经费供给能力

分析财政总收入为基础的义务教育经费供给能力，实际上县级政府的义务教育经费支出，就是其能够提供的义务教育经费能力。当然这是在各个县级政府都同等努力发展义务教育的基础下的。实际上政府的财政支出结构是能反映政府工作的努力方向和重点的，例如一级政府在医疗卫生上的公共投入明显高于其他同级政府，就说明这个政府更加关注当地医疗卫生公共事业的发展。在其他条件相同的情况下，政府投入义务教育经费比例越高，或者说高于其他同级政府，则说明该政府对义务教育的发展越重视。因此，在县级政府实际的义务教育经费支出已知的条件下，有必要比较县级政府发展义务教育的努力程度。

1. 县级政府义务教育投入努力程度系数的计算。所谓努力程度系数，就是衡量县级政府在义务教育上的实际支出和估计的支出能力之间的比例关系。实际的支出是确定的，那么估计的支出就能决定政府义务教育的努力程度。义务教育经费支出的实际比例可看做是政府投入义务教育的实际水平，而估算比例则可以认为是政府投入的理论上应该达到的水平。如果一级政府实际义务教育经费的投入仅占财政支出比例的15%，而估算出来该政府应投入20%为义务教育，从而就可以得到该政府的努力程度系数为75%，没有达到应有的努力程度。

对于实际支出的比例我们是已知的，而对于估算的投入比例在前面我们已分析过，因此我们就可以得到各县在义务教育经费投入上的努力程度系数，计算公式为 $R = Q/Z$。其中：R 为努力程度系数，Q 为实际的义务教育经费支出比例，

Z 为调整后估算出来的义务教育经费支出比例，部分县级单位努力程度系数的具体结果见附表 17。有少部分的县级单位努力程度超出了 100%，大多县级单位没有达到理论估计的义务教育经费支出比例。

2. 基于义务教育财政经费支出的供给能力估算结果。在县级单位义务教育经费实际支出已知的前提下，通过其努力程度系数，可以估算出该单位的义务教育经费的供给能力。当其努力程度小于 100% 时，说明该县级单位的供给能力比实际支出要大；而当努力程度系数大于 100% 时，则说明该县级单位已经超能力实现了义务教育的投入，理论的供给能力应比实际支出要小。供给能力的公式定义为：$W = V/P \times R/100$。其中：W 是以实际义务教育经费支出为基础估算出的生均义务教育经费供给能力，V 为实际的义务教育经费支出，P 为义务教育在校生数，R 为估算的努力程度系数，附表 17 中是部分县级单位供给能力的估算结果。

相比于前面直接用财政总收入估算出来的义务教育经费供给能力，这里利用义务教育经费的实际支出使得估算结果更接近现实。供给能力的估算将县级政府在义务教育投入上的努力程度考虑进去，也为后期完成义务教育经费补助奠定了基础，避免了县级单位由于缺口的补助而会产生义务教育经费的"挤出效应"。

第四节 义务教育经费缺口的测算

一、县级政府义务教育经费缺口测算方法

义务教育经费的缺口是根据其需求和供给能力来测算的，当然对于全国部分发达地区，例如北京、上海等经费的供给能力完全能够满足需求，自然这些地方的义务教育经费也就不在我们讨论的范围。那么如何界定县一级的单位是否存在经费缺口，又如何由中央以及省级财政进行补助呢？

作为上级政府，为弥补县级政府发展义务教育经费上的不足，必须制定规范合理的补助办法和流程。前面的讨论中已经为确定义务教育经费缺口提供了方法上的支持，接下来就需要按照合理的步骤来确定这一缺口的大小。首先，需测算出标准的义务教育经费需求，这个标准需求可以是按办学条件标准法测算，也可以是按水平排序法测算的生均经费。其次，根据已有的义务教育经费支出情况测算出未能达到标准的县级单位。最后，根据这些县的财政能力测算出其实际的义务教育经费的供给能力，对不能满足经费标准需求的予以弥补，并认定为合理的

义务教育经费缺口。以下讨论中，我们将尝试利用前面所测算的方法来估计存在义务教育经费缺口的县级单位，并估算出实际的经费缺口。

二、以办学条件标准法测算的需求估算县级政府义务教育经费缺口

（一）以办学条件标准法测算需求为基础核算经费不足的县级单位

为核算义务教育经费的缺口，首先需要找到义务教育经费不足的县级单位。这里以标准需求为基础，以实际的经费支出为参考，如果实际的义务教育经费支出能够满足标准需求，则判定该县发展义务教育经费上不存在不足的现象。

以办学条件标准方法测算的义务教育经费标准需求小学生均 1 675 元、初中生均 2 383 元为基准，根据各县实际在校生数计算出义务教育所需的经费总和，然后同 2005 年度实际义务教育经费支出的数据比较，选取出实际经费支出小于标准经费需求的县级单位。这里以 2005 年度县级义务教育经费统计数据计算，将各省中实际经费支出小于标准需求的县级单位个数列举在表 5-12 中，并将各省经费缺口总额罗列如下。

表 5-12　2005 年我国以办学条件标准法测算需求所得的各省经费不足县级单位数量及总额

省份	经费不足的县级单位数量	经费欠缺总额（万元）	省份	经费不足的县级单位数量	经费欠缺总额（万元）	省份	经费不足的县级单位数量	经费欠缺总额（万元）
安徽	52	597 008	黑龙江	26	54 637	青海	8	10 515
福建	35	107 498	湖北	54	443 421	山东	62	373 324
甘肃	62	303 866	湖南	80	341 260	山西	80	205 619
广东	46	435 197	吉林	10	29 896	陕西	77	324 512
广西	64	395 569	江苏	20	173 855	四川	91	568 511
贵州	75	580 719	江西	78	359 158	西藏	4	1 197
海南	15	46 790	辽宁	29	71 093	新疆	24	60 077
河北	115	405 570	内蒙古	17	10 212	云南	75	232 937
河南	109	1 440 516	宁夏	10	27 078	重庆	22	120 533

从表 5-12 可以看出，全国 31 个省级单位中只有北京、上海、天津和浙江 4 个省市不存在义务教育经费不足的县，其余省份都分别存在部分县级单位经费不足。在这些省份中，河北省经费不足的县级单位最多，共有 115 个县；而河南省的经费缺口总额最大，有 144 亿元。

（二）根据义务教育经费供给能力确定经费不足县级单位

在测算义务教育经费缺口的第一步骤中，已核算出全国共有 1 340 个县其义务教育经费的实际支出小于标准需求。接下来将对这 1 340 个县进行检验，通过义务教育经费供给能力的测算，来验证其是否低于标准需求。

需要说明的是，在测算义务教育经费供给能力时，所使用的样本中剔除掉了人口小于 10 万的县级单位，因此这里的 1 340 个县只有 1 267 个县在我们的测算范围内。对于第二部分所提供测算义务教育经费供给能力的方法，选用以实际经费支出通过努力程度系数所估算的供给能力。之所以不选用以地方财政收入为基础应用支出比例估算的供给能力，是因为在筛选经费不足的县级单位时，我们已首先利用实际经费支出做了选择，而这些实际经费支出是以地方总的财政收入为前提的。①

对 1 267 个县的义务教育经费供给能力进行统计，共有 198 个县估算的义务教育经费供给能力大于实际的义务教育经费支出，其余各县估算的供给能力则小于实际的义务教育经费支出。对于估算的义务教育经费供给能力小于实际经费支出的县，采用实际经费支出作为其供给能力；而对估算的义务教育经费供给能力大于实际经费支出的县，则采用估算的义务教育经费供给能力作为参考。

再次对 1 267 个县义务教育经费供给能力同标准需求进行比较，核实出供给能力小于标准需求的县级单位。经检验 1 250 个县的义务教育经费供给能力均小于标准需求，因此将这些县核定为义务教育经费不足的县级单位。

（三）确定义务教育经费不足县级单位的经费缺口

在确定义务教育经费不足的县级单位后，分别统计各县的义务教育经费供给能力同标准需求之间的缺口，核定为需要上级政府转移支付补助的实际数量。对于存在经费缺口的 1 250 个县的统计结果如表 5-13 所示。

---

① 应用地方财政收入估计的供给能力，可以方便我们估计在没有一般性转移支付条件下，地方政府兴办义务教育的实际经费缺口。

表 5-13　　2005 年我国以办学条件标准法测算需求
所得的调整后各省经费不足县级单位数量及总额

省份		经费不足的县级单位数量	经费缺口总额（万元）	省份		经费不足的县级单位数量	经费缺口总额（万元）	省份		经费不足的县级单位数量	经费缺口总额（万元）
东部	河北	111	389 218	中部	黑龙江	23	42 775	西部	四川	88	550 026
	辽宁	28	67 525		安徽	48	523 318		贵州	73	555 019
	江苏	20	173 855		江西	77	350 980		云南	70	221 424
	福建	33	105 283		河南	103	1 343 876		陕西	66	310 297
	广东	43	430 569		湖北	53	434 619		甘肃	57	286 468
	山东	60	362 963		湖南	79	340 462		青海	5	9 083
	海南	14	44 247	西部	内蒙古	7	3 558		宁夏	9	26 313
中部	山西	67	184 322		广西	63	395 757		新疆	22	55 795
	吉林	9	28 826		重庆	22	120 533				

根据 1 250 个县义务教育经费的缺口，可求得 2005 年相对于义务教育办学条件的标准需求，全国义务教育经费缺口大致在 736 亿元左右。如果以农村义务教育经费保障机制的经费分担原则为基础，① 采用东部地区自行承担，中部地区按中央和地方 6∶4 分担，西部地区按 8∶2 分担。则义务教育经费缺口 736 亿元中有 398 亿元应由中央政府负担，338 亿元则由应各省级政府自行承担。

三、以水平排序法测算的需求估算县级政府义务教育经费缺口

和办学条件标准法测算的义务教育经费标准需求不同，以水平排序法测算的标准需求为小学生均 1 862 元、初中生均 2 130 元为基准。这里的标准为全国基本义务教育发展水平的生均教育经费标准，如果是从省财政讨论各省的经费缺口，则可以采取各省不同的标准。和前面方法相同，根据各县实际在校生数计算出义务教育所需的经费总和，然后同 2005 年度实际义务教育经费支出的数据比

---

① 该比例为农村义务教育减免学杂费，以及对贫困家庭学生免费提供教科书并补助寄宿生生活费的分担比例，并不是公用经费、危房改造等费用的分担比例。

较，选取出实际经费支出小于标准经费需求的县级单位。具体情况如表 5-14 所示。

表 5-14　2005 年我国以水平排序法测算需求所得的各省经费不足县级单位数量及总额

省份	经费不足的县级单位数量	经费欠缺总额（万元）	省份	经费不足的县级单位数量	经费欠缺总额（万元）	省份	经费不足的县级单位数量	经费欠缺总额（万元）
安徽	51	536 871	黑龙江	18	36 855	青海	8	8 419
福建	32	84 997	湖北	53	379 026	山东	57	324 719
甘肃	61	283 674	湖南	76	271 369	山西	78	177 721
广东	43	393 313	吉林	8	19 887	陕西	75	283 880
广西	62	360 615	江苏	17	137 173	四川	91	510 785
贵州	74	551 495	江西	76	317 220	西藏	3	786
海南	12	42 643	辽宁	26	54 822	新疆	22	46 885
河北	107	326 744	内蒙古	12	4 701	云南	68	210 536
河南	109	1 318 815	宁夏	9	25 272	重庆	22	103 954

同表 5-12 情况一致，全国 31 个省级单位中北京、上海、天津和浙江 4 个省市不存在义务教育经费不足的县。不同的是，总共只有 1 270 个县经费不足，其中河南省经费不足的县级单位和经费缺口总额都最大，分别为 109 个县和 132 亿元。剔除掉了人口小于 10 万的县级单位后，只有 1 236 个县在我们的测算范围内。1 236 个县中，共有 181 个县估算的义务教育经费供给能力大于实际的义务教育经费支出，其余各县估算的供给能力则小于实际的义务教育经费支出。比较标准需求和核算后的供给能力，经检验共有 1 228 个县的义务教育经费供给能力均小于标准需求，因此将这些县核定为义务教育经费不足的县级单位。其具体情况如表 5-15 所示。

根据 1 228 个县义务教育经费的缺口，可求得 2005 年相对于全国基本义务教育发展水平的生均教育经费标准需求，全国义务教育经费缺口大致在 669 亿元左右。如果以农村义务教育经费保障机制的经费分担原则为基础，则义务教育经费缺口 669 亿元中 367 亿元应由中央政府负担，302 亿元则应由各省级政府承担。

表 5-15　2005 年我国以水平排序法测算需求所得的调整后各省经费不足县级单位数量及总额

	省份	经费不足的县级单位数量	经费缺口总额（万元）		省份	经费不足的县级单位数量	经费缺口总额（万元）		省份	经费不足的县级单位数量	经费缺口总额（万元）
东部	河北	104	320 514	中部	黑龙江	17	33 956	西部	四川	90	508 740
	辽宁	26	53 948		安徽	50	515 047		贵州	73	526 987
	江苏	17	137 173		江西	76	312 419		云南	66	206 865
	福建	31	84 632		河南	109	1 304 704		陕西	67	280 116
	广东	43	389 100		湖北	53	379 002		甘肃	58	274 985
	山东	57	319 892		湖南	75	270 717		青海	5	6 952
	海南	11	40 355	西部	内蒙古	9	4 051		宁夏	9	24 565
中部	山西	69	164 042		广西	61	359 876		新疆	22	44 252
	吉林	8	19 887		重庆	22	103 954				

四、县级政府义务教育经费缺口测算方法的评价

使用不同方法估算的标准需求和供给能力，来测算县级政府义务教育经费的缺口，具有很强的现实意义。但是，该方法的使用却有很大的局限：首先，方法的使用必须具备翔实完备的数据资源，只有在社会经济以及教育经费方面数据非常完善时，才能完成我们对标准需求和供给能力的估算，才有可能测算经费缺口；其次，方法操作成本高，技术难度大，对于一般教育财政政策制定人员以及相关执行者，完全掌握和使用该法具有一定困难，同时不同年份的重复测算也加大了计量成本；最后，测算结果有待鉴定，根据以往数据回归估计的教育经费供给能力必定和真实值有所偏差，在此基础上得到的缺口也就同样需要鉴定。当然，即便该方法的使用具有以上一些局限，还是为基于县级政府的教育经费问题提供了参考，值得进一步研究和推广。

第五节 完善义务教育财政转移支付制度的对策

我国地方政府承担了义务教育的主要责任,但在财力的分配上,分税制财政体制实施以后,中央和省级政府财力的集中更为明显,形成了各级政府间义务教育事务责任和财力分配的不对称。解决各级政府间义务教育责任与财力不对称的办法,就是财政转移支付。

义务教育经费保障新机制实施以来,中央加大了对义务教育的投入,尤其是对农村地区的投入,而省级政府和县级政府也相应配套加大了投入。义务教育阶段学校的办学条件和教师工资水平得到了明显的改善和提高,农民的负担相应减轻,乱收费现象也得到了一定的遏制,可谓是成效显著。

但是,现行的义务教育财政体制下,仍然存在着部分地区义务教育经费严重短缺,教育资源配置效率不高,地区、城乡、学校之间资源分配差距拉大等问题。造成这些问题的主要原因是现行体制下各级政府间财力资源与义务教育责任的不对称,中央和省级政府集中了主要财力,但承担较小的义务教育财政责任;县级政府财力薄弱,却承担着义务教育的主要责任。

因此,建立规范的中央和省级政府承担更大财政责任的义务教育财政转移支付制度,是解决贫困地区表现最为突出的义务教育经费短缺问题的根本保证。而在县级政府义务教育经费缺口测算的基础上,也能够使得义务教育财政转移支付更有针对性。

一、建立以县为对象的义务教育财政转移支付模式

以县为单位建立义务教育财政转移支付模型,测定转移支付额。义务教育财政转移支付额由义务教育标准支出、义务教育标准收入及相关系数计算确定。凡标准支出小于标准收入的县,可以得到上级政府的转移支付。确定县级义务教育收支缺口弥补的责任,对县级义务教育收支缺口,应根据所在地区、省的财政状况,确定中央、省、地区三级政府的弥补责任,尤其是明确省级政府对本省内义务教育转移支付要承担主要责任。弥补的方式可以是总额比例弥补,也可以是分项比例弥补。各级转移支付资金要直接划拨到县,不经过中间环节。

二、进一步加大中央对地方的一般性财政转移支付

现行财政体制下,财政转移支付数额并不小,问题在于均等化的转移支付相对较少,发达地区所得过多,达不到转移支付的目的。这样一种转移支付格局,当然无法缩小地区差异,经济落后地区的义务教育也无法得到必要的资助。各省内的财政转移支付也存在与中央类似的情况。从以往的数据来看,中央大量的转移支付资金沉淀在中间层,没有用到最需要、最困难的地方。农村义务教育以县为主,所得到的上级财政转移支付也极为有限。因此,只有减少非均等财政转移支付,进一步加大一般性财政转移支付的比例,才有可能增加对经济落后地区的义务教育财政转移支付。

三、有目标的加大中央和省级政府对义务教育的投入

对于中央政府和省级政府,应继续增加投入,但必须改变投入方式。从长远来看,应该完善"分项目、按比例"的转移支付模式,逐步代之以更合理的公式补助方法,按县级政府义务教育经费缺口来进行拨款的转移支付制度,从而使每年得到的资金数额明确,稳定地方政府预期,强化地方的农村义务教育预算约束,减少地方政府和学校的机会主义行为。在义务教育经费缺口的基础上,使得中央和省级政府义务教育加大的投入更具价值。

四、尝试建立贫困县义务教育财政专项转移支付制度

在不能根据公式法进行转移支付的情况下,应在近期尝试建立起1 000多个义务教育经费需要补助县的财政专项转移支付制度。一方面,这些县的义务教育发展是全国的难点,经费相对其他县更为短缺;另一方面,这种专项转移支付制度实施可为建立全国义务教育财政转移支付制度积累经验。在义务教育经费缺口可测的基础上,建立专项转移支付制度,其核心是确定补助经费的多少,以及在中央和省级政府间明确补助经费分担的比例。

五、完善义务教育财政转移支付的监督

2006年整个农村义务教育经费保障机制改革累计新增经费约2 182亿元,其

中中央财政约占六成左右。面对这样一大笔的转移支付资金，如果没有一套比较完善的监督管理机制，是很容易出现漏洞的。我国目前只有《过渡期财政转移支付办法》这一财政部门制定的部门规章来规范管理巨额转移支付资金，并且这一办法的行政色彩浓厚，随意性很大。因此，我们必须从法律、法规体系上完善对转移支付资金包括义务教育财政转移支付资金的监督，保障其合理的用于我国义务教育的发展。

第六章

农民工子女义务教育财政理论、政策、实践与改革

第一节 问题的提出

农民工是指具有农村户口但进入城镇务工就业的劳动者。本书的农民工子女是指农民工带到城镇同住的子女。农民工子女义务教育问题是伴随农民工大规模进入城镇务工就业出现的。20世纪80年代，随着城市经济体制改革的深入和劳动力市场的形成，农民进城务工就业的制度障碍逐渐瓦解，大批农民工进入城镇务工。90年代，随着市场经济改革的快速推进和经济的快速工业化、城市化，进入城镇务工的农民工数量急剧增加。随着进城时间的持续，夫妻一起在城镇务工、举家进城的农民工大量出现，其带入城镇或在城镇出生的子女人数急剧增加，这些儿童的义务教育问题接踵而至。

我国只有流动人口的普查和抽查数据，很少有专门的农民工统计数据。我国流动人口的大部分是农村户口，流动人口的数据可以基本反映农民工的规模。[①] 国家统计局的人口普查和1%抽样调查，显示了20世纪80年代以来的流动人口增长趋势：1982年537万人；1990年2952万人；1995年5350万人；2000年14 439万人，其中跨省流动4 242万人；2005年14 735万人，其中跨省流动

[①] 根据中国人民大学人口与发展研究中心2006年组织的"北京市1%流动人口调查"，北京市流动人口中，农村户口的占82.9%。参见：翟振武、段成荣、毕秋灵：《北京市流动人口的最新状况与分析》，载《人口研究》2007年第2期，第30~40页。

4 779万人。另据国家统计局2008年2月公布的第二次全国农业普查数据显示，2006年外出从业农村劳动力达1.32亿人。① 根据2000年全国人口普查资料计算，当年义务教育学龄的流动儿童为878万人。② 2005年1%人口抽查资料表明，当年义务教育学龄的流动儿童为1 126万人。③ 据教育部的统计，2007年在城市就学的义务教育阶段农民工子女为765万人。④ 2010年义务教育学龄流动儿童的数量在1 167万人以上。⑤ 在流动人口集中地区，流动人口及其子女的义务教育规模更为惊人。

2005年，广东户籍人口7 900万人，流动人口4 200万人。⑥ 2007年广东义务教育阶段非户籍学生244万人，占全部学生的16.3%；⑦ 其中深圳市为50.9万人，占在校生67.7%；⑧ 东莞市非户籍中小学生达44.2万人，占中小学生总数的58.6%。⑨ 2008年，有43万非户籍学生在广州接受义务教育，约占广州在校生总数的30%。⑩ 2007年，上海户籍人口1 379万人，流动人口660万人；⑪ 义务教育阶段非户籍学生38万人，占全部学生的37.1%。⑫ 2007年，北京户籍

---

① 于学军：《中国流动人口分布集聚 广东江苏等10省占六成多》，http：//cn.chinagate.com.cn/population/2008-10/24/content_16658699.htm。

② 由于流动儿童中农村户籍的占绝大部分，且没有准确的流动农民工子女统计数据，本文不对农民工子女与流动儿童做刻意的区分，两个概念交互使用。流动儿童教育的问题是农民工子女的教育问题，农民工子女的教育问题就是流动儿童的教育问题。2000年义务教育学龄儿童人数参见：段成荣、梁宏：《关于流动儿童义务教育问题的调查研究》，载《人口与经济》2005年第1期，第11～17页。

③ 段成荣、杨舸：《我国流动儿童最新状况——基于2005年全国1%人口抽样调查数据的分析》，载《人口学刊》2008年第6期，第23～31页。

④ 路甬祥：《全国人民代表大会常务委员会执法检查组检查〈中华人民共和国义务教育法〉实施情况的报告》，http：//www.npc.gov.cn/npc/xinwen/jdgz/zfjc/2008-12/25/content_1464550.htm。

⑤ 教育部：2010年全国教育事业发展统计公报，http：//www.people.com.cn/h/2011/0706/c25408-1734240438.html。

⑥ 夏宇：《广东省总人口达到1.1亿超越河南位居全国第一》，http：//img.news.tom.com/1002/20050128_1809389.html。

⑦ 王攀：《广东省多方设法解决流动人口子女教育问题》，http：//cn.chinagate.com.cn/population/2008-09/18/content_16501165.htm。

⑧ 深圳市人民政府：《认真履行政府职能切实做好流动妇女儿童工作》，http：//www.szfegw.gov.cn/contentDetail.asp?rsid=1455。

⑨ 温文成：《八大措施关爱新莞人收到实效》，http：//www.gd.xinhuanet.com/newscenter/2008-08/26/content_14223113.htm。

⑩ 陈翔、陈伟秋：《广州持暂住证可享受子女义务教育》，http：//edu.cyol.com/content/2008-07/25/content_2281033.htm。

⑪ 王呈恺：《上海半数人口处于流动状态 3个中就有1个"新上海人"》，http：//jfdaily.eastday.com/j/node49612/u1a493364.html。

⑫ 焦苇、龚瑜：《2008年上海流动人口子女60%可上公办中小学》，http：//www.jyb.com.cn/xwzx/gnjy/gdcz/t20080123_138895.htm。

人口 1 204 万人，流动人口 511 万人；① 义务教育阶段非户籍学生 40 万人，约占全部学生的 1/3。②

人口普查和抽样调查资料都显示，夫妻一起流动、举家迁移并在城镇长期居留的流动人口比例越来越高。根据人口普查资料，户主与配偶均为流动人口的比例，从 1990 年的 7.4% 上升到 2000 年的 46.1%。③ 2006 年北京市 1% 流动人口调查发现，在已婚流动人口中 75.3% 与配偶一起在北京；流动人口平均在北京生活了 4.8 年；育龄妇女在女性流动人口中的比重超过 80%。④ 2007 年，深圳、东莞、广州等城市出生婴儿中，非户籍婴儿远远高于户籍婴儿，北京出生的非户籍婴儿也已多于户籍婴儿。⑤ 这些数据表明，流动人口中的义务教育学龄儿童将以更快的速度增加，以农民工子女为主的流动儿童的义务教育问题将长期存在并更加突出。

尽管农民工子女义务教育已经并将长期成为城市义务教育的重要组成部分，但迄今为止，我国对农民工子女义务教育的经费负担还没有形成规范有效的政策。在全国城乡普遍实施免费义务教育后，农民工子女义务教育经费问题还没有很好解决，成为我国义务教育财政制度最为薄弱的部分。因此，有必要对农民工子女义务教育财政负担问题进行深入的探讨。

第二节　农民工子女义务教育财政负担的理论视角

一、公共产品视角的农民工子女义务教育财政负担问题

按公共产品供给理论，一种产品的经费负担方式，与该种产品的属性密切相关。从资源配置效率的要求，纯公共产品需要政府承担全部成本，准公共产品需

---

① 王蔷：《北京流动人口 510 万人拟推行"老乡警察管老乡"》，http：//www.china.com.cn/news/txt/2007-08/20/content_ 8715067.htm。

② 线联平：《北京市义务教育学生外地孩子占 1/3》，http：//www.jyb.cn/xwzx/jcjy/sxkd/t20080803_ 185988.htm。

③ 于学军：《中国流动人口分布集聚广东江苏等 10 省占六成多》，http：//cn.chinagate.com.cn/population/2008-10/24/content_ 16658699.htm。

④ 翟振武、段成荣、毕秋灵：《北京市流动人口的最新状况与分析》，载《人口研究》2007 年第 2 期，第 30~40 页。

⑤ 廖怀凌、李燕：《广东省流动人口出生数已超过户籍人口》，http：//health.chinanews.cn/jk/zcdt/news/2008/04-15/1221406.shtml。方芳：《2007 年北京出生 16 万宝宝创 20 年来最高纪录》，http：//zhengwu.beijing.gov.cn/tjxx/tjsj/t942650.htm。

要政府和个人共同分担成本。对于某一种公共产品或准公共产品，各级政府的成本分担方式，要视其外溢性大小而定。对于全国性公共产品，应该由中央政府负担，对于地方性公共产品，则应该由地方政府负担。① 存在多级地方政府的国家，地方性公共产品在各级地方政府之间分担，也由产品的外溢范围决定。

义务教育的产品属性有不同的观点，有人认为是公共产品，有人认为是准公共产品，但几乎没有人认为是私人产品。从外溢性角度看，在社会经济发展比较平稳或成熟的国家，人口流动率不高，义务教育更多属于地方性准公共产品；在社会经济发展迅速、人口大规模流动的国家，义务教育的外溢性大，具有更多的跨地区甚至全国性准公共产品的特征。

我国农民工子女的义务教育，是伴随市场经济改革和工业化、现代化快速推进，人口短期内大规模在全国范围流动所产生的。据 2005 年全国 1% 人口抽样调查数据计算，当年全国 6~14 岁学龄流动儿童约 1 126 万人，其中跨省（直辖市、自治区）流动占 36.2%，省内跨县流动占 32.1%，县内流动占 31.7%（段成荣、杨舸，2008）。由于社会政治体制改革的滞后，已经进入城市的一部分农民工及其子女，还将回到户籍所在地或流动到其他地区。在这个背景下，我国农民工子女的义务教育带有更多的跨区域、全国性准公共产品的属性。

具有跨区域、全国性准公共产品特征农民工子女义务教育，比一般儿童的义务教育具有更大的公共性，政府应承担更大的财政责任，更应该建立各级政府共同分担的经费保障机制。

二、利益相关者视角的农民工子女义务教育财政负担问题

农民工子女在城市接受义务教育，存在多个利益相关者。除农民工及其子女外，主要的利益相关者有：中央政府，地方各级政府，公办学校。经济学理论认为，无论是中央政府、各级地方政府还是公办学校，都有各自的利益诉求和利益函数，都在最大化自身的利益。各个利益相关者最大化自身利益的行为，会对农民工子女义务教育财政负担政策及其效果产生重要的影响。

中央政府是中国多数公共政策的倡导者和制定者。中央政府非常清楚，农民工的大规模进城，是推动中国经济增长的关键条件，也是中国经济社会持续发展的必然要求，应该为农民工进城务工就业创造宽松的环境。为农民工子女在城市

---

① 按照蒂波特模型（Tiebout Model），在信息充分、居民迁徙自由、选民投票决定税负和公共品供给等条件下，地区之间在税收负担和公共产品提供之间的竞争，会导致纯地方性公共产品在全部由地方负担成本的情况下达到最优配置。参见：Chars M. Tiebout. A Pure Theory of Local Expenditures. The Journal of Political Economy, 1956, 64 (5): 416~424。

接受义务教育创造条件，这既是为农民工在城市就业创造宽松环境，也是全面实施义务教育的需要。在中国，中央政府具有上位的政策制定权和地方官员的任免权，可以将中央政策的实施成本推到下级政府。在农民工子女义务教育问题上，中央政府的利益函数中，收益主要包括全国范围更高的经济增长和更和谐的社会关系，农村居民和社会舆论对中央更高的满意度。农民工子女主要集中在东部，在现行体制下，中央政府对东部城市的义务教育不承担财政责任，因此其成本主要是制定政策和监督政策实施的成本。中央政府通过制定政策和法规，要求地方政府为农民工子女义务教育承担管理和经费责任，这既符合经济发展、社会和谐的目标，还可以得到农民工和社会舆论的赞誉，是一种收益大成本小的选择。

农民工流入地的省级、市级和区县政府，在农民工子女教育问题上，相对于中央和农民工，是一个共同的利益主体，但彼此之间是三个不同的利益主体。各级地方政府的利益函数中，收益主要包括上级政府的政治信任和支持、本地的经济增长、户籍居民和社会舆论的满意度。[①] 在现行政治体制下，农民工对政府影响力很小，他们的不满意不会成为地方政府的成本，因此地方政府的成本主要是执行上级政策的财政支出。为了使自身利益最大，各级地方政府不能过分违抗上级政府做好农民工子女义务教育的政策要求，否则就会失去上级的信任和支持，也会影响当地的经济增长和降低社会舆论的满意度；但要尽可能减少用于农民工子女义务教育的财政支出，否则用于当地经济建设和户籍居民福利的财政资金就会减少。现行体制下，区县政府是城市义务教育最基层也是最主要的实施者和负担者。流入地的省级和市级政府与中央政府一样，拥有对区县政府的上位政策制定权，也有能力通过省级、市级文件将自己的政策实施成本下推到区县政府。因此，农民工子女义务教育经费负担的主要责任将最终下推到区县政府身上。区县政府为使自己的利益最大化，则尽可能在不失去上级政府政治信任和支持的前提下，通过设置各种准入条件，设法规避或减少对农民工子女义务教育经费的负担。

按中央政府"两为主"政策的要求，城市公办学校应是农民工子女义务教育的主要提供者。在现行体制下，城市公办中小学在招生、财务上享有很大的自主权，相当一部分学校通过招收借读生、择校生收取高额的"赞助费"、"择校费"，这些收费成为教职工业绩奖励和津贴的主要资金来源，并得到政府的认可

---

① 经济的持续增长一直是改革开放以来中央政府的最主要目标，并通过对经济增长成绩良好的地方官员的提拔作为激励机制，将经济增长目标传导到各级地方政府。在中国政治集权、经济分权的体制下，这种按经济增长绩效晋升的激励机制，导致地区之间的经济增长竞赛，使地方政府将主要资源用于经济发展，而对教育等公共服务提供不足。参见：周黎安：《中国地方官员的晋升锦标赛模式研究》，载《经济研究》2007年第7期，第36~49页；袁连生：《教育财政问题的政治经济学解释》，2004年全国教育经济学年会论文。

或默许。地方政府有关农民工子女就读公办学校的文件中，一般设置了比较严格的准入条件，并给予公办学校决定是否接纳农民工子女入学的自由裁量权。在这种学校治理结构和政策规定下，对于是否接纳农民工子女就学，城市公办学校有自己的利益计算。其利益函数中，收益主要包括政府的信任和支持、学校的生存和持续发展、学校"赞助费"和"择校费"的增加，成本主要是教学和管理成本的增加、教学质量和声誉的下降、户籍学生及家长的满意度下降等。城市公办学校会从自身利益最大化出发，对是否接纳农民工子女进行决策。对于部分户籍生源严重不足，农民工子女申请人数没有超出接纳能力的学校，为了避免被政府撤并，多愿意接纳农民工子女，并按规定收费或免费。对于户籍学生较多、学位不是很宽松，农民工子女申请较多的学校，为了增加收入、减少户籍学生和家长的不满，则会更多选择不接纳或不规范收费后接纳，增加农民工子女入学的困难和成本。

三、教育公平视角的农民工子女义务教育财政负担问题

公平、正义和基本人权，是现代社会的普世价值。教育是现代社会流动和阶层提升的主要途径，教育公平是社会公平的基础，是现代教育体制的基本要求。

改革开放后，中国逐步融入国际社会，签署了《经济、社会和文化权利公约》等包含教育公平内容的国际公约，受到国际教育公平准则的制约和影响。教育公平作为一种普世价值，在中国也逐步形成了社会共识，并在法律中得到了确认。

《宪法》第46条规定："中华人民共和国公民享有教育的权利和义务。"《中华人民共和国教育法》（以下简称《教育法》）第9条规定："中华人民共和国公民有受教育的权利和义务。公民不分民族、种族、性别、职业、财产状况、宗教信仰等，依法享有平等的受教育机会。"2006年新修订的《义务教育法》第2条规定："国家实行九年义务教育制度。义务教育是国家统一实施的所有适龄儿童、少年必须接受的教育，是国家必须保障的公益性事业。"第12条规定："父母或者其他法定监护人在非户籍所在地工作或者居住的适龄儿童、少年，在其父母或者其他法定监护人工作或者居住地接受义务教育的，当地人民政府应当为其提供平等接受义务教育的条件。"

但是，教育公平不只是一种理念、一些抽象的法律条文，更应该是实际的政策实践，应体现在教育活动中，体现在教育机会和资源的分配过程中。将教育公平理念转变为实践，最重要的是将罗尔斯"使处于最不利地位的人获得最大利益"的分配正义原则，落实在教育机会和资源的分配中。

农民工是城市的最底层，他们从事城市最脏最累的工作，但收入低、生活条

件差。他们缺少社会资本和文化资本，在城市受到歧视与排斥。他们的子女在城市接受义务教育，比户籍居民面临更多更大的困难。因此，无论是从教育公平的理念，弱势群体获得最大利益的正义分配原则，还是落实我国法律中教育机会平等的规定，农民工子女的义务教育都需要得到更公平的对待，更需要免费待遇和政府财政经费的保障。

第三节 农民工子女义务教育财政负担的中央政策与地方模式

一、中央政策的进展

（一）管理责任下放时期

1992年邓小平"南方谈话"后，中国进入了市场经济快速发展时期，农民工数量急剧增加，其子女的义务教育问题逐渐显露。但长期以来，户籍成为城镇居民获取包括教育在内的公共服务的凭证。农民工子女义务教育问题产生的初期，没有户籍的农民工子女很难进入城镇的公办学校就读，其教育需求只能通过市场自发产生的农民工子女学校来满足（韩嘉玲，2001）。

自发产生的农民工子女学校游离于正规教育体制之外，没有经过政府的批准，没有纳入政府的管理范围，教育条件极其简陋，环境异常恶劣。1995年前后，新闻报道对农民工子女学校恶劣教育条件的披露，引起了教育主管部门的关注，成为中央政府制订第一份流动儿童义务教育政策文件的动因（张斌贤，2001）。

1996年4月，原国家教委（教育部的曾用名）基础教育司制定并发布了《城镇流动人口中适龄儿童、少年就学办法（试行）》。这是中央政府关于流动儿童（农民工子女为主）教育的第一个专门文件。文件提出，流入地政府要为流动人口中的适龄儿童、少年提供接受义务教育的机会，具体承担管理职责。流动儿童以在全日制中小学借读为主，社会和个人可以举办专门招收流动儿童的学校或教学班、组。对于流动儿童义务教育的经费，该文件提出，举办专门招收流动儿童的学校，其经费由办学者负责筹措；流入地学校可以向流动儿童父母或其他监护人收取一定的费用，借读费按地方政府教育部门的规定收取；对家庭经济困难的学生、学校或办学者应酌情减免费用。该文件没有对政府承担流动儿童义务教育经费做任何规定。

1998年3月，原国家教委和公安部联合发布了《流动儿童少年就学暂行办法》。这个文件的内容与 1996 年发布的文件基本相同，只是有几个地方规定得更清晰一些：流动儿童少年入学，以流入地全日制公办中小学借读为主，而不是笼统的"全日制中小学"为主；公办中小学收取借读费的标准按《义务教育学校收费管理暂行办法》执行；专门招收流动儿童的简易学校的设立条件可酌情放宽，收费项目和标准按《社会力量办学条例》执行。该文件也没有对政府负担流动儿童义务教育经费做出规定。不过该文件对流动儿童进入公办学校就读设置了更严格的条件：要经流入地县级或乡级政府批准后向公办中小学申请，而 1996 年的文件规定只要向公办中小学申请即可。原国家教委和公安部的这个文件，正式确立了公办学校接收为主、流入地政府管理为主的"两为主"政策，将流动儿童义务教育的管理责任下放给了地方政府。

2001 年 5 月国务院发布《国务院关于基础教育改革和发展的决定》，提出"要重视解决流动人口子女接受义务教育问题，以流入地区政府管理为主，以全日制公办中小学为主，采取多种形式，依法保障流动人口子女接受义务教育的权利。"这个文件比以前的两个文件更为进步，将流动儿童的义务教育视为政府必须依法保障的权利。但由于这个文件不是针对流动儿童教育的专门文件，没有对这一问题做更多的规定，也没有提到政府对流动儿童义务教育的经费负担责任。

上述三个文件，构成了中央政府 1996~2003 年期间对以农民工子女为主的流动儿童义务教育的基本政策框架。这些文件对农民工子女学校的筹资和收费、公办学校借读费、学生资助等经费问题有所提及，但对政府的经费负担责任问题没有涉及。这一时期最核心的"两为主"政策，主要是对流动儿童义务教育的管理责任和就学方式的规定，不是政府经费负担的规定。这些文件表明，中央政府认识到了做好流动儿童义务教育工作对于整个国家的经济和教育发展，对于社会和谐稳定有重要价值。从既有义务教育管理体制和自身利益考虑，中央政府将管理责任下放到了地方政府。

（二）经费负担责任下放时期

2003 年 9 月，国务院办公厅转发了教育部、中央编办、公安部、发展改革委、财政部、劳动保障部制定的《关于进一步做好进城务工就业农民子女义务教育工作的意见》，这是第一份专门针对农民工子女义务教育的政策文件。这一文件对农民工子女的义务教育做出了比较全面的政策规定，第一次提出了政府对农民工子女义务教育经费的负担责任。

除了重申"两为主"政策以外，上述文件提出："建立农民工子女义务教育经费筹措保障机制。流入地政府财政部门要对接收进城务工就业农民子女较多的学校给予补助。城市教育费附加中要安排一部分经费，用于进城务工就业农民子女义务教育工作。积极鼓励机关团体、企事业单位和公民个人捐款、捐物，资助家庭困难的进城务工就业农民子女就学。"

此外，该文件还要求流入地政府的发展改革部门要将农民工子女的义务教育纳入城市社会发展计划，将农民工子女就学学校建设列入城市基础设施建设规划；编制部门要将农民工子女数量纳入定编范围，作为学校定编的基础；价格主管部门要制定收费标准，做到收费与当地学生一视同仁，并检查学校收费情况；通过设立助学金、减免费用、免费提供教科书等方式，帮助家庭经济困难的农民工子女就学。

六部委的这个文件既明确了政府对农民工子女义务教育承担经费保障责任，又将这一责任下放到了流入地政府。

2006年3月，《国务院关于解决农民工问题的意见》进一步明确了流入地政府的农民工子女义务教育财政责任，要求流入地政府将农民工子女义务教育纳入当地教育发展规划，列入教育经费预算，以全日制公办中小学为主接收农民工子女入学，并按照实际在校人数拨付学校公用经费。这一文件还对城市公办学校提出了要求，规定公办学校对农民工子女接受义务教育要与当地学生在收费、管理等方面同等对待，不得向农民工子女加收借读费及其他任何费用。该文件还第一次提出，流入地政府对委托承担农民工子女义务教育的民办学校，要在办学经费、师资培训等方面给予支持和指导，提高办学质量。

修订后于2006年9月开始实施的《义务教育法》规定，流入地政府要为包括农民工子女在内的非户籍儿童提供平等接受义务教育的条件。但该法对非户籍儿童义务教育经费分担没有做出特别的规定。

2008年8月，国务院发布《国务院关于做好免除城市义务教育阶段学生学杂费工作的通知》，要求从当年秋季开学起，免除全国城市义务教育阶段学生学杂费，所需资金由省级人民政府统筹落实，省和省以下各级财政予以安排。文件规定，在接受政府委托、承担义务教育任务的民办学校就读的学生，按照当地公办学校免除学杂费标准享受补助。该文件专门有一部分对农民工子女义务教育做出了规定，内容多数与2003年六部委文件和2006年国务院文件相同，但增加了公办学校对农民工子女免除学杂费、不收借读费，中央财政对农民工子女接受义务教育问题解决较好的省份给予适当奖励两项规定。

上述国务院及六部委的三个文件对农民工子女义务教育经费负担问题的规定，是迄今为止中央政府所做的最为详尽的规定。通过这三个文件，中央政府明确了流入地政府应该承担的农民工子女义务教育的三项经费责任：公办学校的校舍建设、人员和公用经费责任；对受委托承担农民工子女义务教育任务的民办学校的经费补助责任；对农民工子女的免费和资助责任。

不过，尽管明确了流入地政府的经费责任，但是中央政府自身却没有承担责任（只对农民工子女接受义务教育问题解决较好的省份给予适当奖励），也没有对哪一级地方政府负担哪一项责任，哪一级地方政府负主要责任，各级地方政府如何分担经费责任做出明确规定。所以，到目前为止，中央政府的农民工子女义务教育经费负担政策还是一项责任下推的半模糊政策。中央政府这种推卸自身责任的半模糊政策，为地方政府的各自为政和卸责留下了很大空间（葛新斌，2009），形成了各种不同的地方模式。

二、差异巨大的地方模式

（一）上海模式

2008 年，上海市教委发布文件，要求将农民工子女义务教育需求纳入各区县教育发展规划，增建公办学校，加大公办学校接收农民工子女的力度。资助农民工子女学校达到基本办学条件，将其纳入民办教育管理，给予基本成本补贴。市对区县的义务教育经费转移支付中，同等考虑公办学校中的农民工子女，并向财力相对薄弱地区倾斜。市财政对符合规划要求，纳入规范改造的农民工子女学校，一次性给予每所学校 50 万元改造经费。纳入规范的农民工子女学校要与公办学校一样免除学生的学杂费、课本费和作业本费。市财政按接纳学生人数给予每生每年 1 000 元的基本成本补贴，余下部分由区县根据实际成本核算情况予以补足。

2009 年，上海农民工子女在公办学校就读的比例达到 65%，规范改造的农民工子女学校达到 146 所，接纳了农民工子女的 25%。在公办学校和规范的农民工子女学校就学，享受免费义务教育的农民工子女达到了 90%。[①] 到 2010 年，在公办学校就读的农民工子女，小学将达到 70%，初中将达到 100%，农民工子女学校全部纳入民办教育管理和财政保障，农民工子女将全部能够享受政府提供经费、有一定质量保证的免费义务教育。

2008 年以来上海的政策调整和实践，形成了解决农民工子女义务教育经费负担的上海模式。上海模式的基本特征是：公办学校尽力接纳农民工子女，大多数农民工子女就读公办学校；政府主导对农民工子女学校的改造和规范并提供持续的成本补偿；市和区县共同负担农民工子女义务教育经费；市级政府在解决农民工子女义务教育问题中起了主导作用。

与上海模式比较接近，政府为农民工子女尽力提供较好教育条件的还有天

[①] 《上海突破户籍限制提高公办学校接收比例并投资管理社会办学》，http：//www.shanghai.gov.cn/shanghai/node2314/node2315/node4411/userobject21ai365808.html。

津、福建等地区。天津市强调公办学校的责任，义务教育阶段的农民工子女100%由公办学校接纳，不允许农民工子女学校存在。2008年，福建86%的农民工子女在公办学校接受义务教育，省政府要求对委托接纳农民工子女的民办学校给予财政补助。不过与上海不同的是，这些省、市的农民工子女义务教育经费主要是由区县承担，省和市级政府负担较少。

（二）北京模式

2009年，有41.8万非户籍儿童在北京接受义务教育，其中67%在公办学校就读，还有约14万非户籍儿童在农民工子女学校或民办学校就读。[①] 北京目前还有200多所农民工子女学校，但只有60多所是有办学许可证的学校。近几年，政府对有许可证的农民工子女学校提供了少量的资金，用于改善办学条件。对在公办学校就读、符合一定标准的农民工子女免除了杂费，对有许可证农民工子女学校中符合一定标准的学生提供了相当于公办学校杂费标准的补助。但对于100多所没有许可证的农民工子女学校和其中的学生，政府没有提供任何资金支持，也没有提出可行的解决规划。

我们将北京农民工子女义务教育经费负担的政策和实践，称为北京模式。北京模式的基本特征是：农民工子女在公办学校接受义务教育的比例在50%以上，做到了"以公办学校为主"；仍有大量的农民工子女在条件简陋的农民工子女学校就读；公办学校的农民工子女义务教育经费基本由区县政府负担；政府对有许可证的农民工子女学校及学生提供了少量财政补助资金，补助资金由市和区县分担；市级政府在解决农民工子女义务教育问题中，没有发挥主导作用。

北京模式与上海模式的区别，主要是对农民工子女学校的财政保障机制不同。上海将农民工子女学校纳入教育发展规划和民办教育体系，对不合格学校设计了可行的改造方案。政府不仅向农民工子女学校提供改善办学条件的经费补助，还对合格学校按成本全部补偿运行经费，全部免除学生学杂费、课本和作业本费，最终将农民工子女义务教育全部纳入财政保障。北京没有将农民工子女学校纳入教育发展规划和民办教育体系，对不合格学校没有制定切实可行的改造方案，也没有提供改造资金和免除其学生的学杂费；对合格的农民工子女学校也没有提供运行经费补偿，还没有将农民工子女义务教育全部纳入财政保障的规划。

全国多数城市的农民工子女教育经费负担政策接近北京模式。

---

① 《北京市社会进步情况新闻发布会》，http://www.scio.gov.cn/xwfbh/gssxwfbh/xwfbh/beijing/200909/t402884.htm。

(三) 贵阳模式

2004 年起，贵阳市政府通过改扩建公办中小学，提高接纳农民工子女的能力，但多数农民工子女还在民办学校就读。2008 年，在公办学校就读的农民工子女享受了免除学杂费待遇，市财政对民办学校按接纳的农民工子女人数提供经费补助，每人 1 年补助 200 元，其中 100 元抵学杂费，另 100 元改善办学条件。2008 年，贵阳在义务教育阶段学校就读的农民工子女约 13 万余人，其中 9 万余人在民办中小学就读，民办学校承担了约 70% 的农民工子女的义务教育任务。①

2009 年，贵阳市政府在提供生均公用经费基础上，为在民办学校就读的义务教育阶段学生免费提供教科书。从公办学校中为民办学校选派教学副校长，并公开选拔特岗教师进行支教，工资由财政支付。

贵阳市对农民工子女义务教育的财政支持政策可以称为贵阳模式。贵阳模式的基本特征是：虽然政府努力加大公办学校接收的力度，但限于接纳能力，公办学校接纳的农民工子女不到 50%，没有做到"以公办学校为主"；农民工子女多数就读于民办学校，政府对民办学校及学生普遍提供财政补助，补助经费主要由市政府统筹；市级政府在提供农民工子女义务教育中，起到了主导作用。

如贵阳这样农民工子女数量大、比例高（约占义务教育阶段学生的 25%），财政能力薄弱，但对在民办学校就读的农民工子女义务教育尽力提供财政支持的城市很少。

(四) 广州模式

2008 年，约有 40 万外来工子女在广州接受义务教育，其中在公办学校就读的只占 30%，另外 70% 就读于民办学校或农民工子女学校。政府对民办学校或农民工子女学校基本没有提供财政补助。在公办学校就读的外来工子女不仅不能享受免学杂费待遇，还要按择校生对待，交纳借读费。② 在民办学校或农民工子女学校就读的农民工子女，更没有得到政府的免学杂费补助。③

---

① 叶莎莎：《破解农民工子女教育难：靠财力更要靠"心力"》，http://jyb.cn/basc/sd/200907/t20090727_294531_2.html。

② 何雪华：《广州贫困家庭子女有望免费接受高中阶段教育》，http://news.xinhuanet.com/edu/2009-02/05/content_10766736.htm。

③ 2010 年广州市发改委，教育局等 4 部门制定《关于进一步做好优秀外来工入户和农民工子女义务教育工作的意见》，提出市和区县按比例分担在公办学校就读的农民工子女的义务教育经费，对符合条件在公办学校就读的农民工子女，收费与户籍学生同等待遇。文件还提要加大对农民工子女学校的服务和管理力度，但未提到财政补助。

我们将广州的农民工子女义务教育财政政策和实践称为广州模式。广州模式也可称为广东模式，是深圳、东莞等其他广东城市普遍采用的模式。广州模式的基本特征是：限于客观条件和主观努力，公办学校接纳的农民工子女比例远低于50%，没有做到"以公办学校为主"；大多数农民工子女就读于农民工子女学校，但政府对农民工子女学校极少提供财政补助；农民工子女学校的学生和在公办学校就读的非广东籍农民工子女，不能享受免除学杂费的待遇；在公办学校就读的农民工子女的教育经费主要由区县承担，省和市级政府很少提供经费补助，没有为解决农民工子女的义务教育经费问题发挥积极主导作用。

广州市政府对农民工子女义务教育提供财政支持的力度，不仅远远不如上海和北京，甚至比贵州还要差很多。在贵州，虽然也有70%的农民工子女在民办学校就读，但民办学校和学生能普遍得到财政补助。像广州这样财力雄厚但对农民工子女义务教育解决得很差的城市，在广东以外的城市很少。

第四节 现行农民工子女义务教育财政负担政策的问题

一、政策设计不完善

（一）中央政策的目标和含义不清晰

如前所述，除了"两为主"和经费负担责任下放外，中央政府没有明确提出农民工子女义务教育财政政策的目标。"两为主"政策主要是对入学方式和管理责任的规定，不是也不能作为农民工子女义务教育政策的目标。2006年新修订的《义务教育法》规定的为非户籍儿童提供平等的义务教育条件，才是农民工子女义务教育政策的目标，也是财政政策的目标。但中央现有的农民工子女义务教育经费负担政策，并没有明确提出这一目标。由于中央政府没有明确的政策目标，导致不少地方政府将"两为主"作为目标，以为做到了"两为主"，农民工子女义务教育问题就解决了。

即使作为入学方式和管理责任规定的"两为主"政策，也存在含义不明确的问题。公办学校就读为主的数量界限是多少？是不是超过50%就是"为主"了？地方政府管理为主，"管理"的含义是什么？范围有多大？从不少地方政府的实践看，管理的内容多是转发上级政府的文件，制定各种限制性的规定，而不是积极为农民工子女入学创造条件。在不少地方，政府管理只限于公办学校和有许可证的农民工子女学校，对无许可证的农民工子女学校疏于管理，对在其中就学的农民工子女漠不关心。

（二）区县承担主要经费责任不合理

由于中央政府只是将农民工子女义务教育的经费负担交给地方，各地的省、市级政府多效法中央，将责任层层下推，最后实际上推到了区县政府身上。

北京市九个政府部门2004年制定的《关于贯彻国务院办公厅进一步做好进城务工就业农民子女义务教育工作文件的意见》规定："各区县政府负责领导本行政区域内来京务工就业农民子女依法接受义务教育工作。""各区县政府负责保证公办中小学办学所需正常经费，区县财政要按学校实际在校生人数和定额标准划拨生均经费"。大多数省市的规定与北京市差不多。

在现行的分税制财政收入体制下，农民工为城市政府创造的包括税收在内的经济利益，更多是全市范围共享的。农民工进城所推动的经济增长和社会进步，则更多是全省、全国共享的成果。但现行的义务教育财政体制下，城市公办学校的经费主要由区县政府负担。因此，对于区县政府来说，农民工带来的利益没有全部得到，但其子女的义务教育经费却要全部负担，是一种净收益为负的制度安排。这种利益格局必然导致区县政府尽可能推卸自己的责任，减轻自己的财政负担。因此，区县政府会尽可能不建造或少建造新的学校接纳农民工子女，尽可能通过设置准入条件提高农民工子女进入公办学校的门槛，尽可能不给或少给农民工子女学校提供财政补助。

（三）公办学校招收农民工子女的自由裁量权过大

公办学校资源的不足和地方政府的高准入条件，已经使农民工子女在公办学校就读遇到很多困难，政府给予公办学校是否接收农民工子女的自由裁量权，又加大了农民工子女进入公办学校就读的难度和成本。

北京市政府规定，有接收能力的公办学校应同意接收居住在本校服务范围内、符合政府规定条件的农民工子女，但接收确有困难的可以提请教育行政部门协调。深圳市政府提出，"学校根据学位情况尽量安排符合就读条件者入学。"这些规定实际上给了公办学校是否接收农民工子女入学的自由裁量权。

农民工在向公办学校申请入学时，对于政府规定的准入条件、对于学校是否有学位或困难，往往是不知情的。学校有充分的自由来决定是否接收农民工子女的入学申请。在现行的学校治理结构下，公办学校可以进行创收活动，可以用创收的收入作为教职工的津贴和补贴。在招生上的自由裁量权，是中小学校创收的优越条件。在自身利益的驱动下，公办中小学校会充分行使其权力，对农民工子女的入学申请或正常接收，或拒绝，或在收取各种名目的赞助费、捐资助学费后再接收,给农民工子女进入公办学校带来更大的难度和成本,导致大量农民工子女被公办学校排斥在外。

二、未达到预期效果

(一) 农民工子女进公办学校难

尽管在全国大部分城市,农民工子女多数进入公办学校就学,但还有大量的农民工子女无法进入公办学校。① 仅广东一个省,就有100多万农民工子女不能进入公办学校就读。

农民工子女难以进入公办学校主要有三个原因:一是农民工居住地附近没有公办学校或公办学校接纳能力不足。很多农民工居住在城乡结合部、新居民区或开发区,或者原来就不存在公办学校,或者原有的公办学校容量有限,无法接纳农民工子女。如北京海淀的双清路地区、朝阳的崔各庄地区都存在这种状况。二是公办学校的准入条件高,农民工子女满足不了条件无法进入。各地都对农民工在公办学校就学设置了准入条件。深圳市政府规定,农民工子女申请在深圳的公办学校就学,需要提供以下材料:出生证、原籍户口本、在深居住证或暂住证;儿童父母在本市的有效房产证明和购房合同,或由当地街道办事处房屋租赁管理所提供的租房合同登记、备案材料;市劳动保障部门出具的儿童父母就业和社会保障证明,或者市工商部门核发的营业执照副本等证明;儿童父母现居住地街道办事处计划生育工作机构出具的计划生育证明材料;儿童原户籍地乡(镇)以上教育管理部门开具的就学联系函,或学校开具的转学证明。对于教育程度不高、信息不灵、整天忙于生计的农民工,即使符合条件,要办齐所需的这么多证明文件难度确实很大。还有很多农民工无法满足准入条件,如无法开出计划生育证明等。有相当多的农民工由于各种原因不能办齐所需的证明,其子女无法进入公办学校。三是有些公办学校收取较高的借读费、赞助费,农民工负担不起,其子女无法进入公办学校。有的地区(如广州)政府允许公办学校对农民工子女收取借读费;有的地区虽然政府规定不允许收取,但公办学校以赞助费、捐资助学款名义收取费用。缴纳不起借读费、赞助费的农民工,其子女就无法进入公办学校就学。

从我们2007年年末2008年年初对北京市农民工子女学校家长的调查,可以看到农民工对子女进入公办学校的强烈期望和对公办学校收费的不满。在问及对

---

① 路甬祥:《全国人民代表大会常务委员会执法检查组检查〈中华人民共和国义务教育法〉实施情况的报告》,http://www.npc.gov.cn/npc/xinwen/jdgz/zfjc/2008-12/25/content_ 1464550.htm。

政府的农民工子女义务教育政策的期望时，回答频次最高的两项就是"公办学校实行'两免一补'，不收赞助费、降低学费"、"公办学校应无条件接收农民工子女，外地孩子与当地孩子同等对待"。很多农民工还反映公办学校的收费高过农民工子女学校，有的还出示了公办学校要求交纳"捐资助学费"的银行账号。

（二）农民工子女学校条件差

由于各种原因，相当多的农民工子女不能在公办学校就学，只能进入农民工子女学校接受基本的教育。农民工子女学校缺乏政府财政支持，受农民工支付能力的约束，收费水平较低，办学经费严重不足，办学条件极为简陋，教学质量很差。

2000年前后，赵树凯、吕绍青和韩嘉玲等调查过100多所北京的农民工子女学校，发现这些学校条件极其简陋（赵树凯，2000；吕绍青、张守礼，2001；韩嘉玲，2001）。校舍多为租用的民房，甚至是在菜地里搭的窝棚，往往缺少基本的教学器材，如三角板、圆规等。教师多是高中或中等职业学校毕业生，没有教学经验，工资普遍很低，生活非常艰苦。

2007年年底和2008年年初，我们调查了40所北京的农民工子女学校和其中的222名教师。调查发现，虽然与10年前相比有了一些改善，但农民工子女学校的办学条件和师资水平还是较差。95%的教师没有配备电脑，只有4%的教师运用过多媒体进行教学。28%的学校没有图书室，70%的学校没有实验室，73%的学校音乐器材满足率不到40%，64%的学校体育器材满足率不到40%。52%的教师学历是高中或以下，30%的教师没有教师资格证书。教师的工资很低，每月多在800元左右，比北京市农民工的平均收入还低。

我们的调查还发现，占北京农民工子女学校多数的无办学许可证学校，办学条件比有证学校更差。政府对这些无许可证的学校没有任何资金和设备支持，有些区的教育部门也不将这些学校纳入管理范围，听任其自生自灭。

广州、昆明等地的调查也有同样的发现，说明农民工子女学校办学条件简陋、师资水平低下是全国普遍存在的问题。

（三）农民工子女的教育权利没有得到保障

作为中国公民的农民工子女，享有《宪法》和《教育法》等法律中规定的平等教育权。2006年修订的《义务教育法》明确规定："父母或者其他法定监护人在非户籍所在地工作或者居住的适龄儿童、少年，在其父母或者其他法定监护人工作或者居住地接受义务教育的，当地人民政府应当为其提供平等接受义务教育的条件。"

但各地制订的农民工子女义务教育政策基本上都不符合上述法律中提供平等教育条件的规定，农民工子女实际上难以获得平等的义务教育条件。如几乎所有的城市都对农民工子女就读公办学校设置准入条件，要求提供多种证明；很多城市只有部分公办学校向农民工子女开放，且一般都是办学条件较差的公办学校（范先佐，2007）。

农民工子女即使进入了公办学校，也不能获得同等待遇。农民工子女需要额外交费和不能平等享受免费待遇。2003年以前，各地公办学校普遍向农民工子女收取借读费。2003年后，多数地方政府取消了借读费，但还有少数地方政府允许继续收取借读费。实际执行中，不少公办学校一直在收取借读费、赞助费等额外费用。国家统计局服务业调查中心2006年的调查发现，半数以上的农民工子女交纳了借读费、赞助费。[①] 2008年实行城市义务教育免费政策后，有的地方设置了农民工子女免费所需要的条件。如《广东省城镇免费义务教育实施办法》规定，免费的对象限于广东省户籍非农户学生，明确排斥了农民工子女。北京市也只对能提供几项证明的农民工子女免杂费。

在农民工子女学校就读的学生不能得到政府财政经费的补助，难以享受免费义务教育。除上海外，农民工子女学校能得到的财政补助不多，其办学资金主要依靠学生交费，学生很难享受到免费义务教育。农民工收入水平低，即使农民工子女学校学杂费水平不高，其家庭教育支出的负担仍较重。

第五节　农民工子女义务教育财政负担政策的改革

一、建立以流入省市政府为主的经费分担制度

无论是从保障最弱势的农民工子女的法定义务教育权利的公平角度，还是从推进经济和人口现代化、城市化的效率角度，建立政府出资、覆盖全体农民工子女的义务教育经费保障制度，是各级政府义不容辞的责任。农民工子女义务教育的全国性跨区域准公共产品的性质，要求从中央到区县的各级政府都应该分担其经费。因此，应该区分跨省（自治区、直辖市）和省内流动的农民工子女，建立相应的各级政府共同分担、以省市政府为主的农民工子女义务教育经费的负担体制。

---

① 国家统计局服务业调查中心：《城市农民工生活与教育状况——城市农民工生活质量状况调查报告之二》，http://www.stats.gov.cn/tjfx/fxbg/t20061011_402358719.htm。

跨省流动到非直辖市的农民工子女的义务教育经费，应该由中央、省、市、区县四级政府分担。具体分担模式可以由各级政府协商确定，但应该以省、市政府为主。一种选择是：中央政府负担免费提供教科书、免学杂费经费和50%的公用经费；省级政府负担人员经费；市级政府负担基建经费；区县政府负担50%的公用经费。跨省流动到直辖市的农民工子女的义务教育经费，应该由中央、直辖市、区县三级政府分担，以直辖市为主。另一种选择是：中央政府负担免费提供教科书、免学杂费经费和50%的公用经费；市政府负担人员经费和基建经费；区县政府负担50%的公用经费。

在省内跨区县流动的农民工子女的义务教育经费，应该由省、市、区县三级政府负担。一种选择是：省政府负担提供免费教科书、免学杂费经费和人员经费；市政府负担基建经费和50%的公用经费；区县政府负担50%的公用经费。

在直辖市内跨区县流动的农民工子女的义务教育经费，应该由市和区县政府共同分担。一种选择是：市政府负担免费教科书、免学杂费经费、人员经费和基建经费；区县政府负担公用经费。

中央之所以负担免费教科书、免学杂费经费和公用经费，是因为在农村义务教育经费保障机制中，中央政府承担了中、西部地区免费提供教科书、免学杂费和公用经费的责任，有了先例和经验。在农村义务教育经费保障机制中，中央政府掌握了各省义务教育学生信息，可以根据跨省流动的义务教育学生数量，削减其相应的转移支付资金，用于对流入地的农民工子女义务教育经费补助。

省和直辖市政府承担主要经费，既是农民工子女义务教育跨区域准公共产品的属性使然，更是义务教育法提出的义务教育经费省级统筹的要求。

市级政府承担基建经费，是因为新学校的建设涉及教育与城市人口布局变化和建设规划的协调，需要从全市范围统筹规划，最适合市政府承担。

二、改善公办学校接收农民工子女入学制度

"以公办学校为主"实施农民工子女的义务教育，是中央政府的一贯政策。但在执行过程中，由于公办学校容量不足，地方政府设置严格的准入条件，以及公办学校出于自身利益的拒收和不规范收费等原因，给农民工子女进入公办学校就读增加了很大困难。因此，应该通过增加公办学校供给、简化公办学校准入条件，以及规范公办学校的管理和收费，来完善以公办学校为主的政策，扩大公办学校接纳农民工子女的数量，增加农民工子女平等接受义务教育的机会。

应该落实将农民工子女义务教育纳入城市社会经济发展规划的政策。农民工

流入较多的城市，政府应根据户籍人口大量迁移到新城区和流动人口集中分布在城乡结合部的状况，在新城区和城乡结合部新建一批公办学校，增加公办学校的容量，为新城区居民和农民工子女提供更多的学位。市教育部门应协调各个区县，将老城区闲置、关闭学校的教职工合理配置到新建的公办学校中，减轻安置过剩教职工的压力，为农民工子女提供良好的师资。在农民工子女义务教育还没有得到很好解决的情况下，城市公办学校不宜过早推行小班化教学，以便提高公办学校接纳农民工子女的能力。

流入地政府应放宽准入条件，便利农民工子女进入公办学校。设置严格的公办学校准入条件，目的是限制农民工子女过多流入城市，减轻流入地城市的压力。从流入地自身的利益出发，这种严格限制的做法是可以理解的。2008年《国务院关于做好免除城市义务教育阶段学生学杂费工作的通知》，也认可流入地政府设置准入条件。不过，在农民工子女学校存在且其成本还低于公办学校的情况下，严格的准入条件，不一定能起到减少农民工子女流入城市的作用，却对农民工子女进入公办学校就读增加了很多的困难。在现阶段城乡义务教育条件还存在较大差异的情况下，为防止纯粹的"教育移民"，还不能完全取消就读城市公办学校的准入条件，但应该简化和放宽。农民工只要在流入地有稳定的工作，实际上就是流入地的纳税人，其子女就有权利进入当地的公办学校接受义务教育。[①] 因此，农民工子女就读流入地公办学校的准入条件只应该是两项：身份证明、就业证明。凡是能提供以上两项证明的农民工，其子女就可以申请在公办学校就读。

完善公办学校接收农民工子女的管理，取消和严格查处乱收费。流入地政府应在报纸、电视等大众媒体上公开当地公办学校接收农民工子女入学的条件、程序和收费规定，让农民工了解政府的政策。应要求公办学校要公开本校的学位数量和可接纳农民工子女的数量，以及在申请人数超过接纳量的情况下如何确定接收对象的规则。在学位数量小于申请人数的情况下，可以采取先申请后接纳的排队程序，或者在全部申请者中抽签等国际上通用的方式来决定接纳对象。取消各种违规的赞助费、捐资助学费，加强对公办学校的财务审计和督导，严厉查处对农民工子女的不规范收费。从农民工收入低、生活艰苦的现实出发，公办学校对校服、辅导资料、课外活动费等不做统一要求，尽量减少农民工子女的教育成本。

按照前述经费分担办法，落实国务院提出的城市义务教育免学杂费的政策，

---

① 1994年税制改革后，我国最主要的税种是属于间接税的增值税和营业税。任何个人，只要在某地购买了商品或服务，就负担了增值税或营业税，就为当地贡献了税收收入，就是当地的纳税人。

免除在公办学校就读的农民工子女的借读费和学杂费，全部提供免费教科书，对家庭特别困难的提供免费午餐。

三、建立对农民工子女学校的财政投入机制

农民工子女学校是为满足低收入农民工子女的义务教育需求而产生的。由于其费用低、离农民工居住地近、入学形式灵活等特点，受到了无法送子女进入公办学校的农民工的欢迎。我国城市化进程将长期持续，农民工还将大量进入并长期居住城市，需要在城市接受义务教育的农民工子女将继续增加。在许多城市，特别是农民工聚集的广州、深圳、东莞等城市，即使加快公办学校的新建和开办，很长时期将还难以完全满足农民工子女的需求，农民工子女学校在很长一段时期内将继续存在。

农民工送子女到农民工子女学校就读，主要是政府无法在公办学校为其提供教育机会的结果，是一种无奈的选择，而不是择校。如果不对农民工子女学校的学生提供财政支持，政府就没有履行《义务教育法》规定的为农民工子女提供平等接受义务教育机会的义务。所以，政府有责任建立对农民工子女学校的财政投入机制，为最弱势的农民工子女的义务教育提供经费，减轻农民工的教育负担，改善农民工子女的教育条件。

建立对以营利为目的农民工子女学校的财政投入机制，在理论上和实践中将面临很多问题。首先应该明确，建立农民工子女学校财政投入机制的目标，是对农民工子女提供免费义务教育，保障其接受的教育达到国家要求的质量标准。其次农民工子女学校财政投入机制要解决的主要问题，是财政资金能真正用于农民工子女的教育，不被办学者侵吞，但又要使办学者或管理者有继续办学的积极性。应该在深入研究和总结上海、贵阳模式实践经验的基础上，选择适当的机制。具体的投入机制可以有多种选择，如现有学校治理结构改革基础上的拨款制、特许经营、委托管理、教育券等。

现有学校治理结构改革基础上的拨款制。对现有达到办学基本标准的农民工子女学校进行治理结构改革，建立有原办学者、教师、家长代表和政府代表构成的董事会，董事会选聘校长和行使财务决策权。政府派出代表负责日常财务会计工作。在这一基础上，区县政府将各级政府负担的教育经费统筹使用，参照公办学校经费水平和农民工学校的办学成本，编制农民工子女学校经费预算，经审核批准后全额拨款。接受政府全额拨款后，学校不再向学生收费，农民工子女享受政府规定的免学杂费、免费教科书和生活困难补助待遇。学校可以自主使用政府拨付的资金，但要承担全部的经济责任。如果出现盈余，办学者可获得合理回

报，其盈余留作学校下一年度的经费使用；如果出现亏损，政府不再补贴，办学者不得获取回报。

特许经营。在农民工子女学校达到办学基本标准的基础上，由办学者申请、区县政府与办学者签订协议，政府向申请者颁发特许经营许可证，授予办学者在遵守协议的条件下一定时期的学校经营权。办学协议规定办学者应达到的学生成绩、安全、卫生等项责任和政府的出资责任。政府参照公办学校经费水平和农民工学校的平均办学成本，确定特许经营学校的生均拨款标准，按实际培养的学生数拨付经费。特许经营学校接受政府拨款后，不再向学生收费，农民工子女享受政府规定的免学杂费、免费教科书和生活困难补助待遇。特许经营学校在履行协议规定的责任的基础上，如果有盈余，一部分可以作为办学者的合理回报。如果没有履行规定责任，或者没有盈余，办学者不能获得回报。

委托管理。区县政府收购或接管现有的农民工子女学校，使之达到办学基本标准，通过招标或其他方式选择管理者，委托其管理。政府与管理者签订协议，明确规定管理者的管理目标，如学生学业成绩、安全、卫生责任等，也明确规定政府向管理者支付基本管理费标准和业绩奖惩。政府参照公办学校经费水平和农民工学校的平均办学成本，确定委托管理学校的生均拨款标准，按实际培养的学生数向委托管理的学校拨付经费。受托管理者可以自主决定经费的使用，但学校不能出现赤字。如有结余，作为管理者的绩效，可增加其绩效奖励。学校不能向学生收费，农民工子女享受政府规定的免学杂费、免费教科书和生活困难补助待遇。

教育券。市级政府统筹各级政府负担的农民工子女教育经费，参照公办学校经费水平和农民工学校的平均办学成本，设计并向本市农民工子女颁发额定的教育券。农民工子女将教育券作为支付凭证，到农民工子女学校就学。接受教育券的农民工子女学校，必须在办学条件和教学质量上达到一定标准。政府在对全部农民工子女学校进行全面考核后，向社会公布有资格接收教育券的农民工子女学校名单。农民工子女学校可以根据所接收的教育券，每月向政府财政部门或教育部门兑换一定比例的资金。政府对接收教育券的学校，主要进行教育教学质量考核和评价，不介入其内部的经营管理。除非家长真正自愿，学校不能向学生收费，农民工子女享受政府规定的免学杂费、免费教科书和生活困难补助待遇。学校有权自主使用教育券所兑付的资金，并承担全部的经济责任。教育券在市级范围内使用，能便利农民工子女的流动，可以降低管理成本。

建立各级政府共同分担、以省和市级政府为主的农民工子女义务教育经费保障制度，规范公办学校的农民工子女入学、收费和资助制度，建立农民工子女学校的财政投入机制，是改革和完善农民工子女义务教育财政政策的必要举措，也是将公共财政的阳光普照农民工子女义务教育的必要条件。这些改革和完善举措的实现，需要社会各界的参与和推动，需要各级政府的认识和行动，也需要全国统一的义务教育电子学籍信息系统等技术平台的支持。虽然目前还存在不同的认识和判断，还存在这样那样的困难和障碍，但社会公正、教育公平的理念得到了越来越广泛的认同，并正在逐步变成政策与行动。可以相信，在不远的将来，农民工子女将能够普遍享受到真正免费的义务教育，在城市的蓝天下茁壮成长。

第三部分

高中阶段教育财政制度*

国际上一般称高中阶段教育为"高级中等教育（Upper Secondary Education）"。高中阶段教育通常由两类学校构成：为学生接受高等教育做准备的普通高中和为学生就业做准备的职业学校（职业高中）。[①]在我国，高中阶段教育包括普通高中教育和中等职业教育（包括中等专业学校、职业高中和技工学校）。高中阶段教育是连接初中教育和高等教育的桥梁，也承担着培养中等专业技术人才的任务，是一个国家国民教育体系的重要组成部分。而高中阶段教育财政制度是高中教育发展改革的重要制度保障，本部分将对我国高中阶段教育财政制度展开分析。

本部分由三章构成：第七章对高中阶段教育财政进行理论和制度分析，首先界定高中阶段教育的性质及政府的财政责任，然后介绍我国现行的高中阶段教育财政制度。第八章和第九章结合我国高中阶段教育中的重大现实问题，分别从充足性和公平性两个角度对我国的高中阶段教育财政制度进行评价并提出相关的政策建议。具体而言，从教育经费政府投入比例、生均经费指数和高中阶段毛入学率三个方面对充足性进行了分析，并从普通高中校际差异、公立普通高中择校和学生资助三个方面对公平性进行了分析。

---

* 感谢北京大学教育学院的杨钋老师参与了本部分中高中择校问题和学生资助问题的写作。

[①] 美国的高中阶段学校分为综合中学、普通中学和职业或技术中学，绝大部分学生就读于综合中学，而综合中学内部一般又分为学术科、普通科和职业科三个方向（李其龙、张德伟主编：《普通高中教育发展国际比较研究》，教育科学出版社2008年版，第50页）。

第七章

高中阶段教育财政理论与制度分析

理解和认识高中阶段教育财政制度，首先应该界定高中阶段教育的性质及政府的财政责任，然后厘清高中阶段教育财政制度的构成，并对我国现行的高中阶段教育财政制度作一概述。

第一节 高中阶段教育的性质及政府的财政责任

一、高中阶段教育的性质

界定政府在高中阶段教育的财政责任，首先要理解高中阶段教育的性质或产品属性。这可以从两个角度理解：其一，高中阶段教育属于准公共产品。王善迈教授认为，义务教育是公共产品，而非义务教育是准公共产品。[①] 高中阶段教育在我国属于非义务教育，因而是准公共产品。袁连生教授则从公共产品的定义出发，考虑了教育的直接消费和间接消费，提出所有的教育都是准公共产品，[②] 从而高中阶段教育当然属于准公共产品。其二，所有教育（包括高中阶段教育）

---

① 王善迈：《社会主义市场经济条件下的教育资源配置》，载《教育与经济》1997 年第 3 期，第 1~6 页。
② 袁连生：《论教育的产品属性、学校的市场化运作及教育市场化》，载《教育与经济》2003 年第 1 期，第 11~15 页。

从本质上看都是私人产品,但由于外部性、资本市场不完善、垄断等妨碍市场效率的因素存在,以及出于促进公平的考虑,教育(包括高中阶段教育)有别于一般的私人产品。①

不论把高中阶段教育看作是准公共产品,还是特殊的私人产品,都表明高中阶段教育资源的配置不应该主要由市场来实现,而主要应由政府来实现。否则就会出现教育供给不足和难以实现教育公平。

二、政府在高中阶段教育的财政责任

政府在高中阶段教育的财政责任应根据提供教育服务的机构——学校的性质而定。

对于公立高中阶段学校,政府的作用是生产或提供。就是政府举办公立学校,直接提供教育服务。从财政责任的角度看,政府应承担公立学校全部或大部分的经费,并对家庭经济困难学生实行资助,同时,政府对教育的财政责任还体现为对学校办学实施各类税收减免。在将高中阶段教育列入义务教育的国家,政府应承担公立学校所有的经费,并对学生实行免费入学。而在高中阶段教育属于非义务教育的国家,在公立学校就读的学生需要缴纳学费,分担一部分教育成本。

对于私立高中阶段学校,政府的作用体现在两个方面:一是规制或管制,即对私立学校的设立、收费、课程、教学、日常管理等方面实施一定程度的干预,目的是为了保证私立学校维持一定的质量以及确保政府用于私立学校的公共资金的有效使用;二是补贴或资助,即对私立学校或学生家庭提供一定的补贴或资助。后者体现为政府的财政责任。对私立学校的补贴或资助包括财政拨款、税收优惠、贷款优惠等,对私立学校学生家庭的补贴或资助包括直接对学生提供资助、对学生家长提供税收优惠、通过教育券等方式鼓励家长进行学校选择等。②

政府在高中阶段教育实行教育成本分担。教育成本由四类主体分担:一是政府。政府对学校投入公共资金,但政府的收入最终来源于纳税人,因此也可认为是由全体纳税人分担的。二是学生家长。学生家长以支付学杂费、生活差距费等方式分担教育成本。三是学生。学生通过勤工俭学或打工等方式分担部分教育成本,或者在上学期间借款或贷款,毕业工作后偿还本金和利息。四是捐赠的个人和团体。有些个人和团体向学校捐赠,也分担了部分教育成本。一般认为,由受

---

① 刘泽云:《教育经济学》,华东师范大学出版社 2008 年版,第 192~195 页。
② 刘泽云:《教育经济学》,华东师范大学出版社 2008 年版,第 196~200 页。

教育者及其家庭分担教育成本应该遵循两个原则：一是能力原则，二是受益原则。[①] 能力原则要求经济能力强者负担较多的教育成本，经济能力弱者负担较少的教育成本。受益原则要求获得教育收益的各方面都要负担教育成本，受益较多者负担较多的教育成本，受益较少者负担较少的教育成本。

第二节 我国现行的高中阶段教育财政制度

为了履行政府对高中阶段教育的财政责任，需要建立相应的高中阶段教育财政制度。在我国，1985年颁布的《中共中央关于教育体制改革的决定》奠定了基础教育管理体制的框架，随后逐步建立起了与之相对应的高中阶段教育财政制度。高中阶段教育财政制度与高中阶段教育管理体制密切相关，因此本节首先简要介绍高中阶段教育管理体制，然后从筹资制度、拨款制度、学生资助制度和问责制度四个方面介绍我国现行的高中阶段教育财政制度。

一、高中阶段教育管理体制

1985年，中共中央发布《中共中央关于教育体制改革的决定》，明确了基础教育实行"地方负责、分级管理"的原则。具体来说，基础教育管理权属于地方。除大政方针和宏观规划由中央决定外，具体政策、制度、计划的制订和实施，以及对学校的领导、管理和检查，责任和权力都交给地方。省、市（地）、县、乡分级管理的职责如何划分，由省、自治区、直辖市决定。此后陆续出台的法律政策文件都遵循了这一原则。譬如，1993年中共中央和国务院印发的《中国教育改革和发展纲要》指出：中等及中等以下教育，由地方政府在中央大政方针的指导下，实行统筹和管理。1995年颁布的《教育法》规定：中等及中等以下教育在国务院领导下，由地方人民政府管理。2010年7月公布的《纲要》则强调了省级政府的统筹作用，具体为：促进普通高中和中等职业学校合理分布，加快普及高中阶段教育，重点扶持困难地区高中阶段教育发展；促进省域内职业教育协调发展和资源共享，支持行业、企业发展职业教育。

中等职业教育管理体制有着更为明确的规定。2002年颁布的《国务院关于大力推进职业教育改革与发展的决定》提出，建立并逐步完善"在国务院领导

---

① 袁连生：《教育成本计量探讨》，北京师范大学出版社2000年版，第145页。

下，分级管理、地方为主、政府统筹、社会参与的职业教育管理体制",实行在国务院领导下的职业教育工作部际联席会议制度。还强调指出，发展职业教育的主要责任在地方，并强化市（地）级人民政府在统筹职业教育发展方面的责任，促进行业、企业和社会参与宏观管理。2005年的《国务院关于大力发展职业教育的决定》进一步提出，每个市（地）都要重点建设一所高等职业技术学院和若干所中等职业学校，每个县（市、区）都要重点办好一所起骨干示范作用的职教中心（中等职业学校）。

概括而言，目前我国普通高中教育和中等职业教育都主要由县级政府负责，但中等职业教育更强调地市级政府的统筹作用和企业、行业及社会的参与，同时越来越强调省级政府的统筹作用。

二、高中阶段教育筹资制度

顾名思义，筹资制度涉及教育经费的筹集，这是实现政府对高中阶段教育财政责任的前提和基础。在我国，教育经费按收入来源分为两大类：财政性教育经费和非财政性教育经费，因此筹资制度也分为财政性教育经费的筹资制度和非财政性教育经费的筹资制度。

财政性教育经费包括预算内教育经费、各级政府征收用于教育的税费、企业办学中企业拨款以及校办产业、勤工俭学和社会服务收入用于教育的经费四个部分。其中，预算内教育经费纳入各级政府的预算支出，由上级政府和本级政府的财政关系以及教育部门和财政部门的关系决定。各级政府征收用于教育的税费指中央和地方各级政府为发展教育事业而指定机关专门征收，并划拨给教育部门使用的实际数额，包括城市教育费附加和地方教育费附加。企业办学中企业拨款指中央和地方所属企业在企业营业外资金列支或企业自有资金列支而拨给所属学校的经费。校办产业、勤工俭学和社会服务收入用于教育的经费指校办产业、勤工俭学、社会服务收入中用于补充教育经费的部分和在教学、科研及其辅助活动之外，开展非独立核算经营活动取得的收益用于补充教育经费的部分，即经营收入的结余、附属单位交款和其他收入中对校办产业投资收益之和。

另外，政府对学校办学实施的各类税收减免相当于增加了政府的教育投入，因此也是财政性教育经费筹资制度的一部分。

非财政性教育经费主要包括社会团体和公民个人办学经费、社会捐（集）资经费和事业收入。其中，事业收入是最主要的部分，包括教学收入和科研收入，非义务教育阶段学生缴纳的学费，借读学生缴纳的借读费，住宿学生缴纳的住宿费，按照有关规定向学生收取的其他费用等。政府在事业收入标准的制定、使用管理等方面发挥着重要的作用，形成了一系列的制度安排。同时，政府通过财政拨款、税收优惠、贷款优惠等方式鼓励社会团体和公民个人办学，并通过税收优惠政策鼓励社会各界捐资助学。

我国高中阶段教育筹资制度的主要特点体现在以下两个方面。

（一）多渠道筹资体制

1985年发布的《中共中央关于教育体制改革的决定》首次提出通过多种渠道筹措教育经费。具体的措施是，除了国家拨款以外，地方机动财力中应有适当比例用于教育，乡财政收入应主要用于教育；地方可以征收教育费附加，此项收入首先用于改善基础教育的教学设施，不得挪作他用；地方要鼓励和指导国营企业、社会团体和个人办学，并在自愿的基础上，鼓励单位、集体和个人捐资助学，但不得强迫摊派；同时严格控制各方面向学校征收费用，减轻学校的经济负担等。1993年的《中国教育改革和发展纲要》进一步明确了建立多渠道筹资的体制。目标是"逐步建立以国家财政拨款为主，辅之以征收用于教育的税费、收取非义务教育阶段学生学杂费、校办产业收入、社会捐资集资和设立教育基金等多种渠道筹措教育经费的体制。"由此，我国教育经费的六条主要渠道被简要地概括为：财、税、费、产、社、基。多渠道筹资的体制还被写入了1995年的《教育法》："国家建立以财政拨款为主、其他多种渠道筹措教育经费为辅的体制，逐步增加对教育的投入，保证国家举办的学校教育经费的稳定来源。企业事业组织、社会团体及其他社会组织和个人依法举办的学校及其他教育机构，办学经费由举办者负责筹措，各级人民政府可以给予适当支持"。

2000年以后，相关政策进一步明确了高中阶段教育经费筹措的原则。如《2003~2007年教育振兴行动计划》提出非义务教育的办学经费，以政府为主渠道，由政府、受教育者和社会共同分担。《国家教育事业发展"十一五"规划纲要》指出：高中教育以政府投入为主，逐步增加政府对职业教育的投入力度。《纲要》则提出：非义务教育实行以政府投入为主、受教育者合理分担、其他多种渠道筹措经费的投入机制。其中，普通高中实行以财政投入为主，其他渠道筹措经费为辅的机制；中等职业教育实行政府、行业、企业及其他社会力量依法筹集经费的机制。

对于职业教育还有一些特殊的政策。1996年的《中华人民共和国职业教育法》（以下简称《职业教育法》）规定：省、自治区、直辖市人民政府按照教育法的有关规定决定开征的用于教育的地方附加费，可以专项或者安排一定比例用于职业教育。2002年《国务院关于大力推进职业教育改革与发展的决定》要求城市教育费附加安排用于职业教育的比例不低于15%，已经普及九年义务教育的地区不低于20％，主要用于职业学校实验实习设备的更新和办学条件的改善。2005年的《国务院关于大力发展职业教育的决定》进一步提出，从2006年起，城市教育费附加安排用于职业教育的比例，一般地区不低于20％，已经普及九年义务教育的地区不低于30％。在《教育部2009年工作要点》中，还提出"坚持把中等职业教育作为战略突破口。重点加快发展农村中等职业教育并逐步实行免费，对农村家庭经济困难学生和涉农专业学生实行免费，开展农村中等职业教育免费政策试点。"

（二）收费制度

1993年的《中国教育改革和发展纲要》提出：提高非义务教育阶段学生学费标准，同时按不同情况确定义务教育阶段学校杂费收费标准。学费和杂费收取标准和办法，由省、自治区、直辖市政府和直接管理学校的中央业务部门考虑群众承受能力确定。次年颁布的《国务院关于〈中国教育改革和发展纲要〉的实施意见》明确了学生实行缴费上学制度，缴费标准由教育行政主管部门按生均培养成本的一定比例和社会及学生家长承受能力因地、因校（或专业）确定。

1996年国家教委、国家计委、财政部联合制定《普通高级中学收费管理暂行办法》和《中等职业学校收费管理暂行办法》，对高中阶段学校的收费做出了规范。

关于学费制度涉及以下两个方面：第一，学费标准。学费标准根据年生均教育培养成本的一定比例确定。不同地区学校的学费收费标准可以有所区别。而教育培养成本包括以下项目：公务费、业务费、设备购置费、修缮费、教职工人员经费等正常办学费用支出。不包括灾害损失、事故、校办产业支出等非正常办学费用支出。学费占年生均教育培养成本的比例和标准的审批权限在省级人民政府。由省级教育部门提出意见，物价部门会同财政部门根据当地经济发展水平、办学条件和居民经济承受能力进行审核，三部门共同报省级人民政府批准后，由教育部门执行。学费标准的调整，由省级教育、物价、财政部门按照第五条规定的程序，根据本行政区域内的物价上涨水平和居民收入平均增长水平，提出方案，报省级人民政府批准后执行。第二，学费的管理。学费由学校财务部门统一收取，到指定的物价部门申领收费许可证，并使用省级财政部门统一印制的行政事业性收费专用票据。学费纳入单位财务统一核算，统筹用于办学支出。任何部门、单位和个人不得截留、挤占和挪用。学费的收支情况应按级次向教育主管部门和财政、物价部门报告，并接受社会和群众监督。

关于住宿费。规定学校为学生提供的住宿收费，应严格加以控制，住宿费收费标准必须严格按照实际成本确定，不得以营利为目的。具体收费标准，由学校主管部门提出意见，报当地物价部门会同财政部门审批。

两个暂行办法明确指出：除收取学费和住宿费以外，未经财政部、国家计委、国家教委联合批准或省级人民政府批准，不得再向学生收取任何费用。

教育收费管理由各级教育、物价、财政部门共同负责。各级教育、物价、财政部门要加强对学校收费的管理和监督，督促学校严格执行国家有关教育收费管理的政策和规定，建立健全收费管理的规章和制度，对巧立名目擅自增设收费项目，扩大收费范围和提高收费标准的，对挤占挪用学费收入的，要按国家有关规定予以严肃查处；对乱收费屡禁不止、屡查屡犯，情节严重的，要按国家有关规定对学校负责人给予行政处分。

目前在我国还普遍存在一种现象——公立普通高中择校，即初中毕业生未达到所报考志愿的公立高中的录取分数线，或者学生不在意愿的公立高中的划片招生区域内，要求选择到该学校就读。择校一般分为两种：一种是成就型择校，另一种是资源型择校。[①] 成就型择校是指完全依赖于自身的成绩或特长来择校就学，学校也只以成绩或特长为衡量标准来选择学生。这在重点（示范性）学校的招生中比较常见。资源型择校就是利用手中拥有的资源来进行择校，它包括利用经济资源和社会资源两种。前者通过缴纳择校费（即择校生除按规定交纳正常学费、杂费、课本费等外交纳的额外费用）实现，可称为"以钱择校"；后者通过动用权力或社会关系实现，可称为"以权择校"和"以关系择校"。

我国对普通高中入学采取统一考试的入学制度，通过考试对有意愿入学学生的学习能力进行测试和筛选安排入学，入学机会不因学习能力和个人意愿以外的其他条件而存在差别。但是，公立高中择校现象破坏了这一入学公平的原则。因此，政府为应对高中择校问题采取了"三限"政策，即公办普通高中招收"择校生"实行限分数、限人数、限钱数的原则。"三限"政策最早在2000年由北京市教育局提出，而将"三限"提到中央教育政策层面是在2001年颁布的《国务院纠风办、教育部关于进一步做好治理教育乱收费工作的意见》，其中提出大中城市高中招收"择校生"不准违背"三限"政策，即：限分数（不准违反规定录取低于最低录取分数线的新生）、限人数（不准超过国家规定的班额，不得挤压招生计划指标，变相扩大择校生人数，即择生数量不得超过省级政府规定的比例）、限钱数（择校生交费标准，由教育部门提出，省级人民政府批准后向社会公布）。2002年，教育部、国务院纠风办再次发出通知，把"三限"政策的适用范围扩大到全国所有的公立普通高中。

2003年国务院办公厅转发教育部等部门《关于2003年治理教育乱收费工作实

[①] 唐秋风：《择校现象的经济学分析》，载《市场与经济》2006年第1期，第35～37页。

施意见》的通知，要求严格执行"择校生"、"三限"政策。"择校生"招生比例和最低录取分数线由省级教育行政部门确定，最高收费标准由省级人民政府制定。要将"择校生"纳入普通高中招生计划，统一向社会公示招生比例、招生人数和收费标准，统一按分数择优录取，统一办理入学手续。严禁学校擅自扩大"择校生"招生比例、降低录取分数线、提高收费标准或在限定金额外收取其他任何费用。同年，教育部发布《关于公办高中严格执行招收"择校生"、"三限"政策的通知》，要求各级教育行政部门和公办高中坚决贯彻落实上述实施意见。

此后，每年国家在治理教育乱收费工作的实施意见中都提出一些"三限"政策实施的补充规定，其中最为典型的是教育部等七部门《关于2006年治理教育乱收费的工作的实施意见》，它对一些细节进行了比较明确的规定，如要力争逐步降低"择校生"的比例和收费标准，择校比例以学校为单位计算，"择校生"比例不许超过当年招收高中学生计划数的30%，除"择校生"外不允许以其他任何名义招收学生，择校生要按照学生的考试成绩，一次招满等。

三、高中阶段拨款制度

在既定的教育经费下，拨款制度决定了政府如何将教育经费分配给学校，涉及事业费（或经常性经费）拨款和基建拨款。拨款制度包括拨款主体、拨款标准、拨款方式等内容。

我国高中阶段学校的拨款分为两个部分：一是综合定额，即测算教职工工资、补助工资、教职工福利费、学生奖助学金等人员性经费以及公务费、业务费、设备购置费、修缮费等公用经费，然后形成生均综合定额进行拨付。《职业教育法》、《国务院关于大力推进职业教育改革与发展的决定》、《国务院关于大力发展职业教育的决定》等法律政策文件的规定，由省级人民政府制定本地区职业学校生均经费标准，并依法督促各类职业学校举办者足额拨付职业教育经费。二是专项补助，主要包括基本建设投资拨款，以及一些专项转移支付，如对符合条件的各级各类职业院校实训基地的扶持、对技能型紧缺人才专业的建设、对农业和地矿等艰苦行业、对中西部农村地区和少数民族地区的职业教育发展的推动等。

四、高中阶段学生资助制度

我国的高中阶段教育实行收费，一些有入学意愿和能力的学生会因家庭经济困难而无法入学或中途辍学，因此必须实行学生资助制度。学生资助制度包括减免学杂费、勤工助学、助学金、学生贷款等多方面的内容。

（一）中等职业教育学生资助制度

尽管1993年的《中国教育改革和发展纲要》、1996年通过的《职业教育法》、2002年颁布的《国务院关于大力推进职业教育改革与发展的决定》和2005年颁发的《国务院关于大力发展职业教育的决定》等重要法规政策都提出职业学校学生资助的问题，但直到2006年财政部、教育部出台《关于完善中等职业教育贫困家庭学生资助体系的若干意见》，才明确了中等职业教育学生资助体系的主要内容。

第一，建立贫困家庭学生助学金制度。从2006年起，中央财政安排专项资金，建立中等职业教育国家助学金，用于资助中等职业学校贫困家庭学生。第二，建立奖学金制度。在中等职业学校设立政府奖学金、专业奖学金和定向奖学金，主要用于支持品学兼优的学生。其中，政府奖学金主要由省、市（地）政府安排专项资金设立，专业奖学金和定向奖学金由有关行业企业或地方政府设立。第三，建立以学生参加生产实习为核心的助学制度。力争做到学生在最后一学年到企业等用人单位顶岗实习，让学生通过顶岗实习，获取一定的报酬，用于支付学习和生活开支。同时在部分职业院校中开展通过半工半读，实现学生免费接受中等职业教育的试点工作。第四，建立学费减免制度。要求中等职业学校都要建立学费减收和免收制度，对贫困家庭学生减免学费。各中等职业学校每年都要安排不低于事业收入5%的资金，专项用于贫困家庭学生的学费减免。第五，建立助学贷款或延期支付学费制度。鼓励和引导金融机构为接受中等职业教育的贫困家庭学生提供小额助学贷款，可由地方政府予以贴息。同时，具备实力的职业学校可由学校集中贷款后，与学生家长协商确立延期支付学习费用合同，以吸引更多的学生进入中等职业学校学习。第六，建立社会资助制度。企事业单位、社会团体和公民个人通过政府部门或非营利组织为资助中等职业学校学生给予的捐赠，比照有关公益性捐赠，准予在缴纳企业所得税和个人所得税前全额扣除。有条件的地方可建立中等职业教育贫困家庭学生社会助学基金，对捐资额度大的法人或自然人允许在基金前冠名。

2007年，在国务院发布的《关于建立健全普通本科高校高等职业学校和中等职业学校家庭经济困难学生资助政策体系的意见》中，进一步明确了中等职业教育的国家助学金资助所有全日制在校农村学生和城市家庭经济困难学生。资助标准为每生每年1 500元，国家资助两年，第三年实行学生工学结合、顶岗实习。

2009年12月，财政部、国家发展改革委、教育部和人力资源社会保障部联合下发《关于中等职业学校农村家庭经济困难学生和涉农专业学生免学费工作的意见》，提出从2009年秋季学期起，对公办中等职业学校全日制正式学籍一、二、三年级在校生中农村家庭经济困难学生和涉农专业学生逐步免除学费（艺术类相关表演专业学生除外）。具体内容包括：

第一，西藏自治区和新疆维吾尔自治区喀什、和田和克孜勒苏柯尔克孜三地州农村户籍的学生全部享受免学费政策；其他地区享受免学费政策的农村家庭经济困难学生分地区按以下比例确定：西部地区按在校生的25%确定；中部地区按在校生的15%确定；东部地区按在校生的5%确定。中央财政参照上述比例安排中央补助资金。各地可根据实际，合理确定行政区域内农村家庭经济困难学生的比例。

第二，对因免除学费导致学校收入减少的部分，通过财政给予的补助和学校开展校企合作及顶岗实习获取的收入来解决，以保证学校正常运转。具体办法是：第一、二学年学校因免除学费导致的运转经费缺口，由财政按免除的学费标准给予补助；第三学年学校因免除学费导致的运转经费缺口，原则上由学校通过校企合作和顶岗实习等方式获取的收入予以弥补，对涉农专业和经认定顶岗实习有困难的其他专业，由财政按一定标准给予学校顶岗实习补助，具体办法由国务院相关部门另行制定。

第三，免学费标准按各省（区、市）人民政府及其价格主管部门批准的学费标准确定。对在政府职业教育行政管理部门依法批准的民办中等职业学校就读的一、二年级符合免学费政策条件的学生，按照当地同类型同专业公办中等职业学校免除学费标准，给予补助。

第四，免学费补助资金，由中央财政统一按照每生每年平均2 000元标准，与地方财政按比例分担。其中，西部地区，不分生源，中央与地方分担比例为8:2；中部地区，生源地为西部地区的，中央与地方分担比例为8:2，生源地为其他地区的，中央与地方分担比例为6:4；东部地区，生源地为西部地区和中部地区的，中央与地方分担比例分别为8:2和6:4，生源地为东部地区的，中央与地方分担比例分省（市）确定。免学费资金由省级财政统筹落实。

2010年9月，上述四部委又联合下发《关于扩大中等职业学校免学费政策覆盖范围的通知》。提出从2010年秋季学期起，将中等职业学校城市家庭经济困难学生纳入免学费政策范围。具体政策是：一是从2010年秋季学期起，对公办中等职业学校全日制正式学籍一、二、三年级在校生中城市家庭经济困难学生免除学费（艺术类相关表演专业学生除外）。二是享受免学费政策的城市家庭经济困难学生分地区按以下比例确定：西部地区按在校城市学生的15%确定；中部地区按在校城市学生的10%确定；东部地区按在校城市学生的5%确定。中央财政参照上述比例安排中央补助资金。各地可根据实际，合理确定行政区域内城市家庭经济困难学生的比例。三是免学费标准、免学费资金补助方式、中央与地方分担比例以及对民办学校符合免学费条件学生的补助政策，按照《关于中等职业学校农村家庭经济困难学生和涉农专业学生免学费工作的意见》有关规定执行。

（二）普通高中学生资助制度

与中等职业教育相比，普通高中学生资助制度的建设相对滞后。《教育部2009年工作要点》专门提出进一步完善普通高中家庭经济困难学生资助制度。而在《纲要》中才明确提出建立普通高中家庭经济困难学生国家资助制度。

随后，2010年9月财政部和教育部下发《关于建立普通高中家庭经济困难学生国家资助制度的意见》，提出按照"加大财政投入、经费合理分担、政策导向明确、多元混合资助、各方责任清晰"的基本原则，建立以政府为主导，国家助学金为主体，学校减免学费等为补充，社会力量积极参与的普通高中家庭经济困难学生资助政策体系，从制度上基本解决普通高中家庭经济困难学生的就学问题。主要内容包括：

第一，建立国家助学金制度。从2010年秋季学期起，中央与地方共同设立国家助学金，用于资助普通高中在校生中的家庭经济困难学生，资助面约占全国普通高中在校生总数的20%。财政部、教育部根据生源情况、平均生活费用等因素综合确定各省资助面，其中，东部地区为10%、中部地区为20%、西部地区为30%。各地可结合实际，在确定资助面时适当向农村地区、贫困地区和民族地区倾斜。国家助学金平均资助标准为每生每年1 500元，具体标准由各地结合实际在1 000~3 000元范围内确定，可以分为2~3档。国家助学金所需资金由中央与地方按比例分担，其中，西部地区为8∶2，中部地区为6∶4；东部地区除直辖市外，按照财力状况分省确定。省以下分担比例由各地根据中央确定的原则自行确定。

第二，建立学费减免等制度。普通高中要从事业收入中提取一定比例的经费，用于减免学费、设立校内奖助学金和特殊困难补助等。

第三，鼓励社会捐资助学。要进一步落实、完善鼓励捐资助学的相关优惠政策措施，积极引导和鼓励企业、社会团体及个人等面向普通高中设立奖学金、助学金。

为落实上述政策，财政部和教育部于2010年11月颁布《关于印发普通高中国家助学金管理暂行办法的通知》，明确了普通高中国家助学金的资助对象、资助经费、资助程序等实施细则。其中涉及资助经费的内容为：一是普通高中国家助学金资助面约占全国普通高中在校生总数的20%。财政部、教育部根据生源情况、平均生活费用等因素综合确定各省资助面,其中,东部地区为10%、中部地区为20%、西部地区为30%。各地可结合实际,在确定资助面时适当向农村地区、贫困地区和民族地区倾斜。二是国家助学金由中央和地方政府共同出资设立。地方所属普通高中国家助学金所需资金由中央与地方财政按比例分担。中央部门所属普通高中国家助学金政策,与所在地区同步实施,所需经费按照现行经费渠道予以保障。三是普通高中国家助学金平均资助标准为每生每年1 500元,用于资助家庭经济困难学生的学习和生活费用开支,具体标准由各地结合实际在1 000~3 000元范围内确定,可以分为2~3档。四是普通高中要从事业收入中足额提取3%~5%的经费,用于减免学费、设立校内奖助学金和特殊困难补助等支出。中央部门所属普通高中提取的具体比例由财政部商中央主管部门确定,地方所属普通高中提取的具体比例由各省（自治区、直辖市）确定。五是民办普通高中学校按照国家有关规定规范办学、举办者按照上述规定的比例从事业收入中足额提取经费用于资助家庭经济困难学生的,其招收的符合本办法规定申请条件的普通高中学生,也可以申请国家助学金,具体办法由各省（自治区、直辖市）制定。

五、高中阶段教育经费问责制度

问责制度是对政府和学校在教育经费的筹集、分配、使用和管理等方面进行监督并实行相应奖惩的制度。

目前我国尚无专门针对高中阶段教育经费的问责制度,但已经有一些针对全体教育经费的监督问责制度,显然也适用于高中阶段教育。这些制度体现在1995年颁布的《教育法》中,主要包括以下几个方面:一是预算监督。各级人民政府的教育经费支出,按照事权和财权相统一的原则,在财政预算中单独列项。国务院和县级以上地方各级人民政府应当向本级人民代表大会或者其常务委员会报告教育工作和教育经费预算、决算情况,接受监督。二是行政和法律问责。违反国家有关规定,不按照预算核拨教育经费的,由同级人民政府限期核拨;情节严重的,对直接负责的主管人员和其他直接责任人员,依法给予行政处分。违反国家财政制度、财务制度,挪用、克扣教育经费的,由上级机关责令限期归还被挪用、克扣的经费,并对直接负责的主管人员和其他直接责任人员,依法给予行政处分;构成犯罪的,依法追究刑事责任。三是"两个比例"和"三个增长"。"两个比例"指国家财政性教育经费支出占国民生产总值的比例应当随着国民经济的发展和财政收入的增长逐步提高,全国各级财政支出总额中教育经费所占比例应当随着国民经济的发展逐步提高。"三个增长"指各级人民政府教育财政拨款的增长应当高于财政经常性收入的增长，并使按在校学生人数平均的教育费用逐步增长，保证教师工资和学生人均公用经费逐步增长。

此外，根据《国务院关于〈中国教育改革和发展纲要〉的实施意见》，从1994年开始，原国家教委会同国家统计局对全国和各省、自治区、直辖市教育经费执行情况予以公布，加强社会监控。

第八章

高中阶段教育财政的充足性分析

近些年来，我国高中阶段教育取得了飞速发展，1990年，我国高中阶段毛入学率约为22%，2000年增加到43%，2009年则达到了79%。政府对高中阶段学校的投入力度也不断加大，有力地支撑了高中阶段教育事业的发展。

但是，我国高中阶段教育财政还面临诸多问题，为了清晰地认识这些问题并提出相应的对策，需要对现行的高中阶段教育财政制度做出评价。教育经济学理论认为，判断一个国家教育财政体系主要有三个标准：提供的教育服务是否充分、教育资源的分配是否有效率以及教育资源的分配是否公平。[①] 这三个标准已经得到了人们的公认，但这三个标准的相对重要性，却会因教育类型、经济发展水平、财政税收体制和教育体制的不同而存在一定的差异。本章首先提出充足与公平是现阶段我国高中教育财政面临的两大主题，然后构建评价高中阶段教育财政充足性的三类指标，并对这三个方面进行了详细地分析和论述。关于教育财政公平性的分析，则放到第九章。

第一节 充足与公平：现阶段我国高中教育财政的两大主题

从党和政府出台的一系列文件中可以看出，高中阶段教育财政的充足性问题

---

① [美] 卡诺依编著，闵维方等译：《教育经济学国际百科全书（第二版）》，高等教育出版社2000年版，第525~530页。

和公平性问题得到了高度关注。

在充足性方面,党的十七大提出了"加快普及高中阶段教育"和"大力发展职业教育"的任务;《国家教育事业发展"十一五"规划纲要》提出"高中教育以政府投入为主,逐步增加政府对职业教育的投入力度",并明确了到2010年实现"高中阶段教育普及程度明显提高,在校生规模达到4 510万人,毛入学率达到80%左右"的目标;温家宝总理在科教领导小组会议上的讲话中指出:"在教育投入上要强调政府的责任。这几年,政府对教育的投入增加较快,将来教育投入还要进一步增加。"《纲要》则明确提出:"到2020年,普及高中阶段教育,满足初中毕业生接受高中阶段教育需求。"

在公平性方面,党的十七大报告指出"教育公平是社会公平的重要基础"。《国家教育事业发展"十一五"规划纲要》提出,"坚持教育的社会主义性质和公益性原则,把促进教育公平作为国家基本教育政策,加大对困难群体的扶持力度"。温家宝总理在科教领导小组会议上的讲话中指出:"充分考虑群众的期盼,把促进教育公平,满足人民群众不断增长的多层次、多样化的教育需求作为规划的重点"。《纲要》提出把促进公平作为国家基本教育政策,并明确教育公平的主要责任在政府。

现有研究也表明,我国高中阶段教育财政的主要问题体现在充足和公平两个方面。在充足性方面,我国高中阶段教育属于非义务教育,政府应在资源配置中起到主导作用,主要体现为教育经费主要由政府提供。[①] 但是,近年来我国政府投入在高中阶段教育中的比例是比较低的,而且呈现下降的趋势。如1995年、1998年、2000年和2003年,预算内教育经费占普通高中教育总经费的比例分别为47.08%、42.81%、40.77%和40.91%。[②] 从1996~2004年,中等专业学校财政性教育经费占教育总经费的比例从64.87%下降到53.29%,职业中学财政性教育经费占教育总经费的比例从65.49%下降到57.39%。[③] 中等职业教育预算内拨款占各级各类教育预算内拨款总额的比例逐年下降,而且学费收入占中等职业教育总收入的比例偏高。[④] 在公平性方面,一个突出的表现是公立普通高中择

[①] 王善迈:《社会主义市场经济条件下的教育资源配置》,载《教育与经济》1997年第3期,第1~6页。

[②] 沈百福:《我国普通高中预算内教育经费及学费的地区差异分析》,载《上海教育科研》2006年第9期,第8~11页。

[③] 许丽平:《我国中等职业教育成本分担研究——基于理论、实证和对策的分析》,载《教育科学》2007年第6期,第65~71页。

[④] 李芙蓉:《我国中等职业教育经费投入和地区差异分析》,载《职业教育研究》2007年第1期,第4~6页。

校妨碍了教育机会公平的实现;① 另一个亟待解决的问题是全国性的普通高中学生资助制度刚刚建立,有待完善,而普惠性的中等职业学生资助制度又存在操作过于简单、缺乏科学性和合理性的弊端;② 此外,普通高中的校际差异问题也开始受到关注。③

当然,提高教育财政资金的效率也是非常重要的问题。④ 但我们认为,在我国现阶段,难以保证充足的教育经费和存在阻碍教育公平的若干因素是高中阶段教育财政面临的最突出问题。另外,研究教育投入的效率需要大量的数据,特别是学生层面、家庭层面和学校层面的微观数据,目前在这方面还缺乏权威性的数据,难以进行有说服力的分析。

第二节 高中阶段教育财政充足性的衡量指标

教育财政的充足性用于衡量政府提供的教育服务是否充分,我们用三类指标衡量高中阶段教育财政的充足性:

第一,政府投入比例。政府投入比例指政府教育投入占高中阶段教育总投入的比例,从三个角度衡量:其一,从经费收入的角度,即高中阶段财政性教育经费占高中阶段教育经费总收入的比例;其二,从经费支出的角度,即高中阶段学校人员经费、公用经费和基建经费中预算内经费的比例;其三,从生均经费的角度,即高中阶段学校生均总经费中生均预算内经费的比例。

第二,生均经费指数。包括生均经费指数(指高中阶段学校生均教育经费占人均 GDP 的比例)和生均预算内教育经费指数(指高中阶段学校生均预算内教育经费占人均 GDP 的比例)两个指标。

第三,高中阶段毛入学率。指在高中阶段就学的学生数占 15~17 周岁人口的百分比。

高中阶段教育经费由政府投入和非政府投入两部分构成,政府投入比例衡量了政府对高中阶段经费投入的努力程度,政府投入比例越高,说明政府的努力程度越高,在更大程度上实现了保证高中阶段教育经费充足性的财政职能。生均经

---

① 杨东平:《中国教育公平的理想与现实》,北京大学出版社 2006 年版,第 43 页。
② 刘泽云:《教育经济学》,华东师范大学出版社 2008 年版,第 58 页。
③ 张绘:《我国公立普通高中校际间公共资源配置不公平现象的分析——以我国中部地区某县的调查研究为例》,载《继续教育研究》2009 年第 3 期,第 160~163 页。
④ 温家宝总理在科教领导小组会议上的讲话中指出:"要深入研究怎样使教育资金更加合理使用。要重视教育投入的绩效,提高教育经费的使用效益。"

费指数则衡量了生均教育经费与经济发展水平的对比关系：从时间变化趋势来看，生均经费指数上升说明生均经费的增长速度快于经济增长速度，教育经费的充足性得到了更大程度的保证；反之，生均经费指数下降则说明相对于经济增长而言，每个学生获得的教育资源减少了。从国际比较来看，了解不同经济发展水平国家的生均经费指数有助于判断我国的生均教育经费水平是否合理。如果说前两个指标是投入型的指标，那么高中阶段毛入学率就是产出型的指标。充足的教育经费本身不是目的，能否提供充足的高中阶段教育服务才是最终的目的，而高中阶段毛入学率可以比较好地反映一个国家或地区提供的高中阶段教育满足同龄人口教育需求的程度。

第三节 高中阶段政府投入比例分析

首先需要指出的是，如无特别说明，本节所有原始数据均来源于历年的《中国教育经费统计年鉴》。

一、我国高中阶段政府投入比例的描述性分析

（一）从经费收入的角度

教育经费收入来源分为五个部分：即国家财政性教育经费、社会团体和公民个人办学经费、社会捐资和集资办学经费、学费和杂费、其他教育经费。国家财政性教育经费由四部分构成：预算内教育经费，各级政府征收的用于教育的税费，企业办学校经费拨款，校办产业、勤工俭学和社会服务收入中用于教育的经费。在我国，一般将财政性教育经费视为"政府投入"或"公共教育经费"，而"政府投入比例"是指财政性教育经费占教育经费总收入的比例。

表8-1所示为高中阶段学校教育经费收入来源构成，表中所示数字为普通高中、中等专业学校、技工学校和职业中学四类学校的某项经费收入之和占这四类学校的总收入的比例，如财政教育经费比例是指这四类学校的财政性教育经费之和占四类学校的经费总收入之和的比例。可以看出，从1996~2003年，财政性教育经费比例呈下降趋势，2003年达到最低水平51.09%。此后开始上升，2006年为54.52%。预算内教育经费比例呈现同样的变化趋势。学杂费比例的变化趋势反之，1996~2003年逐年上升，之后有所下降，2006年为25.15%。社

会团体和公民个人办学经费所占比例基本呈上升趋势，社会捐集资办学经费所占比例则逐年下降，到2006年已不足1%。

表8-1　1996~2006年我国高中阶段学校教育经费收入来源构成　　单位:%

年份	财政性教育经费	其中：预算内教育经费	社会团体和公民个人办学经费	社会捐资和集资办学经费	学费和杂费	其他教育经费
1996	66.97	47.69	1.52	5.94	19.08	6.50
1997	64.65	45.88	1.53	5.36	21.48	6.97
1998	57.83	43.95	2.20	3.61	22.32	14.05
1999	57.38	44.27	2.36	3.23	24.40	12.63
2000	56.21	44.28	2.82	3.07	26.13	11.76
2001	55.27	45.41	3.13	2.54	26.67	12.39
2002	52.26	45.24	3.00	2.66	26.99	15.10
2003	51.09	44.07	3.80	1.72	27.61	15.78
2004	52.08	44.50	5.78	1.59	24.64	15.91
2005	52.15	44.43	6.61	1.28	24.12	15.84
2006	54.52	46.51	4.87	0.88	25.15	14.58

图8-1所示为不同类型学校财政性教育经费占教育总收入的比例。在2003~2004年之前，这四类学校财政性教育经费占教育收入的比例基本呈现下降趋势，此后，财政性教育经费比例有轻微上升，2006年在50%~60%之间。从近几年的情况看，职业中学和中等专业学校的财政性经费比例较高，而普通高中和技工学校的财政性教育经费比例较低。

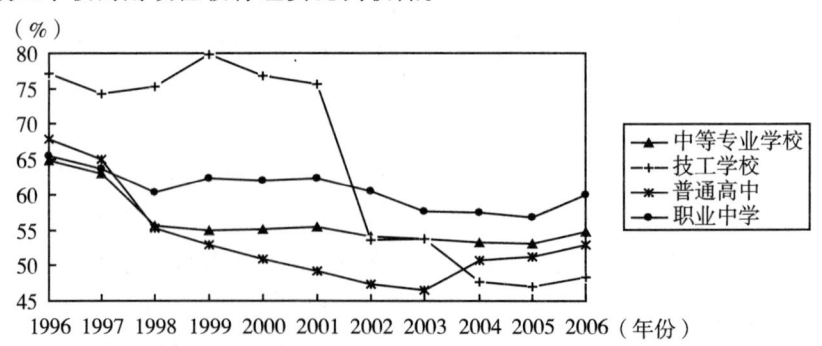

图8-1　1996~2006年我国高中阶段学校财政教育经费占教育总收入的比例

（二）从经费支出的角度

以上是从经费收入的角度分析，本节从经费支出的角度分析。

如图 8-2 所示，总体而言，高中阶段学校预算内教育经费占教育经费支出的比例呈现下降趋势。近几年，职业中学、中等专业学校和普通高中预算内教育经费占教育经费支出的比例比较稳定，平均分别为 50%、48% 和 45%。技工学校生均预算内教育经费占生均教育经费的比例则波动较大。这与经费收入的分析结果是一致的。

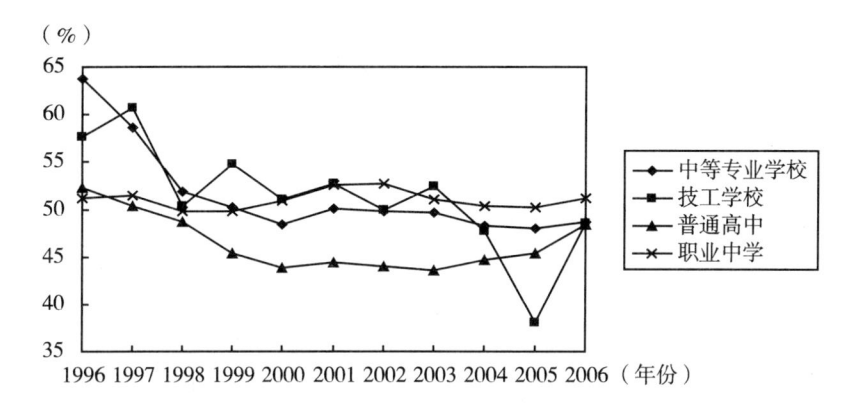

**图 8-2　1996~2006 年我国高中阶段学校预算内
教育经费占教育经费支出的比例**

下面从教育经费支出结构的角度进一步分析。教育经费支出可以从功能上划分为人员经费、公用经费和基建经费三类，以下分析这三类经费中预算内经费所占的比例（见图 8-3~图 8-5）。其中，"平均"是这四类学校某种类型支出的预算内教育经费之和占相应类型的总支出之和的比例。

平均而言，预算内人员经费占总人员经费的比例呈下降趋势，近年来为 70% 左右。预算内公用经费占总公用经费的比例先下降，然后缓慢上升，近几年在 20%~24% 之间浮动。预算内基建经费占总基建经费的比例呈上升趋势，2006 年之前不到 30%，2006 年达到 36.64%。相对而言，人员经费得到财政支持的力度较大，而公用经费和基建经费则未得到财政的有力支持。

中等专业学校、普通高中和职业中学预算内人员经费占总人员经费的比例呈现平稳下降趋势。近几年职业中学的这一比例在 70%~75% 之间，中等专业学校和普通高中在 65%~70% 之间。技工学校预算内人员经费占总人员经费的比例波动较大，近几年平均在 60% 左右。

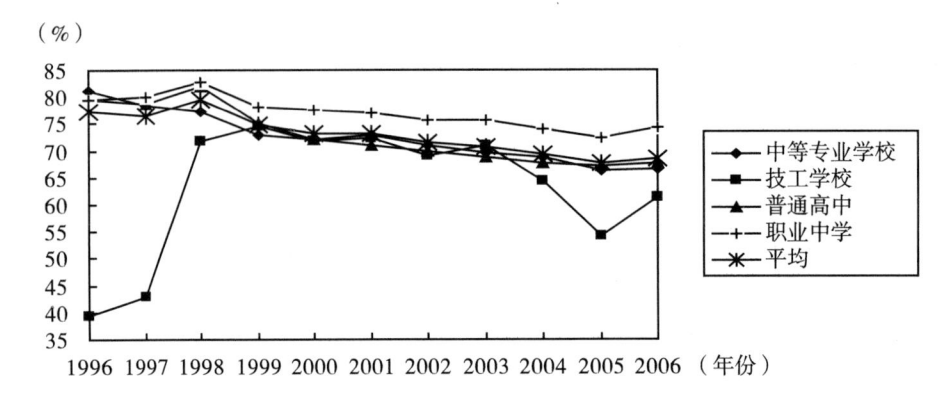

图 8-3　1996～2006 年我国高中阶段学校预算内
人员经费占总人员经费的比例

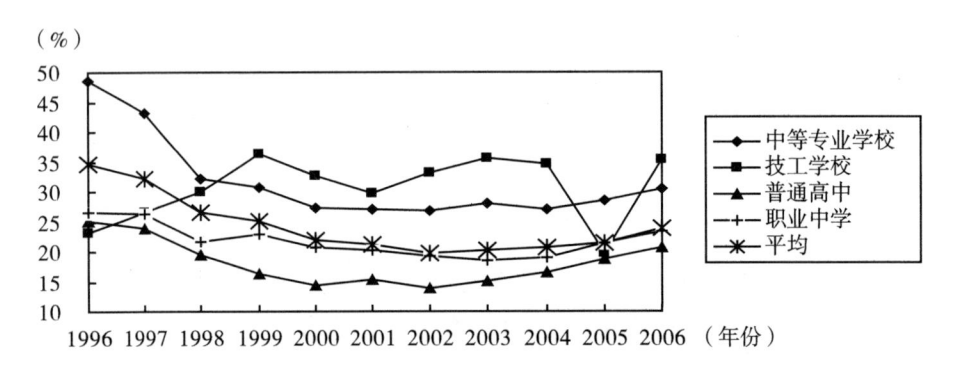

图 8-4　1996～2006 年我国高中阶段学校预算内
公用经费占总公用经费的比例

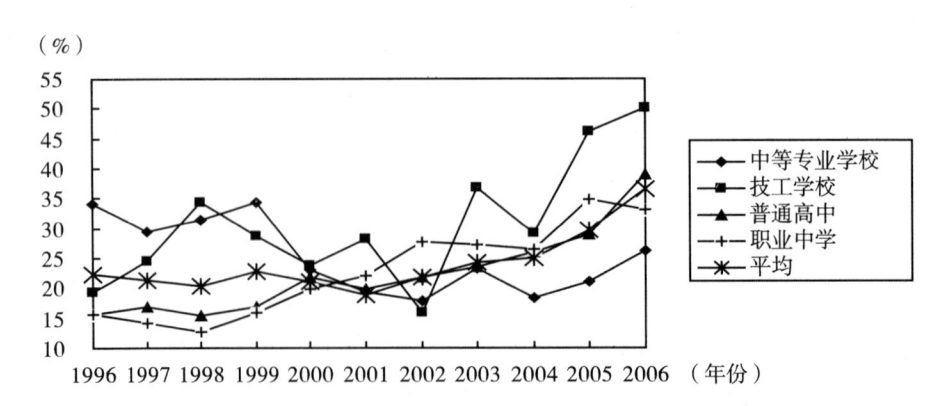

图 8-5　1996～2006 年我国高中阶段学校预算内
基建经费占总基建经费的比例

中等专业学校、普通高中和职业中学预算内公用经费占总公用经费的比例都出现先下降后上升的趋势。近几年中等专业学校的这一比例在25%~30%之间，职业中学约为25%，普通高中在15%~20%之间。技工学校预算内公用经费占公用总经费的比例波动较大，近几年平均在30%~35%之间。

职业中学和普通高中预算内基建经费占总基建经费的比例呈上升趋势，近几年平均在30%左右。中等专业学校和技工学校预算内基建经费占总基建经费的比例波动较大，近几年前者平均在20%左右，后者平均在40%左右。

二、高中阶段政府投入比例的国际比较

（一）政府教育投入占教育总投入的国际比较

高中阶段教育在我国不是义务教育，为便于比较，我们选择了目前高中阶段教育还不属于义务教育的国家进行分析，同时也不考虑高中阶段教育虽然不是义务教育但事实上完全免费的国家，如瑞典和法国。相关数据的收集比较困难，我们根据经合组织（OECD）网站提供的资料，对数据比较齐全的17个国家的数据进行了整理，结果如表8-2所示。在表8-2中，"政府投入比例"指"高级中等教育"阶段政府教育支出占教育总支出的比例。

表8-2　1998~2004年高中阶段政府投入比例的国际比较　　　　单位:%

OECD 国家	1998年	1999年	2000年	2001年	2002年	2003年	2004年
日本	77.74	62.17	61.75	61.53	61.57	59.75	59.26
希腊	61.81	N/A	67.25	N/A	N/A	62.43	63.97
德国	N/A	N/A	N/A	59.55	61.76	64.67	64.22
瑞士	69.74	67.19	70.53	62.32	N/A	64.19	64.40
韩国	59.12	60.31	61.55	70.67	N/A	67.58	65.96
墨西哥	76.13	76.55	75.76	80.43	69.37	70.76	68.23
澳大利亚	74.50	75.34	75.38	75.57	76.04	76.65	75.42
意大利	94.40	93.85	95.52	95.92	80.87	82.61	81.06
新西兰	N/A	N/A	N/A	N/A	87.58	88.37	83.77
捷克	78.47	83.72	89.57	89.41	N/A	88.35	84.44
英国	N/A	87.36	N/A	N/A	N/A	84.66	84.80
土耳其	98.91	99.40	100.00	100.00	N/A	N/A	94.77
爱尔兰	97.64	96.76	96.97	94.93	N/A	96.54	97.19

续表

非 OCED 国家	1998 年	1999 年	2000 年	2001 年	2002 年	2003 年	2004 年
阿根廷	80.67	81.03	76.63	77.62	83.97	N/A	N/A
智利	65.07	65.48	64.46	67.32	68.96	66.08	67.18
印度尼西亚	69.02	58.29	58.29	58.29	58.29	N/A	N/A
印度	95.45	95.32	93.65	96.98	68.76	70.93	N/A

注：N/A 表示数据缺失。

资料来源：www.sourceOECD.com。

在 OECD 国家中，爱尔兰和土耳其的政府投入比例是最高的，超过了 90%；意大利、新西兰、捷克和英国次之，在 80%~90% 之间；墨西哥和澳大利亚的政府投入比例为 70%~80%；日本、希腊、德国、瑞士和韩国的政府投入比例较低，在 60%~70% 之间。将表 8-2 与表 8-1 进行比较，可看出 1998~2004 年这些 OECD 国家的政府投入比例均高于我国，而 4 个非 OECD 国家的政府投入比例也高于我国。

如果说 OECD 国家的经济发展水平较高，与我国的可比性不强，那么来看 4 个非 OECD 国家。2005 年，按购买力平价（PPP）美元计算，阿根廷、智利、印度尼西亚、印度的人均 GDP 分别为 14 280 美元、12 027 美元、3 843 美元和 3 452 美元，而我国的人均 GDP 为 6 757 美元。[①] 我国的经济发展水平低于阿根廷和智利，但远高于印度尼西亚和印度，但这几个国家的政府投入比例都高于我国。

另外需要注意的是，在政府投入比例相对较低的一些国家中，很多高中阶段的学生是在私立学校就读的。譬如，2003 年在私立学校就读的学生占高中阶段在校生总数的比例分别为：日本 30.2%、韩国 51.8%、阿根廷 29.0%、智利 51.2%、印度尼西亚 54.3%、印度 54.6%。[②] 而我国 2005 年在民办普通高中就读的学生占普通高中在校生数的 9.41%，在民办中等职业学校就读的学生占中等职业学校在校生数的 11.64%。[③] 我国高中阶段在公立学校就读的学生比例远高于上述国家，按理说政府投入的比例应该更高，但事实上政府承担的财政责任还低于上述国家。

（二）中等职业教育成本分担的国际比较

表 8-3 是各国学者对学校模式和"学徒制"模式职业教育成本分担的研究结

[①] UNDP. *Human Development Report* 2007/2008. New York: Palgrave Macmillan, 2007, pp. 229-232.
[②] 联合国教科文组织网站：http://www.uis.unesco.org/ev.php?ID=6221_201&ID2=DO_TOPIC。
[③] 2005 年全国教育事业发展统计快报：http://www.tech.net.cn/research/intro/12151.shtml。

果。从表8-3可以看出，奥地利、德国、土耳其、芬兰、法国、英国、爱尔兰、西班牙、荷兰、瑞典、埃及、约旦、黎巴嫩、坦桑尼亚这些国家中职成本的分担状况基本是：学校模式的中职教育，中央政府和地方政府负担了总成本的90%左右，学生家庭不用向学校缴纳任何费用，仅仅负担少量的生活费、交通费等，所占比例不到总成本的10%。"学徒制"模式的中职教育，成本基本上由政府（包括中央政府和地方政府）和企业分担，分担的比例因国而异。将表8-3与图8-1的结果相比较，可以看出这些国家政府承担的中职成本比例远高于我国。

表8-3　　　　　　中等职业教育成本分担的国际比较

研究者	研究时间	研究对象	数据来源	研究结论
Atkinson David	1999	英国	Department of Education and Employment	研究将学校模式和"学徒制"模式中职教育成本分担情况综合计算，1996~1997年学年度中央政府负担总成本的76%，地方政府负担1%，企业负担22%，其他占1%。学生个人不仅不用交纳任何费用，而且还能从政府获得补助金用于生活开支，因此只负担部分生活费。
Michael Hortnagl	1998	奥地利	Ministry of Education etc.	以1997年为例，中央政府负担的比例为66%~72.5%，邦政府负担15.3%~16.9%，企业负担9.8%~17.9%，学生家庭负担微量生活费，约为0.1%，私立职业学校创办者负担的经费为0.7%。
Fox Roger; McGinn Kathy	2000	爱尔兰	Department of Education and Science	学校模式	以1998年为例，中央政府负担了39.31%，地方政府负担了60.69%。学生不用交纳任何费用。
			Monitoring Committee Returns	"学徒制"模式	以1998年为例，中央政府负担了40.38%，地方政府负担了51.92%，企业雇主负担了7.69%。学生不用交纳任何费用。
Pitkanen Kari	1999	芬兰	Ministry of Education	以1996年为例，中央政府负担了52%，地方政府负担了26.3%，欧盟负担了0.8%，企业负担了20.8%。学生不用交纳任何费用。

续表

研究者	研究时间	研究对象	数据来源		研究结论
Michelet Valerie	1998	法国	Ministry of Education	学校模式	以1996年为例，中央政府负担总经费的73.7%，地方政府负担12.4%，其他公共机构负担0.3%，企业以学徒税的形式负担2.7%，学生家庭负担10.9%，但事实上学生家庭负担的部分全部从政府有关部门以资助的形式获得补偿。
			Directorate for Research and Statistical Coordination	"学徒制"模式	以1996年为例，中央政府负担了总经费的29.2%，企业负担了70.8%。
Mukesh Chawla	2005	土耳其	2003年土耳其统计局的调查数据		公立的职业和技术高中，中央政府负担81.96%，地方政府负担0.07%，基金会、协会等负担1.95%，学生家庭主要以生活费的方式负担14.85%，其他1.17%。职业和技术高中学生家庭负担的成本比例远远低于普通高中，普通高中学生家庭负担的成本比例为45.11%。
Hummelsheim Stefan; Timmermann Dieter	2000	德国	Federal Ministry of Education, Science, Research and Technology		1996年，联邦政府负担0.59%，地方政府负担18.11%，市政府负担3.02%，企业负担78.28%。
Oroval Esteve; Torres Teresa	2000	西班牙	Ministry of Education and Culture etc.	公立学校	1998年，中央政府负担总经费的40%，地方政府负担60%。
				私立学校	1998年，政府负担总经费的65%，私人办校者负担35%。
Romijn Clemens	1999	荷兰	The Dutch Central Bureau of Statistics etc.	学校模式	经费完全来自政府。学生不用交纳任何费用。
				"学徒制"模式	政府和企业分担的具体比例由于缺乏企业方面的成本数据没有做研究。

续表

研究者	研究时间	研究对象	数据来源	研究结论
Andersson Ronnie	2000	瑞典	The Ministry of Education and Science etc.	高中阶段的职业教育99%的经费来自政府，学生不用缴纳任何上学费用。
The World Bank	2005	中东和北非	各国教育部等	1998年，埃及学校职业教育直接预算拨款占总经费的92.7%，企业培训税占3.7%，成本回收占3.7%；2002年，约旦学校职业教育直接预算拨款占总经费的78.6%，企业培训税占9.6%，成本回收占11.8%；2002年黎巴嫩学校职业教育直接预算拨款占总经费的90.1%，成本回收占9.9%；2001年坦桑尼亚学校职业教育直接预算拨款占总经费的66%，企业培训税占30.2%，成本回收占3.8%。

资料来源：李兰兰：《中职成本、收益及对初中学生入学意愿的影响研究》，北京师范大学博士论文，2007年。

三、普通高中教育经费政府投入比例的影响因素分析

我们以普通高中为例，分析影响教育经费政府投入比例的因素。对相关指标和数据进行说明，在本节中：(1) 普通高中教育经费数据仅指地方普通高级中学的经费数据，不包括"完全中学"的经费数据和中央所属中学的经费数据。(2) 普通高中教育经费收入来源分为两个部分："政府投入"指国家财政性教育经费，包括预算内教育经费、教育费附加拨款以及校办产业、勤工俭学和社会服务收入用于教育的经费（以下简称校办产业等收入）；"非政府投入"包括事业收入、捐资集资收入和其他收入。(3) "政府投入比例"指财政性教育经费占教育经费总收入的比例。

（一）我国普通高中教育经费政府投入比例的描述性分析

首先看全国整体情况。如表8-4所示，从1998~2006年，普通高中教育经费政府投入比例的总体趋势是先下降后上升。1998年为60.45%，此后一直下降，2003年达到53.11%的最低点，而后又有所上升，到2006年已经达到58.96%。

表8-4　1998~2006年我国普通高中教育经费收入来源

单位:%

项目	1998年	1999年	2000年	2001年	2002年	2003年	2004年	2005年	2006年
一、政府投入	60.45	57.94	55.86	54.92	54.04	53.11	54.72	55.45	58.96
1. 预算内教育经费	47.51	46.67	45.87	46.31	46.15	45.91	47.03	47.54	50.86
2. 教育费附加拨款	10.57	9.48	8.60	7.44	7.02	6.45	7.02	7.34	7.56
3. 校办产业等收入	2.37	1.80	1.38	1.17	0.88	0.74	0.68	0.58	0.53
二、非政府投入	39.55	42.06	44.14	45.08	45.96	46.89	45.28	44.55	41.04
1. 事业收入	26.27	29.70	32.60	34.96	35.75	38.87	38.49	38.56	35.82
其中: 学杂费	14.61	16.93	20.39	22.28	22.80	24.48	24.44	24.36	22.72
2. 捐资集资收入	7.97	7.85	7.09	5.86	5.63	3.74	2.51	1.95	1.60
3. 其他收入	5.31	4.51	4.45	4.26	4.57	4.28	4.28	4.04	3.62

在政府投入中，预算内教育经费的比例在2006年之前基本稳定在46%~47%左右，2006年上升到50%以上，而教育费附加拨款和校办产业等收入的比例呈下降趋势。相应地，非政府投入的比例先上升而后下降。其中，事业收入所占比例（特别是学杂费所占比例）快速上升，捐资集资收入所占比例大幅下降，其他收入比例则基本稳定。

其次考察不同地区普通高中教育经费的政府投入比例。我们将全国划分为四个区域：京津沪（北京、天津、上海）、东部地区（包括河北、浙江、广东、江苏、福建、辽宁、山东、海南8个省份）、中部地区（包括黑龙江、吉林、湖北、山西、湖南、江西、安徽、河南8个省份）、西部地区（包括西藏、新疆、陕西、宁夏、内蒙古、重庆、青海、甘肃、云南、四川、广西、贵州12个省区）。在地区比较中，由于西藏的情况比较特殊，我们分别考虑了全体西部地区和不含西藏的西部地区两种情况。图8-6呈现了政府投入比例的变化情况。

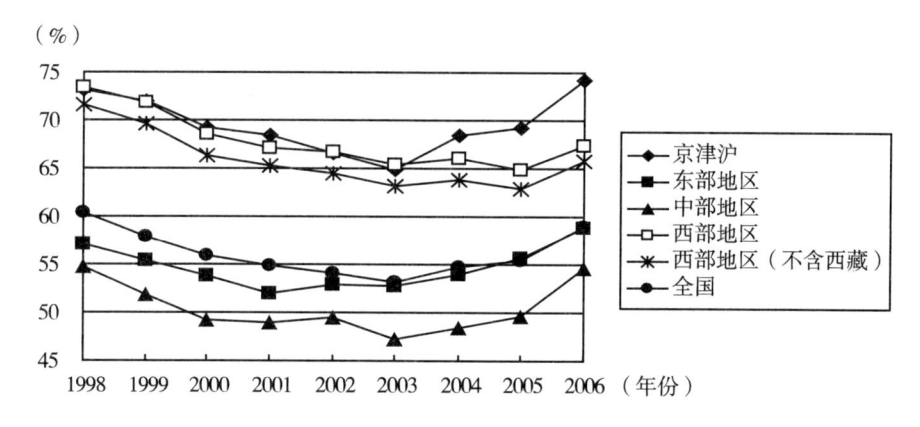

图8-6 1998~2006年我国普通高中教育经费政府投入比例

根据图8-6，各个地区的政府投入比例都呈现先下降后上升的趋势，但东部地区在2001年后就开始上升，京津沪地区和中部地区在2003年后开始上升，而西部地区在2005年以后才开始上升。京津沪地区政府投入比例几乎始终是最高的，1998~2006年的平均水平接近70%，2006年达到了74%。不论是否考虑西藏，西部地区政府投入比例排在第二位。东部地区和中部地区的政府投入比例显著低于京津沪和西部地区，而中部地区的政府投入比例始终是最低的，1998~2006年的平均水平为50.46%。各省之间差异很大，1998~2006年政府分担平均比例最高的几个省区集中在西部地区，分别是：西藏90.80%、青海84.82%、新疆77.30%、云南75.14%，京津沪的平均比例也达到了70%左右，而政府投入比例最低的湖北和湖南还不到40%。

（二）普通高中教育经费政府投入比例的影响因素分析

我们从四个方面探讨影响普通高中教育经费政府投入比例的因素：第一，地方财政供给能力，用人均财政支出衡量。第二，地方对普通高中教育的需求，用总人口和普通初中升入普通高中的升学率（以下简称"初中升学率"）衡量。第三，地方政府对教育的财政努力程度，用预算内教育支出占财政支出的比例（以下简称"教育支出比例"）衡量；以及地方政府对普通高中教育的重视程度，用政府对普通高中的投入占政府对教育总投入的比例（以下简称"高中经费比例"）衡量。第四，地方经济发展水平和居民收入水平同时对普通高中教育的需求和供给产生影响，前者用人均GDP衡量，后者用城镇居民人均可支配收入（以下简称"城镇居民收入"）或农村居民人均纯收入（以下简称"农村居民收入"）衡量。

在计量分析中，使用的是我国30个省、市、自治区1998~2005年的面板数据（不包括西藏）。人均财政支出、人均GDP、城镇居民人均可支配收入以及农村居民人均纯收入等几个变量根据1998年为基期的各地区消费价格指数进行了折算。另外，参照大多数研究的经验，上述4个变量以及总人口使用的都是原始数据的自然对数。除教育经费数据之外，其他数据来源于历年的《中国统计年鉴》和《中国财政年鉴》。计量分析结果如表8-5所示。

根据图8-6，地方财政能力最强的京津沪地区和最弱的西部地区政府投入比例最高，这使我们有理由怀疑普通高中教育经费政府投入比例与地方财政能力之间并非简单的线性关系，因此我们考虑加入人均财政支出的平方作为解释变量。

地方人均GDP与人均财政支出、城镇居民人均可支配收入以及农村居民人均纯收入等都存在较强的相关关系，因此我们首先不加入人均GDP这一解释变量，得到表8-5中的模型1~模型4，然后加入人均GDP作为解释变量，得到表8-5中的模型5~模型8。我们发现人均GDP这一变量并不显著，而且是否加入人均GDP不影响其他变量的回归结果，因此可以在模型5~模型8之间选择。如果不考虑普通高中教育经费政府投入比例与地方财政能力之间的非线性关系（模型5和模型6），那么计量分析表明在人均财政支出越高的地区，普通高中教育经费政府投入比例越低。这与直觉不符，也与图8-6呈现出的描述性分析结果不吻合，因此我们认为最好使用模型7和模型8的分析结果。此外，表8-5的最后一行给出模型设定的检验结果。除了模型4之外，其他模型均拒绝了随机效应模型的假设。

表 8-5 普通高中教育经费政府投入比例的影响因素：回归分析结果

项目	模型 1	模型 2	模型 3	模型 4	模型 5	模型 6	模型 7	模型 8
人均财政支出	-0.0790***	-0.0823***	-0.4696***	-0.4736***	-0.0731***	-0.0867***	-0.4656***	-0.5064***
人均财政支出平方			0.0311***	0.0332***			0.0316***	0.0341***
总人口	0.0318	0.0468	-0.1494*	-0.1080***	0.0326	0.0449	-0.1509*	-0.1627*
初中升学率	-0.2651***	-0.3175***	-0.3026***	-0.3360***	-0.2639***	-0.3106***	-0.3013***	-0.3287***
教育支出比例	-0.0772	-0.1772	0.2382	0.2837	-0.0775	-0.1590	0.2425	0.2155
高中经费比例	0.8182***	1.0061***	0.9784***	0.9646***	0.8482***	0.9516***	1.0315***	1.0871***
农村居民收入	0.1523***		0.0455	-0.0092	0.1683*	0.0827	0.0709	0.0493
城镇居民收入		0.0996						
人均 GDP					-0.0185	0.0215	-0.0312	-0.0221
模型设定检验结果	固定效应	固定效应	固定效应	随机效应	固定效应	固定效应	固定效应	固定效应

注：(1) 被解释变量：普通高中教育经费政府投入比例。
(2) 表中所示数字为回归系数。
(3) *：$p<0.1$；***：$p<0.01$。

根据表 8-5 中的模型 7 和模型 8 的结果，我们得出如下结论：第一，地方财政供给能力与政府投入比例之间存在"U型"关系，即在其他条件相同的情况下，地方财政供给能力最弱的省区政府投入比例较高，随着财政能力的提高，政府投入比例下降，但是当财政能力达到一定水平后，政府投入比例又开始上升。我们认为，这是因为地方财政能力较弱时，政府主要考虑满足居民的基本需求，因此财政资金会倾向于教育这样的基础性领域。随着财政能力的提高，大量的财政资金将用于经济发展，从而挤占了用于属于非义务教育的高中教育经费。而当财政能力达到较高水平之后，政府财政支出开始有能力支持非义务教育的发展，因此政府投入比例又会上升。第二，在普通高中教育需求越大的地区，政府投入比例越低，体现为政府投入比例随着人口规模的扩大和初中升学率的提高而降低。其原因可能是，高中教育属于非义务教育，政府不可能承担全部的教育经费，随着接受普通高中教育人数的增加，政府承担较大比例教育经费的能力下降。第三，政府对普通高中的投入占政府对教育总投入的比例越高，换言之，地方政府对普通高中的重视程度越高，则政府投入比例越高。在控制了上述各因素之后，地方经济发展水平和居民收入水平对政府投入比例无显著影响。

第四节　生均经费指数分析

一、我国高中阶段学校生均经费的描述性分析

生均经费衡量了每个学生获得的教育经费资源，将生均教育经费和生均预算内教育经费的变化趋势进行比较，能够更确切地反映政府财政责任的变化。

（一）生均经费水平及其变化趋势

按当年价格计算，我国高中阶段学校的生均教育经费和生均预算内教育经费如表 8-6 和表 8-7 所示。为了能在不同年份之间进行比较，图 8-7 和图 8-8 的生均经费数据根据居民消费价格指数（CPI），以 1993 年为基期进行了折算。生均经费原始数据来源于历年的《中国教育经费统计年鉴》，CPI 数据来源于《中国统计年鉴（2007）》。

表 8-6　1993~2006 年我国高中阶段学校生均教育经费支出

单位：元

学校类型	1993 年	1994 年	1995 年	1996 年	1997 年	1998 年	1999 年	2000 年	2001 年	2002 年	2003 年	2004 年	2005 年	2006 年
普通高中	1 089	1 542	1 919	2 234	2 480	2 701	2 946	3 209	3 503	3 876	3 983	4 282	4 655	5 005
中等专业学校	2 626	3 096	3 456	3 682	3 993	4 033	4 269	4 726	5 081	5 395	5 638	6 018	5 960	6 198
技工学校	2 127	2 363	2 637	3 051	2 957	3 332	3 600	4 111	4 285	4 913	4 552	5 234	5 435	5 510
职业中学	1 182	1 564	1 900	2 100	2 226	2 302	2 501	2 753	3 048	3 280	3 423	3 802	4 169	4 459

表 8-7　1993~2006 年我国高中阶段学校生均预算内教育经费支出

单位：元

学校类型	1993 年	1994 年	1995 年	1996 年	1997 年	1998 年	1999 年	2000 年	2001 年	2002 年	2003 年	2004 年	2005 年	2006 年
普通高中	666	940	1 057	1 168	1 249	1 314	1 337	1 409	1 558	1 707	1 735	1 914	2 114	2 424
中等专业学校	1 840	2 133	2 273	2 346	2 342	2 091	2 141	2 289	2 541	2 687	2 800	2 904	2 859	3 017
技工学校	1 182	1 349	1 505	1 758	1 795	1 678	1 969	2 097	2 256	2 452	2 388	2 495	2 064	2 674
职业中学	646	882	954	1 075	1 144	1 146	1 245	1 400	1 601	1 730	1 746	1 913	2 096	2 280

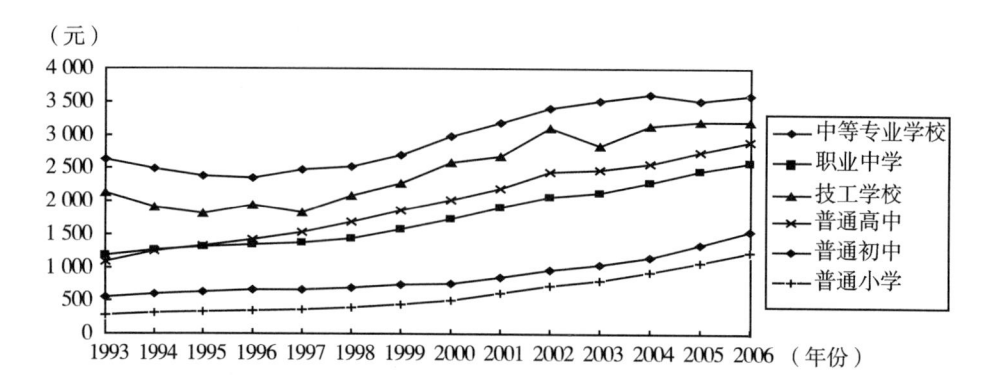

图 8-7　1993~2006 年我国生均教育经费支出
（以 1993 年为基期的可比价格）

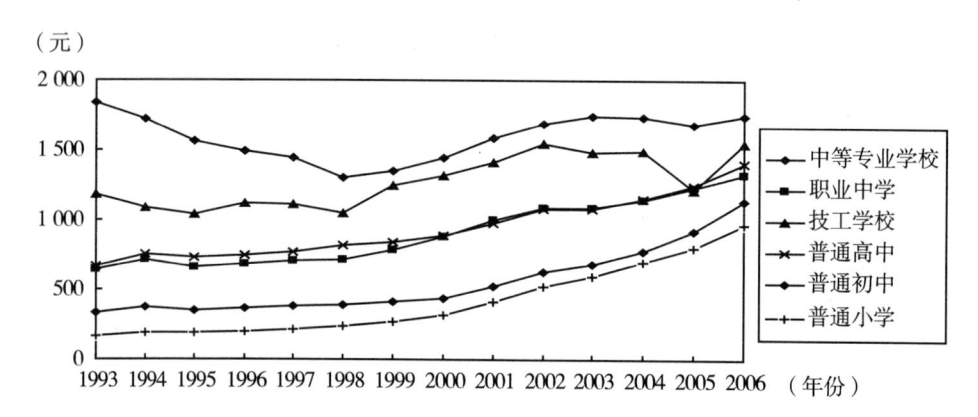

图 8-8　1993~2006 年我国生均预算内教育经费支出
（以 1993 年为基期的可比价格）

图 8-7 和图 8-8 反映了 1993~2006 年我国生均教育经费支出和生均预算内教育经费支出的变化趋势。可以看出，中等专业学校的生均教育经费是最高的，职业中学和技工学校次之，普通高中最低。从经费增长情况看，职业中学和普通高中的生均教育经费逐年增长，但中等专业学校和技工学校的生均教育经费在 1996~1997 年之前是下降的，此后才呈现增长趋势。若与普通初中和普通小学相比，这二者的增长更为明显，而且在 2001 年开始增速加快了。

中等专业学校的生均预算内经费是最高的，技工学校次之，普通高中和职业中学最低。从经费增长情况看，普通高中和职业中学的生均预算内教育经费支出是逐年增长的，而中等专业学校和技工学校的生均预算内教育经费在 1998 年之前是下降的，此后才呈现增长趋势（就中等专业学校而言，2006 年的生均预算内支出还低于 1993 年的水平）。

(二) 生均经费的增长速度

我们用回归分析的方法估算了各类学校生均经费的年均增长率,这样做的好处是可以充分利用每一年的数据信息。反之,如果只是根据1993年和2006年的数据计算年平均增长率,则只利用了两个年份的数据,使得计算结果完全依赖于基期和当期的数值。回归方程为:

$$lnexpenditure = \beta_0 + \beta_1 year + u \qquad (8-1)$$

式(8-1)中:$lnexpenditure$ 是生均经费的自然对数;$year$ 为年份;u 为随机误差项。回归系数 β_1 的估计值可近似地表示生均经费的年平均增长率。

我们还根据环比增长率计算了年平均增长率,方法是分别计算1993~2006年每一年比上一年的增长率,然后进行算术平均。两种方法计算出来的年平均增长率见表8-8。两种方法得到的数值不相同,但在不同类型学校之间的比较结果是相同的。

表8-8 1993~2006年我国生均经费的年平均增长率 单位:%

	中等专业学校	职业中学	技工学校	普通高中	普通高校	普通初中	普通小学
回归方法							
生均教育经费	3.70	6.32	4.86	7.59	3.90	7.32	11.67
生均预算内教育经费	0.57	5.92	2.78	5.30	-2.90	9.02	14.13
环比增长率法							
生均教育经费	2.55	6.24	3.54	7.88	2.95	8.35	12.24
生均预算内教育经费	-0.19	5.81	2.76	6.02	-2.53	10.25	14.77

注:以1993年为基期。

在四种类型的高中阶段学校中,普通高中的生均经费和生均预算内经费增长最快,中等专业学校的增长最慢(中等专业学校的生均预算内经费几乎没有增长)。而不论哪类学校,生均预算内经费的增长都低于生均总经费的增长。

如果与其他类型的普通教育相比,可以看出高中阶段学校的生均经费和生均预算内经费增长速度高于普通高校,但低于普通初中和普通小学。而且普通初中和普通小学生均预算内经费的增长速度高于生均总经费的增长速度。

二、我国高中阶段学校生均经费指数的描述性分析

（一）生均经费指数

生均经费指数的计算公式为：（某类学校的生均教育经费支出/人均 GDP）× 100。由图 8-9 可以看出，自 1996 年以来，高中阶段各种类型学校的生均经费指数都呈现逐年下降的趋势，特别是在 2002 年以后下降趋势非常明显。

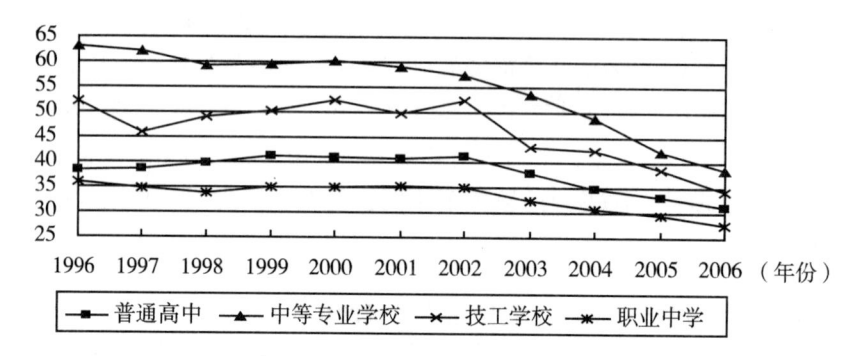

图 8-9 我国高中阶段学校生均经费指数

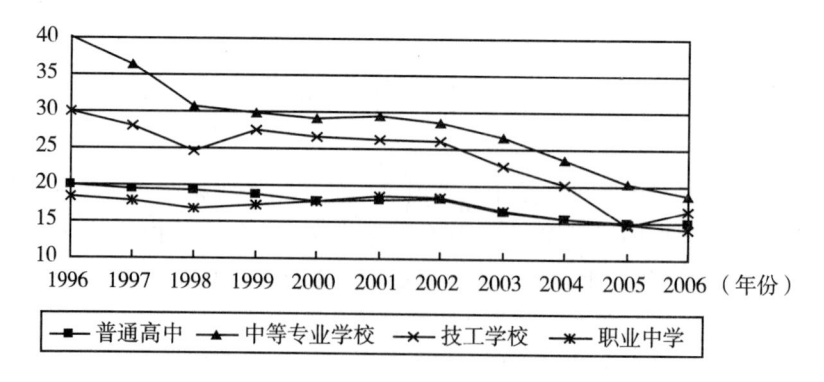

（二）生均预算内经费指数

生均预算内经费指数的计算公式为：（某类学校的生均预算内教育经费支出/人均 GDP）× 100。由图 8-10 可以看出，自 1996 年以来，高中阶段各种类型学校的生均预算内经费指数也都呈现逐年下降的趋势。

图 8-10 生均预算内经费指数

三、生均经费指数的国际比较

一些国家 2005 年的生均经费指数如表 8-9 所示。

表 8-9　　　　　　生均经费指数的国际比较（2005 年）

OECD 国家		非 OECD 国家		中国	
澳大利亚	27	阿根廷	21	生均经费指数	
法国	35	巴西	10	普通高中	33
德国	34	智利	15	中等专业学校	42
意大利 a	28	爱沙尼亚	24	技工学校	39
日本	27	斯洛文尼亚	24	职业中学	30
韩国	36	牙买加	20		
墨西哥	25	约旦 a	19	生均预算内经费指数	
挪威	25	巴拉圭	21	普通高中	15
瑞典	25	保加利亚	20	中等专业学校	20
瑞士 a	46	拉脱维亚	25	技工学校	15
美国	26	立陶宛	20	职业中学	15

注：a 仅指公共教育经费。

资料来源：UNESCO. *Global Education Digest* 2008, 2008, pp. 206-207.

2005 年，OECD 国家的生均经费指数较高，平均在 30 左右；非 OECD 国家的生均经费指数较低，平均在 20 左右；而我国 2005 年的生均经费指数平均在 30 以上，应该说是比较高的。但有两点值得注意：其一，如前所述，我国的生均经费指数有逐年下降的趋势，2006 年的数值低于 2005 年；其二，我国生均预算内经费指数偏低，在 15~20 之间。由于找不到其他国家高中阶段生均公共教育支出的数据，我们无法判断我国的生均预算内经费指数与其他国家相比是否偏低。只能提供一个非常粗略的比较，即 2004 年 OECD 国家高中阶段学校的教育支出中公共教育支出所占比重平均为 64%，生均经费指数平均为 28，则生均公共教育支出占人均 GDP 的比例平均约为 18%，与我国的水平差不多。

第五节 高中阶段毛入学率分析

一、我国高中阶段毛入学率的历史与现状

我国高中阶段毛入学率随时间的变化趋势如图 8 - 11 所示。可以看出,我国高中阶段教育发展迅速,特别是 2004 年以后毛入学率提高很快。

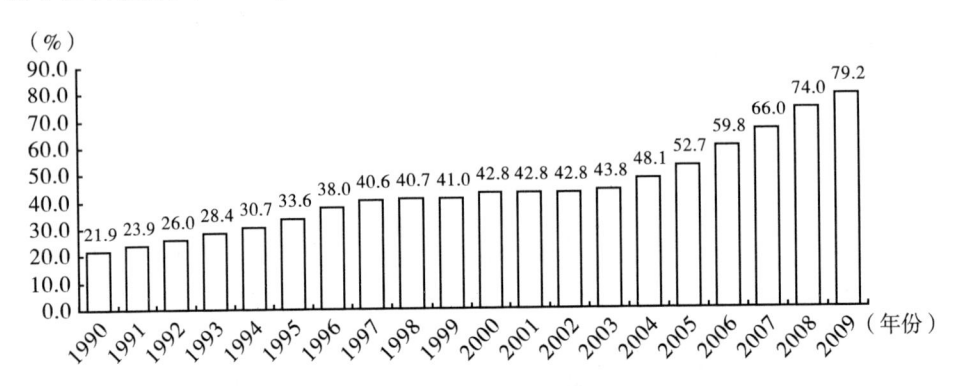

图 8 - 11 1990 ~ 2009 年我国高中阶段毛入学率

资料来源:《中国教育统计年鉴 2008》,《2009 年全国教育事业发展统计公报》。

但是,我国地区之间高中阶段教育的发展是很不均衡的。如表 8 - 10 所示,北京、天津、上海三个直辖市的毛入学率超过 95%,已经普及了高中阶段教育。江苏、浙江两省也达到了 90% 左右。而西部的贵州、云南、西藏、新疆等地的毛入学率还未达到 50%,甘肃和青海的毛入学率则刚刚超过 50%,普及高中阶段教育对这些西部省份而言可谓任重道远。由于缺乏县级行政区高中阶段毛入学率的数据,我们无法得知高中阶段毛入学率的县际差异,但估计县际差异应该更大。

表 8 - 10　　　我国不同省份的高中阶段毛入学率　　　单位:%

省/区/市	年份	毛入学率	省/区/市	年份	毛入学率	省/区/市	年份	毛入学率
北京	2006	98	内蒙古	2006	63	上海	2006	98
天津	2007	96	辽宁	2005	60	江苏	2007	86
河北	2007	69	吉林	2007	68	浙江	2007	91
山西	2007	76	黑龙江	2008	60	安徽	2008	70

续表

省/区/市	年份	毛入学率	省/区/市	年份	毛入学率	省/区/市	年份	毛入学率
福建	2007	71	广西	2007	57	陕西	2007	65
江西	2006	62	海南	2007	64	甘肃	2007	52
山东	2005	58	重庆	—	—	青海	2006	51
河南	2007	68	四川	2006	60	宁夏	2007	62
湖北	2007	78	贵州	2007	42	新疆	2007	48
湖南	2007	64	云南	2007	46			
广东	2007	65	西藏	2007	43			

注："—"表示数据缺失。

资料来源：根据从互联网上查询到的数据整理而成。

二、高中阶段毛入学率的国际比较

根据联合国教科文组织（UNESCO）的统计，2006 年全世界平均的高中阶段毛入学率为 53%，其中发展中国家平均为 46%，发达国家平均为 99%，转型国家平均为 88%，我国的高中阶段毛入学率为 55%。[1] 而根据我国的统计，2006 年我国高中阶段毛入学率为 59.8%（见图 8-11）。不论使用哪一个数据，我国的高中阶段毛入学率都高于发展中国家的平均水平，但远低于发达国家和转型国家的平均水平。

但是，发展中国家之间的经济发展水平差异很大，简单地与发展中国家的平均水平比较显得过于粗糙。而直接与发达国家比较也没有实际意义。按照世界银行的划分标准，2006 年人均国民总收入（GNI）大于 905 美元，小于 11 116 美元的国家为中等收入国家，其中 906~3 595 美元的为中低收入国家，3 596~11 115 美元的为中高收入国家（自 2000 年以后，世界银行使用人均 GNI 而不是我们熟悉的人均 GDP 衡量一个国家的经济发展水平。对于一个大国来说，人均 GNI 和人均 GDP 相差不大，基本可以替代使用）。而 2006 年我国人均 GNI 为 2 010 美元，处于中低收入国家的行列。[2] 显然，在未来很长一段时间内，我国仍将是中等收入国家，因此本书把国际比较的范围限定在中等收入国家，而不考虑

---

[1] UNESCO. Overcoming Inequality：Why Governance Matters. Oxford，UK：Oxford University Press，2008，pp. 324-331.

[2] World Bank. World Development Report 2008：Agriculture for Development. London：Eurospan，2007，pp. 333-335.

低收入国家和高收入国家。同时,鉴于人口大国(即人口超过1千万的国家)的经济和人口规模较大、教育结构比较完整,与我国的可比性更强,我们还特别考虑了与人口大国的比较。

在中等收入国家中,可查到2006年高中阶段毛入学率数据的国家为54个。其中,有30个国家2006年的人口大于1 000万人,即"人口大国"。

(一) 简单比较

中等收入国家2006年高中阶段平均毛入学率的数据见表8-11。可以看出,不论是用联合国教科文组织的统计数据还是我国的统计数据,2006年我国高中阶段毛入学率均低于31个中低收入国家的平均水平,也低于18个中等收入人口大国的平均水平。同时,也低于54个中等收入国家和30个中等收入人口大国的平均水平。

表8-11　　2006年中等收入国家高中阶段的平均毛入学率

	中等收入国家		中等收入人口大国	
	平均毛入学率(%)	国家数	平均毛入学率(%)	国家数
中低收入国家	64	31	63	18
中高收入国家	80	23	77	12
全部	71	54	69	30

资料来源:毛入学率原始数据来源于联合国教科文组织,UNESCO. *Overcoming Inequality: Why Governance Matters.* Oxford, UK: Oxford University Press, 2008, pp. 324 - 331;人口数据以及划分国家收入组别的人均GNI数据来源于世界银行,World Bank. *World Development Report 2008: Agriculture for Development.* London: Eurospan, 2007, pp. 333 - 335。

表8-12列出了与我国经济发展水平接近的25个人均GNI在1 000~3 000美元之间中等收入国家的高中阶段毛入学率数据,这25个国家的平均入学率为65%。不论是用联合国教科文组织的统计数据还是我国的统计数据,我国2006年高中阶段毛入学率均低于这25个国家的平均水平。特别是,一些经济发展水平远低于我国的国家(如玻利维亚、洪都拉斯、斯里兰卡、埃及等)的高中阶段教育普及程度都高于我国。因此总体来看,2006年我国高中阶段毛入学率是偏低的。

表 8-12　　2006 年一些中等收入国家的高中阶段毛入学率

国家	人均 GNI（美元）	毛入学率（%）	国家	人均 GNI（美元）	毛入学率（%）	国家	人均 GNI（美元）	毛入学率（%）
玻利维亚	1 100	77	阿塞拜疆	1 850	66	哥伦比亚	2 740	66
洪都拉斯	1 200	93	摩洛哥	1 900	36	厄瓜多尔	2 840	58
斯里兰卡	1 300	73	亚美尼亚	1 930	81	多米尼加	2 850	64
埃及	1 350	77	乌克兰	1 950	94	秘鲁	2 920	72
巴拉圭	1 400	53	中国	2 010	55	阿尔巴尼亚	2 960	56
印度尼西亚	1 420	51	萨尔瓦多	2 540	48	突尼斯	2 970	70
菲律宾	1 420	73	危地马拉	2 640	46	泰国	2 990	59
格鲁吉亚	1 560	74	约旦	2 660	78	伊朗	3 000	77
叙利亚	1 570	33						

资料来源：同表 8-11。

但是，2007 年我国的人均 GDP 为 2 121 美元，而 2007 年我国高中阶段毛入学率为 66%，已达到这 25 个国家的平均水平。因此粗略地看，2007 年我国高中阶段教育的普及程度已达到同等经济发展水平国家的平均值；而 2008 年我国高中阶段毛入学率为 75%，已经超过了同等经济发展水平国家的平均值。

（二）回归分析

求出不同国家高中阶段毛入学率的算术平均值，然后与我国的情况进行比较，其方法过于简单，缺乏科学性。因此下面采用回归分析的方法考察在同等经济发展水平下高中阶段毛入学率的平均水平，并与我国的实际水平进行比较，以判断我国高中阶段毛入学率是偏低还是偏高。

建立如下回归模型：

$$RATIO_i = a + b\ln GNI_i \qquad (8-2)$$

式（8-2）中：$RATIO_i$ 表示第 i 个国家的高中阶段毛入学率，是被解释变量；GNI_i 表示第 i 个国家的人均 GNI，$\ln GNI_i$ 表示人均 GNI 的自然对数，是解释变量。通过普通最小二乘（OLS）回归得到回归系数 a 和 b 的估计值，再将我国 2006 年的人均 GNI 数据代入估计方程，就可得出 2006 年与我国经济发展水平相同的国家的平均毛入学率。

我们使用上述 54 个中等收入国家的数据，得到如下样本回归方程：

$$\hat{RATIO}_i = -15.0332 + 10.6123\ln GNI_i \qquad (8-3)$$

回归结果表明解释变量 $\ln GNI_i$ 的系数显著地大于 0，也就是说，人均 GNI 越高的国家，其高中毛入学率也越高。将 2006 年我国的人均 GNI 数值（2010 美元）代入式（8-3），得到被解释变量的估计值为 65.68%（[-15.0332 + 10.6123 × ln(2010)] × 100%），这就是 2006 年我国同等经济发展水平下高中阶段毛入学率的国际平均值。可见，我国 2006 年的实际毛入学率与同等经济条件下的国际平均水平相比是偏低的。

如果使用 30 个中等收入人口大国的数据，得到的样本回归方程为：

$$\hat{RATIO}_i = -28.9795 + 12.0692\ln GNI_i \qquad (8-4)$$

同样地，将 2006 年我国的人均 GNI 数值（2010 美元）代入式（8-4），得到 2006 年与我国经济发展水平相同的人口大国的高中阶段平均毛入学率为 62.82%。可见，我国 2006 年的实际毛入学率与同等经济条件下的人口大国的平均值相比也是偏低的。

另外，根据计量模型的回归分析结果，还可以估算不同经济发展水平下高中阶段毛入学率的国际平均水平。根据式（8-3）和式（8-4），我们分别估算了人均 GNI 为 2 500 美元、3 000 美元、3 500 美元、4 000 美元、4 500 美元和 5 000 美元时高中阶段毛入学率的国际平均水平，结果见表 8-13。可以看出，如果按 2006 年的价格计算，那么当人均 GNI 为 2 500 美元时，高中阶段毛入学率应超过 65%；当人均 GNI 为 3 500 美元时，高中阶段毛入学率应达到 70%；而当人均 GNI 达到 5 000 美元时，高中阶段毛入学率应为 75% 左右。

表 8-13　不同经济发展水平下的高中阶段毛入学率的国际平均水平

2006 年人均 GNI（美元）	2 500	3 000	3 500	4 000	4 500	5 000
54 个中等收入国家（%）	68	70	72	73	74	75
30 个中等收入人口大国（%）	65	68	70	71	73	74

2007 年我国的人均 GDP 为 2 121 美元，而高中阶段毛入学率为 66%，粗略地看已经达到人均 GNI 为 2 500 美元的国家的平均水平，因此，2007 年我国高中阶段毛入学率与我国的经济发展水平是相适应的；而 2008 年我国高中阶段毛入学率为 75%，达到了人均 GNI 为 5 000 美元的国家的平均水平，可以说我国高中阶段教育的发展相对于经济发展水平已经超前了。

三、进一步的讨论

经济发展水平很大程度上决定了个体和整个社会和对高中阶段教育的需求，也制约着个体和政府对高中阶段教育的投入，因此无疑是影响高中阶段教育发展的最重要因素之一，这是本书研究的出发点。有关日本高中阶段教育发展的研究也表明，经济发展是高中阶段教育大众化和普及化的有力推动因素，无论是第二次世界大战前日本高中阶段教育由精英化向大众化的过渡，还是第二次世界大战后由大众化向普及化的过渡，都是在经济迅速发展时期实现的。[①] 当然，还有很多其他因素会影响一个国家的高中阶段毛入学率，如人口结构、产业结构、教育体制以及历史传统等。因此，仅仅考虑经济发展水平的影响是远远不够的，我们的研究还只是一个初步的探索，有待于在收集到更完备的数据之后不断完善。

第六节 结论和政策建议

一、主要结论

我们根据三类指标分析了我国高中阶段教育财政的充足性，并进行了国际比较，主要的结论如下。

从政府投入比例来看：第一，1996～2006年，我国高中阶段学校财政性教育经费占教育总收入的比例先下降后缓慢上升，2000年以后在50%～55%之间。这一比例低于经济发展水平较高的 OECD 国家，也低于经济发展水平不如我国且高中阶段私立教育规模大于我国的印度尼西亚和印度等国。单就中等职业教育而言，政府分担教育成本的比例也低于其他很多国家。第二，高中阶段学校的人员经费得到财政支持的力度较大，预算内人员经费占人员总经费的比例在70%左右；而公用经费和基建经费则未得到财政的有力支持，预算内公用经费占总公用经费的比例不到25%，预算内基建经费占总基建经费的比例不到40%。第三，生均预算内教育经费占生均经费的比例有下降的趋势，近年来平均比例低于50%。第四，从近几年的情况看，中等专业学校和职业中学的政府投入力度相对

[①] 张德伟：《略论日本高中教育普及化的基本特征》，载《比较教育研究》2006年第11期，第40～44页。

较大,而普通高中和技工学校的政府投入力度相对较小。第五,影响我国普通高中财政性教育经费占教育总收入比例的主要因素是人均财政支出水平、普通高中教育规模和地方政府对普通高中教育的重视程度。

从生均经费指数来看:自1996年以来,我国高中阶段各种类型学校的生均经费指数和生均预算内经费指数都呈现逐年下降的趋势,2006年的生均经费指数在25~40之间,生均预算内经费指数在15~20之间。目前我国高中阶段生均经费指数与发达国家接近,高于发展中国家。由于缺乏数据,难以进行生均预算内经费指数的国际比较,但鉴于我国公共教育经费占高中阶段教育总经费的比例偏低,因此生均预算内经费指数与国际平均水平相比应该是偏低的。

从高中阶段毛入学率来看:2004年之前我国高中阶段毛入学率在40%左右徘徊,此后迅速提高,2007年达到66%。国际比较分析表明,2006年及以前我国高中阶段毛入学率低于同等经济发展水平的国家,2007年则已经达到同等经济发展水平国家的平均值。这似乎表明提供高中阶段教育服务的数量已经比较充足了。但政府投入比例偏低、生均经费指数逐年下降,说明教育投入的充足性方面还有待提高,否则即便入学率提高了,也未必能够保证学生可以享受到有质量的教育服务,从而难以真正实现政府提供充足的教育服务的财政责任。

二、致力于提高高中阶段教育财政充足性的政策建议

(一) 根据我国的经济发展水平合理制定高中阶段教育发展目标

2006年我国高中阶段毛入学率低于同等经济发展水平下的国际平均值,2007年达到同等经济发展水平下的国际平均值,而2008年则已经超过同等经济发展水平下的国际平均值。这说明近些年来我国高中阶段教育事业发展的速度非常快,取得了可喜的成绩。

但是,我国高中阶段教育发展程度的地区差异巨大,短时间内在全国范围内基本实现普及高中阶段教育将是一项十分艰巨的任务。《国家教育事业发展"十一五"规划纲要》提出2010年高中阶段毛入学率达到80%的目标;《纲要》则提出到2020年高中阶段毛入学率达到90%,普及高中阶段教育。根据我们对中等收入国家经济发展水平与高中阶段毛入学率之间关系的定量分析,当人均GNI达到5 000美元(2006年价格)时,高中阶段毛入学率的国际平均水平仅为75%左右。可以预见,2010年我国人均GNI离5 000美元还将有很大的距离。因此,尽管从目前的发展速度看,实现2010年高中阶段毛入学率达到80%的目标完全没有问题(2009年已达到79.2%),但有可能超出了我国现阶段经济条件

所能承受的范围,是以损害发展的质量为代价换取发展的速度。鉴于高中阶段教育将给全社会和受教育者本人都带来巨大的收益,我们认为加快普及高中阶段教育的政策目标是非常正确的,但应理性地根据经济发展水平制订循序渐进的发展目标。可以借鉴 20 世纪 90 年代大力普及九年制义务教育时的发展战略,分地区、有步骤地开展普及高中阶段教育的工作。坚决防止"大跃进"式的过度追求数量扩张的发展思路,否则难以保证教育质量,无法实现高中阶段教育又好又快的发展。

(二)加强政府在高中阶段的财政责任,努力提高政府投入比例

加快普及高中阶段教育前提之一是政府必须提供充足的教育经费,基本实现免费或收取很少的费用,否则就会有家庭经济困难的适龄青少年无法入学。因此,必须强调政府在高中阶段的财政责任,努力提高政府投入在高中阶段教育经费中的比例。提高政府投入比例在我国还有两个特殊的背景:其一,公立教育在我国高中阶段占据绝对的主导地位,相应地,政府也应该成为绝对的投入主体;其二,我国的城乡差距和地区差距都非常大,参加高考并接受高等教育几乎是绝大多数农村孩子和欠发达地区孩子改变自身命运的唯一途径。政府承担绝大部分的高中阶段教育经费,将有助于社会流动,是改进收入不平等和社会不平等的最有效方式之一。现阶段,我国政府在高中阶段的经费投入比例还不足 60%,这一现象必须尽快改变。我们认为,2010 年前后,政府投入比例应达到 70% 左右,到 2015 年应至少达到 80%。

(三)制定高中阶段学校办学标准和经费标准,建立规范的高中阶段教育财政转移支付制度

当前我国高中阶段学校的经费主要由地县政府承担,这与我国财政收入以中央和省级政府为主的财政体制是不符合的。应该以县级政府为单位,科学测算县域内高中阶段学校的经费需求和经费供给能力(包括财政供给能力和学杂费等非政府投入的供给能力),不足部分通过逐级政府转移支付补齐。省级政府统筹安排中央转移支付和省本级教育经费,基本实现本省区域内同一类型高中阶段学校的均等化拨款。另外,我国中部地区高中阶段学校的政府投入比例最低,中央政府在制定各项政策时,除了照顾西部地区以外,应适当考虑增加对中部地区(特别是人口大省)的优惠政策。

(四)改革拨款模式,保证公用经费和基建经费的财政供给

目前,我国高中阶段学校的拨款主要是按教职工人数拨付人员性支出,公用

经费拨款和基建经费拨款则难以得到保证，导致公用经费和基建经费的预算内经费比例过低。这样的拨款模式最多只能"保吃饭"，难以"保安全"和"保运转"，更不能支持学校的发展，从而迫使学校不得不通过增加收费等方式筹集经费，并导致学校之间因筹资能力不同而产生巨大差异。为此，应该在科学核算人员性经费、公用经费和基建经费等各类经费需求的基础上，按照基本支出和项目支出的方式进行拨款，保证公用经费和基建经费的财政供给。

（五）通过财政手段鼓励公立学校多渠道筹资和民办学校的发展

如果只是单纯地增加政府投入而不鼓励非政府投入，有可能出现政府投入比例提高而总收入增加缓慢的情况，同样不利于高中阶段教育的发展。因此，除了加大政府投入力度之外，还应通过税收政策和财政投入积极鼓励校办产业的发展，通过税收政策鼓励私人和企业捐资助学，扩大公立学校的收入来源。同时，积极探索通过财政投入和财政政策支持高中阶段民办教育发展的新途径，增加高中阶段教育经费总量和优质教育资源的数量，并通过公立教育与民办教育的竞争提高学校的办学效率。

第九章

高中阶段教育财政的公平性分析

在本章中，我们考察近年来高中阶段教育财政领域日益凸显的三个问题，即普通高中校际差异、普通高中择校和高中阶段学生资助。

第一节　普通高中校际差异分析

以往研究公共教育资源不平等或不均衡问题时，多关注地区间的差异或城乡差异。事实上，在地区内部、城市内部或农村内部的不平等程度也是很大的，具体体现为学校之间的差异。本节以湖南省为例进行分析。

根据湖南省1999~2007年教育经费统计报表数据，我们从三个方面分析普通高中的校际差异：经费收入、经费支出和办学条件。在分析每一方面的校际差异时，首先对湖南省全省的普通高中数据进行分析，然后分析长沙市普通高中的校际差异，最后以长沙市下属的宁乡县为例探讨县域内普通高中的校际差异。[①] 需要说明的是，对湖南省的分析结果并不能推广到其他省份，同样地，长沙市和宁乡县的情况也不能代表中国其他城市和县的情况。我们只是根据调研得到的数据把湖南省的现实情况描述出来，希望能在一定程度上反映我国普通高中校际差

---

①　之所以选择宁乡县，是因为该县1999~2007年都有12所高中的数据，而其他县要么高中数目太少，要么各个年份的数据不齐全。

异的现状。

衡量校际差异的指标是基尼系数和变异系数,如无特别说明,在计算基尼系数和变异系数时都以每个学校该年平均学生数为权重。其中,在考察宁乡县的校际差异时,因学校数目太少(每年12个),因此只分析了变异系数,未考虑基尼系数。各个年份用于分析的普通高中数目如表9-1所示。

表9-1　　分析普通高中1999~2007年校际差异的学校样本数

地区	1999年	2000年	2001年	2002年	2003年	2004年	2005年	2006年	2007年
湖南省	123	170	213	247	246	287	317	327	556
长沙市	25	36	37	37	37	37	44	37	62
宁乡县	12	12	12	12	12	12	12	12	12

一、经费收入的校际差异

根据教育经费统计报表基层表,教育经费总收入由四部分构成:财政性教育经费、事业收入、捐资集资收入和其他收入。其中,财政性教育经费包括:教育事业费拨款、教育费附加、基建拨款、其他经费拨款以及校办产业、勤工俭学和社会服务收入用于教育的部分。在事业收入中,单独考察了学杂费收入,指的是本年实际收取的学杂费。

另外,2007年教育经费基层报表的教育经费收入统计指标发生了变化,为了与之前年份的统计口径一致,对于2007年的数据做了如下处理:其一,财政性教育经费包括:财政补助收入、教育费附加、上级补助收入和基本建设拨款;其二,将"其他收入"中单列出来的"捐赠收入"视为"捐资集资收入";其三,其他收入包括:经营收入、附属单位上缴收入和"其他收入"中"捐赠收入"以外的部分;其四,事业收入与之前年份的口径相同。

我们考察了生均教育经费总收入、生均财政性经费、生均事业收入、生均捐资集资收入、生均其他收入和生均学杂费的校际差异,各项生均经费收入通过该校当年各项经费收入总额除以该校当年平均学生数计算得出。

(一)湖南省普通高中经费收入的校际差异

湖南省普通高中经费收入的校际差异随时间的变化趋势如图9-1和图9-2所示。可以看出,无论是用基尼系数还是变异系数衡量,普通高中生均经费收入校际差异的变化情况都是一致的，因此仅用基尼系数进行说明，基尼系数的数值如表 9-2 所示。

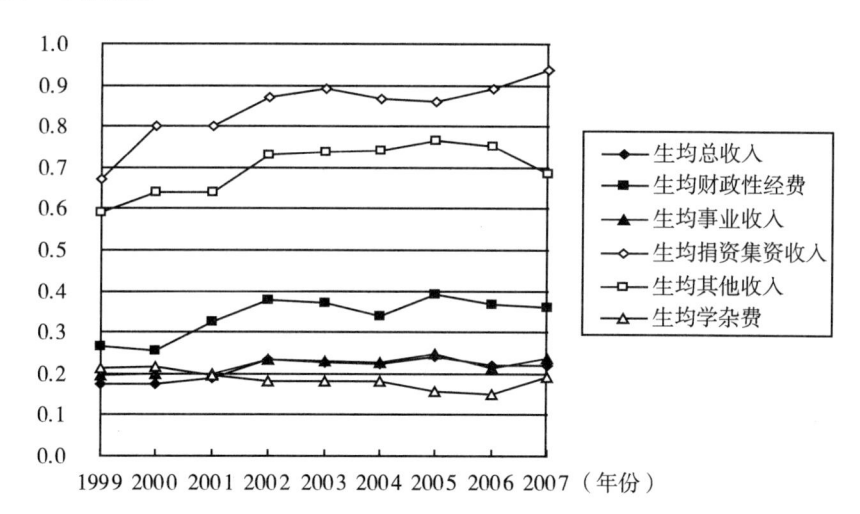

图 9-1 湖南省普通高中生均经费收入的基尼系数

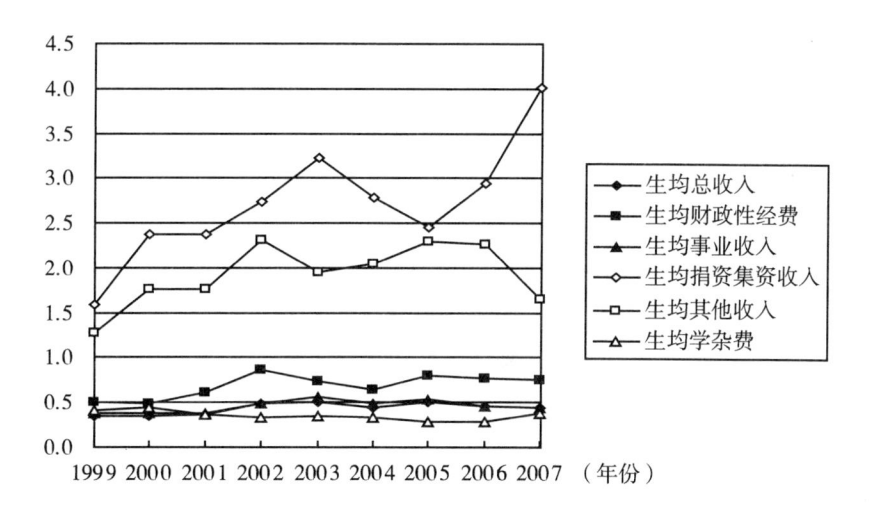

图 9-2 湖南省普通高中生均经费收入的变异系数

生均总收入的基尼系数由 1999 年的 0.1750 上升到 2001 年的 0.1906，此后稳定在 0.22~0.24 之间。在各种来源的收入中，生均财政性经费、生均事业收入、生均捐集资收入和生均其他收入的基尼系数都呈现上升趋势，而且一个共同的特点是基尼系数在 2002 年有明显升高。令我们略感意外的是，生均学杂费的基尼系数稳中有降，表明近几年对普通高中学杂费的控制是比较严的。

表9-2　1999~2007年湖南省普通高中生均经费收入的基尼系数

年份	生均总收入	生均财政性经费	生均事业收入	生均捐资集资收入	生均其他收入	生均学杂费
1999	0.1750	0.2640	0.1973	0.6718	0.5896	0.2138
2000	0.1759	0.2552	0.1978	0.7994	0.6382	0.2177
2001	0.1906	0.3267	0.1978	0.7994	0.6382	0.1950
2002	0.2356	0.3788	0.2345	0.8705	0.7299	0.1819
2003	0.2270	0.3701	0.2320	0.8922	0.7386	0.1828
2004	0.2249	0.3386	0.2287	0.8661	0.7411	0.1806
2005	0.2424	0.3916	0.2483	0.8615	0.7659	0.1590
2006	0.2208	0.3680	0.2143	0.8928	0.7525	0.1514
2007	0.2205	0.3587	0.2389	0.9365	0.6849	0.1910

在各种来源的收入中，生均捐资集资收入的校际差异最大，事实上，很多学校的此项收入为0；生均其他收入的校际差异次之。按理说，财政性经费是公共教育资源，在各学校之间的分配应更为平等，但生均财政性经费的校际差异始终大于生均事业收入的校际差异，也大于总收入的校际差异。相比之下，生均事业收入（包括生均学杂费）的校际差异是最小的。

为了探明各项来源的收入对生均总收入不平等程度的贡献，我们对生均总收入的基尼系数按收入来源进行了分解，结果如表9-3所示。

表9-3　　1999~2007年湖南省普通高中生均总收入基尼系数按收入来源的分解　　　单位:%

年份	各项收入占生均总收入的百分比				各项收入对生均总收入基尼系数的贡献			
	财政性经费	事业收入	捐资集资收入	其他收入	财政性经费	事业收入	捐资集资收入	其他收入
1999	34.47	51.34	5.87	8.33	30.08	46.73	10.38	12.81
2000	31.99	58.02	4.69	5.30	26.18	53.31	11.75	8.76
2001	29.83	61.90	2.29	5.99	26.77	55.77	4.20	13.25
2002	31.84	59.09	4.87	4.20	31.47	51.01	11.18	6.35
2003	29.50	63.67	2.90	3.92	31.76	58.76	3.50	5.98
2004	31.20	60.66	3.76	4.38	32.80	53.02	7.49	6.69

续表

年份	各项收入占生均总收入的百分比				各项收入对生均总收入基尼系数的贡献			
	财政性经费	事业收入	捐资集资收入	其他收入	财政性经费	事业收入	捐资集资收入	其他收入
2005	35.32	57.99	2.54	4.15	41.92	49.72	2.35	6.00
2006	38.85	55.94	1.35	3.86	49.71	43.63	1.06	5.60
2007	54.84	40.59	0.47	4.10	73.21	22.87	0.64	3.28

注：本表中计算基尼系数时未进行加权。

由表9-3可以看出，财政性经费和事业收入是最主要的两项收入来源，因此我们着重分析这两类收入。在2007年之前，财政性经费占生均总收入的比例始终低于40%（2001年和2003年甚至不足30%），而事业收入是最主要的收入来源。但是，从2003年开始，财政性收入对生均总收入基尼系数的百分比贡献已经超过了其在生均总收入中的百分比，说明生均财政性收入校际差异对生均总收入校际差异的影响越来越大。2007年，财政性收入占生均总收入的比例达到54.84%，而它对生均总收入基尼系数的贡献率达到了73.21%。这说明尽管普通高中的财政性经费收入增长得很快，但在学校之间分配的不均等程度增长得更快！

（二）长沙市普通高中经费收入的校际差异

长沙市普通高中经费收入的校际差异随时间的变化趋势如图9-3和图9-4

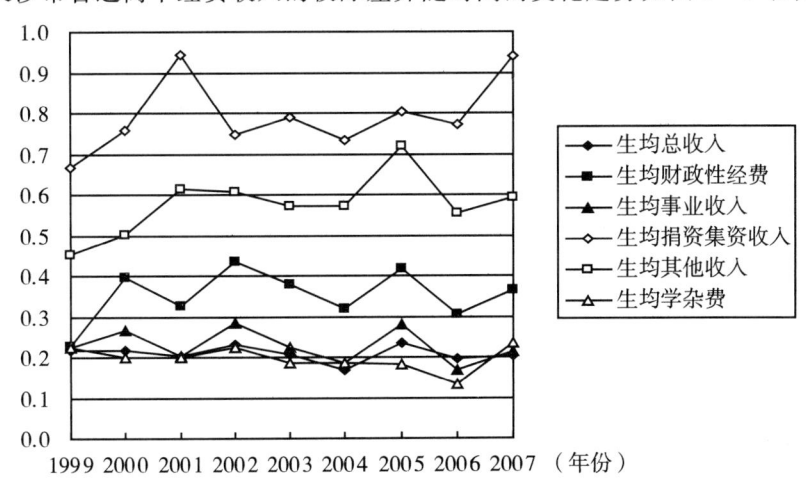

图9-3 1999~2007年长沙市普通高中生均经费收入的基尼系数

所示。同样地,无论是用基尼系数还是变异系数衡量,普通高中生均经费收入校际差异的变化情况都是一致的,因此仅用基尼系数进行说明,基尼系数的数值如表 9-4 所示。

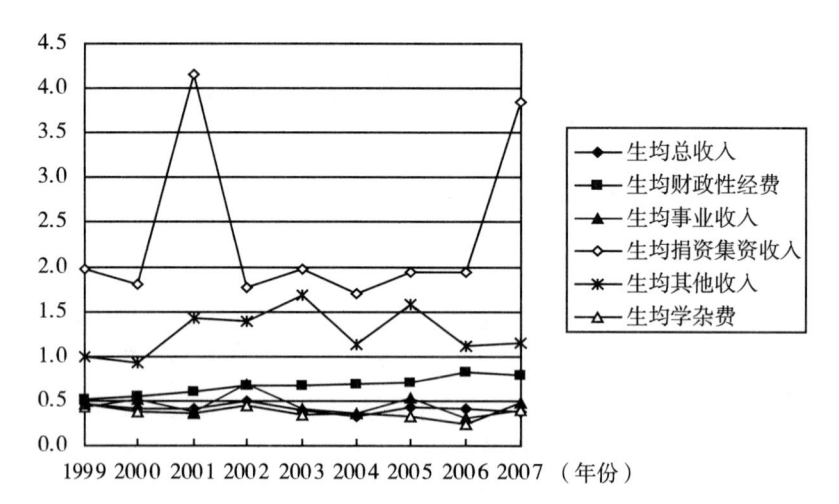

图 9-4　1999~2007 年长沙市普通高中生均经费收入的变异系数

表 9-4　　1999~2007 年长沙市普通高中生均经费收入的基尼系数

年份	生均总收入	生均财政性经费	生均事业收入	生均捐资集资收入	生均其他收入	生均学杂费
1999	0.2174	0.2274	0.2251	0.6651	0.4524	0.2246
2000	0.2190	0.3957	0.2650	0.7570	0.5016	0.2006
2001	0.2025	0.3248	0.2019	0.9428	0.6146	0.2001
2002	0.2327	0.4360	0.2830	0.7474	0.6079	0.2244
2003	0.2083	0.3778	0.2259	0.7878	0.5719	0.1866
2004	0.1689	0.3195	0.1860	0.7337	0.5719	0.1845
2005	0.2345	0.4161	0.2810	0.8044	0.7209	0.1832
2006	0.1979	0.3051	0.1688	0.7718	0.5534	0.1344
2007	0.2044	0.3652	0.2141	0.9396	0.5945	0.2363

生均总收入的基尼系数没有明显的时间趋势,2004 年达到最低值 0.1689,2005 年达到最高值 0.2345,其他年份在 0.20~0.22 之间。1999~2001 年,长沙市生均总收入的基尼系数高于湖南全省的基尼系数,此后则低于全省的基尼系数。生均财政性经费、生均事业收入、生均捐集资收入和生均其他收入的基尼系

数也没有明显的时间趋势。与湖南全省的情况相同，生均捐资集资收入的校际差异最大，生均其他收入的校际差异次之，生均事业收入（包括生均学杂费）的校际差异最小，生均财政性经费的校际差异大于生均事业收入（包括生均学杂费）的校际差异。总体而言，长沙市普通高中生均财政性经费的校际差异略大于湖南全省的校际差异。

我们同样对长沙市生均总收入的基尼系数按收入来源进行了分解，结果如表9-5所示。可以看出，在2007年之前，财政性经费占生均总收入的比例始终低于40%（2001~2004年不足30%），而事业收入是最主要的收入来源。但是，从2000年开始，除了2002年，财政性收入对生均总收入基尼系数的百分比贡献已经超过了其在生均总收入中的百分比，说明生均财政性收入校际差异对生均总收入校际差异的影响越来越大。2006年，财政性收入占生均总收入的39.34%，而它对生均总收入基尼系数的贡献率达到了62.43%，已经成为影响生均总收入校际不平等的最主要因素。2007年，财政性收入占生均总收入的比例为60%，而它对生均总收入基尼系数的贡献率达到了108.19%。这说明财政性经费的分配是造成长沙市普通高中生均总收入校际不平等的唯一因素，其他几项收入则有利于生均总收入的平等化！

表9-5　　　1999~2007年长沙市普通高中生均总收入
基尼系数按收入来源的分解　　　　　　单位:%

年份	各项收入占生均总收入的百分比				各项收入对生均总收入基尼系数的贡献			
	财政性经费	事业收入	捐资集资收入	其他收入	财政性经费	事业收入	捐资集资收入	其他收入
1999	35.66	41.65	7.72	14.97	21.47	36.18	18.92	23.44
2000	31.10	55.02	8.53	5.35	34.05	53.40	13.05	-0.50
2001	27.15	67.11	1.82	3.93	32.78	59.59	2.62	5.01
2002	25.53	60.33	11.50	2.65	14.32	63.65	18.98	3.05
2003	26.41	62.08	8.71	2.80	33.10	59.77	5.40	1.74
2004	26.21	63.29	8.00	2.50	37.03	54.91	6.92	1.14
2005	37.74	54.28	4.80	3.18	43.80	55.15	-2.68	3.72
2006	39.30	53.75	2.55	4.40	62.43	33.70	-2.66	6.53
2007	60.00	37.18	0.22	2.60	108.19	-5.24	-0.01	-2.94

注：本表中计算基尼系数时未进行加权。

(三) 长沙市宁乡县普通高中经费收入的校际差异

长沙市宁乡县普通高中经费收入的校际差异如图 9-5 所示。生均捐资集资收入和生均其他收入的变异系数在不同年份之间波动较大，但其数值是最大的。与湖南省和长沙市有所不同的是，生均财政性经费的变异系数总体而言是随时间下降的，表明在同一个县内，生均财政性经费的校际差异有减小的趋势。但是，生均财政性经费的校际差异仍然大于生均总收入的校际差异，而生均事业收入和生均学杂费的校际差异小于生均总收入校际差异。

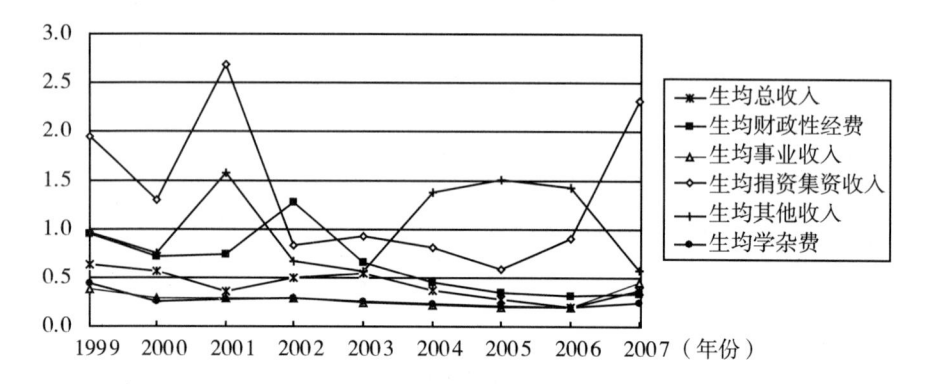

图 9-5　1999~2007 年长沙市宁乡县高中生均经费收入的变异系数

二、经费支出的校际差异

我们考察了生均教育经费总支出、生均预算内支出、生均事业费支出和生均预算内事业费支出的校际差异，各项生均经费支出通过该校当年各项经费支出总额除以该校当年平均学生数计算得出。

(一) 湖南省普通高中经费支出的校际差异

湖南省普通高中经费支出的校际差异随时间的变化趋势如图 9-6 和图 9-7 所示。可以看出，无论是用基尼系数还是变异系数衡量，普通高中生均经费支出校际差异的变化情况都是一致的。

就总支出与预算内支出的比较来看，生均预算内支出的校际差异远大于生均总支出的校际差异，而生均预算内事业费的校际差异远大于生均事业费的校际差异。粗略地可以说明生均经费支出的差异主要是由预算内支出的差异引起的。

就总支出与事业费支出的比较来看，生均事业费的校际差异略小于生均总支

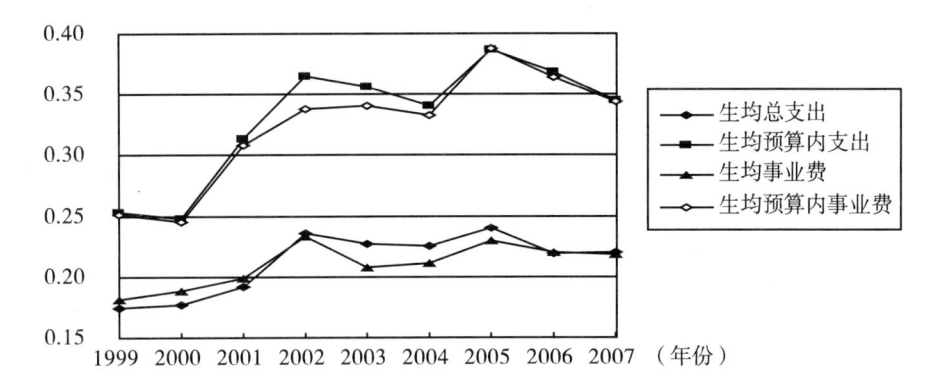

图 9-6　1999~2007 年湖南省普通高中生均经费支出的基尼系数

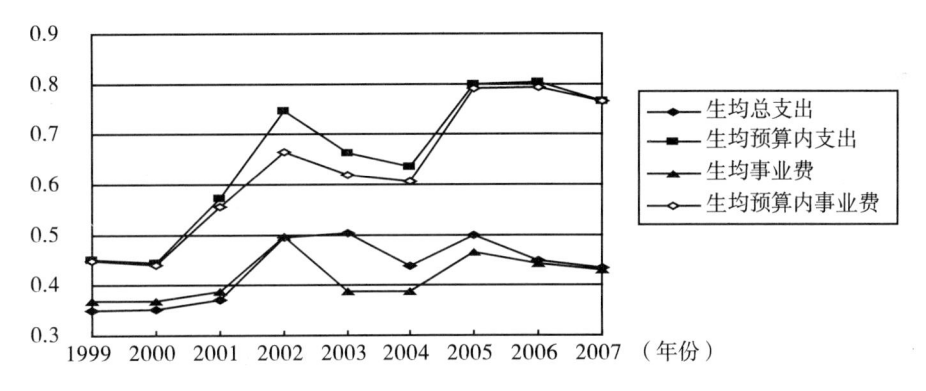

图 9-7　1999~2007 年湖南省普通高中生均经费支出的变异系数

出的校际差异，说明生均基建经费的校际差异更大。事实上，在同一年份，很多学校的基建经费为 0。

就时间趋势来看，湖南省普通高中生均经费支出的校际差异在 1999~2002 年间上升很快，此后则有升有降，2005 年以后趋于下降。生均预算内支出校际差异的呈现同样的变化趋势。

（二）长沙市普通高中经费支出的校际差异

长沙市普通高中经费支出的校际差异随时间的变化趋势如图 9-8 和图 9-9 所示。可以看出，无论是用基尼系数还是变异系数衡量，普通高中生均经费支出校际差异的变化情况都是一致的。

就总支出与预算内支出的比较来看，1999 年生均预算内支出的校际差异远小于生均总支出的校际差异，但从 2000 年开始，生均预算内支出的校际差异大于生均总支出的校际差异。从时间趋势来看，长沙市普通高中生均经费总支出

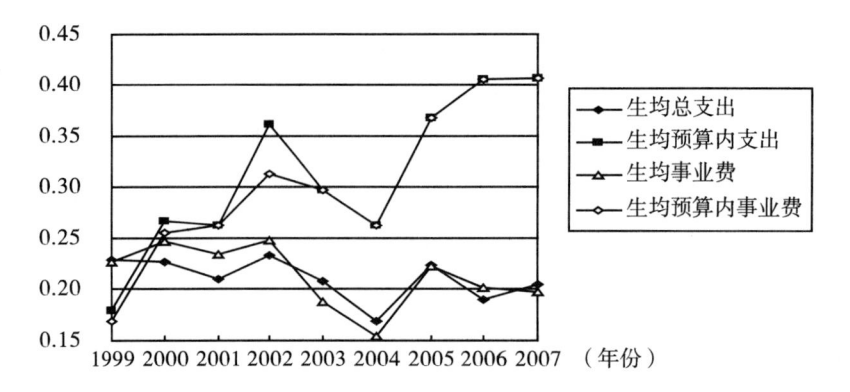

图 9-8　1999~2007 年长沙市普通高中生均经费支出的基尼系数

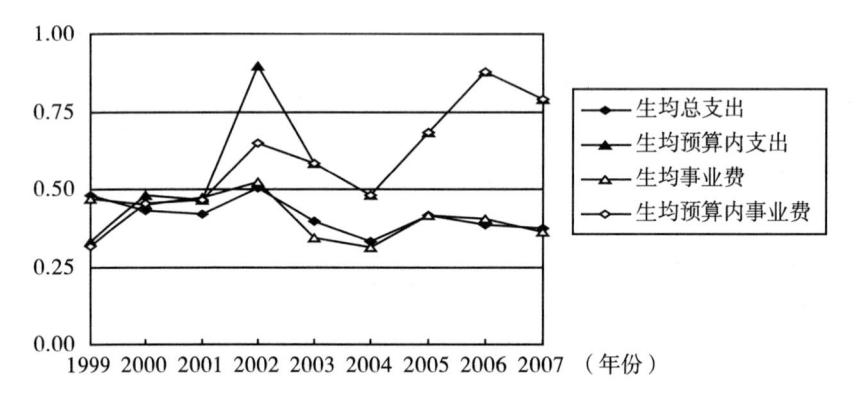

图 9-9　1999~2007 年长沙市普通高中生均经费支出的变异系数

（包括生均事业费支出）的校际差异在 1999~2007 年间总体而言减小了，但生均预算内支出（包括生均预算内事业费）的校际差异则增大了。

（三）长沙市宁乡县普通高中经费支出的校际差异

长沙市宁乡县高中经费支出的校际差异如图 9-10 所示。县内普通高中之间生均总支出和生均事业费的差距总体而言随时间有所下降，生均预算内支出和预算内事业费的校际差异则先上升后下降。到 2007 年，生均预算内支出的校际差异已略低于生均支出的校际差异。

三、办学条件的校际差异

我们用四个指标衡量办学条件：生均固定资产总值、生均专用设备总值、生

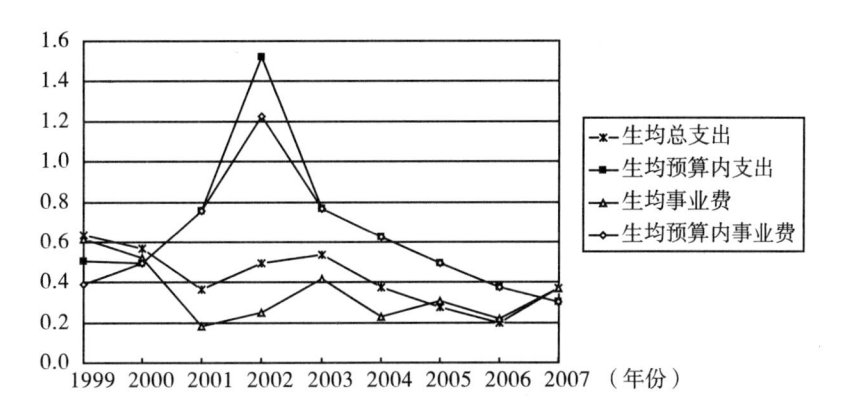

图 9-10 1999~2007年长沙市宁乡县普通高中生均经费支出的变异系数

均图书册数和生职比。生均固定资产总值、生均专用设备总值和生均图书册数分别用学校年末固定资产总值、专用设备总值和图书册数除以该校年平均学生数得到，生职比用年平均在校生数除以年平均公办教职工数得到。用生师比（在校学生数与专任教师数的比值）应更为合理，但教育经费统计报表中没有学校专任教师数的信息，只能用生职比近似地表示学校的人力投入。

（一）湖南省普通高中办学条件的校际差异

湖南省普通高中办学条件的校际差异随时间的变化趋势如图 9-11 和图 9-12 所示。可以看出，无论是用基尼系数还是变异系数衡量，普通高中办学条件校际差异的变化情况都是一致的，因此仅用基尼系数进行说明，基尼系数的数值如表 9-6 所示。

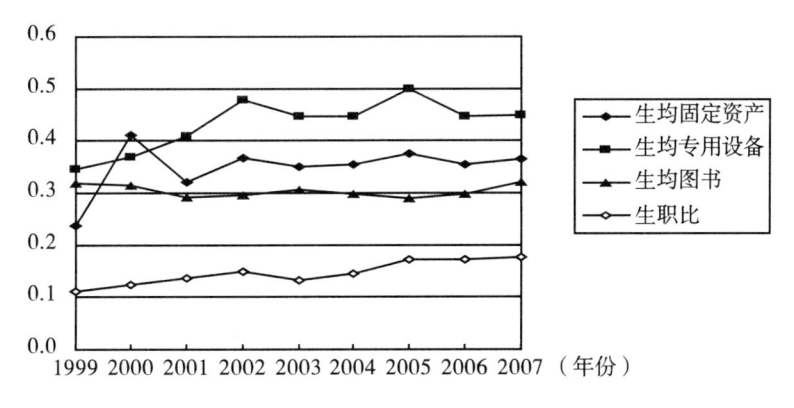

图 9-11 1999~2007年湖南省普通高中办学条件的基尼系数

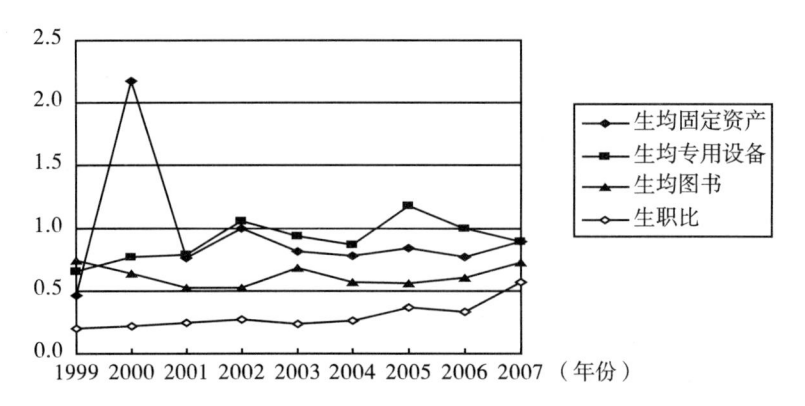

图 9-12　1999~2007 年湖南省普通高中办学条件的变异系数

表 9-6　　1999~2007 年湖南省普通高中办学条件的基尼系数

年份	生均固定资产	生均专用设备	生均图书	生职比
1999	0.2374	0.3466	0.3189	0.1113
2000	0.4107	0.3691	0.3143	0.1239
2001	0.3213	0.4094	0.2920	0.1370
2002	0.3680	0.4773	0.2960	0.1493
2003	0.3498	0.4460	0.3073	0.1330
2004	0.3550	0.4459	0.2989	0.1439
2005	0.3760	0.4998	0.2887	0.1716
2006	0.3542	0.4460	0.2985	0.1712
2007	0.3658	0.4480	0.3201	0.1754

生均固定资产和生均专用设备的校际差异自 2002 年以后比较稳定,基尼系数分别在 0.35~0.37 之间和 0.45~0.50 之间。生均图书的校际差异在各年份之间变化不大,基尼系数在 0.3 左右浮动。生职比的不平等程度则有所上升。从数值上看,生均专用设备的校际差异最大,生均固定资产和生均图书次之,生职比的校际差异最小。说明在办学条件的各项指标中,学校硬件的校际差异最大,师资投入的校际差异相对较小。但仅仅根据生职比判断师资投入是很不准确的,如果能够获得学校专任教师的学历构成、职称构成等数据,可对此问题进行更深入地分析。

（二）长沙市普通高中办学条件的校际差异

长沙市普通高中经费支出的校际差异随时间的变化趋势如图 9-13 和图 9-14 所示。可以看出，无论是用基尼系数还是变异系数衡量，普通高中生均经费支出校际差异的变化情况基本一致。

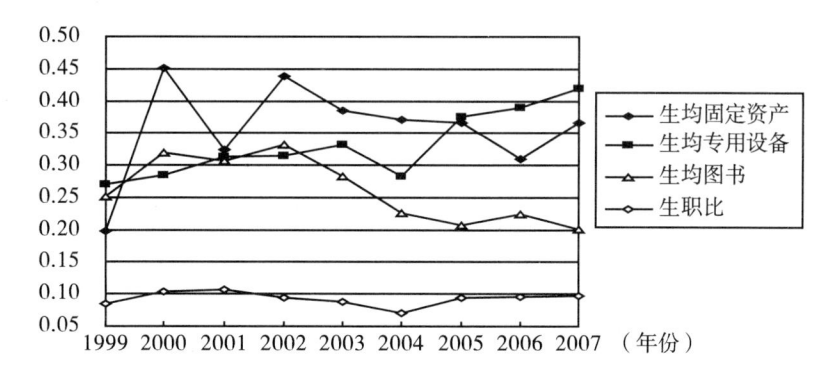

图 9-13　1999~2007 年长沙市普通高中办学条件的基尼系数

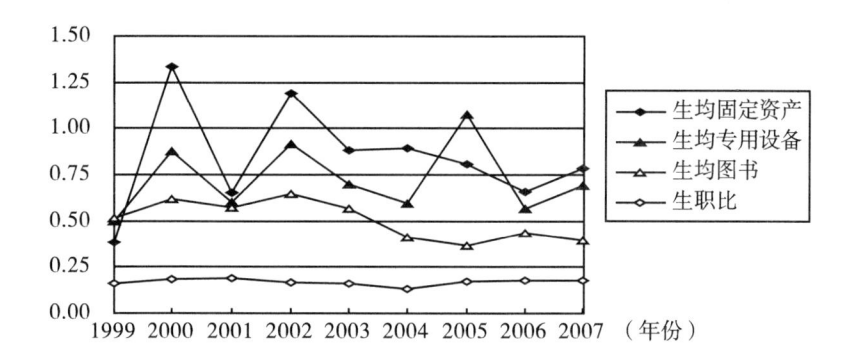

图 9-14　1999~2007 年长沙市普通高中办学条件的变异系数

从基尼系数来看，2002 年之前生均固定资产、生均图书和生职比的校际差异不断扩大，此后有所下降；而生均专用设备的校际差异则表现出逐年变大的趋势。与湖南全省的情况类似，生均专用设备和生均固定资产的校际差异最大，生均图书的校际差异次之，生职比的校际差异最小。

（三）长沙市宁乡县普通高中办学条件的校际差异

长沙市宁乡县高中办学条件的校际差异如图 9-15 所示。县内高中之间的办学条件差异仍以生均固定资产和生均专用设备的差异最大。生均图书的校际差异逐年缩小，而生职比的校际差异仍然是最小的。

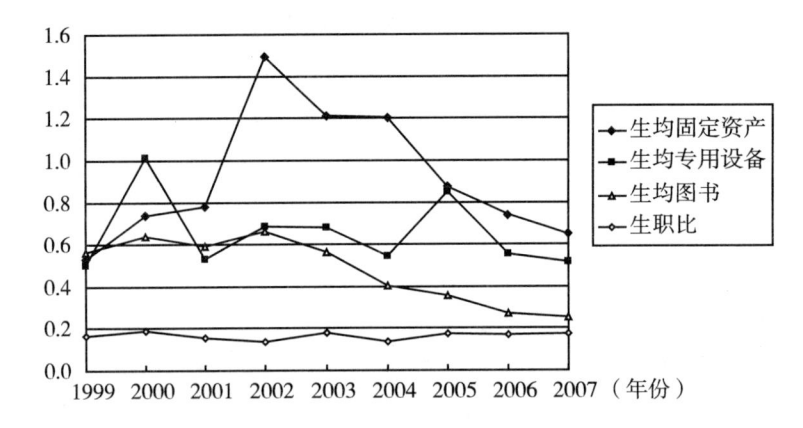

图 9-15 1999~2007年长沙市宁乡县普通高中办学条件的变异系数

四、小结

从经费收入的角度看，无论是湖南全省、长沙市、还是宁乡县，生均捐资集资收入和生均其他收入的校际差异都是最大的，而生均财政性经费的校际差异大于生均事业收入（包括生均学杂费）的校际差异。另外，我们对湖南省和长沙市生均总收入的基尼系数按照收入来源进行了分解，结果表明生均财政性经费对生均总收入基尼系数的百分比贡献逐年增加，说明财政性教育经费的分布不平等越来越成为导致生均总收入不平等的因素。

从经费支出的角度看，无论是湖南全省、长沙市、还是宁乡县，生均预算内支出的校际差异都大于生均总支出的校际差异，而生均预算内事业费的校际差异大于生均事业费的校际差异。就时间趋势而言，湖南省普通高中生均经费支出和生均预算内支出的校际差异在 2005 年之前呈上升趋势，此后趋于下降。长沙市普通高中生均经费总支出的校际差异在 1999~2007 年间总体而言减小了，但生均预算内支出的校际差异则增大了。宁乡县普通高中生均总支出的校际差距总体而言随时间有所下降，生均预算内支出的校际差异则先上升后下降。

从办学条件的角度看，无论是湖南全省、长沙市、还是宁乡县，硬件办学条件（以生均固定资产和生均专用设备衡量）的校际差异最大，生均图书的校际差异次之，生职比的校际差异最小。办学条件的校际差异在不同年份之间的变化趋势不明显。

第二节 公立普通高中择校问题分析

一、公立普通高中择校的现状

我国对普通高中入学采取统一考试的入学制度,通过考试对有意愿入学学生的学习能力进行测试和筛选安排入学,入学机会不因学习能力和个人意愿以外的其他条件而存在差别。但是,目前在我国普遍存在的公立高中择校现象破坏了这一入学公平的原则。

公立普通高中择校,是指在初中毕业生未达到所报考志愿的公立高中的录取分数线,或者学生不在意愿的公立高中的划片招生区域内,要求选择到该学校就读。择校一般分为两种:一种是成就型择校,另一种是资源型择校。① 成就型择校是指完全依赖于自身的成绩或特长来择校就学,学校也只以成绩或特长为衡量标准来选择学生。这在重点(示范性)学校的招生中比较常见。资源型择校就是利用手中拥有的资源来进行择校,它包括利用经济资源和社会资源两种。前者通过缴纳择校费(即择校生除按规定交纳正常学费、杂费、课本费等外交纳的额外费用)实现,可称为"以钱择校";后者通过动用权力或社会关系实现,可称为"以权择校"和"以关系择校"。

自 20 世纪 90 年代以来,公立普通高中择校现象就在我国普遍存在。2003~2004 年对全国 10 个城市普通高中近 4 000 名高二学生的调查结果表明,有 19.5% 的学生通过交纳赞助费和择校费进入高中,还有 6.5% 的学生通过关系进入高中。对于城市重点高中,通过交纳赞助费和择校费入校的学生占 25.2%,通过关系入校的占 6.2%,二者合计超过 30%。此外,通过交纳赞助费和择校费进入高中的学生比例最高的接近 40%,在一些地区,通过熟人关系进入高中的比例达到了 10%。②

根据高雯 2007 年对北京市四所公立高中高一学生的调查,学生入学方式的比例如表 9-7 所示。我们把通过择校费和赞助费入学以及通过熟人和关系入学均视为择校。可以看出,市级重点学校的学生通过择校方式入学的比例最高,达到了 27.4%,而且不论是通过金钱还是关系的方式入学的比例都是最高的。市级非重点学校的择校学生比例也超过了 20%。区县高中的择校学生比例要低一

---

① 唐秋凤:《择校现象的经济学分析》,载《市场与经济》2006 年第 1 期,第 35~37 页。
② 杨东平:《中国教育公平的理想与现实》,北京大学出版社 2006 年版,第 54 页。

些，为 15%～17%，而且通过关系入学的学生比例显著低于实际学校。

表 9-7　　　　2007 年北京市不同类型高中学生入学方式　　　　单位:%

进入本校的方式	市级重点	市级非重点	县/区重点	县/区非重点
通过考试	72.6	78.3	84.9	83.1
通过交择校费、赞助费	16.3	15.2	11.3	12.6
通过熟人、关系	11.1	6.5	3.8	4.3

资料来源：高雯：《现阶段阶层差距对高中教育入学机会的影响》，北京师范大学硕士论文，2008 年。

另外，根据胡咏梅等对北京市 2005 年情况的调查，通过缴纳择校费和根据学生特长择校是北京市中小学主要的择校途径，而依靠关系是应用最少的途径。[①] 另外，按照北京市教委的要求，高中择校生比例不得超过全校招生比例的 18%。大部分示范高中 2007 年降低了择校生招生比例，近半数示范高中择校生比例不足该校招生计划的 12%。[②]

至于择校费的标准，2005 年北京市基础教育阶段的平均择校费用以高中阶段最高，其次为小学阶段，初中阶段最低，分别为 27 518.34 元、19 637.83 元和 13 694.85 元。[③]

孔维虎把贵阳市普通高中分为三个层次：第一个层次，贵阳市Ⅰ、Ⅱ类示范性高中；第二个层次，普通高中或正准备申请进入示范性高中的学校；第三个层次，乡镇区域高中或在城市周边比较薄弱的高中。这三类学校 2002～2006 年的学费和择校费收取情况如表 9-8 和表 9-9 所示。可以看出，第三个层次学校（即薄弱学校）的学费不到第一个、第二个层次学校的一半，而且没有收取择校费。第一个、第二个层次学校的学费在 2005 年以后有了少量增长，但择校费增长得很快。以 2006 年为例，第一个和第二个层次学校的择校生需额外缴纳 1.8 万元和 1.5 万元的择校费，分别是其应正常缴纳的学费的 2.8 倍和 2.2 倍。个别学校收取的择校费超过 3 万元。另外，根据对家长的问卷调查，缴纳择校费就读高中的比例为 11.5%。

[①] 胡咏梅、卢珂、薛海平：《中小学择校问题的实证研究——基于北京市中小学的调查》，载《教育学报》2008 年第 2 期，第 74～78 页。
[②] "半数示范高中择校生不超过 12%"，《北京日报》，2007 年 5 月 11 日，第 5 版。
[③] 胡咏梅、卢珂、薛海平：《中小学择校问题的实证研究——基于北京市中小学的调查》，载《教育学报》2008 年第 2 期，第 74～78 页。

表 9-8　　　　　2002~2006 年贵阳市普通高中学费　　　单位：元/学期

层次	2002~2004 年	2005~2006 年
第一层次学校	960	1 060
第二层次学校	960	1 150
第三层次学校	450	450

资料来源：孔维虎：《贵阳市高中"择校"问题研究》，东北师范大学硕士论文，2008 年。

表 9-9　　　　　2002~2006 年贵阳市普通高中择校费　　　单位：元

层次	2002 年	2003 年	2004 年	2005 年	2006 年
第一层次学校	0.9 万	1.2 万	1.2 万	1.8 万	1.8 万
第二层次学校	0.6 万	0.6 万	0.6 万	0.6 万	1.5 万
第三层次学校	无	无	无	无	无

资料来源：孔维虎：《贵阳市高中"择校"问题研究》，东北师范大学硕士论文，2008 年。

李少萍对泉州市 73 所普通高中进行了调查，这些学校 1997~1998 年每学期收取 75~200 元的学费，1999~2005 年每学期收取 600~800 元学费。而 3 所省一级达标学校的择校费标准如表 9-10 所示。可见，这些学校的择校费在 1999 年以后大幅提升。另外，省二级达标中学、省三级达标中学和一般普通中学的 2003~2005 年的高中择校费分别为 12 000 元、4 000~9 000 元和 1 000~9 000 元。

表 9-10　　　　　泉州市省一级达标高中择校费　　　单位：元

1996 年	1997 年	1998 年	1999~2003 年	2003~2005 年
2 000~3 000	2 000~4 200	2 000~5 500	20 000	18 000

资料来源：李少萍：《我国高中教育收费存在的问题及对策研究——以泉州地区为例》，福建师范大学硕士论文，2006 年。

本课题组于 2008 年 9 月对甘肃、湖南、江苏三省的 13 所普通高中进行了问卷调查。对高一和高三学生问卷的分析表明，择校生比例在各地区和各年度之间存在很大的差异。图 9-16 说明三省高一年级中平均择校生比例为 16%，高三年级为 22%。各省择校生比例均低于 30%，甘肃省高一年级择校生比例为 25%，高于高三年级 9%；湖南省高一年级择校生比例为 11%，低于高三年级 17%；江苏省两年级择校比例之差为 10%。

图 9-17 表明不同类型学校之间的择校比例存在很大差异：第一，非重点中学的择校生比例高于重点中学。非重点中学中的高择校生比例是一个值得研究的

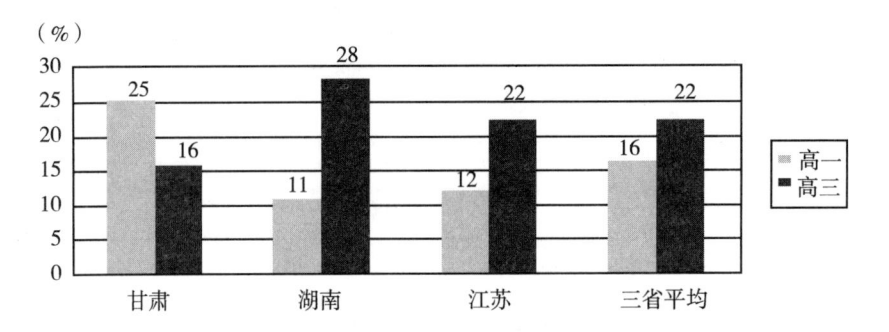

图 9-16 2008 年各省高中择校比例

资料来源：本课题组甘肃、湖南、江苏三省调查数据。

现象。以往调研多强调择校生集中于重点学校，从而有碍教育公平。但是，非重点中学中大量择校生的存在可能说明，首先，由于"三限政策"的存在，重点中学可能不能满足社会上所有的择校需求；其次，学生择校的目的可能不仅仅是为了教育质量，也许会考虑家校距离、学校特长等其他因素。第三，在湖南和江苏省，高三重点中学的择校比例高于高一重点中学的择校比例，高三非重点中学的择校比例高于高一非重点中学的择校比例。在甘肃省，重点和非重点中学各年级的择校比例非常接近。

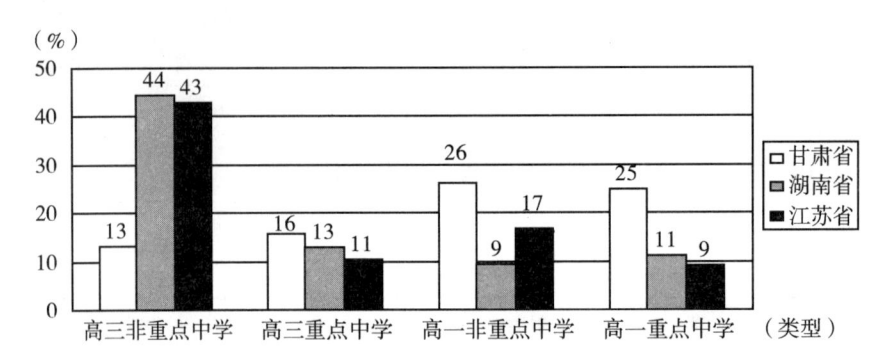

图 9-17 2008 年各省各类型高中择校比例

资料来源：本课题组甘肃、湖南、江苏三省调查数据。

二、公立普通高中择校的影响

（一）有碍教育公平

各种择校方式的基本特点是不按照考试分数的原则录取学生，而是借助权力或金钱获得入学机会。择校破坏了入学规则的公平，导致在相同的考试分数下，有权阶层和富裕阶层得以享受更多的优质公共教育资源，造成居民间入学机会的不公平。高中阶段入学机会的不公平还会影响中下阶层家庭的子女接受高等教育或享受优质高等教育资源的机会，造成进一步的教育不公平。而且如果中下层阶层的子女大多只能进入一般的学校，享受一般甚至质量较低的教育服务，那么中下层阶层难以改善和提升其社会经济地位，这种社会分化分层的格局在代际之间传递下去，将使社会分层固化，不利于社会公平的实现。

根据杨东平的调查，在重点高中就读的学生中，父亲职业为"私营企业主"的学生分别有39.4%和8.3%通过择校费和关系入学；父亲职业为"中层管理技术人员"的学生分别有29.7%和6.9%通过择校费和关系入学；父亲职业为"农民、民工、农村干部"的学生分别只有5.4%和3.3%通过择校费和关系入学。[①] 可见，能否进入重点高中不仅仅取决于分数的竞争，还要依靠家庭经济能力和社会权力的较量。

入学规则的多样化导致不同类型高中的学生家庭背景差异巨大。表9-11所示为2003~2004年对全国10个城市普通高中近4 000名高二学生的调查结果，可以看出，不论在城市还是农村，高中教育的阶层分化都十分明显，中上阶层的子女更容易进入重点中学，而中下阶层的子女则更多分布于普通中学。

表9-11　　　　　　不同类型高中学生的家庭背景　　　　　　单位：%

父亲职业	城市重点	城市非重点	农村重点	农村非重点
高阶层（中高级管理、技术人员）	42.1	26.5	18.0	14.1
中阶层（职员、办事员、个体经营者、私营企业主）	30.9	32.8	35.9	26.1
低阶层（工人、农民、民工、下岗、失业、家务）	27.0	40.7	46.2	59.8

资料来源：杨东平：《高等教育入学机会：扩大之中的阶层差距》，载《清华大学教育研究》2006年第1期，第20~25页。

另外，对北京市4所高中学生家庭背景的调查（见表9-12）也表明，无论是从父亲职业、父亲教育水平或家庭收入的角度看，好学校学生的家庭背景较好。对于社会经济地位处于底层的家庭而言，进入市级重点学校几乎是一种奢望。当然，一般来说家庭社会经济地位越好的学生，其成绩也会越好，因此在不控制学生成绩的情况下简单地比较不同学校的学生家庭背景是不科学的。但是，

---

① 杨东平：《中国教育公平的理想与现实》，北京大学出版社2006年版，第58页。

重点学校和非重点学校之间学生家庭背景呈现如此巨大的差异，仍不能不令人担忧。

表9-12　　　　北京市不同类型高中学生的家庭背景　　　　单位:%

家庭背景	市级重点	市级非重点	县区重点	县区非重点
父亲职业				
高阶层（中高级管理、技术人员）	56.9	30.8	19.1	12.9
中阶层（职员、办事员、个体经营者、私营企业主）	35.9	34.1	37.4	28.5
低阶层（工人、农民、民工、下岗、失业、家务）	7.2	35.1	43.5	58.6
父亲教育水平				
大专以上	45.7	21.5	10.2	7.6
高中阶段	40.6	47.7	43.5	35.5
初中及以下	13.7	30.8	46.3	56.9
家庭收入（在北京市的收入水平）				
高收入水平	45.3	12.5	16.9	12.3
中等收入水平	46.8	58.9	62.7	50.4
低收入水平	7.9	28.6	20.4	37.3

资料来源：高雯：《现阶段阶层差距对高中教育入学机会的影响》，北京师范大学硕士论文，2008年。

重点学校和非重点学校学生之间家庭背景的巨大差异，一方面可能源于重点中学考试录取条件的限制；另一方面可能是学生择校的结果。本课题组的调研发现家庭背景不仅与高中类型相关，而且可能与学生择校行为有直接的关系。换言之，重点中学内高社会经济背景学生的集中，在很大程度上可能是学生择校行为的结果。

本课题组在甘肃、湖南、江苏三省的调研发现父母的教育程度与择校相关。图9-18和图9-19说明高一年级学生父母学历越高，学生越容易参与择校；高三年级学生父母学历越低，学生越容易参与择校，但是父母学历为本科以上学生的择校比例要绝对的高于父母学历为初中和高中的学生。这说明近年来择校政策的变化越来越有利于高社会经济背景学生参与择校。

此外，父母的月收入也与学生择校行为有关，但是两者之间不是简单的线性关系。图9-20说明当父亲月收入低于2 000元时，择校比例随着收入增长而递增；当月收入居于2 000元和4 000元之间时，择校比例显著下降；当月收入大

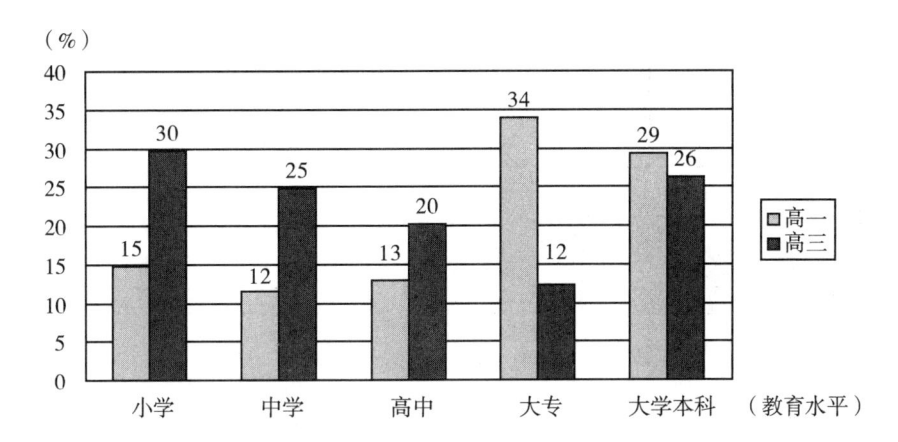

图 9-18 父亲教育与普通高中择校比例

资料来源：本课题组甘肃、湖南、江苏三省调查数据。

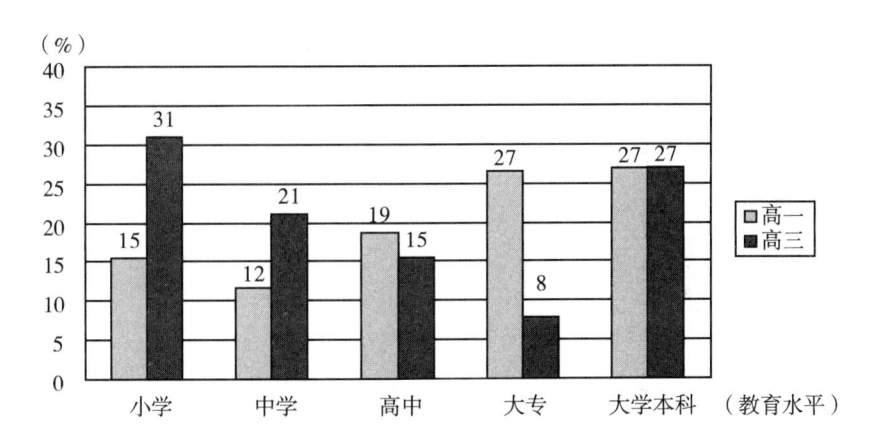

图 9-19 母亲教育与普通高中择校比例

资料来源：本课题组甘肃、湖南、江苏三省调查数据。

于 4 000 元时，择校比例再次提高。值得注意的是比较中等收入和高收入家庭（月收入 2 000 元组和 4 000 元以上组），高收入家庭子女的择校比例不仅远远大于低收入家庭子女，而且也绝对地高于来自中等收入家庭的学生。

低成绩学生的择校现象可视为教育机会不公平的另一个例证，图 9-21 显示在高一和高三年级学生中，中考成绩最低组学生参与择校的比例最高，而中考成绩最高组学生参与择校的比例最低，前者约为后者的 1.5~3 倍。对此的一个解释是在中考成绩与择校之间存在替代关系。此外，高三学生中成绩最低组和中低组的择校比例接近，但是在高一学生中，两组的择校比例差距极大。

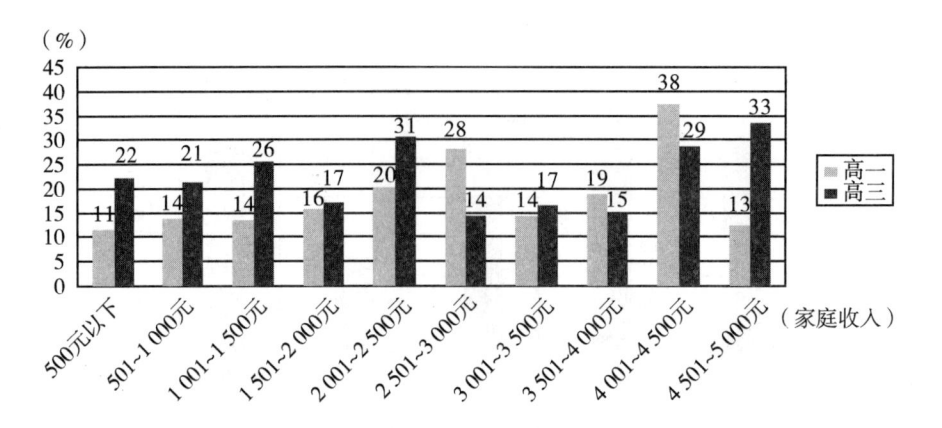

图 9-20　父亲月收入与普通高中择校比例

资料来源：本课题组甘肃、湖南、江苏三省调查数据。

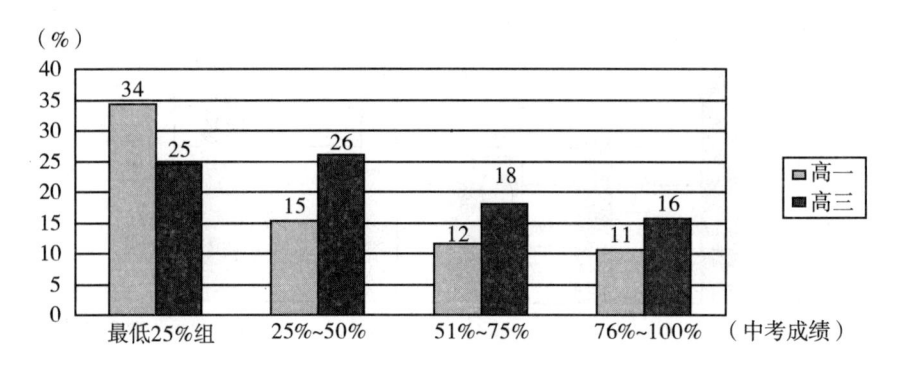

图 9-21　2008 年中考成绩与普通高中择校比例

资料来源：本课题组甘肃、湖南、江苏三省调查数据。

（二）增加学生家庭经济负担

如上所述，2005 年北京市普通高中择校费平均为 27 518 元，贵阳市示范性高中、泉州市省一级达标学校的择校费平均为 18 000 元，而有些高中的择校费事实上还高于这些数值。如此高昂的择校费势必给学生家庭，特别是中低收入家庭带来沉重的经济负担。根据下表，高中择校费是城镇居民人均可支配收入的 1.27～1.81 倍，是农村居民人均纯收入的 2.93～5.74 倍。如果从消费支出的角度看，则择校费带来的教育支出负担更为沉重（见表 9-13）。

表9-13　　2005年三个城市的高中择校费与居民收入和支出的关系

项　　目	北京市	贵阳市	泉州市
高中择校费（元）	27 518	18 000	18 000
城镇居民可支配收入（元）	17 653	9 928	14 209
城镇居民人均消费支出（元）	13 244	7 693	10 002
农村居民人均纯收入（元）	7 346	3 135	6 123
农村居民人均消费支出（元）	5 316	2 296	4 258
高中择校费/城镇居民可支配收入	1.56	1.81	1.27
高中择校费/城镇居民人均消费支出	2.08	2.34	1.80
高中择校费/农村居民人均纯收入	3.75	5.74	2.94
高中择校费/农村居民人均消费支出	5.18	7.84	4.23

注：北京市择校费为平均值；贵阳市为示范性学校的择校费；泉州市为省一级达标学校的择校费。

资料来源：胡咏梅、卢珂、薛海平：《中小学择校问题的实证研究——基于北京市中小学的调查》，载《教育学报》2008年第2期，第74~78页；孔维虎：《贵阳市高中"择校"问题研究》，东北师范大学硕士论文，2007年；李少萍：《我国高中教育收费存在的问题及对策研究——以泉州地区为例》，福建师范大学硕士论文，2006年；《中国统计年鉴2006》；《贵州统计年鉴2006》；《福建统计年鉴2006》。

表9-14总结了课题组对甘肃、湖南、江苏三省择校费负担率的分析。分析将高中分为省级示范高中、市级示范高中和一般高中，并且考虑了省内地区之间负担率的差异。

表9-14　　　　　　　　　　择校费负担率

项　　目	甘肃 兰州	甘肃 其他地区	湖南	江苏 苏南和苏中	江苏 苏北
高中择校费上限（元）				30 000	25 000
省级示范高中	20 000	6 000	8 000		
市级示范高中	9 000	4 000	6 000		
人均收入和支出（省均，元）					
城镇居民可支配收入	8 921	8 921	10 505	14 084	14 084
城镇居民人均消费支出	6 974	6 974	8 169	9 629	9 629
农村居民人均纯收入	2 134	2 134	3 390	5 813	5 813

续表

项　　目	甘肃 兰州	甘肃 其他地区	湖南	江苏 苏南和苏中	江苏 苏北
农村居民人均消费支出	1855	1855	3013	4135	4135
	省级示范高中择校费负担率			高中择校费负担率	
省级示范高中择校费/城镇居民可支配收入	2.24	0.67	0.76	2.13	1.78
省级示范高中择校费/城镇居民人均消费支出	2.87	0.86	0.98	3.12	2.60
省级示范高中择校费/农村居民人均纯收入	9.37	2.81	2.36	5.16	4.30
省级示范高中择校费/农村居民人均消费支出	10.78	3.23	2.65	7.25	6.05
	市级示范高中择校费负担率				
市级示范高中择校费/城镇居民可支配收入	1.01	0.45	0.57		
市级示范高中择校费/城镇居民人均消费支出	1.29	0.57	0.73		
市级示范高中择校费/农村居民人均纯收入	4.22	1.87	1.77		
市级示范高中择校费/农村居民人均消费支出	4.85	2.16	1.99		

注：苏南地区包括苏州、常州、无锡和南京；苏北包括徐州、淮阴、盐城、连云港和宿迁；苏中包括扬州、泰州、南通。甘肃的"其他地区"指兰州地区之外的其他地区。

资料来源：《甘肃省物价局省财政厅省教育厅关于规范普通高级中学收费政策的通知》（2008）；《江苏省物价局省财政厅省教育厅关于进一步规范全省公办普通高中收费管理有关问题的通知》（2007）；《湖南省物价局湖南省财政厅湖南省教育厅关于高中教育收费有关问题的通知》（2005）；《中国统计年鉴2007》。

第一，与胡咏梅等、孔维虎、李少萍等人的研究结果相比，甘肃等三省高中择校费的家庭负担更为沉重。以高中择校费占农村居民人均纯收入的比例为例，兰州地区高中择校费是该地区农村居民人均纯收入的9.37倍，在较富裕的苏南和苏中地区，这一比例也达到了5.16倍。

第二，同一省份内不同地区择校费的负担率不同。兰州地区省级示范高中的择校费是城镇居民人均消费支出的 2.87 倍，而甘肃其他地区的省级示范高中择校费仅为城镇居民人均消费支出的 0.86 倍。

第三，省间高中择校费的负担率差异很大。湖南省级示范高中的择校费约为甘肃兰州地区的 40%，约为江苏苏南和苏中地区的 27%；湖南城镇居民可支配收入要高于兰州地区，低于江苏。湖南省级示范高中的择校费占城镇居民可支配收入的 76%，兰州地区为 224%，苏南和苏中地区为 213%。

第四，省级示范性高中择校费的可负担性低于市级示范校。以甘肃省为例，兰州地区与其他地区省级示范高中的择校费差距为 14 000 元，市级示范校的差距为 5 000 元。无论对城镇居民还是农村居民，省级示范性高中的择校费占他们收入或者消费支出的比例都远高于市级示范性高中。

（三）滋生腐败

如果说"以钱择校"为高收入阶层提供了更多的受教育机会，那么"以权择校"则为特权阶层，特别是政府官员享受优质公共教育资源提供了更多的可能，这显然是一种腐败，导致社会不公和政府公信力的下降。对于教育行政部门和学校而言，"以权择校"的问题非常敏感，因此在调查研究中很难获得相关数据，我们无法对"以权择校"的现状做出更详尽地描述。但我们认为，"以权择校"是比"以钱择校"性质更为严重的问题，需要引起高度重视。而且正如下文指出的，一定程度上正是因为政府官员有利可图才使得择校问题长期存在。

（四）拉大高中的校际差异

由于我国长期实行重点校或示范校政策，高中学校的校际差异原本就很大。例如刘凯对甘肃省 2005 年 20 个区县 90 所高中关于师资配备、经费投入以及办学条件等方面的数据进行分析，指出甘肃省存在着严重的教育资源失衡问题。[①]高中择校问题的存在使得条件较好的高中能够从学生缴纳的择校费或从具有政府背景的学生家庭那里获得更多的经济资源，从而进一步拉大了高中的校际差异，包括办学经费、办学条件、师资、生源等各个方面。

（五）对教师和学生的影响

对于接受择校学生的学校而言，教师和学生显然会受到择校行为的影响。由

---

① 刘凯：《高中教育资源县域内配置失衡问题分析——以甘肃省 20 县区 90 所高中的调查为例》，载《上海教育科研》2006 年第 3 期，第 14～15 页。

于择校生的学习成绩一般低于非择校生,因此从理论上说,教师的工作量和收入可能会增加,择校生的学习成绩可能会提高,非择校生的成绩可能会下降,但目前还缺乏有足够说服力的经验研究。

三、公立普通高中择校的成因分析

(一) 供给和需求分析

我们从两个方面简要分析高中择校问题产生和存在的原因。从需求的角度看,首先,近年来高中阶段学龄人口比例逐年增加,15～19岁人口占全部人口的比例分别为:1995年7.38%、2000年8.29%、2005年8.50%、2006年8.81%,[①] 这导致对高中阶段教育的需求量增加,属于额外教育需求。[②] 其次,居民收入水平普遍提高后,不但对子女接受更多教育的需求提高了,对希望子女接受更好教育(包括更好的高中教育)的需求也提高了。这属于差异化教育需求。[③] 最后,很多研究表明,我国高等教育的私人收益率很高,而且逐年上升,[④] 促使家长选择更好的高中学校以帮助子女进入高等学校就读。上述分析表明,一些非教育的外部因素导致我国居民对优质高中资源的需求增加,这可能是经济和教育发展过程中必然出现的现象。人口增长和收益率上升将会拉动社会对择校的需求。

从供给的角度看,首先,如前文所述,我国政府对普通高中的财政投入是远远不够的,特别是学校的基建经费和公用经费难以得到保障,促使学校不得不向学生收费以获得学校生存和发展所需的经费。由于学费水平受到各级政府的严格规制,通过择校费或赞助费寻求额外收入就变得很自然了,而政府也正好可以通过这样的方式减轻自身的财政压力。其次,通过支付更高的费用到私立学校就读是很多国家解决学校选择问题的通行做法,但在我国,私立学校无论在数量上还是质量上都远远不能与公立学校抗衡,因此大多数家长只能在公立高中范围内进行择校。再次,按理说,同一县域或地级区域内的公立高中都应该平等地获得公共财政资源,但自20世纪50年代以来,我国在公立基础教育领域就一直存在

---

① 历年《中国人口统计年鉴》。
② James, E: Why Do Different Countries Choose a Different Public - Private Mix of Educational Services? The Journal of Human Resources, 1993, 28 (3), pp. 571 - 592.
③ James, E: Why Do Different Countries Choose a Different Public - Private Mix of Educational Services? The Journal of Human Resources, 1993, 28 (3), pp. 571 - 592.
④ Zhang, J., Zhao, Y., Park, A. and Song, X: Economic returns to schooling in urban China, 1988 - 2001. Journal of Comparative Economics, 2005, 33 (4), pp. 730 - 752.

"重点校"政策,重点学校获得了比非重点学校多得多的财政资源。[①] 在特定的历史时期下,重点校政策起到了迅速培育一批教育质量较高的中小学,使得一部分适龄儿童和青少年受到较高质量的教育,为上一级重点学校和高等学校输送精英的作用。但是也不可避免地扩大了校际间公立学校在资源配置和教育质量上的差距,为公立高中的择校提供了可能。最后,相对于西方民主国家而言,我国政府部门的权力过大,而且缺乏有效监督,一些政府部门通过与学校共建的名义,利用公共资源为其子女提供择校机会。而教育行政官员也可能出于自身利益最大化的动机支持择校,以便使自己的子女更有可能获得优质教育资源。因此,公共财政供给的不足、民办教育质量的问题和重点校的传统将会拉动民间对择校的需求。

综上所述,随着经济和教育事业的发展,居民对优质高中资源的需求越来越旺盛,但由于财政供给不足、私立高中教育发展滞后以及一些制度层面的原因,使得居民对优质高中资源的需求难以通过合理的渠道得到满足,从而引发了公立高中择校现象。

(二) 高中学生择校影响因素分析

课题组利用三省高一学生问卷,从个人需求的角度对择校的影响因素进行了分析。研究从三个维度探讨了个人择校的影响因素:第一,个人因素,其中包括学生的性别、民族、省份、户口所在地区、中考成绩、是否在重点中学学习、是否在重点班学习。以往研究偏重对家庭因素对择校决定的影响,而忽略了个人因素的作用。课题组的描述统计分析发现,中考成绩、是否在重点中学和重点班就读等,个人因素与择校选择也有很密切的关系。第二,家庭背景因素,这里着重考察母亲的职业层次、父亲的学历和月收入对择校的影响。[②] 第三,初中补习情况,其中包括初三补习课程数量、初三每周补习时间和初三年补习费用。从理论上分析,初中补习和高中择校之间可能存在替代关系。家庭可能会为了提高中考成绩而大量投资于初三补习,以降低择校的可能性和未来的择校支出。同理,有些家庭可能选择少量的初中补习,而把家庭资源集中用于支付高中的择校费。因此,可以假设初中补习和高中择校之间存在替代关系。

课题组于 2008 年 9 月对甘肃、湖南、江苏三省的 13 所高中进行了问卷调

---

① 王善迈:《基础教育"重点校"政策分析》,载《教育研究》2008 年第 3 期,第 64~66 页。
② 母亲职业层次的划分采用高雯(2008)的方法,即中高级管理和技术人员属于高阶层;职员、办事员、个体经营者、私营企业主属于中阶层;工人、农民、下岗、无业和其他属于低阶层。父亲学历分为三个层次,大专以上、高中、初中及以下。父亲收入分为五等分,低于 1 000 元、1 000~2 000 元、2 000~4 000 元、4 000 元及以上。

查。样本中包括高一学生 870 人、高三学生 638 人。问卷内容涉及学生个人信息、家庭背景信息、个人择校选择和教育成本、中学补习情况或高中毕业后志愿等问题。

回归模型及结果如表 9-15 所示。模型的被解释变量为高中择校选择（哑变量，0/1 取值）。模型 1 和模型 2 为 Logit Model，模型 1 中包括个人因素和家庭背景因素，模型 2 进一步加入初三补习变量，后者为分析的基本模型。模型 3 为 Multinomial Logit Model，它对模型 2 进行了拓展，其被解释变量仍为高中择校。这个分类变量取值为 1~4，分别代表重点校择校、重点校非择校、非重点校择校、非重点校非择校四种情况，其中参照组为非重点校非择校。模型 3 的目的是为了分析重点学校择校和非重点学校择校决定因素的异同。模型的拟合程度用拟 R 平方（Pseudo R Square）来衡量，表 9-28 报告了拟 R 平方的值，表中数字为比值比（odds ratio）。

表 9-15　　　　　高中择校影响因素分析：回归分析结果

解释变量	模型 1 择校	模型 2 择校	模型 3 重点校择校	模型 3 非重点校择校	模型 3 重点校非择校
男性	1.0546	1.9527	46.3871*	0.7066	1.7058
少数民族	2.1131	15.0392**	373.9660**	3.0845	0.8706
湖南	0.4273+	0.0882**	0.0103*	0.0119**	0.1274
江苏	0.9835	0.2237		0.1743	0.0193*
直辖市/省会/地级市	0.4274*	0.1344*	0.1105	0.1132	4.0601
中考成绩中低组	0.3722*	0.1711*	3.2601	0.1358	24.9393**
中考成绩中高组	0.2278***	0.1601+	19.6565		33.2728*
中考成绩最高组	0.2317**	0.0483**	4.1984	1.4297	4.400***
重点中学	1.3491	1.459			
重点班	0.2748***	0.7335	60.9529*	1.0534	7.8665*
母亲高层次职业	2.6948	2.1589	17.576	0.4191	1.1014
母亲中层次职业	1.7274+	0.6904	1.5361	0.8051	1.9623
父亲高中毕业	0.5877	0.8627	0.4077	0.8084	0.8871
父亲大专本科及以上	1.2631	1.3801	1.6613	0.9721	1.3007
月收入 1 000~2 000 元	0.9926	1.9921	0.6116	2.9453	0.7876

续表

解释变量	模型1	模型2	模型3		
	择校	择校	重点校择校	非重点校择校	重点校非择校
月收入2 000~4 000元	2.0572 +	7.7106 **	1.6988	32.1268 **	2.5903
月收入4 000元以上	1.5186	3.4695	1.6483	18.1379	0.7735
初三补习四门及以上		0.4916	1.5595	0.2485	1.3726
初三每周补习四小时及以上		0.349 +	0.0535 **	0.2046 *	0.2136 *
年补习费用大于580元		2.8752 +	13.2003	0.9004	0.1765 *
模型拟合度	0.1528	0.3158	0.5141		
样本数量	570	179	179		

注：（1）表中数字为比值比。+：$p<0.1$；*：$p<0.05$；**：$p<0.01$；***：$p<0.001$。

（2）模型1和2为逻辑斯特回归，被解释变量为高中择校（哑变量，0/1取值）。模型3为多元逻辑斯特回归，被解释变量为高中择校（分类变量，1-4取值），参照组为非重点学校非择校生。省份变量的参照组为甘肃；区域变量的参照组为县城/乡镇/农村；中考成绩的参照组为最低组；母亲职业层次的参照组为最低组；父亲学历参照组为初中毕业及以下；父亲月收入参照组为1 000元及以下；初三补习数量的参照组为三门及以下；初三补习时间的参照组为每周三小时及以下；年补习费用的参照组为580元以下。

根据模型2（基本模型）可以得出如下结论。第一，择校选择在很大程度上受到个人因素的影响，其中包括民族、地区、户口所在地、中考成绩。研究发现少数民族学生的择校可能性比其他学生高，甘肃省学生择校的概率高于湖南省学生。此外，户口在直辖市、省会或者地级市学生的择校可能性仅为户口在县城、乡镇和农村学生择校可能性的13%，这似乎和直觉相反，可能说明择校政策在中心和城市地区约束性较强，在边缘和农村地区约束性较弱，所以在农村地区择校较易。与中考成绩最低组学生相比，中考成绩属于中低组和中高组学生择校的概率仅为前者的16%~17%，中考成绩最高组择校的可能性仅为最低组的5%。这说明能力是决定择校的一个重要前提条件，低能力的学生倾向于参与择校。

第二，家庭背景主要是通过家庭收入对择校产生影响。由于父母教育、职业层次和收入可能存在的多重共线性，模型2中只有父亲月收入对择校有显著的影响。在其他变量不变的情况下，父亲月收入2 000~4 000元学生择校的可能性是父亲月收入低于1 000元学生的7.7倍。此外，母亲的高层次职业和父亲的高学历对择校有正向的、不显著的影响。

第三，补习时间和费用对择校有显著影响。与每周补习时间低于 4 小时的学生相比，补习 4 小时及以上学生的择校可能性只是前者的 35%，换言之，补习时间越长，择校可能性越低。这一结果接受了补习与择校之间存在替代关系的假设。与花费小于年补习费用均值（580 元每年）的家庭相比，花费大于均值的家庭更倾向于选择高中择校。此外，补习课程多于 4 门学生择校的概率约为补习较少学生的 50%，但是回归系数不显著。

模型 3 对基本模型进行了拓展，其结论与基本模型一致，但也存在一些差别。一是性别和民族对选择重点学校择校有显著的正向影响，而对于非重点学校择校无显著影响。二是父亲月收入对重点学校择校无显著影响，但是对非重点学校择校有显著的正向影响。三是补习时间对择校有显著的副作用，对重点校择校的影响更大。每周补习时间大于 4 小时学生参与重点校择校的可能性为补习低于 4 小时学生择校概率的 5%，而每周补习时间大于 4 小时学生参与高中非重点校择校的可能性是补习低于 4 小时学生择校概率的 20%。

简言之，非城市地区、能力较低、家庭收入属于中高层次、补习时间短、补习支出大的家庭倾向于高中择校。重点高中择校的决定因素与非重点校择校的决定因素不完全相同，父亲月收入影响非重点校择校，性别和补习时间更加影响重点校择校。这个问题有待进一步的探索。

（三）从普通高中教育财政的视角观察择校现象

前文从供给和需求的角度分析了高中择校问题的成因，也就是从推动和拉动机制阐释了我国现阶段为何会出现公立高中择校现象。这属于宏观层面的分析。上述回归模型从微观层次对择校进行了分析，发现个人的择校受到个人因素、家庭背景和初中补习的影响。

那么，如果从教育财政的角度进行分析，为何现阶段会存在高中择校现象呢？这主要是由于公立高中公用经费和基建经费对学费和择校费的高度依赖。公立高中支持择校在很大程度上是因为经费不足。

高中阶段教育财政充足分析已经对公立高中经费的充足性问题进行了深入的分析。分析说明：一是高中阶段财政性教育经费占教育总收入的比例不断下降，从 1996 年的 67% 降为 2006 年的 55%，2006 年学杂费和其他教育经费（含择校费）之和已经占到总经费的 40%。二是预算内经费比例逐年下降。普通高中预算内人员性经费约为人员总经费的 65%，预算内公用经费约为公用总经费的 15%~20%，预算内基建经费约占基建总经费的 30%。换言之，35% 的人员经费、80% 以上的公用经费、70% 的基建经费要靠预算外经费支付。

这种局面的直接后果如下：一是高中阶段总投入低于理想状态下的投入水平

（合意水平）；二是学校质量受到影响；三是学校之间的经费差距进一步扩大；四是学校高度依赖自筹经费，尤其是学费和择校费收入。课题组访问的三省六县区教育主管部门和学校领导普遍反映了普通高中和中职面临经费不足的问题。政府投入的不足限制了学校的发展，而且示范校和非示范校之间的差距不断加大。学校对学费和择校费的依赖程度越来越高。

政府投入比例下降的背景是各省政府提出的"多渠道筹集高中经费"政策。随着多元化筹资局面的出现，各级政府普遍弱化了对高中财政的投入，强调学校应该自筹资金来维持学校的运营和发展。各省出台了一大批高中收费政策，它们规定了高中的学费和择校费标准，但很少明确地提出政府对高中投入的责任（例如，甘价费〔2008〕202号；湘价费〔2007〕92号；苏价费〔2007〕247号）。多元化筹资渠道被片面的理解为学校应该更多地使用学费和择校费收入来弥补政府投入不足造成的经费缺口。

对公立普通高中目前经费结构的分析可以清晰地说明学校对学费和择校费的依赖。表9-16根据对甘肃省教育厅及两个县区教育局和多所学校的访谈，归纳了甘肃省普通高中和中职学校的经费结构以及各级政府的投入情况。

表9-16　　　　甘肃省普通高中和中职经费支出负担情况

项目	学校	县区	市	省	中央
人员性经费					
教师工资和津补贴	支付校聘代课教师工资	支付县聘代课教师工资；受财力限制，极少提供津贴	受财力限制，极少补贴	给津补贴政策，但是极少提供津贴	全员聘任，国库支付基本工资、班主任津贴
教辅和其他人员（网管、勤杂、保安、宿舍管理）	学校从学费和择校费收入中支付				
公用经费					
水电暖费	学校从学费和择校费收入中支付	受财力限制，极少补贴	受财力限制，极少补贴		

续表

项目	学校	县区	市	省	中央
办公费	学校从学费和择校费收入中支付	补贴标准很低,负责本级财政直属学校	只负责本级财政直属学校		
教师培训	学校支付食宿费用,提供代课教师费用			负担部分的高中教师培训费、住宿费、交通费	
设备和材料	学校从学费和择校费收入中支付			通过专项提供一些资助	通过专项提供一些资助
基建和维修					
校舍	学校从学费和择校费收入中支付;工程队赊欠;银行贷款;教师筹款			少量专项投资,集中于省级示范校	国家寄宿制工程专项
宿舍和食堂	学校从学费和择校费收入中支付;工程队赊欠;银行贷款;教师筹款			少量专项投资,集中于省级示范校	国家寄宿制工程专项

资料来源：课题组对甘肃省访谈的总结。

　　本课题组对甘肃、湖南、江苏三省访谈的分析结果强调了以下三个问题：

　　第一，政府保障普通高中人员性经费，但对公用经费和基建经费投入不足。高中人员性经费中的教师工资和津补贴（绩效工资部分）由国库集中支付，基本上可以得到保障。省、市、县出台了很多地方性的津补贴政策，但是很少有配套资金。学校必须支付不在编的教辅人员和行政管理人员的工资，其中包括网管、勤杂工、保安和宿舍管理人员等。个别省份在实行新的国家绩效工资政策以前，存在将预算外经费化为预算内经费来支付教师津补贴的现象。江苏省访谈中提到，教师工资应该由预算内财政经费负担，但是在实际上有些地方将学校收费的一定比例统筹作为教师工资。全省每年至少有 5 亿～6 亿元的预算外资金被调入预算内使用。

在公用经费中，县、区、市政府受到本级财力的限制，仅提供了非常有限的水电费和办公费补贴，而且多数县区政府仅支付隶属于本级政府的普通高中和中职。县、区、市政府对教师培训、学校的材料和设备几乎没有投入。省政府目前负责普通高中教师培训，包括部分的教师培训费、住宿费和交通费，并通过专项提供了一些设备和材料费。甘肃省的访谈中提到普通高中公用经费不足，学校运转的公用经费和教师津补贴主要靠收费。并且靠学杂费支付办公、维修、改造。江苏省访谈中也提到普通高中公用经费不足，其中水电费占到学校公用经费的很大部分。有的学校公用经费只够支付水电费，每年公用经费的缺口大，实验仪器严重不足。

对基建和维修经费，县、区、市政府几乎没有投入，省级政府有少量专项投入，但是集中于省级示范校。中央政府通过专项（例如国家寄宿制工程等）对校舍、宿舍和食堂的建设与维修投入了部分资金。

甘肃省的访谈中提到高中基建经费不足，学校靠负债进行建设。建设资金主要来源于工程欠款和教师筹资。学校发展财力不足，省级和市级的示范高中可以从银行贷款来支持基础设施建设和维修，但是一般学校无法从银行获得信贷。湖南省的访谈中提到政府对基建投入不足，而且政府对市区学校所拥有房地产的收益进行严格控制，学校难以将这些收益用于再建设。过去几年中，长沙市部分学校采取了将土地盘活，进行房地产运作以偿还学校债务的现象。政府逐渐认识到教学用地的重要性，终止了这种举动，但是政府并没有帮助学校解决巨大的基建负债。目前湖南省示范高中平均负债约为 4 800 万元。江苏省的访谈中提出高中阶段的教育发展基本靠贷款，全省普通高中负债估计达到 90 多亿元。苏南地区的建校经费都由财政来投入，而苏北地区则全部靠贷款。

第二，学校用学费和择校费收入来弥补公用经费和基建经费的缺口。甘肃省和湖南省的访谈中提到近年来学校运营成本提高，但是学费标准未变，因此学校经营困难。例如，近年来学校服务性支出增多，但普通高中得不到预算内公用经费拨款，完全由学校自己开支。此外，学校依赖自筹经费解决公用经费和学校建设问题。湖南省学校自筹收入的一部分用于人员支出，另一部分用于公用经费以及学校建设。在公用经费方面，财政补贴不足 50%，经常出现预算外经费弥补公用经费的情况。湖南县区教育局反映普通高中无预算内公用经费，完全靠收费维持普通高中正常运转。

第三，现有的多级统筹模式不合理。县区财政力量薄弱，无力负担隶属学校的财政需求。省与中央的转移支付一般以专项形式下拨，对增加预算内经常性经费的供给没有很大的帮助。甘肃省的访谈中提到县政府财政紧张，只能保证教师工资，其余经费很少。县财政属于"吃饭财政"，没有能力支持学校建设。市级政府和省政府对县区普通高中的转移支付非常有限，不能根本改善学校经费紧张的状况。

总而言之，由于公立普通高中公用经费和基建经费对学费和择校费的高度依赖，普通高中择校不可能在短时间内消失。如果要取消择校，那么必须改变现有的拨款方式，保证预算内公用经费和基建经费维持在较高的水平，能满足学校日常运行和常规发展的需要。

四、政府应对公立普通高中择校问题的政策
——"三限"政策

（一）"三限"政策的内容和实施结果

每年国家在治理教育乱收费工作的实施意见中都提出一些"三限"政策实施的补充规定，其中最为典型的是教育部等七部门《关于 2006 年治理教育乱收费的工作的实施意见》，它对一些细节进行了比较明确地规定，如要力争逐步降低"择校生"的比例和收费标准，择校比例以学校为单位计算，"择校生"比例不许超过当年招收高中学生计划数的 30%，除"择校生"外不允许其他任何名义招收学生，"择校生"要按照学生的考试成绩，一次招满等。

"三限"政策从治理教育乱收费的角度对公立普通高中择校进行干预，[①] 一定程度上遏制了重点或示范性高中的乱收费行为。但产生普通高中择校问题的原因是多方面的，"三限"政策未能触及一些根本性的问题（如政府投入不足、校际差异大、私立教育不发达、政府权力得不到有效制约和监督等），更何况"三限"政策的出台本身就承认了公立普通高中择校的合法性，因而这一政策不能根除普通高中择校现象，也无法对"以权择校"形成强有力制约。在政策执行过程中，还出现了"人数过多"、"钱数过高"、"分数过低"的现象，而且各省

---

① 吴遵民、沈俊强：《论择校与教育公平的追求——从择校政策的演变看我国公立学校体制变革的时代走向》，上海市社会科学界第四届学术年会论文，2006 年。

市和地方执行"三限"政策的力度并不相同。①

(二) 对各省公立普通高中收费和择校政策的分析

各省根据中央政府精神,对本省的高中收费问题和择校政策进行了规范,先后出台了一批地方性法规。这些法规在我国的法律体系中属于第三个层次,其效力低于法律和行政法规,但是对地方学校的行为具有严格的约束力。课题组调查的甘肃、湖南和江苏三省一系列普通高中收费政策和择校政策,对本省的择校行为进行了规范。

表9-17总结了三省2000年以来出台的有关政策。初步分析说明了以下几个问题。第一,从政策的主体来看,各省颁布有关政策主体主要是教育厅、财政厅和物价局。其中,有关涉及教育收费问题的文件,一般由教育厅、财政厅和物价局联合发布,有关高中管理的政策由教育厅单独发布。第二,从政策结构的系统性来看,有关择校问题的政策一般由三部分构成,即高中重点校政策、高中收费政策和高中择校政策。其中甘肃和江苏的政策主要是高中收费政策和高中择校政策。湖南系统性较强,颁布了三个方面的政策。第三,从政策的内容来看,各省都严格地把"三限"作为择校政策的基本出发点,但是在具体的规定上有不同的认识和解释。政策规范的范围和力度都存在地区差异。

表9-17   甘肃、湖南、江苏普通高中收费和择校政策

省份	政策	行政部门	出处
甘肃	关于规范普通高级中学收费政策的通知	省物价局、财政厅、教育厅	甘价费〔2008〕202号
	2008年甘肃省规范教育收费治理教育乱收费工作实施意见	省教育厅、纠风办、监察厅、财政厅、物价局、审计厅、新闻出版局	甘教厅〔2008〕44号
	关于我省公办高中招收"择校生"实行"三限"政策有关问题的通知	省物价局、财政厅、教育厅	甘价费〔2003〕246号

---

① 黄云龙:《公立普通高中"三限"政策失真问题研究》,东北师范大学硕士论文,2007年。

续表

省份	政策	行政部门	出处
湖南	关于印发《湖南省重点高中管理办法》的通知	省教育厅	湘教发［2003］36号
	关于印发《湖南省示范性普通高级中学管理办法》的通知	省教育厅	湘教发［2005］121号
	关于高中教育收费有关问题的通知	省物价局、财政厅、教育厅	湘价费［2005］107号
	关于2006学年公办高中教育收费有关问题的通知	省物价局、财政厅、教育厅	湘价费［2006］80号
	关于加快普通高中教育改革与发展的意见	省人民政府办公厅	湘政办发［2004］20号
	关于2007学年教育收费有关问题的通知	省物价局、财政厅、教育厅	湘价费［2007］92号
江苏	关于调整中小学杂费标准和普通高中招生收费实行并轨的通知	省教育厅、财政厅、物价局	苏价费［2000］167号
	关于进一步规范全省公办普通高中收费管理有关问题的通知	省物价局、财政厅、教育厅	苏价费［2007］247号
	江苏省中小学教育收费定价成本监审办法（试行）	省物价局	苏价本［2007］268号
	关于2003年公办高中招收择校生若干问题的通知	省教育厅、物价局、财政厅	苏价费［2003］153号
	省物价局关于星级高中有关收费问题的复函	省物价局	苏价费函［2007］42号

资料来源：课题组甘肃、湖南、江苏三省调研材料。

甘肃省政策可以概括为"周密、少变化"。首先，甘肃省的有关政策对高中收费的内容做了详尽的规定。例如，在高中收费政策上，《2008年省物价局省财政厅省教育厅关于规范普通高级中学收费政策的通知》（甘价费［2008］202号）明确了规范高中收费的原则、收费项目的内容，并对每一项收费内容都进行了具体解释。在《甘肃省物价局、甘肃省财政厅、甘肃省教育厅关于我省公办高中招收"择校生"实行"三限"政策有关问题的通知》（甘价费［2003］

246号）中，政府不仅规定了省级和市级示范高中的收费标准上限，而且对不同的地区制订了不同的收费标准。

其次，"三限政策"的内容自2003年以来基本没有发生重大的变化，政策具有很强的连续性。例如，在"限分数"方面，甘价费［2003］246号规定"从高分到低分依次录取，降分幅度不得超过30分"，甘价费［2008］202号提出"教育行政主管部门对完成招生计划的学校，可根据其办学条件及招生情况制定择校生分数线，从高分到低分依次录取，一次招满"。在"限人数"方面，2003年和2008年政策都规定"人数不等超过教育行政主管部门下达招生计划的20%"。在"限钱数"方面，2003年兰州地区省级示范高中每生最高三学年不超过2万元，市级示范校不超过1.4万元，这一政策一直延续到2008年。

湖南省政策的特点是"重点校为核心、学费稳定、择校政策变化多"。第一，湖南省的择校政策与重点校政策关系密切。2003年省教育厅出台重点高中管理办法（湘教发［2003］36号），2005年出台的示范校普通高级中学管理办法（湘教发［2005］121号）取消了重点校制度，代之以示范校制度。重点校或示范校的择校问题是湖南省政策规范的重点。第二，2005~2007年湖南省各类型高中的学费比较稳定，一直执行2005年出台的《关于高中教育收费有关问题的通知》（湘价费［2005］107号）的规定，省级示范高中每期不超过1 000元、市级示范高中不超过800元，其他高中不超过550元。

最后，在择校政策方面，限人数和限钱数政策先后发生了调整。2005年出台的湘价费［2005］107号规定，"公办高中择校继续实行'三限'政策。'限人数'的具体比例为：省级示范性高中不超过当年招生总数的50%，市级示范性高中不超过当年招生总数的30%。'限钱数'的具体标准为：省级示范性高中择校费每生不超过8 000元，市级示范性高中每生不超过6 000元。'限分数'的最低录取分数线为：同层次公办高中计划内录取分数线以下10%以内"。但是2006年出台的《关于2006学年公办高中教育收费有关问题的通知》（湘价费［2006］80号）将"省级示范性高中由不超过学校当年招生总数的50%调整为30%，市级示范性高中由不超过学校当年招生总数的30%调整为20%，'限钱数'的具体标准和'限分数'的最低录取分数线或录取等级，仍按湘价费［2005］107号文件规定执行"。2007年出台的《关于2007学年教育收费有关问题的通知》（湘价费［2007］92号）提出"限人数"和"限分数"政策与2006年相同，但是"择校费标准从2007学年起统一规范为：省级示范性高中每生每期不超过2 300元，市级示范性高中每生每期不超过1 800元。择校费不准跨学期预收。向择校生收取择校费后，可按规定收取代收费，但不得再收取学费"。

江苏省政策的重点是"以成本为基础定学费、较为宽松的择校政策"。首先，江苏省提出应根据普通高中生均教育培养成本的一定比例来确定学费标准。2000年江苏省苏南和苏中重点中学的学费标准为每学期850元，市重点中学为650元，苏北分别为800元和600元（苏价费［2000］167号）。2003年江苏省提出应该按生均成本定学费，但是学费仍稳定在上年标准（苏价费［2003］153号）。2007年出台的《江苏省中小学教育收费定价成本监审办法（试行）》（苏价本［2007］268号）明确提出了普通高中生均培养成本的计算方法。但2007年江苏省普通高中（包括星级高中）仍然执行2000年的学费标准（苏价费［2007］247号）。

其次，江苏省择校强调"限钱数和限人数"，对"限分数"要求比较宽松。《关于2003年公办高中招收择校生若干问题的通知》（苏价费［2003］153号）规定择校生比例为学校实际招生人数的20%～35%，苏南和苏中八市择校费每生不超过3万元，苏北五市每生不超过2.5万元。对于分数的限制提出"择校生招生程序、招生计划、招生方式、收费标准等要与统招生一起向社会公布，一起填报志愿，在录取时纳入同一批次，由学校从高分到低分录取。'择校生'录取分数不得低于当地高中录取控制线"。2007年出台的新政策（苏价费［2007］247号）提出择校费标准不变，但是对于人数提出"择校生比例以学校为单位计算，每个学校招收'择校生'的比例最高不得超过实际招生总人数的30%，现有比例已低于此标准的不得提高"。此外对分数没有明确要求。

各省高中收费和择校政策解决了公共教育资源配置中的一些不合理问题，但是这些政策本身有很多值得商榷之处。以下从政策制定和政策影响两个方面加以分析。

首先，从政策的制定角度来分析。第一，孤立性，即普通高中收费和择校政策与政府对普通公立高中的投入政策基本没有联系。这是一种对"多元化筹资渠道"的片面理解。多元化筹资渠道一方面强调要动员社会力量，吸纳社会资金来支持公立高中教育的发展，也就是要允许普通高中适当收学费、和择校费（湘政办发［2004］20号）；另一方面，多元化筹资渠道并不意味着政府投入责任的削弱，政府仍然有责任从经费上支持普通公立高中的发展。江苏省明确提出"高中阶段教育应以政府投入为主"（苏价费［2007］247号）。但是，三省变动高中收费的同时没有相应调整政府对高中公用经费和基建经费的投入。

其次，妥协性。三省政策都提出高中收费和择校政策应由教育部门、物价和财政部门共同协调，而且收费政策要以物价部门为主导来制定。政策出台的过程牵扯多方面的利益，物价部门、财政部门对教育部门的干预程度很高。其结果是在择校问题上，出现了财权和事权的分离。教育部门提出"限人数和限分数"的标准（事权），而由物价部门和财政部门制定"限钱数"的标准（财权）。这两个相对独立的政策制定过程导致"三限政策"内部存在很大的张力。

再其次，不稳定性。"三限政策"经常发生不可预期的变化。2007年与2005年相比，湖南省择校费提高，但是择校人数比例下降。同样，2003~2007年江苏省择校生比例从35%（上限）下降到30%。各省政策调整周期非常短，这说明政策的稳定性较差，这将会影响执行的效力和信度。

最后，从政策的影响来看，至少存在经济不理性、逆向激励和难以取代三个问题。第一，"三限政策"不是经济理性的政策。从经济学的角度分析，政府干预市场可以采取两种措施：控制市场价格（限钱数）或者控制市场产品数量（限人数或者限分数，限分数本质上就是限人数）。择校问题的出现可以认为是在现有价格水平上，市场中需求大于供给。① 为了回到市场出清的均衡点，政府可以使用价格手段，通过提高价格来抑制市场需求。但是，如果此时政府又规定供给数量（即配额），若规定数量小于市场均衡数量，则一方面无法满足社会的超额需求，② 另一方面会出现社会福利净损失（由于消费者剩余的损失）；若规定数量大于市场均衡数量，则一方面出现超额供给，另一方面也将出现社会福利净损失（由于生产者剩余的损失）。

我国的普通公立高中择校与教育经济学分析中提出的公立学校择校是完全不同的概念。③ 从根源上分析，由于优质公立高中教育的稀缺性，政府实际上处于寡头垄断市场。若政府能根据消费者的支付意愿定价，则可以实现消费者剩余的最大化，从而提高社会福利。在价格歧视条件下，垄断并不一定意味着社会福利的损失。目前的"三限政策"倾向于采取"一刀切"的限价方式——即规定择校费同一水平，择校费与家庭社会经济背景无关，这完全不符合寡头垄断条件下"歧视定价"的要求，会造成社会福利的损失。因此，以公平为出发点的"三限政策"首先牺牲了教育资源配置的效率，属于经济不理性行为。

第二，"三限政策"的出发点是为了防止教育公平的进一步恶化，但实际上造成了逆向激励，加剧了学校之间资源配置的不公平。一是不是所有高中都可以招收"择校生"，不是所有招收"择校生"的高中都能按照高标准收取择校费。因此很多高中——尤其是一般高中——实际上无法从择校费中获益。换言之，"三限政策"不是普惠政策。例如，甘肃省规定"未完成招生计划的学校，不得

---

① James, E.: Product mix and cost disaggregation: A reinterpretation of the Economics of Higher Education. Journal of Human Resources, 1978, 13 (2), pp. 157 – 186.

② James, E.: Why Do Different Countries Choose a Different Public – Private Mix of Educational Services? The Journal of Human Resources, 1993, 28 (3), pp. 571 – 592.

③ Levin, H.: Education as a Public and Private Good. Journal of Policy Analysis and Management, 1987, (4), p628 – 641; Levin, H. M.: Educational vouchers: Effectiveness, choice, and costs. Journal of Policy Analysis and Management, 1998, 17 (3), pp. 373 – 392.

招收择校生"（甘价费［2003］246 号；甘价费［2008］202 号）。在高中择校费标准中也规定"其他各类高中按现行借读标准执行"，即一般高中对"择校生"只能按借读费标准收取择校费（甘价费［2003］246 号）。湖南省规定只有"未举办民办高中的省、市（州）级示范性高中"可以实行择校（湘价费［2005］107 号；湘价费［2007］92 号）。二是由于择校费的存在，政府对高中公用经费和基建经费的投入维持在很低的水平上，造成一般高中运行的困难。对甘肃省和湖南省教育部门和普通高中的访谈发现，高中收取的学费和择校费主要用于支付日常的公用经费、基建经费和学校负债的还本付息。对没有择校收入的学校，教育主管部门所支付的公用经费、基建经费远远小于学校的实际需要，因此学校只能保障基本运转，根本没有任何发展的余地。三是高中择校费标准存在差异，示范校受益多，一般高中受益有限。择校费的差异和学校内"择校生"数量的不同，造成各校择校收入的显著差异。这种择校收入的差距会强化校间经费差距，造成"马太效应"，即越富有的高中越能吸引"择校生"，择校收入越多；而越贫困的高中择校收入越低，办学质量难以提高，难以吸引"择校生"，学校经费越拮据。

第三，公立高中择校和我国的"重点校"政策休戚相关，"三限政策"有其存在的制度基础和社会基础。择校的制度基础就是公立高中办学质量的差异，正如前文所述，这种差异是 20 世纪 50 年代以来我国"重点学校优先发展"政策的直接结果。[1] 虽然各省已经逐步废除了重点校制度，代之以省级、市级的高中示范校，但示范校实际上是新类型的和变相的重点校。只要普通高中之间存在资源差异和质量差异，那么学生流动和择校需求必然会存在。同理，只要存在资源差异和质量差异，学校也必然有动力利用自己的资源或者质量优势寻租，获得差异补偿。

总而言之，经济不理性的、具有逆向激励的择校政策，在一定时期内，将很难被更有效率或更公平的资源配置方式所取代。

五、小结

从择校问题的分析中，我们发现：第一，各省普通高中择校现象比较普遍。"择校生"比例一般低于学生数的 30%。择校比例存在很大的地区差异、学校差异和年度差异。第二，从择校的经济和社会影响来看，高中择校有碍教育公平和社会公平的实现，给学生家庭造成了沉重的经济负担，拉大了普通高中的校际差

---

[1] 王善迈：《基础教育"重点校"政策分析》，载《教育研究》2008 年第 3 期，第 64~66 页。

异，也容易滋生腐败。第三，供求分析表明，择校不会在短时间内消失。对家庭择校影响因素的分析说明能力较低、家庭收入属于中高层次、补习时间短、补习支出大的家庭倾向于参与高中择校。此外，普通公立高中的公用经费和基建经费对学费和择校费高度依赖。政府投入仅仅保障了普通高中人员性经费，但对公用经费和基建经费投入不足。因此，学校常用学费和择校费收入来弥补公用经费和基建经费的缺口。现有多级统筹模式对缓解这种不合理"预算外收入弥补预算内收入"的模式没有太多帮助。第四，"三限政策"在各地普遍实施，各省执行方式略有不同。从政策制定的角度来说，三省的政策明显存在着孤立性、妥协性、不稳定性。从政策的影响来看，至少存在经济不理性、逆向激励和难以取代三个问题。

第三节 高中阶段学生资助问题分析

一、高中阶段实施学生资助的必要性

在我国，高中阶段教育不属于义务教育，需要学生家庭承担部分教育成本。这样一来，低收入家庭就很有可能因为无法负担上学所需交纳的费用而不能让自己的孩子接受高中阶段教育。

以全国平均数据来分析，高中阶段教育学杂费的负担率相当高。我们粗略地估算了一下接受高中阶段教育可能对低收入家庭造成的经济负担。2006年，普通高中、中等专业学校、技工学校和职业中学的生均教育支出分别为5 005.48元、6 197.57元、5 510.17元和4 458.78元。同年，这几类学校学杂费收入占教育经费总收入的比例分别为25.16%、32.36%、35.80%和25.16%。假定生均学杂费占生均教育经费支出的比例同此，就可以粗略估算出这几类学校的生均学杂费分别为1 385.10元、2 005.80元、1 972.79元和1 121.95元。最后，我们用生均学杂费与2006年低收入家庭的收入水平进行比较，如表9-18所示。

表9-18　　　　2006年高中阶段教育生均学杂费与低收入家庭收入的比较

项　　目	普通高中	中等专业学校	技工学校	职业中学
生均学杂费（元）	1 385.10	2 005.80	1 972.79	1 121.95
生均学杂费占城镇居民人均可支配收入的比例（%）				
困难户（收入最低的5%）	48.79	70.65	69.49	39.52

续表

项 目	普通高中	中等专业学校	技工学校	职业中学
最低收入户（收入最低的10%）	38.81	56.20	55.28	31.44
生均学杂费占农村居民人均纯收入的比例（%）				
困难户（收入最低的5%）	117.14	169.63	166.84	94.88
最低收入户（收入最低的10%）	62.33	90.27	88.78	50.49

资料来源：《中国教育经费统计年鉴2007》、《中国统计年鉴2007》。

结果表明，对于收入最低的5%和10%的城镇家庭而言，供养一个普通高中阶段的学生所需的学杂费占其人均可支配收入的40%~70%和31%~56%；对于收入最低的20%和次低的20%的农村家庭而言，供养一个普通高中阶段的学生所需的学杂费占其人均纯收入的95%~170%和50%~90%。对于这些家庭而言，这显然是一个沉重的负担。更何况除了学杂费之外，还需承担住宿费、交通费、教材费和学习用品费等，而且不少家庭还不止一个孩子。

查海波对安徽省一个贫困县的调查表明，2004年一个学生完成一般高中或职业高中三年的学业需要支付9 000~11 000元的费用，这相当于一个农民两年半的全部收入。为了让孩子能够完成高中阶段教育，不少家庭只有通过举债的方式，由此造成了"高中致贫"现象。[①]

课题组对甘肃、湖南和江苏三省的调查也收集了高中的学费和居民收入和支出数据。表9-19分析了三省平均的学费负担率。计算中使用了省级示范高中、市级示范高中和一般高中政策规定学费的上限，人均收入和支出取省平均水平。分析说明：第一，城镇居民的学费负担低于农村居民。省级示范高中学费约占三省城镇居民可支配收入的6%~10%，市级示范高中学费约占三省城镇居民可支配收入的4%~8%。省级示范高中学费约占三省农村居民人均纯收入的14%~32%，市级示范高中学费约占三省农村居民人均纯收入的10%~25%，一般高中学费约占三省农村居民人均纯收入的8%~22%。显然，高中学费对农村居民而言更加昂贵。第二，学费负担率与高中类型相关，省级示范高中的可负担性低于市级示范高中，后者又低于一般高中。以湖南省为例，省级示范高中占农村居民人均消费支出的33%，市级示范高中占农村居民人均消费支出的27%，一般高中占农村居民人均消费支出的18%。第三，学费负担率存在地区差距，江苏低于湖南，湖南又低于甘肃。以一般高中学费负担率为例，甘肃省农村家庭的负担率为22%，湖南为16%，江苏的苏南和苏中地区为9%，苏北地区为8%。第

---

① 查海波：《关注困难群体完善救助体系——安徽省农村贫困家庭"高中致贫"现象的调查报告》，载《教育发展研究》2006年第3期，第23~25页。

四，学费和其他教育支出已经成为家庭的沉重负担。高中学费支出只是高中学生家庭教育支出的一部分，很多家庭还要支付杂费、食宿费、择校费和交通费，这些费用成为家庭的沉重负担。

表9-19　　　　　甘肃、湖南、江苏三省学费负担率

	甘肃	湖南	江苏	
	兰州		苏南和苏中	苏北
高中学费（元）				
省级示范高中	680	1 000	850	800
市级示范高中	530	800	650	600
一般高中	480	550	500	450
人均收入和支出（省均，元）				
城镇居民可支配收入	8 921	10 505	14 084	14 084
城镇居民人均消费支出	6 974	8 169	9 629	9 629
农村居民人均纯收入	2 134	3 390	5 813	5 813
农村居民人均消费支出	1 855	3 013	4 135	4 135
省级示范高中学费负担率				
省级示范高中学费/城镇居民可支配收入	0.08	0.10	0.06	0.06
省级示范高中学费/城镇居民人均消费支出	0.10	0.12	0.09	0.08
省级示范高中学费/农村居民人均纯收入	0.32	0.30	0.15	0.14
省级示范高中学费/农村居民人均消费支出	0.37	0.33	0.21	0.19
市级示范高中学费负担率				
市级示范高中学费/城镇居民可支配收入	0.06	0.08	0.05	0.04
市级示范高中学费/城镇居民人均消费支出	0.08	0.10	0.07	0.06
市级示范高中学费/农村居民人均纯收入	0.25	0.24	0.11	0.10
市级示范高中学费/农村居民人均消费支出	0.29	0.27	0.16	0.15
一般高中学费负担率				
一般高中学费/城镇居民可支配收入	0.05	0.05	0.04	0.03
一般高中学费/城镇居民人均消费支出	0.07	0.07	0.05	0.05
一般高中学费/农村居民人均纯收入	0.22	0.16	0.09	0.08
一般高中学费/农村居民人均消费支出	0.26	0.18	0.12	0.11

注：苏南地区包括苏州、常州、无锡和南京。苏北包括徐州、淮阴、盐城、连云港和宿迁。苏中包括扬州、泰州、南通。

资料来源：《甘肃省物价局省财政厅省教育厅关于规范普通高级中学收费政策的通知》（2008）；《江苏省物价局省财政厅省教育厅关于进一步规范全省公办普通高中收费管理有关问题的通知》（2007）；《湖南省物价局湖南省财政厅湖南省教育厅关于高中教育收费有关问题的通知》（2005）；《中国统计年鉴2007》。

同其他阶段的教育一样，高中阶段教育具有显著的外部性，如果学业上有能力的孩子不能顺利接受高中阶段教育，就会给整个社会带来损失。同时，高中阶段教育对于促进社会流动、改善收入不平等和提高社会公平有着重要的作用。而由于信贷约束的存在，低收入家庭难以通过资本市场为子女接受教育进行借贷融资。因此，政府有责任为低收入家庭子女接受高中阶段教育提供资助。

二、我国高中阶段学生资助的进展

（一）高中阶段学生资助政策的进展

1995年颁布的《教育法》规定，国家、社会对符合入学条件、家庭经济困难的儿童、少年、青年，提供各种形式的资助。1996年颁布的《中华人民共和国职业教育法》也规定，职业学校、职业培训机构对经济困难的学生和残疾学生应当酌情减免学费，并支持企业、事业组织、社会团体、其他社会组织及公民个人按照国家有关规定设立职业教育奖学金、贷学金，奖励学习成绩优秀的学生或者资助经济困难的学生。但此后10年间，实质性的覆盖全国范围的高中阶段学生资助政策始终未建立起来，只有一些地方政府出台了覆盖面有限、资金力度较小的资助政策。

直到2006年财政部、教育部出台《关于完善中等职业教育贫困家庭学生资助体系的若干意见》，才明确了全国性中等职业教育学生资助体系的主要内容：第一，建立贫困家庭学生助学金制度。从2006年起，中央财政安排专项资金，建立中等职业教育国家助学金，用于资助中等职业学校贫困家庭学生。第二，建立奖学金制度。在中等职业学校设立政府奖学金、专业奖学金和定向奖学金，主要用于支持品学兼优的学生。其中，政府奖学金主要由省、市（地）政府安排专项资金设立，专业奖学金和定向奖学金由有关行业企业或地方政府设立。第三，建立以学生参加生产实习为核心的助学制度。力争做到学生在最后一学年到企业等用人单位顶岗实习，让学生通过顶岗实习获取一定的报酬，用于支付学习和生活开支。同时在部分职业院校中开展通过半工半读，实现学生免费接受中等职业教育的试点工作。第四，建立学费减免制度。要求中等职业学校都要建立学费减收和免收制度，对贫困家庭学生减免学费。各中等职业学校每年都要安排不低于事业收入5%的资金，专项用于贫困家庭学生的学费减免。第五，建立助学贷款或延期支付学费制度。鼓励和引导金融机构为接受中等职业教育的贫困家庭学生提供小额助学贷款，可由地方政府予以贴息。同时，具备实力的职业学校可由学校集中贷款后，与学生家长协商确立延期支付学习费用合同，以吸引更多的学生进入中等职业学校学习。第六，建立社会资助制度。企事业单位、社会团体和公民个人通过政府部门或非营利组织为资助中等职业学校学生给予的捐赠，比照有关公益性捐赠，准予在缴纳企业所得税和个人所得税前全额扣除。有条件的地方可建立中等职业教育贫困家庭学生社会助学基金，对捐资额度大的法人或自然人允许在基金前冠名。

2007年，在《国务院关于建立健全普通本科高校、高等职业学校和中等职业学校家庭经济困难学生资助政策体系的意见》和《中等职业学校国家助学金管理暂行办法》中，主要内容包括：第一，进一步明确了中等职业教育的国家助学金资助所有全日制在校农村学生和城市家庭经济困难学生。第二，资助标准为每生每年1 500元，国家资助两年，第三年实行学生工学结合、顶岗实习。第三，明确了各级政府的经费负担比例。即，西部地区，不分生源，中央与地方分担比例为8:2；中部地区，生源为西部地区的，中央与地方分担比例为8:2，生源为其他地区的，中央与地方分担比例为6:4；东部地区，生源为西部地区和中部地区的，中央与地方分担比例分别为8:2和6:4，生源为东部地区的，中央与地方分担比例根据财力及生源状况等因素分省确定。人口较少民族家庭经济困难学生资助资金全部由中央负担。省（区、市）以下分担比例由各地根据中央确定的原则自行确定。第四，大力开展生源地信用贷款。

新的中等职业学校国家资助政策具有鲜明的普惠性。一是覆盖了经政府有关部门根据国家有关规定批准设立并备案，实施中等学历教育的各类职业学校，包括公办和民办的普通中专、成人中专、职业高中、技工学校、职业技术学院附属的中专部和中等职业学校等。对依法办学、规范管理的民办中等职业学校，在政策的实施上和公办学校一视同仁。二是资助对象覆盖所有在校一、二年级农村户籍的学生、县镇非农户口的学生和城市家庭经济困难学生。资助政策全部落实到位后，受资助的学生将达1 600万人，占中等职业学校在校生总数的90%。2007年秋季开学实施新的资助政策体系，中央财政和地方财政安排下半年中等职业学校国家助学金约82亿元，2008年全年，中央和地方财政安排中等职业学校国家助学金将超过150亿元。[①]

2007年年底，中央财政安排彩票公益金3亿元资金，用于资助中、西部地区22个省份、新疆生产建设兵团县镇和农村普通高中家庭特困学生，资助名额30万人，资助标准为每生每学年1 000元。这项工作在财政部、教育部的指导、监督下，由中国教育发展基金会负责具体操作。[②] 但到目前为止，全国性的普通

---

① 教育部网站 http://www.moe.gov.cn/edoas/website18/98/info34298.htm。
② "中央3亿资助30万中西部高中特困生"《中国教育报》，2007年12月22日第1版。

高中学生资助制度才刚刚开始建立。

(二) 高中阶段学生资助实施情况

课题组于 2008 年 9 月对甘肃、湖南、江苏三省的 13 所普通高中进行了问卷调查。根据高一和高三学生问卷，可以简要地分析三省普通高中学生资助的实施情况。

各种资助的覆盖面不同（见图 9-22）。获得学杂费减免、奖学金或助学金的高三学生约占学生总数的 15%。高一学生中获得书本费减免的约为 21%，助学金的约为 18%，学生贷款的约为 10%，获得过资助的学生比例约为 37%。

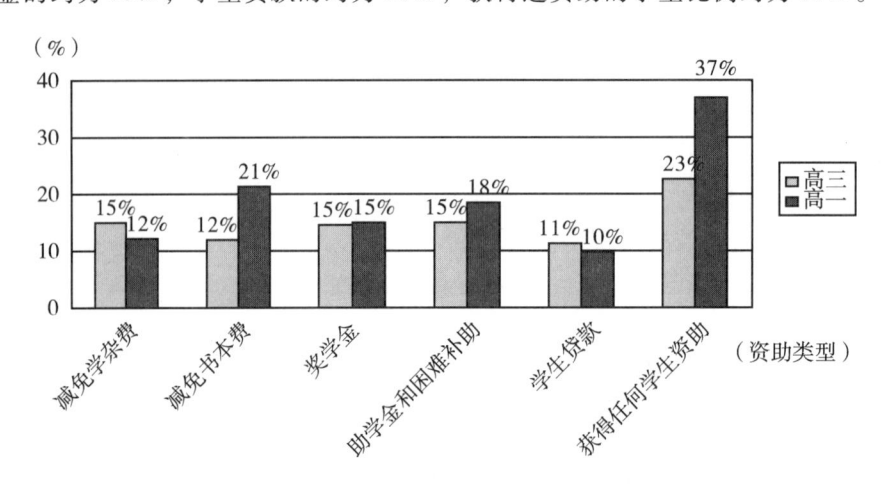

图 9-22　普通高中学生资助的覆盖面

资料来源：课题组甘肃、湖南、江苏三省调研数据。

图 9-23 显示学生资助金额因资助类型的不同而变化。在高三学生中，获得学费减免的平均金额约为 495 元，平均奖学金约为 422 元，助学金约为 681 元，

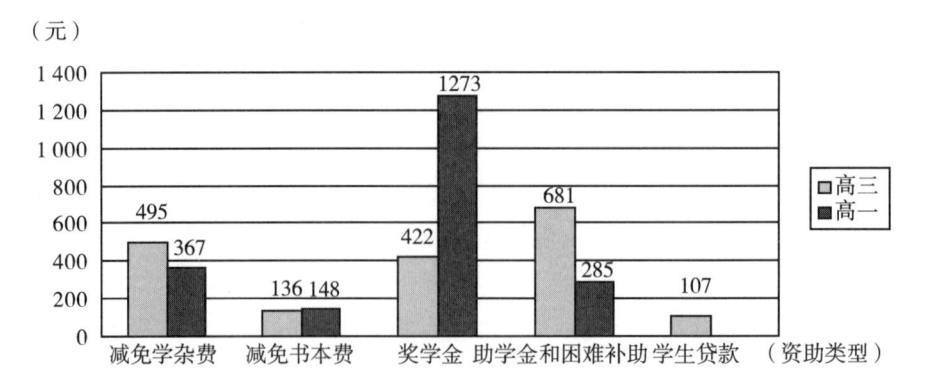

图 9-23　普通高中学生资助的平均金额

资料来源：课题组甘肃、湖南、江苏三省调研数据。

学生贷款约为107元。

各省学生资助的覆盖面有较大的差异（见图9-24）。在高一学生中，甘肃省获得任何资助的学生比例为28%，湖南省为44%，江苏省为36%。其中，甘肃省学生获得了较高书本费减免和助学金，湖南省学生获得了较高比例的助学金，江苏省学生获得了较高比例的书本费减免和奖学金。

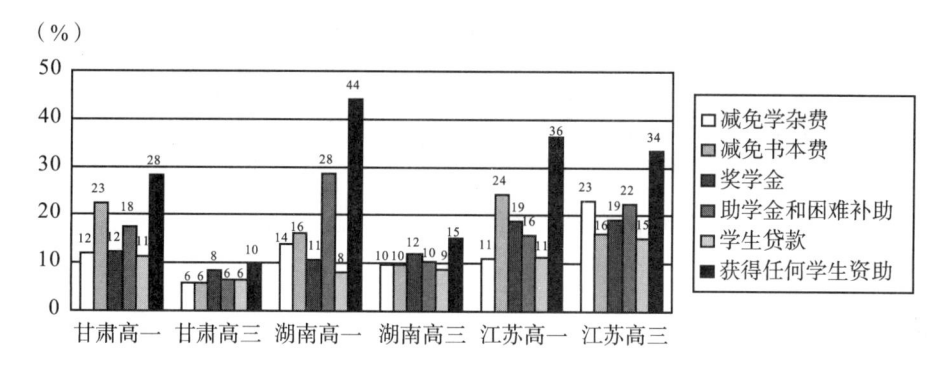

图9-24 普通高中不同年级学生资助的覆盖面

资料来源：课题组甘肃、湖南、江苏三省调研数据。

户口所在地属于不同地区学生获得资助的情况不同（见图9-25）。一是来自县城和农村学生获得各类型资助的比例都高于城市学生。二是减免学杂费和助学金是高中学生最常获得的学生资助。

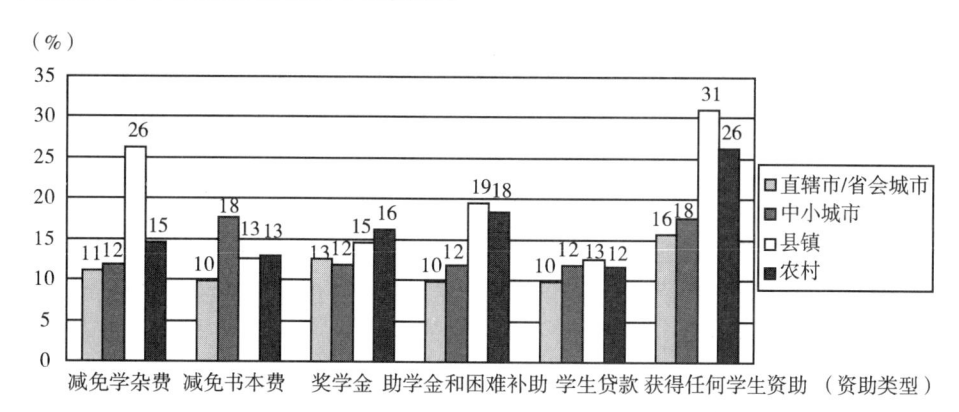

图9-25 普通高中学生资助覆盖面的地区差异

资料来源：课题组甘肃、湖南、江苏三省调研数据。

不同家庭经济背景学生获得资助的比例不同（见图9-26和图9-27）。一是父亲学历较低的学生更容易获得学生资助，但父亲学历为中专和技校的学生获得资助的比例非常高。二是父亲月收入与获得学生资助无明显联系。

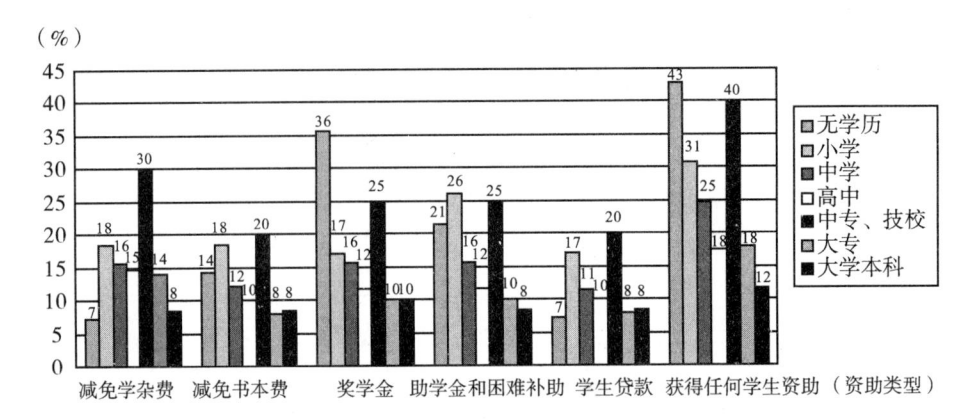

图9-26 普通高中学生获得资助比例与父亲教育程度的关系

资料来源：课题组甘肃、湖南、江苏三省调研数据。

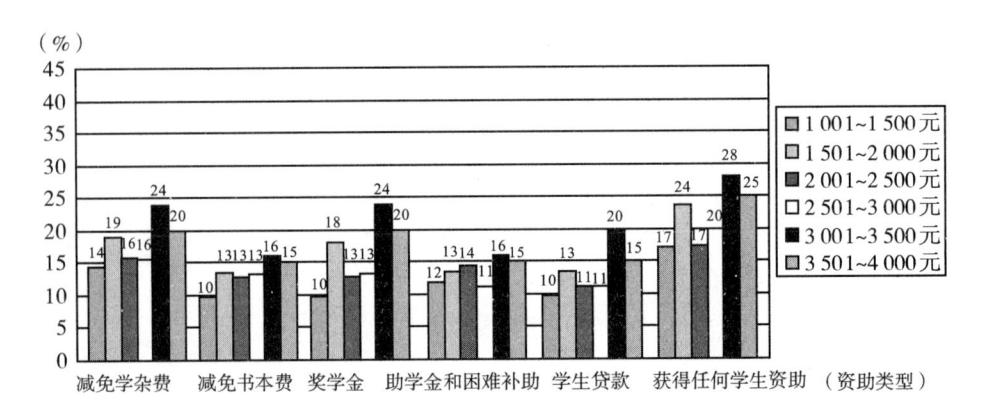

图9-27 普通高中学生获得资助比例与父亲月收入的关系

资料来源：课题组甘肃、湖南、江苏三省调研数据。

学生能力与学生资助有一定的关系（见图9-28）。一是低能力学生更容易获得助学金和学生贷款。二是高能力学生获得奖学金的比例更高。三是高能力学生获得任何学生资助的比例更高。

我们还根据调查问卷对中等职业学校学生获得学生资助的情况进行了分析。图9-29和图9-30显示，中职学生获得的学生资助类型主要是学校助学金（68%），其次是学杂费减免（21%），奖学金和顶岗实习的比例不高。国家助学金政策实行以后，多数中职学生都获得了国家助学金（90%）。其中，95%的农业户口学生得到了国家助学金，59%的非农业户口学生也获得了国家助学金。

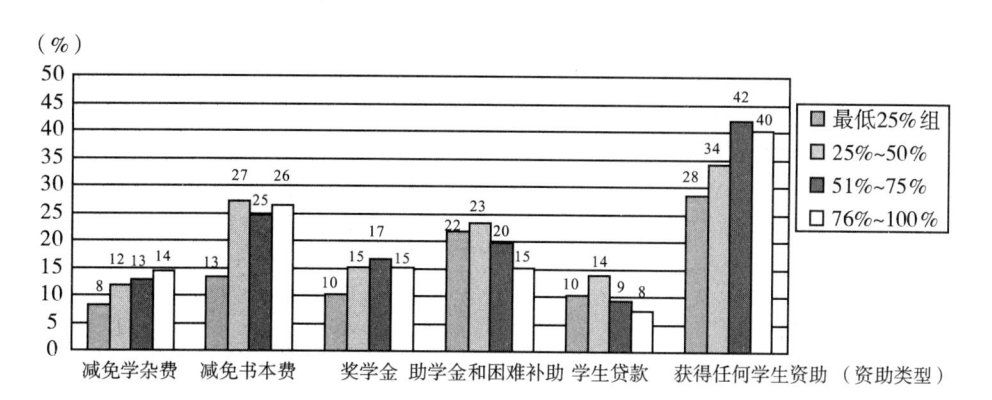

图 9-28　普通高中学生获得资助比例与学生中考成绩的关系

资料来源：课题组甘肃、湖南、江苏三省调研数据。

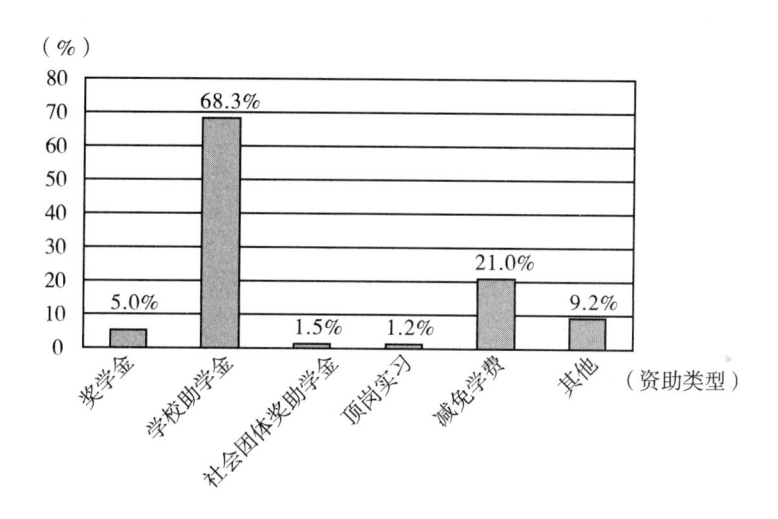

图 9-29　中职学生获得资助类型

资料来源：课题组甘肃、湖南、江苏三省调研数据。

（三）高中学生资助的影响因素分析

课题组利用三省高一学生问卷，对获得学生资助的影响因素进行了分析。根据上述描述性统计分析，研究假设获得资助与个人因素、家庭因素、学杂费、学生对国家资助政策的了解程度有关。分析结果如表 9-20 所示。

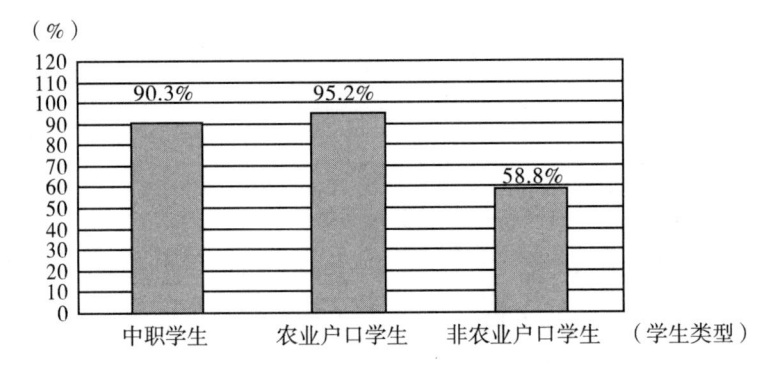

图 9-30 中职学生获得国家助学金比例

资料来源：课题组甘肃、湖南、江苏三省调研数据。

表 9-20　高中学生资助影响因素分析：回归分析结果

项　　目	模型 1 减免学杂费	模型 2 减免书本费	模型 3 奖学金	模型 4 助学金和困难补助	模型 5 学生贷款	模型 6 任何资助
中考成绩中低组	0.7026	1.9898	0.2899	0.06 +	0.0946	0.9878
中考成绩中高组	2.0912	1.2119	4.3712	0.8653	1.9332	0.9319
中考成绩最高组	3.2356	0.5011	0.8825	0.1045	0.2896	1.0366
重点中学	0.23 *	0.29 +	0.16 *	0.5195	0.2601	0.5080
重点班	8.54 **	23.32 **	100.6 *	30.49 *	31.1747	6.77 **
母亲高层次职业	0.6752	3.4813	5.4123	2.2563	2.2201	0.5605
母亲中层次职业	0.3918	0.3452	0.3953	0.1431	0.2076	0.3592
父亲高中毕业	0.6532	0.8097	1.8493	2.4006	2.9472	0.7567
父亲大专本科及以上	1.4168	0.3538	1.0978	1.1684	1.5779	1.3566
月收入 1 000~2 000 元	0.5608	1.2905	2.0972	1.2880	1.5557	0.8874
月收入 2 000~4 000 元	1.8658	1.8397	2.0467	0.8695	1.1525	1.4044
月收入 4 000 元以上	3.0255	21.81 *	11.6357	35.07 +	38.9704	2.2521
学费对数	0.6770	0.9044	0.9034	0.8756	0.9239	0.6632
杂费对数	0.8513	1.0931	1.4542	1.6122	1.6014	0.9728
基本了解国家资助政策	1.0128	1.0523	4.8787	1.5427	1.2126	1.2311

续表

项 目	模型 1 减免学杂费	模型 2 减免书本费	模型 3 奖学金	模型 4 助学金和困难补助	模型 5 学生贷款	模型 6 任何资助
通过初中学校宣传了解国家资助政策	1.2368	4.19 +	18.26 *			1.7721
通过媒体和政府宣称了解国家资助政策	1.0586	2.5306	8.7878			1.3532
控制性别、省份、区域	是	是	是	是	是	是
模型拟合程度	0.188	0.240	0.328	0.286	0.289	0.183
样本量	195	195	192	202	202	195

注释：1. 表中数字为比值比。+：$p<0.1$；*：$p<0.05$；**：$p<0.01$；***：$p<0.001$。

2. 模型 1 到模型 6 均为逻辑斯特回归，被解释变量均为哑变量（0/1 取值）。

3. 中考成绩的参照组为最低组；母亲职业层次的参照组为最低组；父亲学历参照组为初中毕业及以下；父亲月收入参照组为 1 000 元及以下；了解国家资助政策的参照组为通过父母亲友了解。

模型的被解释变量为是否获得高中学生资助。模型 1 到模型 6 均为逻辑斯特回归，因变量依次为是否获得学费减免、是否获得书本费减免、是否获得奖学金、是否获得助学金和困难补助、是否获得学生贷款以及是否获得任何学生资助。模型的拟合程度用拟 R 平方来衡量，表 9-20 报告了拟 R 平方的值，表中数字为比值比。

分析说明了以下问题。第一，在控制其他因素后，中考成绩与学生资助无显著关系。高能力学生更易获得奖学金，但是分析并未发现统计上显著的关系。

第二，学生资助与是否就读于重点校和重点班相关。重点校学生获得学杂费减免的可能性仅为一般校学生的 23%，获得奖学金的可能性仅为后者的 16%，获得书本费减免的可能性仅为后者的 29%。其他因素不变，在重点班就读的学生比非重点班学生更可能获得学费和书本费减免、奖学金和助学金。

第三，家庭经济背景与学生资助无关。回归结果表明母亲职业、父亲学历和月收入与获得资助无显著相关关系。这一点与常识不符合。这个结果可能是由于测量误差造成的。由于数据来自于学生自己汇报的家庭经济情况，学生可能误报父母的收入和学历情况。测量误差常会导致估计的向下偏差，从而难以发现显著的影响因素。

第四，学生资助虽然与学杂费水平无关，但是与学生对资助的了解相关。与不了解国家资助政策的学生相比，基本了解政策的学生更容易获得各类型的学生资助，但是这一正相关关系在统计上不显著。与通过父母亲友获得资助信息的学生相比，通过初中学校了解资助政策的学生获得书本费减免和奖学金的可能性显著地高于前者。了解资助信息有助于学生获得高中资助，这验证了前文的假设。

受到样本量和问卷质量的局限，上述结果应理解为相关关系而不是因果关系。简言之，就读于非重点校的、重点班的、了解国家学生资助政策的学生获得学生资助的可能性更高。

三、现有学生资助制度存在的问题

（一）普通高中学生资助制度存在的问题

甘肃、湖南和江苏三省现行的高中资助政策可分为普通高中资助政策和中职资助政策这两类。表9-21对各省自2000年以来与高中学生资助有关的政策文本进行了归纳。

表9-21　　　　甘肃、湖南、江苏普通高中学生资助政策

省份	政策	行政部门	出处
甘肃	关于规范普通高级中学收费政策的通知	省物价局、财政厅、教育厅	甘价费[2008]202号
	关于建立健全普通本科高校、高等职业学校和中等职业学校家庭经济困难学生资助政策体系的意见	省人民政府	
	甘肃省中等职业学校国家助学金管理办法（试行）	省物价局、财政厅、教育厅	
湖南	关于加快普通高中教育改革与发展的意见	省人民政府办公厅	湘政办发[2004]20号
	关于印发《湖南省中等职业教育国家助学金使用管理办法（暂行）》的通知	省财政厅、教育厅	湘财教[2006]77号
	关于做好彩票公益金资助普通高中特困学生有关工作的紧急通知	省财政厅、教育厅	湘教通[2007]376号

续表

省份	政策	行政部门	出处
江苏	关于调整中小学杂费标准和普通高中招生收费实行并轨的通知	省物价局、财政厅、教育厅	苏价费〔2000〕167号
	关于进一步规范全省公办普通高中收费管理有关问题的通知	省物价局、财政厅、教育厅	苏价费〔2007〕247号
	关于切实做好家庭经济困难学生资助工作意见的通知	省财政厅、教育厅	苏政办发〔2005〕96号
	《江苏省普通高中政府助学金管理办法（暂行）》的通知	省财政厅、教育厅	苏教财〔2007〕64号
	江苏省中等职业学校国家助学金管理实施细则（暂行）	省财政厅、教育厅、劳动和社会保障厅	苏财教〔2007〕138号
	关于建立健全普通本科高校高等职业学校和中等职业学校家庭经济困难学生资助政策体系的实施意见	省政府	苏政发〔2007〕94号

资料来源：课题组甘肃、湖南、江苏三省调研材料。

对三省政策文本的分析说明了以下几个问题：第一，对高中学生进行资助是各省的共识。尽管各省的表述不同，政府均明确提出应将一定比例的学费收入用于贫困学生的资助。甘肃省《关于规范普通高级中学收费政策的通知》（甘价费〔2008〕202号）规定"各学校应从学费中按10%～15%的比例建立助学金、奖学金用于资助奖励，资助奖励对象应首先考虑品学兼优学生、家庭经济困难学生、城乡低保家庭（农村五保户）学生、残疾人家庭的学生及孤儿；有条件的对这些学生的学费、住宿费予以减半或免收"。湖南省《关于加快普通高中教育改革与发展的意见》（湘政办发〔2004〕20号）明确提出"加大贫困生救助力度，通过完善奖学金、助学金制度，开展教育捐赠活动，资助家庭经济困难的学生完成高中学业"。湘财教〔2006〕77号规定"各中等职业学校要认真贯彻《中共湖南省委、湖南省人民政府关于大力发展职业教育的决定》精神，足额提取学校收入的5%，专项用于贫困学生的资助"。江苏省在《关于调整中小学杂费标准和普通高中招生收费实行并轨的通知》（苏价费〔2000〕167号）中提出学校应从学费中提取15%建立奖助学金，用于对优秀学生的奖励和经济困难学生的资助。2005年这一政策进行了调整，普通高中和中职每年都要从学费收入中提取不低于10%的经费建立助学金，用于资助家庭经济困难的学生（苏政办发〔2005〕96号）。

第二，各省普通高中的资助政策各有不同，但总体比较欠缺，主要是受到地方经济条件的制约。虽然甘肃和湖南两省规定学校有责任从学费中提取一定比例来支持贫困学生，政府并没有拿出额外的资金来建立高中学生的奖助贷学金。甘肃和湖南的普通高中特困生资助来自于2007年财政部安排的彩票公益金，该项目专门用于支持中、西部地区县镇和农村普通高中家庭经济特别困难的学生（湘教通〔2007〕376号），资助标准为每生每学年1 000元。

江苏省是三省中唯一建立省级普通高中助学金的省份。《江苏省普通高中政府助学金管理办法（暂行）》的通知（苏教财〔2007〕64号）提出建立一个普通高中政府助学金体系，资助面占高中在校生数的10%，资助标准为平均每生每年1 000元。学校可根据学生困难程度，在800～1 200元之间确定具体资助标准。高中助学金所需经费按学校隶属关系或属地原则分别由市、县（市、区）财政承担。省财政参照农村义务教育免学杂费的补助范围和比例，对部分地区给予补助。

第三，各省中职资助政策大同小异，设计上存在问题。各省中职资助制度的资助对象、资助标准、发放和评定办法、实施要求等比较类似，与2006年国家中职资助政策高度一致。这套中职资助政策在设计方面存在一些问题。一是潜在的不公平。资助对象的城乡差别并不一定和学生实际经济情况相符，可能会造成"应得者未得，不应得者得到"的情况。二是可能的效率损失。统一的资助标准与家庭经济情况无关，虽然做到了横向公平，但是违反了纵向公平原则。若经济困难学生因未能得到充足的资助而辍学，那么以往政府对该辍学学生的投资将会全部损失。三是僵硬的资金配套政策可能导致资金供给的不稳定性。配套政策虽然给予地方很大的激励参与学生资助项目，但是县区级财力紧张的地区可能根本无力支持这类项目。如果中央配套资金有保障，而省、地市县级资金不稳定，那么学校就很难持续地提供学生资助。四是现有设计的实施和监督成本高。例如，国家助学金的发放办法要求每月发放一次，直接上学生储蓄卡，要建立专门档案进行管理。要实现这些要求的成本非常高。湖南省某些地区为防止民办中职冒领学生资助，使用了昂贵的指纹识别系统来确认助学金发放的准确性。五是国家助学金可能削弱现有学生资助政策的作用。报告此前部分的分析显示，现有学生学杂费或书本费减免的金额一般低于500元，奖学金平均低于450元，助学金低于700元，学生贷款在100元左右。若一个学习优秀贫困生同时获得奖学金和助学金，平均资助金额也不超过1 200元。国家助学金使得中职90%以上的学生受益，1 500元每年的资助金额使得其他资助相形见绌。这一方面削弱了其他资助方式的激励作用，另一方面也对学生形成了逆向激励，即学好学不好一个样。

（二）中等职业学校学生资助制度存在的问题

第一，中职学生资助政策扭曲激励机制，引发民办中职无序增长。目前高中阶段教育发展有两个大的方向：大力发展高中阶段教育和实现一比一的"普职比"。鉴于我国高中阶段教育现在的发展情况，两大政策的直接结果就是中等职业教育的迅速扩张。2006 年全国中等职业教育学校（包括普通中等专业学校、职业高中、技工学校和成人中等专业学校）共有 11 813 所，2007 年已经达到 14 832 所。① 到目前为止，公办中职仍然是中等职业教育的主体。2006 年全国共有民办中等职业学校 2 559 所，占全部中职学校数的 22%。值得注意的是，民办中职近年来有了极大的发展。2005~2006 年，民办中职学校数增加了 27%，招生数增长了 29%，同期民办高中学校数仅增长了 2.2%，民办高中招生数下降了 0.7%。

中职学生资助政策虽然是针对学生个人的资助，② 但是由于制度设计上的缺陷，使得许多民办中职可以截留和挪用中职学生资助。中职学生流动性强，学生巩固率低。一般三年级学生数约为入学学生的 1/3，每学期约有 10% 左右的学生退学、转学或因就业而离开学校。③ 学生经常在公办和民办中职之间流动。由于民办中职没有学籍管理制度，一些学校利用学生流动来伪造学生数，从而获得国家学生资助。这种寻租的机会刺激各地民办中职大发展。由于民办中职质量低于公立中职和公立高中，民办中职的大发展会导致低质量教育供给的扩张。

第二，中职资助政策缺乏理论依据，设计方面存在缺陷。现行资助政策的最大特点是简单易行，便于操作，但缺乏科学性和合理性，留下了许多疑问。首先，每生每年1 500元的资助标准是如何确定的？我们粗略地估算了一下，2006 年中等职业学校在校生人数为 1 809.89 万人，假定一年级和二年级的在校生占全体在校生的 2/3，那么一、二年级的在校生总数约为 1 200 万人，如果每个一、二年级的学生都获得 1 500 元的资助，资助总额为 180 亿元。而 2006 年中等专业学校、技工学校和职业中学三类学校的学杂费总收入为 175 亿元，二者相差无几。由此，生均 1 500 元的标准能够从总量上保证学生正好把获得的资助全部用于学杂费，而学校的总收入保持不变。当然，这样的推测是非常粗糙的，仅供参考之用。其次，为什么每个学生都获得相同数额的资助？贫困家庭学生和富裕家

---

① 《2006 年全国教育事业发展统计公报》和《2007 年全国教育事业发展统计公报》。
② 财政部教育部《关于完善中等职业教育贫困家庭学生资助体系的若干意见》（财教〔2006〕74 号）指出，中职资助政策的目的有两条：一是"吸引更多的初中毕业生报考中等职业学校"；二是"资助贫困家庭学生顺利完成学业，满足国民经济和社会发展对高素质劳动者和技能型人才的需求"。
③ 课题组对甘肃、湖南、江苏三省的访谈记录。

庭学生都获得相同数额的转移支付是不公平的，因为没有考虑到贫困家庭学生的特殊需要。而且不同地区的收入水平、物价水平、学费水平和学生培养成本都不相同，不考虑这些差异而制定统一的资助标准，显然是过于粗糙了。再次，为什么根据学生生源地确定各级政府的经费分担比例？学生资助的目的是帮助家庭经济困难的学生，学生的生源地只能表明其家庭所在地的特征，无法体现其家庭经济条件，更不能成为确定各级政府分担比例的依据。最后，中职资助设计存在很大的缺陷，它使得许多不该享受资助的学生也享受到学生资助：目前中职学生资助覆盖一、二年级学生，很多两年制中职的学生在二年级实习期间也享受到学生资助；辍学或者转学学生离开学校之后，学校使用某些手段仍然得到国家的中职学生资助；在民办中职，学生一般没有学籍，可以任意流动。部分民办学校利用这个漏洞，虚报和谎报学生数量，通过伪造学生身份证件号码等手段，达到扩大资助金额的目的。①

第三，中职资助政策对吸引优质生源没有作用。近几年中等职业教育发展滞后，生源不足，而一些数据表明很多地方缺乏技术工人，出现了"技工荒"，因此国家大规模资助中职学生的初衷之一是鼓励更多的初中毕业生进入中等职业学校学习。问题是，在我国现行的教育体制下，中职毕业生升入高一级学校的可能性远低于高中毕业生，因此尽管很多研究发现我国中职毕业生的教育收益率高于高中毕业生,②但也有研究表明选择中职路径的个人的收入却显著低于选择高中路径的个人。③因此，从长远来看，选择中职的预期收益要低于高中，即便获得一定数量的资助，初中毕业生也未必会青睐中职学校。李兰兰的研究证实了这一点，她发现中职收益的变化比中职成本的变化对初中学生是否选择中职就读的影响更大。由此，我们认为如果中职的预期收益得不到很大提高，那么现行的资助政策无助于鼓励初中毕业生、特别是优秀的初中毕业生报考中职学校。④

第四，中职资助对解决中职经费短缺的问题无能为力。我们认为中等职业教育财政面临的最大问题是政府投入不足而多渠道筹资途径不畅，导致学校办学经费短缺，办学条件差，办学质量不高。政府对学生的资助并不能转化为学校的收入，因此如果报考中职学校的学生人数又不会因为学生资助的存在而大幅增加，那么学生资助无助于增加中职学校的教育经费。进一步讲，即便进入中职学校的学生数增加，使得学校的学杂费收入增加，但如果政府对学校的投入没有增加，

---

① 课题组对甘肃、湖南、江苏三省的访谈记录。
② 李实、丁赛：《中国城镇教育收益率的长期变动趋势》，载《中国社会科学》2003年第6期，第58~72页；杜育红等《欠发达地区城镇个人教育收益率——以内蒙古赤峰市为例的研究》，载《西北师范大学学报（社会科学版）》2006年第1期，第75~80页。
③④ 李兰兰：《中职成本、收益及对初中学生入学意愿的影响研究》，北京师范大学博士论文，2007年。

那么学校还有可能面临更大的财政危机。当然，国家出台大范围的中等职业学生资助政策，体现了教育公平的理念和对弱势群体的关注，其意义是非常重大的。但也应该看到，学生资助本质上是政府对个人的转移支付，对于解决中等职业教育财政面临的突出问题是无能为力的。

第五，中职资助政策可能会巩固社会分层。同样是高中阶段教育，截止到2008年，中等职业学校的学生普遍享有助学金而高中学生几乎没有享受，是一项不公平的政策。只对中职学生提供资助而不对普通高中学生提供资助还可能造成一个后果，即低收入阶层有可能为了得到学生资助而更多地选择中等职业学校，而中职毕业后的预期收益较低，结果是低收入阶层的子女继续留在低收入阶层，不利于社会的垂直流动和社会公平的实现。

第六，中职资助的财政分担机制不合理。湖南省的访谈中提到目前实行"四级统筹，以县为主"的中职财政管理体制，但统筹不到位。从2005年开始，中职的教育教学和招生工作等都由属地来管，即依靠省级以下的政府，省政府给予宏观指导与引导，给予重点项目专项支持。针对中职资助的国家助学金体系采取中央、省、市州、县四级配套资金的办法。由于财力的限制，越下级的政府越难完成中职资助的配套任务。从湖南省的情况看，省里的配套资金全部到位，2007年市州配套资金基本没到位，县区配套资金到位的只有10%左右。配套资金不到位主要是由于市州和县区地方财政承担的压力较大。据测算，2007年全省各级政府总共需要承担1.8亿元的中职助学金配套任务，其中省级财政需要0.7亿元，市州政府需要承担1.1亿元，市州政府平均要承担780万元。大多数市州难以承受。①

四、小结

对高中阶段学生资助问题的分析说明：第一，现阶段，在高中阶段学校就读的学生负担的教育成本对于低收入家庭来说是比较沉重的经济负担，实施学生资助势在必行。第二，与中职学生相比，各省普通高中学生获资助比例低、金额低，各地区、各年度、不同家庭背景学生获得资助的比例不同。中职资助以国家和学校助学金为主，覆盖面接近90%。第三，对学生资助的影响因素的分析说明就读于非重点校的、重点班的、了解国家学生资助政策的学生获得学生资助的可能性更高。第四，现有资助体系存在较多的问题。虽然对高中学生进行资助是各省的共识，但各省普通高中的资助政策总体比较欠缺。各省中职资助政策在设

---

① 课题组对甘肃、湖南、江苏三省的访谈记录。

计上存在不少问题。第五,2007年以后,我国政府对中等职业学校学生实施了大规模的资助,有助于教育公平的实现和减轻低收入家庭的经济负担。但是中职资助政策扭曲了学校的激励机制,引发民办中职无序增长。中职资助政策缺乏理论依据,设计方面存在缺陷。中职资助政策不仅对吸引优质生源没有作用,而且对解决中职经费短缺的问题无能为力。此外,中职资助政策可能会加剧社会分层,它的财政分担机制也不合理。简言之,中职学生资助政策缺乏科学性和合理性,全国性的普通高中学生资助政策也亟待建立和完善。

第四节 结论和政策建议

一、主要结论

首先,关于普通高中校际差异。对湖南省、长沙市和长沙市下属宁乡县的分析表明,尽管在各种来源的收入中,生均捐资集资收入和生均其他收入的校际差异都是最大的,但生均财政性经费的校际差异对生均总收入的校际差异的影响却越来越大。而且生均预算内支出的校际差异大于生均总支出的校际差异。这都说明财政性教育经费的分配没有起到降低生均教育经费校际不平等的作用。另外,从办学条件的角度看,以生均固定资产和生均专用设备衡量的硬件办学条件的校际差异最大,生均图书的校际差异次之,生职比的校际差异最小。

其次,关于公立普通高中择校问题。调研发现甘肃、湖南和江苏省高中择校现象比较普遍,"择校生"比例一般低于学生数的30%,该比例存在很大的地区差异、学校差异和年度差异。从择校的经济和社会影响来看,高中择校有碍教育公平和社会公平的实现,给学生家庭造成了沉重的经济负担,拉大了高中的校际差异,也容易滋生腐败。择校的成因是多方面的,供求分析表明择校不会在短时间内消失,且能力较低、家庭收入属于中高层次、补习时间短、补习支出大的家庭倾向于参与高中择校。公立普通高中公用经费和基建经费对学费和择校费高度依赖是择校屡禁不止的重要原因。从政策制定的角度来说,各省的"三限政策"明显存在着孤立性、妥协性、不稳定性。从政策的影响来看,至少存在经济不理性、逆向激励和难以取代三个问题。

最后,关于高中阶段学生资助问题。中职资助以国家和学校助学金为主,覆盖面接近90%。与中职学生相比,普通高中学生获资助比例低,各地区、各年度、不同家庭背景学生获得资助的比例不同。对学生资助的影响因素的分析说明就读于非重点校的、重点班的、了解国家学生资助政策的学生获得学生资助的可能性更高。虽然对高中学生进行资助是各省的共识，但各省普通高中的资助政策总体比较欠缺。中职资助政策扭曲了学校的激励机制，引发民办中职无序增长。该政策缺乏理论依据，设计方面存在缺陷。中职资助政策不仅对吸引优质生源没有作用，而且对解决中职经费短缺的问题无能为力。此外，中职资助政策可能会加剧社会分层，它的财政分担机制也不合理。

需要强调的是，高中阶段教育财政的充足性问题和公平性问题是联系在一起的，特别是一些问题表面上看起来是公平的问题，其实很大程度上是政府投入不到位造成的。譬如普通高中硬件办学条件的校际差异非常大，与财政资金远远不能保证学校的基建需要密切相关；而政府为了减轻自身的财政压力默许高中收取择校费或赞助费，也是高中择校之所以长期存在的重要原因。因此，我们认为最根本的是加强政府在高中阶段教育的财政责任，保证高中阶段学校有充足的教育经费。

二、致力于促进高中阶段教育财政公平性的政策建议

（一）逐步取消重点校或示范校，加大政府对高中投入，杜绝公立普通高中择校

首先，我们认为仅仅依靠以治理教育乱收费为目的的"三限"政策无助于杜绝公立普通高中择校问题。要解决公立高中择校问题，就要逐步取消重点校和示范校，在同一行政区域内对公立普通高中实行均等化拨款，促进公立学校的均衡发展，从而取消高中择校的制度基础。同时，要规范高中录取制度，按照"分数面前人人平等"的原则录取初中毕业学生，坚决杜绝公立普通高中"以钱择校"、"以权择校"或"以关系择校"的现象，并逐步废除"三限政策"。其次，政府应加大对公立普通高中的财政投入，尤其是公用经费和基建经费的投入，以提高普通高中经费来源中财政拨款所占比重，减轻学校对学费、择校费等自筹经费的依赖。解决了高中经费充足性的问题，就取消了择校的财政基础。最后，应该承认居民自由选择优质高中的权利及其合理性，要通过财政手段促进民办高中的发展，为居民通过民办学校解决择校问题提供可能。

（二）完善现行的中等职业学校学生资助政策，建立健全普通高中学生资助政策

中等职业学校学生资助政策取得了很大进展，其主要特点是覆盖面广、操作

简单易行，但缺乏合理性和科学性。在经费的筹集上，我们认为中央政府资金应全部支持贫困省份，有财力的省份应自行解决中职助学金所需经费。在经费的分配和使用上，在国家助学金的经费全部由中央政府负担的省份，助学金标准应划分出若干个档次，贫困学生所获助学金数量应与家庭经济情况相联系。应尽快建立民办中职学籍制度，从而规范学生流动和助学金的管理。目前，我国已建立了普通高中学生资助政策的制度框架，应根据实际执行情况逐步健全这一制度。我们认为，普通高中学生资助应覆盖公立和民办普通高中学生，助学金数量应与家庭经济情况和高中学业表现相联系。

（三）转变主要依靠学生资助吸引中职生源的思路，着力提高中等职业学校办学质量

公立中等职业学校中普遍的"就业导向"掩盖了中职发展的质量问题。近期的普及高中阶段教育政策、普职比政策以及中职国家助学金政策鼓励中等职业学校大规模扩招，进一步稀释了生均教育资源，凸显了教育质量缺陷的问题。政府应加大对公立中等职业学校的投入，以便于提高学校质量，从而真正提高毕业生就业数量和质量，以吸引优质初中生源。仅靠国家助学金来降低中职教育成本，不足以提高生源质量或者提高在校生的巩固率。受助学金政策影响，部分地区民办中职在低水平上扩张，政府应通过专项经费等激励方式，鼓励优质民办中职的发展，淘汰劣质民办学校。

第四部分

高等教育财政制度

高等教育财政涉及三个核心问题：经费的筹措、分配和使用。关于高等教育经费筹措、分配和使用的制度安排就构成了高等教育财政制度。制度对高等教育经费提供了激励与约束机制。在不同的制度安排下，经费的来源、负担不同，就会导致经费供给总量和结构的差异；不同的分配方式会对高等教育的发展产生不同的影响；资金的使用会影响高等教育的产出质量、效率和效益。20世纪90年代以来，中国高等教育财政制度在经费筹措上发生了重大变革，在分配和使用上，随着财政预算体制改革的进程，也更为规范化，但是与高等教育发展规律相适应的关于经费分配和使用的制度安排还未取得突破性进展。对此本部分首先从制度变革和经费收入与支出变化两个方面描述了我国高等教育财政的基本特征，然后提出和描述了一个关于高等教育财政拨款制度的基本框架和实践案例，接下来分析了高等教育的成本与效率，以及探讨了在学生资助制度中的一个重要内容——家庭经济困难学生认定与家庭收入估计问题，最后从理论上分析了我国高校社会捐赠激励机制。

第十章

我国高等教育财政历史与现状分析

第一节 高等教育财政制度的变革

一、高等教育经费筹资制度

目前，我国高等教育经费实行的是多元化筹资体制。这种体制是经过改革开放之后十几年的时间逐步形成的。改革开放之初，政府作为高等教育投入唯一主体的模式开始出现松动。当时除政府拨款之外的经费来源渠道主要是部分学校可收取少量的学杂费。如1983年"国务院批转教育部、国家计委关于加速发展高等教育的报告的通知（1983年4月28日）"中提出："对住校生要酌收住宿费……积极提倡大城市、经济发展较快的中等城市和大企业举办高等专科学校和短期职业大学……这类学校一般应酌收学费。"1985年的《中共中央关于教育体制改革的决定》中进一步明确提出了两种收入来源：一是委托培养生与自费生收费；二是高校可以"与外单位合作，进行科学研究和技术开发，建立教学、科研、生产联合体"，从而可以获得部分自筹资金，这是学校创收的最初形态。1985～1992年间，以自费生、委托培养生、校办产业、社会捐赠及其他形式的投入在高校收入来源占的比例逐渐的上升。可以说这一阶段是多元化筹资体制的萌芽时期。

1992年党的十四大确立了我国建立社会主义市场经济体制的目标。在经济体制改革的宏观背景下，高等教育体制改革也不断推进，高等学校多元化筹资作为一项正式的制度确立下来。1993年1月，国务院批转"国家教委关于加快改革和积极发展普通高等教育意见的通知（国发［1993］）"，"通知"中明确提出："改革原有的由国家包办高等教育的单一体制和模式，探索适应社会主义市场经济体制、调动社会办学积极性、多种形式和途径发展高等教育的新路子。"在高等教育经费投入上，要"逐步建立财政拨款为主、多渠道筹措经费的投资体制。"对于学校，"要改变单纯依靠财政拨款的观念，走多渠道筹措教育经费的路子。要研究制定社会、企业、个人和校办产业等多渠道为高等学校筹措办学经费的具体制度和办法。"在当年2月份中共中央、国务院颁发的《中国教育改革与发展纲要》（以下简称"纲要"）中，明确了"多元化"的具体内涵，"要逐步建立以国家财政拨款为主，辅之以征收用于教育的税费、收取非义务教育阶段学生学杂费、校办产业收入，社会捐资集资和设立教育基金等多种渠道筹措教育经费的体制。"这一基本的筹资制度架构在1998年的《中华人民共和国高等教育法》（以下简称《高等教育法》）中以法律的形式确立下来。至此，"财、税、费、产、社、基"的高等教育经费多元化筹资体制基本确立，并一直沿用至今。

二、政府间高等教育财政责任与财政转移支付制度

我国各级政府对高等教育的财政责任采取了"谁举办、谁出资"的方式，因而，关于政府间高等教育财政责任制度安排是与高等学校办学体制或宏观管理体制的改革同步进行的。20世纪80年代初期，为调动各级政府办学的积极性，加速发展高等教育，中央政府开始将高等学校的办学责任下放给地方政府。1985年的《中共中央关于教育体制改革的决定》初步确立了高等学校"实行中央、省（自治区、直辖市）、中心城市三级办学的体制"。1993年1月的"国家教委关于加快改革和积极发展普通高等教育意见的通知（国发［1993］）"中明确提出，"高等教育管理体制的改革方向是，逐步实行中央与省（自治区、直辖市）两级管理、两级负责为主的管理体制。"这里并没有明确财政责任也是以两级政府为主，但是随后的《纲要》及《纲要实施意见》（1994年）则规定"高等教育要逐步形成以中央、省（自治区、直辖市）两级政府办学为主的体制"以及"以省级政府为主的体制"。这一规定其实明确了"谁举办、谁出资"的财政责任。1998年，随着中央部门所属93所普通高校和72所成人高校及中等职业学校划转给地方，① 两级办学的体制进一步得到深化。同时，1999年以来大批地方

---

① 《国务院关于调整撤并部门所属学校管理体制的决定》（国发［1998］21号）；《关于调整撤并部门所属学校管理体制实施意见》（国办发［1998］103号）。

中等职业教育学校升格为高等学校，大量的地市级政府承担了这些高校的部分经费。这样，目前我国高等学校从财政上看其实呈现出"三级办学、三级负担"的体制。

政府间高等教育财政责任关系的另一个方面就是财政转移支付制度。自1990年以来，我国中央政府对地方政府采取过的转移支付方式主要有四种，第一，中央专项建设项目纳入少量的地方高校，比如"211"工程建设项目、国家级示范性高职院校建设等；第二，学生资助，比如国家奖学金；第三，对少数民族地区高校的一些专项补助；第四，原有中央划转院校在最初几年由中央财政提供经费。然而，已有的这些转移支付方式不能掩盖一个基本的事实，即从政策文件中，还很难发现中央对地方高等教育财政转移支付有明确、规范的制度规定。

三、高等教育财政拨款制度

高等教育财政拨款制度首先涉及拨款数量的规定。在这方面，出现明确政策和法律规定的时间应该是在1990年以后。比如1993年的《纲要》和1998年的《高等教育法》提出"中央和地方的有关部门都要按照'两个增长'的原则，增加对高等教育的拨款，满足高教事业发展的基本需要。""国务院和省、自治区、直辖市人民政府依照教育法第五十五条的规定，保证国家兴办的高等教育的经费逐步增长。"

在拨款方式上，1985年以前，政府对高等学校的事业费是按照"基数加发展"的模式拨付的。1985年，教育主管部门提出"综合定额加专项补助"的高等教育经费分配方法。2000年以来，随着国家财政预算体制的改革，综合定额加专项补助开始在"基本支出加项目支出"的方式下运行。近些年来，在中央和各地按照这一原则分配经费的方式下，也开始探索更加适合高等学校事业费拨款的分配方式。这表现在，一方面是对于正常经费（基本支出）拨款采用多因素的拨款公式；① 另一方面是随着中央和各地财政收入的增长，新增经费越来越通过项目的方式进行分配。特别是在20世纪90年代以后，中央政府开启了一些大型的高等教育专项资金项目。比如分别于1995年和1999年开始实施、作为国家重点建设项目列入国民经济和社会发展中长期规划的"211"工程和"985"工程建设项目，是"综合定额"之外政府加大对高校，特别是重点高校的专项投入的重要标志性事件。在这两大工程项目的影响下，地方政府也纷纷设立类似的高校建设项目，而且项目的种类也越来越繁多。

---

① 关于基本支出拨款方式改革更为详细的内容可参见第十一章的内容。

四、高等教育学费制度

我国高等教育学费制度变迁大致经历了免费、学费双轨制和全面收费制三个阶段。改革开放之初的一段时期，高等教育普遍实行免费制。但是，正如筹资制度变革中描述的那样，这段期间已经开始探索收费的可能性。1985年，《中共中央关于教育体制改革的决定》提出的"委托培养"和"自费生"两种类别，可以看作是学费双轨制的正式实行。在1989年原国家教委发出的《1989年普通高等学校试行招收自费生意见》，以及1990年正式颁布的《普通高等学校招收自费生的规定》中规定："允许一部分学校招收自费生，收费标准从分担成本的30%～80%不等。"学费双轨制得以进一步加强。

由于学费双轨制实行一段时期之后现实中存在的一系列问题，学费并轨改革逐渐提上日程。1989年原国家教委在《关于高等学校毕业分配制度的报告》中就曾提出，"学生上学除特殊规定外，一般要交纳学杂费，考虑到一般家庭目前的经济收入水平和实际承受能力，开始时收取学杂费的数额不能太高，一般掌握在每年100～300元为宜。"1993年的《纲要》规定，"改革学生上大学由国家包下来的做法，逐步实行收费制度，高等教育是非义务教育，学生上大学原则上均应缴费。"这标志着我国免费上大学的制度开始被完全放弃。

从1993年开始，收费并轨改革首先在部分高校率先进行，试点院校改变了过去在招生录取以及收费标准上划分"公费生"、"自费生"的双轨运行办法，将国家计划内招生与委培生、自费生的收费标准统一起来，使同一所院校的学生按同一标准缴费，到1997年，全国范围内高等学校普遍并轨，除特殊学科和专业外，高等教育实行了收费制。

在高等教育学费改革过程中，我国初步确立了一种中央和地方两级管理的收费制度模式。根据1996年国务院关于《高等学校收费管理暂行办法》的规定，"高等学校的学费标准根据生均培养成本的一定比例确定，在不同的地区、不同的专业、不同层次的学校收费标准可以有所区别。收费实行中央、省两级管理，承办部门是各省教育厅、财政厅、计委及所在地的高校。"具体程序是，学费标准"由高等学校提出意见，经学校主管部门同意后，报学校所在省、自治区、直辖市教育部门，按上述程序，由学校所在省、自治区、直辖市人民政府批准后执行"。这种两级收费管理模式可以有效增强地方和高校办学积极性，激励学校提高办学质量和声誉，同时也考虑到了我国地方经济发展水平不平衡的基本现状。

高等学校实行全面收费制的随后几年内，学费标准迅速上涨，根据统计数据计算的平均学费水平（详见本章第二部分内容），1998年约为2 000元，到2004年增长到约4 500元。学费水平的快速上涨大大超出了居民、特别是农村居民的承受能力。同时，一些高校在收费过程中出现了"乱收费"现象。为此，国家一方面制定规范收费管理的各种政策措施；另一方面，国家采取了将学费和住宿费水平稳定在2000年标准的政策。① 这些措施完善了学费管理制度。

五、高等教育学生资助制度

与高等学校收费制度改革同步进行的是学生资助制度。从1983年开始，我国开始了高校学生资助制度的改革，其重要内容是把学生资助制度从原来的以单一人民助学金制度的形式转向"人民助学金"制度与"人民奖学金"制度并存的形式。1986年，教育部与财政部发文取消了延续30多年的人民助学金制度，代之以奖学金与贷学金制度。

自奖学金制度与贷学金制度并存的新型高校学生资助模式确立后，目前，我国基本形成了以国家奖助学金和国家助学贷款为主体，勤工助学、特殊困难补助、学费减免有机结合的高校家庭经济困难学生资助政策体系。它的主要框架包括：（1）奖学金：直接由"人民助学金"制度改革而来，标志着我国新时期高校资助政策的开端，它主要包括：国家助学奖学金、优秀学生奖学金、专业奖学金、定向奖学金等。（2）助学贷款：它主要包括国家助学贷款和一般性商业助学贷款两种形式。2004年，建立了以风险补偿金为核心的国家助学贷款新机制，贷款学生在校期间的利息由财政补贴，还贷年限延长到学生毕业后6年内。实行了国家助学贷款国家代偿制度，对自愿到西部地区和艰苦边远地区基层单位从事生产第一线工作达到一定年限的中央部门高校毕业生，其在校期间获得的国家助学贷款本金和全部偿还之前产生的利息，由国家代为偿还。（3）勤工助学：高校安排学生从事校内助教、助研、助管等岗位，以及实验室、校办产业、后勤服务和各项公益劳动岗位，按教育部、财政部规定，从每年学费收入中提取10%的资金，用于发放参加勤工助学学生的报酬，以及开展其他有关资助工作。（4）减免学费：是资助经济困难学生接受高等教育的一项重要措施，为帮助部分经济特别困难学生顺利完成学业，1995年，教育部印发了《关于对普通高等学校经济困难学生减免学杂费有关事项的通知》，要求对普通高校中部分经济特别困难的学生，实行学费减免制度，尤其是要对其中的孤残学生、少数民族学生及烈士子

---

① 教育部：《十六大以来我国促进教育公平的重大举措》，http://www.gov.cn/ztzl/17da/content_777429.htm。

女、优抚家庭子女等,实行减收或免收学费,具体减免额度由学生所在高校确定,与其他有关政策统筹安排。(5)特殊困难补助:各级政府和高校对经济困难学生遇到一些特殊性、突发性困难时给予的临时性、一次性的无偿资助,是高校资助政策的辅助性措施之一。(6)绿色通道:为保证刚考入大学的贫困家庭学生能够顺利入学,2000年,教育部、财政部、国家发展改革委员会规定各高校都必须建立"绿色通道"制度,即对被录取入学、经济困难的新生,一律先办理入学手续,然后再根据核实后的情况,分别采取不同的资助措施,确保每一位新生都能够顺利入学。

六、其他制度

除去上述相关的制度外,广义的高等教育财政制度还包括政府与高等学校经费使用权力与责任制度、高等教育财政问责制度等。

政府与高等学校经费使用权力与责任制度规定了学校的财政自主权。1980年以前,高等学校的经费均由国家财政统一计划拨款,学校在年终决算后需将全部结余款项交回国家财政。这导致高等学校不仅缺乏经费使用的自主权,也缺乏提高经费使用效益的积极性。1980年财政部召开全国文教行政财务会议,强调全面推行"预算包干,结余留用"的办法,各个高等院校按照国家下达的年度预算包干使用,年终结余全部留归学校结转下年度支配。1985年的《中共中央关于教育体制改革的决定》赋予高等学校"有权具体安排国家拨发的基建投资和经费;有权利用自筹资金"的财政权力。后来,这一权力进一步推广到包括学费在内的预算外资金上。随着高等学校筹资多元化制度的确立,学校对预算外资金权力的扩大大大激发了高校自我筹资动力。随着预算外资金的逐渐膨胀,部分高等学校在资金使用过程中出现了滥用的现象。对此,根据国家财政预算体制改革,对高等学校资金使用的管理也开始逐步严格起来。最初实行"收支两条线",随后根据1998年公共财政改革的要求,逐步实行部门预算、国库集中收付制度、收支两条线、政府采购制度等,对高校的财务管理和运作发生了重要影响。

高等教育财政问责制度是对高等学校资金使用结果如何的规定。在这方面,目前我国主要采用的方式是审计制度、项目绩效考评制度,问责实施的主体主要是政府,并侧重于从财务管理角度对资金使用的问责。一个完整的问责制度在主体上还应将社会问责、资金投入—产出结果的问责包含在内。① 在这方面,我国还缺少相应的制度规定。

---

① 比如向社会公开的高校财务报告制度、绩效报告制度等。

七、小结

根据上面的内容，表10-1对我国高等教育财政制度的现状及缺陷作了简要的总结。

表10-1　　　　　我国高等教育财政制度的现状及缺陷

制度分类	现　状	缺　陷
高等教育经费筹资制度	以政府投入为主、多渠道筹资	对政府投入责任缺少明确规定
政府间高等教育财政责任与财政转移支付制度	两级办学、两级负责	缺少明确、规范的转移支付制度
高等教育财政拨款制度	三个增长、综合定额加专项补助	缺少定额标准制定的科学、规范方法，拨款公式欠透明；专项补助对象不平衡
高等教育学费制度	受教育者缴纳学费与其他杂费	学费标准制定缺乏合理规定
高等教育学生资助制度	国家助学金和助学贷款为主体，奖学金、勤工助学、特殊困难补助、学费减免相结合的高校家庭经济困难学生资助政策体系	对于各级政府责任缺少明确规定；缺少家庭经济困难学生科学、简易的认定办法
政府与高等学校经费使用权力与责任制度	部门预算、国库集中收付、收支两条线、政府采购制度	政府与学校的财权划分缺少明确规定
高等教育财政问责制度	审计、项目考评	财务报告、绩效报告缺乏，未形成完整的问责制度

第二节　我国普通高等学校收入与支出的变化特征及解释

我国高等教育财政制度的变革对高等学校经费收入与支出产生了深刻的影响。在1998年，我国普通高校的经费收入来源中，政府拨款的比重占到了60%以上，充分体现了"以政府投入为主"的多渠道筹资体制。然而，20世纪90年代末以来，伴随着高等教育规模的扩张，"以政府投入为主"的多渠道筹资模式在现实中演变成"政府和个人投入两为主"的模式,这在地方高校表现得尤为突出。2002年以后,财政拨款占我国地方普通高校经费的比例已下降到40%,学费所占比重则由20%上升到40%。同时,财政拨款增长速度远远落后于学生数的增长速度,2006年的实际生均财政拨款与1998年相比下降了25%以上。① 高等学校财政模式的这种变化特征是否反映了一个客观、必然的趋势?在学费标准逐渐稳定的政策下,地方普通高校未来的收入增长空间又是什么?本节在分析我国普通高校的经费收入与支出变化特征的基础上,从高等学校面临的地区财政能力约束、公共资源的竞争和居民收入约束,并结合国际经验,试图为上述问题提供一些解释,从而对未来我国高等教育财政制度改革的方向提供一些思路。分析中所用数据为1998~2006年间的省级数据,除非特别说明,教育经费数据来自相应年份的《中国教育经费统计年鉴》,财政和居民收入数据来自相应年份《中国统计年鉴》。②

一、1998年以来高校经费收入与支出的变化特征

(一)收入分析

根据隶属关系的不同,我国的公立普通高等学校可以分为中央高校和地方高校。经费收入按来源可以分为预算内事业性经费拨款、教育附加拨款、事业收入(包括学杂费)、校办产业等收入、捐资收入、其他收入及基建拨款。分析的对象未考虑基建拨款。此外,还将预算内事业性经费拨款和教育附加拨款合计统称为政府拨款,事业收入中将学杂费收入单独列出,并计算了按学生数平均的总收入和各项收入(称为生均收入)。表10-2提供了1998~2006年按可比价格计算的中央与地方普通高校实际生均收入水平的基本情况,图10-1则反映了两类高校收入来源结构的变化情况(这里只提供了财政拨款、事业收入及其中的学杂费比重)。两类高校在经费收入水平和来源结构上表现出了不同的特征。

---

① 高等教育规模扩张时期生均经费及财政拨款的下降是世界其他国家表现出的一个共同特征,这在高等教育界被称为"高等教育的财政危机"。但是,考虑到宏观经济背景,中国与这些国家有着明显不同的特征:其他国家高等教育财政危机发生的时期也正是经济出现下滑或经济危机的时期,而中国则处于经济和财政收入高速增长的时期。关于高等教育财政危机的论述参见:[法]让·克洛德·艾歇尔著,洪成文译:《欧洲高等教育的财政危机及其后果》,载《比较教育研究》1992年第3期,第20~25页;丁小浩:《高等教育财政危机与成本补偿》,载《高等教育研究》1996年第2期,第37~45页。

② 实际分析中对于教育经费和居民收入数据,以居民消费价格指数转化成可比价格;对经济和财政数据则以GDP平减指数转化成可比价格;均以1998年为基期。

表 10-2　1998~2006 年中央与地方普通高校生均教育事业费收入　　单位：元

项目	年份	中央高校 合计	政府拨款	事业收入	其中，学杂费	其他	地方高校 合计	政府拨款	事业收入	其中，学杂费	其他
名义收入	1998	16 001	8 607	5 006	1 940	2 388	10 230	6 498	2 925	2 004	807
	1999	19 504	10 563	6 280	2 475	2 661	11 448	6 705	3 985	2 943	758
	2000	23 278	12 458	7 848	3 080	2 972	11 950	6 276	4 902	3 751	772
	2001	24 363	12 816	8 735	3 510	2 812	11 444	5 597	5 035	4 030	812
	2002	25 221	12 834	9 616	3 708	2 771	11 405	5 207	5 462	4 393	736
	2003	23 075	11 726	8 658	4 062	2 691	11 163	4 763	5 584	4 529	816
	2004	23 484	11 438	9 302	4 778	2 744	11 493	4 865	5 809	4 786	818
	2005	25 571	12 058	10 735	5 674	2 778	11 862	4 847	6 080	4 975	934
	2006	26 784	13 412	10 844	5 568	2 528	12 536	5 104	6 251	4 958	1 181
实际收入	1998	16 001	8 607	5 006	1 940	2 388	10 230	6 498	2 925	2 004	807
	1999	19 781	10 713	6 370	2 510	2 699	11 610	6 800	4 042	2 984	769
	2000	23 515	12 585	7 928	3 112	3 002	12 071	6 340	4 952	3 789	780
	2001	24 433	12 853	8 761	3 520	2 820	11 477	5 613	5 050	4 042	814
	2002	25 485	12 969	9 716	3 747	2 800	11 524	5 262	5 519	4 439	743
	2003	23 046	11 712	8 647	4 057	2 687	11 149	4 757	5 577	4 523	815
	2004	22 579	10 997	8 944	4 594	2 638	11 050	4 678	5 586	4 602	787
	2005	24 149	11 388	10 138	5 358	2 624	11 202	4 578	5 742	4 698	882
	2006	24 929	12 483	10 093	5 182	2 353	11 668	4 751	5 818	4 614	1 100

注：实际收入系用 1998 年为基期的 CPI 进行的折算。

首先，1998~2006 年，中央高校生均总收入稳步上升，地方高校则处于增长停滞状态，其中的生均财政拨款趋于下降状态。在中央高校，实际生均总收入 2006 年比 1998 年增长了 1.5 倍多，生均拨款比 1998 年高出了 1.4 倍多。生均事业收入以及学杂费收入在呈现不断增长的趋势后，到 2006 年有所下降。在地方高校，生均收入呈现波浪式的变动：2000 年前缓慢增长，2001~2004 年下降，之后又有所增长。2006 年与 1998 年相比，仅有小幅的增长。生均拨款 1998~2005 年一直趋于下降的趋势，虽然 2006 年有小幅增长，但仍比 1998 年低了 25% 以上。与此对照的是，生均事业收入和学杂费在 2003 年前经过一个快速增长之后，逐渐稳定下来，特别是学费收入，在 2003 年后，实际的生均学费一直维持在 4 700 元以内。

其次，按实际收入计算的中央和地方高校生均收入差异逐渐扩大，在 1998 年中央高校是地方高校的 1.6 倍，而到 2006 年扩大到 2.1 倍。从收入结构来看，除去两类高校在生均学费上差异较小外，其他几项收入来源均表现出较大的差

a. 中央高校

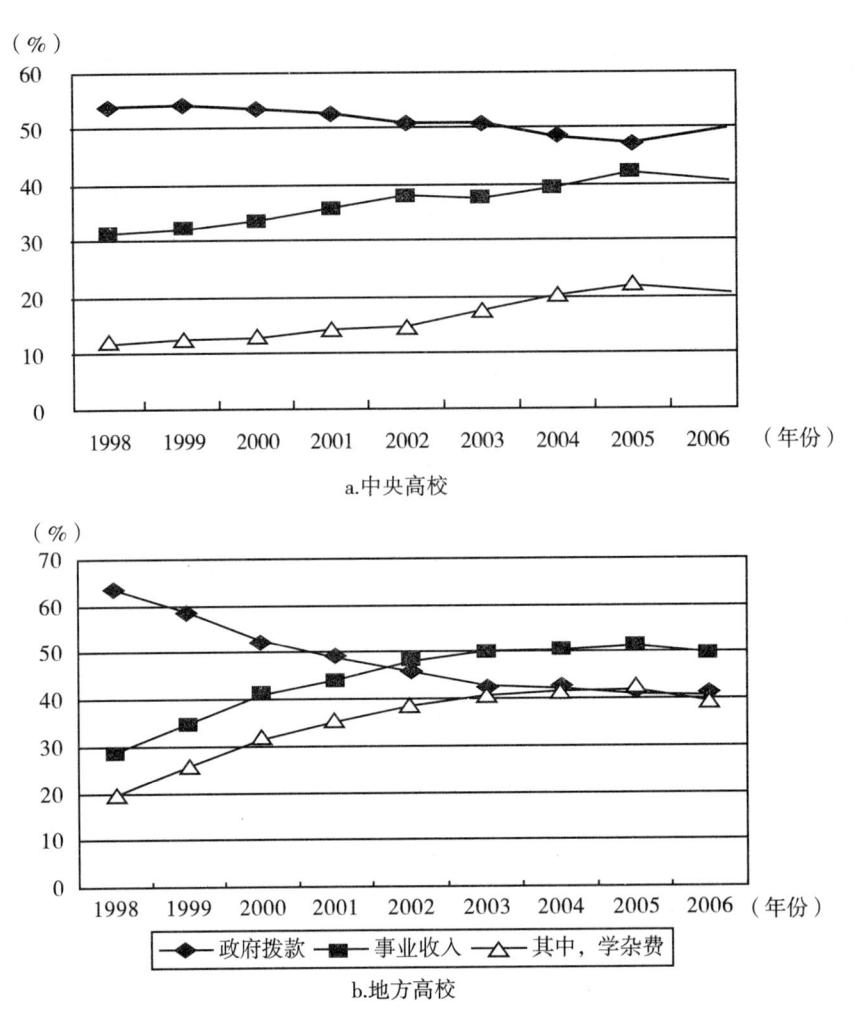

b. 地方高校 ——◆—— 政府拨款 ——■—— 事业收入 ——△—— 其中，学杂费

图 10-1 1998~2006 年中央与地方高校经费收入来源结构

异。如在生均财政拨款上，中央高校实际生均拨款 1998 年为 8 607 元，这比地方高校的 6 498 元仅高出 2 109 元，而到了 2006 年，中央高校的实际生均拨款达到 12 483 元，比地方高校的 4 751 元高出了 7 732 元，差距由 1998 年 1.3 倍扩大到 2006 年的 2.6 倍。即便是把其中的科研拨款去掉，这种差距也由 1998 年的 1.1 倍扩大到 2006 年的 2.1 倍。

最后，1998 年以来，两类高校收入来源发生了明显的变化：政府拨款在下降，事业收入以及学杂费收入比重在上升，这在地方高校表现得尤为明显。地方高校财政拨款比重与学杂费比重自 2004 年后已相差不大，均各占 40%，学杂费构成了地方高校非政府拨款收入的主要来源。

从总体上看，各个年份政府拨款和事业收入均构成了教育事业费收入的主体，两者合计占总收入的比重均在 85%～94%。其他收入占的比重较小，并且有了小幅度的下降。就政府拨款比重来看，中央高校这一比重在 1998～2005 年间呈现缓慢下降的趋势，最高的 1999 年为 54%，最低的为 2005 年的 47%。但到 2006 年这一比重开始提升，达到 50%。与中央高校明显不同的是，地方高校政府拨款比重 1998 年以来呈现了较大幅度的下降。1998 年，政府拨款在地方高校充分发挥了财政主渠道的作用，其比重占到了 63.5%，然而，到 2006 年下降到 40.7%，下降了近 23 个百分点。其中下降幅度最大的时期是在 1999～2001 年间，说明了这一时期大学扩招后，财政拨款明显低于学生数的增长。自 2005 年后，地方高校财政拨款的比重逐渐稳定在 40% 以上。

与政府拨款比重下降趋势相对应的是，事业收入及学杂费比重逐渐上升，但是中央高校和地方高校同样表现出了较大的差异：地方高校上升的幅度远远超过了中央高校。在中央高校，事业收入的比重由 1998 年的 31% 上升到 2005 年的 42%，而后在 2006 年下降到 40.5%，其中学杂费由 12% 上升到 2005 年的 22%，而后又下降到 2006 年的 20.8%。地方高校的事业收入比重在 1998 年还低于中央高校，仅为 28.6%，然而，到 2005 年上升幅度超过了 22 个百分点，达到 51.3%。2006 年的这一比重有所下降，但仍接近 50%。地方高校事业收入比重的这一变化主要是受学费比重的影响。在 1998 年地方高校学费收入占的比重不到 20%，到 2005 年已经接近 42%，2006 年有小幅下降，但仍接近 40%。数据中还反映出，地方高校财政拨款比重与学杂费比重自 2004 年后已相差不大，均各占 40%，学杂费已成为地方高校非政府拨款收入的主要来源。

以上数据说明，中央高校来自政府拨款的支持明显超过了地方高校，而地方高校对学杂费的依赖明显超过了中央高校。自 1998 年以来，地方高校生均收入的增长主要来源于学杂费。两类高校政府拨款比重与学杂费比重在 2005 年之后逐渐稳定，并且前者开始呈现缓慢上升，而后者趋于缓慢下降。

不论从总量还是生均上看，2006 年中国地方政府的财政支出均超过了 1998 年的 3 倍以上，财政支出占 GDP 的比重也由 1998 年的 9% 提高到 2006 年的 14%。在地方政府财政支出规模呈现膨胀的趋势下，结合上面的数据可以看出，随着高等教育规模的扩张，不论是按生均还是总量衡量的政府对高等学校的拨款，相对来说确实减少了。

（二）支出分析

有关高等教育机构的经济行为的理论认为，高等学校作为非盈利组织，其显著的特征有两个：一是从长期看，高等学校的成本是递增的。这主要是由于教育技术条件不断更新换代、教师工资不断上涨。预算最大化是高等教育的重要目标，预算最大化意味着成本最大化。二是高等学校的首要目标是获得教育方面的良好声誉以及影响力，在追求这一目标的过程中，每所高校都努力争取获得更多的资金，然后把争取来的资金全部花掉，这就是高等教育财政中的"成本的收入理论"，支出是收入的函数。[①] 上面的内容我们分析了中央和地方高校经费收入的变化特征，下面转而分析支出特征。根据高校经济行为特征的理论，我们看到，高校的支出由收入决定，在总体上表现出了与收入变化相似的特征。

表10-3提供了中央与地方高校按当年价格和可比价格计算的生均事业费支出在1998~2006年间的变化特征。可以看出，中央高校在这段时期生均支出逐年增长，而地方高校一直维持在生均10 000元左右，按可比价格计算2006年比1998年仅增长了不到9%。同时，中央与地方高校支出之间的巨大差异在这里再次明显体现出来：自2001年以后，仅中央高校的生均公用支出已经超过了地方高校生均事业费支出，而且这一差距体现了扩大的趋势；从各年度的增长率看，中央高校绝大部分年份都超过了地方高校（见图10-2）。下面我们来具体分析经费支出结构的变化。

表10-3　　　　　1998~2006年中央与地方普通高校生均事业性经费支出　　　　单位：元

项目	年份	中央高校 合计	中央高校 个人部分	中央高校 公用部分	地方高校 合计	地方高校 个人部分	地方高校 公用部分
名义支出	1998	13 187	6 484	6 703	9 082	4 668	4 414
	1999	15 487	7 486	8 001	9 715	4 929	4 787
	2000	18 445	8 654	9 791	10 398	5 163	5 235
	2001	19 756	9 329	10 427	9 792	5 035	4 757
	2002	19 876	8 956	10 919	9 955	5 009	4 946
	2003	20 062	8 619	11 443	9 721	4 768	4 953
	2004	20 462	8 832	11 630	9 796	4 788	5 008
	2005	22 791	9 841	12 950	10 068	4 911	5 157
	2006	23 656	10 037	13 618	10 634	5 137	5 497

---

① ［美］鲍尔森、舒马特主编，孙志军等译：《高等教育财政：理论研究、政策与实践》，北京师范大学出版社2008年版，第150~151页。

续表

项目	年份	中央高校			地方高校		
		合计	个人部分	公用部分	合计	个人部分	公用部分
实际支出	1998	13 187	6 484	6703	9 082	4 668	4 414
	1999	15 707	7 593	8 114	9 853	4 999	4 855
	2000	18 633	8 742	9 891	10 504	5 216	5 288
	2001	19 813	9 356	10 457	9 820	5 049	4 770
	2002	20 084	9 050	11 034	10 059	5 062	4 998
	2003	20 037	8 609	11 429	9 709	4 763	4 947
	2004	19 674	8 492	11 182	9 419	4 604	4 816
	2005	21 524	9 294	12 230	9 508	4 638	4 870
	2006	22 017	9 342	12 675	9 897	4 781	5 116

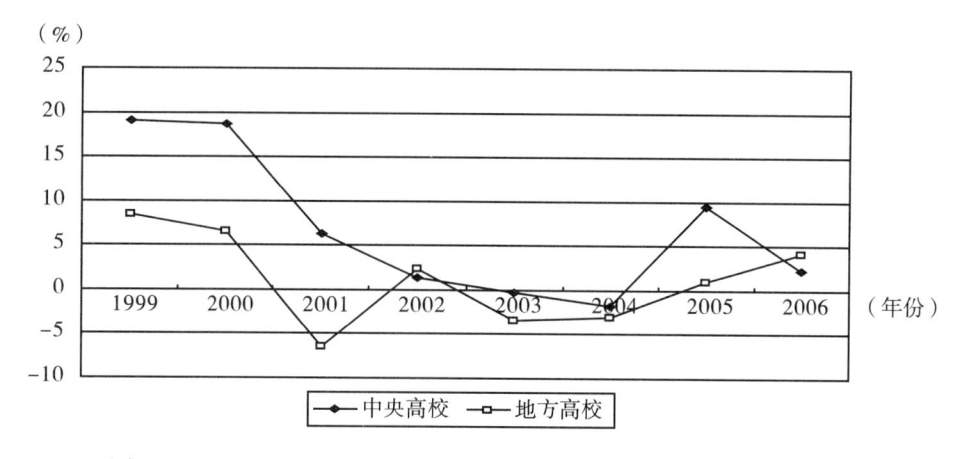

图 10 - 2　1999～2006 年中央与地方高校生均事业费支出增长率

经费支出结构的分析可以帮助我们认清经费花在了什么地方。对于经费花在什么地方，比较理想的分类应该按照高校各类活动的功能进行划分，比如，在人员经费支出中可以划分为教学与科研人员工资、其他职员工资、学生资助等，在公用经费支出中可以划分正常教学经费、科研经费、学生事务活动经费、后勤服务经费等。在我国的事业性教育经费支出结构统计中，支出大类的划分仅分为个人部分和公用部分，每一部分下面又根据会计核算科目进行了划分，并不能完全反映一所学校的办学成本行为。尽管如此，根据这一分类对支出结构的分析也能观察出一些特征来。表 10 - 4 提供了按个人和公用划分的总体的生均支出情况，以及每一部分的构成情况。

表10-4　　　　　1998~2006年中央与地方普通高校事业性经费支出结构　　　单位：%

类别	年份	合计	人员经费 小计	其中，奖贷助学金	公用经费 小计	公务费	业务费	设备购置费	修缮费	其他
中央高校	1998	100.0	49.2	5.8	50.8	10.6	18.7	9.0	6.6	5.9
	1999	100.0	48.3	6.4	51.7	9.3	17.7	11.1	7.1	6.5
	2000	100.0	46.9	5.3	53.1	8.3	17.9	11.2	5.9	9.7
	2001	100.0	47.2	4.7	52.8	8.1	18.4	12.1	6.1	8.1
	2002	100.0	45.1	4.6	54.9	13.0	17.0	13.1	5.8	6.0
	2003	100.0	43.0	4.8	57.0	14.2	8.5	11.5	5.6	17.2
	2004	100.0	43.2	4.8	56.8	15.2	7.7	12.2	5.5	16.2
	2005	100.0	43.2	4.8	56.8	15.6	7.4	11.4	5.3	17.0
	2006	100.0	42.4	4.5	57.6	16.9	7.8	11.2	4.3	17.5
地方高校	1998	100.0	51.4	7.1	48.6	11.8	10.6	10.9	9.5	5.8
	1999	100.0	50.7	6.8	49.3	10.7	11.1	11.9	9.7	5.8
	2000	100.0	49.7	6.4	50.3	9.8	10.9	14.1	9.9	5.6
	2001	100.0	51.4	6.3	48.6	9.3	11.7	13.7	8.6	5.3
	2002	100.0	50.3	5.8	49.7	11.0	11.1	14.2	7.2	6.2
	2003	100.0	49.1	5.7	50.9	11.2	7.4	14.2	7.1	11.0
	2004	100.0	48.9	5.3	51.1	11.8	7.2	13.0	6.9	12.3
	2005	100.0	48.8	5.4	51.2	12.2	7.6	12.9	5.7	12.9
	2006	100.0	48.3	4.9	51.7	12.4	7.7	11.8	5.3	14.4

首先来看人员经费和公用经费的比例关系。人员经费包括了各类在职教职工工薪收入和学生资助金；公用经费包括了公务费、业务费、修缮费等科目。公用经费是为维持高校能够正常运转所需的经费，在人员素质一定的情况下，公用经费的多少对于一所学校学生可获得的教学资源起到重要影响，从而影响着教育的质量。从中央高校来看，随着生均支出水平的上升，人员经费的比例不断下降，公用经费的比例不断上升，而且自1998年以来这种比例变化幅度较大。1998年，中央高校人员经费所占比重接近50%，但到2006年下降到42%，相反公用经费由1998年的50%上升到2006年的58%。地方高校虽然也表现了同样的趋

势，但是变化幅度较小，一直维持在 5:5 左右。1998 年地方高校人员经费比重为 51%，到 2006 年仅下降到 48%。通过两类高校的这一特征可以看出，在生均支出水平较低的状况下，人员经费与公用经费基本在 5:5 左右，但当生均支出水平提高后，人员经费的比重将会下降，公用经费比重将会上升。

在人员经费的构成上，我们这里仅列出了学生奖助学金所占比重，可以看出，不论是中央高校还是地方高校，其比重一直处于下降的趋势。公用经费的构成中，业务费的比重总体上也趋于下降。

对于上述我国普通高校经费支出构成的变化已有一些解释。袁连生、崔邦焱（2004）用全国合并数据的分析发现，人员支出与公用支出的比重相对稳定，对此的解释是学校教育技术相对稳定，以及生师比的提高限制了人员支出比例的上升。他们的研究并未对高校类型进行区分，如果这可以解释为地方高校的上述特征的话，那么，中央高校的特征就难以解释。中央高校的特征或许是由于教师短缺的结果造成的，也可能是由于教育技术条件提高造成的。中央高校公用经费支出大大超过地方高校，说明了在教育技术条件上大大超过了地方高校。

二、原因分析

从以上描述中可以看出，我国高校的收入变化特征清晰地反映了高等教育财政制度改革的结果。下面的内容根据本节开始部分提出的框架，对此给予进一步的解释。

（一）高等教育系统自身的变化与地区财政能力的约束

近十年来，我国政府在高等教育上采取了扩大规模和高水平大学建设并举的发展模式，其中，规模扩大主要由地方高校完成，而高水平大学建设集中于中央高校和少数地方高校。以"985"工程和"211"工程为例，在"985"工程覆盖的全部 39 所高校中，均为中央高校，其数量占中央高校的近一半。在 112 所"211"工程大学中，中央高校占了 70% 以上，这些学校数量占全部中央高校的 72% 以上。把高等教育的这一发展模式与中央和地方的财政能力的差异结合起来，就为中央和地方高校经费的巨大差异提供了解释。这首先表现在中央与地方财政能力与其所负担的高等教育规模的不同上。1999~2006 年间，中央财政支出占全国财政支出的比重在 25%~30%。同期，中央高校在校生数占全国高校在校生数的比重由 1998 年的 33% 下降到 2006 年的 12%。其次，还表现在中央财政对其所属高校的财政投入力度也高于地方。1998 年以来，中央高校财政拨款占中央财政支出的比重绝大部分年份高于 4%，而地方高校财政拨款占地方财政支出的比重一直处于 2% ~ 2.5% 。这样，较高的中央财政能力及投入力度和较低的中央高校学生规模，导致了中央高校在财政拨款上明显高于地方高校。同时，从两类高校经费收入中除学费之外的事业收入的差异也可以看出，中央高校的自我筹资能力明显高于地方高校。以上两个方面构成了中央高校生均总经费大大高于地方高校的主要原因。下面我们将高等教育系统自身的变化与地区财政能力约束结合起来，重点解释地方高校生均拨款的变化特点。

我们可以把地区财政能力对高等学校经费收入的约束分为两个方面：一是不同地区高校规模扩张的速度可能与地区财政能力存在负相关关系。这是因为，就扩招之前的高校规模的分布来看，那些财政能力强的地区高校规模也比较大，扩招之后，原来高校规模小的地区扩招的速度更快，同时这些地区财政能力较弱。二是各地区政府财政收入来源结构不同，来源结构不同会导致政府实际可支配的财力不同。在中国现行的财政和预算体制框架下，经常性收入才是政府实际可用于教育的财政收入。

1. 高校规模扩张速度与地区财政能力。1998 年以来高校规模扩张的一个特点是在不同地区扩张的速度不同（表现为学生数增长率不同）。结合地区财政能力，我们可以得到一个基本的假设：在教育财政拨款与地区财政能力正相关的条件下，如果学生数的增加是主要来自那些财政能力强的地区，则生均拨款的下降幅度就会小一些，甚至会增加；反之，如果学生数的增加与财政能力负相关，则拨款的下降幅度会更大。沿着这个思路，首先来考察生均拨款与地区财政能力之间的关系。

对于这一问题，教育财政领域经常使用的方法是计算两者之间的弹性系数，其含义是，地区之间的财政能力每相差 1% ，则生均拨款相差的百分比是多少。这可以通过构建一个回归模型达到。模型中的因变量为生均财政拨款的对数，自变量为人均财政支出对数（衡量财政能力）、年份虚拟变量、年份虚拟变量与人均财政支出对数的交互项、学生数的对数。通过人均财政支出对数的系数和交互项的系数可以计算出每一年生均财政拨款与人均财政支出之间的弹性关系。利用1998 ~ 2006 年的各省的年度数据，估计上述模型，得到弹性关系结果如图 10 - 3 所示。

图 10 - 3 中显示的一个明显的信息是，生均财政拨款与人均财政支出之间的弹性系数符号为正，且自 1998 年以来逐渐上升。比如，在 1998 年，这一系数不到 0.5，而到 2005 年后超过 0.85。这一结果说明，生均财政拨款与财政能力之间存在着显著的正相关关系，这种关系强度在逐渐上升，说明了自 1998 年以来生均拨款对地区财政能力的依赖程度在上升。其现实含义是，那些财政政能力高的地区，生均财政拨款相应较高；反之亦然。

在上述这种关系下，下面来讨论另一个问题：如果那些财政能力高的地区学

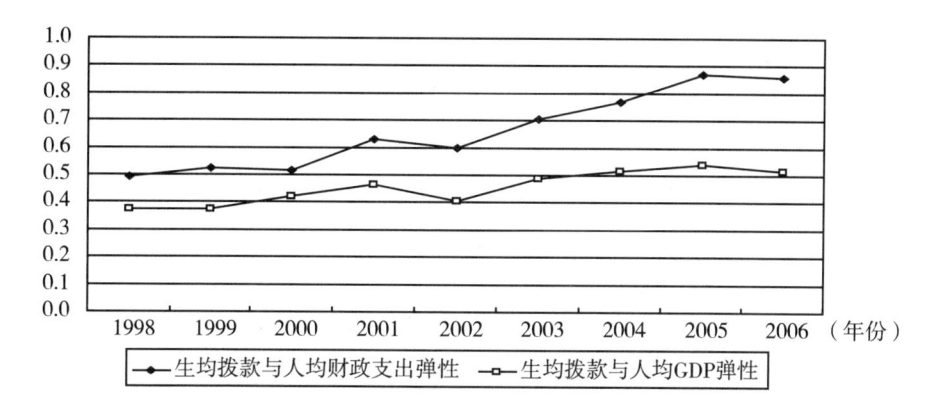

图 10-3 生均拨款与经济、财政弹性关系

生数增长快的话，生均财政拨款的下降幅度会小一些；反之，则会大一些。具体方法是，用 2006 年各省在校生数除以 1998 年的在校生数，代表学生数的增长情况，用这一指标分别与 1998 年和 2006 年的人均财政支出以及生均财政拨款进行比较。图 10-4 和图 10-5 给出了两者关系的散点图和拟合回归线（每一个点表示一个省），横轴为人均财政支出或生均财政拨款的对数，纵轴为学生数增长率。可以看出，不论是用 1998 年还是 2006 年的人均财政支出和生均财政拨款指标来衡量，学生数的增长率和人均财政支出及生均拨款之间存在着明显的负相关关系。通过计算两者的相关系数，学生数增长率与人均财政支出的相关系数在 1998 年和 2006 年分别为 -0.565 和 -0.494；而与生均财政拨款的相关系数分别为 -0.464 和 -0.681。

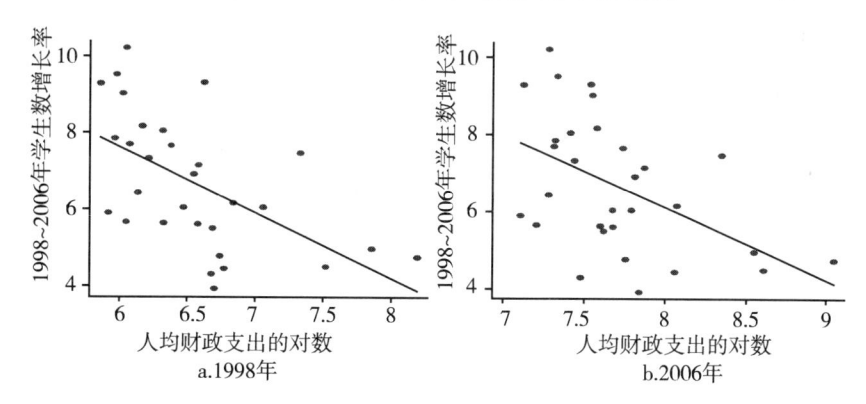

图 10-4 学生数增长率与人均财政支出关系

从以上结果可以得到这样一个基本结论：中国地方普通高校生均财政拨款较大幅的下降，一个重要原因是，生均财政拨款越来越依赖地方财政能力，而那些财政能力越弱的地区恰恰是高等教育规模扩张速度较快的地区。

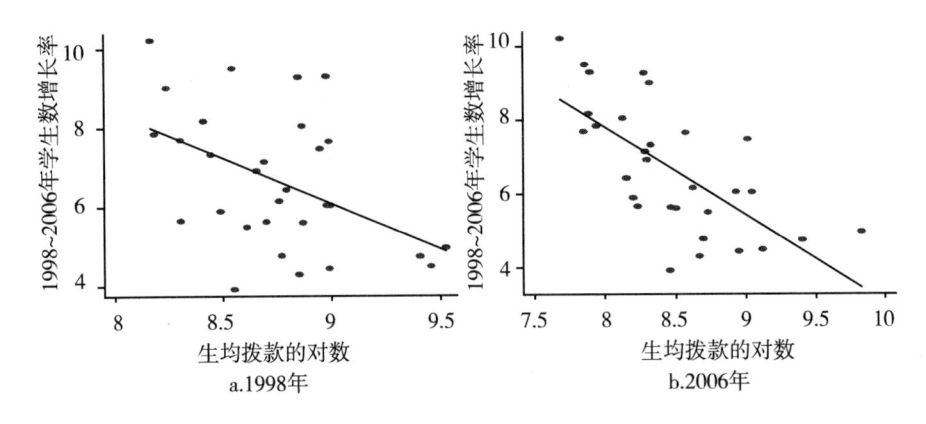

图 10-5　学生数增长率与生均财政拨款关系

2. 地区财政收入结构对高等教育财政拨款的约束。在传统上，中国各级政府的财政收入可以分为预算内收入和预算外收入，近些年的改革逐渐规范各项收入，财政收入结构的划分逐渐分为税收收入和非税收收入。预算外收入或非税收收入往往并不由财政部门实际控制，比如各政府部门的行政性收费、近些年出现的"土地财政"等。这些收入来源在支出去向上往往有着"来自哪里用于哪里的特征"。因而，预算内收入或税收收入可以作为政府实际可支配财力的主要衡量指标。在现行的财政与预算体制下，尽管中国教育财政拨款在来源上并未指定具体是哪种具体来源，但是一个可以确定的基本事实是，教育财政拨款主要来自政府实际可支配的财力，即主要来源于税收收入。这样，税收收入占财政总收入的比重将影响高等教育财政拨款。一个基本假设是：税收收入所占比重越高的地区，如果财政努力程度相同，则生均财政拨款也会越高。下面具体来考察这一关系。

图 10-6 给出了 1999~2006 年各地区生均财政拨款的对数与税收收入占地方财政收入比重的关系图。从中可以明显地看出，两者呈正相关关系。这一简单的描述分析并不能完全说明问题，因为事实上，税收收入所占比重与人均财政收入（或支出）有明显的正相关关系，而人均财政收入（或支出）又与生均财政拨款正相关，这样，单从图中所观察到的结果还不能验证我们的假设。为了控制这一影响，我们估计了一个回归模型，模型的因变量为生均财政拨款的对数，主要的自变量为税收收入占财政收入的比重，控制变量加入了地区人均财政收入的对数、学生数的对数、人口数的对数、教育经费拨款占财政收入的比重以及年份虚拟变量。人均财政收入这一变量可以控制地区财政能力对生均财政拨款的影响，而教育经费拨款占财政收入的比重（也可以用其占财政支出的比重，得到的关系基本相近，结果略）可以在一定程度上代表地方政府在高等教育投入上的努力程度。通过控制这些因素的影响，就可以更加合理地得出税收收入所占比

重（政府实际可支配财力）与生均财政拨款的关系。估计结果如表 10-5 所示。

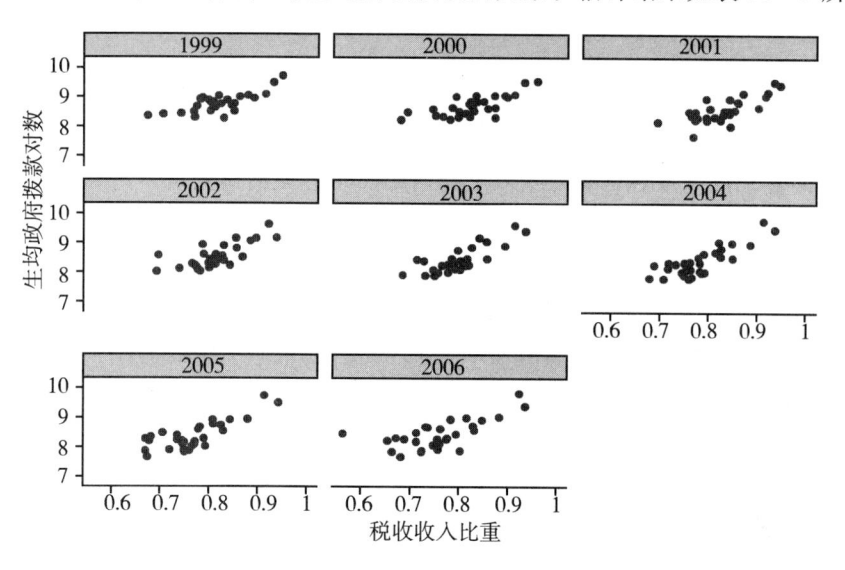

图 10-6　各地区生均财政拨款与税收收入占地方财政收入比重的关系

资料来源：税收收入比重系根据相应年份《中国统计年鉴》中各类税收加总后计算得到。

表 10-5　生均财政拨款与税收收入占财政收入比重的回归分析

自变量	系　　数
税收收入占财政收入比重	0.305（0.166）*
人均财政收入对数	0.956（0.024）***
学生数对数	-0.938（0.03）***
人口数对数	0.911（0.032）***
教育经费拨款占财政收入的比重	21.115（0.807）***
N	270
R^2	0.949
Prob > F	0.000

注：*、*** 分别表示显著性水平为 10%、1%；括号内为标准差，年份虚拟变量及常数项未列出。

从结果可以看出，当税收收入占财政收入比重提高 1% 时，生均财政拨款大约会提高 0.3%。1999 年以来，中国地方政府税收收入占财政收入的比重呈现了下降的趋势，由 1999 年的 87% 下降到 2006 年的 80%，下降了 7 个百分点，由此导致的生均财政拨款下降幅度就是 2%。同期生均财政拨款由 1999 年的 6 800

元下降到 2006 年的 4 750 元（以可比价格计算），下降了 30%。这样，税收收入比重下降对生均拨款的下降贡献了 6%（用 2% 除以 30%）。①

（二）高等教育面临的公共资源竞争

我们对地方高校生均财政拨款下降的第二个方面的解释是：高等教育经费中政府拨款作为公共支出的一部分，面临着与其他公共支出竞争资源的压力。这种竞争表现在两个方面：一方面是作为公共教育部门的一部分，与其他类别的公共支出的竞争。20 世纪 90 年代末以来，在重视教育支出的同时，我国政府明显加强了对农业、社会保障、科技和卫生方面的支出，加之原本对生产性支出（经济建设支出）的偏向，各公共部门之间在公共资源的竞争上日益激烈，这显然对教育支出、特别是属于准公共产品范畴的高等教育的投入形成挤压之势。对公共资源竞争的另一方面，来自公共教育财政系统内部其他层级教育，特别是义务教育的竞争。近些年来，中国的公共教育财政体制改革力度最大的莫过于义务教育财政体制的改革。目前，义务教育已基本被纳入公共财政保障的范围。在财政分配给教育经费总量一定的情况下，财政拨款在教育系统内部的分配的变化将会直接影响各级教育经费额度。

为考察高等教育部门所面临的公共资源竞争及其对拨款的影响，我们构建了一个计量模型进行具体分析。模型的基本思路是对上述解释的具体化。根据前文的分析，近些年来地方普通高校财政拨款一直处于下降的趋势，因而在模型中，被解释变量为地方普通高校生均财政拨款（取对数形式）。根据解释变量的不同我们构建了两个模型：第一个模型用来解释公共支出结构的变化对生均财政拨款的影响。主要的解释变量包括地方财政支出中社会保障支出的比重、基本建设支出比重、农业支出比重和卫生支出比重。其他控制变量还包括了学生数、人均财政收入、人口数，均取对数形式。用以控制学生数的变化、总财政能力的影响。第二个模型的主要解释变量为义务教育支出比重。该模型用以分析高等学校面临着来自教育系统内部的竞争。控制变量与前面相同。数据为中国各省 1998～2006 年的省级面板数据，均以可比价格计算（基期为 1998 年）。在具体的估计方法上，经过豪斯曼（Hausman）检验，采用固定效应模型。

---

① 对中国地方政府财政收入和支出结构的一些研究认为，近十几年来，在现行的财政体制下，地方政府支出规模呈现了膨胀的趋势，这其中预算外资金的增长起到重要的影响。这些研究同时也指出，预算外资金的膨胀相对削弱了政府在公共支出上实际可用财力，无疑将会对非生产性的公共支出造成负面的影响。参见平新乔：《中国地方政府支出规模的膨胀趋势》，CCER 政策性研究简报 2006 年第 57 期；周天勇：《建设一个人民真正监督下的财政体制》，载《中国经济时报》2007 年 6 月 12 日。

表10-6列出了回归分析的结果。结果显示，各项财政支出比重及义务教育支出比重的系数均为负值，其中除农业支出比重和卫生支出比重的系数在统计上不显著外，其他均高度显著。这就说明了地方普通高校生均财政拨款与其他公共支出以及义务教育支出比重之间的负相关关系：当后者提高时，前者会降低，反之亦然。比如，当社会保障支出比重提高1%（数据中支出比重以小数位数表示），生均财政拨款就会下降1.5%；义务教育支出比重每高1%，生均财政拨款会下降2%。具体是哪种影响，需要结合财政支出结构的具体变化来说明。

表10-6　地方普通高校面临的公共资源竞争的回归分析

自变量	模型1	模型2
社会保障支出比重	-1.594（0.499）***	
基本建设支出比重	-1.137（0.428）***	
农业支出比重	-1.222（1.851）	
卫生支出比重	-4.912（2.815）*	
义务教育支出比重		-2.002（1.18）*
人均财政支出对数	0.411（0.179）**	0.536（0.083）***
学生数对数	-0.740（0.062）***	-0.575（0.049）***
人口数对数	0.862（0.308）***	1.16（0.179）***
N	270	270
Pro > F	0.000	0.000
R^2	0.938	0.921

注：因变量为生均财政拨款的对数；各项财政支出比重根据《中国统计年鉴》中地方财政支出结构相关数据计算得到；义务教育支出比重根据《中国教育经费统计年鉴》中的小学与初中教育收入中的政府拨款合计数据计算；*、**、***分别表示0.1、0.05、0.01的显著性水平，括号内为标准差。

1998~2006年，中国地方政府几大类财政支出中，社会保障支出的比重上升最快，由1998年的4%上升到2006年的9%（见图10-7）。基本建设支出比重在1998年后先上升，后又下降到2006年的水平。其他支出如卫生支出、农业支出以及义务教育支出比重在各年间变化不大。从这一事实可以得出的基本结论是：社会保障支出比重的明显上升，可能是对高等学校政府拨款形成主要竞争的公共部门。此外，基本建设支出尽管在2003年后有所下降，但是其占财政支出的比重一直维持着一个较高的水平，因而，这也是造成高等学校财政拨款下降的一个因素。义务教育支出占财政支出比重这些年变化不大，这并不能说明高等学校财政拨款未受到其影响。这是因为，从同一时期高等教育财政支出比重来看，也基本保持稳定（维持在2%~2.4%），说明了财政用于义务教育和高等教育的总支出均随财政支出增长同步增长，但是高等学校学生数的增长速度远远超过了义务教育阶段学生数的增长速度，如果按照1999年前的生均拨款水平，高等教育拨款占财政支出的比重应该有一个较大幅度的上升。因而，从这一方面来看，表中义务教育支出比重的系数为负值说明了高等学校生均财政拨款受到了义务教育支出的影响。

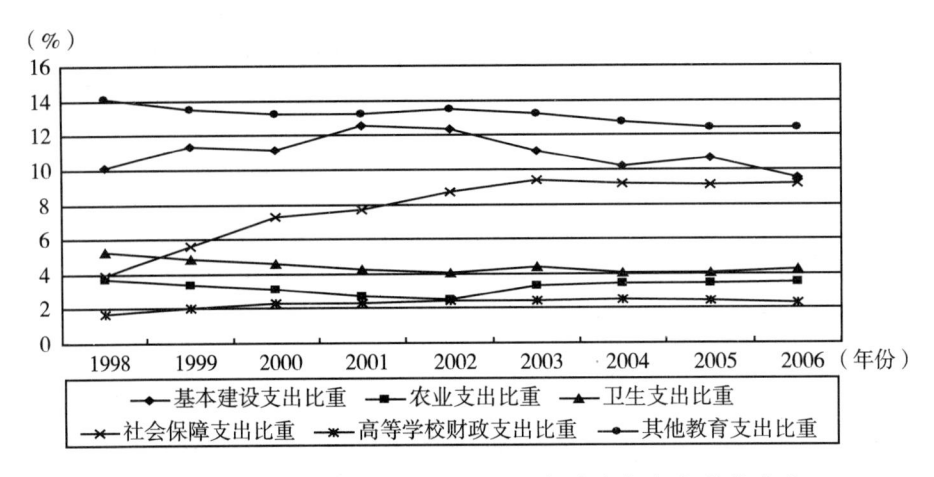

图 10-7　1998~2006 年中国几大类财政支出比重的变化

（三）居民收入对学费水平的约束

在有关学费的理论和实践中，学费标准制定的一个重要参考因素是学生或家庭的支付能力（王善迈，2000；教育部，2005）。支付能力包括两个方面：一方面是居民的收入水平和收入分配结构。居民收入水平越高，分配越公平，特别是中等收入的人群占的比重越大，则对高等教育的支付能力就越高，学费标准就可以高一些。与此相关的另一方面是，在国民收入分配中居民收入所占比重的多少。在国民收入初次分配和再分配两个环节中，主要是政府、企业和居民三者的分配关系。国民收入的最终分配说明了这三方各自最终可支配的国民收入是多少。这里将企业对高等教育的负担排除在外，如果在国民收入分配中政府控制的比例相对更多，那么在公共品（或准公共品）的提供上政府就应多负担一些；相反，如果居民获得的国民收入更多，则居民负担的就可以多一些。以教育为例，中国在改革开放之前，相对于居民，大部分国民收入归政府所有，当时的学校经费由政府提供，居民不承担教育经费的财政体制与国民收入分配的这种格局是相适应的。之后，随着居民收入占国民收入比例的逐渐上升，居民开始承担部分教育经费就成为必然的结果。

对上述第一个方面的考察可以通过分析地方普通高校学费水平与居民的收入水平之间的相对比例达到，对第二个方面可以考察劳动报酬收入占国民收入比例的变化。通过这两方面的分析，就可以为我们判断学费在高校经费收入来源中的变化特点及其是否还有上涨的空间提供一些依据。

先来看第一个方面。这里首先计算了1998~2006年间学费水平与农村居民人均纯收入、城镇居民人均可支配收入的比例关系（见图10-8），得到的结果是，学费水平相对于居民收入体现出先上升后下降的特征，同时，学费对农村与城镇居民的负担程度有较大的差异。1998年全国平均的农村居民人均纯收入为2 161元，生均学费为2 000元，学费水平为农村居民人均纯收入的93%。1998年之后，随着学费水平的上涨，这一比例迅速上升，到2002年已是农村居民收入的1.7倍以上。虽然2002年后开始下降，但到2006年仍为1.4倍。从各省的情况来看，1998年仅有不到30%的省份学费水平超过了农村居民收入，而2000年后，这一比例已变为90%以上。与农村居民相比，城镇居民对学费的相对负担程度要低得多，当然这只是针对平均水平而言。1998~2005年间，学费水平与城镇居民人均可支配收入之比稳定在50%左右，到2006年下降到不到40%。从各省来看（见图10-9），学费占城镇居民收入的比重超过50%的省份所占比例，由1998年的10%，上升到2002年的70%，之后又下降到2006年的30%。从这一简单的比较中可以看出，地方普通高校的学费水平已远远超出了农村居民的承受能力。

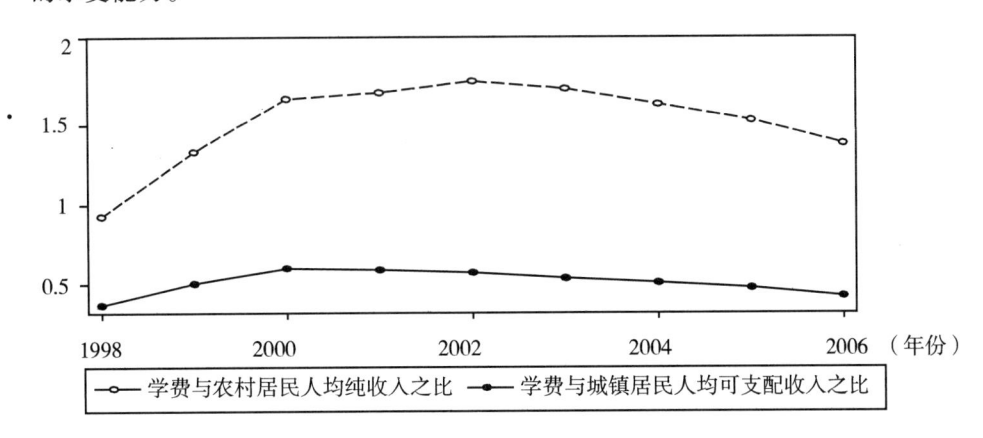

图10-8　1998~2006年学费水平与农村居民人均纯收入、城镇居民人均可支配收入的比例关系

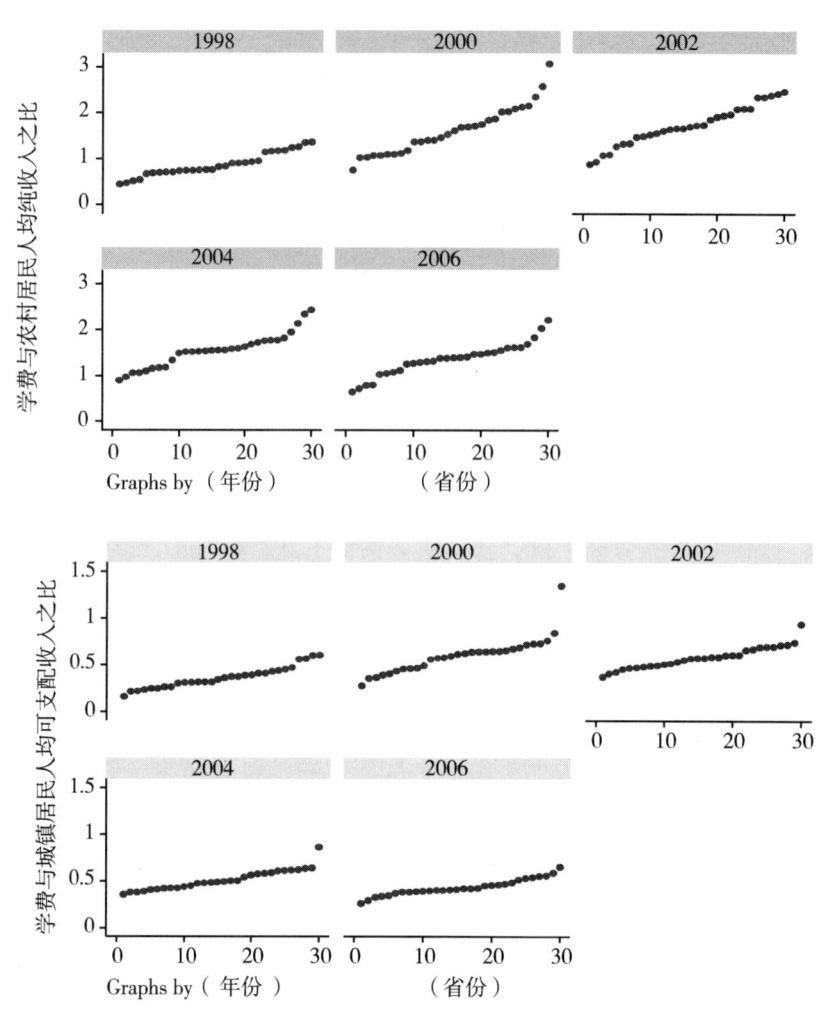

**图 10-9　各省学费水平与农村居民人均纯收入、
城镇居民人均可支配收入的比例关系**

如果考虑农村居民收入的分布,学费给农村居民带来的沉重负担更为明显:在 1999 年后各年份,学费水平超过了近 80% 以上的农村人口的收入水平。图 10-10 描述了按人均纯收入分组的农村人口数的累积比例(这里提供了 2000 年、2002 年、2004 年和 2006 年的数据),每一收入水平对应的是在这一水平之下农村人口占的比例是多少,图中竖线则是相应年份的学费平均水平。从中可以看出,在 2000 年和 2002 年,学费水平均超出了接近 90% 的农村人口的收入水平,2004 年和 2006 年有所下降,但仍分别超过了 80% 和 78%。

从第二个方面来看,20 世纪 90 年代以来,我国国民收入分配格局发生了巨

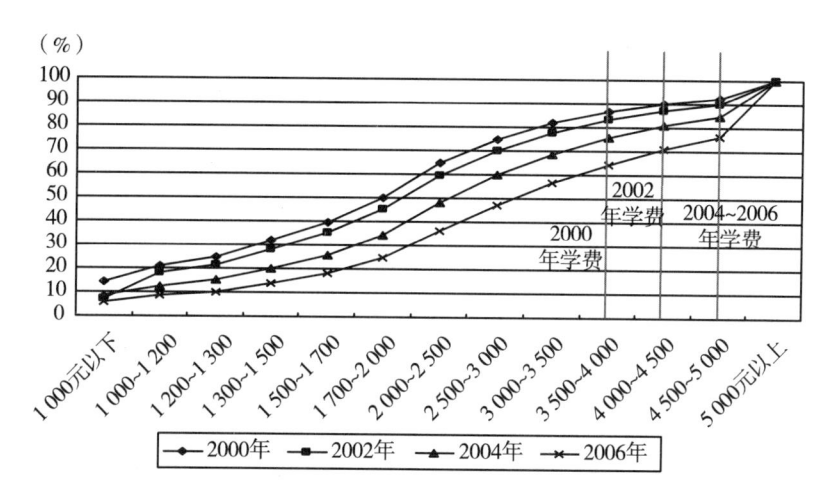

图 10-10 学费水平与农村居民人均纯收入分组的人口累积分布比例

资料来源：根据相应年份《中国统计年鉴》中农村居民按人均纯收入分组的人口占总调查户的比例计算得到。

大的变化，一个基本的特征是居民收入所占比重在下降，国民收入分配逐渐向政府倾斜（彭爽等人，2008）。中国社科院 2008 年发布的《社会蓝皮书》中也显示，我国劳动报酬收入[①]占国民收入比重逐年下降，2003 年以前一直在 50% 以上，2004 年下降到 49.6%，2005 年降至 41.4%，2006 年更是仅为 40.6%。与此同时，1998 年以来，国民收入中政府可支配收入占国民收入的比重持续增加，已由 1998 年的 17% 增长到 2006 年的 20% 以上。国民收入分配格局的这一特点说明，居民的消费支出需求受到了一定的限制，高等教育作为消费支出中的一部分，在一定程度上也受到了影响。

学费水平已大大超出居民、特别是农村居民的承受能力，同时国民收入分配中居民的收入份额处于下降趋势，这正是 2002 年以来我国高校学费水平逐渐趋于稳定的主要原因。根据我国政府的学费政策（教育部，2007），起码在未来五年，学费水平仍将继续保持在 2006 年的水平上。学费水平的不再上涨有其客观的必然性，但这对于高校的影响确是显而易见的：在地方高校收入来源中学杂费分别占总收入和预算外收入的 40% 和 70% 状况下，地方高校收入未来还有多大的增长空间？未来的收入增长又主要依靠什么？

---

① 劳动报酬收入是居民收入的一项主要来源，在国民收入分配中，经常使用该指标考察国民收入中居民占有的比重。

三、国际比较

从以上的分析中我们看到，在多种因素的作用下，我国地方普通高等学校的生均经费增长停滞，生均财政拨款水平在下降。如何来判断这种状况是合理的还是不合理的？通过与国际上一些国家的状况进行比较，可以给我们提供一个参照框架。下面我们根据经济与合作组织国家（OECD）的相关数据，从高等教育经费收入来源结构和教育经费在三级教育中的分配结构两个方面进行分析。

（一）OECD 国家高等教育经费的收入来源结构

表 10-7 提供了 OECD 国家 1998~2005 年高等教育经费收入来源结构，分为公共资源和私人资源，其中 2005 年的私人资源区分了来自家庭的和其他的私人资源。公共资源大体对应于我国高等教育经费中的财政拨款部分，私人资源对应了其他部分。2006 年的数据还将私人资源分为了家庭支出部分和其他部分，家庭支出部分大体可对应我国的学杂费部分。表中的数据明显反映的一个事实是，在绝大多数 OECD 国家中，高等教育经费中公共资源占了绝大部分。从全部 OECD 国家平均来看，公共资源占了 70% 以上，私人资源在 30% 以下。仅有少数国家公共资源的比重在 50% 以下，如韩国、日本和美国。这与这几个国家的高等教育系统有关，在这些国家，私立大学占有一定或较大的比例，而数据中包括了私立大学的数据。对比 OECD 国家，我国地方普通高等学校经费来源中，在 1998 年政府拨款比重与 OECD 国家较为接近，然而，到 2005 年，这一比重迅速下降到 40.9%，而同期 OECD 国家仅下降了 4 个百分点，为 73%。由此可以看出，目前，在我国地方公立普通高校经费收入来源中，政府拨款比重明显偏低。

表 10-7　部分 OECD 国家高等教育经费收入来源结构　　单位：%

国家	1998 年 公共资源	1998 年 私人资源	2000 年 公共资源	2000 年 私人资源	2005 年 公共资源	2005 年 所有私人资源	其中，家庭支出	其中，其他私人资源
中国	63.5	36.5	52.5	47.5	40.9	59.1	41.9	17.2
OECD 国家平均	77.3	22.7	78	22	73.1	26.9	—	—
澳大利亚	56.1	43.9	51.0	49.0	47.8	52.2	36.3	15.9
加拿大	56.6	43.4	61.0	39.0	55.1	44.9	22.3	22.6

续表

国家	1998年 公共资源	1998年 私人资源	2000年 公共资源	2000年 私人资源	2005年 公共资源	2005年 所有私人资源	其中,家庭支出	其中,其他私人资源
捷克	85.9	14.1	85.4	14.6	81.2	18.8	9.4	9.4
丹麦	97.2	2.8	97.6	2.4	96.7	3.3	3.3	n
法国	85.5	14.5	84.4	15.6	83.6	16.4	10.3	6.1
德国	92.1	7.9	88.2	11.8	85.3	14.7	—	—
意大利	74.7	25.3	77.5	22.5	69.6	30.4	18.0	12.5
日本	41.7	58.3	38.5	61.5	33.7	66.3	53.4	12.9
韩国	16.7	83.3	23.3	76.7	24.3	75.7	52.1	23.6
墨西哥	87.9	12.1	79.4	20.6	69.0	31.0	30.6	0.5
荷兰	87.5	12.5	78.2	21.8	77.6	22.4	12.1	10.4
葡萄牙	92.3	7.7	92.5	7.5	68.1	31.9	23.4	8.5
斯洛伐克	72.1	27.9	91.2	8.8	77.3	22.7	9.1	13.6
西班牙	89.3	10.7	74.4	25.6	77.9	22.1	18.7	3.4
瑞典	98.5	1.5	91.3	8.7	88.2	11.8	—	11.8
英国	62.7	37.3	67.7	32.3	66.9	33.1	24.6	8.4
美国	46.8	53.2	31.1	68.9	34.7	65.3	36.1	29.2

资料来源：OECD：*Education at glance*，2001，2008.

(二) 三级教育生均经费指数

进行比较的第二个方面是三级教育生均经费的人均GDP指数（简称生均经费指数），用生均经费除以人均GDP，并以百分比表示。表10-8列出了OECD国家及我国地方普通高校1998年和2005年的生均经费指数。从中得到的几个信息是：一是，从生均总经费指数来看，中国明显偏向于高等教育。在1998年与2005年，中国地方普通高校的生均经费指数分别为165和86，而同期OECD国家分别仅为44和40。在OECD国家，小学、初中和高中的生均经费指数差别不大，与高等教育的差别也较小，然而，中国的差别远远大于这些国家。二是，在生均公共经费（可以近似代表政府财政支出）指数上，1998年中国与OECD国家的差异显示了与上述相同的特征，但到2005年，高等教育的生均公共经费指数已经开始接近 OECD 国家的平均水平。其他级别的教育的差距仍然较大。三是，从变化趋势上还可以看出，在中国，不论是生均总经费指数还是公共经费指数，高等教育的都在下降，而其他级别教育在上升。在中国，教育经费在三级教育中的分配明显偏向高等教育是一个典型的特征（王善迈，1996），从目前来看，总经费分配中的这一特征仍然比较明显，然而，从上述结果中也可以看到，公共教育经费在三级教育中的分配结构正逐渐变得更为合理。

表 10 – 8　　　中国与 OECD 国家三级教育生均经费指数

		小学	初中	高中	高等教育
生均总经费					
1998 年	OECD 国家	19	24	29	44
	中国	9	16	40	165
2005 年	OECD 国家	21	24	27	40
	中国	13	16	33	86
生均公共经费					
1998 年	OECD 国家	17	22	26	34
	中国	6	9	19	102
2005 年	OECD 国家	19	22	25	29
	中国	10	11	15	34

注：OECD 国家的数据来源于 *Education at glance*，2001，2008；其中，生均公共经费指数系用各级教育生均总经费指数乘以公共经费所占比例得到。

四、结论

扩招十年以来，中国普通高校的财政模式发生了巨大的变化，将这种变化置于地区财政能力、公共资源竞争、居民收入以及国际比较的背景下，我们看到了其合理的方面与不合理的方面。

一些不合理的方面表现在：一是，地方所属高校与中央所属高校的经费差异越来越大，这与中央财政能力与其所负担的高校规模和地方财政能力与其负担的高校规模的不匹配密切相关。二是，地方所属高校近十年来生均经费基本没有增长，生均财政拨款明显下降，这种低成本的运行从长期来看将会对教育质量产生严重的负面影响。① 三是，地方所属高校经费来源中过度地依赖了学杂费，相对于城镇居民来说，学费水平已经超出占中国人口近60%的农村人口中绝大部分家庭的承受能力，这约束了地方普通高校收入的未来增长空间。

然而，我们也看到了这些变化特征的合理性。一是，学生规模的扩张速度与地方财政能力呈现了负相关关系，这直接约束了地方财政对高校的投入总量。二是，来自其他公共部门以及教育部门内部对公共资源的竞争越来越强烈，这限制了地方普通高校的财政投入。三是，在中国普通高等教育主要由公立学校构成的状况下，学费占经费比例的上升变相地体现了高等教育的市场化趋向。四是，目前各级教育生均经费指数的状况反映了过去扭曲的三级教育分配结构正趋向合理。

本部分的主要结论是，在未来若干年学费水平仍保持稳定的政策规定下，地方高校的收入增长将主要也只能依赖财政投入。这既需要中央财政加大对地方高校的支持力度，建立相对完善的中央对地方高等教育财政转移支付制度，也需要对财政体制与预算体制进行调整，以增强地方政府实际可用财力以及财政投入的努力程度。同时，就城镇居民收入平均水平来看，学费仍有一定的上涨空间。

---

① 高等教育财政理论认为，高等教育机构的成本往往由收入决定，其质量提高受到成本的约束。从长期看，受质量提高的要求，高等学校的成本应该是递增的。中国地方高校近十年来低成本的运行，在一定程度上说明高等教育质量没有发生太大的变化，甚至有所降低。参见丁小浩：《高等教育财政危机与成本补偿》，载《高等教育研究》1996年第2期，第37~45页；袁连生：《我国高等学校生均成本变动分析》，载《教育研究》2004年第6期，第23~27页。

第十一章

高等教育财政拨款制度研究

第一节 现代高等教育财政拨款制度框架

高等教育财政拨款制度是有关政府财政提供给高等学校的资金总量、资金分配方式和使用结果的制度安排。从任何一个国家来看,这一制度都是高等教育财政制度中的核心部分。我们把自20世纪80年代以来,在高等教育发达的国家和地区逐渐改革和完善起来的高等教育财政拨款制度称为现代高等教育财政拨款制度。它主要由拨款主体和拨款机制构成。拨款主体是拨款制度中的实体部分,包括财政资金提供机构(政府)、分配机构及其他相关机构。拨款机制包括三个方面:一是财政资金的供给机制,即如何确定财政提供多少资金,提供的方式是什么,以及向谁提供;二是分配机制,即财政资金如何向大学进行分配,以及大学如何在内部使用和分配这些资金;三是问责机制,即财政资金使用的过程与结果如何。拨款主体与拨款机制共同构成了高等教育财政拨款制度,这也是现代高等教育比较发达的国家和地区的突出特征。本节对这一制度提出了一个完整的描述性框架,它可以为我们分析各个国家和地区的、为改革和完善我国的高等教育财政拨款制度提供一个参照。

一、拨款主体

拨款主体界定了高等教育财政经费由谁来提供、谁负责分配以及谁为经费的供给和分配提供相关信息。一般来说，政府为高等学校提供财政资金，拨款机构负责分配经费。财政资金的提供和分配在一些国家统一由中央政府或地方政府相关部门负责；在另外一些国家，政府提供财政资金，而分配由专门的拨款机构来完成，这些机构往往是独立于政府和大学的中介组织。究竟采取何种形式，取决于一个国家的政治与行政管理体制，还取决于中介组织的发展成熟程度。与拨款相关的其他机构包括了对大学教学与科研质量的评价机构、信息管理机构等，这些机构提供大学的资金使用、成本、绩效和质量等方面的基础信息，为政府和分配机构的科学决策提供依据，并在问责机制中起着极其重要的作用。

从世界主要发达国家的经验来看，一个成熟的拨款主体体系往往就由上面所描述的部分构成。在这方面，英国是一个典型的案例。以英格兰为例，高等教育财政经费的主要提供机构包括教育与技能部、科学与创新办公室及其他政府部门，其中教育与技能部主要为高等学校提供基本的教学经费和研究经费，在高等学校可获得的政府财政资金中也占有较大的比重。比如，在2005~2006年度的英格兰各类高等学校拨款总额（96.3亿英镑）中，教育与技能部的拨款为65.8亿英镑，占政府拨款总额的68%。政府部门一旦确定了拨款额度，经费的分配则主要由英格兰高等教育拨款委员会（HEFCE）完成。该机构是独立于政府和大学的一个中介组织，在两者之间起到"缓冲器"的作用。其他相关机构可以分为两类：一类是与拨款机构紧密相连的机构，如高等教育质量保障署（QAA）、高等教育统计署（HESA）等；另一类是HEFCE下属的、但又相对独立的机构，主要包括科研评估组（RAE）、绩效指标指导组（PISG）、成本与定价指导组（JCPSG）等。① 从这些机构的性质看，对高等教育机构教学、科研、成本信息的搜集和评估是其主要职能，其结果被HEFCE采纳用于经费分配过程中，这正是问责机制发挥效力的实体部分。

其他的一些国家也相继建立了与英格兰高等教育拨款委员会性质相仿的组织，比如美国德克萨斯州的高等教育协调委员会和田纳西州的高等教育委员会。在与拨款相关的其他机构方面，美国有着较为发达的大学外部评价机构，如《美国新闻与世界报道》和研究型大学联合会。这些机构的大学排名会影响学生对大学的选择，从而在一定程度上对拨款产生影响。此外，美国各个州的高等教育委员会性质的机构是由立法机构审批设立的，这就保证了其在州政府和大学中的相对独立性。欧洲大陆的一些国家并没有建立如此复杂的高等教育拨款体系，高等教育经费直接由政府提供和分配（比如法国和德国）。但是不管在哪个国

---

① 相关机构网站，www.hefce.ac.uk；www.rac.ac.uk；www.jcpsg.ac.uk。

家，政府或负责经费分配的中介组织通过设立一些专门的机构来对大学进行评估以及收集成本信息，并将结果与财政拨款相联系正成为一个趋势。通过这些机构与政府之间的相互联系，财政资金最终被分配到高等教育机构中。

二、资金的供给机制

作为具有准公共产品性质的高等教育是政府公共支出对象的重要组成部分。在公共支出预算总量中，高等教育经费占有多大比例、为谁提供，往往要经过一个政治过程①来决定。因而，在财政资金供给机制中，政治过程起着至关重要的作用。一个国家或地区高等教育财政资金的供给水平，常常是利益相关者之间在政府决策中不断博弈或讨价还价的结果，这些利益相关者包括政府各相关部门、大学、社会团体乃至家庭。比如，在政府相关部门中，教育部门代表着高等教育机构的利益，就当年高等教育经费预算与财政部门进行不断的谈判；大学作为经费的直接受益者，又会通过各种方式将期望的经费水平和分配方式表达给政府部门，为自己积极地争取资金；其他的利益相关者，如代表贫困家庭的社会团体、组织和个人，又会为自身的利益游说政府，达到获得更多财政资金补助的目的。可见，在高等教育经费供给的政治过程中，是否有供各个利益相关者利益表达的机制，以及这些利益相关者的讨价还价能力如何，直接影响了他们最终获得的财政资金的多少。

我们可以在许多国家找到政治过程在决定高等教育财政资金供给上的案例。就西方议会制国家来看，高等教育的预算往往是通过在议会中不断的争论而确定的。比如在英格兰，每一年，各政治利益团体会就投入高等教育的资金总额，通过不断的争论和讨价还价，最后由议会审批确定。在这一过程中，代表高等教育一方的利益团体争取资金依据了上一年度的资金水平，此外还会考虑经济因素，如财政收入的增长与通货膨胀水平。一些代表低收入家庭、残障人群的利益团体不断地为争取更多高等教育机会四处游说，使得英格兰政府在 2005 年度之后为弱势群体、为扩大高等教育机会提供了更多的资金。英格兰教育与技能部掌握的资金在 2006~2007 年度比上一年度增加了 6 亿英镑，2007~2008 年度又增加了

---

① 政治过程是指社会中与政治权力和决策有关的一系列活动。对政治过程的分析在政治学、经济学及其他相关学科中已形成了专门的分析框架。如在 20 世纪六七十年代兴起的公共选择理论，通过引入经济学的方法，将政治过程看作社会中各类群体（包括政府）以追求自身利益为中心，通过不断的争论和讨价还价决定社会资源分配的过程。这一理论是对传统政治理论的最大颠覆。参见包雅钧：《政治过程研究的兴起及分析视角》，载《东方论坛》2006 年第 1 期，第 117~124 页。

4亿英镑，即是这些因素的影响下增加的。① 再以美国德克萨斯州为例，自2000年10月开始至2015年，德克萨斯州决定实行缩小高等教育差距的计划。这一计划即起源于州内公民对日益扩大的高等学校发展差距的不满而促使政府采取的行动。为该计划，地方政府和州政府将总共增加52亿美元的拨款。② 再来看日本，在20世纪60年代日本经历了大学扩招的过程，这是一个典型的政治博弈过程。其中，私立大学对政府部门施加了很强的影响力，同时，当时执政的自民党也是倾向扩招，以提高他们的政治影响力和政治势力。扩招之后，政府对高等学校增加了拨款（金子元久，2007）。在中国，近些年对高等学校学生资助力度和范围的扩大，"985"工程高校涵盖范围从最初的7所扩大到34所再到后来的39所，同样体现了政治过程的作用机制，这也反映出中国高等教育经费提供上的一个进步之处：利益相关者的利益表达机制正在逐步改进。

一般认为，财政能够和应该向高等教育机构提供多少资金，往往受一个国家或地区的经济发展水平、财政能力、高等教育机构的办学成本以及其他一些因素的影响。经济和财政能力一方面限制了可用财力的大小，另一方面也提供了资金增长的渠道。然而，这些因素在财政资金供给中只是外在的约束条件，它们要么限制了财政可能提供给高等教育的资金总量，要么是教育机构提升其讨价还价能力的方式（如办学成本信息）。现实中我们会看到，相同经济水平和财政能力的地区，在高等教育经费供给水平上却不同。在这些外在的约束条件下，高等教育经费供给水平的确定表现为上述所描述的政治过程的结果。

三、分配机制

分配机制确定了资金供给机构、分配机构和大学之间相互关系的制度框架。如果说高等教育财政经费供给水平的确定是一个政治过程的话，那么一个完善的分配机制、特别是在分配中采用拨款公式则保障了经费的分配远离政治过程的影响，也就是说，客观性、透明性是分配机制的突出特征和对其的根本要求。它主要表现在如下方面。

（一）分配机构：由谁分配

主要有政府主导模式和中介机构主导模式。在政府主导模式中，根据经费的

---

① 相关信息来自我们2007年对英格兰高等教育拨款委员会的考察中，与其财政负责人（Head of Finance）Ian Lewis博士的交流。相关的数据参见 Funding Higher Education in England (2006)，www.hefce.ac.uk。

② www.thecb.state.tx.us/closingthegaps。

不同类别，包括了由政府直接分配和代表政府的机构（如科研组织机构）进行分配的机制。在中介机构主导模式中，经费的分配由专门的负责拨款的组织完成，这些组织独立于政府和大学，较少受到政治过程的影响和干预，当然，它们也需要对资金分配的效果和结果向政府负责。

（二）分配目标：为何分配

一个合理有效的分配机制应该能够将外在目标与内在目标相结合。前者是指通过资金的分配应促进高等教育为国家和地区社会、经济、文化等各方面的发展服务，贯彻国家和地区高等教育发展的政策目标；后者是指资金分配应能促进高等教育自身在数量、质量方面的发展。在许多国家中，负责分配高等教育财政经费的机构（不管是政府主导的还是中介机构主导的），往往都有明确的财政目标。

（三）分配对象：谁直接得到拨款

在政治过程决定资金供给水平之后，资金的提供按照直接对象可以采取不同的方式。就目前来看，主要有两种：一种是直接拨款，指分配机构直接向高等教育机构进行拨款；另一种是间接拨款，指将经费以某种方式直接提供给学生。可以是向学生提供某种"有价证券"，学生选择学校后将证券交给学校，学校再凭证券获得财政资金；[①] 也可以是直接以学生资助金的形式付给学生，学生再付学费给学校。

（四）分配方式：如何分配

这是分配机制的核心部分，这里予以重点讨论以下几点：

1. 根据经费支出功能确定分配方式。一般来说，分配方式会因经费支出功能的不同而不同。根据支出功能，可把政府向高等教育的拨款分为教学经费、科研经费和基础建设经费三大类。大部分国家对这三类经费采用了不同的拨款方式，并且来源于不同的政府部门。如教学经费经常来源于政府教育部门，而科研经费则由主管科技的部门负责。科研经费与基础建设经费主要功能是保障基本教学和研究条件、一些科学研究活动以及研究生的培养（部分国家），一般采用合同或根据科研绩效评估进行拨款。这部分经费的分配方式从总体上讲争议不大，变化也比较小。教学经费直接服务于学生培养活动，相比之下，这部分经费的分

[①] 如在美国部分州出现的"学券制"，荷兰的学费折扣的方式等都属于此种机制。这种机制的好处是可以增加学校间的竞争，从而达到提高教育质量的目的。

配方式就复杂得多。因而，本书以下的篇幅着重讨论直接拨款机制中的教学经费的分配方式。

2. 教学拨款中的公式法拨款。在教学拨款中，各国普遍采用的方式是公式法，即确定一些与高等学校教学活动紧密相关的因素，并对这些因素赋予不同的权重，高等学校获得的财政拨款数额就取决于这些因素及权重。这里有两个关键的问题：一是公式中由哪些因素构成，这些因素应该是直接与学校培养学生的活动有关，并能决定培养成本；二是当因素确定后，其标准单位数额如何确定，以及各因素的权重是多少。

拨款公式一般分为两种类型：第一种类型是生均标准定额法，即拨款公式中的主要因素是学生数。在这种方法中，定额的分类首先按照学科进行划分，其理论基础是不同学科的学生培养成本不同。此外还考虑物价因素、学校方面的特殊因素（如地理位置、学校规模）、学生方面的一些因素（如残疾学生）等。英国、丹麦、荷兰以及美国部分州采用了这种分配方式。生均标准定额法的好处是有利于拨款部门控制学校对经费无限增长的需求，也有利于学校自主安排资金的使用。第二种类型是成本结构法，即首先根据高校教育教学活动各部分的职能，按照成本中心原则进行成本分割，成本中心应能反映高等学校的成本行为。拨款公式主要涉及的费用项目属于经常费，因此成本结构即指经常费的构成。在美国许多州的公立高校采用了成本结构的拨款公式。比如美国德克萨斯州高等教育协调委员的拨款公式中，首先按照成本结构分为四个部分：日常教学运行、教学补助（针对于终身教授）、基础设施维持、小型机构补助（针对学生数小于 5 000 人的学校）。其中日常教学运行拨款公式主要因素是不同学科和专业的学生数（主要有21类），每种学科和专业的生均标准定额不同。其他项目的拨款公式中的主要因素有的是教师人数，有的是建筑物的面积等。[①] 高等学校的预算编制与资金的分配即是根据对不同项目的标准需求水平的合理测算做出的。

在以上两种具体拨款公式中，标准定额的确定非常关键，也是一个难题。一般来说，标准定额首先与学校成本有关系。许多国家都由专门的机构每年收集高等学校的支出信息，以此测算每类学科、每类项目的成本。在供给机制中成本的一个用处是作为高等教育机构争取更多预算的根据，在经费分配中的作用则是作为确定标准定额的参考。之所以是"参考"，原因在于标准定额的确定还受政府可提供的财力约束。其一般的方式是，在经过政治过程确定财政经费供给总量后，根据成本信息测算出每类学科或项目的权重系数，然后根据权重系数折合成

---

① Texas Higher Education Coordinating Board. Formula Funding Recommendations for the 2010–2011 Biennium. www.thecb.state.tx.us.

当量的学生数（或教师数及其他因素），再以经费供给总量除以总折合学生数，即可确定标准定额。

3. 投入拨款与绩效（产出）拨款。在公式法拨款中又含有基于投入和基于绩效（或产出）两种拨款机制。投入拨款其实是一种补偿投入成本的机制，拨款需要根据教育活动的投入条件来做出。例如，投入拨款体制中会设定师生比的标准，这意味着投入拨款机制提前界定了教育教学获得的技术条件。为了达到这一目标，分配机构需要对教育实践过程有详细的了解和知识。在这种机制中，需要根据学校教学活动的成本，对不同的专业领域，不同类型的学校进行成本分析，作为编制学校预算的基础。因此只要投入价格不变，拨款就应相对稳定。

与投入拨款相对，绩效拨款可以定义为根据一些绩效指标分配资源的方式，拨款公式的主要因素即是这些绩效指标。这种方式将经费的分配直接与提高高等学校办学效率和提高质量的目标相联系起来。绩效拨款中的关键和难题在于如何进行绩效评估。总体来看，主要有两种方式：一种是以培养的"有效学生数"作为评估指标，这里的"有效学生数"不是指传统的投入拨款中的实际注册学生数，而是指获得文凭或证书的学生数、或者通过考试的学生数；另外一种是由专门的高等教育评估机构构建能够衡量高等学校办学效率和质量的绩效指标，以此对大学进行评估。目前，只有少数国家和地区（如丹麦和美国的科罗拉多州）在拨款公式中完全采用了绩效拨款，更多的是将投入拨款和绩效拨款结合起来，统一纳入拨款公式对财政资金进行分配，而且依据绩效因素分配的资金占可分配资金总量的比例并不大（经常在10%以内）（孙志军，2003）。

以上所描述的分配方式在一些国家和地区比较复杂一些，一些则相对简单一些。但是不管怎样，近些年来的发展趋势表明，财政资金的分配方式越来越向采用客观、透明的拨款公式方向发展，越来越向将绩效因素纳入拨款公式的方向发展，越来越向通过财政资金的分配达到提高高等教育质量的目标方向发展。

（五）财政经费在大学内部的分配

财政经费在大学内部的分配与使用中，政府与大学之间的关系也是分配机制的一项重要内容，这其实涉及政府与大学之间财政权力安排问题。一般来看有两种模式：一种是政府在一些支出项目上控制了大学内部的经费分配，这些项目如教职工人员工资、建筑物的维持及其他一些日常运行支出。另外一种模式是大学在经费的使用与分配上拥有较大的自主权和自由度。从一些发达国家的经验来看，已经很少有国家和地区采取第一种模式（德国与法国是两个例外），更多的方式是大学自主决定财政经费在内部的分配，表现为一个相对独立的过程。

四、问责机制

由于政府很少直接过问财政经费在大学内部的分配，而大学内部的经费分配又确实直接与能否实现国家和政府的目标相关，因而，如何通过财政机制的改革确保目标的实现就成为一个困难而又复杂的问题，问责机制正是起到了这样的作用。从本质上看，问责机制其实涉及的是高等教育的利益相关者在财政经费的分配和使用中的权力、责任与义务问题。

20世纪80年代在西方国家兴起的公共行政管理改革运动倡导广泛实施绩效责任改革，高等教育在面临政府公共部门管理改革浪潮的同时，还面临激烈的市场竞争和各相关利益者等各方面的巨大压力。如何在资源有限的情况下有效提高教育质量和学校效能成为关键问题，高等教育问责制初步形成，之后不断发展成熟。问责的内容通常是教育机会、经费使用、学生成绩、经济贡献等公共政策目标，采用的问责方式多种多样，通过财政机制实现问责目标的方式主要体现为绩效拨款和绩效预算。

绩效拨款就如上面描述的那样，高校产出与其获得资源之间的联系是清晰、明确的。这种资源与产出的明晰关联为高校改进绩效提供了一种切实的激励，对那些由人为因素所导致的绩效下滑给予了惩罚。各个指标与经费的紧密联系也限制了指标的数量，因为太多的指标测量可能会导致重要目标的迷失。

与绩效拨款不同的是，绩效预算允许立法者和资源分配者在决定院校的经费总体分配时，将特定指标的测量情况当做一个独立因素来考虑。这种联系是松散的。这种方式尤其集中于预算的准备和陈述阶段，对于分配不太重视，甚至是完全忽略的。绩效预算另一个特征是，拨款与高校绩效结果之间的松散联系，给立法者和资源分配者在基于绩效的经费分配上以更多的自由选择权，可以充分考虑到各个高校不同的情景和使命。各个指标与经费没有建立直接的联系，这也为使用较多的测量指标留下了回旋余地，可以容纳较多的高等教育目标。

不过，无论是绩效拨款还是绩效预算都首先需要确定高校的绩效表现。因此，测量和评价高校绩效的指标、信息、制度也是问责体系的重要内容之一。通常绩效内容主要是高校在几个政策目标上的工作成效和结果，用高校在各个指标上的表现加以反映。高校需要提供决策所需的绩效信息，并通过这些信息的公布，对那些资金使用效率低下的高校施加无形的压力。在美国，这种信息的公布——绩效报告已成为高等教育财政绩效问责的首要手段。

第二节 高等教育财政拨款方式的国际经验

从世界范围看，各国都有众多的公立高等学校，即便是私立高等学校，也会获得大量的政府拨款。高等教育经济学中通常用外部性、信息不对称、人力资产的不可抵押性等来解释政府对高等教育的财政资助（鲍尔森等，2008）。如上述，在政府向高等教育拨款的直接拨款方式中，主要采用的是投入式拨款公式。而自20世纪80年代以来，世界一些发达国家中的高等教育财政体制发生了比较大的变革，其中一个重要的方面是把产出或绩效因素纳入到拨款公式中。本节以教学拨款公式中的绩效拨款为例，介绍了部分发达国家在这方面的实践，并提出了对中国的借鉴意义。

绩效拨款被定义为根据一些绩效指标分配资源的一种拨款方式。可以按两个维度对采用绩效拨款的国家进行分类：第一个维度是基于绩效拨款的经费占高等教育拨款总额的比例；第二个维度是绩效指标是以培养的"有效学生数"为主还是以绩效评估为主。绩效评估是指由专门的高等教育评估机构按一定的绩效指标对大学的评估结果。根据这两个维度，可以按拨款机制把国家或地区分为四类：第一类是财政经费的一定比例是按照"有效学生数"产出指标进行拨款，其他的则按投入式拨款机制分配；第二类是完全以"有效学生数"产出指标作为拨款的依据；第三类是以投入拨款为主的国家中引入了绩效因素，其特点是产出指标是以评估机构对高等教育机构的绩效评估为基础的，绩效评估得分作为拨款公式中的一个因子，而且根据这一因子获得的财政资源目前只占高等学校收入中较小的比例，或者是对高校的教育质量的评估因素影响学校获得的资源；第四类则是主要根据绩效评估指标进行拨款。

目前，世界上完全采用绩效拨款的国家还只是极少数。第一类比较有代表性的国家是荷兰，第二类是丹麦，第三类包括美国的一些州、澳大利亚和英国等，第四类是美国的南卡罗来纳州。为了更好地认识绩效拨款的机制，下面分别对荷兰、丹麦和美国田纳西州和南卡罗来纳州近年来的改革作一简单的比较分析。

一、荷兰的绩效拨款模型

荷兰的高等教育系统分为提供不同层次教育的两类：高等职业学院（HBO）

和研究型大学（WO）。HBO 提供的是学士层次上的 4 年的课程，WO 提供 4 年制的硕士和 4 年制博士教育，对两类大学的拨款方式略有不同。对 HBO 的拨款类似于丹麦的拨款模型，是完全根据"有效学生数"确定拨款额的；对 WO 的拨款则采用了投入和产出机制相结合的方式，下面的内容主要是指对这类大学的拨款方式。

在 2000 年，荷兰政府在大学拨款中引入了绩效拨款模型（PBM）。PBM 是一种分配模型，即由教育部首先决定给所有大学的总预算，接下来再确定总预算在各个大学间如何分配。总预算中包含的两个最重要的部分是：教学部分和研究部分。对研究部分的拨款主要还是一种投入拨款机制，因而下面主要以 2000 年对教学部分的拨款为例说明经费是如何分配的。

2000 年，荷兰教育部分配给教学部分的经费占学校总经费的 35.8%。这些经费首先扣除了分配给兽医学和医学实习部分的，余下的根据下述三个因素进行分配：一是获得毕业文凭的学生数量，占 50%；二是一年级学生数量，占 13%；三是基本的教学设施，占 37%。

每所大学基本教学设施部分所获得的经费数额比较固定，这部分资金是要保障学校的基本教学能力，而不受学生数量的影响，它在财政拨款中充当着稳定作用。其数额的确定一般根据各学校往年的基数。实习场所（兽医学和牙科学）部分也是按照固定的数量分配给各大学。

在教学部分中各大学获得经费的差别主要是通过获得文凭的学生数和招生数来体现的。同时，为了避免资金流量的大幅波动，对各大学的拨款是基于这两类学生的两年的平均数。在生均拨款额度上，根据各专业教学成本的差别赋予不同的权重，根据权重大小分为低成本和高成本两类。一般说来，人文类学科属于低成本类，而工科和医学学科为高成本类，两者的生均成本比率是 1∶1.5。根据这两个因素分配的教育经费占了大学总教学经费的 63%。

可以看出，这一模型中体现绩效机制的是各大学实际上培养的学生数量（获得的文凭）和新生的数量。新生数量之所以可以作为一项绩效因子，其理论基础是，学生是根据学校提供课程的质量来选择大学的，这样，各大学招生数的不同反映了其教育质量的不同。

二、丹麦的"计价拨款模型"

绩效拨款机制是于 1992 年丹麦进行的高等教育体制改革中被引入的。改革前的高等教育在学生培养上一个突出的问题是，能够完成学业的学生远远少于注册的学生数。而高等教育预算编制的特点是根据对通过考试的学生数的预测制定的，如果预测的与实际的不一致，是不能进行调整的。这种方式很容易被操纵，而且缺乏灵活性，大学不能在内部对资源的分配进行调整，如给予经济学系的经费就不能用于其他系。这种体制有时也被称为"按课程领域划分的预算"，还属于一种投入拨款。鉴于高等教育中存在的问题，改革后丹麦的高等教育拨款体制中教学经费部分的拨款采用了被称作"计价模型"的绩效拨款机制。

通过计价模型分配的教学经费构成了大学收入的 1/3。在这种体制下，大学首先获得了在不同院系和学科之间分配资金的权力，这赋予了大学在资金分配上更多的灵活性，使它们更能适应需求的变化，可以导致供给和需求之间更好的匹配。每所学校自主决定每一专业的学生数，一旦需求超过其容纳能力，可以挑选学生。在此基础上，计价模型主要考虑两个关键的因素：一个是通过什么来衡量产出，另一个是对应于这些产出，所需的标准成本是多少。在计价模型中，衡量产出的指标是通过考试的学生数，那些没有通过考试或没参加考试的学生将不计入拨款学生数中，这被称作"有效学生数"，其总数决定了某年内预算总额。有效学生生均拨款定额又随专业领域的不同而不同，定额由三个部分成本构成：教学与设备成本；其他相关教学成本（如管理成本、房屋成本）；实践性课程成本（仅有少数）。在 2000 年，丹麦教育部对 20 个专业进行了成本核定，并应用到拨款公式中。

这样，根据某学校的各专业的"有效学生数"，就可以大体确定预算总额。其中关键的问题是如何确定各专业的生均培养成本。从丹麦的实践来看，是由往年的历史基数决定的，而不是以最有效率的学校专业为基准的单位成本计算的，因而根据历史确定的方式，一些无效率的专业考虑进来。计价一定额在每年度都要进行调整以平衡教育部的预算。对于计价模型的引入，也有许多针对定额的水平和差异的讨论。

目前，由于根据历史基数确定生均培养成本的方法遭到来自各方面的批评，政府部门也不太满意目前的成本结构与标准，丹麦教育部正在考虑缩减应用这一模型的专业数量。同时，另外的一个变化是，为了防止教育质量的下降，教育部又加强了对大学的质量评估，为此专门成立了评估中心，该中心独立于政府。政府把质量评估结果作为拨款的一个参考标准。

三、美国田纳西州依据绩效评价的拨款方式

在 20 世纪 80 年代前，美国各州政府向高等学校的拨款（主要是教学经费）主要取决于以学生数量为基准的公式。到了 80 年代，这种拨款方式受到了严厉批评。因为它既不能保障学生在获得财政资源上的公平性，也不能刺激对教育资

源的有效利用和教学质量的提高。对该拨款方式普遍的修正是减少拨款公式中学生数量因素所占的比重，以及加入绩效因素。20世纪80年代末90年代初，在高等教育中加入绩效因素的呼声日益高涨。这使得很多州开始引入绩效合同。现在，各州会经常审查学校的运作，尤其是产出。下面以田纳西州的高等教育拨款方式为例来说明绩效拨款机制是如何运作的。

1978年，田纳西州政府把绩效拨款机制引入高等教育拨款方式中。这里的"绩效"是拨款公式中的一个因子，其他的因子包括了如旨在满足基本教学需要的教学基本经费、办公经费、学生资助部分、科研经费、专项经费等。具体的做法是由田纳西州高教委员会根据一些指标对高校进行绩效评估，得满分的学校可得到当年拨款总额5.45%的增加额。该方案一般以5年为周期，每隔5年都会调整一次，其评估标准、评分原则是在田纳西州大学理事会、教职工委员会以及全州高校的积极参与下制定的，因而具有公开、公正和透明性。此外，院校间在绩效奖励拨款上并没有竞争，因为一个学校的获得并不影响另一个学校，主要目的是促进大学教学质量的提高。

在绩效评价中包含了多个指标，各个指标分别有不同的权重，这些指标也会随时间变化。表11-1列出了1993~1997年度、2000~2004年度和2005~2010年度的绩效评价指标及权重，指标的权重主要是适用于4年制大学的。

表11-1　　　　　　田纳西州的绩效拨款标准和权重

1993~1997年	2001~2004年	2005~2010年
课程合格率（10） 本科生专业领域测验（10） 本科生一般的教育成就测验（10） 校友与学生调查（10） 对缺陷的校正行为（10） 对不合格的课程的同级评论（10） 硕士课程的评价（大学）或定位（二年制学院）（10） 对特殊群体的招收情况（10） 少数群体学生和所有学生的毕业率（10） 任务完成情况（10）	标准Ⅰ　标准学术水平测验和课程评价（60） 标准Ⅱ　满意度调查（15） 标准Ⅲ　计划与合作能力（10） 标准Ⅳ　学生成绩（15）	标准Ⅰ　学生学习环境与结果（40） 标准Ⅱ　学生满意度（10） 标准Ⅲ　学生巩固率（15） 标准Ⅳ　发展战略规划（20） 标准Ⅴ　评估结果（15）

资料来源：Kaiser et al.，（2002）；Tennessee Higher Education Commission：Performance Funding Standards 2000-2001 through 2004-2005，2005-2010 Cycle.

四、美国南卡罗来纳州绩效拨款

南卡罗来纳州是将所有高等教育财政经常性经费根据绩效指标分配的州。1996年南卡罗来纳州议会批准了359号法案《绩效拨款法案》,规定在该州逐步推广绩效拨款,并于2000~2001学年在所有公立高校全面实施绩效拨款。而且法案明确规定了由37个具体的绩效指标组成的9大绩效指标。南卡罗来纳州采用的绩效指标数量较多,但允许不同类别的高校选用不同的绩效指标。1999~2000年,州高等教育委员会参照全国或地区的同类高校的平均标准修改了绩效指标的评价标准。所有具体绩效指标的权重是一致的,每个指标以3分制的形式进行评分:1分为没有达到标准;2分为达到标准;3分为超出标准。另外还设置了一个0.5分的改进加分。上次评价中获得1分或2分的高校,如果改进的成绩显著,可以获得0.5分的加分;而已经取得3分的高校不能再获得加分。9大绩效指标的得分汇总后求平均得出高校的整体绩效平均评分,并分成5个百分比等级。

南卡罗来纳州的高等教育委员会根据高校的经费需求和高校的绩效指标平均评分,决定经常性财政经费在公立高校之间的分配。绩效拨款分成两部分:一部分是基于上一年的财政经费;另一部分为当年新增的财政经费。获得整体绩效等级达到或高于"达到标准"的高校,将获得与上一年等量的财政经费;"没有达到标准"或"明显没有达到标准"的高校,获得的财政经费将比上一年分别减少3%和5%。在分配当年新增的财政经费时,高等教育委员会首先根据高校的需求和州高等教育经费预算计算每所高校的初步新增经费总额,然后将初步新增经费总额乘以高校获得的整体绩效平均评分等级中的最高百分比(比如明显超出标准的高校乘以100%,超过标准的高校乘以94%)。如果上述两个基本步骤之后,有任何剩余经费,则在达到标准或以上的高校之间按比例分配。截至2004~2005学年,还没有一所高校的整体绩效平均评分低于"达到标准"的等级。

五、小结

绩效拨款的主要特征是产出和效率定向,也即这种改革的动力来源于下述考虑:让大学提高效率,使结果导向和顾客中心的理念植入高等院校;把资金分配与教育生产联系起来,以使那些培养更多学生和质量更高的学校得到更多的资源;避免学业标准受到侵蚀;使高等教育财政资源的分配机制更简单、公平、透明和自主；促进大学之间的质量竞争。在绩效拨款被引入到高等教育的拨款方式中以后，这一机制是否达到了设计者们预期的目标，对此看法不一。

对绩效拨款的批评来自两方面：一是认为像大学这样的机构，产出指标是难以衡量的，而一个完整意义上的绩效拨款有赖于完善的高等教育机构的产出或绩效评估体系；二是那些以"有效学生数"为产出指标的国家，实施后的效果并没有那么理想，通过考试的学生并没有受到该拨款方式明显的影响。

尽管如此，绩效拨款机制作为当前世界高等教育拨款方式中的一个发展趋势，仍旧受到许多国家的大学利益相关者的欢迎。从目前的情况来看，它首先与各国的实际情况密切相关。如丹麦完全采用产出定向的绩效拨款模型，原因在于其能够完成学业的注册学生比例比较低，而以产出机制拨款的目的是激励大学提高教育质量，能使更多的注册学生完成学业，避免教育资源的浪费。同时，在把绩效因子引入到拨款公式中的国家中，根据这一因素分配的财政资源激励了大学追求更高的教育质量和效率行为，并且随着绩效评价指标的不断完善，其在高等教育财政资源的分配中所占的比重也在不断增加。

借鉴绩效拨款机制在各国高等教育中的实践，对于目前我国高等教育拨款方式改革的主要启示是：一是探索符合大学实际的拨款公式，公式中要考虑学校规模、学生的层次、学生的专业和学科类型等因素；二是计算不同层次、不同类别的学生培养成本，掌握学校运行成本的实际状况；三是委托中介机构开展对大学的外部评价，逐步建立起完善的大学绩效评价体系；四是将绩效因子纳入到拨款公式中，根据绩效分配的资源比重可逐步增加。

第三节　我国高等教育财政拨款体制的历史沿革

无论从哪个角度来看，分配机制始终是高等教育财政拨款体制中的核心内容。这是因为，资金如何分配直接关系到财政投入的目标——高等教育的公平、效率与质量——能否实现。这一部分以此为对象，描述和分析了我国高等教育财政拨款体制的演进，并介绍了近些年来的部分改革案例。

一、高等教育财政拨款方式的改革探索

自1980年我国开始实行中央与地方"分灶吃饭"的财政体制后，我国高等教育事业费拨款也按照高校的隶属关系划分为中央部门所属高校和地方所属高

校，高等学校的财政经费来源根据隶属关系确定。这一体制在20世纪90年代末"高校合并"和"划转"的管理体制改革后得到进一步的加强。在教育事业费拨款体制中，经费的拨款方式主要采取过"定员定额"和"综合定额加专项补助"两种方式。

（一）基数加发展的"定员定额"的拨款模式

1955~1986年的30年间，我国普通高校的经费拨款方式均采用此方法。定员定额法的提出最早见于1955年8月29日文化部、高教部、教育部、卫生部、财政部联合发布的《关于加强文教卫生事业单位定员定额的制定工作的联合通知》，其中明确指出："所谓定员定额，就是按事业机构规模的大小或事业的需要合理地确定其各种人员编制，房屋和设备标准，行政和业务费用开支额度，器材的储备量。"由此可见，用此法核算教育经费，其公式可概括为：以各项定额标准分别乘以相应的定员数目再加总，其和便是应拨付的经费总额。具体而言，用定员定额法核定经费时可分两部分：第一，根据教职工和工资福利制度确定的经费。教职工的经费开支有标准工资、补助工资以及职工福利费三项。用此三项费用的年终决算实际数字可求出教职工的平均工资，并作为标准定额。而后按照"平均工资×教职工人数＝教职工经费开支"这一公式计算出教职工经费开支总额。第二，根据学生确定的经费。高等学校的学生经费开支中包括公务费、业务费、设备购置、修缮费、人民助学金等。这部分经费中各自分别制定有定额标准，用此定额乘以在校生人数并加总即可得学生经费。在每一种费用的定额标准中，又视具体情况而别。如：本科生、研究生、留学生的定额各不相同；新生的业务费、公务费定额只是现有在校生定额的1/3等。总之，用定员定额法，财政基本上可以核算出各教育主管部门的经费开支水平。在此之外，也还设有一些专项拨款。专项拨款一年一核定。其中经常性项目有外籍专家补助、重点高等院校科研补助费以及博士授予点补助费等，同时还有一些项目内容因具体事项而定。

根据定员定额方式核拨教育事业费使经费核拨有了标准可依，并保证了人员经费的开支，对完善教育事业费核拨有一定积极意义。但也存在一些问题，主要是它在制定各项经费标准的同时，各项经费专款专用的规定限制了学校统筹使用经费的灵活性，造成学校有限资金的分散与割裂，降低了资金的使用效率。另外，在实际拨款中，定员定额经费的最终确定采取了"基数加发展"的方式，这种方式虽然易于操作，但由于它是以往年的支出结果，而不是以合理的成本分析为基础，所以会导致单位成本越高的学校，获得的经费越多，不利于学校控制成本和提高经费使用效率。

(二) "综合定额加专项补助" 拨款模式

1. "综合定额加专项补助"模式的提出。1986年10月，原国家教委、财政部联合颁发了《高等学校财务管理改革实施办法》，其中规定，"高校年度教育事业费预算，由主管部门按照不同科类、不同层次学生的需要和学校所在地区的不同情况，结合国家财力的可能，按综合定额加专项补助的办法进行核定。"从此文件发布日起，全国各级财政对高等学校的教育事业费拨款方式陆续采用综合定额加专项补助的办法。综合定额经费拨款的目的是为维持学校正常运转提供经费保障，而专项补助则是促进学校事业发展。

"综合定额"包括人员经费和公用经费，将上述费用加总再分摊到每个学生，形成综合的生均经费，也即生均综合定额。在实际的拨款中，不同学校的定额标准并不相同，这一差异主要由以下因素决定：（1）院校类型。在20世纪90年代后期以前，我国多数高校按照以哪种学科的学生构成为主分了综合类、理工类、农林类、师范类、艺术类等等。在每种类型中，又区分了重点校和一般校，这样，生均综合定额法的拨款中主要考虑的因素就是学生数和学校类型。这也就是1986年的《高等学校财务管理改革实施办法》中提出的"按照不同科类"具体体现。（2）不同层次学生，主要是专科生、本科生、硕士生和博士生。实践中往往将各种不同层次的学生折合成一个标准的本科生，"生均综合定额"中的生均往往就是指"一个标准的全日制本科生"。（3）所在地区的不同情况。主要是自然条件，如寒区的高校与其他高校拨款标准会有所差异。此外，一些省份还根据是否处于大城市（往往是距省会城市），拨款标准有所差异。

"专项补助"包括专业设备补助费、长期外籍专家经费、离退休人员经费等。同时，又根据中央和地方相关政府部门提出的高等教育教学、科研等有关的计划，设立专项项目，比如学生军训补助经费等。

2. "基本支出+项目支出"预算体制下的"综合定额加专项补助"。从2002年开始，财政部对中央部门的预算核定方式改为"基本支出预算和项目支出预算"，此后，各地方也陆续按这种方式进行预算编制与拨款。在这一方式下，高等学校的预算编制方式也逐渐调整为基本支出加项目支出预算。其中有三项核心内容：第一，实行综合预算和部门预算。要求所有预算单位的部门预算实现既能反映部门一般预算收支情况，又能反映基金预算收支情况。在一般预算中，既包括部门的预算内收支，又包括部门预算外收支，从而使各部门每项资金来源渠道和各项支出均在一般预算中得到反映。第二，实行收支统管下的零基预算。取消"基数加增长"的预算编制方法，按照预算年度所有因素和项目的轻重缓急程度，重新测算支出需要。第三，细化定额标准。根据单位性质、职能、工作量差别、经费自给率、国有资产拥有量等情况，人均定额与实物定额相结合，科学核定单位基本支出预算。在此预算体制下，高校的资金分为财政补助收入、事业收入和其他资金三大类。三类资金均纳入学校当年预算。虽然预算编制方式有所变化，但拨款方式并没有根本性的变化，仍然采用了"生均综合定额加专项补助"的方式：生均综合定额对应于基本支出，而专项补助则对应于项目支出。中央高校和大部分省份高校的拨款中的生均定额仍指"财政拨款的生均定额"，这在一定程度上并不符合财政预算改革的要求。少数地区（如北京市）中的生均定额则包括了原预算内外所有资金，财政拨款则是按照占生均定额的一定比例确定。这与国家财政预算改革的要求是相适应的。

3. 生均定额法存在的主要问题。与"定员定额"法相比，在拨款中主要考虑学生数因素的生均定额法显然更与高校的基本功能相一致，提高了高校经费拨款的透明度，明确和细化了拨款的具体依据，有利于克服原来的"基数加发展"分配模式的随意性，而专项补助项目的设立使高校拨款与政府的高等教育政策目标更紧密地结合起来。但该模式仍存在以下问题。

从生均定额法本身来看，主要的问题有：第一，由于目前缺乏科学、相对精确的高校成本核算方法，生均定额标准的确定经常与高校实际的成本需求不一致。第二，考虑因素单一。"生均综合定额法"既没有充分考虑不同专业的学生培养成本的差异，也没有考虑学校不同职能活动的运行成本的差异，因而与学校成本状况并不十分适应，严格地说还不能称之为公式拨款。第三，缺乏有效的增长机制，使得定额标准经常与高校实际支出需求和财政能力的变化不一致。比如，在财政能力增长较快的地区，由生均定额确定的基本支出经费占总财政拨款经费的比重不断下降，项目支出比重过大。两类经费在学校自主使用和安排上存在较大的差异，项目支出具有专款专用的特点，这样项目支出比重过大使得这些地区的高校在一定程度上缺乏对资金的内部控制，降低了资金的使用效益。另外，项目支出比重过大也往往会造成权力寻租等行为的发生。

从高等教育系统自身的发展变化来看，生均定额法的拨款方式适用的环境已经发生了较大变化。这集中体现在高校类型发生的巨大变化上，即各高校在开设的学科门类上呈现综合性发展趋势。近十几年来，各高校改变了过去单一学科门类的发展思路（尤其是原单科性高校），向综合性方向发展，开设的学科门类逐渐增多。目前，除去部分医科大学以及艺术类院校，其他各高校开设的学科门类都涵盖了自然科学类（理工类）与人文社会科学类（如经济、管理、法学、文学等）学科。如一所农学类院校，在学生构成中，传统上以农学学科为主，目前则同时开设了经济学、管理学等其他学科，而且占的比重超过了一半以上。这类院校的生均定额应用的是农学类的标准。这样，对于其他类型高校相同的学科（如管理学）而言，拨款标准会有很大的差异，这种差异在一定意义上体现了不公平的拨款方式。因而，主要考虑学校类型的"生均综合定额"拨款方式已无法适应高等学校综合性发展的趋势。

二、近年来的一些改革案例

近些年来，中央和地方部门在高等学校拨款方式改革上进行了一些探索，拨款方式越来越适合高校的特点，下面就以中央部门、上海市和北京市的改革为例做简要介绍与分析。

（一）中央部门高校预算拨款制度的改革[①]

2008年，财政部、教育部在深入调研、多次召开专题研讨会的基础上，提出了中央高校预算拨款制度改革的思路：完善支持体系，突出高校职能；细化综合定额，体现办学差异；稳定专项投入，明确支持重点；增加绩效拨款，构建激励机制。改革后的中央高校预算拨款制度基本框架主要包括两部分：一是"促进事业发展"拨款，包括教学经费、科研经费和社会服务补偿经费，并将教学经费、科研经费进一步细化为基本运行经费、专项经费和绩效拨款；二是"体现社会公平"拨款，主要是以家庭经济困难学生资助为目标的助学拨款。

1. 细化综合定额生均拨款标准。高校基本运行经费拨款改革要点是：按照"人员经费基本持平、公用经费体现差异"的原则，细化综合定额拨款标准，完善高校基本支出拨款办法。具体做法为：一是合理确定公用经费与人员经费的构成比例和基础标准。根据目前财力状况，结合测算的人员经费与公用经费占生均支出的比例，核定公用经费和人员经费基础标准分别为3 000元/生和4 000元/生。二是按学科设置公用经费学科折算系数。即按照高等教育本科教学11大类学科设置设定不同档次的学科折算系数，对不同专业确定不同的公用经费定额标准，体现不同专业办学成本的差异。三是建立动态调整机制。根据中央高校发展需要，结合财力情况、物价变动水平、高校学生人数变化等因素，对公用经费和人员经费基础定额标准实行动态调整。表11-2列出了现行中央高校生均综合定额拨款标准。

[①] 《财政部　教育部关于完善中央高校预算拨款制度的通知》（财教［2008］232号）。

表11-2　　　　2008年中央高校生均综合定额拨款标准　　　　单位：元/生

专业类别	生均综合定额拨款标准	人员经费定额标准	公用经费定额标准	公用经费学科折算系数	公用经费基础标准
哲学	7 000	4 000	3 000	1	3 000
经济学	7 750	4 000	3 750	1.25	3 000
法学	7 750	4 000	3 750	1.25	3 000
教育学	7 750	4 000	3 750	1.25	3 000
其中：体育学	8 500	4 000	4 500	1.5	3 000
文学	7 000	4 000	3 000	1	3 000
其中：文艺类	10 000	4 000	6 000	2	3 000
新闻传播类	8 500	4 000	4 500	1.5	3 000
历史学	7 000	4 000	3 000	1	3 000
其中：民族、考古学	8 500	4 000	4 500	1.5	3 000
理学	7 750	4 000	3 750	1.25	3 000
工学	7 990	4 000	3 990	1.33	3 000
其中：地矿油类、海洋工程	8 500	4 000	4 500	1.5	3 000
农学	8 500	4 000	4 500	1.5	3 000
医学	11 500	4 000	7 500	2.5	3 000
管理学	7 750	4 000	3 750	1.25	3 000

资料来源：《财政部　教育部关于完善中央高校预算拨款制度的通知》（财教［2008］232号）。

2. 增设高校基本科研业务费。为进一步完善高校科研项目经费投入制度，设置高校基本科研业务费，经费主要用于支持高校开展自主选题科学研究工作，特别是代表学科发展方向的基础研究和体现前瞻布局的研究工作。经费由各高校在使用范围内根据本校基本科研需求自主安排使用。

3. 引入绩效拨款机制。为进一步提高财政资金使用效益，按照"目标明确、分类考核、先易后难、稳步实施"的原则，建立与公共财政相适应、科学规范的高校绩效评价体系，引入以绩效为导向的资源配置方式。由于高校绩效评价体系目前尚不完善，因而，在拨款中引入绩效机制实际上并没有实行。

4. 增设社会服务补偿经费。为支持高校积极开展社会服务工作，促进区域发展和社会进步，在中央高校预算拨款体系内增设社会服务补偿经费，用于补偿学校社会服务活动部分成本开支,首先启动对中央高校医科类学生实习补偿方案。

与以往相比,新的中央部门高校拨款方式有几个不同之处:首先,拨款公式不再以学校类型而是以学科作为主要因素,这样就考虑了不同学科培养成本的差异,同时也符合高校综合性发展的趋势特征。其次,由于在拨款中考虑了科研和社会服务,因而拨款体制更加符合高校的基本功能。当然,这两类拨款具体公式还在进一步探索中。最后,对于绩效拨款因素引入拨款公式提出了目标和方向。

(二) 上海市市属高校公用经费拨款的改革[①]

2005 年,上海市对市属高校的拨款方式进行了改革,改革的核心内容是:以公用经费为主,调整公用经费拨款定额标准。2004 年,上海市地方公办普通全日制高校公用经费拨款将原来的按教职工人均 3 000 元的定额标准改为按生均标准安排,制订了按主要学科划分学校类型的生均公用经费定额标准(财政预算内拨款部分)。在标准试行过程中,大部分高校反映定额标准偏低,不能满足实际支出的需求。2005 年,上海市教委联合上海市教科院组成课题组,根据不同类型高校基本办学条件的配置要求(生均仪器设备值)和教学发展实际需求,并考虑高校学费收入(预算外资金)中 1/3 用于公用经费的因素,制定了财政预算内外公用经费综合定额。具体内容包括以下几个方面:

1. 调整依据:教学设施设备配置水平的提高;教学实验实践环节增强;学分制推行;学科专业调整;远郊和多校区办学运行成本上升;相关物价指数上涨带动公用经费增长。

2. 总体思路与原则:基本需求、阶段性需求与发展要求相结合;以学科需求为核心,实行分类指导;保持预算总量不变,优化三项经费(人员经费、公用经费、专项经费)结构;保证教学业务发展的需求,严格控制行政成本增长。

3. 调整的方法和测算:(1)确定调整的范围。根据教育部关于高校在 5 年内不涨学费的规定,只对财政预算内生均公用经费进行调整,以 2005 年制订的财政预算内生均公用经费定额标准为基数,只将教学业务和学生支出为调整测算范围,对用于行政和教职工直接支出部分不作调整。(2)确定调整的基准值。建立公用经费支出项目与教学和学生支出的关联系数,测算 2005 年生均公用经费定额中教学与学生支出金额与比例,与定额相乘,作为调整测算的基准值。(3)建立调整指标要素框架。以满足教学教育改革需求为宗旨,主要考虑课程与学制改革、教学组织形式变化、设施设备水平提高对公用经费增长的需求,测算教学和学生公用经费支出的增长额度。选择了生均仪器设备值增长率等四项指

---

① 上海教育科学研究院提供的研究报告。

标来构建调整生均公用经费定额标准的要素框架。此外，对高等教育布局结构调整带来的远郊和多校区办学补贴也要考虑。（4）研究确定教学因素各要素调整系数，测算调整金额。测算各影响要素指标自身增长系数，与"基准值"相乘，得出该指标对"基准值"增长金额，逐项累加为"基准值"增长总金额。再加上未作调整的行政教职工定额部分，得出本次调整后的生均公用经费定额标准。调整前后的定额标准比较如表11-3所示。

表11-3 调整前后上海市市属高校生均公用经费定额标准比较 单位：元/生

	综合及理工	医科类	体育类	艺术类	文科类
2005年生均公用经费定额标准	3 380	4 560	3 920	5 230	2 700
调整后生均公用经费定额标准	4 013	5 243	4 458	5 895	3 197

4. 财政预算内三项经费配比模拟测算：假设2007年上海市预算批复的经费总量与人员经费不变，按调整后的生均公用经费定额测算，人员经费、公用经费、专项经费的三项经费之比由原来的34.8%、27.8%、37.4%，调整为34.8%、32.2%、33.0%，公用经费所占比例提高了4.3个百分点；再加上远郊与多校区办学补贴，人员经费、公用经费、专项经费的三项经费之比调整为34.8%、34.5%、30.7%，公用经费所占比例提高了约7个百分点。

从上海市的改革内容可以看出，这次改革主要针对与公用经费拨款定额标准的调整，其突出的特征表现定额标准中更多地考虑了需求因素。然而，拨款公式的主要因子却没有多大变化，即仍是以学校类型为主要因素。

（三）北京市的改革

2004年，我们以财政拨款分配方式为核心，对北京市市属高校的拨款制度提出了一套完整的改革方案。这一方案已被北京市采纳用于实际拨款中，而且也对中央高校和部分地方高校的拨款方式产生了积极的影响。

第四节 高等学校财政拨款方式的改革与创新

提高公共部门资金使用效率是当前世界各国财政体制改革的核心问题。教育部门作为公共财政的主要部门之一，对教育财政体制的改革也是各国关注的焦点问题。从目前的情况看，尽管各国教育财政体制存在着较大的差别，但其改革趋势具有共同之处。这些共同之处主要表现在两个方面：一是预算与拨款更多地与学校的产出挂钩。力图实现公共部门由收付实现制的财务制度向权责发生制的财务制度转变。二是在预算管理上更为精细与科学化，更多地倡导理性与科学的零基预算体制。而这两方面相比较，预算的改革起着更为基础的作用。因为没有科学的测算，综合定额式的拨款制度就无法有效地实施。

从国内看，随着社会主义市场经济体制改革的逐步深入，财政体制也进行了一系列的改革，体现在预算体制上，改革了传统的单式预算制度，初步实行了由经常性预算和建设性预算构成的复式预算制度；实行部门预算。以北京市的改革为例，自2000年开始，北京市的部门预算改革基本构建了编制、执行、监督的三分离模式，新的预算体制主要体现在下述三个方面：一是实行综合预算，要求所有的预算单位的部门预算实现既能反映部门一般预算收支情况，又能反映基金预算收支情况；在一般预算中，既包括部门的预算内收支，又包括部门预算外收支，从而使各部门每项资金来源渠道和各项支出均在一本预算中得到反映。二是实行收支统管下的零基预算。取消"基数加增长"的预算编制方法，按照预算年度所有因素和项目的轻重缓急程度，重新测算支出需要。人员经费，按照单位编制内实有人员数，根据国家有关政策规定确定单位的支出；公用经费，按单位的不同类型和档次分别套用不同的定额标准来核定；项目支出，进行项目论证，根据市委、市政府确定的经济和社会发展计划，进行排序，建立滚动项目库。三是细化定额标准。根据单位性质、职能、工作量差别、经费自给率、国有资产拥有量等情况，人均定额与实物定额相结合，科学核定单位基本支出预算。

财政预算体制改革的进展对高等教育拨款方式的改革提出了新的要求。同时，正如我们在本章第三节分析的那样，根据学校类型而定的生均定额式的拨款方式与高等教育的发展要求也出现一些不相适应的方面。在这种背景下，需要一种既能适应财政预算体制改革要求，又能适应高等教育事业发展要求的新的财政拨款方式。

根据对国内外高等教育财政拨款方式的分析，我们为北京市高等学校基本支出拨款设计了以"学科生均综合定额"为核心的拨款方式，并从2003年开始实施。新的拨款方式的改革分为三个阶段：第一阶段为基本支出的拨款公式为"学科生均综合定额"；第二个阶段为"学科生均综合定额+教学和科研引导经费"；第三阶段为"学科生均综合定额+教学水平提高经费+科研质量提高经费+绩效拨款"。在拨款方式改革的同时，与此相关的其他制度安排也同时进行了改革，力图构建一个完整的现代高等教育拨款体系。下面以第三阶段为主要内容，对这一体系给予详细介绍。

一、改革的总体框架

改革的基本目标是建立与公共财政体制相适应的追求充足、公平、效率与质量的高等教育财政拨款制度。从长期改革目标看，要建设独立的拨款机构、质量评估机构及其他相关组织机构，建立以成本和效益为基础的拨款制度。

（一）以拨款机构的建设为核心，构建完善的拨款体系，建立科学、公开、透明的决策机制

拨款机构可以采取两种方式：第一种方式是建立由政府主管教育与财政的部门领导、各接受拨款的高等学校的负责财务的领导、教育财政方面的专家共同组成的高校拨款咨询委员会；第二种方式建立独立的负责拨款的中介机构。由于拨款机构的设立受到了政治经济体制和教育体制的约束，因而，我们认为目前北京市的高等学校的拨款机构更易于采取第一种方式。

拨款机构的主要职能是，为贯彻政府发展高等教育的政策提供财政政策性建议，为拨款的基本方式、高等学校成本与学费定价、项目预算与管理、绩效评价等方面提供具体操作方法，对政府和学校分配经费和财务管理给予指导，从而形成财政政策科学、公开、透明的决策机制。

（二）改进和完善生均定额法的正常经费拨款方式，积极探索成本结构法拨款以及将绩效因素纳入正常经费拨款公式的方式

对生均定额法的正常经费拨款方式，在拨款公式中因纳入更多的因素，并对拨款标准和正常增长机制进行科学合理的测算。根据我们自 2003 年以来为北京市拨款方式改革的设计，学科生均定额法的拨款方式是一种比较合理的选择，经验也证明这一方式相对符合我国高校的发展趋势、高校的成本差异以及高校财政的历史传统。成本结构法的拨款方式可能更适合高校的成本行为特点，然而，这需要准确和翔实的数据支撑，因而，在条件成熟的地区和时期，可以探索这一方法的可行性。

正常经费是满足学校基本办学需要的经费，并不适合完全将绩效因素纳入拨款公式中，但是，依据绩效分配的经费可以在总经费中占有一定的比例。

（三）将项目经费的分配紧密地与政府政策目标以及与高校绩效相联系

项目经费的主要功能是促进学校事业发展和贯彻政府的政策目标。因而，应将政府对高等学校发展要求与资金使用效果作为拨款的主要考虑因素，通过财政机制加强高等学校的学科与专业能力建设；在财政投资上明确导向，如研究型导向、教学型导向、专业技能型的导向，以及加大有特殊需求的项目投入，如学生资助计划的实施、扩大不利背景人群接受高等教育的机会等，促进高校为国家、地区发展服务。对于科研经费，坚持并完善科研合同制，并加强对应用性研究的资助力度，建立绩效评价与拨款相联系的机制。

（四）在扩大高校财政自主权的同时完善问责机制

高校财政自主权体现在对财政资金内部分配上拥有自主安排的权力，在确保这种权力的同时，应建立完善的问责机制实现促进高等学校提高教学和科研质量、贯彻政府高等教育政策的目标。除去财务审计制度确保资金使用的规范性之外，当前，问责机制的核心是完善和建立针对高等学校教学、科研与社会服务质量与效益方面的评价体系，探讨建立在政府指导下的大学评估机构，并对大学的办学状况，教育质量进行评估，将评价的结果与拨款相联系。

（五）加强基本信息系统的建设

基本信息包括教学基本信息系统、科研基本信息系统、社会服务基本信息系统以及成本信息系统，这些系统提供的是关于高等学校运行状况的客观信息，其主要作用是为教学、科研方面的评价以及成本状况提供基础信息。

二、拨款公式

在上述总体框架下，拨款公式的改革和完善是一项核心内容。这里的拨款公式主要是指基本支出拨款公式。基本支出是为保障高等学校教学和科研工作正常运转的支出，其内容包括人员经费、公用经费两部分。根据经费目标的不同，基本支出拨款公式由三部分构成：学科生均定额拨款、教学水平与科研质量提高经费拨款和绩效拨款。

（一）学科生均定额拨款

学科生均定额拨款的主要目标是保证高等学校基本的教学和科研活动的正常

运行。拨款公式中的主要因素是各学科学生数。依据各学科对正常运行经费的需求的不同，科学合理的测定学科生均定额，是拨款中的核心部分。详细的内容在下文给予介绍。

（二）教学水平与科研质量提高经费拨款

这部分经费拨款的主要目标是为高等学校的教学水平的提高、科研和社会服务能力提升提供日常运行的经费。具体来说，教学质量提高经费，是为提高学生实践创新能力和教学质量提供经费支持。科研水平提高经费，为提高市属高校科研和社会服务能力提供经费保障。在管理方式上，两类经费均纳入基本支出中的公用经费管理，由学校根据提高教学质量和科研水平的需要，自主安排使用。以校内项目管理方式管理，在年度决算报告中反映相关项目建设情况。

（三）绩效拨款

绩效拨款的主要目标是通过建立学校产出与拨款相联系的机制，提高学校的办学效率和效益。绩效评估是绩效拨款的关键因素，是根据各高校年度绩效考评结果，综合三年的分数，划分绩效等级，不同等级给予相应的拨款额度。总拨款额度相当于学科公用经费财政拨款额度的4%左右。在管理上，绩效拨款经费纳入基本支出公用经费管理，由学校根据基本经费的需要自主安排使用，主要用于维持学校日常教学、科研活动的正常运转。

由于拨款公式中学科生均综合定额拨款占了总拨款额度的较大比例（一般在80%以上），因而，这部分是拨款公式中的核心部分，下面对该方法给予详细的介绍。

三、学科生均综合定额拨款公式的基本框架与方法

如前文所述，高等学校的拨款方式基本上采取两种方式：生均学科定额法与成本结构法。两种方法各有优缺点，选取哪种方式应结合实际而定。一般而言，成本结构法由于按高等学校教育教学活动的功能进行了分类，不同构成要素的影响因素不同，经过合理的测算，以此作为编制预算的基础，是与高等学校实际情况比较相符的方式。然而，这种方法对数据准确性要求较高，也需要其他相关的财务制度来配合。如需要现实中各高校按不同支出功能进行记账，会计科目也应比较规范、清楚、完善，这样才能准确地测算各要素的不同影响因素的支出标准。中国的现实数据质量以及财务制度很显然还无法达到这样的要求，因而选择

这一方式就有很大的限制，起码在实际上不易操作，而且容易引起混乱。相比之下，生均学科定额法操作起来比较简单，而且与传统的生均综合定额比较接近，也可以说是对生均综合定额的一种改进。数据取得也相对容易些，只需得到不同学科的支出数据。由于高校的组织结构是按院（或系）以及行政单位、教学辅助单位进行划分的，同一院系不同学科的学生培养成本相似，因而就使得按学科核定生均支出成为可能。

鉴于上述原因，对北京市高等学校拨款方式的改革主要采取了学科生均综合定额的方式，它建立在以下基本原则基础上：一是学科分类原则。不同学科的学生培养成本不同，不同高校之间相同学科的学生培养成本相同。二是综合预算原则。在核定学科生均综合定额时，将预算内外资金统筹考虑、合理安排。三是规范化原则。以财力为基础，考虑各高校的实际支出水平和不同的办学要求，统一制定规范的学科生均综合定额。四是公平性原则。不同学校在相同学科的基本支出财政拨款上应相同。

该方法的基本思路是：根据现行一般预算支出科目的分类，将基本支出（正常经费）分为人员经费与公用经费，分别核定生均人员经费定额与生均公用经费定额。人员经费的主要影响因素是不同层次的学生数，公用经费的主要影响因素是不同学科不同层次的学生数。因而，在生均人员经费定额上，各学校实行统一单一标准（个别学校除外）；在生均公用经费定额上，实行不同学科统一标准。在编制下一年度预算时，还需考虑其他引起定额增长的因素，如增资、通货膨胀及其他政策性增长因素。财政拨款比例的确定依据是学科生均综合定额与学费（含住宿费）的比例。这样，根据生均人员经费定额与不同层次学生数，以及学科生均公用经费定额和各学科不同层次学生数，就可编制出基本支出预算；根据财政拨款比例就可确定财政拨款额度。此外，高等学校学生的类别还包括了成人教育生、留学生及其他学生等，在这些学生身上发生的费用构成了基本支出中的其他经费，由各学校根据自己的实际情况确定。

这样，高校的基本支出就由本学校各类"学科生均综合定额经费"与"其他经费"组成。表11-4概括了根据学科生均综合定额法编制基本支出预算与拨款公式的基本思路。

由上可见，新的预算编制与拨款公式的一个关键问题是如何测定学科生均综合定额。由于高等学校教育服务的性质，如果要参照以营利为目的和成本最小化的企业，根据投入要素的价格测定生产成本（学生培养成本），很显然是无法做到的。一个可供选择的方法就是根据高等学校往年的基本支出数据来合理地确定定额。

表 11-4　　学科生均综合定额法的基本支出预算编制与拨款公式

项　目	人员经费	公用经费
基本支出	生均人员经费定额 × 折合学生数	$\sum$（各学科生均公用经费定额 × 各学科折合学生数）
其中,财政拨款	（生均人员经费定额 × 折合学生数）× 财政比例	$\sum$（各学科生均公用经费定额 × 各学科折合学生数）× 财政比例
其他经费	其他人员经费	其他公用经费

注：其他经费指成人教育生、留学生等正常经费支出。

生均学科综合定额测算的另一个关键问题是如何较准确的测算出不同学科的支出水平。这涉及两个问题：第一，较清楚地区分出基本支出。我们首先将高等学校的经常性支出分为基本支出与项目支出，然后从中把科研支出区分出来，这主要是考虑科研活动与学生的教学不发生直接的关系，因而，不能列入基本支出范围之内。这样基本支出就是指那些维持高等学校日常教育教学活动正常运转的支出项目。由于项目支出的性质，可以将其按经费来源较清楚的界定出，其中不含科研支出。而各种科研课题经费就构成了科研支出。第二，对不同学科基本支出（公用支出）水平的测算。根据高等学校内部组织结构的性质，可以将其分为行政部门、教学部门和教学辅助部门。行政部门与教学辅助部门可以看作是为全体学生（各学科）提供公共服务的部门，这两类部门发生的费用（基本支出）可以视为均等的提供给了每一位学生。教学部门主要是高校内部设置的各院（系），直接承担着各学科学生的教育教学任务。一般而言，院（系）的设置主要是按学科分类设立的。通过对北京市市属管各高校设置的院（系）含有的学科门类的分析发现，在一级学科上，一般情况下一个院（系）只有一个学科，那些具有两个及以上学科的院（系），这些学科之间的性质差异不大，主要是经济类与管理类一级学科常常同时包含于相同的院系中。反过来说，那些支出差异比较大的学科，并不在同一个院（系）中，如理科或工科的院（系）中就不会有文学、历史学、教育学或经济学等。这样就可以将院（系）的支出（公用支出）视同于某学科的教学支出，同时把行政部门与教学辅助部门的基本支出（公用支出）分摊至各学科学生，两者合计就可测算出各学科生均基本支出（公用支出）。

如上述，基本支出的影响因素主要考虑的是不同学科不同层次的学生数，这里的学科是指教育部发展规划司"普通高等学校本科专业目录（2001 年版）"中的学科分类中的一级学科与部分二级学科，包括经济学、法学、教育学（不含职业技术教育类和体育类）、文学（不含艺术类）、历史学、理学、工学、农学、医学、管理学、艺术类（1）、艺术类（2）、艺术类（3）、体育类、职业技术教育类（高职生）。其中，"艺术类（1）"指普通院校中的艺术类专业，"艺术类（2）"指高等专业院校艺术类，"艺术类（3）"指中等专业学校艺术类。部分二级学科的区分主要是这些学科与其他学科在学生培养成本上有着明显的不同。此外，专科生、硕士生、博士生的学科归类参照本科学科分类，新设立的专业归入相近学科。各层次学生指专科生、本科生、硕士生、博士生，以本科生为标准，将其他层次学生折合成本科生，合计后就称为折合学生数，"生均"的含义即指折合学生生均。

利用上述方法，经测算后的各学科基本支出生均公用经费差异[①]如表 10-5 所示。根据经费差异系数和基准学科定额，就可计算出每类学科的经费定额。此外，在拨款公式中还包括了学校类型因素，学校类型的分类主要是根据各学校在总体教学水平和科研质量上的差异，给予相应的系数调整。为了保证公平性，实际中进行系数调整的学校数量占的比重较低。

表 10-5　　　　　　　各学科公用经费差异系数

学科名称	公用经费差异系数
经济学	1.00
法学	1.00
教育学	0.96
文学	1.06
历史学	0.92
理学	1.08
工学	1.18
农学	1.45
医学	1.45
管理学	1.00
体育类	1.10
艺术类（一般院校）	1.11
艺术类（独立设置院校）	1.70

① 各学科人员经费均相同，故这里未列出。

与以前的拨款公式相比，学科生均综合定额法具有如下三个显著的特点：一是由于学科生均综合定额是根据对各高校基本支出的历史数据测算基础上确定的，因而比较客观、准确地反映了各高校基本支出需求。二是学生的学科差异因素代替学校类型因素成为拨款公式主要因子，不仅会对高校支出结构将产生一定的影响，从长远看，还有可能会对学生的学科结构产生一定影响。此外，还会促使高等学校更合理地在学科之间分配内部资源。三是体现了公平性原则。各学校财政拨款额度的差异主要体现在学科结构上，具有相同学科的不同学校得到了相同财政拨款（生均，特殊学校除外）。在最基本的层面上，相同学科的学生得到了相同的财政资源，不同学科的学生得到了与其学科教育教学活动所需资源相一致的财政资源。

第五节 总 结

拨款体制作为高等教育财政制度中的核心部分，是由拨款主体和拨款机制组成的一套体系。拨款主体确定了由谁来提供财政经费、谁分配经费、谁为经费的分配和使用提供相关信息的制度安排。拨款机制由供给机制、分配机制和问责机制构成，其中，供给机制的典型特征表现为资金的供给是一个政治过程；分配机制是在资金分配中采用公开、透明的拨款公式以使其远离政治过程的影响；问责机制约束了资金的分配与使用的过程和结果。

20 世纪 80 年代以来，世界一些发达国家的高等教育财政拨款体制发生一些变革，其中一个重要内容是在分配方式中逐渐引入绩效因素，从而形成了有别于传统的投入式经费分配方式的绩效拨款方式。从国际经验来看，根据各国自身的特点，绩效拨款的具体内容不尽相同。但是，其目标是一致的：将经费的分配越来越与高等学校的教育教学、科研和社会服务活动的结果联系在一起。

在中国，近 30 年来高等教育拨款体制的改革主要体现在拨款方式的变化上。从基数加增长的定员定额法到综合定额法，体现了高等学校拨款方式在适应高等学校事业发展和宏观财政体制改革过程中拨款方式的变化。近几年来发生在中央部门和部分地方部门高校拨款方式的改革，使得综合定额法更加适应高等学校的变化特征和对经费的支出需求。

以高等教育拨款制度框架为根据，借鉴国际和国内的实践经验，我们以北京市为对象，对高等教育拨款体制提出了一个完整的改革方案。这一方案的核心内容包括：一是在拨款主体建设上，建立高等学校拨款咨询委员会，完善高等学校基本信息系统机构的建设；二是在资金分配方式上，根据高等学校的基本功能和目标建立基本支出多因素的拨款公式，拨款公式包括维持学校正常运转需要的经费的学科生均综合定额法、教学水平和科研质量提高经费拨款以及绩效拨款；三是在问责体制上，首先是建立与新的拨款方式相适应的经费管理体制和绩效拨款体制，在此基础上，建立以信息公开为核心的财务报告制度和绩效报告制度。

第十二章

高等学校成本研究

第一节 高等学校成本分析的基本问题

教育成本的概念是在 20 世纪 50 年代末 60 年代初教育经济学产生时出现的。维泽（1958）把教育经费等同于教育成本。舒尔茨（1963）提出了"教育全部要素成本"的概念，把教育的全部要素成本划分为提供教育服务的成本和学生上学时间的机会成本。此后，国内外学者从不同角度进行了界定，虽然人们对教育成本的概念有不同表达，但对其本质内涵基本达成共识，即教育成本的本质是受教育者接受教育服务而耗费的资源价值。

对高等学校成本的研究主要包括三个方面（刘易斯，2001；袁连生，2005）：一是成本的计量；二是成本行为的特征及其变动的决定因素分析；三是成本效率分析。

一、高等学校成本计量

培养一个学生究竟需要多少成本，是高等学校成本计量关心的主要问题。这里的"一个学生"，可以是指一个标准的全日制在校生，也可以指不同学科与专业类型、不同层次的学生。高等学校成本的计量方法主要采用了"会计法"和"数理统计法"（袁连生，2004）。

（一）会计法

会计法是利用会计技术获取教育成本的方法，可以分为会计调整法和会计核算法。会计调整法利用各个学校都存在的教育经费收支记录，将这些现存的会计记录，经过调整，将教育经费支出数据转换成培养成本数据。因此，只要教育管理部门制定统一的调整规则，将计算转换培养成本并编制培养成本报表作为学校的一项基础工作，就可以得到系统且可比较的培养成本数据。会计核算方法根据成本会计的基本理论和技术，利用会计系统，通过设置、登记账簿，记录教育资源的耗费，计算培养成本。系统准确的学校培养成本信息（少量要素的机会成本除外），只能来自会计系统的账簿记录。早在 20 世纪 60 年代初就产生了利用成本核算手段，建立教育成本信息系统的思想，如维泽（1962）指出，成本核算系统是教育管理的有效工具，它能降低教育成本，提高效益；利用现代技术，建立有效的教育成本核算系统是可能的。

美、英等国从 20 世纪 60 年代以后逐渐重视政府部门（包括学校等非营利组织）的成本核算问题。1984 年美国成立了政府会计准则委员会（GASB），负责制定州及地方政府及其非营利组织的会计准则。该委员会提出，包括学校在内的政府部门应提供成本信息。虽然目前尚不存在统一的准则，但美国正在讨论制定有关政府部门的成本准则（普雷姆詹德，1996）。不过从研究文献看，国外对学校教育成本核算的研究并不多。

中国学术界对教育成本核算的理论探讨始于 20 世纪 80 年代初。潘序伦、王庆成、殷延卓（1983）等是最早研究教育成本核算问题的一批学者。王耕（1988）、王耕与阎达五（1989）的论文全面讨论了高等学校成本核算各个方面的问题。进入 90 年代后，随着教育改革的深入，探讨教育成本核算的文献有很大增加。研究教育经济学和会计学的学者，高等学校从事财会工作的管理人员，发表过不少关于教育成本核算的论文。但总体来看，教育成本核算还停留在初步的理论探讨层次，教育成本核算在学校会计中的地位还没有确立。直到 21 世纪初几乎所有国家的绝大多数学校都还没有进行培养成本的核算。

虽然通过会计核算可以得到系统准确的学校成本信息，但建立学校成本核算制度依赖非营利组织会计改革的进展，且会增加学校会计工作的成本。加之学校对建立成本核算制度没有内在动力，所以通过学校成本核算获取教育成本信息还要等待相当一段时间。会计调整法还是获得教育成本信息的现实选择。基于这一事实，美国全国高等学校管理者协会（The National Association of College and University Business Officers，NACUBO）在 1998 年提出开发在现有会计数据基础上的"一种新的、简单、统一、能接受的计量和报告高等学校成本的方法"（斯派思，

2002)。中国的政府部门在对学校进行成本调查时，也倾向采用会计调整法。

目前，应用会计法对高等学校的成本计量还存在着一些缺憾，比如对高校成本的影响因素关注不多、技术处理难度较大、无法分析高校的规模效率和范围效率等问题，至今尚无研究能较精确地计量高校分学科、分层次的成本结构和效率。当然，这显然与高等学校成本行为特征和数据获取成本较高有关。正是由于这些原因，更多的学者应用了数理统计的方法。

（二）数理统计方法

数理统计方法是利用现成的教育经费统计及相关资料或抽样调查获得的资料，使用一定的数学统计方法获取教育成本。在这一方法中，较为简单的处理方法是将统计调查获得的教育经费及相关资料做简单的分类和计算，得到教育成本。另一种方法是使用计量经济模型和实际数据考察成本和产出之间的关系，从而估算出成本，使用的计量模型被广泛的称为教育成本函数。

根据高等学校的功能，高等学校的产出分为教学产出、研究产出与社会服务的产出，投入或成本包括人力资源、基础设施、设备以及学生等。这其中，人们特别强调高等学校的"多产品"特征。在分析成本与产出之间关系的方法上提出了多产品的成本函数分析方法。自20世纪80年代后期以来，这一方法在分析高校的成本行为以及成本效率问题中成为国外研究的主要方法。

二、高等学校成本行为分析

20世纪80年代以来人们对高校成本行为的研究兴趣始于对"高等教育成本不断增加"这一问题的关注，他们试图解释"哪些主要因素导致了不同学校、学科、层次之间的成本差异和成本的不断上涨"。在一项开创性的研究中，鲍恩（1980）认为，高校成本的变动可以用任务、内容、地点、规模或者学校质量的不同来解释，并将其概括成"成本的收入理论"，即影响学校成本的主要因素是它的收入。后来的其他一些研究将影响学校成本的最为重要的因素总结为学术项目的规模、类型以及产出的类型。此外，不断提高的教师工资、学校对其服务和产出的质量的追求等都成为影响成本变动的重要因素（奥尔森，1996；盖茨和齐格弗里德，1991；干波特和普瑟尔，1995；麦瑟和威格尔，1995等）。在方法上，国外学者发展了五种成本行为的分析方法，即成本构成要素分析、时间序列及与其他部门的比较分析、成本与其他因素功能的相关分析、依据教育产出数量的分析以及成本函数方法。

在国内对高校成本行为的分析主要关注了成本变动的趋势、成本结构特征以及成本变动的影响因素。袁连生（2004）描述了一个高校生均成本模型。该模型以高等学校的非营利组织性质作为出发点，认为高校的成本有几个突出特征：一是从长期看，高校成本是递增的。其原因是，在技术上，采用现代化的教学方式和手段，为教师提供较好的工作和生活条件，必然导致成本的增加；在机制上，高等学校没有利润考核，预算最大化是其重要目标，预算最大化往往意味着成本最大化。二是短期内，高等学校的成本是其收入的函数，即高等学校是以收定支的，成本主要受预算的约束。三是高等学校存在规模效益，即在其他条件相同的情况下，随着学校规模的扩大，生均成本会下降。以这些特征为基础，描述高等学校生均成本的模型可以作如下表述：

$$C = B + F + D$$

式中：C 指生均总成本；B 指政府拨款；F 指学费；D 指其他收入。

这一模型典型地体现了高等学校的成本是由收入决定的思想。利用该模型就可以对高等学校成本变动及其影响因素进行分析。

三、高等学校成本效率分析

教育效率是经济学的效率原则在教育领域的应用，主要是指教育资源的有效配置和使用，即从"一个给定的投入量中获得最大的产出"（奥肯，1999），教育资源的配置达到最优状态，教育资源的利用不存在任何浪费。效率反映在高等教育领域是指投入到高等教育中的各种资源与产出成果之比。高等教育领域的效率研究既可从宏观角度分析国家高等教育资源的投入与产出关系，也可从微观角度观察高等教育机构使用一定教育资源的效果。从高等教育机构来看，虽然它们多为非营利机构，理论上没有提高效率的内在动力和外在压力，但高等教育资源的稀缺、公共管理与公共财政改革以及多渠道投资主体对责任与效率的追求使得高等教育机构不得不越来越关注资源的利用效率。

高等学校成本函数分析方法除去在计量成本和成本行为分析方面得到应用之外，另一项应用的领域就是高等学校的成本效率分析。其基本思路是，分析在投入与配置既定的前提下，实际产出与最大可能产出（或实际成本与理论最小成本）之间的关系。详细的内容参见本章第三节。

对高等学校成本与效率的研究无论是对于制定学费政策和改革拨款体制，还是对于更加合理有效地配置资源都有着重要的现实意义。根据我们对高校成本与效率研究的基本问题认识，本章主要的研究内容包括：（1）如何用会计调整法计量高等学校的成本。（2）运用成本函数法分析高等学校不同产出的平均成本和边际成本，包括不同层次学生和不同学科的学生成本。(3) 运用成本函数详细分析了我国高校的效率。

第二节 基于会计调整法的高等学校成本计量

一、利用收付实现制会计资料计算高等学校学生培养成本

由于建立学校成本核算制度的条件还不成熟，因而有必要探索在现有会计资料的基础上，按成本计算原则转换计算学生培养成本的方法。

（一）计量高等学校学生培养成本的原则

我国高等学校现行的会计核算是按收付实现制原则进行的，只有教育经费支出数据，因此要将教育经费支出转换为学生培养成本，必须遵循与成本核算相关的会计原则。

1. 权责发生制原则。权责发生制亦称应计基础，指会计主体收入和费用成本的确认，均以权利已形成和责任已发生为标准。按这一标准，对于收入，不论款项是否收到，均以权利形成确定其归属期；对于费用成本，不论款项是否付出，均以支付责任的发生确定其归属期。我国现行事业单位会计准则和各级学校会计制度均要求学校实行收付实现制。收付实现制对会计主体收入和费用成本的确认，均以现金是否收到或支出为标准。按这一标准，对于本期收到的现金，不论是本期提供的产品或服务带来的还是以前或以后的产品或服务带来的，都作为本期的收入；对于本期支付的现金，不论是由本期所消耗资源产生的，还是以前、以后所消耗资源产生的，都作为本期的费用成本。收付实现制不能正确反映当期的实际收入和费用成本。

2. 配比原则。配比原则又称收益成本配合原则，要求成本费用与其相关的收益相配合，即将某一会计期间的费用成本或归集于某些对象上的费用成本，要与相关的收入或产出相配合、相比较。配比原则既强调一个会计期间的费用成本与该期间的收入或产出配合比较，又强调一个项目的费用成本与该项目的收入或产出配合比较。前者确定一个时期的成果，后者确定一项产出的成果。比如，购买下学年教学用品的支出不能计入本学年学生培养成本，为文学院聘教授的支出不能计到理学院的学生培养成本中。

3. 划分收益性支出和资本性支出的原则。这一原则要求合理区分收益性支

出与资本性支出。凡是支出的效益仅与本会计年度相关的，应当作为收益性支出，计入本年度的费用成本；凡是支出的效益与几个会计年度相关的，应当作为资本性支出，并在产生效益的几个年度内平均摊销。收益性支出通常用于人工、材料等经常性项目的支出；资本性支出通常是为取得固定资产、无形资产等长期性资产而发生的支出。划分收益性支出与资本性支出的重要意义在于确定哪些支出应计入当期成本，哪些支出不能计入当期成本。

权责发生制原则、配比原则、划分收益性支出与资本性支出原则是密切相关的，它们从不同方面规范会计主体正确计算收入和成本，是计算高等学校学生培养成本必须遵循的三项基本原则。

（二）高等学校学生培养成本计量中的费用调整、计算和分配方法

根据高等学校学生培养成本的内涵和上述会计原则，从现行收付实现制下的会计资料出发计量学生培养成本，要做好剥离与培养学生无关的非教育教学费用，区分本期费用与非本期费用，补充计入账外教育教学费用，并在不同类型学生之间合理分配共同费用等几方面的调整工作。本部分结合我们对某大学2002年学生培养成本的计量案例，对费用调整、计算和分配的方法进行讨论。

1. 剥离与学生培养无关的费用。与培养学生无关的费用不应计入学生培养成本。在现行高等学校支出项目中，与当期学生培养无关的有对附属中小学、校医院等附属单位的拨款，对校办企业的投资和补助，上缴上级单位的款项，离退休人员社会保障费用，企业化管理的后勤部门的经营管理费用。

对科研费用和学生资助等几个项目是否应计入学生培养成本存在争议。我们认为，虽然科研费用主要是用于完成科研功能的费用，但直接或间接地与培养学生有关，应该部分计入学生培养成本，可以采取专家法或德尔菲法来确定科研经费是否应计入学生培养成本及比例。我们在某大学向教师发放调查问卷，调查了教师对科研经费的处理意见。大多数教师认为，科研与教学有关系，但本科生得益较小可以不计入科研成本，受益较大科研费用应计入研究生培养成本。调查结果显示，多数教师认为应将30%的科研经费计入研究生培养成本。

对学生的资助支出是否计入学生培养成本，国内外都有不同意见，鉴于我国高校这方面的支出不大，为简化计量，可以不计入培养成本。

2. 正确区分本期费用与非本期费用和补充计入账外费用。按划分收益性支出与资本性支出的原则，对于本期购置教学用固定资产的支出，应作为固定资产价值的增加，通过计算折旧费将本期消耗的部分计入学生培养成本。对以前购置本期还在使用的教学用固定资产，也要计算本期折旧费，将其计入本期学生培养成本。

目前，我国尚未建立教育系统的社会保险制度，大多数高等学校没有为在职教职工建立养老保险，存在账外养老费负债，这是一项应计入教职工工作期间学生培养成本的实际费用。我们在后面的计算中参照企业养老保险费的比例补充计入了学生培养成本。类似的还有在职教职工的住房补助费用等。

3. 合理分配（或分摊）公共费用。所谓公共费用，是指多个成本对象或项目共同消耗而需要进行合理分配的费用。高校主要有教学、科研、社会服务三个功能，因此应该计算教学成本、科研成本和社会服务成本。学校的管理费用、后勤服务费用等共同费用需要在三个项目分配。在计量学生培养成本时，可以根据需要与可能，分别计算不同层次学生的培养成本，如博士生、硕士生、本科生和专科生的培养成本，还可以计算不同学院、专业的学生培养成本。高校与学生培养相关的费用多数是各类学生共同消耗的，因此在计算不同类别学生的培养成本时，需要进行合理分配。本案例计算了一所大学博士生、硕士生和本科生三个层次的年培养成本，与学生培养有关的公共费用主要在这三个对象之间进行分配。

按功能分类，高校的支出有教学、科研、行政管理、业务辅助、后勤、学生事务、离退休、专项和其他9个项目，离退休费用与当期学生培养无关，不计入学生培养成本，其他项目需要进行合理分配。

（1）教学费用的分配。教学费用全部计入学生培养成本，并在各类学生之间进行分配。在教学费用中，人员经费的分配有两种考虑：一是如果教师定编比较合理，可以根据各类学生占用教师的编制数在本科生、硕士生、博士生之间进行分配；二是如果没有合理的定编比例，则可以将其作为固定费用，按照三类学生的课程学分占总课程学分比例进行分配。按后者进行分配，2002年某大学各类学生课程学分比例为：本科生30.43%，硕士生38.09%，博士生31.48%。

教学公用经费可以分为固定费用和变动费用。由于变动费用与教学活动量直接相关，应该按照各类学生的教学活动量的比例分配，学生选课总学分基本上反映了教学活动量。按照各类学生的选课学分占选课总学分的比例进行分配。2002年某大学各类学生选课学分比例为：本科生68.83%，硕士生20.60%，博士生10.7%。

（2）科研费用的分配。科研费用要进行两次分配：首先，将科研费用在研究成本和学生培养（可以看作教学性的）成本之间分配；其次，将计入学生培养成本的部分在硕士生和博士生之间分配。本案例中将30%的科研费用计入研究生培养成本。硕士生和博士生分配科研费用的分配比例应由受益水平确定，而受益水平可以按科研经费中开支的研究生科研劳务报酬比例来确定。根据会计资料，2002年某大学一个博士生的科研劳务报酬是硕士生的两倍，因此一个博士生分配的科研费用也是硕士生的两倍。

(3) 行政管理费用的分配。行政管理包括教学、科研、社会服务三个方面，行政管理费用应该在教学、科研和社会服务三个方面分配，分配的依据可以是教学、科研及社会服务活动量的比例。在 2002 年某大学的总经费来源中，教学经费占 70%，科研经费占 30%，这些数据可以看成是某大学 2002 年教学活动量与科研活动量的近似比例，所以，我们将行政管理费用的 70% 计入学生培养成本，其余 30% 归于科研和社会服务成本。因为每个学生得到的行政管理服务差别不大，因此，可根据本科生、硕士生和博士生的人数比例，在三类学生中分配计入学生培养成本的行政管理费用。据此统计，2002 年某大学各类学生比例为：本科生 56.77%，硕士生 28.99%，博士生 14.24%。

(4) 业务辅助费用的分配。业务辅助费用主要是教辅费用，应全部计入学生培养成本。因为每个学生得到的业务辅助服务差别不大，可根据本科生、硕士生和博士生的人数比例，在三类学生中分配。

(5) 学生事务费用的分配。学生事务费用主要是直接费用即可以明确受益对象的费用，学生事务费用还有少量的公共费用，如学生工作处的人员经费和公用经费。因为学生受益差别不大，可按各层次学生数比例分配。

(6) 后勤费用的分配。在后勤服务企业化管理条件下后勤费用不应全部计入学生培养成本。人员经费在扣除后勤收入抵减的部分（即后勤服务收入高于物资消耗并用于人员支出的部分）后，全部计入学生培养成本。由于各层次学生人均得到的后勤服务差别不大，可按学生人数比例在三类学生中分配。在公用经费中学校对学生食堂的补贴，以及公共设施的维修费用，各类学生对这些支出的受益程度差别不显著，可以按人数分配。学生宿舍费用根据各层次学生的住宿面积进行分配。

(7) 专项经费和其他经费的分配。专项经费中的人员经费，主要是"211"工程、"985"工程以及其他专项资金总账下的补助工资和其他工资，应全部计入学生培养成本，并按照三类学生课程总学分的比例分配。专项经费中的公用经费包括教学经费、科研经费、业务辅助经费、后勤经费等项目，计入各类学生培养成本的办法与前面讨论的相同。

其他费用根据其具体内容参照上述原则分别计入各类学生培养成本。如果分院系或专业计算学生培养成本，校级公共费用需要在各院系或专业之间合理分配。校级公共费用分配到各院系或专业后，在不同层次学生之间进行分配。从技术上看，最困难的是如何确定校级共同费用在各院系或专业的分配标准。只要确定了分配标准，利用现有的会计资料能够计算出不同院系或专业的学生培养成本，但是计算的工作量要大得多。受条件所限，我们在案例研究中不分院系或专业计算学生培养成本。

二、会计调整法的应用：某大学学生培养成本的计算案例

在高校还没有进行成本核算的情况下，只能根据学校的现有会计资料和相关统计资料，按成本会计原则，将支出数据和隐性支出转换调整，计算出学生培养成本。我们调查了教育部直属的某大学，在该大学财务部门和相关部门的支持下，根据现有的会计资料和相关统计资料，计算了该大学 2002 年的本科生、硕士生和博士生培养成本。

（一）资料准备

计量高等学校的培养成本涉及的不仅是财务部门，还包括资产管理部门、后勤部门、教学管理部门、人事部门等与学生培养直接相关的部门，需要这些部门提供资料和技术支持。

1. 财务资料。财务部门的财务会计资料是计量学生培养成本的基本资料，主要由会计账簿和会计报表组成。

会计账簿是最基础的数据来源，也是会计报表的基础，在计算过程中需要经常利用。会计报表系统地反映了学校的财务状况和收支情况，是计算和分析学生培养成本的重要资料。与计量学生培养成本直接相关的报表主要有支出明细表和固定资产表。

2. 非财务资料。计算学生培养成本除了需要上述财务资料外还需要其他资料，主要包括基本数字表和课程学分表。基本数字表提供了学校的重要数据，特别是各类学生人数，是分配和计算各层次学生培养成本的重要依据。课程学分表是教务管理部门为计算培养成本而特意编制的，主要为分配共同费用提供依据。

此外，还需要后勤部门提供各层次学生住宿数据。科研管理部门提供各层次学生参与科研的数据以及其他数据。

（二）计算培养学生的直接费用

培养学生的直接费用是指发生时就能具体辨明用于哪类学生的费用，如学生助学金和学生助教津贴等。通过"学生事务支出"总账下的各个明细账，可以得到各层次学生获得的困难补助、奖学金、学生辅导员津贴、助教津贴、研究生生活费、勤工助学支出等直接用于学生的支出。在"教学支出"、"行政管理支出"、"业务辅助支出"、"后勤支出"等总账下，设有公用经费明细账，如"公务费"、"业务费"等，通过这些明细账，可以得到用于学生的直接支出，如军

训费、招生费等。

将有关的直接费用摘录出来，填入"学生培养直接成本计算表"，最后汇总计算得到各类学生的直接费用。

（三）计算和分配培养学生的公共费用

学生培养公共费用是指发生时不能将具体数额归于各类学生的费用，如学校管理人员的工资，教学楼的折旧费等。对于公共费用，要先归集起来，然后再根据确定的分配标准分配到各类学生。

1. 计算和分配公共人员费用。在教学支出、科研支出、业务辅助支出、行政管理支出等总账下，涉及教职工人员经费的明细账有基本工资、补助工资、其他工资、职工福利费、社会保障费等，需要将这些明细账中的支出中归于学生培养的部分摘录出来，填入"学生培养成本公共费用计算表"，按照前一部分介绍的方法进行分配，得到各类学生分摊的公共费用中的人员经费。

2. 计算和分配公共公用费用。在教学支出、科研支出、业务辅助支出、行政管理支出等总账下，反映学校公用经费的明细账有公务费、业务费、设备购置费、修缮费等。对公用经费明细账进行分析，可以得到公共的公用经费。按照前一部分介绍的方法进行分配，计算得出各类学生分摊的公共费用中的公用经费。

（四）计算培养学生的折旧费用

固定资产折旧费的计算和在各类学生培养成本中的分配，是计量高等学校学生培养成本的一项比较困难的工作。我们根据固定资产管理部门提供的固定资产及其分布的资料，参照国有大中型企业各类固定资产折旧年限分类计算全部固定资产的年折旧额，然后分项目确定是否应该计入学生培养成本，再对应该计入培养成本的部分确定计入的比例，最后将计入学生培养成本的折旧费在本科生、硕士生和博士生之间进行分配。

按照与学生培养的关系程度，将各部门固定资产折旧费分配计入学生培养成本：教学和后勤部门全部计入，科研部门计入 30%，行政管理部计入 70%，经营部门全部剔除，其他部门全部计入。2002 年某大学计入学生培养成本的折旧费为 8 985 万元，占全部折旧额的 55% 左右。

由于各类学生使用固定资产的程度不同，其分摊的折旧费用也应该有区别，故采用前述分配公共费用的方法来分配应计入各层次学生培养成本的折旧费用。

（五）计算在职教职工的养老和住房补贴费用

由于我国高等学校的福利制度和会计制度改革正在进行之中，相当一部分学校现有会计账簿没有反映出对教职工的实际福利支出,其中最主要的是在职教职工的养老保障费用和住房补贴费用。参照某大学所在的北京市企业职工养老保险的规定,模拟计算了在职教职工的养老保障费用,并按照住房货币化改革的思路,模拟计算了在职教职工的住房补贴费用。

模拟计算与教学有关的在职教职工的养老费的具体办法是:以在职教职工基本工资、补助工资、其他工资三项工资为基数,按基数工资的19%(北京市企业负担的养老保险占员工工资的比例)计算学校应该负担的养老费用,确定应计入学生培养成本的部分,最后分配到各层次学生培养成本中。

在按各类人员计算出来的养老费用中,计入学生培养成本的比例和在各层次学生之间的分配方法与前述分配公共费用中的人员经费相同。

根据中央国家机关和事业单位住房改革方案,房改后参加工作的人员,每年的住房补贴为基本工资的66%。某大学属于教育部直属高校,执行上述房改政策,但由于该大学教职工住房情况极为复杂,为计算应计入学生培养成本的住房补贴增加了困难。为了简化计算,参照房改政策,将全部在职教职工每年的住房补贴都按基本工资的66%计算。

各类教职工的住房补贴计入学生培养成本的比例,以及计入学生培养成本的住房补贴在各层次学生之间的分配方法都与养老保险费用相同。

(六) 计算总成本和生均成本

根据财务会计资料和其他相关资料,计算和分配经费支出中用于学生培养的直接费用和公共费用,以及折旧费用、养老保险费用和住房补贴后,将它们相加就可以得到全校的学生培养总成本和各层次学生的总成本。将各层次学生的总成本除以各层次的学生数,就可以得到各层次学生年生均培养成本。

表12-1汇总了2002年某大学学生培养总成本和生均成本的计算结果。当年学生人数为本科生14 059人,硕士生7 179人,博士生3 528人。

表12-1　　　　某高校2002年总成本与生均成本表

成本构成项目	总成本（亿元）				生均成本（元/人）		
	合计	本科生	硕士生	博士生	本科生	硕士生	博士生
一、付现费用	9.65	3.30	3.54	2.81	23 471	49 286	79 736
二、养老和住房补贴费用	0.99	0.33	0.37	0.29	2 372	5 191	8 313
三、固定资产折旧费用	0.90	0.24	0.36	0.30	1 706	4 999	8 498

续表

成本构成项目	总成本（亿元）				生均成本（元/人）		
	合计	本科生	硕士生	博士生	本科生	硕士生	博士生
四、总成本	11.55	3.87	4.27	3.41	27 548	59 476	96 547
其中，人员经费	6.16	1.89	2.33	1.93	13 458	32 495	54 750
公用经费	5.39	1.98	1.94	1.47	14 090	26 981	41 797

第三节　高等学校成本与效率分析：成本函数的应用

一、研究综述

国外学者对高等教育成本函数的研究始自经济学家对规模经济和范围经济的关注。传统的经济学分析通常假定企业的产出是单一的。虽然也有些分析涉及多产出的表述（如用产出向量表示），但都是简单地将单产出的成本函数套用过来，并未进行深入细致的分析。现实生活中存在的大量企业都是生产多种不同的产出。单一产出成本函数简单套用到多产出企业有很多缺点，如破坏了生产结构的正则条件，待估参数过多以及无法允许产出为 0（凯文斯等，1980）。由此，在理论和经验研究上，需要格外重视多产出成本函数怎样才能反映组织的多产出特征。

对多产出成本函数比较系统和深入研究并取得学术界公认的研究成果的，要数美国学者鲍莫尔（Baumol）、潘萨尔（Panzar）、维利希（Willig）、夏基（Sharkey）等人。1977 年鲍莫尔在《美国经济评论》杂志上发表了《论对多产品产业自然垄断的适当成本检验》一文，1981 年鲍莫尔、潘萨尔和维利希三人在《美国经济评论》上发表了《范围经济》一文，1982 年他们又共同出版了专著《可竞争市场和产业结构理论》，1982 年夏基发表了《自然垄断理论》。这些研究成果标志着成本函数从以往主要研究单产品领域向多产品领域的迈进，拓展了自然垄断理论的研究范围，使得这种新的认识更具有一般化特征。把理论由对单产品领域的认识扩展到普适性程度更为广泛的多产品的基础上。

此后，这一理论被应用于银行业、交通运输业、公用设施、电信业、石油业、汽车制造业、铁路运输、航空业以及医疗服务行业等具有多产出组织特征的众多行业里。

（一）高等教育成本函数研究模型和方法

高谢尔（Koshal）（1995）、尼尔斯（Nelson）和海沃特（Hevert）（1992）、勾勒特（de Groot）等（1991）、克罗特菲尔特（Clotfelter）等（1991）、盖茨（Getz）等（1991）、宏奈克（Hoenack）（1990）、科恩（Cohn）等（1989）、布瑞克曼（Brinkman）（1990）、布瑞克曼和莱斯利（Leslie）（1986）以及弗里德曼（Friedman）（1955）都使用单一产出的方法研究高校成本函数及相关的规模经济存在问题。早在20世纪70年代便有两项研究（韦里和莱亚德，1974，1975）采用了多产出总成本函数。近来的研究也证明了高等院校的产出是多样的（希门尼斯，1986；科恩，1989；科恩和格斯克，1990；劳埃德等，1993；桥本龙太郎和科恩，1997；琼斯，1997）。另外，无论从客观还是从主观来看，不同高校的教育质量是不同的（高谢尔，1995）。

这些研究使用了大量的函数形式估计产出和成本的关系。只有少数一些形式才符合多产出组织的要求。比如，线性设定排除了规模经济的存在，因此不适合；另外一些常用的函数形式（如柯布—道格拉斯 Cobb - Douglas 函数）也因为它们可能会产生谬误的结果（如果多产出某项产出未被生产，则生产总成本为零）而被不予考虑。

鲍莫尔等（1982）确定了合理的成本函数可能采用的三种基本设定。第一种方程形式是二次型成本方程。方程如下：

$$C = F + \sum_i a_i y_i + 1/2 \sum_i \sum_j a_{ij} y_i y_j$$

式中：F 是固定成本项；y_i 是第 i 种产出；a_i 是第 i 种产出的系数；a_{ij} 是第 i 种和第 j 种产出交互项的系数。线性模型可当做这种设定的一种特殊形式。然而，一般来说，二次项能判定规模经济和范围经济。二次型成本方程最吸引人之处在于它的方程系数可以使用普通最小二乘法或其他标准估计程序得出。

当估计一个二次型成本方程的时候，另一种比较有效的方法是随机边界分析法。最小二乘法是通过散点数据直方图拟合一条最优曲线，这条曲线不太可能真实的表现成本方程。成本方程本质上是一条处于不可能获得的观察值之下的边界线，最优拟合曲线明显违背了这一点。随机边界分析法隐含着曲线拟合得到的残差不服从正态分布（而这是普通最小二乘法估计所要求的），它们是由两部分组成：由于测量误差造成的正态部分和由于技术不效率造成的非正态部分。后半部分一般假定为半正态分布和指数分布。一旦能确定复合残差项的形式，就可以用最大似然法来估计成本方程的系数。一般来说，这样估计得出的成本方程在每处地方都小于最小二乘法得到的方程。因为前一种方程代表了在有技术效率下得到的成本水平，而这个条件并不是在任何情况下都满足。由于后来乔德沃等（Jondrow et al.，1982）对随机边界法的研究，已经有可能识别每个观察值的残差和技术不效率的程度，也就是把每个观察值分为正态和非正态部分的比例。以这种方式获得的技术效率符合统计要求。本章也将采取这种方程形式进行分析。

第二种方程形式是常替代弹性（CES）成本方程。

$$C = F + [\sum_i a_i y_i^{b_i}]^\rho$$

式中：a_i 表示第 i 种产出的系数；b_i 是第 i 种产出的指数；ρ 是一数学常数。相对于两种以上不同的产出，CES 成本方程估计的参数要小于二次成本方程。这既是一个优点又是一个缺点。优点在于节约了自由度，缺点在于必须严格遵守方程的形式。CES 方程另一个比较大的缺点是它的非线性，因此不能用普通最小二乘法估计参数，需要利用更复杂的估计程序。

第三种可行的方程形式是混合对数方程。

$$C = \alpha_0 + \sum_i \alpha_i \ln w_i + \sum_k \beta_k [(y_k^\theta - 1)/\theta] + 1/2 \sum_i \sum_j \gamma_{ij} \ln w_i \ln w_j$$
$$+ 1/2 \sum_k \sum_l \delta_{kl} [(y_k^\theta - 1)/\theta][(y_l^\theta - 1)/\theta]$$
$$+ \sum_i \sum_k \rho_{ik} (\ln w_i)[(y_k^\theta - 1)/\theta]$$

式中：w_i 是第 i 种投入的价格；a_i 是第 i 种投入的系数；θ 是数学常数；β_k 是第 k 种产出的系数；r_{ij} 是第 i 种投入与第 j 种投入交互项的系数；δ_{kl} 是第 k 种产出和第 l 种产出交互项的系数；ρ_{ik} 是第 i 种投入和第 k 种产出交互项的系数。当 $\theta \to 0$，这个成本方程近似于标准对数方程。这个方程的非线性和对数据的大数量要求，使得这种方程不是很常用。

（二）高等教育成本函数研究结果

早期估计规模对单位成本的影响总是假定高校的产出为招生数（巴特摩尼，1972；鲍文，1980；麦克劳克林等，1980；梅纳德，1971）。承认高校的多产出特性（布瑞克曼，1981；索斯威克，1969；韦里和戴维斯，1976；韦里和莱亚德，1975）是正确的趋势，但是这些研究缺少建立在多产出成本概念之上严谨的分析。

韦里（Verry）和莱亚德（Layard）（1974）的研究是一项比较有影响的研究，研究直接采用的是线性回归模型，其结论是，从院系规模来看，缺乏有说服力的存在规模经济的论据。

布瑞克曼和莱斯利（1986）所做的综述被认为是一项很全面的总结。研究在整理40篇以上美国高等教育规模经济现象的相关研究后发现，一般而言，规模经济普遍存在于各种类型的大学与学院。对于两年制的学院而言，当增加学生人数的 3~4 倍时，平均学生单位成本可以降低约 25%；而四年制的大学则可以降低约 22%。他们还认为通常原来学生规模较小的学校当学生人数增加时会显著降低单位成本。与规模有关的差异往往可以决定学生单位成本的 25%~40%。

最早利用鲍莫尔、潘萨尔和维利希多产出理论研究高等教育成本函数的成果是美国的科恩等（1989）。在这篇论文中，作者使用 1981~1982 年数据估计美国高校的多产出成本方程。可变动的固定成本二次项方程包括了三个产出：本科生教学、研究生教学和科研基金以及一个投入价格——平均职员工资。他们发现公立大学和私立大学具有不同的成本函数，当本科生数量增加时，公立大学往往带来相应的办学成本增加，而私立大学并不显著。对于公立大学，同时培养本科生和进行科学研究具有补偿效应，私立大学则没有呈现出来。而对所有的大学，本科生与研究生、研究生与科学研究相互间并不具有补偿效应。从总体上看，三种产出同时生产具有补偿效应。从规模经济来看，对于公立大学，研究生培养和科学研究具有专一产出规模经济现象，综合大学比专科型大学更有效率

从那以后，勾勒特等（Groot et al., 1991）、尼尔森（Nelson）和海沃特（1992）、邓乐尔（Dundar）和刘易斯（Lewis, 1995）、高谢尔等（Koshal et al., 1995, 1999, 2001）以及拉邦德（Laband）和楞次（Lentz, 2003）对美国高校成本函数进行了研究；格拉斯等（Glass et al., 1995a, 1995b）、琼斯（Johnes, 1996, 1997, 1998a）、伊扎迪等（Izadi et al., 2001）和史蒂文斯（Stevens, 2001）对英国高校进行分析；思罗斯比（Throsby, 1986）、劳埃德等（Lloyd et al., 1993）、思罗斯比和希顿（Heaton, 1995）和贝克尔（Baker），克里蒂（Creedy）和约翰逊（Johnson, 1996）对澳大利亚高校进行分析；对土耳其高校的研究有邓乐尔（Dundar）和刘易斯（1995）；对日本高校的研究有桥本龙太郎（Hashimoto）和科恩（Cohn, 1997）。

综合这些研究文献后的基本结论为：大部分高校都存在规模经济与范围经济，不同种类的高校（公立或私立）成本结构不同，单一产出的规模经济或范围经济因数据或方法的不同而没有统一结论。随着教育层次的上升，研究生的培养成本要高于本科生；在不同学科的学生中，医科学生培养成本最高，理工科学生其次，最低的是社会科学学生。如果考虑高校的培养质量，那么一所院校如果要提高培养质量，必然伴随办学总成本的上升。

（三）国内研究

国内学界对高校办学的规模经济与范围经济的关注相对较少，而系统和规范的实证研究更是欠缺。原因大致有两个：一是数据的可获得性，国外高校统计数据相对来讲比较系统，而国内的统计数据直到最近几年才逐渐建立起来；二是国

内关注高校规模经济和范围经济的研究习惯于进行定性探讨，特别是严格按照国际同类研究学术规范的实证文章更少，严格来说只有宋光辉（2004）、侯龙龙（2004）、成刚（2006，2007）使用了成熟的多产出成本函数研究工具。

宋光辉（2004）首次使用教育部直属高校工作办公室所编1999年、2000年、2001年的《教育部直属高校基本情况统计资料汇编》的数据考察了我国高校扩招中高等教育的规模经济和范围经济。他的研究结论是，1999年开始的扩招显著改善了教育部直属高校的办学效益，绝大部分教育部直属高校从规模不经济转变到规模经济，培养本科生、研究生和从事科研活动从范围不经济转变成范围经济。他的研究认为，不少院校还有扩招空间，但研究型大学和语言类大学应保持现有规模。此外，他还考察了不同类型院校的总体规模经济和总体范围经济，以及以教育部直属7所"985工程"大学为代表的研究型大学的总体规模经济和总体范围经济。在宋光辉的论文中，存在着几个较为严重的问题：一是在计量模型中用高校的教育事业收入测度办学成本，使得文章的相关结论值得怀疑和商榷，较为可行的同类方法是把事业支出作为成本的度量变量；二是该研究对其使用的高等院校成本函数理解有误。如在原论文第10页对成本函数的分析、解释和分类存在自相矛盾的问题，此处不具体展开。

侯龙龙（2004）首次对我国高等教育中的范围经济进行系统的理论分析和实证研究。利用2000~2002年教育部直属74所高校数据，分别估计了高校的二次成本函数和CES成本函数，并计算了不同产出水平上的总体范围经济和特定产出的范围经济。把教学和科研质量引入到二次成本模型中，考察了学校类型和学校所在地区对范围经济结果的影响，分析了我国高校合并和扩招中的范围经济。

成刚（2006，2007）对教育部直属高校的数据分析表明学科、产出质量和学校经营收入显著影响我国高校的成本结构，我国高校存在总体规模经济，也存在各种产出的规模经济，硕士生和博士生的规模经济程度最高，"985"高校的规模经济程度较高，医学本科生和科研活动与其他产出之间存在成本互补性。但同时也发现我国高校提供这些产出时未充分共享资源，其中研究生的培养较为孤立，范围不经济程度最高；在考虑我国高校的教学和科研质量后，高校产出间的资源不共享程度更为加大。

二、数据、模型与成本函数的估计

（一）数据与模型

本章所用数据来自教育部直属高校工作办公室所编1998~2005年的《教育

部直属高校基本情况统计资料汇编》。① 数据为跨时 8 年、个体数为 68 个的面板数据。本章出现的以货币度量的变量以 1998 年为基期按各地价格进行了调整。② 需要指出的是，样本中的一些高校进行过一定的合并，这里以最后合并完成的学校作为计数单位。各变量的描述统计量如表 12 - 2 所示。

表 12 - 2　　　　　　　　　各变量的描述统计量

变量	变量定义	观察值个数	均值	标准差
C	事业支出（万元）	484	55 436	50 295
QR	研究产出（万元）	484	10 068	13 278
QUA	人文社会科学本专科生（人）	484	5 115	3 339
QUS	自然科学本专科生（人）	484	8 336	6 516
QUM	医学本专科生（人）	484	764	1 570
QPM	硕士研究生（人）	484	3 219	2 793
QPD	博士研究生（人）	484	1 058	1 152
CSIZE	生师比	484	13	4
SERVICE	经营收入（万元）	484	280	745
QUALITY	正高级教师/专任教师	484	0.19	0.07
STAASSPRO	副高级教师/专任教师	484	0.34	0.05
STA51	50 岁以上教师/专任教师	484	0.19	0.21
STADOC	有博士学位教师/专任教师	484	0.20	0.12
STAMINOR	专任教师中的少数民族（人）	484	45	54
STATEACH	专任教师/教职工	484	0.51	0.08
STUMINOR	本专科生中的少数民族（人）	484	663	638
STUMINOR2	研究生中的少数民族（人）	484	133	167

---

① 由于部分数据的缺失和两地办学问题，本章在计算时未包括中国地质大学、中国石油大学、华北电力大学和中国矿业大学，实际为 68 所教育部直属高校。

② 本书以商品零售价格指数为依据进行计算，因为和居民消费价格指数相比，商品零售价格指数所包含的商品范围更为广泛一些，其代表性更强一些（朱恒鹏，2004）。不过，在条件成熟和统计资料完备的情况下，更理想的价格调整应采用教育成本指数，因为这种指数的调查内容和数据更加符合教育机构的实际情况。

续表

变 量	变量定义	观察值个数	均值	标准差
HOUSE	校舍面积（建筑面积平方米）	484	761 715	505 485
AREA	占地面积（建筑面积平方米）	484	1 631 655	1 373 170
EQUIPMENT	教学科研仪器设备（万元）	484	28 223	29 201
IXY	变量 XY 的交叉乘积项			
XSQ	变量 X 的平方项			

所使用样本中的高校年均事业支出约为 55 436 万元，样本的典型高校拥有 14 215 名本科生和 4 277 名研究生。本科生中自然科学学生最多，一般高校年平均在校 8 336 人，约占所有本科生的 59%，其次为人文社会科学本科生，最少的为医学本科生。研究生中硕士研究生年平均在校为 3 219 人左右，博士研究生年平均在校为 1 058 人。

本章考察的成本 C，指的是高等教育机构的总成本。由于高校成本核算的困难，类似研究广泛使用机构支出这个指标来反映高等教育的成本（科恩等，1989）。在我国高校的支出中主要表现为事业支出（包括教育和科研事业支出），本章也以高校的事业支出度量总成本。事业支出即开展教学及其辅助活动、科研而发生的支出。需要特别指出的是，我国高校事业支出的资金来源于高校的全口径收入（财政拨款、上级补助收入、学杂费、经营收入等），而非仅指财政拨款。①

高等教育机构最为常见的产出是教学和科研。但是，定义并度量高等教育产出的数量和质量至今尚未得到令人满意的解决（科恩，2004）。这是因为许多产出具有无形且异质的特性。对高校产出测度的研究工作一直在持续不断地进行着，尽管其结果不尽如人意。

教学产出可以通过在不同层次和院系所学知识的数量加以衡量。尽管用增值法来度量知识存量的变化似乎最为合适，但是到目前为止还没有文献用这一方法来估计教学产出的成本，这是因为难以设计出一种标准化测试来度量不同专业所学的知识（尼尔森，1992）。事实上，更为普遍的度量教学产出的方法是使用在校学生数（高谢尔，1999）、学生的学时数（尼尔森，1992）或毕业生数（韦里，1975）作为教学产出。由于我国大部分高校没有学时数的统计数据，同时

---

① 按照我国高校财务制度要求，各类学校和教育事业单位的财务预算管理必须"大收大支、全收全支"，实行综合财务预算制度。在统计和计算支出数据时，包含了全部来源的资金。

采用毕业生数度量教学产出存在缺陷，[①] 我们将使用在校学生数作为教学产出变量。学科不同、教育层级不同，教学方法、教学规律、课程设计、资源配置等方面也大相径庭，学生的培养方式也有所不同。因此，不同学科和不同层级的教学产出成本应当不同。本章将我国高等教育机构的教学产出看作为三种学科、三种层次的在校学生数：全日制的人文社会科学本专科学生数（QUA）、全日制的自然科学本专科学生数（QUS）、全日制的医学科学本专科学生数（QUM）、全日制的硕士研究生学生数（QPM）和全日制的博士研究生学生数（QPD）。QUA包括哲学、经济学、法学、教育学、文学、历史学、管理学7个学科的所有在校学生数；QUS包括理学、工学、农学3个学科的所有在校学生数；QUM包括医学学科的所有在校学生数；QPM包括在校硕士研究生人数；QPD包括在校博士研究生人数。

发表论文和出版专著的数量（德高特等，1991）、大学获得研究基金和合同（科恩等，1989）、科研支出（高谢尔，1999）是常用的三种关于研究产出的变量。由于本章样本高校类型众多、科研活动差异较大，使用科研的实物产出存在一定困难，从可行性和可比性来看，使用学校科研事业支出（QR）较为合理，因此本章将采用这一做法。

模型中使用虚拟变量（二值变量）F_i主要是出于技术原因。可以证明，在没有F_i的情况下，当a_i大于零时或小于零时，第i种产出的平均成本增加（减少）。这种限制过于严格，预先就排除了常见的平均成本曲线的U型形状，违背了灵活性的要求。避免这种限制的方法是加入F_i。[②]

如何充分考虑教学和科研质量的因素都是一个很难让人满意的问题（高谢尔，1999）。目前国内衡量高等学校教学和科研质量的指标尚不系统和完全，每个高校的具体指标数据处于不公开或半公开状态，怎样才是科学客观的评价体系在我国还没有公认的标准。王善迈（1996）曾提出在教育产出质量尚不能量化的条件下，以直接影响产出质量的投入质量替代产出的质量。例如教师质量是影响教学和科研质量的重要因素之一，教师的职称结构可以在很大程度上反映教师质量。本章用正高级教师占专任教师总数的比例和生师比来考虑教学和科研的质量。

国内外的高校除了生产众所周知的教学和科研产品以外，大部分学校还生产公共服务和拓展外联等领域的产品（德高特等，1991）。公共服务对于一些研究型大学和著名大学尤为重要，因为公众认为一些重要的大学有责任将知识传播到

---

① 毕业生表示的是耗费几年（本科4年、研究生2~4年）教学资源的教学成果，无法与成本函数的年支出对应，不符合成本与产出的关系，而且使用毕业生作为教学产出变量忽视了肄业生耗费的教学资源。

② 具体推导过程见鲍莫尔（Baumol）等（1982，第454~455页）。

象牙塔以外。我们希望能获得关于高等教育机构公共服务的度量指标或代理变量，但是此类数据难以获得。因此，几乎所有研究都只考察了高等教育的教学和研究产出，而完全省略了公共服务和拓展外联活动。如果不考虑院系和学校之间公共服务的差异，那么就会对成本产生有偏估计。本章试图选择表示高校社会服务产出的代理变量。选取的变量为高校收入中的经营收入。经营收入被定义为高等学校在教学、科研及其辅助活动之外，开展非独立核算经营活动取得的收入。[①] 在市场经济条件下，大部分活动的进行包括学校提供社会服务都会产生成本和收入，即使活动是非营利的，也会存在着资金的流动，经营收入可近似认为高校提供社会服务产出而获得的收入。

（二）分析结果

此部分的实证分析是先从面板数据经验模型的选择开始分析，确定适合的面板模型后，使用恰当的 LS 估计模型，并验证其稳健性，在此基础上，我们再使用 SFA 方法估计面板数据模型，并讨论且估计效果。

1. 面板数据模型选择与 LS 结果。[②] 面板数据包含了时间和截面两个维度，如果面板数据模型设定不正确，将产生较大的偏差，估计结果与实际结果将相差很大，所以如何避免模型设定的偏差，正确建立面板数据模型就显得非常重要。

萧政（Hsiao, 2003）给出了确定计量模型的方法即协方差分析检验，用 F 进行假设检验，但满足两个假设 F 检验的条件是 $T > K + 1$，也就是时序期数必须足够长，以至于大于自变量个数加 1，原因是 F 检验的自由度必须大于或等于 1。可是本章选取的面板数据时序期数小于自变量的个数不满足上述的 F 检验，也就没有办法按照上面的计量模型确定步骤来确定本章所选取的计量模型。因此，本章采用的模型只能从混合回归模型或变截距模型进行选择。

混合回归模型与固定效应模型选择判断可使用 F-test，在变系数模型的基础上假设所有的截距项在时序上有相同的性质，即相等（变形为皆等于零），原假设适用于 OLS。

混合回归模型与固定效应模型的检验依据个体随机效应是否显著进行判断，如果没有个体效应，即 Var(u) = 0，那么 OLS 是 BLUE，否则随机效应模型较好，具体形式采用拉格朗日乘数检验（又称为 Breusch-Pagan 检验），原假设适用于 OLS。

豪斯曼检验（Hausman test）是常用的检验固定效应和随机效应模型的方法，

---

① 定义详见 1997 年《高等学校财务制度》第 4 章第 16 条。
② 该部分计量使用的是 STATA 9.0 软件。

但是这种检验在误差项有异方差和自相关时无效。因为这时豪斯曼检验量将会有不标准的极限分布,其检验结果值得怀疑。阿雷拉若(Arellano,1993)因此提出了在存在异方差和自相关时使用 h 检验。曼德拉克(Mundlak,1978)也提出了一种 F 检验方法,相当于稳健的豪斯曼检验。由于本章使用的截面数据较多,在正式检验异方差之前,为保证估计的稳健性,我们选用曼德拉克(1978)方法即稳健豪斯曼检验判别随机效应模型和固定效应模型,原假设是随机效应模型。[①] 判定结果如表12-3所示。

表12-3　　　　　　　　　面板回归最适模型检定结果

	检验统计量	适用模型
OLS回归模型与固定效应模型之比较	F检验 F(67, 381) = 4.98 Prob > F = 0.0000***	固定效应模型
OLS回归模型与随机效应模型之比较	布伦斯—帕甘的拉格朗日乘子检验 Test：Var(u) = 0 chi2(1) = 156.32 Prob > chi2 = 0.0000***	随机效应模型
固定效应模型与随机效应模型之比较	F(35, 67) = 3.66 Prob > F = 0.0000***	固定效应模型

注：*** 表示1%显著水平。

因此,计量结果应该基于固定效应模型来分析,回归结果如表12-4所示的模型1。由于样本数据时间维度比较短,截面上的学校数目又很多,样本数据偏重截面数据,因此主要考虑集中于横截面的变化,即要注重异方差带来的问题,因为截面数据存在异方差的概率比较大。

首先,运用瓦尔德检验检测组间异方差,结果为 chi2(68) = 56 906.27,Prob > chi2 = 0.0000,因此拒绝组间同方差的假设。接着利用伍德里奇(Wooldridge)(2002)检验自相关的方法,拒绝没有序列相关的假设。检验结果说明截面间存在异方差同时误差项存在序列相关。我们将使用可行的广义最小二乘法(FGLS)的方法来消除异方差性和序列相关性的影响,用这种方法估计成本函数将能提高估计系数的精确性。回归结果见表12-4的模型2。

[①] 具体推导过程见伍德里奇(Wooldridge)(2002,第290~291页)。

表 12-4　　　　　　　　　　　回归结果

自变量	模型 1 固定效应模型估计 （LSDV）	模型 2 固定效应模型估计 （FGLS）ª	模型 3 模型 SFA 估计（Battese 和 Coelli，1995）
QR	2.7953 *** (0.2764)	2.5479 *** (0.1851)	2.1703 *** (0.2069)
QUA	1.3014(1.1629)	2.6458 *** (0.6165)	3.3182 *** (0.3092)
QUS	0.2511(0.8787)	0.1867(0.4612)	0.9087 *** (0.2303)
QUM	4.9502 * (2.7956)	2.2171(1.812)	-0.6259(1.4008)
QPM	2.2331(2.3403)	2.5269 * (1.3583)	-0.0029(1.6669)
QPD	-2.6048(6.4862)	-3.4979(4.4144)	-0.1019(5.0268)
CSIZE	-247.9324(272.4776)	-381.8881 *** (111.3795)	-122.5968 ** (44.3269)
IQUAQUS	-0.0001(0.0001)	-0.0001 *** (0)	0 * (0)
IQUAQUM	0.0002(0.0003)	0.0005 *** (0.0002)	0.0005 ** (0.0002)
IQUAQPM	0(0.0003)	0.0002(0.0002)	0.0005 ** (0.0002)
IQUAQPD	0.0021 ** (0.0008)	0.0012 ** (0.0006)	-0.0006(0.0006)
IQUAQR	0(0)	0(0)	0(0)
IQUSQUM	0.0001(0.0001)	0.0001(0.0001)	0(0.0001)
IQUSQPM	0.0004 *** (0.0001)	0.0002 * (0.0001)	0.0004 *** (0.0001)
IQUSQPD	-0.0017 *** (0.0004)	-0.001 *** (0.0003)	-0.0014 *** (0.0003)
IQUSQR	0(0)	0(0)	0(0)
IQPMQPD	0.004 ** (0.002)	0.0024(0.0015)	0.0056 *** (0.002)
IQPMQR	-0.0002 *** (0.0001)	-0.0002 ** (0.0001)	-0.0004 *** (0.0001)
IQPDQR	0.0011 *** (0.0002)	0.0008 *** (0.0002)	0.001 *** (0.0002)
IQPMQUM	-0.0009 **** (0.0005)	-0.0012 *** (0.0004)	-0.0007 *** (0.0005)
IQPDQUM	0.0036 *** (0.0013)	0.0023 * (0.0011)	0.0011(0.0013)
IQRQUM	-0.0002 *** (0.0001)	-0.0001(0.0001)	0(0.0001)
QUASQ	-0.0001(0.0001)	-0.0001 *** (0)	-0.0002 *** (0)
QUSSQ	0.0001 * (0)	0.0001 ** (0)	0(0)

第十二章　高等学校成本研究

续表

自变量	模型 1 固定效应模型估计（LSDV）	模型 2 固定效应模型估计（FGLS）[a]	模型 3 模型 SFA 估计（Battese 和 Coelli,1995）
QUMSQ	-0.00000032	-0.0002(0.0002)	0.0004(0.0002)
QPMSQ	-0.00000032	-0.00000015	-0.0011**(0.0004)
QPDSQ	-0.0079***(0.0027)	-0.0033(0.0023)	-0.0096***(0.0027)
QRSQ	0***(0)	0***(0)	0**(0)
SERVICE	-0.3034(0.6426)	670.9943(3052.955)	-6006.519***(12.0434)
QUALITY	14876.67(19928.2)	-1051.421(796.1954)	-2391.98***(3.0245)
F2	-484.1715(9881.642)	1615.08(1240.339)	-1513.3076***(8.5474)
F3	-2324.93(3500.694)	-436.0411(2021.113)	-4831.3758***(12.0338)
F4	2798.855(2235.492)	0.3717(0.3574)	1.1877***(0.2954)
F5、F6[b]	-1126.734(8927.631)	22313.96**(7997.38)	1981.8849***(3.7505)
T	2329.632***(596.4447)	1709.213***(237.4326)	1537.0306***(19.6923)
_Cons	977.7993(14285.84)	2124.727(9224.343)	5033.7336***(12.7912)
R^2	0.9522		

注：

括号内数据为标准差，_Cons 表示常数，*、** 和 *** 分别表示 10%、5%、1% 显著水平。

a. 未报告 FGLS 回归结果的 R^2 原因可见 http://www.stata.com/support/faqs/stat/xtgls2.html。

b. F5 由于多重共线性原因在处理时被计量软件默认剔除。

表 12-4 模型 2 中的显著变量个数更多，大部分关键产出变量显著。函数中的六种产出项系数大部分为正，而一部分二次项为负，说明了增加这些产出直接增加办学成本，但增加成本的效果在递减。

经检验，模型中所有的交叉乘积项和二次项的系数都联合显著。① 说明学科对成本存在着显著影响。

同时在模型 2 和模型 3 代入大学合并虚拟变量 M 后，该变量并不显著，一定程度上说明高校合并与否对高校成本截距没有影响。

---

① $x^2(21) = 186.41$。

2. SFA 结果。① 上述面板数据模型是确定性面板模型,反映了"平均"意义上的成本与产出关系,为了更符合成本函数的理论要求,我们用 SFA 方法对函数进行分析。

从表 12-4 模型 3 一栏,我们发现:

(1)成本无效率项客观存在,使用随机边界成本函数法合理。正如上文所述,变差率 γ 的零假设统计检验是判断边界成本函数是否有效的根本依据。γ 的估计值是 0.93,说明高校间成本差别主要由成本无效率造成的,只有 7% 是由于随机因素造成的。γ 的单边似然比检验统计量 253.50 远大于约束条件为 1,显著性概率为 0.01 的 mixedχ^2 分布临界值(考特,1986)。于是 γ 的零假设被拒绝,即成本无效率项是存在的,所以我国高校存在成本无效率情况。

(2)在表 12-4 中 36 个参数值的 t 检验中,有 16 个参数在 1% 水平显著,7 个参数在 5% 水平显著,1 个参数在 10% 水平显著,剩余参数 t 检验不太显著。有些重要变量不显著的原因在于模型形式导致的多重共线性,而多重共线性的存在并不影响系数的一致性(伍德里奇,2003),已有的高等教育成本函数研究都无法保证系数显著(科恩等,1989;德高特等,1991;刘易斯,1995;高谢尔,1999)我们计算规模经济和范围经济指标的准确性依赖待估参数的一致性。更为重要的是,由于变差率 γ 的零假设已被拒绝,因此可确定在本假设下的随机边界成本函数仍然是有效的。

三、成本函数的应用之一:不同层次、不同学科成本的计量

按鲍莫尔(Baumol)等(1982)的界定,在多产出的情况下,平均成本变得有些不同。平均成本在多产出情形下被重新定义为某项产出平均递增成本(Average Incremental Cost,AIC),因为某个企业或组织的各项产出之间可能为异质,不见得存在产出之间相加的可能性。第 i 项产出平均递增成本为:

$$AIC_i = [C(q_n) - C(q_{n-i})]/q_i$$

$C(q_n)$ 是生产 n 项产出的总成本,$C(q_{n-i})$ 是生产除 i 以外的其他所有产出的总成本。

$C_i(q) = \partial C/\partial q_i = MC_i$ 为第 i 项产出的边际成本。

根据表 12-4 的参数估计结果和计算公式,我们利用教育部高校的均值可以计算出高校 2001~2004 年各产出的边际成本和平均成本,见表 12-5。

---

① 该部分计量使用的是 FRONTIER4.1 软件。

表 12-5　　　　　　　　2001~2004 年分学科成本　　　　　单位：万元

年份	边际成本						平均成本					
	人文社会科学本专科生	自然科学本专科生	医学本专科生	硕士生	博士生	科研	人文社会科学本专科生	自然科学本专科生	医学本专科生	硕士生	博士生	科研
2001	1.56	0.86	9.14	2.99	4.4	1.91	2.61	1.31	9.22	6.02	12.72	2.17
2002	1.26	0.81	9.33	2.82	4.58	1.84	2.42	1.28	9.52	6.62	15.06	2.15
2003	1.06	0.83	9.51	2.19	5.69	1.76	2.3	1.32	9.72	7.02	18.69	2.15
2004	0.92	0.88	9.71	1.39	7.15	1.69	2.2	1.39	9.86	7.27	22.64	2.15
历年平均	1.2	0.84	9.42	2.35	5.45	1.8	2.38	1.33	9.58	6.73	17.28	2.15

从成本计算表中可以发现：

1. 随着时间的变化，人文社会科学本专科生、硕士生和科研活动的边际成本逐年下降，医学本专科生、博士生逐年增加，而自然科学本专科生变化不规则。博士生的边际成本在 2001~2004 年始终最高，其次为医学本专科生，自然科学本专科生的边际成本最低。

2. 从平均成本来看，博士生最高，其次为医学本专科生，再次为硕士生，最低的是自然科学本专科生。平均来看，本专科生（不含医学本专科生）、硕士生和博士生的培养成本相对比例为 1:1.5:4。人文社会科学学生成本高于自然科学学生，似乎与教学活动性质和国际经验都不相符，因为现实中往往感觉自然科学类学生的培养成本应更高些。然而，根据我国实际情况，这一结果恰恰反映了现实。原因在于：一是，我国目前编制高等教育财政预算与拨款时的"综合定额加专项补助"方式仅考虑了不同层次在校生的数量，并未考虑到学科间的差异。假设某个文科高校与另一个其他条件相似的理工科高校折合学生数相同，那么这两个学校的财政拨款一样，而财政拨款仅占高校支出来源资金的一部分，文科高校的其他收入（学杂费、经营收入等）高于理工科高校，从而其支出也大于理工科高校的现象是很常见的，如此一来，该文科高校的生（文科学生）均支出必然大于理工科高校的生（理工科学生）均支出。在另外一些国家的拨款公式中，如英国、丹麦、荷兰、澳大利亚等国，一般将文科类作为低成本组而赋予较低的权重，这样的拨款则体现了教育活动的规律。二是，很多学校内部的基本支出分配也未考虑学科差异，分为人员支出和公用支出，人员支出中的基本工资等项目主要取决于人事制度和政策,并不区分学科,公用支出的公务费、业务费等也较难体现学科差异,以水电费为例,在现行高校财务体制下,很多高校全校共用一个水表和一个电表,水电费只能按折合学生数而无法按照学科专业分摊,除非我国实行学校和院系两级财务制度。鉴于此,同时本章样本中自然科学学生数量远远大于人文社会科学学生,在不考虑学科差异的情况下,学校的实际支出自然造成了两者之间培养成本的错位。本章计算结果说明,应改革教育拨款和学校实际支出方式,并重视不同学科对教育成本的影响。

四、成本函数的应用之二:高等学校的成本效率

(一)规模经济与范围经济

对于高校而言,如果它的产出平均成本随着产出量增加而减少,那就是规模经济,反之则为规模不经济。在单一产出的背景下,规模经济通过计算产出的边际成本和平均成本之比获得。即,如果边际成本小于(或等于)平均成本(MC/AC<1),那么存在规模经济。

按鲍莫尔等(1982)的界定,在多产出的情况下,平均成本和规模经济变得有些不同。规模经济被两个新概念取代:总体规模经济和特定产出规模经济。总体规模经济(不经济)指在总产出各组成比例保持不变的情况下,扩大总产出带来的成本节约(增加);特定产出规模经济(不经济)指在保持其他产出不变条件下,增加某项特定产出带来的成本节约(增加)。

$$S_k = \frac{AIC_k}{C_k(y)}$$

$C_k(y) = \partial C / \partial y_k = MC_k$ 为第 k 项产出的边际成本。

如 $S_k > 1$,则对于某种产出 i,规模经济存在;同理,当 $S_k < 1$ 时,对于产出 k,规模经济不存在。

总体规模经济定义如下:

$$S_R = \frac{C(y)}{\sum_k y_k C_k(y)} = \frac{1}{\sum_k \varepsilon_{Cy_k}}$$

其中 $\varepsilon_{Cy_k} = \frac{\partial \ln C(y)}{\partial \ln(y_k)}$ 表示第 k 项产出的成本弹性。

如果 S_R 大于或小于1,则可说总体规模经济存在或不存在。

范围经济度量在一个多产出企业或组织联合生产两种或两种以上产出比每个

企业组织分别生产每种产出的成本节约。范围经济分为总体范围经济和特定产出范围经济两种情况。总体范围经济度量联合生产两种或两种以上产出比分别生产的成本节约程度。如果产出之间存在成本补偿效应，那么将存在总体范围经济，联合生产比分别生产节约成本，可表示为：

$$C(y) < \sum_{i=1}^{n} C(y_i)$$

$C(y_i)$ 表示仅生产第 i 种产出的成本。总体范围经济的计算公式为：

$$S_G = \left[\sum_{i=1}^{n} C(y_i) - C(y)\right]/C(y)$$

如果 $S_G > 0$ 或 < 0，则表明存在总体范围经济或不存在总体范围经济。即评价单独生产各种产出的成本是否大于联合生产的成本。由于各种产出的实际生产未必总是同比例变化，所以需要考察在其他产出不变的情况下某种产出变动的范围经济情况，即特定产出范围经济。

特定产出范围经济计算公式如下：

$$SC_i = [C(y_i) + C(y_{n-i}) - C(y)]/C(y)$$

对于产出 i，特定产出范围经济或不经济是否存在取决于 SC_i 是 >0 还是 <0。即评价对于某种特定的产出，是应该联合和其他产品生产或者是单独生产。

根据以上公式和表 12-4 中的模型 2 和模型 3 的估计结果，计算相应的规模经济和范围经济指标。结果如表 12-6 所示。

表 12-6　　　　　　　我国高校规模经济和范围经济

规模经济		LS	SFA	范围经济		LS	SFA
总体规模经济		1.16	1.11	总体范围经济		0.59	1.25
特定产出规模经济	QUA	1.31	0.8	特定产出范围经济	QUA	0.03	0.23
	QUS	5.56	0.39		QUS	0.3	0.45
	QUM	2.49	7.15		QUM	0.16	0.33
	QPM	2.64	3.66		QPM	0	-0.25
	QPD	1.52	0.03		QPD	-0.13	-0.06
	QR	1.09	1.04		QR	0.15	0.38

从表 12-6 中我们发现，无论是哪种方法，我国高校均存在规模经济，在 SFA 的方法下，总体规模经济和各项产出的规模经济程度有一定的下降，说明在考虑效率因素后，规模的效益未必有那么大。值得注意的是，两种方法均显示硕

士生的规模经济程度比较明显。

同时,无论是哪种方法,我国高校均存在范围经济,在 SFA 的方法下,总体范围经济和各项产出的范围经济程度有一定的上升,说明我国效率因素能促进范围经济的测度。在两种方法下,博士生均不存在范围经济,如果考虑效率因素,则硕士生也不存在范围经济。

从动态的变化来看(见图 12 - 1),SFA 方法的总体规模经济较好地呈现出随着我国高校的扩招,我国高校的总体规模经济程度不断上升,但 LS 方法却显示出我国高校虽然达到规模经济,但却小幅度上下波动;与此同时,我国高校一直存在总体范围经济,而且两种方法都证明我国高校的总体范围经济自 1999 年后不断下降。范围经济下降与学校内部资源配置不科学有关,与近年来分校区办学、合并后高校机构庞大存在一定关系。此外,我国高校内部学术、行政和党政三重机构职能有一定的重叠,造成资源浪费。尤其需要注意的是,即使在纯粹的学术部门,高校内部的独立和非独立科研教学单位发展也过于迅速,我们认为这些单位必然互相争夺资源,造成资源一定程度的配置无效,难以有效共享资源。

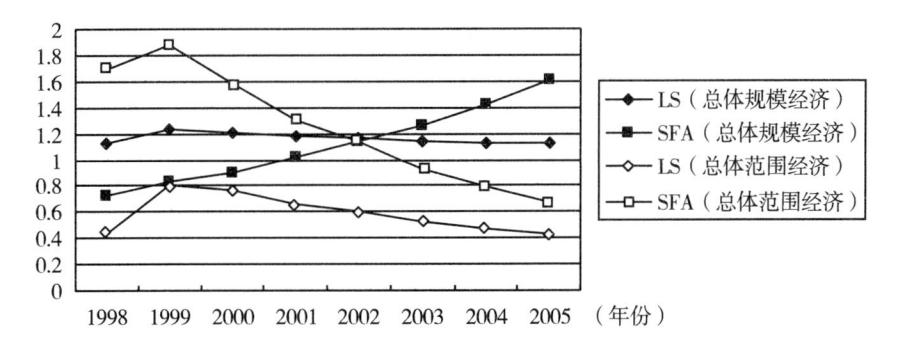

图 12 - 1 1998~2005 年我国高校的规模经济与范围经济变化

(二) 效率影响因素

为了对无效率项作更深入的探讨,皮特(Pitt)和李(Lee,1981)利用估计出的无效率值(第一阶段)与影响效率的外生变量回归(第二阶段),希望能用这些外生变量来解释效率的变动。但是,奎门哈克尔(Kumbhakar)等(1991)以及雷霏斯内尔(Reifschneider)和史蒂文森(Stevenson)(1991)指出这样的估计步骤会产生一些计量方法上的问题。[①] 奎门哈克尔等(1991)、雷霏

---

① 首先,与"影响效率的外生变量与投入项必须无关"的假设有矛盾之处;其次,在第一阶段无效率项假定为独立同分布,而在第二阶段它们被认为是某些组织影响效率因素的函数,除非这些影响因素的系数同时为零,否则它们无法满足同分布的假设。

斯内尔和史蒂文森（1991）都提出一阶段模型以避免此问题的出现。

无效率函数如下：

$$m_{it} = z_{it}\delta$$

其中：m_{it}是高校i第t期的无效率值；z_{it}是影响高校i第t期效率的外生变量向量；而δ则为变量的待估参数向量。

高校作为典型的多投入多产出机构，有其特殊的运营环境，其效率表现在一定程度上就是运营环境中所有要素综合作用的结果，因此要提高高校效率，必须深入了解哪些因素显著影响高校的效率。

任何组织的运营无外乎外部和内部环境，高校的外部环境主要指的是高等教育的宏观和行业环境，在数据的限制下，本章主要分析高校类型、办学地点、重点与否这几个外部因素。

研究高校教学科研的内部环境较为复杂，因为高校不同于一般的经济组织，在高校内部存在着行政管理与学术活动交错的结构。根据高校内部行为的具体特征，我们认为高校的内部环境主要涉及教学人员、教职员工、学生以及办学条件。教学人员方面包括了专任教师的年龄结构、职称结构、学历结构和民族特征；教职员工方面包括专任教师在教职工中的比例和生师比；学生方面则包括本专科生和研究生的民族特征；办学条件则包括高校的校舍面积、占地面积、固定资产、教学科研仪器设备及图书情况。

由于数据的限制，我们选取的外部和内部因素并不是很完全，在条件允许的情况下，教职员工的性别比例和工龄、学生的入学成绩、家庭背景等因素怎样影响效率也是值得关注的。

为了解高校类型怎样影响效率，我们引入表示学校类型的虚拟变量$TYPEG_k$，当学校为第k种类型时，值为1，否则为0。k为1~8时分别表示为综合性大学、理工院校、师范院校、外语院校、农林大学、财经政法大学、艺术院校、医科大学。此处把综合性大学作为虚拟变量的基组；为了考察办学地点与效率的关系，引入表示学校办学地点的虚拟变量$LOCATIONG_l$，当学校地区为第l种地区时，值为1，否则为0。l为1、2、3时分别表示东部、中部、西部地区。此处把东部地区作为虚拟变量的基组；为了重点支持部分高校创建世界一流大学和高水平大学，教育部从1999年开始实施"985工程"。我们引入表示"985"高校的虚拟变量$P985$以了解政府的这项工程是否显著影响了我国高校的效率。估计结果如表12-7所示。

表 12-7　　影响成本无效率因素的估计结果

自变量	估计结果
STAPRO	-17.6944*** (4.1378)
STAASSPRO	-26.98*** (6.2173)
STA51	-8.2767*** (2.1232)
STADOC	-8.9072*** (2.1818)
STAMINOR	-3.4506*** (1.1241)
STUMINOR	0.7697*** (0.36)
STATEACH	-60.2172*** (13.8702)
STUMINOR2	18.9057*** (4.6618)
HOUSE	-0.0103** (0.0043)
AREA	-0.0022*** (0.0009)
EQUIPMENT	0.504*** (0.0679)
T	-547.944*** (123.0868)
P985	66.0448*** (15.2425)
TYPEG2	-6.3566*** (1.8981)
TYPEG3	16.6879*** (3.9602)
TYPEG4	11.1843*** (2.9863)
TYPEG5	8.7143*** (2.5087)
TYPEG6	-16.6398*** (3.7783)
TYPEG7	-49.9083*** (11.5687)
TYPEG8	-1.2129 (1.032)
LOCATION2	35.5729*** (8.5097)
LOCATION3	-100.8458*** (24.1061)
CSIZE	-1260.8884*** (283.5582)
QU	-0.3035 (0.4572)
QP	7.4918*** (1.218)
_Cons	-102.3741*** (23.445)

注：括号内数据为标准差，_Cons 表示常数，*、** 和 *** 分别表示在 10%、5%、1% 显著性水平下显著。

结果发现高校的所有外部因素都显著影响成本无效率。理工院校、财经政法大学、艺术院校、医科大学都与成本无效率是负的显著关系，也就是说，这些院校的成本效率在截距上优于综合性大学，尤其是艺术院校的成本效率最为明显，而师范院校、外语院校、农林大学与成本无效率是正的显著关系，说明这些院校的成本效率在截距上低于综合性大学；西部地区高校与成本无效率是负的显著关系，其成本效率在截距上优于东部大学，而中部地区高校与成本无效率是正的显著关系，其成本效率在截距上低于东部大学；"985"高校与成本无效率是正的显著关系，说明其成本效率在截距上低于其他高校。单独引入虚拟变量仅能表示两类活动在截距上的差异而无法了解斜率上的变化，因此，完整、理想地分析学校类型和地区影响的方法是同时考察截距和斜率的变化，但由于学校的办学地点和办学类型的组合过于复杂，[①] 本章将不再考虑同时包含学校类型和地区的效率分析。

教学人员的基本特征因素均显著影响效率。副高教师、50岁以上教师、具有博士学位的教师以及专任教师中的少数民族人数都与成本效率显著正相关，也就是说，这些教师的增加将会提高成本效率，可见这些教师能有效控制教学科研成本或提升教学科研质量，从而促使成本效率提高。

专任教师与生师比与成本效率显著正相关。这与教育界的一般看法相一致。专任教师越多，每一个教师面对的学生越多，越容易控制成本，而学校中的非教学科研人员越多，学校的无关支出越多，从而成本越高。

学生的基本特征因素并非都与成本效率显著相关。本专科生中的少数民族越多，成本越无效率，但研究生却相反。此外，本专科生人数与成本效率正相关，研究生人数与成本效率显著负相关，说明研究生人数越多，成本控制越没效率。

办学条件中，校舍面积、占地面积与成本效率显著正相关。而科研仪器设备与成本效率显著负相关，这项投入越大，成本越无效率。

时间与成本效率显著正相关。也就是说，技术进步不断提高成本效率。

五、结论

本节运用成本函数方法对教育部直属高校的分学科教育成本和高校成本效率进行了计量分析，主要结论和政策建议如下：

1. 本专科生中，医学本专科生的单位培养成本最高，其次为社会科学本专

---

① 每个地区的高校都可以分为八种类型的高校，三个地区共有二十四种高校需要分析，基本分析过程与前文也无本质区别。

科生，最后为自然科学本专科生。在研究生层次，博士生单位培养成本远高于硕士生，符合教育成本随教育层次上升的规律。本专科生、硕士生和博士生的培养成本相对比例为1:1.5:4。

根据这一结论，应改革我国现行的"综合定额加专项补助"的拨款方式，实行"分学科拨款"，否则将会出现自然科学本专科生的成本反而低于社会科学本专科生的反常现象。本章的研究证明了学科显著影响成本，不同学科的本专科生成本不同。

2. 我国高校存在规模经济和范围经济，自1999年扩招以后，总体规模经济程度不断上升，但总体范围经济程度逐步下降，具体来看，硕士生的规模经济程度较为明显，而硕士生和博士生存在范围不经济现象。高校医学本专科生的边际成本最高，其次为博士生，自然科学本专科生的边际成本最低。

3. 效率的影响因素包括了学校的外部和内部因素。外部因素由于组合过于复杂，仅能考察截距上的差异，内部因素中证明了质量与效率并非一定矛盾，如教师质量越高，教学科研质量应会提高，但同时成本效率也显著上升。具体来看，副高教师、50岁以上教师、具有博士学位的教师以及专任教师中的少数民族人数都与成本效率显著正相关，专任教师与生师比与成本效率显著正相关；本专科生中的少数民族越多，成本越无效率，但研究生却相反，本专科生人数与成本效率正相关，研究生人数与成本效率显著负相关；办学条件中，校舍面积、占地面积与成本效率显著正相关，而科研仪器设备与成本效率显著负相关。

需要特别注意的是，成本函数法使用的成本多为高校的事业支出数据，而事业支出与成本之间存在一定差异，导致使用成本函数法计算的成本结论一般都存在一定偏差。就像同类所有的经验研究一样，本章使用的模型、变量和样本仍存在着不足和待改进之处。我们对于高等教育规模经济、范围经济和成本效率的存在及特征的理解还只是刚刚开始。我们需要使用更多的不同样本、时间、国家的数据来进一步研究高等教育中不同层次不同专业（学科）的成本。

第十三章

高校家庭经济困难学生认定研究

近十几年来,我国的高等教育逐渐迈向大众化,高等教育成本分担制度基本确立,与此相适应的学生资助制度也逐渐建立和完善。学生资助制度按照内容可以分为两类:一类是以能力为基础的资助,在我国表现为奖学金;另一类是以需要为基础的资助,在我国表现为助学金和贴息贷款。由于经济困难家庭无力支付成本的现实和对高等教育机会公平的追求,我国高校学生资助制度的改革和完善侧重于第二类资助。从国际上来看,对于家庭经济困难大学生的资助也构成了学生资助制度的核心内容。

资助家庭经济困难大学生,首先遇到的问题是确认哪些学生的家庭存在经济困难,需要多少资金才能满足资助的需要,于是产生了家庭经济困难大学生的认定问题。认定家庭经济困难大学生是资助政策有效实施的基本前提。家庭经济困难大学生认定的目标,是识别家庭经济困难大学生,确定其困难程度,计算资助资金的需求量,公平有效地分配稀缺的资助资金,提高大学生资助资金使用的公平和效率。对我国而言,在宏观层次上,应解决中央政府资助资金公平合理分配到各省、各高校,各省级政府资助资金公平合理分配到各高校的问题;微观层次上,应解决资助资金公平合理分配到需要资助的学生的问题。

然而,由于我国家庭收入和财产信息基础薄弱,政府对大学生大规模资助的时间短,对家庭经济困难大学生认定的研究还不深入,这些因素使得我国还没有建立全国统一的、规范的家庭经济困难大学生的认定方法或公式,导致大学生资助资金分配中公平和效率的双重损失。

由于没有统一、规范的家庭经济困难大学生认定方法,中央政府和省级政府无法准确获得各地区、各高校家庭经济困难大学生的分布数据，在分配政府资助资金时，没有客观依据。现行的办法是估计一个家庭经济困难大学生比例（如学生总数的20%），按这个比例向全国各地各高校分配资助资金或助学贷款贴息额度。但事实上不同地区、不同高校家庭经济困难学生的比例是不一样的，按同一个比例分配资助资金或助学贷款贴息额度，造成了资助资金在不同地区、学校和学生之间的不合理分配，出现了同样困难程度的大学生，在有些地区或学校能得到资助，在另外一些地区或学校则不能得到资助的不公平现象。

由于没有统一、规范的家庭经济困难大学生认定方法，使得教育部要求每所高校的每个院系、年级都进行家庭经济困难学生的评议和认定。但这种层层把关、全面动员的方式，并不能解决信息失真的问题，还是出现需要资助的学生没有得到资助，不需要资助的学生得到了资助的现象。有的学校甚至出现了由于无法确认谁真正困难而轮流享受助学金的现象。这种层层把关、全面动员的方式，既没有解决公平合理分配资助资金的问题，又消耗了高校管理者和学生大量的宝贵时间，造成了人力资源的浪费。

上述现实问题说明，在种种约束条件下，设计出一个科学、简便、易操作的家庭经济困难学生的认定方法，特别是家庭收入的估计方法，成为进一步完善我国高校学生资助制度的重要工作。这正是本章的讨论的主要内容。

第一节 高校家庭经济困难学生认定的国际经验

普遍的高等教育成本分担和大量经济困难家庭的存在，使美国形成了以联邦政府出资和管理为主的覆盖全国公私立高等学校的统一的资助体系。为了使庞大的资助资金能有效地分配给家庭经济真正困难的大学生，美国联邦教育部建立了全国统一的家庭经济困难大学生资助申请和审核系统（Central Processing System，CPS），由联邦教育部学生资助中心（Federal Student Aid，FSA）管理。凡是向联邦政府申请资助的大学生，都必须填报统一的联邦学生资助免费申请表（Free Application for Federal Student Aid，FAFSA），并在规定的日期前向 CPS 提交。CPS 对大学生的资助申请按统一的标准和程序进行审核，确认获得资助的学生以及资助金额。CPS 的核心是联邦学生资助需求计算方法（Federal Methodology，FM）。美国高等教育法规定，凡是联邦政府出资或补贴的大学生资助项目，都需要根据 FM 计算资助需求，确认大学生获得资助的资格、资助的类型和资助金额。

下面我们介绍 FM 是如何确定大学生是否需要获得资助和资助金额。

大学生资助需求的计算公式为：

资助需求（Financial Aid Need）= 入学成本（Cost of Attendance, COA） - 预期家庭贡献（Expected Family Contribution, EFC）

COA 的构成主要有 4 项：学杂费，交通费，住宿费和伙食费，学习用品费（包括书籍、文具、计算机等）。对于一些特殊学生，则还加上相关的特殊费用，例如，要负担其子女的学生的生活费，残疾学生特殊支出等。COA 的确定相对简单，联邦政府要求各高校根据申请学生的家庭住址、学校的学杂费标准和所在地的生活费指数等情况确定每一位学生的 COA。美国大学委员会每年提供一个全国性的生活费用预算，供各院校计算 COA 时参考。

有了 COA，只要计算出大学生家庭的 EFC，就可以确定其是否需要资助以及资助需求的数额。EFC 的结构和计算比较复杂，FM 就是联邦教育部规定的计算 EFC 的方法。

FM 将学生区分为两大类：非独立学生和独立学生，其中独立学生分为无子女和有子女两类。区分非独立学生和独立学生的含义是：非独立学生的父母对其子女的高等教育承担经济责任，独立学生的父母则不对其子女的高等教育承担经济责任。因此在计算 EFC 时，非独立学生要将其父母的收入和财产考虑进来，而独立学生只考虑本人和配偶的收入和财产。考虑到我国大学生大部分属于非独立学生的实际情况，我们下面仅介绍非独立学生家庭 EFC 的计算方法。

非独立学生 EFC 的基本计算公式为：

EFC = 父母的贡献 + 学生本人的贡献

计算父母的贡献分三步。第一步，计算家庭收入产生的可用收入。可用收入等于家庭全部收入减去各项扣除额。扣除额表示一个家庭必须支出而不能随意减少的费用，主要是各项税费和基本生活支出。扣除了这些基本支出后，余额表示家庭可以酌情支配的收入，可以用于包括高等教育在内的选择性用途。

家庭收入产生的可用收入 = 当年全部收入 - 与收入相关的支出（如小孩的保姆费等） - 交纳的各项收入税 - 基本生活保障收入 - 与就业相关的费用等

公式中的数据主要来自家庭纳税表。其中的"基本生活保障收入"，是指维持家庭成员（不含学生本人）最基本生活需要的收入，由政府统一规定。对低收入家庭，计算出来的可用收入结果可能是负数。

第二步，计算家庭财产产生的可用收入。家庭财产产生的可用收入 =（现

金、储蓄存款+证券、房产等净投资+家庭企业净资产-教育储蓄等可扣除资产)×12%①

之所以有将各项资产乘上一个系数,是因为资产每年产生的现金流是资产的一部分。

1992年以后,在计算家庭财产时,将住房和非经营性家庭农场的价值排除在外,也不计算医疗保险、养老保险等财产。

第三步,计算父母的贡献。

父母的贡献=(家庭收入产生的可用收入+家庭财产产生的可用收入)
×贡献系数/当年供养的大学生人数

贡献系数相当于一个累进税率,可用收入越大,系数也越高,有22%、25%、29%、34%、40%、47%共6个档次。可用收入在3 409~12 900美元间的,贡献系数为22%;可用收入在26 101美元及以上的,贡献系数为47%。累进贡献系数的含义就是,收入较高的家庭其收入可用于高等教育的比重应该更大,资助需求更小。

计算学生本人的贡献也分三步,思路与计算父母的贡献基本相同,但在一些指标和参数的选择上有所差异。在计算出父母的贡献和学生本人的贡献后,将二者相加,就得到了非独立学生的家庭预期经济贡献。

如果学生的家庭预期经济贡献小于COA,该学生就有资格获得联邦的大学生资助;如果学生的家庭预期经济贡献大于COA,该学生就没有资助资格获得联邦政府的资助。COA与EFC的差额,是大学生的资助需求,其值越大说明家庭负担教育成本的能力越小,资助需求也越大。

根据FM确认所有申请大学生的资助资格和资助需求后,联邦教育部将根据当年国会批准的资助资金数额,确认每一名大学生实际获得的资助项目和资助额。如果是PELL助学金,教育部则将其拨付到该学生就读的大学并直接指定该学生为受益者,不需要大学再去评定或审核。美国联邦政府对学生资助资金的分配依据主要是学生的家庭经济状况,分配到每一个州和大学的资助资金,是由该州和大学学生的家庭经济状况决定的。这种先通过个体家庭经济状况认定,然后确定资金分配的方式,是一种资助资金随大学生走的方式,与基础教育中的教育券非常类似。

美国联邦政府的家庭经济困难大学生认定公式,是建立在可复核的家庭收入和财产信息基础上的。大学生在向联邦教育部申请资助时,需要填写反映家庭收

---

① 公式中的政策参数随着法律、法令的修订而变化。本文引用的是联邦政府规定的2006~2007学年的FM参数,参见College Board:Meeting College Costs(2006edition),pp.51-56。

入和财产数据的调查表。家庭收入和财产数据主要来自每个家庭都需填报的家庭所得税纳税表,以及房产登记、证券交易和银行交易等文件,多数是可以通过第三方核查的信息。这种信息的可核查性,减少了虚假信息,基本保证了大学生资助申请信息的真实性。

归纳起来,美国家庭经济困难大学生认定方法的主要特征就是统一、规范和透明,相对来说达到了公平有效分配资助资金的目标。

在信息基础薄弱的发展中国家,无法使用美国那样的标准公式来认定家庭经济困难大学生,常使用综合考虑家庭收入和非收入信息的方法来进行认定。如菲律宾要求申请资助的大学生除报告自己家庭的收入、流动和非流动的财产外,还必须报告其他非收入特征:如家庭水电费清单、日常的交通工具、高中学校类型、主要的家用电器等。而信息更加缺乏的乌干达则干脆用家庭非收入特征来认定家庭经济困难大学生:父母是专业人员并具有15年及其以上教育水平,父母是专业人员虽然教育水平在15年以下但拥有汽车,父母经商且拥有汽车,都属于家庭经济不困难的大学生,父母是农民或无业者,则属于家庭经济困难大学生。

第二节 我国高校家庭经济困难学生认定的实践及研究

近年来,随着高校学生资助规模的扩大,政府部门、高等学校和研究人员都在研究和探讨家庭经济困难学生的认定,并提出了一些具体的政策、办法和建议。

一、政府部门对高校家庭经济困难学生认定的规定和办法

(一)教育部和财政部关于高校家庭经济困难学生认定的指导意见

2007年5月,《国务院关于建立健全普通本科高校、高等职业学校和中等职业学校家庭经济困难学生资助政策体系的意见》(国发[2007]13号)及其配套办法颁布实施后,国家在高等教育阶段建立起国家奖学金、国家励志奖学金、国家助学金、师范生免费教育、国家助学贷款、勤工助学、学费减免、特殊困难补助、"绿色通道"等多种形式有机结合的高校家庭经济困难学生资助政策体系。

为了公平、公正、合理地分配资助资源，切实保证国家制定的各项高等学校资助政策和措施真正落实到家庭经济困难学生身上，做好高等学校家庭经济困难学生认定工作，2007年6月26日，《教育部财政部关于认真做好高等学校家庭经济困难学生认定工作的指导意见》（教财〔2007〕8号）（以下简称《指导意见》）出台，其对认定工作主要提出如下指导意见：

1. 经济困难学生的界定。家庭经济困难学生是指学生本人及其家庭所能筹集到的资金，难以支付其在校学习期间的学习和生活基本费用的学生。

2. 认定机构。学校学生资助工作领导小组全面领导，学校学生资助管理机构具体负责组织和管理；院（系）成立认定工作组，负责认定的具体组织和审核工作；以年级（或专业）为单位，成立认定评议小组，负责认定的民主评议工作。

3. 认定程序。家庭经济困难学生认定工作每学年进行一次，学校应制定严格的认定工作程序。认定程序的核心内容是《高等学校学生及家庭情况调查表》和《高等学校家庭经济困难学生认定申请表》。并且特别提出：一是民主评议时应着重考虑孤残学生、烈士子女，以及家庭成员长期患重病、家庭遭遇自然灾害或突发事件等特殊情况的学生；二是院（系）认定工作组审核通过后，要将家庭经济困难学生名单及档次，以适当方式、在适当范围内公示5个工作日。

4. 认定标准。各省、自治区、直辖市教育、财政部门参照本行政区域内各地（市、州）的城市居民最低生活保障标准，确定各地（市、州）的家庭经济困难学生认定标准。认定标准可设置一般困难、困难和特殊困难等2～3档。

5. 复查核实。学校和院（系）每学年应定期进行资格复查，并不定期地随机抽选一定比例的家庭经济困难学生，通过信件、电话、实地走访等方式进行核实。如发现弄虚作假现象，一经核实，取消资助资格，收回资助资金。

由于全国经济发展情况不一样，认定家庭经济困难学生的标准不能一刀切，所以《指导意见》只是对各个地方高等学校家庭经济困难学生认定工作提出了一些原则性的指导意见，而没有做具体统一规定。《指导意见》原则性强可操作性就弱，有些问题恰恰是关键问题，但是从《指导意见》中，找不到解决方法。如，已知当地居民最低生活保障标准，应当如何参照这个标准确定家庭经济困难学生的认定标准，依据哪些内容进行标准的设定，各贫困档之间如何区分，在资格复核的时候复查哪些方面的内容等。

《指导意见》是一个国家层面上的指导性意见，教育部和财政部要求各省、自治区、直辖市在指导意见的基础上制定本地区认定的实施办法和实施细则。

（二）各省、自治区、直辖市认定高校家庭经济困难学生的办法

我们研究了山东、江苏、浙江、福建、陕西、青海、上海和广西8个省、

市、自治区教育部门和财政部门制定的认定高校家庭经济困难学生的办法，发现各地对于家庭经济困难学生认定工作的学生范围、家庭经济困难学生的界定、认定工作的原则、认定机构的设置、认定程序、核实复查和信息更改等内容均与《指导意见》保持了高度一致，没有任何实质意义上的变化。对教育部《指导意见》中如何进行认定这个工作环节唯一有补充、有调整的地方就是在"认定标准"这项内容上。

1. 只规定认定标准档次的办法。这类地区只在《指导意见》基础上对家庭经济困难学生分两档还是三档做了要求。如，山东省、青海省认定标准设为一般困难、困难和特殊困难三档。此外，其他内容均与《指导意见》一致。

这类办法基本上只是起到传达教育部《指导意见》的作用，没有根据地区的情况做详细规定或者说明，对地区内高校制定执行细则没有帮助和指导作用。换个角度说，这类办法给地区内高校制定细则预留了充分的自由空间。

2. 以家庭经济困难特征为依据的认定办法。这类办法主要是列举经济困难家庭的特征，从而说明哪些家庭或者哪类家庭的学生可以被认定为家庭经济困难学生。例如，浙江省规定低保家庭、烈士家庭、由社会福利机构监护和列入农村五保户的学生可认定为家庭经济特别困难。低保标准以上、低保标准150%及以下家庭的高校学生或因突发事件及因灾、因病造成家庭经济困难的高校学生可认定为家庭经济困难。广西壮族自治区规定城镇居民最低生活保障家庭和农村特困群众最低生活保障家庭的学生，属于特别困难。福建省认定的基本条件为：孤儿、烈士子女或优抚家庭子女；单亲或父母年事已高或患病长期卧床；家庭被地方政府列为特困户；家庭为民政部门确定的城市居民最低生活保障对象者；来自老少边穷地区等。

以家庭特征作为认定标准，最大优点在于，认定成本已经外化，不需要投入大量人力和时间成本，因此认定工作操作起来相对简单，有各种相关证明材料作为认定依据，比较具有可信性。不足之处在于，家庭特征可以将需要资助的学生从所有学生中认定出来，但是在这些家庭经济困难学生群体内部，不同家庭状况的学生，可比性较差，不易判断和区分不同家庭的经济困难程度。例如一个低保家庭和一个有长期患病成员的家庭，如何公正客观地判断两者的困难程度就是一个问题。从根源上讲，是由于这种以家庭特征为认定标准的政策目前还只是定性，而没有上升到定量认定。

3. 以家庭特征和个人行为特征为依据的认定办法。这类办法是在上一类办法的基础上，对不能被认定为家庭经济困难学生的行为或已被认定但会取消认定资格的学生个人行为特征进行了列举描述。如陕西省规定学生或学校能够证明有下列行为之一者，不能认定为家庭经济困难学生：拥有或使用高档通讯工具的；

购买或长期租用电脑（特殊专业除外）的；购买高档娱乐电器、高档时装或高档化妆品等奢侈品的；节假日经常外出旅游的；在校外租房或经常出入营业性网吧的；有其他高消费行为或奢侈消费行为的。

我们认为，部分行为被列为否定条件有待探讨。现在手机对于高校学生来说几乎是必需品，电脑对学习也具有重要辅助作用，如果对家庭经济困难学生在这些物品上加以限制，无疑也对他们的生活、学习和个人发展受到了严格的限制。同时规定中多次使用高档一词，但高档尺度较难把握，界限范围难以确定。

二、高等学校认定家庭经济困难学生的实践

家庭经济困难学生认定工作的核心是两个部分：一是依据什么标准进行认定；二是通过什么方式和形式进行认定。高等学校在实践探索了各种认定依据和办法。

（一）家庭经济困难学生认定的依据

各高校在认定工作中，主要采用两类依据，即，最低生活保障标准和家庭经济困难特征。

1. 以最低生活保障标准为认定依据。有些学校的认定以当地居民最低生活保障标准为依据。例如，北京航空航天大学以北京市城市居民最低生活保障标准，结合学生日常消费水平进行认定。哈尔滨工业大学参照黑龙江省教育、财政部门制定的家庭经济困难学生认定标准及哈尔滨市城市居民最低生活保障标准，结合学生日常消费水平进行认定。华东理工大学参照上海市居民最低生活保障标准，结合上海市教委相关规定确定家庭经济困难学生认定标准，认定标准设置为3档，以家庭人均月收入为依据分档，即为特殊困难学生；困难学生；一般困难学生。

与低保标准进行比较的，有的是学生在校月均消费支出，有的是家庭人均月收入。根据支出或收入数据对家庭经济困难学生的困难程度进行划分。理论上，这种认定标准最合理，根据家庭人均月收入或者学生月均消费支出进行排序，能够合理地进行量化认定。但是这个标准也有问题：如果低保标准是家庭人均月收入，首先，不同地区最低生活保障标准不同，不同地区不具有可比性。因此，仅考虑学校所在地的低保标准是不够的，还应该考虑学生家庭所在地的低保标准。其次，学校如何判定学生家庭人均月收入是整个认定的关键。根据中国目前的现状来看，不能够实现发达国家通过完善的收入查证和收入税征收体系得到居民的各种劳动和非劳动所得，那么家庭人均月收入的数据就仍需学生或其家庭进行填

报，这样数据的真实性和认定的准确性也会受很大影响。如果与低保标准进行比较的是学生在校平均月支出，那么对全体学生进行消费统计调查是不现实和不可行的，如果以学生在食堂和超市消费的记录近似替代月支出数据，数据不具有代表性，过于片面，也不合适。

  2. 以家庭经济困难特征为认定依据。这种认定标准目前在高校中应用较多。主要特点是，列出各种经济困难家庭的特征，同时兼顾考虑当地居民最低生活保障标准。实践操作中，困难特征起主导作用，学生家庭只要符合其中一条即可被认定为家庭经济困难学生，如果几个特征同时符合则一般被认定为特别困难学生，通常情况下，低保标准在认定中的作用很小，可忽略不计。这类实践模式的代表学校主要有：北京师范大学、大连理工大学、北京外国语大学、兰州大学、东北大学、重庆邮电大学、河南理工大学、上海海事大学等。

  综合上述各高校的认定标准，可以看出特别被关注的家庭特征有以下几个方面：（1）孤儿，军烈属，单亲家庭，优抚家庭、西部助学工程等上级教育主管部门或民政部门指定救助的对象；（2）家里有两名以上子女同时在非义务教育阶段上学；（3）家庭成员中有残疾或疾病而丧失劳动能力的；（4）家中有危重病人，无医疗保险，医疗费开支数额巨大；（5）近年家庭遭受自然灾害，突发变故致使家庭财产损失较重；（6）父母一方或双方下岗、失业，无收入保障或者收入不足以维持正常的学习和生活；（7）农村五保户或城镇家庭被地方政府列为特困户，或家庭为民政部门确定的城市居民最低生活保障家庭；（8）老、少、边、穷地区的经济困难家庭。

  这些家庭特征，基本涵盖了绝大部分家庭经济困难的致贫原因。在实践中有较好的可操作性，这些家庭特征较为容易识别和判断，如特困证、最低生活保障证、残疾证、医药费单据和当地政府的证明材料等都可以辅助认定工作。

  但由于只是从特征上识别，是定性认定，而不是定量认定。这种模式也存在相应的问题：第一，所有被识别出来的学生，均是家庭经济困难学生，但是各类学生的困难程度需要人为主观进行判断，不能对家庭经济困难程度进行排序，有可能存在主观判断与客观实际情况不符合的情况，使得资助资金的分配有偏差。第二，一般来讲，学校的各种资助资金和名额有限，目前还不能达到按需分配的水平，那么如果通过这种方式识别出来的学生人数大于了限制名额，即供需不等的情况下，就需要选出一些困难程度较低的学生暂时不予以资助，由于没有定量排序，这个排除的环节也可能有误差。

  以大连理工大学、北京外国语大学、兰州大学、东北大学、重庆邮电大学、河南理工大学为代表的许多高校在提出了困难家庭特征的同时也列出了很多不能被认定或者取消认定资格的情况。如：酗酒、赌博、在校外租房或经常出入营业性网吧等不恰当行为；受到学校警告以上纪律处分；学习不努力，上学年必修课有三门不及格；实际生活费用明显高于平均 500 元/月/人或校园卡消费过高；有高档通讯工具和电子产品、高档时装、奢侈化妆品等超出正常学习生活需要的高额消费、频繁消费或其他不适当开支行为；弄虚作假，或通过不正当手段申请认定资格；获取资助期间家庭经济状况已有改善，有固定经济来源；家庭因建（购）房、购车、生产投资等支出而欠下巨额债务导致无力供养其完成学业。

补充的大部分条款对认定工作是十分有必要的，对于资助资金如何更加公平合理分配起到了一定的保障作用。但是购买了手机电脑等通讯和电子产品的学生是不是家庭经济困难学生这本身还是一个具有争议的问题，源于认识和对制度的不同看法，各界意见不一。我们认为，对此不适宜采用"一刀切"的方式，还应参考学生及其家庭的其他信息进行综合判断。

（二）家庭经济困难学生认定的办法

上面我们总结了高校实践中采用的认定依据，下面再概述认定方法。实践中各高校主要有以下三种认定方法：

1. 隐性认定法。隐性认定法目前在实践中应用较少，主要是应用于小额度生活补助发放对象的认定。一般是由学校学生处或学生资助管理部门与学校其他部门联合，通过校园一卡通掌握分析学生的消费情况从而进行认定，发放补助款。

一般来讲，学生是否家庭经济困难从其在校消费支出情况便能知晓，家庭可供的月生活费与其消费支出是成正比关系的（在不考虑学生自己勤工俭学有收入的情况下）。因此这种方法从理论上是可行的。

但是这种方法也有不足。因为校园一卡通的消费支出并不能完全反映学生家庭是否经济困难。

因此，该认定方法还有待于从实际出发完善细则，例如，不仅要合理要求月消费额，同时应要求消费次数和消费地点，根据学校食堂的消费标准和学校所在地居民最低生活保障标准合理划定补助线水平。完善制度的同时，还可以考虑从其他方面核实家庭收入信息，实现多途径综合认定，以弥补单一认定方式的不足。

2. 量化测评与民主评议认定法。该方法主要是引入量化标准，同时结合民主评议。其实质是实现了定性与定量相结合。高校实践中该方法又分为如下两种方式：

（1）加权打分认定评价。天津科技大学根据家庭经济情况、学生个人日常消费表现情况、勤俭节约等各方面情况，分别有个人自评及教师评定、班级评定、年级评定三个环节，每个环节最高 100 分，分别占最后总得分的 30%、30%、40%。根据量化分值对学生的困难程度进行初步分档。

（2）量化评定公式法。东北师范大学通过分析大量的学生困难信息、健康状况、教育支出、家庭收入、家庭人口数等多个因素为主要参数，建立了一个学生贫困程度的量化评定公式及贫困生分类方法，统一评定标准，再由政工干部、学生干部代表、非贫困生和贫困生代表组成的评议小组，根据学生的申请材料、自评结果、日常表现及量化评定结果，对学生困难程度进行评价，并将贫困生分类，有针对性地予以资助。

不论是哪种量化评定方法，在打分评价、权重赋值和公式设计的过程中，都不可避免的有人为因素的作用会影响认定的准确性和客观性。目前来看，量化认定和民主评议结合的方法未必不是一个好的方法。定量评价环节有不足之处，但在这之后，民主评议环节起到了辅助调整认定准确性的重要作用，避免了单一认定方法的弊端，这样的设计和安排是比较合理的。

3. 综合认定方法。分析 2007 年《指导意见》出台之后的综合认定方法，有必要对之前的认定方法进行总结归纳。

我国家庭经济困难学生认定的方法和技术起步较晚，且尚不成熟，准确性有待于提高，概括来讲主要有以下七种：

（1）贫困证明法，是指高校对学生经济困难的认定，仅限于学生入学时提供的学生家庭所在县（区）、乡镇、街道办事处或父母所在单位开具的贫困证明。贫困证明法操作简便，成本低的优点。但证明的规范性、真实性难以保证，而且由于贫困具有地区属性，不同来源的证明材料间的可比性也较差。

（2）横向比较界定法，是指高校依据在校学生家庭人均年收入、学费交纳情况及学习生活消费支出情况这些方面的任何一项或者几项进行调查，通过横向比较得出认定结果。该法简单易行，但人为因素往往左右界定结果。

（3）消费水平界定法，是指高校通过对在校生每月学习生活消费支出、学生家庭人均年收入、学生交纳学费的情况进行调查，以每月消费支出为主，参考学生家庭人均年收入和学生交纳学费情况，根据学校学生消费水平线来认定。该法过分强调了物质消费的必要性，削弱了教育消费中精神消费与文化消费的重要性。

（4）最低生活保障线比照界定法，是指参照高校所在地的城市居民月生活最低保障标准来界定贫困生。还可以按照生源所在地计算生源贫困度。该法的主要问题是当地最低生活保障线与高校的生活水平也往往存在一定的差距。

（5）班主任辅导员观察认定法，即通过班主任或辅导员对学生在校期间表现的观察和了解来认定。由于班主任辅导员负责的学生较多，观察和了解难以足够细致，可能存在主观推断因素，从而使判断的客观性和公正性难以保证。

（6）班委会评选法，是由班级同学成立评判小组，依据评判结果认定家庭经济困难学生资格。该种方式又有两种形式，即匿名评判和公开"选举式"评判。班委会评选法在班内较为准确和公平，但各班间不易形成一致的评估标准。

（7）经济生活指数法，依据学校学费、住宿费、学习费用、交通费用和食堂伙食费等信息，计算生存线 A、生活线 B 和困难线 C；同时依据家庭年总收入、其他家庭成员重大支出、当地家庭人口数和当地年最低生活标准计算家庭经济支持能力 S。根据 A、B、C 与 S 的关系确定经济困难程度并予以不同程度资助。该方法的最大问题在于难以确定其他家庭成员重大支出和家庭年总收入。如果继续以学生或其家庭填报的数据计算，那么真实性和可靠性将降低。

《指导意见》出台后，各高校的普遍情况是：结合工作实际和当地居民最低生活保障标准，参考学生家庭所在地出具的家庭经济情况证明，根据申请学生在校的日常消费情况，结合班主任、辅导员、同班同宿舍同学对申请学生的了解，经民主评议，对其家庭经济状况做出判断和评价，从而对家庭经济困难程度进行判断。例如，厦门大学提取所有学生连续 3 个月的食堂消费数据，计算出每名学生的用餐总次数和每月在食堂消费的平均金额，作为衡量学生家庭经济状况的重要指标，参考的其他指标有家庭基本情况和学生在校实际情况。东北大学在民主评议和学院初审环节中间有"消费调查"程序，即校学生资助管理中心与后勤等部门联系，调查新生入校后每月平均生活消费状况，并将调查结果反馈给各院（部）认定工作组。河南理工大学民主评议环节中，认定评议小组对学生进行调查，在充分了解其在校期间的生活表现、平时消费情况、同寝室同学的意见、校园卡消费等情况后进行认定。北京外国语大学通过各种途径了解申请人日常生活消费情况；根据需要核查申请人在学生食堂的月消费情况；辅导员组织评议小组进行民主评议，对其困难程度进行认定。

可以看出，与之前的那些认定办法相比，在新政策的指导下，高校认定工作实际上是综合运用了贫困证明法、最低生活保障线比照界定法、班主任辅导员观察认定法、班级民主评议法、横向比较界定法、消费水平界定法等认定办法，这其中，又以贫困证明法和班级民主评议法两种方法为主。《指导意见》中设计的情况调查表对应的是原来的贫困证明，调查表实际上是旧办法下更具内容规范性和信息全面性的贫困证明，《指导意见》中要求的年级（或专业）认定评议小组进行评议是旧办法中班委会评选法和班主任辅导员观察认定法的整合。因此，可以说，《指导意见》是在高校家庭经济困难学生认定工作的实践基础上进行了总结沉淀，选取了切实可行的认定方法，并将其规范化和细则化，使方法在全国范围内推广应用。

上述高校由于综合运用了各种方法,从而比较有效地克服了单一方法的弊端和消极影响,加强了认定工作的有效性,实现了科学、合理地认定学生家庭经济困难程度的工作目标。

三、研究者提出的高校家庭经济困难学生认定模式

不少研究者对高校家庭经济困难学生认定问题进行了探讨,提出了一些有价值的认定模式。

(一) 一卡通数据流法

陈智玲(2007)认为,国内不少大学都相继建立了校园一卡通系统,可在此基础上,建立数据仓库系统,实现对各部门生成的大量数据科学的提取、净化、存储,从而使得信息系统可以满足从业务处理,到中层管理的控制以及通过对各阶段各部门的数据进行统计、分析、挖掘,最终达到为领导决策提供支持的目的。

学校可以根据学生入学时填写的各种登记表和各学期注册情况等相关文档、食堂就餐时的划卡记录、校内各种开放设施的划卡消费情况记录、体检情况、就医情况的医疗记录、图书馆学生借书情况登记、图书文献采购计划、馆藏目录索引、学生校内考试成绩记录等各种数据流对贫困生进行较全面的分析,从而提高贫困生认定的准确率。

一卡通数据流法可扩大资助对象的范围,从基础上提高贫困生资助体系的效率。另一方面也可以及时全面地掌握受助学生的学习、健康状况,多角度关注问题家庭经济困难学生,更加完善了学生资助体系。其存在的问题和弊端同"隐性认定法"。

(二) 层次分析法

毕鹤霞、沈红(2008)提出基于层次分析法的贫困生判定系统。认定系统的指标有:家庭经济指标(家庭年收入)、家庭人力资源指标(家庭人员职业、学历等)、家庭地域指标(家庭所在地)、学生所需指标(学费、生活费、住宿费用支出等)、特殊因素指标(是否孤儿、烈士子女、单亲家庭子女等)。根据以上参考指标,学校运用层次分析法由专家赋值,经过复杂计算决定各指标的权数值,根据权重和下面公式计算简化的学生综合贫困度。

$$综合贫困度 = \frac{家庭经济}{指标权重} + \frac{家庭人力资源}{指标权重} + \frac{家庭地域}{指标权重} \times \frac{各省经济}{指标权重} \times 100 + \frac{特殊因素}{指标权重} - \frac{学生所需}{指标权重}$$

桂富强、成春、任黎立（2007）运用层次分析法的致贫原因分为：父亲类原因、母亲类原因、家庭其他成员类原因、其他类原因，四类原因之间是完全独立的，四大类原因又分别由 3~5 小类的详细原因组成。

层次分析法的优点是可以对学生的贫困程度进行指导性排序，界定工作更加科学、公平有效。不足是界定成本高，计算较复杂。调查需要学生认真配合，漏选、多选将导致结果不准确。建立模型和计算过程中，人的主观因素作用仍然较大。对情况类似的学生，区分程度的作用不明显。

（三）参与式贫富排序法

参与式贫富排序（Participatory Wealth Ranking，PWR），即以学生为中心，由老师（辅导员）和同学共同参与，在老师（辅导员）的协助下，学生自己确定对经济困难学生的定义和测量标准，自己评定经济困难学生的贫富排序，自己确定排序节点，划定经济困难学生的范围。张晓明（2004）最早提出把参与式方法引入贫困学生的界定，并且构建了包括绝对贫困指标和相对贫困指标在内的测量指标体系。刘丽，于法展（2007）试用参与式贫富排序法，认定贫困生。

参与式贫富排序法的优点是以班级为基本单元识别出来的最贫穷学生（特困生）更准确、更具有针对性，操作程序简明快捷，步骤直观明了，技术要求不高，运作成本低廉。重视班级学生自己的经历和体验，参与度高，增强所有人对政策的认同感，也增强了政策的科学化和民主化。不足之处在于运用到一个更大的单位（如院系）需面临一定的挑战；参与式贫富排序的基础是班级现有的地方性知识，而在一个班级认同感很弱或高度冲突和不信任的背景下展开工作，其结果会存在一定的偏差。

（四）模糊综合评判方法

西南交通大学学生工作处李志辉（2004）采用模糊综合评判方法界定贫困家庭学生的贫困程度。

其基本步骤是：第一，依据评价方案的对象（如申请助学贷款的学生）及其评价目的目标（贫困程度排序）提出具有区分度的 m 个评价因素（如日常基本衣食标准、用于学业开支、其他消费开支三者与大多数同学相比程度）。第二，确定评判集（n 个评语），如：极低、低、持平、高。第三，采用一定调查方法得出模糊评判矩阵 $R = (r_{ij}) m \times n$，其中 $r_{ij} = a_{ij}(x)$ 表示方案 x 在第 i 个因素处于第 j 级评语的隶属度。第四，确定权系数向量 A。多因素评价中权系数向量用来对各个因素分别加权，设第 i 个因素权系数为 W_i，则可得权系数向量 $A = (W_1, W_2, \cdots, W_m)$，满足 $\sum W_i = 1, W_i \geq 0$。第五，利用矩阵的模糊乘法得到综合模糊评判向量 B，即综合模糊评判向量 $B = (b_1, b_2, \cdots, b_n)$ 表示方案 x 处于各档评语的隶属情况。从而得出学生贫困程度量化标准。

这方法可以综合考虑各种因素，使决策超越传统经验判断，充分体现科学性和公正性。由于评判集、评价因素和权系数一旦确定就相对保持不变，评判具有高度的透明性。而且依托网络平台，评价过程可以全部在网上进行，使得工作快捷高效开展。

但这一方法相对比较复杂，不易推广，有待进一步简化。评判模型最终建立前，需要在实践中反复修正和充分检验。

第三节 采用非收入变量估计大学生家庭收入的研究

国内外的实践表明认定高校家庭经济困难学生的最大困难是获得学生家庭收入数据，但是在中国家庭收入信息系统没有建立，学生填报的家庭收入无法核实。在这种情况下，如果能通过易于观察的家庭非收入变量估计其家庭收入，则可以为完善家庭经济困难学生认定办法提供技术支持。下文我们探讨用非收入变量估计大学生的家庭收入。

一、采用非收入变量估计家庭收入——文献综述

利用与收入相关的、可观测的家庭非收入变量估计家庭收入，学界对此持有两派不同的观点：一派认为，非收入变量与家庭收入之间的关系极为复杂，并非单纯的因果关系，因此，不能利用非收入变量直接估计家庭收入；另一派则持相反的观点。基于这两种不同的指导思想，贫困认定技术也开始沿着两条不同的道路发展：一种是估计家庭相对富裕程度（下文简称"相对法"）；另一种是估计家庭绝对富裕程度（下文简称"绝对法"）。

所谓相对法，即回避直接估计家庭收入，转而利用非收入变量构建财富指数或生活质量指数。早期的研究，主要利用资产变量构建财富指数。根据赋权办法的不同，这一方法又可分为三类：对不同资产赋予相同的权重［延森（Jensen,

1996）］；根据资产的价值对其赋权［莫利纳等（Dargent-Molina et al., 1994）］；依照总人口中拥有该项资产的比例对其赋权［莱特等（Layte et al., 2001）］。近年来，越来越多的学者开始采用主成分分析法或因子分析法构建财富指数。在一篇广为引用的文献中，菲尔默（Filmer）和普里切特（Prichett, 2001）利用主成分分析法对21个家庭资产变量进行了处理，在仅保留第一主成分的基础上构建了家庭财富指数，作为家庭富裕程度的代理变量。后续的研究大多沿用这一思路，只是在使用的变量上做了进一步的扩展，不再局限于家庭资产。

所谓绝对法，即直接估计家庭的长期收入。其假设是：家庭长期收入由物质资本和人力资本共同决定。家庭长期收入可以被视为家庭特征（年龄，受教育程度，规模，就业情况），环境因素（例如居住地）等的函数。其基本思路是：首先，利用入户抽样调查获得准确的家庭收入以及与收入相关的、可观测的家庭非收入信息。然后，利用回归的方法构建家庭长期收入预测模型。由于简单易行且能够直观的解释模型中系数的含义，普通最小二乘法（OLS）得到了广泛的青睐。也有部分学者认为，精确的估计家庭收入是不可行的，只能够估计家庭收入的大致范围，因此，他们转而选择了限值因变量模型。例如，弗格森（Ferguson, 2003）利用秘鲁、希腊、巴基斯坦三国的入户调查数据，构建了一个等级有序的Probit模型。

无论采取何种方法，都涉及变量的选择问题。变量选择的基本原则是：与家庭收入强相关；数据易获得。在现有的研究中，变量大致可以分为四类：一是居住地与公共服务的可得性，例如是否通电、是否有自来水、是否通公路等；二是住房条件，例如房屋面积、是否有私人厕所等；三是家庭特征，例如家庭成员受教育程度，职业，家庭人口规模及其结构等；四是家庭资产，包括家庭耐用消费品和生产性资产，如是否拥有空调、汽车、电冰箱、拖拉机、耕牛等。前三类非收入变量易于核实且与家庭收入之间的关系较为稳定，因而被广为采纳。主要的争议在于对家庭资产的处理。首先，同一类家庭资产之间的价格差异可能很大，是否需要进行加权处理，如何加权；其次，大多数家庭资产容易被隐藏，即使进行入户调查也很难保证信息的可靠性。此外，格罗什和贝克（1995）发现，前三类变量已经能够较好地识别贫困家庭。加入家庭资产变量后，认定的准确性并没有显著的提高。但是，不可否认的是，家庭资产变量与家庭收入之间有着较强的相关关系，因此，大多数研究依然将家庭资产作为一类重要的指示变量。

评价贫困认定效果的主要依据是认定的准确性。为简化讨论，我们将全部人口定性的区分为贫困和非贫困。准确性的损失有两个来源：第一类是覆盖不完全，即贫困人口被认定为非贫困人口；第二类是漏出，即非贫困人口被认定为贫困人口。在成本一定的情况下，两者之间存在替代关系。一般而言，学者较为注重覆盖不完全，希望将贫困人口被认定为非贫困的比例降到最低；但在实践中，受制于预算约束，控制漏出率往往被列为优先原则。

哪种方法能够提供更准确的认定结果？对这一问题尚未形成一致的意见。多数学者认为，绝对法在准确性上优于相对法。使用秘鲁的经济调查数据，约翰森（Johannsen，2006）发现绝对法可以正确地识别60%的贫困人口和80%以上的非贫困人口。使用印尼的经济调查数据，瑟达都等（Sudarno et al.，2006）发现，绝对法（OLS回归）的表现优于相对法：在城市，50%的贫困人口和93%的非贫困人口被绝对法正确地识别，只有35%贫困人口和90%的非贫困人口被相对法正确地识别；而在农村，46%的贫困人口和92%的非贫困人口被绝对法正确地识别，46%的贫困人口和78%的非贫困人口能被相对法正确地识别。但是，也有学者对此提出了异议。拉斐尔（Rafael，2008）比较了不同的贫困认定方法在巴拉圭有条件现金补贴扶贫项目中的准确性。结果发现，相对法在极端贫困人口的识别上优于绝对法。我们使用绝对法时，家庭长期收入预测模型的参数是采用全体样本的收入分布估计出来的，因此，该模型在预测低收入人群的家庭收入时的表现并不令人满意。

二、采用非收入变量估计学生家庭收入的实证研究

究其本质，高校经济困难学生认定可以被视为社会贫困家庭识别的一个子系统。高校家庭经济困难学生认定问题的解决最终依赖于建立一个统一的社会经济困难家庭信息系统。但是，在此之前，我们需要建立一个相对规范、有效、低成本的认定方法。

理论上，在高校家庭经济困难学生认定中采用非收入特征估计学生家庭收入可获得与传统的贫困识别研究类似的准确性。但是，现实中可操作的方案还需要考虑成本约束，在成本和准确性之间寻求一个平衡。一个有意义的探讨是：采用非收入特征估计学生家庭收入可以达到怎样的准确性？绝对法与相对法，哪一种方法效果更好？如何选择变量，不同的变量组合会有怎样的影响？下文中，我们将就此展开实证分析。

（一）数据和变量说明

本书所使用的数据来自我们于2008年在北京市和山西省的6所高校进行的高校学生资助调查。所有高校按地域划分，北京高校3所，山西高校3所；按层次划分，部属重点本科1所，一般本科3所，专科2所。研究仅选取其中的大一学生样本，共1 668个，其中农村963个，城市705个。

鉴于农村和城市的巨大差异，我们将学生家庭分成了农村组和城市组，选择不同的变量组合分别进行估计。此外，根据信息获取和核实成本的高低，我们把备选变量分为两类：高成本变量和低成本变量。高成本变量包括学生的家庭资产信息，住房条件等。若由学生自己填报家庭资产、住房条件等信息，则候选贫困生有低报其家庭资产状况，而校方很难对此进行核实。因此，要想获取可靠的家庭资产、住房条件等信息，必须到学生家庭所在地进行高成本的入户调查。低成本变量包括父母职业、受教育程度、居住地信息、学生的个人消费品信息等，它们或存在于高校现有的学生档案中，或可由学校组织填报且容易核实。具体的变量分类情况如表13-1所示。

表13-1　　　　　　　　　变量分类表

	农村学生家庭收入估计模型选取的变量	城市学生家庭收入估计模型选取的变量
高成本变量	房屋类型（楼房还是平房），家里是否有人从事非农产业，家里是否有获取固定收入的人，家里是否有人外出打工超过一个月，家庭资产（洗衣机，冰箱，空调，数码相机或摄像机，电话，手机，笔记本电脑，台式电脑，汽车）	家庭资产（洗衣机，冰箱，空调，数码相机或摄像机，电话，手机，笔记本电脑，台式电脑，汽车）
低成本变量	居住地类型（平原、丘陵、山区、草原），是否有公路，是否通电，父母受教育程度，父母职业，学生个人资产（笔记本电脑、台式电脑、手机、数码相机、MP3、MP4）	居住地类型（直辖市，省会、地级市、县级市），父母受教育程度，父母职业，学生个人资产（笔记本电脑、台式电脑、手机、数码相机、MP3、MP4）

（二）模型及结果

借鉴国际上贫困人口认定的研究成果，我们将分别采用绝对法和相对法构建模型估计学生家庭收入。在相对法中，我们采用了与菲尔默和普利切特（2001）相同的主成分分析法构建财富指数。财富指数的计算公式为：

$$A_j = f_1 \times (a_{j1} - a_1)/(s_1) + \cdots + f_N \times (a_{jN})/(S_N)$$

其中，f_1 是第1个非收入变量的"得分因子"，a_{j1} 是第 j 个家庭的第一个变量的值，a_1 和 S_1 分别是第一个变量的均值和标准差。

在绝对法中，我们选择了区间回归模型而非常见的 OLS 模型，以期缓解家庭收入数据不准确带来的影响。与未知门槛的有序概率模型相比，我们不需要估计区间回归模型的门槛值，回归系数也可以通过极大似然估计方法得到。因为区间回归模型的假设类似于经典线性回归假设，所以我们对上述极大似然估计所得到的系数的解释类似于对 OLS 系数的解释。

在区间回归模型中，学生家庭收入被分成了四组：第一组，家庭收入最低的 20% 人群；第二组，家庭收入在 20% ~ 50% 之间的人群；第三组，家庭收入在 50% ~ 80% 之间的人群；第四组，最富裕的 20% 人群。在农村样本中，这四组对应的家庭年收入分别为 5 000 元以下，5 000 ~ 1 万元，1 万 ~ 2 万元，2 万元以上；在城市样本中，这四组对应的家庭年收入分别为 1 万元以下，1 万 ~ 2 万元，2 万 ~ 5 万元，5 万元以上。

信息获取和核实成本决定着高校经济困难学生认定的实施成本。依照成本的不同，我们设计了两套不同的学生家庭收入估计方案：高成本方案，包含表 13 - 1 中的全部变量；低成本方案，即仅采用表 13 - 1 中的低成本变量，舍弃高成本变量。因此，下文中学生家庭收入估计模型共有四个：相对法高成本方案、绝对法高成本方案、相对法低成本方案、绝对法低成本方案。

表 13 - 2 和表 13 - 3 分别显示了农村样本和城市样本采用主成分分析法得到的各变量的得分因子以及采用区间回归模型得到的各变量的回归系数。得分因子为正，意味该变量对家庭收入有正的影响；得分因子为负，意味着该变量对家庭收入有负的影响。对区间回归系数的解释则类似于对 OLS 估计值的解释。从表中可以发现，大部分得分因子的符号符合预期。以农村为例，其他情况保持不变，居住在村里的家庭收入低于居住在乡政府所在地的，居住在山区的家庭收入低于居住在平原或丘陵地区的，父母受教育程度越高其家庭收入越高，拥有某项家庭耐用消费品或个人消费品意味着更高的家庭收入。值得注意的是"去年家里是否有人外出打工一个月以上"，其得分因子为负。原因可能是：迫于生计，贫困的家庭更倾向于外出打工。与得分因子相比，区间回归得到的系数则令人费解，大多显著性水平很差，部分变量的系数符号甚至与预期不符。以农村样本为例，在绝对法高成本方案下，"是否通电"、"个人是否拥有笔记本电脑"、"个人是否拥有手机"、"个人是否有 MP4"等变量的系数都为负，但并不显著；而在绝对法低成本方案中，随着自变量数量的减少，部分变量系数的异常情况有所好转。由此可见，自变量之间的多重共线性是造成这一现象的主要原因。由于本书的目的在于预测学生家庭收入而非对变量之间的关系做出因果上的解释，因此，多重共线性的问题下文不再深究。

表 13 – 2　　　　　　　　　农村学生家庭收入估计

变量及定义	相对法高成本方案 得分因子	绝对法高成本方案 回归系数	相对法低成本方案 得分因子	绝对法低成本方案 回归系数
居住在村里还是居住在乡政府所在地	-0.1595	-771.2 (0.367)	-0.2307	-1955.6 (0.021)
父亲受教育水平，小学及以下 = 1，初中 = 2，高中 = 3，大专及以上 = 4	0.1797	395.0 (0.326)	0.3695	447.7 (0.269)
父亲受教育水平，小学及以下 = 1，初中 = 2，高中 = 3，大专及以上 = 4	0.1862	127.8 (0.759)	0.3553	608.9 (0.146)
父亲职业为办事人员、工人、服务人员、离退休和其他，是 = 1，否 = 0	0.1169	1 073.9 (0.261)	0.1726	2 031.3 (0.032)
父亲职业为专业技术人员、公务员、个人商户，是 = 1，否 = 0	0.1907	2 043.2 (0.143)	0.3099	4 002.4 (0.002)
父亲职业为经理、私营企业业主，是 = 1，否 = 0	0.0637	6 445.2 (0.349)	0.137	10 567.7 (0.099)
母亲职业为办事人员、工人、服务人员、离退休和其他，是 = 1，否 = 0	0.1205	-410.5 (0.794)	0.1899	424.5 (0.792)
母亲职业为专业技术人员、公务员、个人商户，是 = 1，否 = 0	0.1983	2 390.4 (0.233)	0.3315	3045.1 (0.118)
居住地是否丘陵，是 = 1，否 = 0	0.0252	1 161.3 (0.265)	0.0712	1 003.3 (0.347)
居住地是否山区，是 = 1，否 = 0	-0.1223	-1 572.6 (0.009)	-0.2073	-2 017.7 (0.001)
居住地是否草原，是 = 1，否 = 0	0.0666	-23.03 (0.994)	0.0833	859.4 (0.780)
是否通公路，是 = 1，否 = 0	0.1101	446.0 (0.603)	0.2139	1 062.2 (0.221)
是否通电，是 = 1，否 = 0	0.0504	-1 245.0 (0.556)	0.1135	-154.7 (0.941)
个人是否拥有笔记本电脑，是 = 1，否 = 0	0.1738	-2 114.1 (0.151)	0.2298	227.4 (0.866)

续表

变量及定义	相对法高成本方案 得分因子	绝对法高成本方案 回归系数	相对法低成本方案 得分因子	绝对法低成本方案 回归系数
个人是否拥有台式电脑,是=1,否=0	0.1922	3 637.9 (0.037)	0.2364	6 989.1 (0.000)
个人是否有手机,是=1,否=0	0.1048	-1 250.3 (0.122)	0.1678	213.0 (0.786)
个人是否有数码相机或摄像机,是=1,否=0	0.1638	4 506.6 (0.066)	0.236	7 138.6 (0.002)
个人是否有 MP4,是=1,否=0	0.1346	-1 034.9 (0.438)	0.2399	-593.6 (0.657)
个人是否有 MP3,是=1,否=0	0.1118	-458.9 (0.518)	0.1729	312.1 (0.661)
房屋类型,1=楼房,0=平房	0.1985	1 512.7 (0.170)		
家里是否有获取固定工资收入的人,是=1,否=0	0.208	755.1 (0.395)		
家里是否有人从事其他非农产业,是=1,否=0	0.1592	858.2 (0.163)		
去年家里是否有人外出打工1个月以上,是=1,否=0	-0.0967	-132.5 (0.821)		
家里是否有洗衣机,是=1,否=0	0.2087	-1 057.4 (0.099)		
家里是否有电冰箱,是=1,否=0	0.2771	2 978.8 (0.000)		
家里是否有空调,是=1,否=0	0.2939	2 694.7 (0.024)		
家里是否有数码相机,是=1,否=0	0.2585	1 309.4 (0.390)		
家里是否有电话,是=1,否=0	0.1381	1 805.5 (0.006)		
家里是否有手机,是=1,否=0	0.1767	2 023.8 (0.004)		
家里是否有笔记本电脑,是=1,否=0	0.2268	72.84 (0.966)		
家里是否有台式电脑,是=1,否=0	0.2879	794.7 (0.520)		
家里是否有汽车,是=1,否=0	0.2321	1 593.5 (0.334)		

注:回归系数后面的括号内为 P 值。

表 13-3　　　　　　　　城市学生家庭收入估计

变量及定义	相对法高成本方案 得分因子	绝对法高成本方案 回归系数	相对法低成本方案 得分因子	绝对法低成本方案 回归系数
居住城市的类型，1=直辖市，2=省会，3=地级市，4=县级市	-0.1431	-1 001.2 (0.013)	-0.0978	-1 481.9 (0.000)
父亲受教育水平，小学及以下=1，初中=2，高中=3，大专=4，本科及以上=5	0.2758	1 179.1 (0.041)	0.4182	1 515.1 (0.008)
父亲受教育水平，小学及以下=1，初中=2，高中=3，大专=4，本科及以上=5	0.2759	332.0 (0.581)	0.4279	687.8 (0.255)
父亲职业为办事人员、工人、服务人员、离退休和其他，是=1，否=0	0.0009	1 844.6 (0.152)	-0.1537	2 910.8 (0.024)
父亲职业为专业技术人员、公务员、个人商户，是=1，否=0	0.1541	4 013.8 (0.013)	0.3357	5 150.1 (0.001)
父亲职业为经理、私营企业业主，是=1，否=0	0.0953	10 684.8 (0.002)	0.1389	12 730.0 (0.000)
母亲职业为办事人员、工人、服务人员、离退休和其他，是=1，否=0	0.0733	-953.3 (0.446)	-0.0343	-800.8 (0.524)
母亲职业为专业技术人员、公务员、个人商户，是=1，否=0	0.1554	345.6 (0.822)	0.3476	783.2 (0.615)
母亲职业为经理、私营企业业主，是=1，否=0	0.0349	9 877.1 (0.149)	0.0545	10 714.4 (0.126)
个人是否拥有笔记本电脑，1=是，0=否	0.211	132.9 (0.916)	0.3354	1 110.4 (0.341)
个人是否拥有台式电脑，1=是，0=否	0.1774	-179.4 (0.884)	0.1224	1 169.9 (0.323)

续表

变量及定义	相对法高成本方案 得分因子	绝对法高成本方案 回归系数	相对法低成本方案 得分因子	绝对法低成本方案 回归系数
个人是否有手机，1=是，0=否	0.1209	-266.4（0.892）	0.1554	1 135.1（0.541）
个人是否有数码相机或摄像机，1=是，0=否	0.2344	3 738.9（0.010）	0.2923	4 521.9（0.001）
个人是否有 MP4，1=是，0=否	0.1782	452.0（0.701）	0.2354	688.3（0.558）
个人是否有 MP3，1=是，0=否	0.1759	862.6（0.373）	0.2437	1 243.8（0.206）
家里是否有洗衣机，是=1，否=0	0.1959	-2 238.7（0.170）		
家里是否有电冰箱，是=1，否=0	0.2792	1 823.9（0.193）		
家里是否有空调，是=1，否=0	0.312	2 917.0（0.022）		
家里是否有数码相机，是=1，否=0	0.303	125.2（0.921）		
家里是否有电话，是=1，否=0	0.1471	2 160.2（0.144）		
家里是否有手机，是=1，否=0	0.1756	3 872.6（0.036）		
家里是否有笔记本电脑，是=1，否=0	0.2481	431.8（0.743）		
家里是否有台式电脑，是=1，否=0	0.299	869.1（0.469）		
家里是否有汽车，是=1，否=0	0.2159	-245.3（0.843）		

注：回归系数后面的括号内为 P 值。

(三) 模型的准确性

依照上文中对家庭年收入的分组方式，我们将家庭年收入的估计值也分成了四组。在相对法中，财富指数最低 20% 学生家庭被归入第一组；财富指数在 20%~50% 之间的学生家庭被归入第二组；财富指数在 50%~80% 之间的学生家庭被归入第三组；财富指数最高的 20% 学生家庭被归入第四组。绝对法下的家庭年收入估计值也如法炮制。

根据上述分组方法，我们评估了不同方法和方案的准确性。对于准确性的定义是：实际家庭收入第 i 组的学生中被估计为家庭收入第 i 组的比例。农村学生家庭收入的估计准确性如表 13-4 所示，城市学生家庭收入的估计准确性如表 13-5 所示。

表 13-4　　估计农村学生家庭收入的准确性分析　　单位：%

分组	相对法：高成本方案/低成本方案					绝对法：高成本方案/低成本方案				
	估计家庭收入第1组	估计家庭收入第2组	估计家庭收入第3组	估计家庭收入第4组	共计	估计家庭收入第1组	估计家庭收入第2组	估计家庭收入第3组	估计家庭收入第4组	共计
家庭收入第1组	34/34	37/33	24/24	6/9	100/100	19/6	70/82	12/13	0/0	100/100
家庭收入第2组	21/20	37/34	30/30	13/16	100/100	10/2	63/74	27/24	0/0	100/100
家庭收入第3组	7/9	22/27	37/36	34/28	100/100	5/1	38/60	55/38	2/2	100/100
家庭收入第4组	14/18	14/15	29/29	43/39	100/100	5/4	32/50	46/33	17/13	100/100

注：斜线左方为高成本方案的准确性，斜线右方为低成本方案的准确性。

表 13-5　　估计城镇学生家庭收入的准确性分析　　单位：%

分组	相对法：高成本方案/低成本方案					绝对法：高成本方案/低成本方案				
	估计家庭收入第1组	估计家庭收入第2组	估计家庭收入第3组	估计家庭收入第4组	共计	估计家庭收入第1组	估计家庭收入第2组	估计家庭收入第3组	估计家庭收入第4组	共计
家庭收入第1组	40/39	37/34	16/19	7/8	100/100	8/0	25/23	48/62	18/15	100/100
家庭收入第2组	22/28	41/34	29/28	8/10	100/100	1/0	19/18	63/65	17/17	100/100
家庭收入第3组	9/7	29/33	41/38	21/22	100/100	0/0	12/11	57/66	30/24	100/100
家庭收入第4组	1/2	3/7	38/39	59/53	100/100	0/0	3/2	28/37	69/61	100/100

注：斜线左方为高成本方案的准确性，斜线右方为低成本方案的准确性。

根据以上两表提供的信息，我们发现：

第一，在低收入学生家庭的估计上，相对法的准确性优于绝对法。在中高收入家庭识别的准确性上，绝对法的表现甚至略胜一筹，最高可达69%。但是对于中低收入家庭的识别，绝对法与相对法相差甚远。在农村和城市，相对法可以准确地识别34%和40%的最低收入组家庭，而绝对法只能达到19%和8%。

第二，低成本方案取代高成本方案，对相对法的准确性影响不大，但对绝对法有较大的冲击。从表中可以看出，低成本方案取代高成本方案，对于最低收入组学生家庭的识别，几乎没有影响，只是从34%（农村）和40%（城市）变成了34%（农村）和39%（城市）；而绝对法的认定准确性大幅度下降，这一数字从19%（农村）和8%（城市）锐减至6%（农村）和0%（城市）。

第三，城市样本的估计效果好于农村样本。一个可能的原因是城市样本的数据质量更高；另一个重要的原因是我们所选取的变量组合是"亲城市"的，缺乏能够更好的估计农村家庭收入的变量。汪三贵（2007）在中国贫困家庭识别研究中包含了人均耕地面积、人均林地面积、人均果园面积、是否有摩托车、是否有拖拉机、是否有厕所、饲养的牲畜情况等变量，这些信息通常被认为能够更好地识别农村家庭的富裕程度。由于缺乏相关的数据，我们无法在农村学生家庭收入估计模型中添加这些变量。此外，这些变量都属于"高成本变量"，需要入户调查才可以保证可靠性。因此，获取这些信息也无助于低成本方案下准确性的提高。

第四节 结论与政策建议

美国通过计算大学生资助需求来识别家庭经济困难学生，具备统一、规范和透明等特征，值得我国借鉴。在我国运用这一方法的最大阻碍在于缺乏可靠的学生家庭收入信息。本书探讨了采用非收入变量估计学生家庭收入的可行性。研究表明，采用非收入变量估计学生家庭收入具备一定的准确性。在我们最关注的最低20%家庭收入组中，其准确性可以达到40%。显然，这一结果还无法令人满意，国际上现有的贫困家庭认定已经达到了70%以上的准确性。较低的数据质量无疑是造成这一差距的主要原因。如果采用高质量的入户调查数据构建学生家庭收入估计模型，估计的准确性可能会接近或达到贫困家庭认定研究的准确性水平。

本章的证据表明，在现有的信息约束下，相对法优于绝对法，能够更准确地识别来自低收入家庭的学生。我们还进一步考察了方案成本和精确性之间的替代关系。结果表明，运用相对法，低成本方案的准确性只是略低于高成本方案。这一结果意味着，在未来的高校家庭经济困难学生认定工作中，我们或许可以舍弃那些核实成本较高的变量，仅采用易于核实的变量来估计学生家庭收入，从而大幅度降低高校经济困难学生认定工作的成本。

本章还存在诸多不足。首先，由于样本量较少，本书没有像汪三贵（2007）那样将全部样本随机的分入两个数据集，利用数据集1构建模型，再使用数据集2验证其准确性；其次，本书选择了固定的家庭收入分组，没有探讨不同家庭收入分组情况下的准确性；再次，受限于可获得的信息，我们所选取的变量组合是"亲城市"的，对于农村学生家庭收入估计的准确性较差，而大多数家庭经济困难大学生来自于农村。最后，本书所使用的数据由学生自己填报，因此，数据质量明显低于贫困认定研究中所采用的入户调查数据。最大的测量误差来源于家庭收入的低报。家庭收入的低报带来了两方面的影响：一是在模型构建阶段，绝对法需要利用家庭收入信息构建模型。因此，家庭收入的低报会对绝对法模型的识别能力带来了负面的影响。这也是在我们的分析中绝对法的识别能力低于相对法的主要原因。二是造成对模型准确性的低估。在准确性判定阶段，一部分非最低收入组的学生家庭被模型正确地识别，但是由于其低报了家庭收入，导致学生家庭收入的观测值落入最低收入组，因此我们的准确性检验就会认为这一样本被错误的估计了，从而降低我们对模型准确性的判断。这些问题的解决，还有待大样本高质量的调查数据基础上的进一步的研究。

基于上述结论，我们提出以下政策建议：

1. 建立全国高校学生资助申请和审核系统，由国家学生资助中心管理，制定全国性的规范的高校家庭经济困难学生认定方法，统一认定家庭经济困难学生，以此为基础分配中央政府的资助资金。各地区也可以采用中央的方法，或者开发自己的方法，分配本地政府的资助资金。高校不再组织经济困难学生的认定来分配政府资助资金。

2. 在目前难以获得学生家庭收入的情况下，可以通过家庭显性的容易核实的非收入变量，作为认定经济困难学生的主要依据，将政府资助资金分配到各个地区的各个高校。

3. 组织大规模的研究，通过大样本高质量的调查数据，深入探讨家庭非收入变量与收入的数量关系，找出那些最能代表家庭收入的非收入变量，建立规范的计算公式，用非收入变量计算家庭收入，作为认定家庭经济困难学生的基础数据，进而高效准确地确定经济困难学生。

第十四章

我国高校社会捐赠激励机制研究

高校社会捐赠是指个人或组织无代价地将所属财物或其他资产给予高等学校的行为。社会捐赠作为高等学校筹资多元化渠道之一，如何能够得到健康的、持续的发展，从而成为我国高校经费的一条重要的、稳定的、持续的来源渠道，无论在理论上还是实践上都具有重要的意义。在关于社会捐赠的制度安排中，激励机制无疑是其核心内容，本章以此为研究重点，首先分析和描述了我国高校捐赠制度以及捐赠数量的发展状况，然后建立了一个分析高校社会捐赠激励机制的基本模型，在此基础上探讨了宏观激励中的税收激励机制，最后分析税收激励在我国的实践和提出了若干政策建议。

第一节 我国高校社会捐赠发展现状

一、高校社会捐赠发展历史

改革开放以来，我国的经济、社会进入了高速发展时期，高等教育也迎来了蓬勃发展的局面。人民群众对于高等教育的需求不断增加，国家财政对高等教育的投入不断加大，政府相继出台各种鼓励高等教育多渠道筹资的政策。在此背景下，我国高校社会捐赠事业在政策环境、捐赠规模和管理体制上发生了较大的变化。

（一）高校社会捐赠政策环境逐步改善

随着我国高等教育以及社会捐赠事业的不断发展，国家相继出台各种政策和法规，对于高校教育捐赠行为进行规范和保护，为高校社会环境营造了有利的政策环境。

1993年中共中央颁发的《中国教育改革和发展纲要》明确指出："要逐步建立以国家财政拨款为主，辅之以征收用于教育的税费、收取非义务教育阶段学生学费、校办产业收入、社会捐集资和设立教育基金等多种渠道筹措教育经费的体制。"这一相关内容在1995年的《教育法》中以法律形式确定下来。1998年通过的《高等教育法》也明确指出："国家鼓励企业事业组织社会团体及其他社会组织和公民等社会力量依法举办高等学校，参与和支持高等教育事业的改革和发展……国家鼓励企业事业组织社会团体和个人的高等教育投入"。

1999年《中华人民共和国公益事业捐赠法》颁布实施，在一定程度上规范了包括高校社会捐赠在内的捐赠行为，保护了捐赠者和受赠者的权益。2004年通过的《基金会管理条例》，从基金会的类型、运行的原则、宏观管理办法以及法律责任等方面进行了规定，规范和促进了高校基金会的发展。2005年11月，党中央、国务院发布了《中国慈善事业发展指导纲要（2006~2010年）》，表达了国家对于发展公益事业的重视态度，为我国公益事业的进一步发展提供了依据。

在税收方面，1993年颁布实施的《中华人民共和国企业所得税暂行条例》、1994年颁布实施的《中华人民共和国个人所得税法》和《中华人民共和国个人所得税法实施条例》、财政部和国家税务总局2004年发出的"关于教育税收政策的通知"、2008年1月1日生效的新《中华人民共和国企业所得税法》等政策法规中都有相关条款对于教育捐赠的税收优惠进行了规定。

（二）高校社会捐赠规模逐步扩大，种类和用途逐步增多

改革开放以前，我国高等教育经费几乎全部来自于政府拨款，高校社会捐赠基本可以忽略不计。改革开放以来，我国高校社会捐赠的数量不断增加。根据中国教育经费统计年鉴相关年份的统计，[①] 高等学校社会捐赠总量从1995年的4.21亿元增长到2006年的19.33亿元。

高校社会捐赠的数量不断增加，捐赠的种类和用途也更加多样化。捐赠的种类包括现金、支票、汇票、股票、证券、债券、图书、资料、设备、房产、遗

---

① 1996年和2007年的《中国教育经费统计年鉴》。

产、财产等各种有价证券和物品。捐赠的资金被用于校舍和校园基础设施的新建、更新与修缮，用于对学生的奖励、资助、培养，用于教师的引进、深造、发展等各种用途。

（三）高校募捐意识增强，管理水平不断提高

随着高校自主权的不断扩大以及高校经费来源多元化趋势的不断加深，各个高校对于社会捐赠工作表现出前所未有的重视程度。1988年，安徽大学创建的校董会是我国较早成立的高校社会捐赠管理机构。1994年，清华大学成立了我国第一家教育基金会，专门负责接受、管理和使用社会捐赠资金，标志着我国高校社会捐赠管理发展到崭新阶段。其后的两三年间，又有浙江大学、北京大学、武汉大学等几家高校相继成立教育基金会或校友基金会。2004年《基金会管理条例》颁布后，呈现出一个高校基金会成立的小高潮，有几十所高校在国家民政部或省级民政部门登记成立了具有独立法人地位的基金会。目前，我国约有近40所大学成立了教育基金会。总体而言，经过20余年的发展，我国大学基金会已经积累了一定的运行经验，在组织结构、资金筹集、项目管理、投资运作等方面都探索出了适合中国大学基金会的发展之路。特别是依托每年召开的高校基金会工作研讨会，各大学基金会彼此交流，互通有无，共同成长。以上实践表明，我国高校的社会捐赠意识不断增强，对于社会捐赠的管理水平不断提高，而且各个高校在社会捐赠的理论探讨和实践摸索上由分散走向联合、由个体走向群体。

虽然改革开放以来我国的高校社会捐赠事业取得了较快的发展，但与我国高等教育发展的需要相比，与国外发达国家的发展水平相比，我们高校社会捐赠事业还处于起步阶段，还存在诸如政策法规不配套、捐赠规模偏小、捐赠管理不规范、机制不健全等一系列问题，这些都要求我们在理论上和实践上不断地探索促进我国高校社会捐赠事业进一步发展的路径和方法。

二、我国高校社会捐赠的总量与分布

（一）高校社会捐赠总量

20世纪90年代以来，随着我国经济、社会的快速发展，我国高校管理体制和财政体制的改革不断推进，我国高校所取得的社会捐赠数量也不断增加。

如图14-1所示，1993~2006年间，高等学校社会捐赠总量在总体上呈现出上升的趋势，在2002年最高峰时达到27.83亿元，但此后几年社会捐赠总量有所下降。

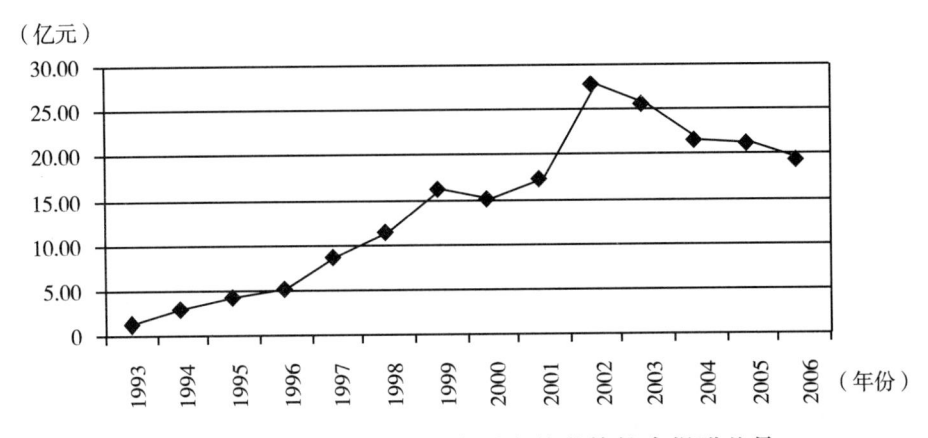

图 14-1 1993~2006 年全国高等学校社会捐赠总量

资料来源：1996~2007 年的《中国教育经费统计年鉴》，中国统计出版社。

虽然高校社会捐赠总量总体而言呈上升趋势，但社会捐赠占高等教育经费的比重却一直处于波动状态。从图 14-2 中可以看出，1993~2006 年间，在高等教育经费的各项来源中，社会捐赠所占的份额一直很小，在 0.5%~2.5% 间波动。其中 1997~1999 年该比重较高，接近 2.5%。2002 年以来该比重持续下降，2006 年该比重为 0.72%。

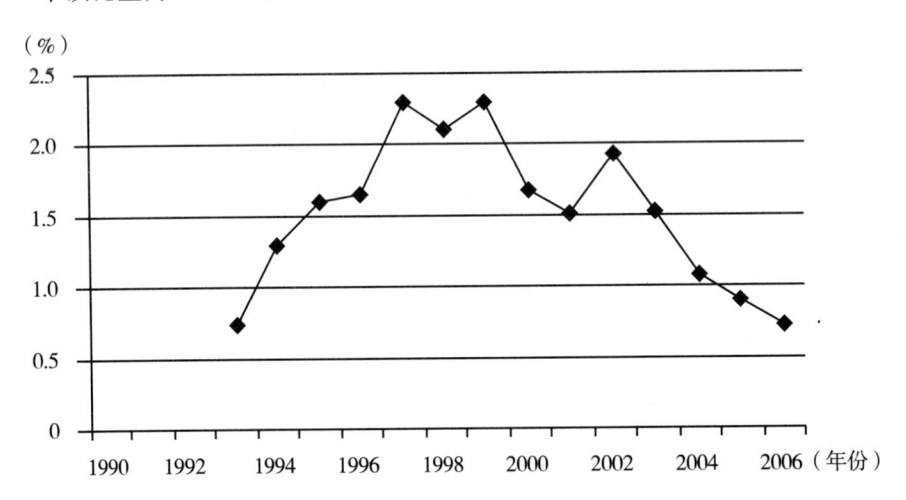

图 14-2 1993~2006 年全国高等学校社会捐赠占高等教育经费的比重

资料来源：1996~2007 年的《中国教育经费统计年鉴》，中国统计出版社。

同发达国家相比较，我国高校社会捐赠占教育经费的比重偏低。以美国为例，到 20 世纪 70 年代，美国已有 70% 的大学设立了基金会。对于私立学校而言，其发展在很大程度上依赖于私人出资和捐赠，基金会的筹资状况与学校的经费来源息息相关。相比之下，公立高校中的教育经费一般由州政府划拨，捐赠所占的比例不太大，但是自20世纪60年代以来州政府给予高校的财政支持逐渐减少，不能满足学校的需要，因此公立学校也要由基金会这种专门机构来担负起筹资任务。根据一项对美国部分著名研究型大学（私立16所，公立8所）的调查统计表明，捐赠收入占大学经费的比重私立学校为11.9%，公立学校平均为5.7%（高磊，2006）。2001年度，哈佛大学捐赠收入已占其经费来源的32%，耶鲁大学、斯坦福大学、康奈尔大学等该比例也达到了27.9%、18.0%和16.0%（孟东军等，2002）。目前，在美国几乎所有的大学都有基金会，这些基金会掌控着巨额的资产。其从社会各界所筹募到的各种资金，以及利用这些资金投资所获得的收益，有效地填补了学校发展的资金缺口，为大学的基础设施建设、学科发展、人才引进及学生培养提供了重要的支持。

虽然因为不同国家之间在历史文化、宗教传统、经济社会发展、高等教育发展等各方面存在很大的差异，高校社会捐赠的绝对量和相对量不具有完全的可比性，但是同发达国家在高校社会捐赠方面的巨大差异也在一定程度上说明了我国高校社会捐赠目前所处的初级阶段和未来的发展潜力。

（二）高校社会捐赠的分布

我国高校社会捐赠不仅总量偏低，而且在不同高校之间的分布很不均衡。这表现在以下方面：

（1）中央与地方所属院校之间分布不均衡。从图14-3、图14-4中可以看出，与全国整体的趋势类似，1993~2006年间，中央和地方属高校社会捐赠总量在总体上都呈现上升趋势，但中央属高校所取得的社会捐赠一直较大幅度地高于地方属院校。从图14-5中可以看出，1993~2006年间，高校社会捐赠占高等教育经费的比重在两类高校中的差异很大。对于中央属高校，该比重最高时接近3.5%，但对于地方属高校中，该比重一直徘徊在0.5%左右。以上分析说明我国高校社会捐赠主要分布在中央属高校，中央属高校在利用社会资源上比地方属高校具有更大优势。

（2）不同院校之间的分布不均衡。我国高校社会捐赠不仅在中央与地方所属院校之间不平衡，同样是中央所属院校或者地方所属院校，社会捐赠在不同的高校之间分布也很不平衡。一些国内名牌高校每年接受的社会捐赠量十分可观，而且总体上还有着不断上升的趋势。相比起来，大多数其他高校即便是中央所属高校所接受的社会捐赠量也很小，从几百万元、几十万元、几万元甚至到几乎忽略不计。我们用几所中央所属重点院校的社会捐赠情况来说明（见表14-1）。

表14-1　　　　2005～2007年清华大学、北京大学、浙江大学
　　　　　　　　　　接受社会捐赠统计　　　　　　　　　单位：亿元

高校基金会	2005年接受捐赠量	2006年接受捐赠量	2007年接受捐赠量
清华大学教育基金会	1.087	1.512	2.072
北京大学教育基金会	1.283	2.191	3.179
浙江大学教育基金会	0.394	3.04	1.367

资料来源：清华大学教育基金会2007年度报告中历年接受捐赠统计表；北京大学教育基金会2005、2006、2007年度报告中年度收支情况表；浙江大学教育基金会网站捐赠统计一栏http://www.zuef.zju.edu.cn/zuef/。

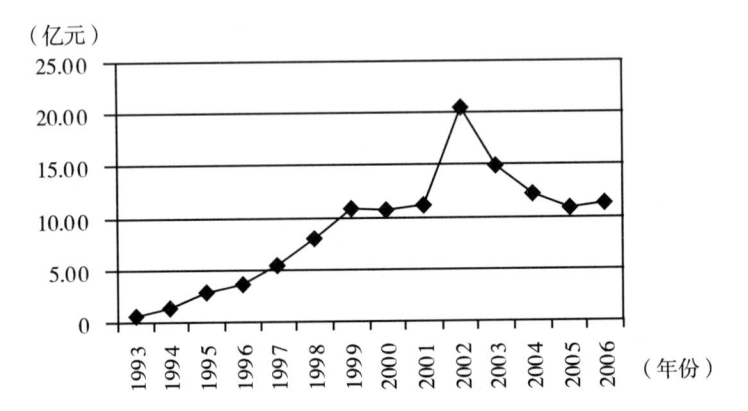

图14-3　1993～2006年我国中央属高校社会捐赠总量变化

资料来源：1996～2007年的《中国教育经费统计年鉴》，中国统计出版社。

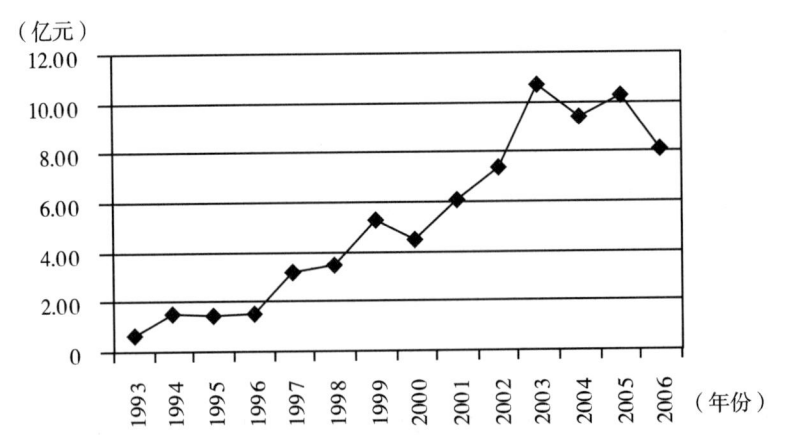

图14-4　1993～2006年我国地方属高校社会捐赠总量变化

资料来源：1996～2007年的《中国教育经费统计年鉴》，中国统计出版社。

图 14-5 1993~2006 年我国高校社会捐赠占高等教育经费比重（含中央和地方属高校）

资料来源：1996~2007 年的《中国教育经费统计年鉴》，中国统计出版社。

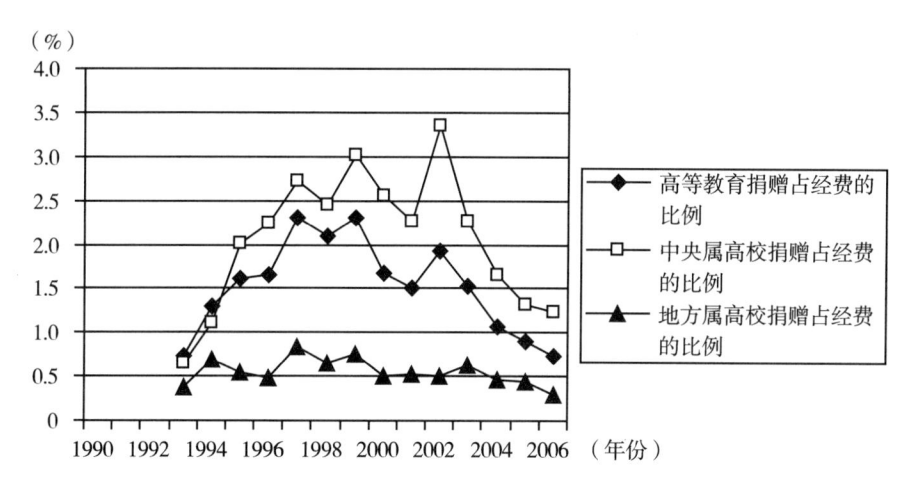

从表中可以看出，2006 年三所一流高校接受的社会捐赠总量为 6.743 亿元，而根据教育经费统计年鉴的统计，该年度中央所属高校经费来源中捐集资收入仅为 11.27 亿元，全国高校经费来源中捐集资收入仅为 19.33 亿元。虽然因为数据统计口径的原因，高校接受捐赠的数据同教育经费年鉴中捐集资的数据不具有直接的可比性，但是也在某种程度上说明了社会捐赠资源在高校间分布的不均衡，本已偏向于中央所属高校的社会捐赠，主要汇集到了少数名牌高校当中。

三、我国高校社会捐赠的管理模式

我国高校社会捐赠的管理模式可以分为三种：第一种模式是成立独立的教育基金会对社会捐赠进行专业化管理；第二种模式是由校办、校董会或校友会等相关机构代为履行社会捐赠管理职能；第三种模式则是既没有独立的教育基金会，也没有校友会等相关机构代为行使管理职能，而是对于社会捐赠采用"听之任之"的管理态度。

改革开放以前，由于高校社会捐赠的数量十分有限，对于社会捐赠的管理，我国绝大多数高校都处于第三种模式的状态。改革开放以后，随着高校管理体制和财政体制改革的深化，高校社会捐赠的重要性日益凸显，各个高校开始逐渐重视社会捐赠的募集与管理，社会捐赠管理也逐渐从第三种模式向第二种和第一种模式转变。

自从1994年清华大学注册成立我国第一家教育基金会以来，高校基金会作为专业管理高校社会捐赠的独立法人组织，逐渐受到各个高校的青睐。截至目前，我国约有近40所大学成立了教育基金会，还有大量的高校正在筹备成立教育基金会。鉴于教育基金会在高校社会捐赠管理中的重要位置，本节以下内容将结合我们对教育基金会的问卷调查和访谈调研结果，分别对我国高校教育基金会内部与外部治理结构进行详细介绍。

（一）高校基金会的外部治理结构

高校基金会的外部治理结构主要反映基金会在高校当中与相关各部门之间的关系，也就是与高校中校董会、校友会、发展委员会、各院系之间的关系。

高校基金会的外部治理结构可以分为两种类型：协同合作型与独立运作型。北京航空航天大学教育基金会与上海交通大学教育基金会都属于典型的协同合作型，但二者又各有特色。北京航空航天大学教育基金会与校友会二者合一，两班机构合署办公，便于基金会与校友会通力合作。上海交通大学将校友会、基金会和校董会统合在发展委员会之下，三者各司其职又协调配合，共同负责学校社会捐赠的募集与管理。校友会主要负责捐赠前期的校友联络工作，基金会负责捐赠款项的管理与运作，董事会则负责大客户（重要捐款者）的服务与沟通。值得一提的是，上海交通大学正在进行治理结构的改革，[①] 其目标是使得上海交通大学发展委员会成为一个在上海交通大学机构中相对独立事业机构，有着独立的经济责任、明确发展指标、灵活聘用机制、与业绩挂钩的奖惩机制，其治理结构规划如图14-6所示。

清华大学、西安交通大学等高校的教育基金会属于较为典型的独立运作型。在这些高校当中，教育基金会处于相对独立的地位，拥有较大的自主权，主要依靠自身的力量进行捐赠的募集、管理、运作等活动。但这种独立只是相对的，毕竟高校基金会处于大学当中，为大学的发展服务，需要依靠高校的资源、校友的资源进行发展，因而这些所谓独立运行的基金会依然与校友会等学校各种相关机构保持密切的联系。

---

① 上海交通大学基金会治理结构的改革情况，来自于2008年11月第十次中国高校基金会工作研讨会上，上海交通大学基金会秘书长张伟的主题发言。

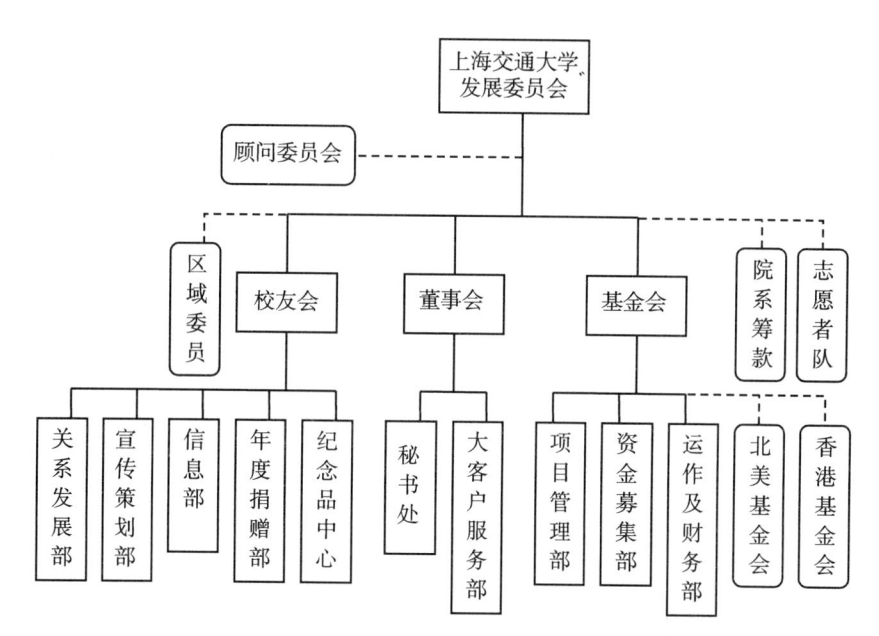

图 14-6　上海交通大学发展委员会治理结构规划

（二）高校基金会的内部治理结构

我国高校基金会的内部治理结构主要采取理事会领导、监事会监督、秘书处执行、并在秘书处下设各个职能结构的治理模式，如图 14-7 所示。

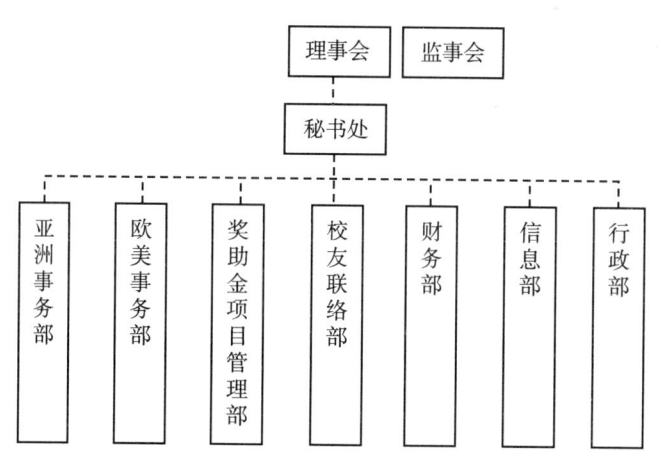

图 14-7　我国高校基金会内部治理结构

理事会是高校基金会的决策机构，是高校基金会治理的核心。调查问卷对于我国高校基金会理事会的规模、组成结构、运行状况等进行了调查。

理事会的规模由理事的数量决定，它直接影响理事会决策过程的效率以及决策的科学性与合理性。《基金会管理条例》规定了基金会理事应为 5~25 人。根据此次调查问卷,高校基金会的理事会人数均符合《基金会管理条例》的规定,以 10~15 人居多,平均为 15.1 人。

基金会的理事一般由捐赠人或捐赠人代表、热心公益事业的专家或有关人士、基金会员工或财会人员担任。[①] 由于我国有相当一部分的基金会是由政府推动生成的,这些基金会的理事会中还有着相当数量的政府官员。

高校基金会因其身处高校的特殊原因,其理事会结构与一般基金会有所不同。根据调查问卷,高校基金会的理事结构以校内理事为主,在被调查的高校基金会中,有近 1/3 基金会的理事全部来自校内。

理事长是理事会的法定代表人和负责人,对于理事会乃至基金会的决策和发展具有举足轻重的作用。根据问卷调查结果,60% 的高校基金会理事长由学校现任或原任党委书记担任。书记挂帅是高校基金会采用的普遍模式。这一方面显示出学校对基金会的高度重视,另一方面也是基金会为符合法律规定所采取的必要安排。《基金会管理条例》规定"理事长是基金会的法定代表人。"第 23 条规定"基金会的法定代表人,不得同时担任其他组织的法定代表人。"通常大学校长是大学的法定代表人,因此按照规定,校长不能再兼任基金会的理事长。根据问卷调查,依然有近 1/4 的基金会理事长由校长兼任,不符合《基金会管理条例》规定。调研中发现,这些不符合规定的基金会大都已经意识到这一问题,正在或准备进行理事会结构的调整。

定期召集会议研究基金会工作并做出决议是理事会履行职责的基础。理事会的开会频率是理事会运行情况的重要反映。《基金会管理条例》第 21 条规定"理事会每年至少召开 2 次会议"。调查问卷显示,有 2/3 的基金会的理事会每年至少召开 2 次理事会议,另有约 1/3 尚达不到要求。

通过以上对于高校社会捐赠管理模式的分析可以看出,成立高校教育基金会对社会捐赠进行专业化的管理日益受到我国各个高校的青睐。经过十几年的发展,我国高校基金会从无到有,从小到大,规模逐渐扩大,发展日益成熟,虽然同美国等发达国家比较依然有较大的差距,但是已经有了一个良好的开端和基础,存在着巨大的发展空间和潜力。

四、小结

改革开放以来,我国高校社会捐赠事业发展到一个崭新的阶段,高校社会捐

[①] 民政部民间组织管理局/国务院法制办政法司:《基金会指南》,中国社会出版社 2004 年版,第 95 页。

赠政策环境逐步改善，高校社会捐赠规模逐步扩大，种类和用途逐步增多，高校募捐意识增强，管理水平不断提高。

根据我国教育经费统计年鉴相关年份的数据，1993~2006年间，我国高等学校社会捐赠总量在总体上呈现出上升的趋势。虽然高校社会捐赠总量不断增加，但社会捐赠占高等教育经费的比重却一直处于波动状态，1993~2006年间，该比重一直在0.5%~2.5%间波动。同发达国家相比较，我国高校社会捐赠的总量以及占教育经费的比重偏低。我国高校社会捐赠不仅总量偏低，而且在不同高校之间的分布很不均衡，有限的社会捐赠资源主要集中在中央属高校少数的名牌高校中。

随着我国高校管理体制和财政体制改革的深化，高校社会捐赠的重要性日益凸显，各个高校开始逐渐重视社会捐赠的募集与管理，高校基金会成为最受青睐的一种管理模式。我国高校基金会从无到有，从小到大，规模逐渐扩大，发展日益成熟，虽然同美国等发达国家比较依然有较大的差距，但是已经有了一个良好的开端和基础，存在着巨大的发展空间和潜力。

第二节　高校社会捐赠激励机制基本模型分析

学者们大量的比较研究说明，决定高校社会捐赠水平的因素有以下三类（汪开寿，2006；孟东军，2005；陆根书，2006）：一是捐赠的文化和氛围；二是经济、社会以及高等教育的发展水平；三是相关的制度和政策。捐赠的文化和氛围是由一国的历史文化传统、宗教信仰等因素所决定的，其形成和改变不是"立竿见影"的，而是一个相对缓慢的过程。经济、社会以及高等教育的发展水平是一种客观的历史存在，有其自身的发展规律，也不是人为力量可以在短期内逾越的。相比起前两种因素，第三类因素即制度和政策则具有较强的可操作性。因而，对于我国现阶段而言，发展高校社会捐赠的核心是制定激励性的制度和政策，也就是构建高校社会捐赠激励机制。

高校社会捐赠激励机制是一个有机体系，包括两个层面：宏观激励机制和微观激励机制。宏观激励机制是以政府为主体进行激励的机制，微观激励机制是以高校为主体进行激励的机制。本书主要关注的是前者。本节将高校社会捐赠区分为个人捐赠和企业捐赠两种形式，从经济学角度构建了高校社会捐赠激励机制的一个基本模型。

一、个人对高校捐赠模型分析

(一) 个人对高校社会捐赠动机假定

经济学的一个基本假定是理性人的一切行为都是以追求自我利益最大化为出发点的。那么理性的人为什么会捐赠呢？关于这个问题，经济学的不同流派有着不同的解释。

第一派观点是理性主义流派，用经典的理性人假说来解释人的捐赠行为（米切尔，1979；科恩斯和钱德勒，1999）。他们认为，一个理性人之所以选择把自己的资源无偿捐赠给别人，根本原因还在于自身能从捐赠中获益、获得效用。这种获益可能是直接的，例如捐款兴建一个博物馆，自己可以欣赏到其中很好的收藏。这种获益也可能是间接的，比如一个人捐赠给知名院校，虽然没有直接得到好处，但是可以提高社会知名度，未来也许会从其他方面获得回报。同时，捐赠也满足了自己的一种虚荣心，让别人觉得自己是富有的、有爱心的。于是捐赠这种行为便具有了同消费类似的功能，都等于"花钱"来换取一些"享受"。根据此派观点，捐赠这种看似无私的行为，背后隐藏的还是自私的动机。

第二派观点是利他主义流派（赫斯曼和罗杰斯，1969；沃尔，1982；罗伯茨，1984；贝格斯特罗姆，1995），该派观点认为传统的经济学理性和自私的假定并不能很好地解释现实中人们的捐赠行为，反而极大地歪曲和庸俗了人们的捐赠动机。该派观点认为，人们的捐赠完全出自于人性中善的本质，出自于对于弱者的同情。捐赠的人都是极度善良的人，他们因为别人的快乐而感到快乐，他们为了别人的幸福甚至可以牺牲自己的利益。这些人都是利他主义的，他们不仅关注自己的福利状况，也同样关注其他人的福利水平，随着其他人福利的增加，利他个人的福利水平也得以增加。利他个人的福利函数中包含了其他人的福利水平，其他人的效用成为个人效用增加的一个新的源泉。

第三派观点是混合主义流派，也叫做部分利他主义流派（科恩斯和钱德勒，1984；斯坦伯格，1987；安德烈奥尼，1989，1990）。此种流派认为，捐赠的人既没有理性主义认为的那样功利，也没有利他主义认为的那样无私。现实中的捐赠人具有混合的动机：一方面，他们能够从捐赠本身中获得效用，除了种种好处，捐赠还能带给他们满足感、优越感、自我价值的实现感；另一方面，他们选择捐赠也出于对于别人的同情，出于善良的心地，他们希望别人能生活得更好，他们能从中得到一种快乐。此种流派认为捐赠人有着利己的动机，但也有着利他的动机，所以此种流派被称为混合主义流派，也叫做部分利他主义流派。

以上三种流派都立足于经济学对于捐赠行为进行解释，它们共同认为效用最大化是个人行为的准则。一个人之所以选择捐赠这种行为，必然因为捐赠可以给捐赠者带来效用。在这一点上，三种流派是一致的。但是，带来效用的途径，三种流派存在着分歧。理性主义流派认为，捐赠之所以能带来效用，是因为捐赠本身可以给捐赠者带来种种好处。利他主义流派认为，捐赠之所以能带来效用，是因为捐赠增加了别人的福利，进而利他的个人从中得到了效用。混合主义流派，即部分利他主义流派认为，捐赠能够带来效用，其途径是双重的：一方面捐赠本身可以给捐赠者带来效用；另一方面，受赠人效用的增加也可以给捐赠者带来效用。综合以上分析，三种流派的根本点是一致的，即都认为捐赠能给个人带来效用，其差异只是带来效用的途径而已。

三种流派看似彼此相异，实则可以统一在一起。我们可以将三种流派都统一在混合主义流派之下，将理性主义和利他主义看作混合主义的两种极端特例。我们可以想象一个区间，区间的一端代表符合理性主义假定的个人，区间的另一端代表符合利他主义假定的个人，区间内部代表符合混合主义假定的个人。区间内部不同点代表不同的个人，其捐赠动机中利己与利他的混合比例各不相同。越靠近理性主义一端，其捐赠动机中利己的成分越高；越靠近利他主义一端，其捐赠动机中利他的成分越高。整个线段可以看作涵盖了所有捐赠人的动机，处于中间的捐赠人具有混合动机，处于线段两端的捐赠人拥有纯粹的利己或者利他动机。实际上，即便是同一个捐赠人，在不同的捐赠中，其动机也是在发生变化的，可能这一笔捐赠更多出于利己的动机，但另一笔捐赠却更多地出于利他的动机，于是整个线段也可以看作对于同一个捐赠人所进行的不同捐赠的动机描述。该线段如图14-8所示。

图14-8 个人对高校捐赠动机示意

以上是从社会捐赠的角度对捐赠动机的说明。如果具体到高校社会捐赠，捐赠人出于何种动机呢？高校的捐赠人是众多形形色色捐赠人中的一种，相比较其他各种类型的捐赠人，高校捐赠人更具有混合主义动机即部分利他主义动机的特征。一方面，对于高校的捐赠往往不是纯粹的"匿名"，而是有着很多名誉的回报，比如建筑物命名、奖学金命名等。此外，从现实情况来看，对于高校的捐赠往往集中于那些优秀的、知名的高校，越有名气的大学，越容易得到高额的捐赠，说明对于高校的捐赠具有很强的"慕名"性。但另一方面，同很多社会公益捐赠一样，对于高校的捐赠人也出于强烈的慈善动机，所以很大一部分资金都被用于对贫困生的资助，也有部分资金是匿名的，是不指定用途的，或者不附带任何条件的。综上所述，对于高校捐赠的个人具有明显的混合动机，他们对于高校的捐赠，同时具有利己和利他的考虑。

根据以上分析，利己主义、利他主义、混合主义从经济学角度来讲，在本质上并不矛盾，而且可以统一在混合主义的分析框架之下。由于对于高校的社会捐赠具有明显的混合动机，因而，本书在分析中假定对于高校捐赠的个人是以混合动机为出发点的。

（二）个人对高校社会捐赠激励模型

根据经济学消费者效用最大化理论，一个人所获得的效用由这个人所消费的各种商品的组合和数量来决定，其数学表达式为：

$$U = f(X_1, X_2, \cdots, X_n)$$

当引入捐赠行为，在其他条件不变的情况下，根据捐赠的混合动机假定，个人获得的效用有三个来源：其一，自身消费；其二，从捐赠本身中获得的效用；其三，通过捐赠使别人增加的效用。捐赠者的效用函数可以表达为：

$$U_x = f[C, G, U_y(G)] = f(C, G)$$

式中，U_x代表捐赠者X的效用；C代表捐赠者X的消费总量；G代表捐赠者X的捐赠总量；U_y代表受赠者Y的效用，它是捐赠总量G的函数。

在前面分析中已经提及，理性主义和利他主义都可以统一到混合主义的框架之下，这一点从公式中也可以得到体现。

对于理性主义者来讲，选择捐赠这种行为仅因为自己可以从捐赠中获益。此时，自己的效用同别人的效用水平无关，效用函数可以表达为：

$$U_x = f(C, G)$$

对于纯粹的利他主义者而言，选择捐赠这种行为仅因为捐赠可以增加别人的效用，而自己并不能从捐赠中直接获得效用，效用函数可以表达为：

$$U_x = f[C, U_y(G)] = f(C, G)$$

综合以上分析，无论个人捐赠者是出于利己动机、利他动机还是混合动机，其效用函数都可以简化地表达为：

$$U_x = f(C, G)$$

在收入一定的条件下，个人在消费与捐赠二者之间进行选择，其预算约束可以表达为：

$$I = C + G$$

式中：I 代表个人的收入；C 代表消费总量；G 代表个人的捐赠总量。

由此，个人捐赠水平的决定可以表达为：在收入的预算约束下，个人通过在消费和捐赠两种"商品"之间的选择，实现自身效用的最大化。用公式表达如下：

$$\max U = f(C, G)$$
$$s.t. \; I = C + G$$

由以上分析可知，捐赠水平是由个人的效用函数和预算约束共同决定的。因而为了激励捐赠人进行捐赠，为了提高捐赠水平，就要从改变个人的效用函数和预算约束两个方面着手。

效用函数取决于偏好，即个人对于捐赠尤其是高校捐赠的偏好，而偏好又由一系列因素决定。决定个人捐赠偏好的首先是捐赠方因素，即捐赠者个人因素，包括年龄、职业、个性、教育背景、大学经历等；其次是受赠方因素，主要指高校对于个人捐赠实行的各种激励举措，其核心是针对个人捐赠进行的项目设计、项目推广和项目执行；最后是环境因素，主要指社会捐赠尤其是对于高校社会捐赠的文化和氛围。预算约束取决于个人的实际收入水平，而这是由收入水平、税收和补助等因素共同决定。

通过改变以上列举的各种因素，可以改变个人的效用函数和预算约束，进而改变个人的捐赠水平。激励机制的运行机理，就是通过激励因子（捐赠水平影响因素）的改变，经过传导机制（高校捐赠水平决定模型），达到捐赠水平提高的激励效果。

根据以上分析，激励机制的实现有两条具体路径：第一条路径通过相关因素改变促使捐赠者个人偏好发生改变，进而促使效用函数发生改变，从而实现捐赠水平的增加；第二条路径是通过相关因素改变促使个人的实际收入水平发生改变，进而促使预算约束发生改变，从而实现捐赠水平的增加。

二、企业对高校社会捐赠模型

（一）企业对高校社会捐赠动机假定

作为追求利润最大化的企业，为什么要无偿地进行捐赠呢？关于企业的捐赠动机，主要有利润最大化、股东效用最大化和经理人效用最大化三种解释。

第一，利润最大化。利润是企业生存之本，是企业一切行动的根本动机。捐赠这种形式，看似是无偿的，实际上会给企业带来种种的利益，比如捐赠可以提升公司形象，促进产品销售，具有与广告类似的性质（施瓦兹，1968；包特曼和古普塔，1996）；捐赠有助于改善员工工作环境，降低劳动力成本和公司用于保险、安全等方面的费用（克罗特菲尔特，1985；纳瓦罗，1988）；捐赠有助于树立公司正面形象，帮助公司与政府建立和维持良好的关系，为公司赢得有利的经营环境（威廉姆斯和巴雷特，2000）。作为自由经济主义代表的弗里德曼（1986）就认为，企业进行任何活动的唯一动机就是追求利润最大化，除此之外，再没有别的动力。

第二，股东效用最大化。也有很多经济学家认为，企业除了追求利润以外，也有一种社会责任意识，企业的捐赠不仅仅是为了追求更多的利润，更为了承担应有的社会责任（施瓦兹，1968；纳瓦罗，1988）。根据此种观点，企业是人格化的，因为企业不是一个冷冰冰的组织，而是由一个个活生生的人组成的群体。企业的所有者就是各个股东，股东是追求效用最大化的。捐赠能给企业带来种种好处，有可能提高企业的利润水平，作为股东可以从中受益，因而有可能做出捐赠的决定。同时，股东也可能出于善良、同情、怜悯甚至内疚而通过所属企业进行捐赠，从而实现自身的效用最大化。在这种解释当中，企业捐赠的动机是股东追求效用最大化。

第三，经理人效用最大化。现代企业制度中，所有者和管理者往往是分离的，于是产生了委托—代理问题。企业的所有者是股东，但实际的管理者却是经理人。一些经济学家认为，企业捐赠是经理人做出的决策，其动机是自身效用的最大化（纳瓦罗，1988）。与对股东的分析类似，捐赠有可能提高企业的利润水平，这成为经理人业绩的重要体现，因而经理人有可能做出捐赠的决策。同时，经理人的捐赠也有可能出于个人对于捐赠的偏好，即经理人通过企业进行捐赠，来实现自身效用的最大化。在这种解释当中，企业捐赠行为的动机是经理人追求效用最大化。

综合以上各种观点，具体到企业对于高校进行捐赠的模型，本书进行一些基本假定。

第一，企业具有人格化的特征。虽然企业不是一个人，而是一个组织，但是企业却是由人所组成的，需要像个人一样不断地进行决策和选择，而且企业的决策都是由人做出的，比如股东、经理人等。所以，在我们的分析中，我们将企业视作人格化的个人，类似于个人在收入约束下实现效用最大化，企业在进行捐赠决策时，也是在利润的约束下，实现企业效用的最大化。

第二，股东与经理人的统一性。虽然股东与经理人是两类不同的群体，在某种程度上具有一定的矛盾性，在对于捐赠行为进行解释的各种假说中，股东与经理人效用最大化的解释也分属不同的流派。但是，在我们的分析中，企业被视为一种人格化的组织，其在利润约束下，做出实现自身效用的最大化的决策。无论这种决策是股东做出的，还是经理人做出的，我们都视为企业做出的，这里我们并不区分股东和经理人的差异。

第三，混合动机。类似于个人捐赠者，在现实中，企业进行捐赠的动机往往不是纯粹地追求利润最大化，或者纯粹地出于慈善动机，而是一种混合动机，或者说部分利他主义。同样我们可以构建一个区间，区间的一段是利润动机，区间的另一端是慈善动机，任何企业捐赠的动机都处于这个区间之间，是利己动机与慈善动机二者的混合。纯粹的利润动机或者纯粹的慈善动机可以视作混合动机的两种极端情况（见图14-9）。

慈善动机　　　　　　　混合动机　　　　　　　利润动机

←　慈善动机增强　　　　　利润动机增强　→

图 14-9　企业对高校捐赠动机示意

这种混合动机在分析企业对于高校的捐赠行为时尤为明显。企业对于高校的捐赠往往集中于那些优秀的名牌大学，其意图之一就是通过这种品牌上的结盟，使企业自身能够依托更高的平台进一步发展，获得更好的人力资源支持，占据更广阔的销售市场，这是出自于企业追求利润最大化的动机。但是企业还对于很多贫困生等进行资助，对于很多西部院校进行投入，这在很大程度上又是出于慈善动机。

根据以上分析，本书在企业对高校捐赠的分析中假定企业是一个人格化的主体，出于混合动机，在利润水平约束下，通过在净利润与捐赠之间选择，来实现企业的效用最大化。这里做出决策的主体可能是企业的股东，也可能是企业的经理人，这些主体通过企业的捐赠行为实现自身的效用最大化。

（二）企业对高校社会捐赠激励模型

根据假定，企业是一个人格化的主体，在利润约束下，出于混合动机进行捐赠，以实现企业利益相关者的利益最大化，这里都统一为企业的效用最大化。这与个人高校捐赠的模型分析极其相似，因而在模型构建上，我们同样借鉴消费者行为理论来进行分析。[①]

---

① 本模型的建立除了借鉴经济学消费者行为理论模型以外，还参考了威廉姆森（Williamnson）1964年提出的自由选择行为模型（Model of Discretionary Behavior）。

企业的效用函数取决于两个变量：净利润和捐赠。表达式如下：

$$U = f(n, G)$$

式中：n 代表净利润；G 代表企业捐赠。

企业的利润约束为：

$$N = n + G$$

式中：N 代表总利润；在净利润 n 与捐赠 G 之间分配。[①]

企业的捐赠决策便可以理解为企业在利润约束下，通过在净利润与捐赠二者之间选择，从而实现效用最大化的行为，用数学表达式即为：

$$\max U = f(n, G)$$
$$s.t. \ N = n + G$$

式中：n 代表净利润；N 代表总利润；G 代表企业捐赠总量。企业在实现效用最大化时决定了最优的捐赠数量。

根据上述基本模型，企业的捐赠水平是由企业的效用函数和利润约束共同决定的。因而为了激励企业进行捐赠，就要从改变企业的效用函数和利润约束两个方面着手。

效用函数反映了企业对于捐赠其是高校捐赠的偏好，而偏好又取决于一系列因素，虽然对于股东和经理人其影响因素不尽相同，但总体上包含三类因素：

第一，捐赠方因素。该因素又包括三类：个人因素、企业因素和行业因素。个人因素指股东或者经理人个人对于捐赠的偏好，这又是由一系列因素决定的，比如年龄、经历、个性、任职时间等。企业因素指企业的一些特征，比如生产的产品、品牌的知名度、治理结构等。行业因素指企业所处的行业特点，比如竞争的强弱，进入壁垒的高低等。

第二，受赠方因素。主要指高校对于企业捐赠实行的各种激励举措，其核心是针对企业捐赠进行的项目设计、项目推广和项目执行。

第三，环境因素。主要指企业捐赠于高等教育的文化和氛围。

企业的利润约束取决于企业的利润水平，而这又取决于生产成本、销售收入、税收和补助三大类因素。无论是成本降低还是销售收入的提高，或者税收的减少和补助的增加都会使企业的利润水平增加，进而影响利润曲线的位置。

总之，以上提及的各种因素如果发生变化，都会带来企业效用曲线或者利润曲线相应的变化，进而影响捐赠水平的变化。

激励机制的运行机理就是通过激励因子（捐赠水平影响因素）的改变，经

---

① 本文将企业的净利润定义为总利润与捐赠量之差。

过传导机制（企业对高校捐赠水平决定模型），达到捐赠水平提高的激励效果。

根据以上分析，激励机制的实现有两条具体路径：第一条路径通过相关因素改变促使企业偏好发生改变，进而促使企业效用函数发生改变，从而实现企业捐赠水平的增加；第二条路径是通过相关因素改变促使企业利润水平发生改变，进而促使企业利润约束发生改变，从而实现企业捐赠水平的增加。

三、小结

在个人高校捐赠中，本书假定对于高校捐赠的个人出于既有利己、又有利他的混合动机，在收入约束下，通过消费与捐赠之间进行选择和组合，以实现效用的最大化。在此假定基础上，构建了个人高校捐赠模型，并对于其激励机制进行模型分析。根据分析，个人高校社会捐赠的激励机制有两条实现路径：其一通过改变个人捐赠偏好来实现；其二通过改变个人实际收入水平来实现。

在企业高校捐赠中，假定对于高校捐赠的企业具有人格化的特征，由股东或者经理人出于慈善和利润的混合动机，在利润约束下，通过净利润与捐赠之间的选择和组合，来实现企业的效用最大化。在此假定的基础上，构建了企业高校捐赠模型，并对于其激励机制进行模型分析。根据分析，企业高校社会捐赠的激励机制有两条实现路径：其一通过改变企业捐赠偏好来实现；其二通过改变企业利润水平来实现。

第三节 高校社会捐赠宏观激励机制模型

本节将上述基本模型应用于高校社会捐赠的宏观激励机制的分析。高校社会捐赠宏观激励机制指政府为激励高校社会捐赠所颁布的法律法规、出台的政策举措、构建的机制总和。在宏观激励机制中，最重要的是税收激励机制，本节将对于个人和企业高校捐赠的税收激励机制进行分析。分析的主要内容包括高校社会捐赠税收激励模型、社会捐赠税收激励实证效果以及我国高校社会捐赠税收激励实践。

一、个人对高校社会捐赠税收激励机制模型分析

在征收个人所得税、累进个人所得税、遗产税的条件下，对高校捐赠实行税

前扣除,对于个人捐赠将产生怎样的激励效果?

(一) 个人所得税与捐赠税前扣除

如果征收个人所得税,之前的个人对高校捐赠模型将变为以下形式:

$$\max U = f(C, G)$$
$$s.t. \ I(1-t) = C + G \Rightarrow C = I(1-t) - G$$

式中,t 代表个人所得税税率,$0 \leq t \leq 1$。

此时,如果对于高校捐赠实行一定比例的税前扣除,个人对高校捐赠模型将变为以下形式:

$$\max U = f(C, G)$$
$$s.t. \ I - (I - aG)t = C + G \Rightarrow C = I(1-t) - (1-at)G$$

式中,a 表示捐赠的扣除比例,$0 \leq a \leq 1$。

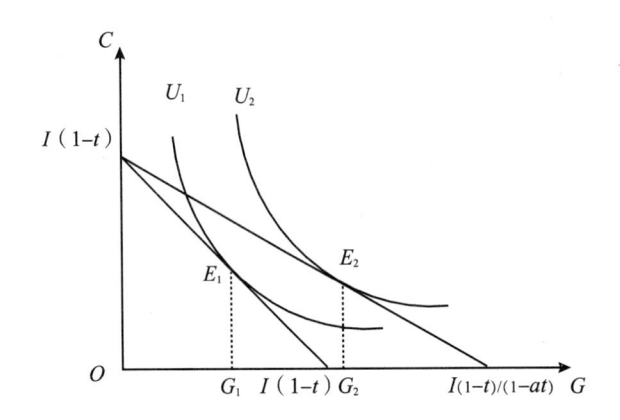

以上分析可以用图 14-10 来表示。

图 14-10 捐赠于个人所得税前扣除的激励效应

从图 14-10 中可以看出,当征收个人所得税以后,个人的预算水平降低,预算线变成截距为 $I(1-t)$ 的一条直线,与效用曲线 U_1 相切于点 E_1,此时的捐赠额为 G_1。

当高校捐赠税前扣除后,个人的预算线发生了旋转。由于预算线的斜率减小,从 -1 变成 $-(1-at)$,因而预算线变得更加平缓。此时的预算线与效用曲线 U_2 相切于点 E_2,满足效用最大化条件的捐赠额为 G_2。

在征收所得税的条件下,对比捐赠扣除前后,捐赠数额增加。这是因为捐赠的税前扣除改变了捐赠的价格,进而改变了个人对于捐赠的选择。具体来说,在没有征收个人所得税的情况下，I 单位收入所能进行的捐赠也是 I 单位，因而捐赠的价格是 1。① 在征收个人所得税但捐赠不在税前扣除的情况下，I 单位收入所能进行的捐赠是 $I(1-t)$，因而捐赠的价格是 $1/(1-t)$。在征收个人所得税且捐赠在税前扣除的情况下，I 单位收入所能进行的捐赠是 $I(1-t)/(1-at)$，因而捐赠的价格是 $(1-at)/(1-t)$。由此看出，在征收个人所得税的情况下，如果捐赠在税前扣除，则捐赠的价格将由 $1/(1-t)$ 下降为 $(1-at)/(1-t)$，而且扣除比例 a 越大，价格下降越多。捐赠价格降低，而消费的价格不变，使得个人倾向于用更多的捐赠来替代消费，因而增加了捐赠量，这是价格效应（替代效应）作用的结果，捐赠税前扣除比例越高，价格效应越大，捐赠的增加量也就越大。

由上述分析可以看出，在征收个人所得税的情况下，如果对于个人的高校捐赠实行税前扣除，在价格效用的作用下，个人对于高校的捐赠将会增加，而且税前扣除的比例越高，对于捐赠的激励作用越大。

（二）累进个人所得税与捐赠税前扣除

在实行累进个人所得税的情况下，对于捐赠的税前扣除将减少个人的应税所得，从而有可能适用较低的所得税率，这对于捐赠数额会产生进一步的影响。

在实行累进个人所得税的情况下，如果不实行捐赠税前扣除，捐赠水平的决定模型为：

$$\max\ U = f(C, G)$$
$$\text{s.t.}\ I(1-t_1) = C + G \Rightarrow C = I(1-t_1) - G$$

式中，t_1 表示此时的所得税率，$0 \leq t_1 \leq 1$。

如果实行捐赠税前扣除，个人的应税所得减少，有可能适用更低的所得税率，捐赠水平的决定模型将变为：

$$\max\ U = f(C, G)$$
$$\text{s.t.}\ I - (I - aG)t_2 = C + G \Rightarrow C = I(1-t_2) - (1-at_2)G$$

式中，t_2 表示此时的所得税率，$0 \leq t_2 \leq t_1 \leq 1$。

以上分析可以用图 14-11 来表示。可以看出，在实行累进个人所得税的情况下，如果捐赠不在税前扣除，个人的收入 I 适用于税率 t_1，其预算约束变为 $I(1-t_1)$，在此情况下，预算线与效用曲线 U_1 相切于点 E_1，此时的捐赠为 G_1。

在实行累进个人所得税的情况下，如果捐赠可以按照比例 a 在税前扣除，个

---

① 本书将捐赠的价格定义为进行一单位捐赠所实际花费的资金量。其计算公式为：捐赠价格 = 实际花费的资金量/捐赠数量。

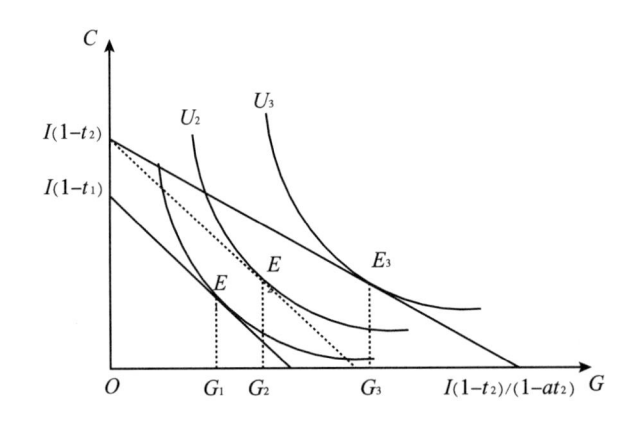

图 14-11 捐赠于累进个人所得税前扣除的激励效应

人的应税所得 I 从减少到 $I-aG$，可能适用于较低的税率 t_2。此时预算线发生改变，截距由 $I(1-t_1)$ 增加到 $I(1-t_2)$，斜率由 -1 减少到 $-(1-at_2)$，因而整条预算线向上移动，同时变得更加平缓。此时的预算线与效用曲线 U_3 相切于点 E_3，捐赠为 G_3。

以上捐赠的增加是收入效应和价格效应共同作用的结果。当捐赠在税前扣除，个人应税所得减少，适用于更低的税率，等同于预算收入的增加，扣除比例 a 越大，可能适用的税率越低，预算收入的增加也就越大。在其他条件不变的情况下，在此条件下，个人会增加捐赠，扣除比例 a 越大，捐赠的增加越多，这是收入效应作用的结果。在图 14-11 中表现为预算线由 $I(1-t_1)$ 平行移至 $I(1-t_2)$，捐赠额相应地由 G_1 增加至 G_2。当捐赠在税前扣除，不仅增加了个人的预算收入，同时也使捐赠的价格降低，从 $1/(1-t_1)$ 降至 $(1-at_2)/(1-t_2)$，扣除比例 a 越大，价格也就降得越低。在此情况下，个人会增加捐赠，扣除比例 a 越大，捐赠增加越多，这是价格效应作用的结果。在图 14-11 中表现为预算线的向右旋转，捐赠相应地由 G_2 增加至 G_3。也就是说，捐赠的增加 G_1G_3 是收入效应 G_1G_2 和价格 G_2G_3 效应共同作用的结果。

根据以上分析，在实行累进个人所得税的条件下，对于捐赠的税前扣除将激励高校捐赠的增加，且税前扣除的比例越大，其激励效果越大。

（三）遗产税与捐赠税前扣除

在分析遗产税的税收激励时，我们首先对之前的模型进行一些调整。

假定一个人的财产总量是 W，在留给后代遗产 H 和对高校捐赠 G 之间分配，则其捐赠水平的决定模型为：

$$\max U = f(H, G)$$
$$\text{s. t. } W = H + G \Rightarrow H = W - G$$

式中：W 代表个人的总财产；H 代表给后代留下的遗产量；G 代表捐赠量。

如果开征收遗产税，但对于捐赠不进行税前扣除，则捐赠水平的决定模型变为：

$$\max U = f(H, G)$$
$$\text{s. t. } W(1-t) = H + G \Rightarrow H = W(1-t) - G$$

式中，t 代表遗产税税率，$0 \leq t \leq 1$。

如果开征收遗产税，而且对于捐赠进行税前扣除，则捐赠水平的决定模型变为：

$$\max U = f(H, G)$$
$$\text{s. t. } W - (W - aG)t = H + G \Rightarrow H = W(1-t) - (1-at)G$$

式中，a 表示捐赠扣除比例，$0 \leq a \leq 1$。

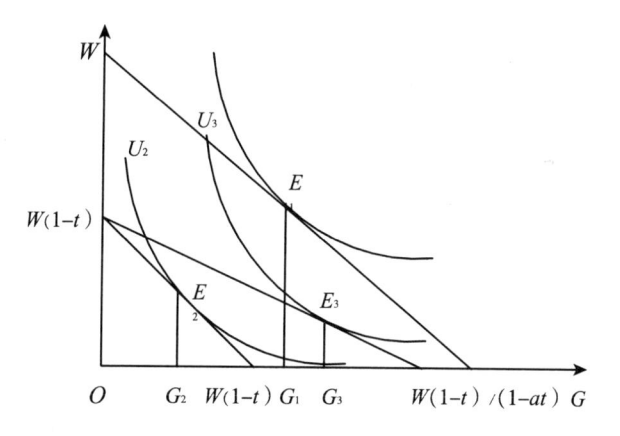

以上分析可以用图 14-12 来表示。

图 14-12　捐赠于遗产税前扣除的激励效应

从图 14-12 中可以看出，遗产税的征收使得个人的财富减少，财富线从 W 平行移至 $W(1-t)$，此时如果没有实行高校捐赠税前扣除，则高校捐赠额会从 G_1 减少到 G_2。这种减少是由收入效应造成的。

如果在征收遗产税的同时，实行高校捐赠税前扣除，则财富线的斜率会变小，从 -1 变成 $-(1-at)$，在图形中表现为财富线向右旋转。此时高校捐赠增加，从 G_2 增加到 G_3。这种增加是价格效应作用的结果，因为捐赠的价格从 $1/(1-t)$ 降低到 $(1-at)/(1-t)$，因而个人会增加高校捐赠。此时，扣除比例

a 越高，价格降低得越多，捐赠的增加也就越多。

但是，将不征收遗产税的情况，与征收遗产税但捐赠税前扣除的情况相对比，捐赠将会增加还是减少是不确定的。这是因为，开征遗产税，减少了个人的财富总量，在收入效应的作用下，个人的捐赠量也随之减少。因而遗产税开征本身对于捐赠有抑制的作用。在开征遗产税的前提下，如果实行捐赠税前扣除，在价格效应的作用下，个人的捐赠量会随之增加。因而，捐赠税前扣除对于捐赠有激励作用。但是对比起来，遗产税开征对于捐赠的抑制作用，同捐赠税前扣除的激励作用孰大孰小很难确定。这取决于捐赠的收入弹性和价格弹性，而这又取决于个人效用曲线的形状，这是我们无法准确判断的。但是，根据经验判断，财富水平越高，遗产税率越高，个人对于捐赠税前扣除往往具有更高的敏感度。

根据以上分析，在开征遗产税的情况下，捐赠的税前扣除对于捐赠额有激励作用，扣除比例越高，激励效果越大。但是遗产税本身对于捐赠的抑制效果，与捐赠税前扣除的激励效果之间的大小关系无法确定。也就是说，不征收遗产税时的捐赠，与征收遗产税但捐赠税前扣除时的捐赠无法对比大小。但是，基于经验，当财富总量比较大、遗产税率又比较高时，同遗产税的抑制作用相比，捐赠税前扣除的激励效果更为显著。

二、企业对高校社会捐赠税收激励模型分析

在征收企业所得税的情况下，如果对高校捐赠实行税前扣，对于企业的捐赠将产生怎样的激励效果？

如果征收企业所得税，我们之前分析的企业对高校捐赠模型将变为以下形式：

$$\max U = f(n, G)$$
$$\text{s.t.} \ N(1-t) = n + G \Rightarrow n = N(1-t) - G$$

式中，t 代表企业所得税税率，$0 \leq t \leq 1$。

此时，如果对于高校捐赠实行一定比例的税前扣除，企业对高校捐赠模型将变为以下形式：

$$\max U = f(n, G)$$
$$\text{s.t.} \ N - (N - aG)t = n + G \Rightarrow n = N(1-t) - (1-at)G$$

式中，a 表示捐赠的扣除比例，$0 \leq a \leq 1$。

以上分析可以用图 14-13 来表示。

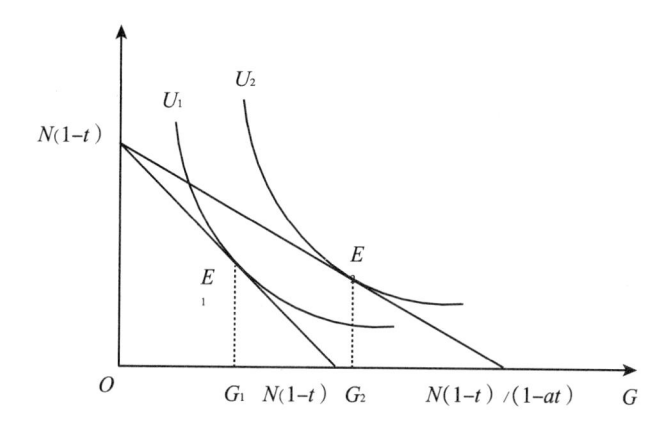

图 14 – 13　捐赠于企业所得税前扣除的激励效应

从图 14 – 13 中可以看出，当征收企业所得税以后，企业的利润水平降低，利润线变成截距为 $N(1-t)$ 的一条直线，与效用曲线 U_1 相切于点 E_1，此时的捐赠额为 G_1。

当高校捐赠税前扣除后，企业的利润线发生了旋转。由于利润线的斜率减小，从 -1 变成 $-(1-at)$，因而利润线变得更加平缓。此时的利润线与效用曲线 U_2 相切于点 E_2，满足效用最大化条件的捐赠额为 G_2。

在征收企业所得税的条件下，对比捐赠扣除前后，企业对高校捐赠数额增加。这是因为捐赠的税前扣除改变了捐赠的价格，进而改变了企业对于捐赠的选择。具体来说，在没有征收企业所得税的情况下，N 单位总利润所能进行的捐赠也是 N 单位，因而捐赠的价格是 1。在征收企业所得税但捐赠不在税前扣除的情况下，N 单位收入所能进行的捐赠是 $N(1-t)$，因而捐赠的价格是 $1/(1-t)$。在征收企业所得税且捐赠在税前扣除的情况下，N 单位收入所能进行的捐赠是 $N(1-t)/(1-at)$，因而捐赠的价格是 $(1-at)/(1-t)$。由此看出，在征收企业所得税的情况下，如果捐赠在税前扣除，则捐赠的价格将由 $1/(1-t)$ 下降为 $(1-at)/(1-t)$，而且扣除比例 a 越大，价格下降越多。捐赠价格降低，使得企业倾向于用更多的捐赠来替代净利润，因而增加了捐赠量，这是价格效应（替代效应）作用的结果，捐赠税前扣除比例越高，价格效应越大，捐赠的增加量也就越大。

由上述分析可以看出，在征收企业所得税的情况下，如果对于企业的高校捐赠实行税前扣除，在价格效用的作用下，企业对于高校的捐赠将会增加，而且税前扣除的比例越高，对于捐赠的激励作用也就越大。

第四节 我国高校社会捐赠税收激励机制的现状、问题与建议

一、我国现行的高校社会捐赠税收激励机制

（一）现行的个人对高校社会捐赠税收激励机制

应该指出，对于个人高校社会捐赠，我国目前没有专门的法律法规对其税收优惠做出规定，而是作为社会捐赠的一部分，按照社会捐赠相关法律法规的规定，享受相应的税收优惠。

个人对高校捐赠享受税收优惠的基本依据是《中华人民共和国公益事业捐赠法》①第4章第25条规定："自然人和个体工商户依照本法的规定捐赠财产用于公益事业，依照法律、行政法规的规定享受个人所得税方面的优惠。"这个原则性规定表明个人进行公益捐赠行为依法能够享受所得税优惠。但是该条文没有明确规定税收优惠的具体条件和程序。该规定在实践中具有可操作性还要依赖于其他相关法律法规的具体规定。

具体规范个人对高校捐赠税收优惠的法律法规主要包括以下内容。

根据《中华人民共和国个人所得税法》②第6条第2款规定："个人将其所得对教育事业和其他公益事业捐赠的部分，按照国务院有关规定从应纳税所得中扣除。"

根据《中华人民共和国个人所得税法实施条例》③第24条规定："税法第6条第2款所说的个人将其所得对教育事业和其他公益事业的捐赠，是指个人将其所得通过中国境内的社会团体、国家机关向教育和其他社会公益事业以及遭受严重自然灾害地区、贫困地区的捐赠。捐赠额未超过纳税义务人申报的应纳税所得额30%的部分，可以从其应纳税所得额中扣除。"

---

① 《中华人民共和国公益事业捐赠法》于1999年6月28日第九届全国人民代表大会常务委员会第十次会议通过，1999年6月28日中华人民共和国主席令第十九号公布，自1999年9月1日起施行。

② 《中华人民共和国个人所得税法》于1980年9月10日第五届全国人民代表大会第三次会议通过，而后分别于1993年、1999年、2005年进行了三次修订。本文的相关规定引自2005年修订后的版本，即现行版本。

③ 《中华人民共和国个人所得税法实施条例》由1994年1月28日中华人民共和国国务院令第142号发布，根据2005年12月19日《国务院关于修改〈中华人民共和国个人所得税法实施条例〉的决定》修订。本文的相关规定引自2005年修订后的版本，即现行版本。

2004年年初下发并开始执行的财政部、国家税务总局《关于教育税收政策的通知》（财税〔2004〕39号）第1条第8项明确规定："纳税人通过中国境内非营利的社会团体、国家机关向教育事业的捐赠，准予在企业所得税和个人所得税前全额扣除。"

按照《个人所得税法》和《个人所得税法实施条例》的相关规定，个人通过在民政部门登记的非营利组织或国家机关进行高等教育捐赠，捐赠额未超过纳税义务人申报的应纳税所得额30%的部分，可从其应纳税所得额中扣除。但根据《关于教育税收政策的通知》，高等教育捐赠是教育捐赠的一部分，个人向高等教育捐赠应享受所得税前全额扣除的税收优惠政策。

在实际执行中，个人对于高校捐赠所享受的税收优惠主要依据《个人所得税法》和《个人所得税法实施条例》来执行，高校捐赠未超过应税所得30%的部分从其应税所得中扣除。这主要由于《个人所得税法》和《个人所得税法实施条例》属于国家颁发的法律，而《关于教育税收政策的通知》是财政部、国家税务总局推行的行政规章，前者在其法律地位和效力方面高于后者。2005年修订的《个人所得税法》和《个人所得税法实施条例》实际上否定了2004年颁布和实施的《关于教育税收政策的通知》。

（二）现行的企业对高校社会捐赠税收激励机制

同个人高校社会捐赠类似，对于企业高校社会捐赠，我国目前没有专门的法律法规对其税收优惠做出规定，而是作为社会捐赠的一部分，按照社会捐赠相关法律法规的规定，享受相应的税收优惠。

企业对高校捐赠税收优惠的基本依据是《中华人民共和国公益事业捐赠法》[①]第4章第24条规定："公司和其他企业及个人依照该法规定捐赠财产用于公益事业，依照法律、行政法规的规定享受所得税方面的优惠。"这个原则性规定表明企业进行公益捐赠行为依法能享受所得税优惠，但是该条文没有明确规定税收优惠的具体条件和程序。该规定在实践中具有可操作性还要依赖于其他相关法律法规的具体规定。

具体规定企业向高校捐赠享受税收优惠的法律法规包括以下内容。

1993年颁布的《中华人民共和国企业所得税暂行条例》（国务院令〔1993〕137号）第6条第4款规定："纳税人用于公益、救济性的捐赠，在年度应纳税所得额3%以内的部分，准予扣除。"

---

① 《中华人民共和国公益事业捐赠法》于1999年6月28日第九届全国人民代表大会常务委员会第十次会议通过，1999年6月28日中华人民共和国主席令第19号公布，自1999年9月1日起施行。

1994 年颁布的《中华人民共和国企业所得税暂行条例实施细则》（财法[1994] 3 号）第 12 条规定："条例第 6 条第 2 款（四）项所称公益、救济性的捐赠，是指纳税人通过中国境内非营利的社会团体、国家机关向教育、民政等公益事业和遭受自然灾害地区、贫困地区的捐赠。纳税人直接向受赠人的捐赠不允许扣除。前款所称的社会团体，包括中国青少年发展基金会、希望工程基金会、宋庆龄基金会、减灾委员会、中国红十字会、中国残疾人联合会、全国老年基金会、老区促进会以及经民政部门批准成立的其他非营利的公益性组织。"

2004 年年初下发并开始执行的财政部、国家税务总局《关于教育税收政策的通知》（财税[2004] 39 号）第 1 条第 8 项明确规定："纳税人通过中国境内非营利的社会团体、国家机关向教育事业的捐赠，准予在企业所得税和个人所得税前全额扣除。"

2008 年 1 月 1 日生效的《中华人民共和国企业所得税法》[①] 第 2 章第 9 条规定："企业发生的公益性捐赠支出，在年度利润总额 12% 以内的部分，准予在计算应纳税所得额时扣除。"《中华人民共和国企业所得税法实施条例》[②] 第 2 章第 3 节第 53 条规定："企业发生的公益性捐赠支出，不超过年度利润总额 12% 的部分，准予扣除。年度利润总额，是指企业依照国家统一会计制度的规定计算的年度会计利润。"

目前企业对高校社会捐赠所享受的税收优惠主要依据最新颁布的《中华人民共和国企业所得税法》以及《中华人民共和国企业所得税法实施条例》。

二、我国高校社会捐赠税收激励机制的问题与建议

根据以上介绍，我国基本上建立起了对于个人和企业高校社会捐赠的激励机制，但是机制还不完善、不健全，尤其与欧美高校社会捐赠发达、税收激励机制成熟的国家比较起来，我国的税收激励机制还存在着很大的改善空间，可以对高校社会捐赠起到更大的激励效果。

归纳起来，我国个人和企业高校捐赠税收激励机制主要在以下几个方面存在问题。

[①] 《中华人民共和国企业所得税法》由 2007 年 3 月 16 日第十届全国人民代表大会第五次会议通过，自 2008 年 1 月 1 日起施行。

[②] 《中华人民共和国企业所得税法实施条例》于 2007 年 11 月 28 日国务院第 197 次常务会议通过，自 2008 年 1 月 1 日起施行。

（一）缺乏专门的法律法规、且现行的法律法规与行政规章之间存在冲突

作为高校社会捐赠，我国目前没有专门的法律法规对其税收优惠做出规定，而是作为社会捐赠的一部分，按照社会捐赠相关法律法规的规定，享受相应的税收优惠。从立法的角度讲，这是一种缺失。

税收激励机制是一个完整的体系，各种规范税收的法律法规、行政规章之间也应该是一个有机的整体。但是，目前在我国的税收规定中，涉及个人和企业高等教育捐赠税收优惠的法律法规与行政规章之间存在着明显的冲突。

如前分析，按照《个人所得税法》和《个人所得税法实施条例》的规定，个人高校捐赠未超过应税所得30%的部分可以从应税所得中扣除。按照《中华人民共和国企业所得税法》的规定，企业发生的公益性捐赠支出，在年度利润总额12%以内的部分，准予在计算应纳税所得额时扣除。但是根据2004年财政部、税务总局发出的《关于教育税收政策的通知》，个人和企业向高等教育捐赠应享受所得税前全额扣除的税收优惠政策。二者之间存在明显冲突。本书在前面部分已经论述，由于法律地位效力与颁布时间的原因，在高校捐赠税收激励的现实中，个人和企业享受的税收优惠分别按照《个人所得税法》、《个人所得税法实施条例》以及《中华人民共和国企业所得税法》的相关规定来实施。

根据本书在前面部分中关于所得税税收激励理论模型的分析，捐赠于个人和企业所得税前扣除可以激励个人和企业捐赠者对于高校的捐赠，而且扣除比例越大，激励效果越大。2004年实施的《关于教育税收政策的通知》中捐赠于所得税前全额扣除的规定，体现了对于教育捐赠的激励。但是，在现实中，由于法律法规与行政规章之间存在的冲突，此种对于包括高校捐赠在内的教育捐赠的激励无法在现实中推行，在一定程度上影响了税收对于高校捐赠激励效应的发挥。

因而，为了更好地发挥税收优惠的激励效用，为了鼓励教育捐赠尤其是高校捐赠的发展，应该将现行法律法规与行政规章之间的冲突相统一，比如用法律的形式将教育捐赠于所得税前全额扣除的优惠规定稳定下来。

（二）直接捐赠无法享受优惠

在我国现行法律法规中规定的高校社会捐赠税收优惠，都是针对于间接捐赠而设定的，对于直接捐赠则没有任何税收优惠。所谓间接捐赠是指捐赠通过某些组织为中介来进行，也就是捐赠人将资金捐赠给中间组织，中间组织再将资金用于接受捐赠的群体。所谓直接捐赠是指不通过任何中间组织，直接给予受赠人的捐赠。

我国现行的捐赠税收优惠都是针对间接捐赠进行的。比如，《中华人民共和国个人所得税法实施条例》就规定只有通过中国境内的社会团体、国家机关向教育和其他社会公益事业进行的捐赠才能享受相应的税收优惠。在《中华人民共和国企业所得税法实施条例》第2章第3节第51条也有类似的规定："企业所得税法第9条所称公益性捐赠，是指企业通过公益性社会团体或者县级以上人民政府及其部门，用于《中华人民共和国公益事业捐赠法》规定的公益事业的捐赠。"根据上述规定，个人和企业高校捐赠必须要捐赠给指定的组织才能享受相应的税收优惠，如果直接捐赠给学生或者学生家庭则不能得到任何的税收优惠。

这种规定虽然在一定程度上可以防止个人和企业以捐赠为名义转移财产从而偷税漏税，但是也在很大程度上限制了税收激励机制的发挥。在现实当中，对于高校的直接捐赠广泛地存在，比如很多人直接资助贫困地区的学生上大学。在没有相应税收优惠激励的情况下，这种直接捐赠依然广泛存在有着多种原因：其一，一些捐赠者并不在乎税收优惠所带来的好处，因而无论有没有税收优惠他们都会进行捐赠；其二，一些捐赠者对于税收优惠制度并不了解，不了解优惠的幅度和程序，也不了解通过哪些机构捐赠可以得到这些优惠；其三，一些捐赠者对于中间组织的能力表示怀疑，或者对于中间组织提供的项目并不满意，于是即便没有税收优惠，也选择自己直接进行捐赠。对于上述第一类捐赠者来讲，他们对于税收优惠并不敏感，用模型来讲，他们的捐赠价格弹性很小，因而无论是直接捐赠还是间接捐赠的税收优惠，对于他们的激励效果都很微小。但是现实中这样的捐赠者只占少数。对于第二类和第三类捐赠者来讲，直接捐赠的税收优惠将会对他们的捐赠行为产生激励效果，也就是说进一步鼓励了他们进行更多的捐赠。

由于目前的高校捐赠税收优惠只局限于间接捐赠，致使将个人和企业高校捐赠中很大的一部分排除在税收激励之外，如果能在现有的税收法规中明确规定对于直接捐赠的税收优惠，将对高校社会捐赠产生更大的激励效应。当然，与此同时，税收监管也要加强，以避高校捐赠成为逃税的渠道，从而避免税源的流失。

（三）享受优惠的捐赠形式只局限于货币

在发达国家，普遍存在着非货币资产捐赠税前扣除的规定。比如美国税法规定，可在税前扣除的捐赠形式有三种，即现金、带有长期资本增益或称长期资本利得性质的财物和带有普通所得性质的财物。由于三类捐赠物的实体不同，捐赠扣除时的限定条件也有所不同，其中后两种的扣除规定是，当纳税人把财产捐赠给慈善组织，捐赠额的确定取决于财产的类型。如果捐赠财产属于短期资本利得类型，则捐赠额被限定为下述两者中数量较小的一个：一是在捐赠当天该财产的公平市场价格；二是财产调整后的基值。如果捐赠财产会产生长期资本利得，纳税人捐赠该财产可以按其公平市场价格进行扣除。美国可以将实物捐赠合理扣除的前提是有着发达的金融市场和评估机制。

目前我国税法关于高校捐赠的相关优惠规定针对的都是货币形式的捐赠，对于货币形式以外的捐赠比如实物捐赠和无形资产方面的捐赠并没有相应的税收优惠。这主要是源于市场原因和技术原因，我国目前的评估、审计、会计等制度还不是十分健全，缺乏完善的金融市场，也缺乏相关的专业评估机构对于这些形式的捐赠进行准确合理的评估，因而给税收优惠政策的实行带来了很大的难度。

在《中华人民共和国企业所得税法》的第58条、第62条以及第66条分别规定了捐赠的固定资产、生产性实物资产及无形资产的计算方法，都是以这些资产的"公允价值和支付的相关税费为计税基础"。这些规定虽然为捐赠的非货币资产价值的确定提供了明确的基础，但还是没有明确公允价值的计价方法、计价程序，以及由哪些机构来评估捐赠的非货币资产的公允价值。这些仍存在的问题，需要在相关的法律法规中进一步完善和明确。

对于捐赠者，尤其是企业捐赠者来讲，其拥有的资产除货币以外，还有产品、固定资产之类的实物资产，以及技术、发明专利等无形资产。对于高校的发展来讲，这些非货币的捐赠具有货币捐赠无法替代的价值。如果能够从法律规范上和技术执行上将非货币捐赠纳入到税收优惠的范畴，将激励个人和企业对于高校进行各种形式的捐赠，这将大力促进我国高校捐赠的发展水平。

（四）捐赠于个人所得税前扣除比例偏低

根据本书前面部分关于个人高校捐赠税收激励机制模型分析，对于个人捐赠的税前扣除可以激励个人捐赠者对于高校的捐赠，而且扣除比例越大，激励效果越大。

按照我国《个人所得税法》和《个人所得税法实施条例》的规定，个人对高校捐赠未超过应税所得30%的部分可以从应税所得中扣除。通过国际经验来看，这个比例是偏低的。以美国为例，美国政府对于慈善捐赠实行较大幅度的减免所得税政策，根据美国税法的规定，[①] 个人向非营利私利学校捐赠依法享有调整后毛所得50%的税金扣除优惠。毛所得（Adjusted Gross Income，AGI）是指纳税人取得的全部所得经过有关调整后的所得额。调整的项目主要是不予计列项和个人扣除项目。

从我国目前的情况来看，如果能够适当提高个人对高校捐赠的所得税前扣除

---

① 中税网，美国个人所得税介绍，http://www.dalinz.gov.cn。

比例，尤其如果能够对教育捐赠实行所得税前全额扣除，将会对于我国个人对于高校的捐赠产生更大的推动作用。

（五）缺乏企业捐赠税收优惠结转机制

在发达国家，企业进行的捐赠往往可以向前结转，在企业所得税扣除比例不变的情况下，这等同于提高了扣除比例，因而对于企业捐赠是一种很大的激励。

以美国为例，企业捐赠在企业所得税中的扣除比例为10%，超过限额部分的捐赠可以向前结转5年，而且结转的超额捐赠优先扣除。如果企业亏损，当年没有任何扣除，则将捐赠额全部转入下一年度进行扣除（杨龙军，2004）。

根据我国企业所得税法的规定，捐赠的扣除不能结转，因而企业只有在当年有利润可纳税的情况下，才可享受捐赠税收优惠，而且其扣除比例为12%，超过的部分不能享受优惠。如果企业亏损，就无法交纳企业所得税，因而也就无法享受捐赠的税收优惠。

根据企业捐赠税收激励模型的分析，捐赠于企业所得税前扣除可以激励企业的高效捐赠，扣除比例越高，激励效果越大。在扣除比例不变的情况下，实行企业捐赠结转，实际上突破了扣除比例的界限，让企业实际享受到了更高比例的税收优惠，因而对于企业的捐赠是一种鼓励。

我国2008年开始实施的《中华人民共和国企业所得税法》中将企业捐赠的扣除比例定位12%，比此前实行的《中华人民共和国企业所得税暂行条例》中3%的扣除比例提高很多，体现了我国政府通过税收优惠激励企业捐赠的意愿。如果能在12%的扣除比例之上配合企业捐赠结转制度，将会对企业捐赠产生更大的激励效果。

（六）缺乏遗产税与赠与税的"倒逼机制"

根据我们之前的模型分析，开征遗产税并实行个人高校捐赠税前扣除，将会对于捐赠人的捐赠行为产生激励效果。在这一点上，赠与税与遗产税有着相似的机理和效果。

从发达国家的实践来看，大多数都开征比例较高的遗产税和赠与税，这在很大程度上促进了捐赠的增长。以美国为例，遗产税对于促进美国慈善事业的发展起到了很大的作用。与所得税扣除不同，从遗产税中扣除的慈善性遗产捐赠的数额没有任何限制。美国遗产税的税率为超额累进税率，遗产税的起征数是67.5万美元，税率从37%开始累进，最高税率为55%，对高于300万美元的应纳税遗产适用。对于慈善捐赠的税收扣除，确实鼓励了财产捐赠，例如1947年福特汽车公司的创办人老福特去世时，按当时的税率应征收3亿美元的遗产税，福特家族将90%非表决权形式的股票捐赠给福特基金会，结果遗产税额从3亿美元减至几百万美元（陈根林等，2008）。

我国迄今为止还没有开征遗产税，但是随着改革开放30年来经济社会的不断发展，一部分人先富裕了起来，社会的贫富差距加大，这为开征遗产税提供了有利的社会条件。遗产税的开征，一方面可以调节贫富差距，促进社会和谐；另一方面，可以激励包括高等教育在内的社会捐赠的增长。

第五部分

中国公共教育财政制度的评价与改革

第十五章

中国公共教育财政制度的评价与改革

教育经费的充足、公平和效率是国内外学者评价教育财政制度的几个重要维度（本森，1996；李文利、王蓉，2005）。我们在描述中国教育财政制度基本特征的基础上，从这三个维度对中国公共教育财政制度进行分析和评价，并提出改革的建议。

第一节 中国公共教育财政制度的基本特征

建国60年来，随着中国政治经济体制特别是财政体制的改革和发展，中国教育财政制度不断改革和发展，形成了现行的制度。中国现行教育财政制度具有以下特征。

一、教育经费负担以政府为主、但居民负担较重

中国教育经费负担制度是政府为主的多主体负担制度。2007年，在总教育经费中，财政性教育经费占68%，非财政性经费占32%。财政性教育经费主要来自一般税收（预算内教育经费），指定用于教育的教育费附加收入只占7%，

企业办学中的企业拨款和校办产业和社会服务收入用于教育的经费合计不到1%。① 非政府教育经费主要来自学生交纳的学杂费和择校费，民办学校举办者投入和社会捐赠资金很少，合计只有174亿元。

从义务教育到高等教育，随着教育层级的提高，政府教育经费比例依次减少。2007年，普通小学、初中、高中和高等学校财政性教育经费的比例依次是91%、85%、57%和44%，非义务教育政府负担的比例很低。在民办学校，无论是义务教育还是非义务教育学校，经费主要来自学生交费，政府极少负担。由于经济发展水平和财力的不同，各省、自治区和直辖市在非义务教育经费的筹措中有较大差异。2007年，北京市普通高中和高校财政性经费比例分别为74%和55%，江西省分别只有54%和33%。

与其他国家相比，中国政府负担的教育经费比例偏低，居民负担偏重。2002年30个OECD国家总教育经费中，政府教育经费占88.4%，非政府经费占11.6%；高等教育总经费中政府教育经费占78.1%，中小学总经费中政府教育经费占92.8%。OECD的伙伴国印度的总教育经费中，政府教育经费占71.9%，非政府经费占28.1%；高等教育总经费中政府教育经费占77.8%，中小学总经费中政府教育经费占70.7%。②

二、基础教育经费政府分担以区县为主、层次偏低

中国有五级政府，在教育经费分担责任的划分上，没有很明确的规定，基本沿用谁办学谁负担的传统。

义务教育经费的政府责任，在2001年以前，农村主要由县和乡镇承担，城市主要以区为主；2001年后提出以县为主；2006年修订后的《义务教育法》提出省级政府统筹。虽然在农村税费改革后，特别是2006年实行农村义务教育经费保障新机制后，中央和省级政府大大增加了义务教育教育经费的负担，但总体上还是区、县政府负担为主。

学前教育的财政投入责任，到目前为止基本上由区县和街道、乡镇政府承担。不过，多数地区财政对学前教育投入很少，多年来预算内学前教育经费占全部预算内教育经费的比例只有1.3%左右。

---

① 中国政府统计的财政性教育经费大致相当于国际上的公共教育经费，即政府负担的教育经费。财政性教育经费包括4个项目：预算内教育经费、各级政府征收用于教育的税费、企业办学中的企业拨款、校办产业、勤工俭学和社会服务收入用于教育的经费，其中后2个项目不属于政府的教育经费，作为财政性教育经费是不合适的。

② OECD. Education at a Glance. www.oecd.org/edu/eag2005。

高中阶段教育经费的政府责任，长期由区县政府负担。2006年实行中等职业学校学生资助制度后，资助资金主要由中央和省级政府负担。但资助资金是对学生的补助，相对高中阶段的办学经费是很少的一部分，没有改变区县为主的局面。

高等教育经费的政府责任，以省级政府为主，中央、地市级政府负担为辅。1998年中央高校下放之前，中央政府负担的比例高一些，此后中央政府负担下降。2007年，普通高校教育财政性经费中，中央政府占37%，省和地市级政府占63%。

如果将乡镇和区县作为低层政府，地市和省级政府作为中层政府，中央作为高层政府，我国政府教育经费的负担是以低层政府为主。与其他国家相比，中国低层政府负担教育经费的比例偏高，中高层政府负担偏低。2002年，绝大多数OECD国家的政府教育经费由中央政府和中层政府负担为主，平均负担了78%的政府教育经费。发展中人口大国巴西、印度、菲律宾，中央和中层政府的负担最低也在74%以上。[①]

三、公共教育经费分配由政府主导、民主化有待提高

公共教育经费的分配涉及三个层面：（1）各级政府预算中，教育经费比例的决定；（2）上级政府对下级政府转移支付教育经费的分配；（3）本级政府对学校经费的分配。

各级政府预算中教育经费的确定，按《预算法》的要求和国际惯例，是人大或议会决定的。在国外，预算资金的分配是代表各个利益集团的议员的公开博弈过程，政府教育经费的决定是这个博弈过程的结果。但在中国，《预算法》没有得到很好执行，也缺乏各种利益相关者公开博弈的平台，政府教育经费实际上是政府相关部门决定的。

上级政府对下级政府转移支付教育经费的分配，基本上由财政部门决定，规则和过程很不透明，只有政府内部的少数人清楚，公众甚至连分配的资金总额、有什么样的项目、各个地区获得了多少资金的信息都无法得到。

本级政府向学校分配资金，由财政和教育部门共同决定，不同的层级和地区，这两个部门的决定权有所差异。政府向学校分配资金主要是通过对学校的基本经费拨款和项目经费拨款进行的。经过逐渐的改革，基本经费拨款的规则和过程逐渐趋于透明，但项目经费分配还有待规范和透明。

---

① OECD. Education at a Glance. www.oecd.org/edu/eag2005。

四、学生资助制度逐渐完善、政府责任有待加强

2005 年农村义务教育经费保障新机制改革和 2008 年城市义务教育免学杂费,基本建立了以"两免一补"(免学杂费,免费提供教科书,对贫困学生提供生活补助)为主要内容的义务教育贫困学生资助制度。2007 年《国务院关于建立健全普通本科高校、高等职业学校和中等职业学校家庭经济困难学生资助政策体系的意见》、财政部、教育部《中等职业学校国家助学金管理暂行办法》和《普通本科高校、高等职业学校国家助学金管理暂行办法》的实施,标志着高中阶段职业学校学生资助制度的建立和高等学校学生资助制度基本成形。

现行的学生资助制度还有几个方面不完善。农民工子女的资助问题没有解决。近 1 000 万农民工子女在城市就学,其中 30%～40% 没有在公办学校就读。主要由于经费负担责任的原因,即使在公办学校就读,农民工子女也难以享受"两免一补"的待遇。在多数地区,学前教育资助制度还基本处于空白状态。高等学校国家助学贷款政府没有提供担保,商业银行缺乏贷款积极性。这些方面都需要政府承担起更大的财政责任,才能形成为所有家庭经济困难学生提供充足资助的资助制度。

五、教育财政问责制度责任主体不明、执行不力

问责制度是保障教育财政法规和政策得到认真执行的制度安排。虽然在有关教育法规和政府文件中,已经有一些教育财政责任的规定,但这些规定还很不完善,特别是学校的教育财政责任制度实际上处于空白状态。已有的教育财政责任的一些规定,由于责任主体不明确,也没有得到很好的执行。

1993 年《中国教育改革和发展纲要》提出,到 2000 年财政性教育经费占 GNP 的比例达到 4%;1995 年《教育法》规定,财政性教育经费比例和财政支出中教育经费比例要随经济发展而提高,政府教育经费增长要高于财政经常性收入的增长,保证生均经费、生均公用经费和教师工资的增长。由谁来承担这些财政责任?法规只笼统提到"国家"或"各级人民政府"。谁是国家?每一级政府负什么责任?没有规定。谁来监督责任落实?没有规定。在一个有五级政府的国家,这种责任主体缺位的法律法规显然是无法执行的。事实上,上述规定没有得到执行或没有全部执行,没有哪一级政府或政府官员承担了责任,受到了处罚。

第二节 公共教育财政制度与教育财政充足

一、教育财政充足性评价

（一）教育财政充足的含义与计量

教育财政充足性作为判断教育财政制度的标准源自美国的基础教育财政改革，产生的标志是1989年肯塔基州最高法院对该州教育财政制度的判决。肯塔基州最高法院判定当时的教育财政制度违宪，因为它没有提供足够的资金实现州宪法规定的为每一位儿童提供"充足"教育的目标。法院认为，"充足"的教育是使每一个儿童的7个方面的能力（包括作为一个现代公民所需的充分的口头和书面沟通能力、在劳动力市场竞争所需的学术和职业能力等）都得到发展的教育。法院要求州议会通过法律重建肯塔基州教育财政制度，以达成州宪法的教育目标。此后，教育财政充足成为美国各州基础教育财政诉讼的主题并得到多个州法院的支持，成为20世纪90年代以来美国基础教育财政改革和研究的中心问题（黛博拉·菲斯特根）（Deborah A. Verstegen，2006）。

贝克尔（Bruce D. Baker，2005）认为，教育财政充足性由绝对充足标准与相对充足标准两部分构成。绝对充足标准是指与期望的公立学校系统总体学业产出相对应的总体教育财政支持水平。相对充足标准是指与期望的不同教育条件或教育环境儿童的学业产出相对应的财政支持水平。绝对充足标准主要是总量的充足性标准，相对标准主要是对弱势群体学生的补偿性拨款的充足性标准。教育财政充足性问题是20世纪80年代以来美国将中小学学业成绩作为对学校（教育）问责的核心问题后必然出现的。因为要达到一定的学业成绩，政府必须提供充足的资源。如果说提高学业成绩是政府和公众对学校的问责，那么，教育财政充足则是对政府的问责。

因此，在美国产生和发展起来的教育财政充足标准是与学生的学业成绩相联系的。学生的学业成绩达到了期望目标，相应的投入是充足的，即教育财政是充足的；反之，学生的学业成绩达不到期望目标，投入是不充足的，即教育财政是不充足的。美国学者和教育管理部门已经发展出教育生产函数、专家法和成功学校法等计量教育财政充足性的方法。

在21世纪前，我国教育财政政策和研究中没有出现充足性概念。但是对教育经费充足性的关注和探讨在20世纪80年代就出现了。袁连生（1988）指出，

20世纪80年代的经济体制改革导致财政收入下降，使政府教育投入不足，教育经费匮乏，教育发展困难。王善迈等（1988）讨论了教育经费与国民经济的关系，提出了检验教育投资在国民经济中是否合理的3个客观标志：（1）从近期看，教育投资和教育事业的发展是否相适应；（2）从远期看，教育所培养的劳动力和专门人才同经济和社会发展是否相适应；（3）国民经济比例，尤其是积累与消费的比例是否协调。其思路也是通过教育的产出，来判断教育经费是否充足。只不过他们更多从宏观的社会经济发展而不是学生个体发展的角度，提出了教育投资比例是否合理的问题。2000年后，教育财政充足性概念引入我国。李文利和曾满超（2002）介绍了美国教育财政充足性的产生和研究情况。黄斌和钟宇平（2008）探讨了教育财政充足性在中国的适用问题。胡咏梅和杜育红（2008）对中国农村中小学公用经费的充足性进行了实证研究。

长期以来，我国教育发展的重点是数量的扩张，加上对素质教育的片面理解，导致缺乏对各级学校学生学业成绩（质量）客观、统一和长期的测试和评价，无法在省级和全国层面上对教育的业绩状况做出判断，因而不能从学生学业成绩出发对教育财政是否充足做出判断。

对教育财政的充足性，还有投入维度的评价标准，即以政府颁布的各级各类教育的办学条件所要求的经费为标准，或者以政府规定的某一时期教育经费占GDP和财政支出比例应达到的目标为标准。投入和产出两个评价教育财政充足性的标准，共同的理论依据在于教育投入与产出存在正相关关系。但投入与产出不是简单的因果关系，因为产出，尤其是产出质量受到一系列其他因素的影响，并非由单一的投入所决定。因此，以投入数量或产出质量来评价教育财政的充足性各有千秋。

尽管有不少争论，不少人还是认为在其他条件相同的情况下，学生的学业成绩与学校的办学条件和经费支出是密切相关的（奥登和皮卡斯 Odden & Picus，2004）。办学条件好、经费充裕，学生有更高的学业成绩。通过办学条件和教育经费的观察和比较，来判断教育财政的充足性，仍然是研究人员和各国政府普遍采用的方法。因此，我们主要采用投入维度包括办学条件、生均经费、政府教育经费比例、毛入学率等指标来对我国教育财政的充足性进行分析。

（二）教育财政充足性的变化与评价

我们先来分析随时间变化教育财政充足性的变化情况。由于1988年以前缺乏完整的教育经费统计数据，我们主要分析1988~2007年20年间各级教育财政充足性状况。表15-1列出了1988~2007年以来几个年份各级教育生均事业费的变化情况。

表15-1　　　　　　　1988~2007年各级教育生均事业费　　　　　　单位：元

价格 学校 类别　年份	当年价格					1990年不变价格				
	1988	1993	1998	2003	2007	1988	1993	1998	2003	2007
小学	116	247	571	1 252	2 178	140	196	282	618	968
初中	252	474	976	1 565	3 413	303	376	482	772	1 496
普通高中		908	2 269	3 494	5 262		719	1 120	1 724	2 307
普通高校	2 797	4 687	11 020	12 148	14 970	3 365	3 714	5 440	5 992	6 563

资料来源：教育经费数据来自教育部等部门出版的教育经费年度发展报告和教育经费统计年鉴；将当年教育经费按1990年居民消费价格调整，价格指数来自《中国统计年鉴》。

表中数据表明，20年来我国各级教育生均经费有较大提高，尤其是小学和初中提高更大。按1990年不变价格计算，2007年生均事业费小学是1988年的6.9倍，初中是4.9倍。高校生均事业费提高得最慢，20年只提高95%。

与生均教育经费提高相随的还有各级教育入学率的稳步提高，其中高中阶段教育和高等教育毛入学率大幅度提高。1992~2007年，高中阶段教育毛入学率从26.0%提高到66.0%，高等教育毛入学率从3.9%提高到23.0%；在校生人数分别从1990年的1 529万人和206万人增加到2007年的4 528万人和1 885万人。伴随生均经费提高出现的义务教育的普及，高中和高校入学率的大幅度提高使教育经费总量的持续快速增加。1988年，按1990年不变价格计算的全国教育经费总量是548亿元，其中财政性教育经费499亿元，2007年分别增加到5 326亿元和3 630亿元，分别增加8.7倍和6.3倍。

生均经费的增加、各级教育入学率的提高和教育经费总量的大幅度增加，说明20年来教育财政充足性有了很大的提高。但是，我国教育财政的充足性还存在一些突出的问题。

第一，教育经费总量的增加主要是经济发展和居民努力的结果，而不是政府教育努力程度提高的结果。1988~2007年，我国财政性教育经费占GDP的比例从2.76%提高到3.32%，只提高不到0.6个百分点，而且主要是在2006年和2007年实现的。2006年以前，除1990年外，这个比例一直在3%以下。我国政府教育经费占GDP的比例远远低于国际平均水平，也低于发展中国家的平均水平（岳昌均、丁小浩，2003；刘泽云、袁连生，2007）。财政性教育经费占财政总支出的比例，1988年和2007年都为16.6%，20年没有提高。1993年中共中央和国务院提出，2000年财政性教育经费占GDP比例要达到4%，但到2010年还远未实现。而以居民负担为主的非财政性教育经费，从1988~2007年增加了

33倍，占GDP的比例从0.27%增加到1.55%，远远快于财政性教育经费增加的速度。

第二，虽然教育财政充足性在逐渐提高，但教育投入还远远不能满足教育发展的基本需要。农村义务教育经费不足普遍存在。据国家教育督导团披露，2004年全国有113个县（区）的小学、142个县（区）的初中生均预算内公用经费为零，其中85%以上集中在中、西部地区。① 农村教师工资低，代课教师问题突出。2006年近50%的农村教师和县镇教师反映没有按时或足额领到津贴补贴，全国普通中小学教职工年均工资收入远低于国家机关职工。"教师的平均工资水平应当不低于当地公务员的平均工资水平"的法律规定尚未真正得到落实。2007年全国还有约37.9万代课教师。代课教师问题实质上是义务教育经费严重短缺的表现。② 教育基础设施建设投入严重不足，教育债务负担沉重。由于政府没有充足的教育基础设施投入，许多地区校舍建设和维护改造投入极度匮乏。普通高中和高校为了应付招生的需要和达到基本的办学条件，大量举债建设。从各地披露的数据估算，目前全国中小学债务在2 500亿~3 000亿元间，公办高校债务在4 500亿~5 000亿元间（林莉，2008）。义务教育仪器设备投入不足，长期达不到标准。2008年小学体育运动场（馆）面积达标校数的比例为56%、体育器械配备达标校数的比例为51%、音乐器械配备达标校数的比例为46%、美术器械配备达标校数的比例为45%、数学自然实验仪器达标校数的比例为55%。初中的相应各项达标率也只在59%~74%，离达标要求还很远。③

第三，教育财政充足性与教育质量要求之间还有很大差距。如前所述，教育财政充足性判断是建立在对学生学业成绩目标基础上的。由于我国没有统一和客观的学生学业成绩标准和测评数据，无法系统判断各级教育学生成绩是否达到期望目标。但有研究表明，湖北、广西农村小学公用经费实际水平与充足性水平存在很大差距（杜育红、梁文艳、杜屏，2008）。根据现行教学大纲（课程标准）研制的试卷对西部农村小学和初中学生进行测试，研究者发现，小学语文和数学的合格率分别为43.4%和32.7%，初中语文、数学和英语的合格率分别为43.4%、35.3%和10.9%（王嘉毅、李颖，2008）。这些个案研究表明，至少在中西部农村地区，与教学大纲要求的教育质量相比，教育财政提供的资源还远远不足。

---

① 国家教育督导团：《国家教育督导报告2005——义务教育均衡发展》，http://www.moe.gov.cn/edoas/website18/info18425.htm。

② 国家教育督导团：《国家教育督导报告2008——关注义务教育教师》，http://www.moe.edu.cn/edoas/website18/75/info1229326340188175.htm。

③ 教育部：《2008年全国教育事业发展统计公报》，http://www.edu.cn/news_127/20090718/t20090718_391986.shtml。

第四，地区间教育财政充足性很不均衡。大城市和东部发达地区教育经费相对充裕，中西部、特别是中西部农村地区教育资源仍很匮乏，教育财政充足性差异巨大且长期以来没有很大改善。这既是教育财政充足性问题，也是教育财政公平问题，我们在后面将做进一步的分析。

二、教育财政制度与教育财政充足性

教育财政充足与教育财政制度有密切的关系，改革开放以来我国实行了多项提高教育财政充足性的制度改革，也还存在一些不利于教育财政充足的制度缺陷。

（一）提升充足性的教育财政制度及改革

1. 建立和完善学费制度和多元化办学体制，形成了以政府投入为主的多渠道教育筹资制度。改革开放前，我国中小学实行低学费制度，中等专业和技工学校、高等学校实行免学费加助学金制度。随着义务教育的实施和非义务教育的快速发展，我国逐渐建立和完善了义务教育免费制度，高中阶段和高等教育学费制度。2006年农村义务教育经费保障新机制和2008年城市义务教育免杂费制度的实施，标志着政府承担义务教育经费全部责任。高中阶段学费制度改革以中专和技工学校从免费到收费，普通高中学费水平大幅度提高为特征。开始于20世纪80年代初期招收自费生、委培生的高校学费制度改革，以1997年学费并轨为标志基本完成。

民办学校在改革开放后发展迅速，为满足居民多样化教育需求做出重要贡献。2005年《民办教育促进法》的颁布，确立了民办学校的法律地位。据《中国教育统计年鉴2007》的数据，2007年在我国三级教育阶段的在校学生总量当中，民办普通高校在校生349.7万人，占全部高校学生的18.6%；高中阶段民办学校学生503.5万人，占全部高中阶段学生的11.1%；民办初中学生412.8万人，占全部初中学生的7.1%；民办小学学生448.8万人，占全部小学学生的4.2%。民办教育成为我国教育体系不可分割的重要组成部分。

公办学校学费制度的建立和完善，民办教育的迅速发展，拓展了教育经费的来源，形成了以政府投入为主的多渠道教育筹资制度。2007年，以学费和民办学校投入为主的非财政性教育经费，已经占总教育经费的32%。在普通高中和高校，非财政预算内教育经费分别占43%和56%，为提高教育财政充足性发挥了非常重要的作用。

2. 通过法规制度确定了政府教育经费投入责任。1985年《中共中央关于教育体制改革的决定》最早提出了政府的教育财政责任,"中央和地方政府的教育拨款的增长要高于财政经常性收入的增长,并使按在校学生人数平均的教育费用逐步增长。"1986年颁布的《义务教育法》规定,"实施义务教育所需事业费和基本建设投资,由国务院和地方各级人民政府负责筹措,予以保证。国家用于义务教育的财政拨款的增长比例,应当高于财政经常性收入的比例,并使按在校学生人数平均的教育费用逐步增长。"1993年中共中央和国务院发布的《中国教育改革和发展纲要》,除了重申前述两个法规的规定外,还提出财政性教育经费占国民生产总值的比例在2000年达到4%,各级财政支出中教育经费所占比例在"八五"期间提高到全国平均不低于15%,保证教师工资和公用经费逐年有所增长等重要的教育投入责任。1995年颁布的《教育法》,将上述政府教育财政责任形成法律条文:国家财政性教育经费支出占国民生产总值的比例应当随着国民经济的发展和财政收入的增长逐步提高,全国各级财政支出总额中教育经费所占比例应当随着国民经济的发展逐步提高,各级人民政府教育财政拨款的增长应当高于财政经常性收入的增长,并使按在校学生人数平均的教育费用逐步增长,保证教师工资和学生人均公用经费逐步增长。尽管这些法规规定的政府教育财政责任没有完全得到执行,但是每年对这些责任履行情况的公告和人大的执法监督,还是对各级政府有一定的约束力,对教育财政充足性的提高有积极的作用。

3. 改革层级政府间教育财政责任分担制度。对于多级政府的大国,层级政府间教育财政责任的合理划分是教育财政制度的核心内容。20世纪90年代中期后,层级政府间教育财政责任划分进行了两次大的改革。1998年的高校管理体制改革,将一大批中央院校下放到省级政府管理,减轻了中央政府的高等教育财政责任,相应增大了省级政府的责任。这次调整对下放院校经费充足性的影响,不同的地区有所不同。在经济发达的省、市,充足性有所提高,经济落后的省、市和自治区充足性则下降。2006年农村义务教育经费保障新机制和修订后的《义务教育法》的实施,使中央和省级政府承担了农村义务教育"两免一补"、提高公用经费标准和校舍维护的主要责任,大大增加了中央和省级政府的义务教育财政负担,对近年义务教育财政充足性的改善起了主要作用。

(二) 不利于教育财政充足的制度缺陷

到目前为止还存在一些制度安排,降低了教育财政的充足性。

1. 教育发展规划和课程标准超出财力水平。我国的教育发展规划和课程标准存在不少问题,其中最主要的缺陷是没有进行成本分析和经济可行性论证,导致规划和课程标准脱离财力的可能，使得教育目标无法达到。我国教育事业"十五"规划提出，高中阶段毛入学率应达到60%，各级各类学校的校舍、图书、教学仪器设备、文体卫生设施均基本达到规定的标准。但是，对于实现这些目标需要多少师资、校舍和仪器设备，需要多少资金来提供这些条件，如何筹措资金等关键问题则没有分析和落实。"十五"计划结束时，高中毛入学率只达到52.7%，小学和初中的教学仪器设备、文体卫生设施均远远没有达到标准。2001年，教育部《基础教育课程改革纲要（试行）》要求，小学从三年级开始要开设外语课，但直到2006年，全国有508个县每县平均5所小学不足一名外语教师。[①] 教育事业规划和课程标准不切实际的高要求，使教育经费短缺问题更加突出。

2. 政府教育投入决策机制不完善。虽然《预算法》规定，人民代表大会是财政预算的决策机构，但到目前为止，行政首长还是财政支出的实际决策者。各级行政首长财政决策的目标是政府或政府主要首长的效用最大化。由于地方首长的升迁主要由上级决定，其依据主要是地方的经济增长和政治稳定。在这种政治生态下，地方首长的效用函数中，政治稳定、经济增长的支出效用最大，在财政预算中处于优先地位；教育支出的社会福利效用虽然很大，但从政府角度看效用较低，难以在财政预算中得到充足的安排。政府效用函数偏离社会福利函数，公众及代表无法对政府支出施加影响，是政府教育支出远远低于国际平均水平，法律规定的教育投入责任无法履行的重要制度根源（袁连生，2009）。

3. 教育财政投入问责制度不完善。《教育法》规定，各级财政支出总额中教育经费所占比例应当随着国民经济的发展逐步提高，各级政府教育财政拨款的增长应当高于财政经常性收入的增长。《教育法》颁布后到2007年的12年中，财政支出总额中教育经费所占比例有6年是下降的。2005年和2006年，全国分别有11和12个省、自治区教育财政拨款的增长低于财政经常性收入的增长。显然，《教育法》对政府教育经费投入的规定没有得到执行。但是，没有哪一级政府或哪一个政府官员承担了违法的责任。有法不依，执法不严，缺少违法的问责和惩罚制度，使政府缺乏增加教育经费投入的压力，降低了教育财政的充足性水平。

---

① 国家教育督导团：《国家教育督导报告2008——关注义务教育教师》，http://www.moe.edu.cn/edoas/website18/75/info1229326340188175.htm。

第三节　公共教育财政制度与教育财政公平

一、教育财政公平性评价

（一）教育财政公平的界定与计量

教育财政公平是教育公平的重要内容，是实现教育公平的必要条件。伯恩（Berne）等（1984）奠定了教育财政公平的分析框架。他们认为，教育财政公平分析需要回答四个核心问题。

- 对谁公平？一般指对学生或纳税人是否公平，可以是不同族群、性别、阶层、地区的学生或纳税人的公平。
- 公平的内容是什么？传统上指生均教育经费的均等，但教学过程的资源分配、学业成绩甚至在劳动力市场就业和收入的公平也广受关注。
- 如何定义公平？主要有三个原则：财政中立、横向公平和纵向公平。财政中立是核心原则，一个学生获得的教育经费与其所在的地区或家庭背景无关；横向公平，相同的学生应同等对待；纵向公平，需求不同的学生应不同对待，弱势学生应得到财政补偿。
- 如何计量公平？常用的统计指标有极差、变异系数、相关系数、基尼系数、麦克伦指数、泰尔指数等。

伯恩等人的分析框架得到了学术界的广泛认可，成为界定和分析教育财政公平的基本框架，在教育财政研究中普遍使用。

（二）我国教育财政公平的变化与评价

我国教育财政不公平长期存在，近年来虽然有所改善，但还非常严重。教育财政不公平主要表现在城乡、地区、学校和不同群体间生均教育经费、办学条件和享用教育资源等方面的较大差异。

1. 义务教育城乡生均经费差异长期存在但近年有较大改善。义务教育城乡生均经费差异数据最早出现在1995年。表15-2列出了1995年、2000年、2005年和2007年4个年份的城镇与农村生均事业费差距的数据。从表中可以看出，1995～2000年期间，义务教育经费城乡差距很大且没有什么改善，2000年以后，特别是2005年后，城乡差距有显著缩小，其中预算内生均经费差距缩小尤为明显。城乡教育财政差距的缩小，是2000年后政府增加对农村教育的投入，特别是 2006 年开始实施农村义务教育经费保障新机制的结果。

表 15-2　　1995 年、2000 年、2005 年和 2007 年义务教育
生均事业费城镇为农村的倍数

年份		1995	2000	2005	2007
小学	预算外	1.9	1.8	1.6	1.4
	预算内	2.0	1.7	1.7	1.2
初中	预算外	1.7	2.3	1.9	1.6
	预算内	1.8	2.1	1.4	1.3

注：根据《中国教育经费统计年鉴》小学和初中生均事业费、农村小学和初中生均事业费推算出城镇小学和初中生均事业费。

资料来源：1996~2008 各年《中国教育经费统计年鉴》，中国统计出版社。

2. 地区间生均经费的巨大差距是我国教育财政不公平最普遍和最突出的表现。表 15-3 列出了 1990~2007 年间 5 个年份的省际间各级教育生均事业费的极差率。从表中数据可以看出，地区间各级教育生均经费差距巨大，2005 年后虽然有所改善，但仍很严重。1990~2005 年的 16 年间，义务教育极差率一直上升，达到了超过 10 倍的惊人水平，其中小学预算内差距一直大于预算外差距。2005 年后义务教育经费地区差距有较大改善，预算内差距缩小更多，小学和初中预算内差距都低于预算外差距。高中和高校生均事业费地区差距在 2000 年后急剧扩大，2005 年后虽有所改善，但仍保持很高的水平，且预算内差距远大于预算外差距。

表 15-3　　1990 年、1995 年、2000 年、2005 年和 2007 年省际间各级教育
生均事业费极差率

年份		1990	1995	2000	2005	2007
小学	预算内	6.0	8.4	10.6	10.7	8.3
	预算外		7.7	9.3	10.2	8.6
初中	预算内	4.3*	4.9	6.6	9.3	7.5
	预算外		5.0	6.7	9.6	7.9
普通高中	预算内		4.7	4.9	7.7	7.1
	预算外		4.6	4.6	6.7	6.4
普通高校	预算内	2.1	2.4	5.6	5.5	4.5
	预算外		2.4	4.3	4.4	3.6

注：*为 1990 年没有分初中和高中的数据，只有普通中学的数据，因当时普通高中规模较小，故将其作为初中数列出。

资料来源：1991~2008 各年《中国教育经费统计年鉴》，中国统计出版社。

如果以县级单位来计量义务教育财政地区差异的基尼系数，其结果要远远大于省级单位的水平（王磊等，2002；丁延庆和曾满超，2005；岳昌君，2008）。泰尔指数分析发现，使用县级数据计量义务教育财政的地区差异，不公平更多是省内差异造成的（王蓉，2003）。

3. 县域内学校之间财政不公平严重。县域内教育财政不公平问题主要表现在同级同类学校间教育经费和办学条件的较大差异。在农村地区主要表现在县镇学校大大优于农村学校，在城市主要表现在重点学校大大优于薄弱学校。但由于学校财务不公开，没有学校之间经费和办学条件差异的系统数据，不能对学校间教育财政不公平进行整体描述。从一些调查数据看，县域内学校间教育财政不公平问题还是很严重的。对北京某城区 8 所小学的调查发现，2006 年生均事业费最高为 9 302 元，最低只有 3 492 元，差距达到 2.7 倍。对湖北某国家级贫困县的 8 所小学的调查发现，生均事业费最高为 1 861 元，最低为 597 元，差距为 3.1 倍（谢平华，2008）。这些调查数据都是根据学校报表计算的。如果考虑到重点学校普遍收取择校费，而相当多的择校费没有在账表中反映的现实，县域内学校之间的经费差距更为悬殊。① 因此，不仅发达地区与贫困地区的学校之间生均经费差异巨大，大城市的区内和农村的贫困县内学校之间教育财政不公平问题也很突出。

4. 不同阶层的子女教育财政不公平非常严重。不同阶层子女教育财政不公平主要表现在强势群体的子女能通过各种手段进入重点中小学，通过获得优质基础教育资源进而以更大的优势进入重点大学；而弱势群体子女集中在各级薄弱学校，教育资源相对匮乏，进入大学特别是重点大学的机会远低于强势阶层。调查发现，在重点中学和大学，强势群体和弱势群体子女的比例与其人口比例严重错位，且日益严重。据对 8 所重点高中学生家庭背景的一个调查（王雄等，2009），占人口比例 8.3% 的政府官员、企业主和经理人员、专业技术人员，其子女占了重点高中学生的 41%；而占人口比例 78.0% 的工人、农民和失业半失业人员，其子女只占重点高中学校的 36%。占人口 53% 的农业劳动者，子女在重点高中只占 8.3%，即使在县城重点中学也只占 11.9%。其他的调查也有类似的发现（高雯，2008）。强势群体不仅享有重点学校的优质资源，而且还通过请家庭教师、上各种特长班和辅导班等方式，比弱势阶层增加更多的校外教育资源，加剧了阶层间的教育财政不公平（薛海平、丁小浩，2009）。基础教育财政不公平等因素，导致各阶层子女在大学、特别是重点大学的比例失衡非常严重。

---

① 陈虹伟、王峰：《账外资金超亿元，中关村三小校长贪污案开庭》，载《法制日报》2008 年 8 月 17 日。

1990~2000 年间，占人口多数的农村居民子女在北京大学的比例多在 20% 以下，最高不到 21%；① 2008 年和 2009 年的新生中，这一比例分别为 10.3% 和 11%。②

二、教育财政制度与教育财政公平性

上述教育财政公平的改善和不公平仍很严重的现象，与我国教育财政制度及其改革的进展密切相关。

（一）提升公平性的教育财政制度及改革

20 世纪 90 年代以来，提高教育财政公平性的改革主要有取消农村教育费附加和教育集资，建立农村义务教育经费保障机制和实施免费义务教育，建立家庭经济困难学生资助制度。

1. 取消农村教育费附加和教育集资。农村教育费附加和教育集资，是 20 世纪 80 年代形成并在 1986 年的《义务教育法》及此后的实施条例中法律化的农村义务教育主要筹资制度。在 2000 年以前，教育费附加和教育集资是农村学校基建资金和公用经费的主要来源。农村教育费附加主要向农民征收，按人均纯收入的 2% 左右征收。教育集资是在建设农村学校时，由乡镇或行政村出面向农民强制征收的建设资金。这是两项很不公平的教育财政制度，因为城镇居民并没有交纳教育费附加和教育集资的义务（袁连生，2001）。2000 年开始的农村税费改革，废除了农村教育费附加和教育集资制度，使农村居民在对义务教育经费负担责任上获得了与城镇居民一样的地位。

2. 建立农村义务教育经费保障机制和免费义务教育制度。在废除了农村教育费附加和教育集资后，农村学校的公用经费和基建经费没有了来源，虽然中央和省级政府增加了转移支付，但远远低于原有的教育费附加和集资水平，增加了学校向学生收费的压力。向学生收费的增加，违反了《义务教育法》规定的免学费的规定，导致农村家庭经济困难学生辍学问题更加严重（王景英，2003）。农村义务教育财政的这种困境，与国家经济高速增长、财政收入大幅增加和执政党"三个代表"、"以人为本"的执政口号形成鲜明对照。正是在这种背景下，2005 年 12 月国务院发布《新机制》，从 2006 年开始实行农村义务教育经费保障

---

① 杨东平：《高等教育入学机会：扩大之中的阶层差距》，载《清华大学教育研究》2006 年第 1 期，第 19~24 页。

② 关庆丰：《北京大学昨天迎来 2009 级新生》，载《北京青年报》2009 年 9 月 6 日，A5 版。

机制改革。其主要内容是对农村义务教育学生免除学杂费，对贫困生免费提供教科书并补助寄宿生生活费；提高公用经费标准；提供稳定的校舍维护资金。区分东、中、西部地区，中央和地方政府分项目按比例负担农村义务教育的"两免一补"经费、公用经费和校舍维修经费。2008年8月，国务院发布《国务院关于做好免除城市义务教育阶段学生学杂费工作的通知》，在城市实施义务教育免学杂费和对贫困学生免费提供教科书制度。农村义务教育经费保障机制改革和免费义务教育制度进展顺利，大大减轻了经济困难家庭的义务教育负担，增加了农村学校公用经费和校舍维护经费水平，减轻城乡之间和地区之间义务教育的财政不公平程度。

3. 建立和完善高等学校和中等学校经济困难学生资助制度。20世纪80年代开始，高校逐步改革助学金制度，降低了助学金的受益面，设立奖学金和学校助学贷款。1989年开始，高校逐步建立了学费制度，学费水平逐渐提高。1999年扩招后，学费大幅度提高，家庭经济困难学生数量急剧增加。为了解决资助需求大大增加和政府资助资金不足的矛盾，1999年中央政府开始建立商业银行发放本金、政府补贴利息的国家助学贷款制度，助学贷款成为高校学生资助的主要资金来源。2007年，中央政府大大增加了助学金和奖学金支出，基本形成了"奖贷助补减"多种资助方式并存，以国家助学贷款为主的高校经济困难学生资助制度。高校学生资助制度的基本形成，对提高家庭经济困难学生的高等教育机会发挥了重要的作用。为了促进中等职业教育发展，2007年中央政府主导建立了全国范围的中等职业学校学生资助制度，对农村户口的学生和城镇困难家庭学生全面提供助学金，提高了农村和城镇经济困难家庭子女接受高中阶段教育的机会。2010年9月财政部和教育部下发《关于建立普通高中家庭经济困难学生国家资助制度的意见》，提出按照"加大财政投入、经费合理分担、政策导向明确、多元混合资助、各方责任清晰"的基本原则，建立以政府为主导，国家助学金为主体，学校减免学费等为补充，社会力量积极参与的普通高中家庭经济困难学生资助政策体系，从制度上基本解决普通高中家庭经济困难学生的就学问题。

（二）不利于教育财政公平的制度缺陷

目前，教育财政不公平问题还很严重，这与教育财政制度的不完善、不合理有很大关系。

1. 层级政府间教育财政责任分担制度不明确、不合理。我国教育和财政的相关法律，都没有明确规定各级政府具体承担的教育财政责任。1986年的《义务教育法》规定："实施义务教育所需事业费和基本建设投资，由国务院和地方各级人民政府负责筹措，予以保证。"但中央、省级政府、地市、区县和乡镇5级政府各负担什么责任、负担多大的责任没有明确规定。结果是各级政府层层向下推卸责任，导致长时期内农村义务教育由乡镇和农民承担财政责任。1995年的《教育法》和1998年的《高等教育法》也没有对各级政府的教育财政责任提出明确的规定。2006年修改后的《义务教育法》规定："义务教育经费投入实行国务院和地方各级人民政府根据职责共同负担，省、自治区、直辖市人民政府负责统筹落实的体制。农村义务教育所需经费，由各级人民政府根据国务院的规定分项目、按比例分担。"但各级政府的责任还是不明确。分项目按比例的责任，只是农村义务教育经费保障机制中的"两免一补"、公用经费和校舍维修经费中两个最主要的项目——教职工工资和基建经费的分担责任仍不明确，省级政府的统筹落实责任到底是一种什么责任也不清晰。目前，包括义务教育在内的基础教育财政还主要由区县政府承担，高等教育财政责任主要由省级政府负担。虽然中央和省市政府对区县实行了转移支付，但多数县级政府的财力难以承担基础教育的财政责任。地区之间经济发展和财力差异巨大，加上转移支付制度不完善，地区间和城乡间教育财政不公平没有根本好转。

2. 教育财政转移支付制度不完善。如上所述，目前我国高等教育的生产和管理责任由中央和省级政府承担，以省级政府为主；基础教育的生产和管理责任主要由县级政府承担。现行财政制度下，财政收入以中央和省级政府为主。县级政府的教育事业责任与财政能力严重不匹配。中西部地区，这种不匹配尤为严重。对于这种不匹配，需要建立规范的均衡地区财政能力的财力性转移支付制度，使各个县级政府获得与其事业责任相称的一般性财力，或者中央和省级政府直接负担县域教育经费的相当部分，才能保证县域间教育经费获得的公平。但是，我国还没有建立规范的财力性转移支付制度，教育财政转移支付制度也很不完善。不但高中及以上教育基本没有纳入中央和省级政府的转移支付范围，农村义务教育经费保障机制也没有将最主要的经费项目——教职工工资和基建经费纳入，省际间、县域间教育财政能力差距仍然很大，多数经济不发达县级政府还没有提供充裕教育经费的能力，这是地区间教育财政不公平和充足性水平差异巨大的根本原因。

3. 教育拨款制度不公平。各级政府向学校拨款的制度是否公平，决定了区域内学校间教育财政的公平程度。目前我国高校普遍实行基本经费（综合定额）加项目经费的预算拨款制度。基本经费标准一般考虑了学生人数和学科特点等因素，同类学校基本相同，分配方式比较客观公正。项目经费则因事而定，没有客观标准且多为重点高校获得。由于基本经费标准及在全部支出中的比重偏低，项目经费分配在学校间差别很大，导致高校之间经费分配的不公平。基础教育阶段，政府向学校的拨款因项目不同而不同。基本经费中的人员经费多根据学校教师的实际数量和级别分配，公用经费则按学生人数和建筑面积等因素分配。项目经费的分配与高校一样，多向重点学校倾斜。由于重点学校教师充足且级别普遍较高，人员经费实际也是向重点学校倾斜的。重点学校普遍收取大量的择校费，这些择校费多数返还或留在本校，分配政府教育经费时并没有相应扣除。因此，基础教育阶段区域内学校之间教育经费的差距非常大，不公平现象非常严重。

4. 政府对民办学校及学生的财政补助制度还没有建立。民办学校已经是我国教育体系的重要组成部分，有近 2000 万学生在民办中小学和高校学习。我国民办小学和初中里，有大量的农民工子女就读。民办高校中，弱势阶层子女的比例也很高。弱势群体子女就读于民办学校，受到的教育质量远低于公办学校，但交纳的学杂费远远高于公办学校，是无奈的选择。到目前为止，除部分地区的政府对民办学校提供少量的财政补助和奖励性补助外，大多数民办学校基本上没有得到政府直接的财政补助。尽管中央政府提出要对民办学校中的贫困学生提供资助，但由于经费负担责任没有明确和操作的困难，实际上受到资助的学生很少。这种状况既不利于民办教育的发展，也对民办学校的学生很不公平。

第四节 公共教育财政制度与教育财政效率

一、教育财政效率评价

（一）教育财政效率的界定与计量

教育财政效率主要指教育经费的使用效率，即教育的经济效率，是教育投入与产出之比。按教育产出的不同，教育财政效率可以分为外部效率与内部效率。外部效率是教育的外部产出（间接产出）与教育投入的关系，包括教育对社会经济的贡献率、教育的社会收益率和个人收益率等。内部效率是教育的内部产出（直接产出）与教育投入之比，如生均经费、生师比、单位投入的学业成绩、单位投入的教育增加值等。

学术界对教育外部效率的计量取得了一定进展。在计量教育对经济增长的贡献时，采用生产函数或增长模型；在计量教育的个人和社会收益率时，一般采用内部收益率法或明瑟方程。

但对于教育内部效率的计量，目前学术界和政策制定者都还没有找到很好的方法。教育内部效率计量的关键问题是如何定义和计量投入与产出。教育生产单位不同于企业，产出目标不是销售额和利润，而是学生的学业成绩、创造能力、就业技能、社会交往技能以及社会共同价值的形成等。影响教育产出的投入要素也是多元的，除了教育经费形成的学校投入（教师的数量和质量、教学设施、课程与教学组织等），还有家庭背景、社区环境、同伴特征和个人天赋等。国际组织和国内外学者在进行教育内部效率的评价时，产出指标主要采用学生人数、学业成绩、毕业率和就业率等，最新的趋势是使用排除了学校不可控因素后的教育增加值作为产出指标。在对教育系统或学校的效率进行评价时，主要采用生均经费、生师比、标准化考试成绩或教育增加值与生均经费之比等关系指标［亨利·莱文（Henry·M·levin），1988；埃里克·哈努谢客（Eric·A·Hanushek），2006，以及 DEA、SFA 等相对评价方法（OECD，2007；胡咏梅、杜育红，2008）］。在分析和评价影响教育内部效率的因素时，多采用教育生产函数［托马斯福克斯（Thomas Fuchs）、鲁德格尔（Ludger Wossmann），2004；马晓强，2006；闵维方、薛海平，2008］或成本函数［科恩和库珀（Elchanan Cohn and Samuel T. Cooper），2004；成刚和孙志军，2008］。

（二）教育财政效率的变化与评价

由于基础数据的缺乏、教育管理的重心在数量扩张，以及教育经费持续短缺等原因，我国教育财政效率的研究和评价很薄弱，难以对教育财政效率做出全面、可靠的评价。我们根据可得的数据和文献，用生均经费和生师比等指标，对我国教育财政效率的变化进行简要的分析和评价。

生均经费变化。表 15-1 的数据表明，从 1990~2007 年，以不变价格计算的各级教育生均经费总体上是上升的。小学和初中生均事业费持续上升，2000年后尤为迅速。高中生均事业费一直稳定上升。普通高校生均事业费在 2000 年前基本上是稳定上升，此后连续 4 年下降，2004 年后连续后小幅上升。

生师比变化。1992 年以来小学和初中的生师比经历了一个先上升后下降的过程。1992 年小学生师比值为 20.1，1997 年上升到 24.2，此后持续下降，2007年下降到 18.8。1992 年初中生师比为 15.9，2000 年上升到 19.3，此后持续下降，2007 年下降到 16.5。普通高中生师比 2004 年前基本趋势是上升，2004 年最高达到 18.7，此后几年略有下降，2007 年为 17.5。职业高中生师比 1992 年为 13.8，此后除了 1999~2001 年高校扩招最初的 3 年有所下降外，其余时间一直上升，2007 年达到 23.5。普通高校生师比在 2002 年前一直上升，从 1992 年的 6.8 上升到 2002 年的 19.0，此后小幅下降，2007 年为 17.3。

高校毕业生就业率变化。高校毕业生就业率的高低受宏观经济的影响很大，但在一定程度上反映了高等学校的效率。高校扩招以前，除宏观经济特别不好的个别年份（如受亚洲经济危机严重冲击的 1998 年），高校毕业生就业率一直在 90% 以上，1996 年、1997 年分别为 93.7% 和 97.1%，基本上不存在就业困难的问题。1999 年扩招的学生毕业后，高校毕业生就业率持续下降（田永坡，2008）。

但根据上述这些指标得不到我国教育财政效率明确和可靠的结论。从生均经费看，各级教育总体上持续上升，似乎效率在下降。但是，如果学生的学业成绩等产出比生均经费上升得更快，则效率应该是提高了。从生师比看，小学和初中先上升后下降，似乎人力资源利用效率先提高后降低；高中和高校则持续提高后趋于稳定，似乎人力资源利用效率有很大提高。但与生均经费的评价一样，如果生师比的提高或降低导致学生学业成绩等产出更大程度的下降或上升，则生师比提高带来的不是教育效率的提高而是降低，生师比的降低带来的是教育效率的提高而不是降低。由于没有学生学业成绩等产出的客观数据，我们无法从生均经费或生师比的变化得到教育效率变化的结论。

高校毕业生的充分就业是高等教育的主要目标之一，2002 年以来高等教育在生师比下降、生均经费持续提高的情况下，就业率的持续下降，是高等教育效率、至少是配置效率下降的表现，这是我们唯一可以明确得到的我国教育财政效率的结论。

二、教育财政制度与教育财政效率

（一）提升效率的教育财政制度及改革

长期以来，我国教育财政的主要困难是经费不足。在经费短缺的状况下，其效率自然较高。因此，在教育财政改革中，提高效率的专门改革措施几乎没有。但在学校人事和财务制度改革中，相关的改革政策，对提升教育财政效率有积极的促进作用。

1. 学校人员聘任制度的逐步建立。建国以后直到 20 世纪 90 年代中期，我国公办学校的教职工实际上是终身雇用制。教育是人力密集性行业，人力成本是主要成本。在终身雇用制下，学校不能根据学生人数的变化聘用或辞退教职工，不利于提高人员经费的效率。我国小学和初中生均经费的迅速提高和生师比的大幅度下降，重要原因在于学生数的大幅度减少而教职工不能相应减少。1993 年《教育改革和发展纲要》提出，学校应在合理定编的基础上，实行教职工岗位责任制和聘任制。1994 年实施的《教师法》规定，学校和其他教育机构应当逐步实行教师聘任制。《教育法》规定：国家实行教师资格、职务、聘任制度，学校管理人员、教学辅助人员和其他人员,实行职员制度和专业技术聘任制度。此后,教职工聘任制度在学校逐步实施,成为学校的基本制度。尽管由于配套改革不完善,教职工聘任制度没有很好实施,但对于减少学校冗员、提高教育财政效率还是提供了必要条件,产生了积极作用。

2. 学校财务制度逐渐规范。健全的财务管理制度,是提高资金使用效率必要的技术保证。1997年财政部和国家教委发布实施《高等学校财务制度》、《中小学校财务制度》,对各级学校的预算、收入、支出以及资产、负债和监督等重要财务事项进行了规范。2000年,教育部、财政部发布《高等学校建立经济责任制加强财务管理的几点意见》,要求高校建立经济责任制,并对日常预算管理、财经制度、财务管理体制、财务主管人员、资产管理、重大支出和对外投资等方面的经济责任制提出了要求。2010年《纲要》提出要加强经费管理,完善内部稽核和内部控制制度等学校财务制度的逐渐规范,加强了学校财务管理,为提高资金使用效率提供了技术保证。

(二) 不利于提高教育财政效率的制度缺陷

1. 绩效评价和问责制度不完善。提高教育财政效率的前提是建立效率评价体系,对学校和地区的效率进行科学评价。没有科学的评价数据,就无法判断效率的高低,也不能分析影响效率的原因。到目前为止,我国还没有建立学校绩效评价体系,除一些常规数据(如生均经费、生师比)外,没有积累和发布学校和地区的效率数据,使研究人员和决策者很难进行提高教育财政效率的研究和决策。绩效评价的缺失,使绩效问责制度也难以建立,无法对学校和教育行政部门的管理者进行激励或惩罚,不能为提高教育财政效率提供动力和压力。

2. 学校治理制度不完善。我国学校治理结构还很不完善。学校的决策主要由学校管理者和教师等内部人决定,家长、学生和其他利益相关者的利益在学校决策中难以体现。这种内部人控制的治理结构,导致学校的目标偏向学校和教职工自身利益的最大化,在财务上表现为成本的最大化。长期以来中小学普遍出现的学校乱收费和高校高学费,部分学校购建豪华设施,学校间高价挖教师等推高成本的行为,都与学校治理结构不完善密切相关。

3. 学校拨款和收入分配制度不完善。我国对学校的拨款制度、特别是项目经费拨款制度还不完善,导致重点学校得到项目经费远远高于一般学校。我国城市重点中小学普遍收取择校费,但在相当多的地区,择校费的主要部分由收取学校支配和使用,且不影响政府拨款。这样,重点中小学一方面从政府那里获得了更多的拨款,又通过择校费获得大量的预算外收入,资金非常充裕。不少重点中小学将大量资金购置超出我国经济水平的豪华设施,为教职工提供优厚的薪水和福利，不仅导致学校之间的严重不公平，而且造成教育经费的严重浪费。

4. 教职工社会保障制度不完善。除深圳和上海少数城市外，我国还没有建立规范的教职工养老保险制度，教职工没有向养老保险基金缴费。目前企业已经建立了比较完备的养老保险制度，当教职工退出教育行业到企业求职时，将被要求补缴养老保险费。对于年龄较大的教职工，补缴的养老保险费数额很大，难以承受。这种制度缺陷大大增加了学校辞退教职工的难度，使学校很难根据学生数的减少削减教职工，造成人力资源的浪费，降低了教育财政效率。

第五节　公共教育财政制度改革的方向

一、教育筹资制度改革

以政府投入为主的多渠道筹资体制，是符合我国国情和国际潮流的教育筹资体制，应该坚持和完善。

建立对民办学校的财政补助机制，促进民办教育的发展。对于义务教育阶段的民办学校，特别是主要为进城务工人员子女服务的学校，应该参照当地公办学校生均经费进行补助。对非义务教育阶段的民办学校，也应该提供财政补助，激励更多的社会资金进入民办教育领域。

通过规范财政收支、特别是将庞大的政府基金收入和土地出让金收入纳入统一预算，调整支出结构，增加政府教育投入，提高政府教育经费占GDP和财政支出的比重，减轻中低收入居民的教育支出负担。

在增加政府教育经费投入的同时，调整公办非义务教育学校收费结构。取消高中择校费，在建立助学金制度的基础上，适当提高普通高中学费水平。根据办学成本、居民负担能力及需求情况，降低职业技术学院学费水平，提高重点高校学费水平。

二、教育预算制度改革

预算拨款是我国也是各国教育经费的主要渠道。由于我国政府治理结构不完善，政府预算偏好偏离社会目标，导致政府教育经费投入严重不足，分配很不公平。应该改革教育预算机制，保障教育支出的合理比例。

我国《预算法》规定，各级人民代表大会是财政预算的最终决策者。要认真执行《预算法》，完善政府预算程序和决策机制，强化人民代表大会的预算决策权。在预算编制过程中，要有人大代表参与预算控制数的确定，由人大代表和财政官员共同决定下达给教育部门的预算控制数，避免财政部门在控制数环节就挤压教育经费的比例。应该将教育预算草案向社会公开，人大代表、财政官员和教育官员应向公众说明教育预算的依据，解释资金的分配方式和用途。在人大会议上，教育预算要由人大代表进行充分讨论，与政府总预算一起由人大代表表决通过。

三、教育经费分担制度改革

我国现行的以分税制为基础政府收入分配制度，已经将主要收入分配给中央和省级政府，这两级政府具有承担教育经费主要责任的财力。对于我国这样的人口大国，中央政府承担国防、外交、协调地区发展和利益的责任，距离实施教育的县级政府层级过多，基于效率考虑，不宜过多直接承担教育经费职责。省级政府的主要职责就是提供教育等民生服务，且距离县级政府近，由省级政府承担教育经费主要责任十分合适。国际上的人口大国，如美国、印度、巴西等，也都是省级政府为主的教育经费分担体制。

因此，需要创新政府教育经费分担体制，建立省级政府负担为主的政府教育经费体制。在新体制中，中央政府的主要责任是完善以分税制为核心的财政体制，通过规范的财政转移支付制度均衡省级政府的教育财政能力，并承担各级教育的学生资助经费和高水平大学经费的供给。省级政府的责任是统筹中央政府转移支付和本级政府教育经费，承担省属高校的经费供给，建立规范的县级单位基础教育经费转移支付制度，承担一半以上的基础教育经费，保障区域内各县区的基础教育财政公平。县级政府的责任是承担部分基础教育经费，统筹管理省级转移支付和本级政府教育经费，通过规范的以公平为导向的学校拨款制度，保障县区内基础教育学校间的财政公平。

四、教育经费分配制度改革

政府教育经费在学校间分配的制度不完善，是教育财政不公平的重要原因，必须建立和完善规范的政府对学校拨款制度。

中央政府和省、市级政府设立高等教育拨款委员会，建立多参数教育拨款公式，由拨款委员会按公式向各个高校拨款，提高高校间财政公平。

区、县政府应建立严格按当量学生人数向中小学拨款的制度。无论重点校和一般校，在分配基本经费和项目经费时应一视同仁。对于农村小规模学校的学生、残障和贫困学生，应该提高其折算当量学生的系数。

在没有取消择校费之前，中小学择校费应该全部由区、县政府统筹分配，切断其收取和使用的联系，提高区域内中小学之间的财政公平，减少教育经费的浪费。

在完善各级学校治理结构，削弱内部人控制的基础上，建立有校外利益相关人参加的财务决策委员会，对学校重大财务事项进行决策，合理配置学校资源，提高教育财政效率。

五、学生资助制度的改革

我国已基本形成了义务教育、中等教育和高等教育的学生资助体系，为提高经济困难家庭子女的教育机会提供了有力的支持。但现行的学生资助体系还不完善，需要进一步改革和完善。

完善农村贫困寄宿生生活补助制度和免费午餐制度。增加政府投入力度，扩大农村贫困寄宿生生活补助面，提高补助水平。逐步建立贫困中小学学生免费午餐制度，提高学生的健康水平。

建立对进城务工人员子女的救济和资助制度。由于经费负担体制等原因，大量进城务工人员子女无法进入公办学校接受义务教育，无法享受"两免一补"待遇，成为公共财政阳光没有覆盖的群体。应建立以省级政府负担为主的进城务工人员子女义务教育经费保障机制，对进城务工人员子女接受义务教育提供资助和救济。

完善学前教育资助制度。目前学前教育资助，还没有普遍实施。经济困难家庭难以负担，会造成教育机会不公平，因此学前教育资助制度的制定和完善，是我国学生资助体系的重要组成部分。建立规范的学前教育资助制度，为经济困难家庭提供资助资金，将促进学前教育教育公平。

建立政府担保的高校助学贷款制度。我国高校学生资助体系中，助学贷款是最主要的资助方式。但由于没有担保，商业银行主要出于风险规避的原因，开展大学生助学贷款的积极性不高，资助需求难以满足。应借鉴国外大学生贷款的经验，在政府还不能开展直接贷款的情况下，为大学生贷款提供政府担保，激励商业银行发放学生贷款，更好满足资助资金的需求。

六、教育财政绩效评价和问责制度的改革

由于对素质教育片面理解和经费不足等主客观原因，提高教育财政效率的改

革和制度建设几乎是空白。在年教育经费支出一万多亿元的今天，提高教育财政效率的制度建设极为迫切。

由中央政府负责建立全国统一的中小学学生业绩测评制度。尽管社会赋予教育很多责任，但最主要最基本的是学生知识和能力的提高。没有全国统一的中小学成绩测评制度，社会、政府甚至教育管理者都无法获得学生知识和能力的信息，不了解地区、学校和学生间的教育质量差异，更谈不上质量改进和效率的提高。20世纪90年代以来，世界各国，包括美国这样教育分权的国家，都在建立全国统一的中小学学生业绩测评制度。我国也应尽快建立全国统一的中小学学生学业水平测评制度，为教育管理和评价提供最基础最必需的信息。

建立以增值法为产出指标的中小学绩效评价制度。国内外的经验和研究表明，学生的学业成绩受家庭背景、学生天赋和学生同伴等诸多非学校可控因素的影响，因此在评价学校的绩效时，应该排除上述因素的影响。采用教育增加值作为学校业绩，可以排除非学校可控因素的作用，较为客观地反映学校的真实业绩，英、美等国已经在实践中采用。我国应该抓紧建立以教育增加值为产出指标、以学校教育成本为投入指标的中小学教育财政绩效评价体系，对不同地区、学校、甚至班级进行教育财政绩效评价和分析，为中小学绩效问责和提高效率提供依据。

建立包括毕业生就业率和毕业生起薪等指标的普通高校绩效评价制度。高等学校的产出虽然比中小学更为复杂，但绝大多数高校是以就业为导向的，因此应建立包含就业率和毕业生起薪等主要产出指标的高校绩效评价体系，对高校进行绩效评价，为高校绩效问责和提高效率提供依据。

完善学校治理结构，建立绩效问责制度。应该完善学校治理结构，在学校决策机构中，引进家长、学生代表、校友和政府等外部利益相关者代表，从制度上抑制学校的成本最大化行为。在绩效评价体系的基础上，建立学校财政绩效问责制度。对于高绩效的学校，政府增加拨款，延长领导任期，对教职工晋级提薪。对于绩效很差且没有改进的学校，免除领导职务，教职工停止晋级提薪，严重的进行撤并，辞退领导和教职工。

附　录

附表1　东、中、西部不同水平下生均教育经费支出情况　　单位：元

			2002年	2004年	2005年	2006年
小学	东部	优质水平	2 518.77	3 340.12	3 813.85	4 601.90
		基本水平	1 519.66	1 970.49	2 257.10	3 077.57
	中部	优质水平	1 639.85	2 091.31	2 407.06	2 833.25
		基本水平	1 061.56	1 384.47	1 634.16	1 911.24
	西部	优质水平	1 886.67	2 430.97	2 809.54	3 274.51
		基本水平	1 127.62	1 549.44	1 782.15	2 094.95
初中	东部	优质水平	3 161.73	4 473.98	5 282.19	6 304.65
		基本水平	1 780.01	2 284.54	2 771.68	3 373.37
	中部	优质水平	1 875.64	2 343.46	2 822.13	3 388.94
		基本水平	1 221.44	1 455.34	1 815.72	2 193.75
	西部	优质水平	2 475.12	2 971.91	3 388.00	3 873.91
		基本水平	1 427.21	1 773.59	2 089.17	2 374.17

附表2　全国各省义务教育生均经费2002～2006年变化情况　　单位：元

省、市	小学				初中			
	2002年	2004年	2005年	2006年	2002年	2004年	2005年	2006年
北京	4 566.59	6 403.74	7 104.37	7 969.53	5 677.57	7 797.60	9 106.13	12 819.79
天津	2 467.39	3 620.13	4 288.79	4 802.64	3 087.56	3 727.84	4 636.38	5 612.81
河北	860.22	1 299.61	1 764.47	2 076.93	1 078.26	1 418.97	1 803.09	2 216.05
山西	1 025.04	1 202.85	1 564.09	1 845.14	1 390.36	1 463.20	1 858.35	2 297.27

续表

省、市	小 学				初 中			
	2002年	2004年	2005年	2006年	2002年	2004年	2005年	2006年
内蒙古	1 573.72	2 202.34	2 441.31	2 933.48	1 667.09	2 073.16	2 572.61	2 917.21
辽 宁	1 382.57	1 982.51	2 348.69	2 871.62	1 767.80	2 450.60	2 971.37	3 644.75
吉 林	1 547.50	2 056.18	2 495.74	3 002.33	1 896.52	2 198.94	2 603.46	3 144.46
黑龙江	1 735.18	2 080.97	2 498.20	3 068.65	1 366.53	1 756.02	2 329.62	2 919.41
上 海	5 559.40	9 038.51	9 767.45	11 632.49	6 106.60	9 990.49	12 255.10	13 623.58
江 苏	1 481.39	2 300.63	2 845.84	3 388.36	2 124.67	2 562.52	3 092.65	3 622.77
浙 江	2 372.95	3 583.49	3 983.28	4 347.87	3 168.61	4 917.79	5 642.21	6 097.74
安 徽	803.12	1 081.06	1 268.94	1 590.81	1 007.06	1 214.15	1 398.99	1 733.16
福 建	1 443.28	1 896.36	2 252.82	2 660.53	1 879.10	2 068.34	2 259.65	2 658.01
江 西	859.76	1 092.00	1 293.44	1 496.15	1 055.99	1 261.98	1 559.26	1 851.03
山 东	1 130.93	1 482.35	1 791.10	2 088.14	1 363.83	1 910.20	2 489.04	3 033.80
河 南	621.41	853.06	972.74	1 170.74	8 79.19	1 067.23	1 255.59	1 531.68
湖 北	776.14	1 132.99	1 332.67	1 581.84	1 270.54	1 499.14	1 716.13	2 000.40
湖 南	992.03	1 387.39	1 634.06	1 838.01	1 222.84	1 536.10	1 941.43	2 531.13
广 东	1 798.88	2 115.06	2 200.07	2 406.76	2 511.99	3 081.76	3 312.50	3 490.06
广 西	913.98	1 117.31	1 299.01	1 555.03	1 234.47	1 422.49	1 628.42	1 868.76
海 南	1 034.56	1 300.34	1 491.55	1 952.35	1 655.96	1 951.67	2 106.40	2 840.45
重 庆	984.03	1 351.16	1 732.38	1 920.02	1 400.57	1 867.44	2 490.39	2 453.31
四 川	953.91	1 218.38	1 392.96	1 582.19	1 216.11	1 498.85	1 705.71	2 039.45
贵 州	643.04	819.24	1 019.89	1 197.18	873.25	1 040.07	1 317.04	1 464.12
云 南	1 137.83	1 510.01	1 649.84	1 849.99	1 416.72	1 721.51	1 946.25	2 171.31
西 藏	2 178.54	2 814.21	3 095.76	3 343.09	3 103.23	5 041.01	5 252.33	4 424.04
陕 西	749.36	1 038.00	1 306.75	1 696.71	992.19	1 219.93	1 419.96	1 768.43
甘 肃	811.98	1 019.03	1 215.78	1 498.65	1 103.60	1 278.04	1 517.54	1 874.89
青 海	1 375.27	1 662.60	2 112.37	2 696.79	1 766.88	1 931.53	2 447.42	2 830.80
宁 夏	1 278.45	1 285.53	1 496.96	1 707.17	1 637.96	1 965.79	2 230.87	2 465.91
新 疆	1 594.33	2 071.77	2 418.05	2 881.32	2 126.16	2 189.16	2 744.94	3 550.84

附表 3　　全国各省小学生均经费 2002～2006 年不同水平情况　　单位：元

省、市	优质水平 2002 年	2004 年	2005 年	2006 年	基本水平 2002 年	2004 年	2005 年	2006 年
北 京	6 589.61	9 368.72	9 774.99	10 952.40	4 396.65	6 057.02	6 732.28	8 137.51
天 津	3 789.74	5 656.98	6 356.03	6 936.54	2 614.46	3 899.38	4 247.41	5 287.91
河 北	1 411.13	1 908.45	2 430.43	2 713.85	922.39	1 357.28	1 804.67	2 123.32
山 西	1 369.47	1 596.54	2 084.77	2 323.84	1 051.59	1 234.95	1 612.89	1 862.04
内蒙古	2 314.24	3 269.50	3 734.71	4 499.51	1 714.49	2 332.02	2 580.31	3 199.28
辽 宁	2 215.03	2 654.94	3 434.57	4 014.66	1 567.19	1 940.89	2 226.12	2 729.49
吉 林	2 365.40	2 967.34	3 896.83	4 477.76	1 753.33	2 266.29	2 797.36	3 263.66
黑龙江	2 326.32	2 885.96	3 271.44	3 991.71	1 789.21	2 191.65	2 542.14	3 068.42
上 海	7 509.12	9 839.30	11 441.90	13 461.03	6 279.04	8 002.50	9 603.61	10 967.44
江 苏	2 309.02	3 227.92	3 488.90	6 021.63	1 479.11	2 104.13	2 715.33	3 688.35
浙 江	3 175.62	4 678.51	5 750.48	6 227.18	2 351.50	3 587.75	3 940.42	4 380.99
安 徽	1 553.47	2 133.60	2 407.79	2 778.15	1 055.00	1 435.33	1 622.03	1 890.54
福 建	2 202.19	2 885.55	3 142.70	3 421.75	1 554.87	2 059.34	2 198.52	2 680.04
江 西	1 267.01	1 594.79	1 863.72	2 044.90	928.60	1 228.64	1 423.83	1 693.23
山 东	2 053.62	2 381.08	2 826.52	3 316.67	1 290.46	1 639.68	1 956.65	2 198.20
河 南	1 278.55	1 673.75	1 677.74	2 026.00	703.07	961.72	1 145.86	1 326.57
湖 北	1 423.66	2 013.03	2 298.77	2 729.97	860.36	1 219.62	1 426.40	1 664.26
湖 南	1 412.13	1 767.99	2 121.20	2 403.08	1 055.34	1 450.60	1 701.89	1 984.81
广 东	2 892.59	3 582.56	3 653.13	4 423.99	1 629.46	1 980.46	1 958.44	2 111.13
广 西	1 495.15	1 819.97	2 279.41	2 606.54	9 97.79	1 275.73	1 631.50	1 924.91
海 南	1 269.86	1 922.17	1 848.86	2 671.54	1 002.06	1 352.71	1 619.31	2 031.67
重 庆	1 090.07	2 116.11	2 680.56	2 922.67	8 04.32	1 333.01	1 708.84	1 894.73
四 川	1 912.05	2 211.54	2 505.28	2 722.14	1 120.67	1 405.19	1 514.64	1 665.20
贵 州	1 016.38	1 295.98	1 605.64	1 750.41	701.24	874.13	1 117.07	1 372.78
云 南	1 726.81	2 244.62	2 466.39	2 683.67	1 318.09	1 718.69	1 852.93	2 132.35
西 藏	3 074.94	4 677.64	4 482.62	4 461.06	2 385.46	3 000.34	3 109.77	3 419.55
陕 西	1 072.47	1 491.01	1 765.80	2 499.50	797.42	1 053.80	1 310.82	1 710.17
甘 肃	1 518.83	1 945.14	2 192.25	2 420.92	933.30	1 198.73	1 372.22	1 597.30
青 海	2 600.59	2 358.00	3 575.13	4 305.01	1 674.04	1 878.01	2 387.33	3 138.14
宁 夏	1 860.61	1 828.26	2 246.24	2 213.81	1 373.85	1 330.79	1 550.30	1 920.99
新 疆	2 862.90	3 489.77	4 170.47	4 948.45	1 956.60	2 364.11	2 750.80	3 423.86

附表4　全国各省初中生均经费2002～2006年不同水平情况　　单位：元

省、市	优质水平				基本水平			
	2002年	2004年	2005年	2006年	2002年	2004年	2005年	2006年
北京	7 760.56	10 854.20	11 837.16	16 718.52	6 434.09	9 213.80	9 827.57	12 733.88
天津	5 855.69	6 798.00	8 853.60	10 901.28	3 646.07	4 691.04	5 523.49	6 672.92
河北	1 624.14	2 280.44	2 827.99	3 356.56	1 082.67	1 448.69	1 778.02	2 181.98
山西	1 648.37	1 976.96	2 472.18	3 020.77	1 270.52	1 447.73	1 863.57	2 135.16
内蒙古	2 441.70	3 142.89	3 656.97	4 228.40	1 757.30	2 220.67	2 655.88	3 096.81
辽宁	2 642.08	3 375.66	4 404.36	5 195.49	1 844.20	2 373.20	2 904.32	3 411.92
吉林	2 768.77	3 411.74	4 301.85	5 339.40	1 950.52	2 331.78	2 814.10	3 596.66
黑龙江	2 236.23	3 002.51	3 662.44	4 970.62	1 490.52	1 962.54	2 520.09	3 133.00
上海	7 589.83	11 138.11	14 808.02	15 162.88	6 301.59	9 404.56	11 686.02	13 311.67
江苏	3 171.85	4 209.58	4 907.75	7 566.42	1 699.42	2 253.73	3 117.51	4 490.50
浙江	4 113.34	6 471.41	7 657.40	7 689.48	2 970.76	4 781.78	5 435.73	6 023.98
安徽	1 875.17	2 500.02	2 663.69	3 008.33	1 104.71	1 436.85	1 610.74	1 950.75
福建	2 627.90	3 182.82	3 511.27	3 888.63	1 588.45	1 794.35	2 034.49	2 431.51
江西	1 386.35	1 679.54	2 029.64	2 443.92	1 089.70	1 326.34	1 632.45	1 987.27
山东	2 285.99	3 122.84	4 079.61	5 138.48	1 363.91	2 048.16	2 551.43	3 381.89
河南	1 401.24	1 788.20	2 117.34	2 408.41	878.67	1 110.72	1 307.25	1 674.43
湖北	1 981.83	2 538.63	2 910.75	3 564.17	1 325.19	1 588.31	1 886.44	2 139.70
湖南	1 703.17	2 215.40	2 737.89	3 321.75	1 236.18	1 498.87	1 956.01	2 453.03
广东	4 253.07	5 456.99	5 682.21	6 728.61	1 955.78	2 533.30	2 602.89	2 739.65
广西	1 778.27	2 013.67	2 474.11	2 755.29	1 216.25	1 432.56	1 796.87	2 157.08
海南	1 829.23	2 724.43	2 572.78	3 548.27	1 427.34	1 703.77	2 031.07	2 250.47
重庆	1 497.61	3 000.99	3 831.34	4 373.39	1 007.38	1 690.11	2 279.00	2 341.05
四川	3 502.50	3 377.28	3 464.43	3 784.51	1 576.17	1 940.14	1 975.43	2 189.43
贵州	1 298.68	1 623.23	1 924.31	2 110.34	898.29	1 048.44	1 353.46	1 611.16
云南	2 237.65	2 507.12	3 152.58	3 521.06	1 463.60	1 730.45	1 979.27	2 217.94
西藏	4 325.57	10 857.62	10 039.71	6 394.39	3 199.30	4 043.11	4 114.52	3 633.86
陕西	1 351.82	1 605.13	2 154.51	2 540.47	999.70	1 213.68	1 389.00	1 802.56
甘肃	1 960.45	2 363.36	2 743.69	3 327.37	1 232.48	1 387.80	1 682.53	1 912.09
青海	5 781.57	5 419.11	5 607.28	6 942.86	2 789.50	2 482.95	2 980.68	3 954.00
宁夏	2 253.30	2 455.04	2 786.79	3 040.43	1 673.36	1 987.92	2 285.37	2 581.02
新疆	3 014.34	3 468.58	4 258.51	5 104.40	2 223.25	2 518.80	2 798.08	3 586.91

附表5　　　2002～2006年各省小学生均教育经费分城乡情况　　　单位：元

省、市	2002年 城镇	2002年 农村	2004年 城镇	2004年 农村	2005年 城镇	2005年 农村	2006年 城镇	2006年 农村
北 京	5 161.16	3 645.11	6 768.29	5 753.97	7 399.16	6 544.80	8 070.40	7 765.37
天 津	2 995.53	1 662.97	4 235.04	2 537.54	5 254.89	3 404.76	5 797.55	3 850.30
河 北	1 173.74	775.77	1 569.22	1 202.96	1 981.03	1 679.83	2 166.94	2 040.84
山 西	1 096.56	1 000.51	1 245.90	1 190.36	1 644.66	1 539.25	1 897.01	1 826.13
内蒙古	1 546.75	1 589.34	1 909.98	2 412.75	2 039.82	2 782.95	2 359.64	3 578.27
辽 宁	1 747.62	1 152.14	2 209.09	1 832.60	2 676.33	2 135.67	3 141.79	2 693.89
吉 林	1 832.86	1 410.16	2 168.47	1 988.90	2 525.83	2 476.45	3 003.18	3 001.75
黑龙江	1 882.25	1 657.41	2 115.43	2 060.82	2 580.56	2 442.57	2 968.10	3 139.52
上 海	6 507.70	4 349.74	10 652.09	6 676.06	10 764.42	8 222.59	12 961.86	9 560.69
江 苏	2 124.28	1 227.47	3 118.36	1 913.64	3 584.05	2 436.80	4 196.18	2 920.04
浙 江	2 518.22	2 001.82	3 965.17	3 340.03	4 570.86	3 692.38	4 866.98	4 078.71
安 徽	1 260.87	736.90	1 583.93	993.98	1 854.12	1 158.05	2 159.42	1 472.78
福 建	1 722.56	1 259.53	2 232.71	1 644.80	2 834.09	2 088.23	3 198.09	2 490.07
江 西	933.37	807.17	1 157.69	1 050.35	1 397.85	1 239.39	1 632.05	1 442.83
山 东	1 845.58	990.34	2 116.56	1 336.69	2 490.55	1 624.37	2 928.78	1 888.15
河 南	972.66	545.76	1 217.81	764.35	1 327.86	880.88	1 555.70	1 067.75
湖 北	1 250.30	624.30	1 685.66	959.39	1 944.13	1 130.50	2 238.76	1 342.56
湖 南	1 350.85	902.28	1 729.52	1 273.19	1 906.78	1 540.51	2 175.56	1 717.77
广 东	2 533.13	1 429.18	3 008.20	1 660.20	3 306.53	1 669.84	3 818.67	1 675.32
广 西	1 354.80	86.43	1 622.65	978.36	1 815.28	1 174.66	2 071.89	1 415.45
海 南	1 333.05	913.74	1 575.17	1 211.15	1 750.13	1 398.39	2 215.55	1 866.07
重 庆	1 428.79	819.40	2 217.31	1 146.70	2 791.95	1 473.82	2 635.62	1 683.59
四 川	1 448.30	864.10	1 699.09	1 110.29	2 032.25	1 254.81	1 957.41	1 471.81
贵 州	1 021.02	577.26	1 153.90	743.83	1 485.52	913.96	1 602.14	1 095.31
云 南	1 352.88	1 088.16	1 702.64	1 463.31	1 889.39	1 592.16	1 932.97	1 822.31
西 藏	2 742.21	2 044.23	3 630.03	2 598.05	3 846.00	2 895.37	3 755.43	3 221.21
陕 西	928.24	683.03	1 218.07	981.10	1 384.47	1 279.55	1 696.85	1 696.66
甘 肃	1 231.13	742.98	1 391.56	943.60	1 738.82	1 114.69	1 856.43	1 411.06
青 海	1 502.59	1 309.09	1 701.74	1 638.48	2 203.91	2 062.27	2 735.34	2 676.76
宁 夏	1 462.32	1 218.50	1 562.31	1 195.86	1 814.10	1 378.90	1 884.41	1 641.11
新 疆	2 062.32	1 442.81	2 426.28	1 934.64	2 631.36	2 318.20	2 955.93	2 845.04

附表6　　2002~2006年各省初中生均教育经费分城乡情况　　单位：元

省、市	2002年 城镇	2002年 农村	2004年 城镇	2004年 农村	2005年 城镇	2005年 农村	2006年 城镇	2006年 农村
北京	6 526.77	3 693.13	8 624.90	5 948.62	9 732.84	7 639.35	12 885.14	12 624.44
天津	4 026.31	1 605.18	5 220.15	2 053.46	6 331.04	3 154.82	7 662.15	3 580.60
河北	1 376.18	909.53	1 745.41	1 217.06	2 100.53	1 608.98	2 427.56	2 069.13
山西	1 680.65	1 225.05	1 782.66	1 312.12	2 188.82	1 691.41	2 701.03	2 049.95
内蒙古	1 836.09	1 464.99	2 170.10	1 950.12	2 679.28	2 422.38	2 858.75	3 023.30
辽宁	2 279.12	1 284.25	3 023.85	1 945.64	3 778.48	2 284.04	4 421.52	2 986.17
吉林	2 284.48	1 572.70	2 734.10	1 775.54	3 202.52	2 084.50	3 655.81	2 659.52
黑龙江	1 933.22	1 021.99	2 352.54	1 345.50	2 937.65	1 786.53	3 641.17	2 281.96
上海	6 474.28	4 804.75	10 977.99	7 332.18	13 047.80	10 217.47	14 523.21	11 399.44
江苏	2 946.43	1 566.01	3 753.32	1 861.28	4 243.99	2 372.71	4 811.83	2 827.74
浙江	3 379.46	2 483.74	5 877.32	4 256.21	6 797.02	4 981.64	6 999.45	5 551.01
安徽	1 636.89	832.04	1 988.00	987.52	2 086.70	1 179.87	2 432.02	1 522.03
福建	2 282.80	1 382.93	2 378.10	1 664.23	3 559.51	1 968.74	4 065.47	2 322.55
江西	1 212.39	915.77	1 406.95	1 142.69	1 676.90	1 474.53	1 998.05	1 760.52
山东	2 208.42	1 163.49	2 744.43	1 662.71	3 493.92	2 167.88	3 981.43	2 710.29
河南	1 273.67	727.10	1 420.38	919.23	1 690.51	1 065.78	1 909.11	1 356.47
湖北	1 712.65	1 043.48	2 220.05	1 247.02	2 391.34	1 469.62	2 803.25	1 682.24
湖南	1 872.99	1 030.60	2 212.96	1 311.70	2 431.99	1 776.80	3 055.80	2 322.18
广东	3 024.14	1 857.15	3 727.72	2 248.92	4 155.62	2 311.56	4 499.40	2 367.39
广西	1 479.29	1 085.36	1 669.36	1 209.42	2 088.64	1 413.50	2 200.76	1 673.03
海南	2 253.47	1 273.21	2 418.56	1 571.74	2 440.00	1 796.88	3 851.38	2 042.26
重庆	1 861.48	1 049.30	2 585.17	1 521.61	3 125.00	2 161.33	3 035.51	2 063.84
四川	1 735.08	967.87	1 910.76	1 293.10	2 198.82	1 507.87	2 250.08	1 923.11
贵州	1 285.90	698.70	1 426.17	870.91	1 806.97	1 090.60	1 882.22	1 260.17
云南	1 772.89	1 220.68	2 058.33	1 531.01	2 295.82	1 747.71	2 493.80	1 917.87
西藏	3 120.10		5 041.01		5 252.33		4 424.04	
陕西	1 144.42	889.40	1 591.98	1 056.08	1 749.18	1 271.31	2 129.13	1 605.64
甘肃	1 500.88	942.52	1 523.06	1 166.32	1 762.17	1 418.24	2 134.46	1 752.27
青海	2 087.25	1 286.65	2 095.47	1 664.47	2 663.74	2 146.37	3 093.27	2 442.59
宁夏	1 784.59	1 518.44	2 264.15	1 691.07	2 487.84	1 987.57	2 675.67	2 285.83
新疆	2 747.49	1 707.28	2 849.04	1 760.27	3 453.71	2 282.95	4 132.27	3 142.50

附表7　　2002～2006年各省县级单位小学生均教育经费
优质水平的分城乡情况

单位：元

省、市	2002年 城镇	2002年 农村	2004年 城镇	2004年 农村	2005年 城镇	2005年 农村	2006年 城镇	2006年 农村
北　京	6 436.57	5 035.12	9 368.72	7 159.85	9 229.34	8 526.53	9 893.72	9 546.58
天　津	4 154.19	3 046.18	5 656.98	3 596.95	6 667.07	5 034.79	7 223.49	5 416.26
河　北	1 602.34	1 115.99	1 994.53	1 716.57	2 457.35	2 382.29	2 544.06	2 900.79
山　西	1 356.18	1 313.64	1 458.25	1 641.45	1 868.26	2 175.43	2 057.62	2 535.14
内蒙古	2 284.33	3 573.29	2 761.52	4 159.21	3 147.86	4 785.89	3 793.53	5 996.04
辽　宁	2 210.58	1 987.93	2 554.23	2 678.01	3 556.34	3 102.36	4 002.86	4 196.70
吉　林	2 350.07	2 362.38	2 630.80	3 402.60	3 641.05	4 553.24	4 061.75	4 834.02
黑龙江	2 241.99	2 703.85	2 480.78	3 170.03	2 826.66	4 309.97	3 450.67	4 973.17
上　海	7 976.82	5 228.56	11 645.68	7 718.93	12 635.97	9 252.60	15 786.47	10 437.26
江　苏	2 569.55	2 104.20	3 482.73	3 012.33	3 646.73	3 659.83	6 074.59	4 578.57
浙　江	3 406.31	2 770.46	4 860.10	4 536.77	5 869.74	5 084.28	6 447.56	5 399.35
安　徽	1 714.04	1 296.29	2 184.02	1 746.78	2 402.30	2 120.28	2 713.45	2 478.43
福　建	2 354.76	1 928.22	2 590.41	2 615.37	2 999.81	3 103.59	3 223.39	3 575.84
江　西	1 312.77	1 083.74	1 514.76	1 523.41	1 782.11	1 830.75	2 047.20	2 053.28
山　东	2 454.50	1 720.81	2 652.54	2 399.07	2 839.63	2 683.76	3 306.12	3 273.98
河　南	1 409.47	8 23.07	1 765.69	1 280.66	1 730.66	1 437.16	2 109.39	1 839.83
湖　北	1 582.88	1 008.57	2 112.08	1 419.26	2 405.43	1 832.76	2 626.78	2 235.00
湖　南	1 586.62	1 131.38	1 896.03	1 656.05	2 131.10	2 117.29	2 523.50	2 319.21
广　东	2 837.60	1 866.35	3 670.61	2 203.17	3 644.05	2 477.59	4 512.92	2 680.28
广　西	1 655.76	1 427.43	1 837.78	1 775.46	2 137.59	2 115.07	2 582.00	2 602.96
海　南	1 330.66	1 166.27	1 828.78	1 920.43	1 953.88	1 860.87	2 267.43	2 831.28
重　庆	1 676.46	982.19	2 475.12	1 749.64	3 156.84	2 246.36	3 290.40	2 759.47
四　川	2 218.22	1 615.78	2 478.52	1 920.37	2 715.30	2 142.42	2 829.88	2 492.78
贵　州	1 282.52	877.26	1 570.65	1 149.98	2 005.03	1 424.58	2 010.17	1 680.42
云　南	2 100.65	1 567.20	2 327.01	2 239.50	2 529.25	2 425.89	2 723.06	2 661.78
西　藏	5 081.58	2 844.80	8 598.72	4 031.54	5 469.23	4 074.58	6 492.18	4 348.01
陕　西	1 247.09	910.41	1 489.59	1 391.87	1 689.46	1 822.79	2 150.41	2 747.37
甘　肃	1 722.74	1 200.63	2 030.18	1 578.66	2 167.94	2 256.78	2 410.50	2 282.86
青　海	2 847.39	2 663.05	2 438.70	2 760.02	3 467.34	3 946.04	3 605.92	4 500.77
宁　夏	1 705.49	1 801.32	2 129.00	1 755.62	2 308.64	2 193.78	2 053.81	2 299.30
新　疆	2 619.16	2 993.45	3 190.78	3 929.98	3 500.08	4 925.85	4 153.70	5 278.19

附表 8　　2002～2006 年各省县级单位初中生均教育经费优质水平的分城乡情况

单位：元

省、市	2002 年 城镇	2002 年 农村	2004 年 城镇	2004 年 农村	2005 年 城镇	2005 年 农村	2006 年 城镇	2006 年 农村
北　京	7 760.56	6 802.91	10 726.83	10 827.24	11 775.32	1 2531.57	15 605.74	19 256.08
天　津	5 855.69	3 389.51	7 377.05	4 056.51	7 937.94	8 571.99	11 583.64	8 976.39
河　北	1 957.15	1 289.84	2 430.46	1 726.19	2 948.18	2 210.52	3 401.07	3 029.77
山　西	1 765.60	1 548.69	2 124.17	1 731.91	2 601.05	2 396.56	3 043.57	2 926.29
内蒙古	2 443.98	2 857.24	3 104.15	3 261.81	3 611.17	4 535.74	4 185.04	5 796.38
辽　宁	2 710.65	1 992.81	3 371.11	2 791.06	4 554.71	3 820.97	5 801.25	4 911.89
吉　林	2 779.31	2 839.71	3 445.38	3 105.18	3 973.99	4 698.36	5 338.20	5 357.96
黑龙江	2 102.53	1 767.10	2 985.75	2 766.16	3 717.16	3 557.20	4 735.27	4 224.43
上　海	8 005.01	6 254.77	12 521.94	10 059.42	14 011.35	1 3373.82	15 470.39	15 540.00
江　苏	3 912.48	2 482.39	5 056.10	3 281.71	5 331.36	3 984.99	7 671.86	5 001.84
浙　江	4 440.18	2 999.60	7 239.57	5 052.99	8 339.26	6 208.04	8 126.97	7 365.65
安　徽	2 303.13	1 466.58	2 786.23	1 685.42	2 862.61	1 820.17	3 045.24	2 382.59
福　建	2 870.99	1 784.35	3 189.74	2 085.51	4 244.32	2 466.21	4 633.81	3 219.71
江　西	1 517.56	1 159.98	1 812.19	1 524.34	2 161.72	1 863.39	2 501.78	2 327.84
山　东	3 108.44	1 862.28	3 580.13	2 722.07	4 647.70	3 610.78	5 274.20	4 911.02
河　南	1 805.64	1 005.38	2 008.17	1 297.14	2 304.93	1 536.84	2 548.29	2 151.34
湖　北	2 158.69	1 433.04	3 033.64	1 775.34	2 958.25	2 306.56	3 809.54	2 812.24
湖　南	2 237.04	1 255.11	2 792.75	1 560.80	2 930.25	2 224.54	3 525.15	3 237.24
广　东	4 960.57	2 271.75	5 674.17	2 928.93	6 340.34	3 001.34	6 983.80	3 430.73
广　西	1 923.23	1 355.37	2 231.80	1 579.37	2 686.91	2 063.18	2 886.32	2 453.73
海　南	2 290.22	1 655.42	2 530.29	2 646.69	2 979.06	2 420.31	3 545.63	3 140.07
重　庆	2 126.52	1 283.89	3 172.24	2 605.78	4 397.09	3 450.37	4 753.70	3 196.48
四　川	3 676.54	1 825.98	3 502.48	2 594.25	3 473.36	2 704.25	3 597.73	3 040.11
贵　州	1 619.03	928.01	1 776.68	1 386.81	2 216.18	1 668.26	2 273.38	1 953.28
云　南	2 455.77	1 820.74	2 901.67	2 141.21	3 385.21	2 511.55	3 561.00	2 866.07
西　藏	4 325.57		1 0857.62		1 0039.71		6 394.39	
陕　西	1 549.59	1 146.19	1 843.42	1 488.43	2 213.43	1 832.36	2 731.65	2 446.49
甘　肃	2 217.00	1 484.49	2 509.33	1 846.29	2 805.42	2 389.18	3 246.00	3 121.23
青　海	5 800.53	4 557.07	5 371.57	3 887.48	5 967.97	5 793.79	7 139.12	6 132.73
宁　夏	2 142.11	2 193.71	2 585.21	2 304.41	3 094.92	2 790.11	3 307.11	2 769.57
新　疆	3 217.83	2 495.08	3 420.38	3 501.46	4 030.91	4 575.23	5 071.00	5 687.11

附表9　　2002~2006各省县级单位小学生均教育经费基本水平的分城乡情况

单位：元

省、市	2002年 城镇	2002年 农村	2004年 城镇	2004年 农村	2005年 城镇	2005年 农村	2006年 城镇	2006年 农村
北 京	4 758.56	3 553.97	6 148.52	5 878.76	6 702.00	6 700.38	7 222.76	8 345.71
天 津	2 635.65	1 868.63	4 413.52	2 694.47	4 777.53	3 611.47	5 912.00	4 231.48
河 北	1 085.38	845.48	1 391.96	1 276.97	1 693.90	1 648.43	1 844.40	2 139.13
山 西	993.54	1 033.91	1 109.49	1 225.42	1 366.98	1 643.16	1 594.98	1 934.45
内蒙古	1 544.07	1 858.38	1 866.82	2 752.59	1 962.56	3 311.94	2 458.08	4 245.35
辽 宁	1 573.88	1 272.72	1 848.91	1 949.09	2 121.02	2 213.81	2 619.55	2 509.63
吉 林	1 671.13	1 621.64	1 985.29	2 268.45	2 358.95	2 909.79	2 634.66	3 325.89
黑龙江	1 658.70	1 815.61	1 932.14	2 357.05	2 045.14	2 878.92	2 486.03	3 599.06
上 海	6 359.22	4 566.85	8 576.88	6 962.48	9 854.74	8 539.29	11 214.91	9 509.88
江 苏	1 978.06	1 401.82	2 493.95	2 086.71	2 764.30	2 600.81	3 929.28	3 113.52
浙 江	2 509.45	2 103.58	3 723.41	3 226.59	3 948.66	3 627.15	4 349.14	4 192.74
安 徽	1 188.90	841.57	1 538.87	1 191.40	1 758.18	1 384.62	1 961.44	1 756.50
福 建	1 634.85	1 419.20	1 895.90	1 799.92	2 109.61	2 218.13	2 345.29	2 732.36
江 西	1 008.64	893.22	1 230.54	1 173.23	1 370.56	1 380.88	1 590.86	1 596.58
山 东	1 596.97	1 054.96	1 759.67	1 473.14	2 043.77	1 804.40	2 189.31	2 137.73
河 南	927.45	605.20	1 107.68	839.19	1 207.16	1 027.22	1 383.44	1 179.28
湖 北	1 140.66	687.11	1 444.52	1 038.50	1 596.53	1 180.39	1 720.96	1 472.11
湖 南	1 264.23	975.06	1 504.39	1 354.16	1 657.56	1 643.80	1 952.50	1 951.23
广 东	1 670.29	1 401.93	2 007.23	1 694.04	2 052.98	1 679.66	2 162.50	1 896.51
广 西	1 210.09	883.83	1 515.13	1 131.02	1 681.71	1 443.89	1 953.15	1 873.25
海 南	1 113.40	911.83	1 400.13	1 324.71	1 645.71	1 579.09	1 980.57	1 983.42
重 庆	1 196.37	767.92	1 616.31	1 255.61	2 013.79	1 611.19	1 912.41	1 869.75
四 川	1 365.93	1 018.70	1 673.47	1 287.36	1 727.54	1 428.96	1 832.51	1 631.71
贵 州	975.29	648.46	1 176.45	832.74	1 406.30	1 067.58	1 600.85	1 285.34
云 南	1 540.84	1 229.73	1 893.31	1 690.65	2 010.09	1 791.91	2 188.11	2 073.08
西 藏	3 341.79	2 272.85	4 172.84	2 916.09	3 920.69	2 996.42	4 029.66	3 419.55
陕 西	919.09	713.77	1 100.80	989.15	1 263.23	1 259.16	1 593.06	1 724.87
甘 肃	1 196.30	8 12.00	1 419.04	971.94	1 440.41	1 217.02	1 726.61	1 429.86
青 海	1 619.43	1 741.91	1 845.50	1 887.52	2 386.41	2 330.31	2 751.92	3 255.27
宁 夏	1 319.32	1 271.46	1 454.45	1 310.52	1 492.15	1 515.91	1 842.81	1 807.87
新 疆	1 979.31	1 956.45	2 251.58	2 539.64	2 505.15	2 930.65	2 765.64	3 505.30

附表10　　2002～2006年各省县级单位初中生均教育经费基本水平的分城乡情况

单位：元

省、市	2002年 城镇	2002年 农村	2004年 城镇	2004年 农村	2005年 城镇	2005年 农村	2006年 城镇	2006年 农村
北　京	6 394.66	4 011.01	9 213.80	5 823.57	9 779.56	7 863.01	12 663.74	13 318.63
天　津	3 781.69	2 504.36	4 982.35	2 522.74	5 384.89	4 250.44	7 844.57	4 425.65
河　北	1 280.51	922.32	1 490.57	1 214.60	1 838.53	1 604.36	2 184.57	2 043.82
山　西	1 320.73	1 179.61	1 476.22	1 361.48	1 875.81	1 690.79	2 072.58	1 993.30
内蒙古	1 789.65	1 676.29	2 124.12	2 251.26	2 614.93	2 722.97	2 817.93	3 322.34
辽　宁	2 004.17	1 271.00	2 481.07	1 862.65	3 207.79	2 248.90	3 655.18	2 871.42
吉　林	1 961.71	1 862.10	2 399.26	2 109.71	3 008.88	2 374.03	3 589.05	3 273.07
黑龙江	1 573.36	1 295.00	2 035.70	1 638.76	2 479.19	2 165.24	2 880.68	3 076.98
上　海	6 492.06	5 245.56	9 860.73	7 433.92	11 662.28	10 504.90	13 739.50	11 238.25
江　苏	2 305.50	1 520.68	2 812.86	2 073.29	3 589.85	2 774.41	4 792.07	3 241.09
浙　江	3 145.72	2 354.75	5 269.85	4 010.99	5 899.88	4 745.28	6 429.50	5 647.73
安　徽	1 429.31	930.59	1 802.56	1 122.29	1 928.65	1 300.18	2 158.15	1 770.15
福　建	1 770.66	1 429.26	1 910.97	1 518.26	2 538.43	1 801.19	2 900.20	2 216.64
江　西	1 210.26	982.74	1 390.86	1 259.09	1 722.02	1 556.04	1 968.92	1 851.07
山　东	1 884.80	1 090.66	2 290.79	1 617.20	2 802.87	2 286.82	3 229.40	3 040.23
河　南	1 082.97	774.19	1 276.71	993.30	1 450.69	1 174.41	1 664.16	1 516.80
湖　北	1 534.52	1 093.90	1 800.27	1 268.77	2 129.64	1 490.18	2 270.01	1 748.53
湖　南	1 691.88	1 054.08	1 916.46	1 313.53	2 186.64	1 748.23	2 457.23	2 384.90
广　东	2 121.49	1 664.87	2 752.97	2 126.51	2 863.94	2 220.90	2 956.73	2 393.91
广　西	1 427.42	1 107.21	1 579.68	1 276.90	1 940.79	1 573.33	2 154.49	1 937.78
海　南	1 834.04	1 164.58	2 235.76	1 582.15	2 151.80	1 865.68	2 447.48	2 077.72
重　庆	1 510.74	973.24	1 816.57	1 617.30	2 306.19	2 197.26	2 423.53	2 156.50
四　川	1 979.68	1 172.59	2 082.20	1 463.29	2 130.29	1 727.05	2 202.91	1 878.76
贵　州	1 203.30	752.61	1 294.34	953.18	1 598.95	1 213.94	1 686.37	1 454.01
云　南	1 720.34	1 209.38	2 065.92	1 531.74	2 321.63	1 739.64	2 562.16	1 971.14
西　藏	3 199.30		4 043.11		4 114.52		3 633.86	
陕　西	1 103.58	918.31	1 263.94	1 084.98	1 467.28	1 330.08	1 861.90	1 777.76
甘　肃	1 594.71	967.27	1 447.14	1 209.30	1 759.75	1 385.39	1 905.57	1 924.11
青　海	3 009.18	2 138.89	2 634.64	1 886.82	3 289.22	2 244.34	3 964.74	2 919.18
宁　夏	1 691.71	1 468.29	2 114.58	1 648.33	2 559.13	1 826.87	2 501.40	2 345.15
新　疆	2 250.00	1 946.51	2 432.36	2 176.19	2 870.39	2 701.06	3 377.82	3 497.82

附表11 2004年教师基本工资分项及三项工资占基本工资比例

省、市	普通小学教师 基本工资（千元）	普通小学教师 补助、其他职工福利费总和（千元）	普通小学教师 三项经费占比例（%）	普通小学教师 调整后比例（%）	初级中学教师 基本工资（千元）	初级中学教师 补助、其他职工福利费总和（千元）	初级中学教师 三项经费占比例（%）	初级中学教师 调整后比例（%）
全 国	57 089 149	39 424 355	68.66	68.66	36 008 345	26 794 077	74.27	74.27
北 京	633 188	1 356 776	214.28	141.47	475 534	1 053 447	219.83	147.05
天 津	517 175	550 187	106.38	87.52	311 875	359 265	115.20	94.73
河 北	3 247 808	1 175 643	36.14	52.40	2 194 054	880 797	40.11	5.19
山 西	1 737 184	801 600	46.14	57.40	1 050 422	496 327	47.25	60.76
内蒙古	1 363 325	703 209	51.24	59.95	766 817	444 850	57.78	66.02
辽 宁	1 926 058	902 833	45.97	57.32	1 372 919	672 766	48.76	61.51
吉 林	1 356 072	625 985	46.16	57.41	776 096	398 332	51.33	62.80
黑龙江	1 764 643	719 712	40.78	54.72	1 155 627	506 462	43.83	59.05
上 海	947 096	1 195 898	126.27	97.46	910 970	1 306 779	143.45	108.86
江 苏	293 7057	3 467 322	116.95	92.81	1 999 573	2 581 729	128.39	101.33
浙 江	1 691 227	4 471 251	264.38	166.52	1 190 043	3 325 916	279.48	176.87
安 徽	2 543 800	1 397 566	54.68	61.67	1 417 058	899 986	63.45	68.86
福 建	1 665 429	1 482 903	89.04	78.85	959 582	1 012 072	105.47	89.87
江 西	1 861 074	649 778	34.37	51.51	1 095 239	442 757	40.37	57.32
山 东	3 347 785	2 186 227	65.30	66.98	2 728 216	1 784 753	65.42	69.84
河 南	3 950 799	1 279 106	32.38	50.52	2 613 745	930 873	35.61	54.94
湖 北	2 282 430	944 731	39.96	54.31	1 897 911	863 119	45.16	59.71
湖 南	2 504 340	1 026 455	40.99	54.82	1 969 341	942 073	47.84	61.05
广 东	4 589 954	4 954 935	107.43	88.05	2 579 377	2 938 066	113.77	94.02
广 西	2 117 899	1 055 495	49.84	59.25	1 196 576	596 317	49.84	62.05
海 南	555 477	160 620	28.92	48.79	229 296	101 773	44.38	59.33
重 庆	1 249 147	538 584	42.46	55.56	709 253	362 994	51.02	62.64
四 川	3 448 244	1 383 237	39.65	54.16	2 073 060	927 082	44.69	59.48
贵 州	1 704 298	831 940	48.81	58.74	720 060	375 720	52.18	63.22
云 南	2 119 041	2 273 614	107.29	87.98	977 119	1 060 214	108.50	91.39
西 藏	151 404	336 319	222.13	145.40	63 186	128 250	202.97	138.62
陕 西	1 672 524	674 300	3 8.28	53.47	1 025 502	383 702	37.35	55.81
甘 肃	1 220 589	831 346	65.07	66.86	562 600	357 068	62.17	68.22
青 海	269 508	262 915	97.43	83.04	130 766	127 253	97.21	85.74
宁 夏	391 817	171 417	43.75	56.20	189 361	87 853	46.39	60.33
新 疆	1 322 737	1 012 451	76.54	72.60	719 572	572 699	79.59	76.93

附表 12　　　　2004 年小学、初中教师职称的实际分布情况　　　　单位：%

省、市	普通小学教师职称					普通初中教师职称				
	中学高级（r1）	小学高级（r2）	小学一级（r3）	小学二、三级或未评级（r4）	非专任教师比例（n）	中学高级（r1）	中学一级（r2）	中学二级（r3）	中学三级或未评级（r4）	非专任教师比例（n）
全 国	0.32	38.94	43.68	17.06	8.79	5.63	34.32	41.85	18.21	17.01
北 京	0.40	47.60	46.87	5.14	21.59	12.14	37.57	39.64	10.65	33.05
天 津	0.47	57.51	37.85	4.17	17.39	15.49	41.59	33.09	9.83	25.04
河 北	0.20	37.34	46.60	15.85	6.76	4.27	30.12	45.09	20.53	15.84
山 西	0.22	30.94	47.50	21.34	7.37	2.95	29.11	44.31	23.63	17.83
内蒙古	0.70	45.51	37.74	16.05	12.65	6.54	37.18	37.27	19.02	23.98
辽 宁	1.03	64.92	25.52	8.53	14.24	21.35	45.93	23.65	9.07	19.76
吉 林	0.31	46.90	41.86	10.94	15.05	7.62	45.94	37.67	8.76	24.36
黑龙江	1.42	48.35	37.60	12.64	13.19	9.64	43.55	32.76	14.05	19.28
上 海	0.26	54.87	39.82	5.05	25.81	6.01	57.64	31.20	5.14	31.91
江 苏	0.19	45.88	38.07	15.86	9.33	5.45	38.16	37.55	18.84	17.59
浙 江	0.41	39.57	45.43	14.60	9.12	4.78	40.25	40.30	14.67	15.03
安 徽	0.12	38.59	50.08	11.21	4.67	5.64	35.79	42.12	16.45	14.48
福 建	0.26	28.13	58.13	13.48	6.16	5.21	24.30	55.68	14.81	14.90
江 西	0.25	38.50	46.83	14.42	3.94	7.33	31.60	43.73	17.34	11.27
山 东	0.78	46.90	42.29	10.03	7.67	7.08	33.69	46.03	13.20	19.97
河 南	0.31	33.70	42.71	23.28	5.15	5.42	28.48	46.28	19.82	13.82
湖 北	0.61	54.98	34.21	10.20	7.42	6.12	49.04	32.62	12.22	14.91
湖 南	0.25	49.81	42.57	7.37	5.73	3.27	41.12	43.13	12.48	14.08
广 东	0.13	34.54	42.06	23.27	12.99	2.95	35.16	39.67	22.23	15.01
广 西	0.10	40.54	36.14	23.22	12.84	3.11	30.49	41.09	25.31	21.61
海 南	0.14	29.18	47.39	23.29	9.61	5.53	29.54	47.70	17.24	19.74
重 庆	0.10	29.26	53.82	16.81	10.42	3.15	26.48	49.68	20.69	17.36
四 川	0.17	38.06	50.05	11.72	9.79	3.52	32.53	49.15	14.81	16.21
贵 州	0.07	20.19	51.37	28.37	6.10	3.27	19.17	45.69	31.87	12.19
云 南	0.05	31.94	46.33	21.69	5.84	3.47	31.48	42.95	22.10	15.32
西 藏	0.04	7.90	42.74	49.32	5.34	0.49	12.79	41.52	45.20	10.62
陕 西	0.13	23.14	44.01	32.72	7.82	3.26	22.45	39.44	34.85	16.85
甘 肃	0.11	30.38	43.83	25.68	3.49	2.38	26.21	41.13	30.28	11.69
青 海	0.11	31.25	46.58	22.06	3.78	4.37	35.37	41.21	19.04	11.22
宁 夏	0.31	41.26	41.33	17.10	3.34	12.76	37.09	35.31	14.83	14.64
新 疆	0.14	27.47	45.87	26.52	10.24	6.00	30.01	42.56	21.43	16.51

附表13　2004年小学、初中教师月均工资、年均工资及生师比、生均人员经费情况

省、市	小学 月均工资(M)(元)	小学 年均工资(Y)(元)	小学 生师比	小学 生均人员经费(元)	初中 月均工资(M)(元)	初中 年均工资(Y)(元)	初中 生师比	初中 生均人员经费(元)
全国	2 446.45	2 9122.77	21.99	1 324.58	2 566.69	30 324.00	16.55	1 832.68
北京	3 428.72	40 337.06	20.38	1 979.23	3 647.03	42 449.50	15.15	2 802.07
天津	2 801.66	33 088.37	20.77	1 592.94	3 034.02	35 579.45	15.56	2 286.53
河北	2 239.69	26 711.13	22.06	1 210.98	2 311.80	27 342.13	16.56	1 651.09
山西	2 263.75	26 982.98	21.98	1 227.53	2 328.57	27 489.87	16.55	1 661.21
内蒙古	2 375.44	28 177.42	21.42	1 315.73	2 487.42	29 198.35	15.80	1 847.54
辽宁	2 445.65	28 967.84	21.52	1 346.06	2 685.06	31 641.96	16.16	1 958.38
吉林	2 353.22	27 852.31	21.59	1 290.15	2 518.70	29 555.12	16.15	1 830.30
黑龙江	2 337.37	27 712.09	21.71	1 276.37	2 476.81	29 200.80	16.51	1 768.67
上海	2 910.32	34 104.39	20.03	1 702.92	3 167.62	36 908.80	14.68	2 514.88
江苏	2 780.89	33 087.68	21.88	1 512.28	2 923.65	34 522.81	16.84	2 049.76
浙江	3 664.05	43 604.11	21.05	2 071.76	3 890.52	46 048.38	15.57	2 957.93
安徽	2 365.86	28 269.79	22.28	1 269.11	2 508.89	29 710.41	16.91	1 756.87
福建	2 523.93	30 117.55	21.77	1 383.32	2 710.55	32 086.02	16.41	1 955.11
江西	2 236.65	26 743.61	21.98	1 216.85	2 365.29	28 092.72	16.69	1 683.58
山东	2 481.50	29 570.42	21.76	1 358.66	2 537.14	29 893.01	16.06	1 861.44
河南	2 190.52	26 163.15	22.36	1 169.99	2 292.84	27 168.39	16.90	1 608.07
湖北	2 354.70	28 065.82	21.84	1 284.86	2 466.73	29 199.58	16.61	1 758.11
湖南	2 338.66	27 917.73	21.99	1 269.44	2 409.65	28 545.66	16.74	1 704.93
广东	2 647.50	31 394.80	21.60	1 453.79	2 769.51	32 780.62	16.18	2 025.86
广西	2 324.53	27 568.78	22.31	1 235.88	2 349.98	27 645.71	16.33	1 692.92
海南	2 148.15	25 552.57	21.96	1 163.65	2 357.72	27 784.91	16.13	1 722.82
重庆	2 239.97	26 625.02	22.38	1 189.72	2 347.19	27 721.79	17.19	1 612.98
四川	2 270.65	27 005.30	22.27	1 212.88	2 350.54	27 790.80	16.81	1 653.57
贵州	2 218.05	26 469.01	22.38	1 182.54	2 303.27	27 332.95	16.71	1 635.90
云南	2 634.97	31 451.75	22.50	1 397.60	2 725.93	32 255.63	16.96	1 901.94
西藏	3 104.76	37 076.83	22.31	1 661.62	3 077.74	36 576.29	15.68	2 332.34
陕西	2 162.77	25 768.70	22.27	1 157.22	2 224.47	26 284.74	17.11	1 536.01
甘肃	2 366.34	28 305.96	22.28	1 270.71	2 386.45	28 333.08	16.92	1 674.37
青海	2 572.07	30 758.78	21.83	1 408.75	2 695.75	32 019.80	16.40	1 952.06
宁夏	2 303.04	27 552.62	21.88	1 259.36	2 504.60	29 655.18	16.28	1 821.27
新疆	2 420.34	28 773.69	22.02	1 306.64	2 578.42	30 476.70	16.78	1 816.02

附表14　　2002~2004年部分地区相关指标变化情况

省、市	2002年 教育占财政比例(%)	2002年 人均GRP(元)	2002年 人均财政收入(元)	2002年 财政占GRP比例(%)	2003年 教育占财政比例(%)	2003年 人均GRP(元)	2003年 人均财政收入(元)	2003年 财政占GRP比例(%)	2004年 教育占财政比例(%)	2004年 人均GRP(元)	2004年 人均财政收入(元)	2004年 财政占GRP比例(%)
北　京	13.66	23 411	5 439	16.62	13.45	26 035	6 012	16.18	13.51	30 137	7 143	17.38
天　津	15.68	20 592	3 239	8.38	15.25	24 585	3 736	8.36	14.77	29 711	4 430	8.40
河　北	19.08	9 212	1 008	4.94	18.41	10 663	1 142	4.73	18.12	13 270	1 394	4.65
山　西	17.55	6 216	1 218	7.48	16.22	7 545	1 452	7.57	15.46	9 404	1 850	8.43
内蒙古	12.27	7 353	1 984	6.51	12.15	9 147	2 104	6.45	11.74	11 673	2 732	7.25
辽　宁	12.65	13 118	2 196	7.32	12.54	14 447	2 480	7.45	12.99	16 722	2 971	7.71
吉　林	13.79	8 415	1 646	5.85	13.12	9 454	1 946	6.10	11.96	11 207	2 360	5.62
黑龙江	14.33	10 269	1 687	5.97	14.36	11 753	1 759	5.62	13.16	14 240	2 203	5.46
上　海	13.46	33 779	6 443	13.11	12.07	38 919	7 810	14.18	11.24	44 607	9 383	14.85
江　苏	18.88	14 571	1 464	6.05	17.09	17 077	1 761	6.40	16.34	21 306	2 239	6.37
浙　江	18.26	17 033	2 116	7.27	18.31	20 453	2 527	7.52	18.82	24 611	3 086	7.17
安　徽	16.83	5 685	861	5.61	16.66	6 340	9 44	5.56	17.55	7 691	1 120	5.71
福　建	20.44	13 719	1 413	5.83	20.55	15 272	1 561	5.82	19.53	17 778	1 804	5.51
江　西	17.35	5 902	1 117	5.74	16.87	6 781	1 235	5.94	16.23	8 419	1 501	5.89
山　东	18.91	11 764	1 150	5.78	17.73	13 852	1 322	5.74	17.22	17 391	1 563	5.35
河　南	19.60	6 508	755	4.81	18.30	7 417	836	4.80	17.42	9 341	1 036	4.86
湖　北	16.29	8 395	1 018	4.89	16.48	9 127	1 082	4.81	16.17	10 784	1 343	4.92
湖　南	15.57	6 634	947	5.32	15.70	7 080	1 013	5.79	14.50	8 629	1 311	5.71
广　东	15.33	15 243	2 422	10.21	15.64	17 542	2 688	9.65	15.54	20 657	3 103	8.84
广　西	17.19	5 169	1 000	7.61	17.83	5 739	1 045	7.45	17.84	7 003	1 241	7.16
海　南	15.31	7 655	1 455	7.65	14.04	8 451	1 670	7.65	14.09	9 719	1 994	7.41
重　庆	12.88	6 416	1 225	6.40	12.57	7 328	1 339	7.18	12.58	8 724	1 609	7.53
四　川	14.57	5 688	905	5.99	14.87	6 364	959	6.17	13.69	7 720	1 187	5.88
贵　州	17.21	3 145	918	9.14	18.09	3 575	975	9.18	17.63	4 214	1 231	9.38
云　南	16.33	5 249	1 361	9.26	15.86	5 755	1 495	9.29	16.85	6 928	1 688	8.90
西　藏	8.72	6 187	5 903	4.53	8.96	6 994	5 974	4.42	11.29	8 025	7 492	4.74
陕　西	15.06	5 609	1 254	7.38	15.86	6 605	1 319	7.39	14.40	8 005	1 714	7.45
甘　肃	15.41	4 546	1 133	6.56	15.86	5 091	1 243	6.72	15.03	6 135	1 570	6.68
青　海	9.70	6 574	2 730	6.18	10.35	7 468	2 728	6.16	11.11	8 934	3 272	5.80
宁　夏	11.34	5 896	2 632	8.04	13.03	6 820	2 422	7.79	13.09	8 131	2 967	8.14
新　疆	13.88	8 073	1 840	7.29	14.39	9 969	1 965	6.83	14.58	11 653	2 330	7.08

资料来源：《中国统计年鉴》，2003年、2004年、2005年；《中国财政年鉴》，2003年、2004年、2005年。

附表15　各县相关指标数据和估算的义务教育经费供给能力

地区		人口（万人）	地方财政收入（万元）	财政总收入（万元）	地方生产总值（万元）	义务教育在校生数（人）	义务教育经费支出（万元）	最小二乘法估算的比例Y（%）	分位数回归估算的比例Z（%）	地方义务教育经费供给能力N(元)
东部	北京延庆县	28	28 129	190 957	400 000	30 215	16 309.1	10.67	16.08	1 496.61
	天津蓟县	81	48 381	102 995	1 452 000	107 637	22 547.1	24.34	22.74	1 021.92
	河北深州市	57	8 804	40 537	666 894	69 259	7 350.8	23.89	24.52	311.69
	辽宁兴城市	56	14 030	41 329	271 757	62 223	5 961.4	22.53	23.91	539.13
	上海崇明县	70	182 807	349 004	953 000	47 555	27 650.8	8.28	14.54	5 589.49
	江苏泗洪县	99	18 853	72 252	747 500	119 234	19 255.6	23.71	24.67	390.00
	浙江龙泉市	28	14 785	48 981	292 280	28 365	8 837.7	19.46	20.10	1 047.80
	福建福鼎市	57	23 095	41 323	601 069	76 244	8 653.6	25.29	25.08	759.63
	山东东明县	75	20 900	50 825	468 770	87 328	8 847.6	23.83	24.37	583.17
	广东罗定市	111	19 217	64 253	588 800	195 120	18 726.1	30.53	28.78	283.46
	海南琼中县	29	3 273	29 884	62 635	23 458	3 268.6	18.62	20.63	287.79
中部	山西汾阳市	41	15 506	46 580	420 541	71 841	8 065.5	28.83	25.20	543.80
	吉林安图县	22	83 13	43 733	174 954	17 923	5 037.8	15.33	18.09	839.10
	黑龙江海伦市	82	4 657	46 476	386 000	117 209	17 121	25.59	26.72	106.15
	安徽宁国市	38	38 252	78 302	569 148	40 167	8 318.1	18.13	19.06	1 815.05
	江西德兴市	30	19 530	41 719	392 675	35 379	4 781.2	21.48	21.15	1 167.59
	河南新蔡县	104	5 612	45 767	408 350	175 642	10 957.9	28.97	29.08	92.91
	湖北天门市	162	13 675	73 328	1 104 600	172 081	14 208.2	21.31	25.22	200.45
	湖南龙山县	55	7 074	49 135	169 000	89 837	9 360.2	27.81	26.33	207.33
西部	内蒙古太仆寺旗	20	4 047	26 405	132 300	14 987	3 931.3	15.50	18.59	502.03
	广西凭祥市	11	11 264	23 721	110 822	13 510	2 384	19.51	19.90	1 659.50
	重庆南川市	65	19 783	59 973	620 130	77 510	6 794.9	21.54	22.84	583.03
	四川雷波县	24	5 564	26 954	100 369	33 990	6 668.5	24.02	23.59	386.13
	贵州三都县	32	2 639	27 703	74 000	64 391	6 799.7	31.62	28.42	116.48
	云南维西县	15	1 440	25 338	72 018	21 522	3 483.4	23.10	22.52	150.66
	陕西榨水县	16	2 218	16 823	99 300	30 886	2 851.7	30.61	26.70	191.77
	甘肃舟曲县	14	549	15 898	27 407	22 970	2 907	26.71	25.08	59.95
	青海哈格尔市	11	25 365	36 961	641 473	18 338	2 756	21.60	20.78	2 873.78
	宁夏海原县	39	7 672	37 339	86 983	76 601	7 583	30.86	27.64	276.82
	新疆阿勒泰市	20	8 835	28 565	173 796	17 434	5 445.9	16.84	18.94	959.78

注：数据中不包括西藏，因为在县级数据剔除时所剩的3 556个样本县中就不包含西藏的县级单位。

附表16　　各县相关指标数据和估算的义务教育经费供给能力

地区		人口（万人）	地方财政收入（万元）	财政总收入（万元）	地方生产总值（万元）	义务教育在校生数（人）	义务教育经费支出（万元）	最小二乘法估算的比例 Y（%）	分位数回归估算的比例 Z（%）	地方义务教育经费供给能力 G（元）
东部	北京延庆县	28	28 129	190 957	400 000	30 215	16 309.1	10.67	16.08	10 159.92
	天津蓟县	81	48 381	102 995	452 000	107 637	22 547.1	24.34	22.74	2 175.51
	河北深州市	57	8 804	40 537	666 894	69 259	7 350.8	23.89	24.52	1 435.12
	辽宁兴城市	56	14 030	41 329	271 757	62 223	5 961.4	22.53	23.91	1 588.14
	上海崇明县	70	182 807	349 004	953 000	47 555	27 650.8	8.28	14.54	10 671.12
	江苏泗洪县	99	18 853	72 252	747 500	119 234	19 255.6	23.71	24.67	1 494.63
	浙江龙泉市	28	14 785	48 981	292 280	28 365	8 837.7	19.46	20.10	3 471.25
	福建福鼎市	57	23 095	41 323	601 069	76 244	8 653.6	25.29	25.08	1 359.17
	山东东明县	75	20 900	50 825	468 770	87 328	8 847.4	23.22	24.37	1 418.16
	广东罗定市	111	19 217	64 253	588 800	195 120	18 726.1	30.53	28.78	947.77
	海南琼中县	29	3 273	29 884	62 635	23 458	3 268.6	18.62	20.63	2 627.65
中部	山西汾阳市	41	15 506	46 580	420 541	71 841	8 065.5	28.83	25.20	1 633.59
	吉林安图县	22	8 313	43 733	174 954	17 923	5 037.6	15.33	18.09	4 414.33
	黑龙江海伦市	82	4 657	46 476	386 000	117 209	17 121	25.59	26.72	1 059.36
	安徽宁国市	38	38 252	78 302	569 148	40 167	8 318.1	18.13	19.06	3 715.42
	江西德兴市	30	19 530	41 719	392 675	35 379	4 781.2	21.48	21.15	2 494.15
	河南新蔡县	104	5 612	45 767	408 350	175 642	10 957.9	28.97	29.08	757.69
	湖北天门市	162	13 675	73 328	104 600	172 081	14 208.2	21.31	25.22	1 074.84
	湖南龙山县	55	7 074	49 135	169 000	89 837	9 360.2	27.81	26.33	1 440.10
西部	内蒙古太仆寺旗	20	4 047	26 405	132 300	14 987	3 931.3	15.50	18.59	3 275.51
	广西凭祥市	11	11 264	23 721	110 822	13 510	2 384	19.51	19.90	3 494.77
	重庆南川市	65	19 783	59 973	620 130	77 510	6 794.9	21.54	22.84	1 767.49
	四川雷波县	24	5 564	26 954	100 369	33 990	6 668.5	24.02	23.59	1 870.55
	贵州三都县	32	2 639	27 703	74 000	64 391	6 799.7	31.62	28.42	1 222.78
	云南维西县	15	1 440	25 338	72 018	21 522	3 483.4	23.10	22.52	2 650.91
	陕西榨水县	16	2 218	16 823	99 300	30 886	2 851.7	30.61	26.70	1 454.54
	甘肃舟曲县	14	549	15 898	27 407	22 970	2 907	26.71	25.08	1 736.14
	青海哈格尔市	11	25 365	36 961	641 473	18 338	2 756	21.60	20.78	4 187.57
	宁夏海原县	39	7 672	37 339	86 983	76 601	7 583	30.86	27.64	1 347.28
	新疆阿勒泰市	20	8 835	28 365	173 796	17 434	5 445.9	16.84	18.94	3 081.39

注：数据中不包括西藏，因为在县级数据剔除时所剩的3 556个样本县中就不包含西藏的县级单位。

附表17　各县相关指标数据和估算的义务教育经费供给能力

	地区	地方财政支出（万元）	义务教育经费支出（万元）	实际支出的比例Q（%）	分类调整后估算的比例Z（%）	努力程度系数R（%）	估算的义务教育供给能力W（元）
东部	北京延庆县	169 613	16 309.1	9.62	16.08	59.81	6 979.28
	天津蓟县	89 437	22 547.1	25.21	22.74	110.88	1 989.28
	河北深州市	33 280	7 350.8	22.09	24.52	90.08	1 118.25
	辽宁兴城市	35 351	5 961.4	16.86	23.91	70.53	1 140.82
	上海崇明县	327 480	27 650.8	8.44	14.54	58.07	7 630.23
	江苏泗洪县	64 546	19 255.6	29.83	24.67	120.95	1 468.44
	浙江龙泉市	43 077	8 837.7	20.52	20.10	102.06	3 084.11
	福建福鼎市	36 944	8 653.6	23.42	25.08	93.40	1 174.38
	山东东明县	45 176	8 847.4	19.58	24.37	80.37	1 130.08
	广东罗定市	63 116	18 726.1	29.67	28.78	103.09	945.25
	海南琼中县	24 803	3 268.5	13.18	20.63	63.89	1 743.22
中部	山西汾阳市	37 357	8 065.5	21.59	25.20	85.69	1 212.79
	吉林安图县	41 248	5 037.8	12.21	18.09	67.51	3 420.93
	黑龙江海伦市	45 867	17 121	37.33	26.72	139.72	1 235.78
	安徽宁国市	64 487	8 318.1	12.90	19.06	67.68	2 517.28
	江西德兴市	34 332	4 781.2	13.93	21.15	65.84	1 665.48
	河南新蔡县	46 589	10 957.9	23.52	29.08	80.89	693.68
	湖北天门市	62 205	14 208.1	22.84	25.22	90.55	867.67
	湖南龙山县	41 366	9 360.2	22.63	26.33	85.94	1 123.93
西部	内蒙古太仆寺旗	43 501	3 931.3	9.04	18.59	48.61	3 762.33
	广西凭祥市	20 501	2 384	11.63	19.90	58.42	2 308.64
	重庆南川市	52 090	6 794.9	13.04	22.84	57.10	1 160.09
	四川雷波县	26 413	6 668.5	25.25	23.59	107.03	1 896.36
	贵州三都县	25 134	6 799.7	27.05	28.42	95.19	1 082.37
	云南维西县	24 994	3 483.4	13.94	22.52	61.90	2 057.26
	陕西榨水县	13 188	2 851.7	21.62	26.70	80.97	1 026.06
	甘肃舟曲县	17 715	2 907	16.41	25.08	65.42	1 564.71
	青海哈格尔市	35 970	2 756	7.66	20.78	36.88	2 474.82
	宁夏海原县	24 909	7 583	30.44	27.64	110.14	943.25
	新疆阿勒泰市	48 100	5 445.9	11.32	18.94	59.78	4 040.09

注：数据中不包括西藏，因为在县级数据剔除时所剩的3 556个样本县中就不包含西藏的县级单位。

参考文献

1. [美] D.B 约翰斯通著，沈红、李红译：《高等教育财政：问题与出路》，人民教育出版社 2004 年版。
2. [美] M. 卡诺依编，闵维方等译：《教育经济学国际百科全书（第二版）》，高等教育出版社 2000 年版。
3. [美] 鲍尔森等主编，孙志军等译：《高等教育财政：理论、研究政策与实践》，北京师范大学出版社 2008 年版。
4. [美] 弗里德曼：《资本主义与自由》，张瑞玉译，商务印书馆 1986 年版。
5. [美] 加里·S. 贝克尔，郭虹等译：《人力资本》，中信出版社 2007 年版。
6. [美] 史蒂文斯，乔.B.：《集体选择经济学》，杨晓维译，上海人民出版社 1999 年版。
7. [美] 小弗恩·布里姆莱，鲁龙·R. 贾弗尔德著，窦卫霖主译：《教育财政学——因应变革时代（第九版）》，中国人民大学出版社 2007 年版。
8. [美] 约瑟夫·E. 斯蒂格利茨：《公共部门经济学（第三版）》，郭庆旺、杨志勇、刘晓路、张德勇译：中国人民大学出版社 2005 年版。
9. 毕鹤霞、沈红：《高校贫困生资助体系的系统模型构建——基于复杂适应系统理论的视角》，中国教育经济学年会会议论文，2008 年。
10. 财政部、教育部：《财政部　教育部关于完善中央高校预算拨款制度的通知》（财教 [2008] 232 号），2008 年。
11. 财政部教科文司，教育部财务司，上海财经大学公共政策研究中心课题组：《中国农村义务教育转移支付制度研究》，上海财经大学出版社 2005 年版。
12. 财政部教科文司，教育部财务司：《教育财务管理手册》，中国财经出版社 2005 年版。
13. 财政部预算司，IMF 财政局合编：《中国政府间转移支付》，中国物价出版社 1996 年版。

14. 财政部预算司：《中央部门预算编制指南》，中国财经出版社 2001 年版。

15. 查海波：《关注困难群体 完善救助体系——安徽省农村贫困家庭"高中致贫"现象的调查报告》，载《教育发展研究》2006 年第 3 期。

16. 柴效武：《高等学费制度研究》，北京经济管理出版社 2003 年版。

17. 芪景州：《教育投资经济分析》，中国人民大学出版社 1996 年版。

18. 陈根林、季诚钧、何菊芳：《中美高校捐赠所得税收优惠制度比较》载《高教论坛》2008 年第 3 期。

19. 陈共：《财政学》，中国人民大学出版社 2000 年版。

20. 陈嵩：《用 DEA 法评价高校办学效益的研究》，载《预测》2001 年第 1 期。

21. 陈至立：《完善经费保障机制提高农村义务教育保障水平——在完善义务教育经费保障机制工作会议上的讲话》，载《中国教育报》2007 年 12 月 5 日第 1 版。

22. 陈智玲：《利用校园一卡通数据流，完善高校贫困生认定体系》，载《中国科技信息》2007 年第 8 期。

23. 成刚、孙志军：《我国高校效率研究》，载《经济学（季刊）》2008 年第 7 卷第 3 期。

24. 成刚、吴克明：《我国高校的内部效率研究——基于范围经济的分析》，载《北京师范大学学报（社会科学版）》2007 年第 2 期。

25. 成刚：《中国高等教育规模经济的经验分析》，载《世界经济》2006 年第 12 期。

26. 程方平：《北京市海淀区教育均衡化问题的调查报告》，载《中国教师》2006 年第 2 期。

27. 迟国泰、孙秀峰、芦丹：《中国商业银行成本效率实证研究》，载《经济研究》2005 年第 6 期。

28. 崔邦焱：《高等学校学生培养成本计量》，高等教育出版社 2006 年版。

29. 丁维莉等：《教育的公平与效率是鱼和熊掌吗？——基础教育财政的一般均衡分析》，载《中国社会科学》2005 年第 6 期。

30. 杜育红、梁文艳、杜屏：《我国农村中小学公用经费充足性研究》，载《北京师范大学学报（社会科学版）》2008 年第 6 期。

31. 杜育红、孙志军：《中国义务教育财政研究》，北京师范大学出版社 2009 年版。

32. 杜育红：《教育发展不平衡研究》，北京师范大学出版社 2000 年版。

33. 杜育红等：《欠发达地区城镇个人教育收益率——以内蒙古赤峰市为例

的研究》,载《西北师范大学学报(社会科学版)》2006年第1期。

34. 段成荣、杨舸:《我国流动儿童最新状况——基于2005年全国1%人口抽样调查数据的分析》,载《人口学刊》2008年第6期。

35. 樊相宇、谢昌芸:《邮电高校办学效益的DEA分析》,载《西安邮电学院学报》1999年第12期。

36. 范先佐:《教育公平与制度保障——进城务工人员子女接受义务教育的现状分析》,载《教育发展研究》2007年第12A期。

37. 甘国华:《高等教育成本分担研究——基于准公共产品理论分析框架》,上海财经大学出版社2003年版。

38. 高磊:《美国著名大学经费收支研究及启示》,载《清华大学教育研究》2006年第3期。

39. 高培勇:《从"放权让利"到"公共财政"———中国财税改革30年的历史进程》,载《广东商学院学报》2008年第6期。

40. 高培勇:《关于财政性教育经费支出占GNP比例问题的考虑》,载《财贸经济》1997年第12期。

41. 高培勇等:《中国财政经济论坛前沿(4)》,社会科学文献出版社2005年版。

42. 高如峰:《中国农村义务教育财政体制的实证分析》,载《教育研究》2004年第5期。

43. 葛新斌:《"两为主"政策中政府投入责任探析》,载《教育发展研究》2009年第2期。

44. 桂富强、成春、任黎立:《层次分析法在高校贫困学生综合评判中的应用》,载《软科学》2007年第3期。

45. 郭建如:《基础教育财政体制变革与农村义务教育发展研究:制度分析的视角》,载《社会科学战线》2003年第5期。

46. 国家教委政策法规司:《中华人民共和国教育法规实用要览(1949~1996)》,广东教育出版社1996年版。

47. 国家教育发展研究中心:《中国教育绿皮书——中国教育政策年度分析报告》,教育科学出版社2002年版。

48. 韩嘉玲:《北京市流动儿童义务教育状况调查报告》,载《青年研究》2001年第8期、第9期。

49. 侯龙龙:《中国高等教育中的范围经济》,载《高等教育研究》,2005年第6期。

50. 侯启娉:《基于DEA的研究型高校科研绩效评价应用研究》,载《研究与发展管理》2005年第1期。

51. 胡枫、王其文:《中国农民工汇款的影响因素分析——一个区间回归模型的应用》,载《统计研究》2007年第10期。

52. 胡锋:《转轨时期我国财政支出的实证分析》,载《财贸研究》2002年第2期。

53. 胡咏梅、杜育红:《中国西部农村小学资源配置效率评估》,载《教育与经济》2008年第1期。

54. 胡咏梅、卢珂、薛海平:《中小学择校问题的实证研究——基于北京市中小学的调查》,载《教育学报》2008年第2期。

55. 黄斌、钟宇平:《教育财政充足的探讨及其在中国的适用性》,载《北京大学教育评论》2008年第6卷第1期。

56. 黄云龙:《公立普通高中"三限"政策失真问题研究》,东北师范大学硕士论文,2007年。

57. 教育部:《共和国教育50年》,北京师范大学出版社1999年版。

58. 教育部:《今后五年学校收费标准除特别规定将稳定在2006年秋水平》,2007年6月4日,http://www.gov.cn/wszb/zhibo77/content_635766.htm。

59. 教育部:《确定高校收费标准的依据是什么?》,2005年7月14日,http://www.moe.gov.cn/edoas/website18/level3.jsp?tablename=1811&infoid=14945。

60. 教育部政策研究与法律制度建设司:《中华人民共和国现行教育法规汇编(2002~2007)(上、下卷)》,法律出版社2008年版。

61. 教育部政策研究与法制建设司:《中华人民共和国现行教育法规汇编(1996~2001)(上、下卷)》,高等教育出版社2002年版。

62. 金铁宽主编:《中华人民共和国教育大事记(1)》,山东教育出版社1995年版。

63. 金子元久:《日本高等教育大众化的经验及启示》,载《教育发展研究》2007年第2期。

64. 旷乾:《教育资源配置中的政府与市场》,广西教育出版社2007年版。

65. 李芙蓉:《我国普通高中教育投入现状分析》,载《教育发展研究》2008年第11期。

66. 李芙蓉:《我国中等职业教育经费投入和地区差异分析》,载《职业教育研究》2007年第1期。

67. 李其龙、张德伟主编:《普通高中教育发展国际比较研究》,教育科学出版社2008年版。

68. 李少萍:《我国高中教育收费存在的问题及对策研究——以泉州地区为

例》，福建师范大学硕士论文，2006年。

69. 李实、丁赛：《中国城镇教育收益率的长期变动趋势》，载《中国社会科学》2003年第6期。

70. 李文利、王蓉：《改进教育财政系统的保障性、有效性和公平性》，载闵维方、王蓉主编《2005～2006中国人力教育与人力资源发展报告》，北京大学出版社2006年版。

71. 李文利、曾满超：《美国基础教育"新"财政》，载《教育研究》2002年第5期。

72. 李祥云、王磊、袁连生：《义务教育财政转移支付制度》，载王善迈、袁连生主编《2001年中国教育发展报告——90年代后半期的教育财政与教育财政体制》，北京师范大学出版社2002年版。

73. 李祥云：《税费改革后农村义务教育财政制度运行绩效与制度重构》，载《教育导刊》2006年第1期。

74. 李志辉、桂富强、鞠廷英：《模糊综合评价方法在帮贫助学工作中的应用》，载《中国教育导刊》2004年第11期。

75. 栗玉香：《我国公共财政框架下的义务教育财政改革》，载《中州学刊》2003年第5期。

76. 廖楚晖、唐里亚：《政府教育支出有关问题的研究》，载《财贸经济》2003年第1期。

77. 林莉：《化解高校债务危机：途径与问题》，载杨东平、柴纯青主编《深入推进教育公平》，社会科学文献出版社2008年版。

78. 刘灿、宋光辉：《高校扩招过程中的规模经济和范围经济》，载《经济理论与经济管理》2004年第1期。

79. 刘凯：《高中教育资源县域内配置失衡问题分析——以甘肃省20县区90所高中的调查为例》，载《上海教育科研》2006年第3期。

80. 刘丽、于法展：《试用参与式贫富排序法识别高校经济困难学生》，载《安徽农业科学》2007年第16期。

81. 刘颂：《中国城乡义务教育发展差异问题研究》，北京教育出版社2008年版。

82. 刘颂：《义务教育财政体制变迁的经济学分析——从城乡义务教育发展不平衡的角度》，载《云南社会科学》2006年第5期。

83. 刘小明：《财政转移支付制度研究》，中国财经出版社2001年版。

84. 刘亚荣：《我国高等学校办学效率评价分析》，载《教育与经济》2001年第4期。

85. 刘泽云、袁连生：《公共教育投资比例国际比较研究》，载《比较教育研究》2007 年第 2 期。

86. 刘泽云：《教育经济学》，华东师范大学出版社 2008 年版。

87. 刘泽云：《西方发达国家的义务教育财政转移支付制度》，载《比较教育研究》2003 年第 1 期。

88. 卢洪友等：《财政分权视角下中国农村义务教育落后的原因分析》，载《财贸经济》2006 年第 12 期。

89. 陆根书、陈丽：《美国高校社会捐赠特点探析》，载《国家教育行政学院学报》2006 年第 11 期。

90. 陆根书、刘蕾、孙静春、顾丽娜：《教育部直属高校科研效率评价研究》，载《西安交通大学学报（社会科学版）》2005 年第 2 期。

91. 陆根书、刘蕾：《不同地区教育部直属高校科研效率比较研究》，载《复旦教育论坛》2006 年第 2 期。

92. 吕绍青、张守礼：《城乡差别下的流动儿童教育——关于北京打工子弟学校的调查》，载《战略与管理》2001 年第 4 期。

93. 马骏：《论转移支付》，中国财经出版社 1998 年版。

94. 马骏：《中央向地方的财政转移支付——一个均等化公式和模拟结果》，载《经济研究》1997 年第 3 期。

95. 马晓强、彭文蓉、萨丽·托马斯：《学校效能的增值评价——对河北省保定市普通高中学校的实证研究》，载《教育研究》2006 年第 10 期。

96. 孟东军、陈礼珍、张美凤：《中美大学教育捐赠管理比较研究》，载《中国高教研究》2005 年第 7 期。

97. 孟东军、范文亮、孙旭东：《我国高校教育基金会管理组织结构模式研究》，载《高等农业教育》2006 年第 12 期。

98. 孟东军、张美凤、俞锋华：《社会捐赠在我国高教成本分担中的现状分析》，载《高等教育研究》2002 年第 6 期。

99. 闵维方：《论高等教育成本补偿政策的理论基础》，载《北京大学学报（哲学社会科学版）》1998 年第 2 期。

100. 潘天舒：《我国县级义务教育投资的地区差异及其影响因素分析》，载《教育与经济》2000 年第 4 期。

101. 彭爽、叶晓东：《论 1978 年以来中国国民收入分配格局的演变、现状与调整对策》，载《经济评论》2008 年第 2 期。

102. 乔宝云等：《中国的财政分权与小学义务教育》，载《中国社会科学》2005 年第 6 期。

103. 全国人大常委会预算工作委员会编：《中外专家论财政转移支付》，中国财经出版社 2003 年版。

104. 商浩丽：《中国教育财政制度近代化的历史走向》，载《教育研究》2001 年第 6 期。

105. 沈百福：《我国普通高中预算内教育经费及学费的地区差异分析》，载《上海教育科研》2006 年第 9 期。

106. 孙志军：《国际比较与启示：绩效拨款在高等教育中的实践》，载《高等教育研究》2003 年第 6 期。

107. 唐秋凤：《择校现象的经济学分析》，载《市场与经济》2006 年第 1 期。

108. 田东平、苗玉凤、崔瑞峰：《我国重点高校科研效率的 DEA 分析》，载《科技管理研究》2005 年第 8 期。

109. 田东平、苗玉凤：《2001～2003 年我国重点学校效率研究》，载《高等工程教育研究》2006 年第 4 期。

110. 田东平、苗玉凤：《基于 DEA 的我国高校科研效率评价》，载《理工高教研究》2005 年第 4 期。

111. 田永坡：《促进大学生就业：问题与对策》，载杨东平、柴纯青主编《深入推进教育公平》，社会科学文献出版社 2008 年版。

112. 田祖荫：《农村义务教育发展史上的重要里程碑》，载《中小学校长》2007 年第 7 期。

113. 万广华：《经济发展与收入不均等：方法和证据》，上海三联出版社 2006 年版。

114. 汪三贵、王妲、王萍萍：《中国农村贫困家庭的识别》，载《农业技术经济》2007 年第 1 期。

115. 王嘉毅、李颖：《西部地区农村学校义务教育教学质量研究》，载《教育研究》2008 年第 2 期。

116. 王景英：《农村初中学生辍学问题研究》，东北师范大学出版社 2003 年版。

117. 王康平：《高校学费政策的理论与实践》，厦门大学出版社 2001 年版。

118. 王莉华：《美国高等教育绩效拨款政策——两个州的案例比较分析》，载《清华大学教育研究》2008 年第 4 期。

119. 王蓉：《我国义务教育经费的地区性差异研究》，载闵维方、杨周复、李文利主编《为教育提供充足的资源》，人民教育出版社 2003 年版。

120. 王蓉：《义务教育投入之公平性研究》，载《经济学季刊》2003 年第

2 期。

121. 王善迈、杜育红：《我国教育发展不平衡的实证分析》，载《教育研究》1998 年第 6 期。

122. 王善迈：《50 个国家三级教育投资结构变动分析》，载《北京师范大学学报（人文社会科学版）》1988 年第 5 期。

123. 王善迈：《改革教育财政拨款体制，提高教育资源配置效率》，载《教育研究》1995 年第 2 期。

124. 王善迈：《基础教育"重点校"政策分析》，载《教育研究》2008 年第 3 期。

125. 王善迈：《建立政府间转移支付制度的理论与制度分析》，载《北京师范大学学报（人文社会科学版）》1998 年第 3 期。

126. 王善迈：《教育投入与产出研究》，河北教育出版社 1996 年版。

127. 王善迈：《论高等教育的学费》，载《北京师范大学学报（人文社会科学版）》2000 年第 6 期。

128. 王善迈：《社会主义市场经济条件下的教育资源配置》，载《教育与经济》1997 年第 3 期。

129. 王善迈：《我国教育投资比例的历史分析》，载《北京师范大学学报（人文社会科学版）》1987 年第 5 期。

130. 王善迈、袁连生：《建立规范的义务教育财政转移支付制度》，载《教育研究》2002 年第 6 期。

131. 王善迈：《中国教育拨款制度的沿革》，载王善迈主编《教育经费筹措管理与效益研究》，天津大学出版社 1993 年版。

132. 王雄等：《中国城市高中生的家庭背景调查》，载杨东平、柴纯青主编《中国教育发展报告（2009）》，社会科学文献出版社 2009 年版。

133. 王莹：《基础教育服务均等化：基于财政公平视角的分析》，载《财政研究》2006 年第 12 期。

134. 魏向赤：《税费改革对农村义务教育影响的个案调查与经济学分析》，教育科学出版社 2006 年版。

135. 文东茂：《走向公共教育：教育民营化的超越》，北京大学出版社 2008 年版。

136. 许丽平：《我国中等职业教育成本分担研究——基于理论、实证和对策的分析》，载《教育科学》2007 年第 6 期。

137. 薛海平、闵维方：《中国西部教育生产函数研究》，载《教育与经济》2008 年第 2 期。

138. 薛海平、丁小浩：《中国城镇学生教育补习研究》，载《教育研究》2009 年第 1 期。

139. 杨东平：《高等教育入学机会：扩大之中的阶层差距》，载《清华大学教育研究》2006 年第 1 期。

140. 杨东平：《实施城市免费义务教育面临的挑战》，载《教育发展研究》2008 年第 20 期。

141. 杨东平：《中国教育公平的理想与现实》，北京大学出版社 2006 年版。

142. 杨龙军：《美国非政府组织的税收制度及其借鉴》，载《涉外税务》2004 年第 1 期。

143. 杨颖秀：《基础教育生均预算内公用经费支出的基尼系数考查》，载《教育研究》2005 年第 9 期。

144. 袁桂林：《关于"新机制"的新思考》，载《人民教育》2007 年第 24 期。

145. 袁连生：《教育成本计量探讨》，北京师范大学出版社 2000 年版。

146. 袁连生：《论教育的产品属性、学校的市场化运作及教育市场化》，载《教育与经济》2003 年第 1 期。

147. 袁连生：《论我国教育经费的匮乏》，载《教育研究》1988 年第 8 期。

148. 袁连生：《美国大学生资助需求公式及对中国的启示》，载《教育与经济》2007 年第 3 期。

149. 袁连生、王善迈、崔邦焱：《高等学校学生培养成本计量案例研究》，载《教育研究》2005 年第 6 期。

150. 袁连生：《我国义务教育财政不公平探讨》，载《教育与经济》2001 年第 4 期。

151. 袁连生：《我国政府教育投入不足的原因与对策》，载《北京师范大学学报（社会科学版）》2009 年第 2 期。

152. 袁振国：《缩小差距——中国教育政策的重大命题》，载《北京师范大学学报（社会科学版）》2005 年第 3 期。

153. 岳昌君、丁小浩：《教育投资比例的国际比较》，载《教育研究》2003 年第 5 期。

154. 岳昌君：《我国教育发展的省际差距比较》，载《华中师范大学学报（人文社会科学版）》2008 年第 1 期。

155. 曾满超、丁延庆：《中国义务教育资源利用及配置不均衡研究》，载《教育与经济》2005 年第 2 期。

156. 曾天山：《中国基础教育热点问题报告》，广西教育出版社 1999 年版。

157. 翟博：《教育均衡发展：理论、指标及测算方法》，载《教育研究》2006 年第 3 期。

158. 张德伟：《略论日本高中教育普及化的基本特征》，载《比较教育研究》2006 年第 11 期。

159. 张绘：《我国公立普通高中校际间公共资源配置不公平现象的分析——以我国中部地区某县的调查研究为例》，载《继续教育研究》2009 年第 3 期。

160. 张贤斌：《流动人口子女教育研究的现状与趋势》，载《清华大学教育研究》2001 年第 4 期。

161. 张晓明：《用参与式方法界定高校贫困学生初探》，载《云南教育》2004 年第 12 期。

162. 张馨：《公共财政论纲》，经济科学出版社 1999 年版。

163. 张玉林：《分级办学制度下的教育资源分配与城乡教育差距——关于教育机会均等问题的政治经济学探讨》，载《中国农村观察》2003 年第 1 期。

164. 赵树凯：《边缘化的基础教育——北京外来人口子女学校的初步调查》，载《管理世界》2000 年第 5 期。

165. 钟宇平：《公平视野下中国基础教育财政政策》，载《教育与经济》2002 年第 1 期。

166. 朱恒鹏：《地区竞争、财政自给率和公有制企业改制》，载《经济研究》2004 年第 10 期。

167. 转型期中国重大教育政策案例研究课题组：《缩小差距——中国教育政策的重大命题》，人民教育出版社 2005 年版。

168. Ahn, T. and L. M. Seiford：Sensitivity of Dea Models and Variable Sets in a Hypothesis Testing Setting：The Efficiency of University Operations Y. Ijiri, Creative and Innovative Approaches to the Science of Management. Wesport, CT：Querem Books, 1993.

169. Aigner, Lovell and Schmist：Formulation and Estimation of Stochastic Frontier Production Function Models. Journal of Econometrics, 1977, 6, pp. 21 – 37.

170. Allan R. Odden, Robert Berne, and Leanna Stiefel：Equity in School Finance. Denver, CO：Eduation Commission of the States, 1979.

171. Allan R. Odden, Lawrence O. Picus：School Finance A Policy Perspective, McGraw-Hill, 2004.

172. Andreoni, J.：Giving with Impure Altruism：Applications to Charity and Ricardian Equivalence, Journal of Political Economy, 1989 97：pp. 1447 – 1458.

173. Andreoni, J.：Impure Altruism and Donations to Public Goods：A Theory of

Warm Glow Giving, Economic Journal, 1990, 100, pp. 464 – 477.

174. Avkiran, N. K.: Investigating Technical and Scale Efficiencies of Australian Universities through Data Envelopment Analysis. Socio-Economic Planning Sciences, 2001, 35 (1), pp. 57 – 80.

175. Baumol, W. J., J. C. Panzar and R. D. Willig: Contestable Markets and the Theory of Industry Structure. San Diego: Harcourt Brace Jovanovich, 1982.

176. Charnes, A., W. W. Cooper and Rhodes.: Measuring the Efficiency of Decision Making Units. European Journal of Operational Research, 1978, 2 (6), pp. 429 – 444.

177. B. D. Ferguson, A. Tandon, E. Gakidou, and C. J. L. Murray.: Estimating permanent income using indicator variables. World Health Organization.

178. Berne, Robert, and Leanna Stiefel: The Measurement of Equity in School Finance: Conceptual, Methodological, and Empirical Dimensions.. Baltimore: Johns Hopkins University Press, 1984.

179. Boatsman, J. R. and Gupta, S.: Taxes and Corporate Charity: Empirical Evidence from Micro-Level Panel Data, National Tax Journal, 1996, 49, pp. 193 – 213.

180. Brown, Byron W.: Why Governments Run Schools. Economics of Education Review, 1992, Vol. 11, No. 4, pp. 287 – 300.

181. Bruce D. Baker: The Emerging Shape of Educational Adequacy: From Theoretical Assumptions to Empirical Evidence. Journal of Education Finance, Vol 30, No 3, Winter 2005, pp. 259 – 287.

182. Clotfelter, C. T.: Federal Tax Policy and Chritable Giving. Chicago: University of Chicago Press. 1985.

183. Cohn, E., S. Rhine and M. Santos.: Institutions of Higher Education as Multi-Product Firms: Economies of Scale and Scope. Review of Economics and Statistics, 1989, 71, pp. 284 – 290.

184. Cohn, E. and S. T. Cooper.: Mulitproduct Cost Functions for Universities: Economies of Scale and Scope, G. a. J. J. Johnes, The International Handbook on the Economics of Education. Cheltenham: Edward Elgar, 2004.

185. Cornes, R. Hartley, R., and Sandler, T.: Equilibrium Existence and Uniqueness in Public Good Models: An Elementary Proof via Contraction, Journal of Public Economic Theory, 1990, 1, pp. 499 – 509.

186. Cornes, R. and Sandler, T.: Easy Riders, Joint Production and Public Goods, Economic Journal, 1984, 94, pp. 580 – 598.

187. C. S. Benson: Educational Financing in International Encyclopedia of Economics of Education, edited by Martin Carnoy. Pergamon, 1995.

188. Dargent-Molina, P., James, S., Strpoatz, D., & Savitz, D.: Association betweenmaternal education and infant diarrhea in diferent household and community environments. Social Science and Medicine, 1994, 38 (2), pp. 343 –350.

189. Deborah A. Verstegen: A Framework for Determining the Cost of an Adequate Education: A Tale of Two States, Journal of Education Finance, Vol 32, No 2, Fall 2006, pp. 202 –236.

190. De Groot, H., W. W. McMahon and J. F. Volkwein: The Cost Structure of American Research Universities. Review of Economics and Statistics, 1991, 73, pp. 424 –431.

191. Don, F. J. H.: Higher Education Reform: Getting the Incentives Right. OECD Working Papers. 2002.

192. Dundar, H. and D. R. Lewis.: Departmental Productivity in American Universities: Economies of Scale and Scope. Economics of Education Review, 1995, 14 (2), pp. 119 –144.

193. Elchanan Cohn, E. and Samuel T. Cooper: Multiproduct Cost Functions for Universities: Economies of Scale and Scope, in Geraint Johnes and Jill Johnes (eds), The International Handbook on the Economics of Education, Cheltenham, Edward Elgar, 2004, pp. 579 –612.

194. Eric A. Hanushek: School Resources, in Eric A. Hanushek and Finis Welch (eds), Handbook of the Economics of Education, Elsevier/Horth-Holland, Amsterdam, 2006, pp. 865 –908.

195. Filmer, D. & Pritchett, L.: Estimating wealth effects without expenditure data or tears: an application to educational enrollments in states of India. Demography. 2001, 38, pp. 115 –132.

196. UNESCO: Overcoming Inequality: Why Governance Matters. Oxford University Press, 2008.

197. Grosh, M. and J. Baker. 1995. Proxy Means Tests for Targeting Social Programs: Simulations and Speculation. LSMS Working Paper No. 118, World Bank, Washington, D. C.

198. Hochman, H. M. & Rodgers, J. D.: Pareto Optimal Redistribution, American Economic Review, 1969, 59, pp. 542 –557.

199. Izadi, H., G. Johnes, R. Oskrochi, and R. Crouchley: Stochastic Frontier

Estimation of a Ces Cost Function: The Case of Higher Education in Britain Economics of Education Review, 2002, 21, pp. 63 – 71.

200. James, E: Product mix and cost disaggregation: A reinterpretation of the economics of higher education. Journal of Human Resources, 1978, 13 (2), pp. 157 – 186.

201. James, E: Why do different countries choose a different public-private mix of educational services? Journal of Human Resources, 1993, 28 (3), pp. 571 – 592.

202. James W. Guthrie & Richard Rothstein: Enabling 'Adequacy' to Achieve Reality: Translating Adequacy into State School Finance Distribution Arrangements in Equity and Adequacy in Education Finance. edited by Helen.

203. Jensen, E. : The fertility impact of alternative family planning distribution channels in Indonesia. Demography, 1996, 33 (2), pp. 153 – 165.

204. Johnes, J. and J. Taylor: Degree Quality: An Investigation into Differences between Uk Universities. Higher Education, 1987, 16 (5), pp. 581 – 602.

205. Julia Johannsen. : Operational Poverty Targeting In Peru-Proxy Means Testing With Non-Income Indicators. International Poverty Centre Working Paper, United Nations Development Programme, Brasilia. 2006.

206. Kaiser, Frans, Hans Vossensteyn and Jos Koelman: Public funding of higher education: A comparative study of funding mechanisms in ten countries. Center for Higher Education Policy Studies, University of Twente. 2002.

207. Kodde, D. A. and F. C. Palm. : Wald Criteria for Jointly Testing Equality and Inequality Restrictians. Econometrica, 1986, 54 (5), pp. 1243 – 1248.

208. Koshal, R. K. and M. Koshal. : Economies of Scale and Scope in Higher Education: A Case of Comprehensive Universities. Economics of Education Review, 1999, 18, pp. 269 – 277.

209. Kumbhakar, S. C., S. Ghosh and J. T. McGuckin. : A Generalized Production Frontier Approach for Estimating Determinants of Inefficiency in U. S. Dairy Farms. Journal of Business and Economic Statistics, 1991, 9, pp. 279 – 286.

210. Landesman, K. : The Voluntary Provision of Public Goods. Princeton University, Doctor Dissertation. 1995.

211. Layte, R., Maitre, B., Nolan, B., Whelan, C. : Persistent and consistent poverty in the 1994 and 1995 waves of the European Community Household Pane. Review of Income and Wealth, 2001, 47 (4), pp. 427 – 450.

212. Levacic, Rosalind, Kenneth Ross, Brian Caldwell: Funding Schools by Formula: Comparing Practice in Five Countries. Journal of Education Finance,

Spring. 2000.

213. Levin, H: Education as a public and private good. Journal of Policy Analysis and Management, 1987, 6 (4), pp. 628 – 641.

214. Levin, H. M: Educational vouchers: Effectiveness, choice, and costs. Journal of Policy Analysis and Management, 1998, 17 (3), pp. 373 – 392.

215. Levin, H. M: Cost-Effectiveness and Education Policy, Educational Evaluation and Policy Analysis, Vol. 10, No. 1 (Spring, 1988), pp. 51 – 65.

216. Lloyd, P. J., M. H. Morgan and R. A. Williams. : Amalgamation of Universities: Are There Economies of Scale or Scope? Applied Economics, 1993, 25.

217. McMillan, L. M. and W. H. Chan. : University Efficiency: A Comparison and Consolidation of Results from Stochastic and Non-Stochastic Methods. Education Economics, 2006, 14 (1), pp. 1 – 30.

218. Mitchell R. C: National Environmental Lobbies and the Apparent Illogical Collective Action, in C. Russell. Collective Decision-Making, Baltimore: JohnHopins University Press. 1979.

219. Mun C. Tsang, and Yanqing Ding: Resource Utilization and Disparities in Compulsory Education in China, China Review, 2005.

220. Navarro, P. : Why Do Corporations Give to Charity? Journal of Business, 1988, 61, pp. 65 – 94.

221. Nelson, R. and K. T. Hevert. : Effect of Class Size on Economies of Scale and Marginal Costs in Higher Education, . Applied Economics, 1992, 24 (5).

222. OECD, Education at a Glance 2007, http: //www. oecd. org/dataoecd/36/4/40701218. pdf.

223. Pitt, M. M. and L. F. Lee. Measurement and Sources of Technical Inefficiency in the Indonesian Weaving Industry. Journal of Development Economics, 1981, 9, pp. 43 – 64.

224. Rafael Perez Ribas, Guilherme Issamu Hirata, Fábio Veras Soares. : Debating Targeting Methods for Cash Transfers: A Multidimensional Index vs. an Income Proxy for Paraguay's Tekoporã Programme. International Poverty Centre Working Paper, United Nations Development Programme, Brasilia. 1994.

225. Reifschneider, D. and R. Stevenson. : Systematic Departures from the Frontier: A Framework for the Analysis of Firm Inefficiency. International Economic Review, 1991, 32, pp. 715 – 723.

226. Roberts, R. D. : A Positive Model of Private Charities and Public Transfers,

Journal of Political Economy, 1984, 92, pp. 136 – 148.

227. Schwartz, R. A.: Corporate Philanthropic Contributions, Journal of Finance, 1968, 23, pp. 479 – 497.

228. Steinberg, R.: Voluntary Donations and Public Expenditures in a Federalist System. American Economic Review, 1987, 77, pp. 24 – 36.

229. Stevens, P. A.: The Determinants of Economic Efficiency in English and Welsh Universities, National Institute of Economic and Social Research Discussion Paper Number 185, 2001.

230. Thomas Fuchs, Ludger Wossmann: What Accounts for International Differences in Student Performamce? A Re-Examinatin Using PISA Data, CESifo Working Paper 2004. No. 1235. www. CESifo. de.

231. UNDP: Human Development Report 2007/2008. New York: Palgrave Macmillan, 2007.

232. Verry, D. W. and P. R. G. Layard: Cost Functions for University Teaching and Research. Economic Journal, 1975, 85, pp. 55 – 74.

233. Warr, P. G.: Pareto Optimal Redistribution and Private Charity, Journal of Public Economics, 1982, 19, pp. 131 – 138.

234. Willams, R. J. & Barrett, J. D.: Corporate Philanthropy, Criminal Activity, and Firm Repution: Is There a Link? Journal of Business Ethics, 2000, 26, pp. 341 – 350.

235. Williamson, O. E.: Managerial Discretion and Business Behavior, American Economic Review, 1963, 53, pp. 1032 – 1057.

236. Wooldridge, J. M.: Econometric Analysis of Cross Section and Panel Data. Cambridge, MA: MIT Press, 2002.

237. World Bank: World Development Report 2008: Agriculture for Development. London: Eurospan, 2008.

238. Zhang, J., Zhao, Y., Park, A. and Song, X: Economic returns to schooling in urban China, 1988 – 2001. Journal of Comparative Economics, 2005, 33 (4), pp. 730 – 752.

后 记

本书是在王善迈组织和指导下由北京师范大学首都教育经济研究院的教师和部分研究生共同完成。王善迈负责本书基本框架和主要内容的设计，书稿的修改和统稿。最终书稿的撰写人为：第一、第二章为王善迈；第三章为龙舟、崔盛；第四章为孙志军、吴春霞、王善迈、张绘；第五章为崔盛；第六章为袁连生；第七、第八章为刘泽云；第九章为刘泽云、杨钋；第十章、第十一章为孙志军；第十二章为袁连生、成刚；第十三章为田志磊、于泓、袁连生；第十四章为曹夕多；第十五章为袁连生。目录和摘要的英文翻译为杨娟。

王善迈教授指导的马晓强博士后、宗晓华、李兰兰、方芳博士、黄燕凌硕士等参与了部分章节的撰写，或采用了他们的学位论文部分内容。

2005～2008年在读的首都教育经济研究院的大部分博士、硕士研究生参加了本书的调查研究。在调查研究过程中得到了教育部财务司、上海教科院，以及部分省、市、县的教育、财政部门和大中小学的大力支持。在课题开题报告、中期汇报和课题鉴定过程中，一些专家学者提出了许多宝贵的意见。教育部社科司和经济科学出版社对本书的编辑和出版给予了大力支持，在此特向他们表示衷心的感谢！

教育部哲学社会科学研究重大课题攻关项目成果出版列表

书　名	首席专家
《马克思主义基础理论若干重大问题研究》	陈先达
《马克思主义理论学科体系建构与建设研究》	张雷声
《人文社会科学研究成果评价体系研究》	刘大椿
《中国工业化、城镇化进程中的农村土地问题研究》	曲福田
《东北老工业基地改造与振兴研究》	程　伟
《全面建设小康社会进程中的我国就业发展战略研究》	曾湘泉
《自主创新战略与国际竞争力研究》	吴贵生
《转轨经济中的反行政性垄断与促进竞争政策研究》	于良春
《中国现代服务经济理论与发展战略研究》	陈　宪
《当代中国人精神生活研究》	童世骏
《弘扬与培育民族精神研究》	杨叔子
《当代科学哲学的发展趋势》	郭贵春
《面向知识表示与推理的自然语言逻辑》	鞠实儿
《当代宗教冲突与对话研究》	张志刚
《马克思主义文艺理论中国化研究》	朱立元
《历史题材创新和改编中的重大问题研究》	童庆炳
《现代中西高校公共艺术教育比较研究》	曾繁仁
《楚地出土戰國簡册〔十四種〕》	陳　偉
《中国市场经济发展研究》	刘　伟
《全球经济调整中的中国经济增长与宏观调控体系研究》	黄　达
《中国特大都市圈与世界制造业中心研究》	李廉水
《中国产业竞争力研究》	赵彦云
《东北老工业基地资源型城市发展接续产业问题研究》	宋冬林
《中国民营经济制度创新与发展》	李维安
《中国加入区域经济一体化研究》	黄卫平
《金融体制改革和货币问题研究》	王广谦
《人民币均衡汇率问题研究》	姜波克
《我国土地制度与社会经济协调发展研究》	黄祖辉

书　名	首席专家
《南水北调工程与中部地区经济社会可持续发展研究》	杨云彦
《我国民法典体系问题研究》	王利明
《中国司法制度的基础理论问题研究》	陈光中
《多元化纠纷解决机制与和谐社会的构建》	范　愉
《中国和平发展的重大国际法律问题研究》	曾令良
《生活质量的指标构建与现状评价》	周长城
《中国公民人文素质研究》	石亚军
《城市化进程中的重大社会问题及其对策研究》	李　强
《中国农村与农民问题前沿研究》	徐　勇
《中国边疆治理研究》	周　平
《中国大众媒介的传播效果与公信力研究》	喻国明
《媒介素养：理念、认知、参与》	陆　晔
《新闻传媒发展与建构和谐社会关系研究》	罗以澄
《创新型国家的知识信息服务体系研究》	胡昌平
《教育投入、资源配置与人力资本收益》	闵维方
《创新人才与教育创新研究》	林崇德
《中国农村教育发展指标体系研究》	袁桂林
《高校思想政治理论课程建设研究》	顾海良
《网络思想政治教育研究》	张再兴
《高校招生考试制度改革研究》	刘海峰
《基础教育改革与中国教育学理论重建研究》	叶　澜
《公共财政框架下公共教育财政制度研究》	王善迈
《中国青少年心理健康素质调查研究》	沈德立
《处境不利儿童的心理发展现状与教育对策研究》	申继亮
《WTO主要成员贸易政策体系与对策研究》	张汉林
《中国和平发展的国际环境分析》	叶自成
＊《马克思主义整体性研究》	逄锦聚
＊《面向公共服务的电子政务管理体系研究》	孙宝文
＊《西方文论中国化与中国文论建设》	王一川
＊《中国抗战在世界反法西斯战争中的历史地位》	胡德坤
＊《近代中国的知识与制度转型》	桑　兵

书　名	首席专家
*《中国水资源的经济学思考》	伍新木
*《转型时期消费需求升级与产业发展研究》	臧旭恒
*《中国政治文明与宪政建设》	谢庆奎
*《中国法制现代化的理论与实践》	徐显明
*《知识产权制度的变革与发展研究》	吴汉东
*《中国能源安全若干法律与政策问题研究》	黄　进
*《农村土地问题立法研究》	陈小君
*《中国转型期的社会风险及公共危机管理研究》	丁烈云
*《边疆多民族地区构建社会主义和谐社会研究》	张先亮
*《数字传播技术与媒体产业发展研究》	黄升民
*《数字信息资源规划、管理与利用研究》	马费成
*《非传统安全合作与中俄关系》	冯绍雷
*《中国的中亚区域经济与能源合作战略研究》	安尼瓦尔·阿木提
*《冷战时期美国重大外交政策研究》	沈志华

……

＊为即将出版图书